First edition

미용교육론

이상원 · 김성은 · 김슬기 · 안정민 · 이희빈 · 권현진
리순화 · 이정현 · 이종숙 · 정숙희 · 황미경 공 저

청구문화사

머 리 말

오늘날 미용은 단순한 외모 관리 차원을 넘어 인간의 자아 표현, 사회적 정체성 형성, 나아가 문화와 예술의 융합으로까지 확장되고 있는 창조적 전문 분야입니다. 이와 같은 흐름 속에서 미용산업은 경제적, 사회적으로도 중요한 위치를 차지하게 되었으며, 그에 따라 미용교육의 역할과 중요성 역시 비약적으로 커지고 있습니다.

기존의 미용교육이 기능 위주의 단편적 기술 전수에 머물렀다면 이제는 학문적 체계를 갖춘 전문성 중심의 교육으로 빠르게 변화하고 있습니다. 이는 중등교육부터 고등교육에 이르기까지 전 교육체제에 걸쳐 미용을 하나의 '정규 교육과정'으로 인정하고 교육적 기반을 마련하는 노력의 결과라고 할 수 있습니다.

국내 미용학의 제도권 진입은 1991년 동주대학과 강릉영동전문대학에서 처음으로 미용학과가 개설되면서 시작되었습니다. 4년제 대학으로는 1999년 광주여자대학교가 최초로 미용학 학사과정을 도입하며, 미용교육의 고등교육 체계 진입을 견인했습니다. 이후 전국 각지의 2년제 및 4년제 대학에서 미용 관련 학과가 잇따라 설치되었고, 일반대학원과 특수대학원에서도 석·박사 과정이 개설되면서 연구 중심의 고등 미용교육 체계가 점차 확립되어 왔습니다.

2025년 현재, 중등학교 정교사(미용) 자격을 취득할 수 있는 대학은 전국에 13개교, 교육대학원은 4개교에 이르며 이들 기관에서 배출된 전문 인력들은 공·사립 직업계고를 중심으로 전국 91개교에서 미용관련 학과가 운영되고 있습니다. 이러한 교육 현장은 단지 직업기능인을 양성하는 것을 넘어 미용산업의 발전을 선도할 수 있는 창의적이고 비판적인 사고를 갖춘 인재를 육성하는 공간으로서의 역할을 수행하고 있습니다.

중등 미용교육의 기초가 되는 '미용과 국가 교육과정'은 시대의 변화에 따라 그 방향성과 구조를 달리하며 발전해왔습니다. 국가 교육과정은 단순한 수업 지침서를 넘어 국가가 지향하는 교육철학과 정책의 집약체로서 교사의 교육관과 전문성을 형성하는 데도 결정적 영향을 미치는 문서입니다.

우리나라 미용교육은 제1차 교육과정에서 가정교과 내에서 처음 시도되었으며, 제3차 교육과정까지는 일반계고에서는 부수적인 형태로 실업계고 및 고등기술학교에서는 독립적인 학과로 운영되었습니다. 하지만 제4차 교육과정에서는 미용과 교육과정이 폐지되는 아픔도 겪었고, 이후 제7차 교육과정에서 다시 정규 교육과정 안으로 편입되면서 제도적 기반을 마련하게 되었습니다.

이후 2007, 2009, 2015 개정을 거쳐 현재는 2022 개정 교육과정이 직업계고 학점제의 틀 안에서 운영되고 있습니다. 특히 2022 개정 교육과정은 학생 중심 교육, 진로 맞춤형 교육, 미래 사회 대응 교육을 핵심 가치로 하며, 미용과 교육과정 역시 이에 발맞추어 실질적이고 유연한 고교학점제 운영이 가능하도록 구성되었습니다.

오늘날 미용교육을 담당하는 교사에게 요구되는 역량은 과거와 비교할 수 없을 만큼 복합적입니다. 단순한 미용 기술 전달자에서 벗어나 교육과정 개발자이자 교수-학습 설계자, 학습 촉진자, 평가자, 그리고 진로 멘토로서의 다양한 역할을 수행해야 하기 때문입니다.

따라서 수업의 시작인 목표 설정과 설계부터 실제 수업 진행, 평가 및 피드백에 이르기까지 전 과정에 대한 체계적인 이해와 실천적 능력이 요구됩니다. 본 교재는 이러한 맥락 속에서 예비교사 및 현직교사가 실제 교육 현장에서 요구되는 전문성과 실행력을 갖출 수 있도록 구성되었습니다.

교재는 총 8장으로 구성되어 있으며, 각 장은 미용교육의 핵심 내용과 실천 전략을 포함하고 있습니다.

제1장에서는 미용교육의 정의와 범위를 통해 미용교육이 지향하는 철학과 교육 영역의 외연을 이해합니다.

제2장에서는 교육과정의 시대적 변화 속에서 제1차 교육과정부터 현재 교육과정에 이르기까지 미용교육의 제도적 위치 변화를 살펴보며 그 흐름과 맥락을 고찰합니다.

제3장에서는 2022 개정 교육과정과 고교학점제 제도(직업계고 학점제)를 심층적으로 다룹니다. 특히 2022 개정 미용과 교육과정의 구조와 편성 방법을 실제 사례와 함께 자세히 설명하며, 창의적 체험활동에 대한 사례를 들고 직접 적용하여 운영하는 방법에 대해 학습합니다.

제4장과 제5장에서는 교수-학습 이론을 행동주의, 인지주의, 구성주의의 흐름으로 살펴봅니다. 교수설계 모형을 이론적으로 정리하고 교수-학습지도안 작성 방법에 대해서 학습합니다. 이어서 강의법, 문답법, 토의법, 실습 중심 모형, 협동학습, 프로젝트 학습, 역할놀이, 구성주의 학습모형 등을 교수-학습지도안에 적용하여 수업을 계획합니다. 이는 실질적인 수업 실연을 통해 교수 역량을 강화하는 데 중점을 둡니다.

제6장에서는 4차 산업혁명 시대를 대비해 디지털 기반 수업을 위한 교수매체 선정과 ICT, 에듀테크 활용 전략을 다루며 블렌디드 러닝과 플립드 러닝 등 미용교육에서의 적용 가능성을 탐색합니다.

제7장은 교육평가의 유형과 성취평가제, 수행평가, 평가 문항 설계를 비롯하여 고교학점제 내에서의 평가 방법 최소 성취수준 보장지도 등을 학습한 후 평가계획서를 실제적으로 작성해보며 실질적인 평가 역량 함양에 대해 지원합니다.

제8장에서는 교육실습에 필요한 준비 사항과 현장 적용 사례, 미용교과가 운영되는 전국의 고등학교를 소개하며 예비교사의 실천적 성장에 기여하도록 구성하였습니다.

본 교재는 전국의 미용교육 현장에서 헌신하는 현직교사와 대학 교수진이 직접 집필한 결과물입니다. 현장 친화적이고 실용적인 내용을 중심으로 예비교사는 물론 현직교사, 미용교육 연구자에게도 실질적인 도움이 되기를 바랍니다.

끝으로 교재가 출간되기까지 아낌없는 조언과 협력을 보내주신 모든 분께 깊은 감사의 마음을 전합니다.

본 교재가 대한민국 미용교육의 질적 성장을 위한 하나의 이정표가 되기를 기대합니다.

2025년

저자 일동

목 차

1장

미용교육의 이해

제1장 미용교육의 이해

제1장은 미용이라는 개념의 본질과 이를 교육적으로 어떻게 접근하고 확장해 나갈 수 있는지를 탐색하는 데 목적이 있다. 미용은 단순한 외적 치장의 영역을 넘어 심리적 안정, 사회적 표현, 문화적 정체성과 깊이 연관된 통합적이고 복합적인 행위로 정의된다. 따라서 미용은 생명과학, 예술, 심리학, 사회학 등 다양한 학문과 융합되는 다차원적 분야로 이해되어야 한다.

이 장에서는 먼저 미용의 어원과 역사, 사회적 기능을 통해 미용의 개념을 넓고 깊게 살펴보고 이후 미용교육이 단순한 기능 습득을 넘어서 인간 중심의 총체적 교육으로 발전하고 있음을 밝힌다. 미용교육은 헤어, 피부, 네일, 메이크업 등 실무 중심 기술뿐 아니라, 심미적 감성, 직업윤리, 문화적 감수성을 포괄하는 통합 교육으로 자리 잡고 있다. 특히 산업의 전문화와 글로벌화, 뷰티산업의 고도화에 발맞추어 미용교육은 전문성과 학문성을 균형 있게 요구받는 교육 영역으로 변화하고 있다.

이 장은 이러한 변화의 흐름 속에서 미용교육이 지향해야 할 방향, 즉, 실용적 기술과 인문적 소양이 조화된 창의·융합형 인재 양성의 필요성을 강조한다. 아울러 표를 통해 미용교육의 주요 교육 영역, 내용, 목표 및 기대 효과를 한눈에 조망할 수 있도록 구성함으로써 독자가 미용교육의 범위와 핵심 가치를 구조적으로 이해하도록 돕는다.

따라서 본 장은 후속 장에서 다루게 될 구체적인 교육 내용과 실천 전략에 대한 이론적 토대이자 미용교육을 인간 삶의 질 향상과 사회적 기여 관점에서 재조명하는 출발점이 된다.

학습목표

1. 미용의 개념과 사회문화적 의미를 이해하고 미용이 다양한 학문과 어떻게 연계되는지 설명할 수 있다.
2. 미용교육의 목적과 변화를 파악하고 전통적인 기술 중심 교육에서 통합적 인간 교육으로의 확장 과정을 설명할 수 있다.
3. 미용교육의 주요 영역을 구분하고 각 영역이 미용 전문가 양성에 어떻게 기여하는지 분석할 수 있다.

1절. 미용교육의 정의

미용(美容, cosmetology)은 단순한 외모 치장을 넘어서 인간의 심리적 안정, 사회적 표현, 문화적 정체성과 긴밀히 연관된 복합적이고 통합적인 행위로 정의된다. 현대 사회에서 미용은 개인의 정체성 형성, 자기표현의 수단, 그리고 웰빙(well-being)의 중요한 축으로 자리 잡고 있으며, 이는 사회과학, 심리학, 의학, 예술학 등 다양한 학문 영역과의 연계를 통해 보다 심층적으로 이해될 수 있다.

'미용'이라는 용어는 한자로 '아름다울 미(美)'와 '얼굴·모양 용(容)'으로 구성되며, 곧 '아름다움을 드러내고 다듬는 행위'를 뜻한다. 서구에서는 cosmetology라는 용어가 일반적으로 사용되는데 이는 그리스어 'kosmetikos(꾸미다)'에서 기원한다. 전통적으로는 귀족이나 왕실의 전유물이었던 미용이 근대 이후 대중화되었고 현대에는 전문 교육과 자격, 과학기술, 윤리적 기준까지 포함하는 전문 직업군으로 자리 잡았다. 가장 근본적인 목적은 '아름다움의 극대화'이다. 이는 시대와 문화에 따라 다양하게 정의되며 개인의 취향, 사회의 트렌드, 미디어의 영향 등과 상호작용한다.

최근 미용은 치유(care)의 개념으로도 확장되고 있다. 예를 들어, 피부 트러블 개선을 위한 피부 미용, 탈모 치료를 병행하는 헤어관리 등은 심리적 안정감과 자존감 향상에도 기여한다. 미용은 사회적 지위, 직업적 역할, 개성 표현의 수단이 되기도 한다. 예를 들어, 면접이나 공식 행사에서의 단정한 외모는 사회적 신뢰 형성에 영향을 미친다.

미용은 단순히 기술적인 영역을 넘어 생명과학(피부과학, 위생학, 화장품학), 예술(색채, 조형, 영상 등), 심리학(자아개념, 이미지 심리, 상담기법 등), 사회학(젠더, 소비문화, 대중문화 등), 경영학(서비스, 고객응대, 브랜드 전략 등) 등 다양한 학문 분야와 깊이 연계되어 발전하고 있다. 이렇듯 미용은 단순한 외적 치장의 기술이 아니라 개인의 정체성과 사회적 커뮤니케이션을 실현하는 융합적 학문 영역이다. 향후 미용은 과학기술의 발전, 심리학적 치료와의 연계, 지속가능성을 고려한 친환경 뷰티산업으로 더욱 발전해 나갈 것이며 그 정의 또한 시대적 요구에 따라 계속 확장될 것이다.

2절. 미용교육의 범위

미용교육(美容教育, beauty education 또는 cosmetology education)이란 미용 분야에서 필요한 지식, 기술, 태도 등을 체계적으로 교육하여 전문 인력을 양성하는 교육 활동이다. 인간의 외적 아름다움을 창조하고 유지·관리하는데 필요한 이론적 지식과 기술을 함양하고 바른 인성과 창의성을 갖추도록 교육·훈련하는 과정이다. 문제해결 능력을 갖춰 현장 적응력이 뛰어난 전문 미용인을 양성하기 위하여 지식과 기술을 심층적으로 연구하며 미용산업의 변화에 능동적으로 대응할 수 있는 역량을 함양한다.

지금껏 미용교육은 미용 서비스를 제공하는 데 필요한 지식과 기술을 가르치는 과정으로 주로 실기 중심, 즉각적 현장 투입을 목표로 한 기능 위주의 훈련이었다. 그러나 이제 미용교육은 단순한 기술 전수의 과정을 넘어 심미적 감성, 과학적 지식, 윤리적 소양, 사회적 역할을 포함한 총체적 인간 교육으로서 기능한다. 산업 구조의 고도화, 미용 직업군의 전문화, 뷰티산업의 글로벌화에 따라 미용교육 역시 학문성과 실용성의 균형을 요구받는 교육 분야로 발전하고 있다.

또한 이를 넘어서 미용교육은 외형적 아름다움만을 목표로 하지 않고 개인의 자존감 회복, 사회적 소통력 강화, 직업적 역량의 극대화를 통해 현대 사회에서 중대한 가치를 갖는 교육 영역으로 진화하고 있다. 향후 미용교육은 단순 실기 중심의 직업교육을 넘어서 인간과 사회를 바라보는 다층적 시야를 갖춘 창의·융합형 전문 인재를 양성하는 고등학문적 교육 영역으로 자리 잡아야 할 것이다.

<표 1-1> 미용교육의 범위

교육 영역	주요 내용 및 역량	교육목표 및 기대 효과
기초 지식 및 전문 기술	헤어, 피부, 메이크업, 네일 실무 및 이론	산업현장 요구에 부합하는 전문 기술 습득 및 실무능력 강화
심미적 표현 능력	디자인 원리, 색채학, 조형감각, 창의적 표현력	예술성과 창의성 증진, 고객 맞춤형 디자인 구현
직업적 역량 개발	고객 서비스, 직업윤리, 자격증 취득 지원	전문 직업인으로서의 신뢰성 확보 및 고객 만족도 향상
문화적 감수성 및 사회적 실천	문화 이해, 사회적 책임, 친환경 미용, 윤리적 행동	사회적 가치 실현 및 지속 가능한 미용 문화 조성

3절. 미용교육 관련 자격

미용 분야는 이론적 지식과 함께 고도의 실기 능력이 동시에 요구되는 특성상 이를 지도할 교원 또한 다양한 자격과 배경을 바탕으로 구성될 필요가 있다. 따라서 국가 차원에서도 교원의 역할과 전문성에 따라 자격을 다층적으로 구성해 운영하고 있으며, 이는 미용교육 현장에 맞춤형 인재를 양성하는 데 핵심적인 기반이 된다.

현행 교원 자격제도는 교사의 역할과 전문성을 기준으로 자격을 세분화하여 운영되고 있다. 대표적으로는 실기교사, 준교사, 정교사(2급), 정교사(1급) 네 가지 유형이 있으며, 각 자격은 자격요건, 지도 대상, 직무 범위, 경력 개발 등에 있어 뚜렷한 차이를 가지고 있다. 아래 〈표 1-2〉와 글은 네 가지 자격 유형에 대한 설명이다.

<표 1-2> 교육 관련 자격

구분	자격 분류	주관 기관	주요 대상/용도	자격요건
실기교사	국가 전문 자격	교육부	직업계고 등에서 실기교과 지도	실무 기능 이수 + 전문대 이상 졸업 + 자격검정 통과
준교사			임시 채용, 경력자/비정규 대상	관련 학과 졸업 + 자격검정 또는 일정 경력
정교사(2급)			정규 중등교사 자격	교직 이수 + 교육 실습 + 학위 요건 충족
정교사(1급)			경력 및 승진 요건의 중등교사 자격	2급 자격 + 교육경력(1~3년) + 연수 또는 석사

(1) 실기교사

① 법적 근거: 초·중등교육법 [별표 2]

② 대상: 직업계고 실기과목 지도

③ 자격 기준

- 전문대학 이상 졸업 & 실과계 기능 이수
- 고등기술학교 졸업자
- 실업계고 졸업 후 자격검정 합격자
- 실기 능력자 중 자격검정 합격자

④ 역할: 중·고등학교에서 실무 중심 수업 담당

(2) 준교사

① 법적 근거: 초·중등교육법 [별표 2]

② 대상: 주로 임시교사, 비정규직 교사

③ 자격 기준

- 관련학과 졸업자
- 중등학교 준교사 자격검정 합격자
- 실기교사로서 5년 이상 경력 & 대학 졸업자

④ 역할: 임시 교원 충원(장기 정규 채용은 정교사 필요)

(3) 정교사(2급)

① 법적 근거: 초·중등교육법 [별표 2]

② 대상: 초·중등 정식 교사

③ 자격 기준

- 사범대 졸입자
- 교육대학원 졸업자
- 교직과정 이수 & 교육실습 완료자
- 준교사 자격 소지 & 교육경력 & 재교육 이수자

④ 역할: 정규교과 수업 담당

(4) 정교사(1급)

① 대상: 정교사(2급) 경력자 중 승급 대상

② 자격 기준

- 정교사 2급 & 3년 이상 경력 & 재교육 이수
- 정교사 2급 & 석사학위 & 1년 이상 경력
- 교육대학 교수·부교수 & 3년 이상 교육경력

③ 특징

- 급여 호봉 상승
- 교감·교장 승진에 필수
- 교원 능력 평가 등에서도 우위

2장 미용교육의 역사

제2장 미용교육의 역사

대한민국 미용교육은 단순한 직업 기능의 습득을 넘어, 사회 변화와 교육 정책의 흐름 속에서 제도화와 전문화를 거듭하며 발전하고 있다. 본 장에서는 우리나라 미용교육이 국가 교육과정 안에 도입된 제1차 교육과정기(1954년)부터 정규 고등학교 교육과정에 재진입한 제7차 교육과정기(1997년)를 거쳐 2015 개정 교육과정에 이르기까지의 교육과정사적 흐름을 연대기적, 제도사적 관점에서 분석한다.

이 장의 핵심은 교육과정의 개정이 단순히 교육 내용의 변경을 의미하는 것이 아니라 국가의 산업적 필요, 사회문화적 요구, 교육철학의 변화에 따라 미용이라는 학문·기술 분야의 위상이 변화해왔음을 조망하는 데 있다. 전후(戰後) 산업 복구기였던 제1차 교육과정기에는 미용이 고등학교 실업·가정과, 고등기술학교, 기술학교에서 단기 기능인 양성의 실무 교육과정으로 등장하였다. 이후 실업계 고등학교의 등장, 고등기술학교의 전문화, 고등학교 교육과정 내 미용의 배제와 재도입 등은 모두 시대적 교육철학과 산업 구조에 따른 교육체제 재편의 산물이었다.

특히 제7차 교육과정부터는 미용이 가사·실업계열 전문교과로 정식 재편입되며, 실제 산업현장과 연계한 실기 중심 교육이 강조되기 시작했다. 이 시기부터는 피부관리, 메이크업, 공중보건 등 세분화된 미용 분야의 이론과 실습이 교과목으로 독립 편성되었으며, 이후 2007, 2009 개정을 거친 후, 2015 개정 교육과정에서는 직업교육 고도화, 학생 중심 선택 교육, 국가직무능력표준(NCS, national competency standards)에 기반한 실무 중심 교육체계의 확립이라는 흐름으로 이어진다.

이 장은 각 교육과정기별 미용교육의 편제 구조(교과목 구성, 필수/선택 과목, 이수 방식 등), 교육목표의 변화, 학교 유형별 운영 차이(고등학교, 실업계고, 고등기술학교 등)를 비교 분석하며 변화의 배경이 된 교육철학, 산업 정책, 사회문화적 요소들을 함께 고찰한다. 특히 고등기술학교 중심에서 특성화고 중심으로 옮겨가는 지점, 그리고 미용이 생활교육, 직업교육, 문화예술교육, 공중보건교육의 요소를 유기적으로 통합하고 있다는 점에서 오늘날 미용교육의 다층적 성격을 이해하는 데 도움을 준다.

또한 후반부에서는 2015 개정 교육과정을 중심으로 미용교육이 전문 공통·기초·실무과목으로 분화되고 성취기준 기반 평가(S, A, P 등급)를 도입하며 실무능력 기반 진로교육 체계로 전환된 사실을 구체적으로 다룬다. 이로써 미용교육은 단순 기능 습득을 넘어 자기 주도성과 창의성을 갖춘 미래형 인재 양성을 목표로 하는 교육 영역으로 자리 잡았음을 확인할 수 있다.

이 장은 미용교육사와 한국 교육과정 변천사를 교차적으로 통합 이해할 수 있도록 구성되어 있다. 예비 미용 교사, 교육과정 연구자, 미용학 전공 대학생, 현장 교사에게 이 장은 단지 과거의 교육 내용을 아는 것에 그치지 않고 왜 지금의 미용교육이 이렇게 구성되었는가, 앞으로의 방향은 어디로 가야 하는가를 생각할 수 있는 이론적·역사적 토대를 제공한다.

학습목표

1. 미용과 교육과정의 역사적 변천 과정을 연대기적으로 설명할 수 있다.
2. 각 교육과정기별 미용교과의 편제 방식과 교육목표의 차이를 비교할 수 있다.
3. 사회적·산업적 변화가 미용교육 내용과 편제에 끼친 영향을 분석할 수 있다.
4. 미용교육의 변화 과정을 통해 직업교육의 의미와 정책적 방향을 비판적으로 평가할 수 있다.

※ 본 장인 미용교육의 역사 부분의 내용 및 〈표 2-1~2-42〉는 교육부, 교육과학기술부, 교육인적자원부, 문교부의 교육과정 각론을 토대로 재구성하였음.

1절. 제1차 교육과정(1955년~1963년)

우리나라 미용교육은 제1차 교육과정에서 처음 도입되어 제3차 교육과정까지 일반계 고등학교와 실업계 고등학교, 고등기술학교 등에서 독립된 학과 체제로 운영되었다. 제4차 교육과정 고시 이후에는 사회 교육 체제로 분류되었으나, 제7차 교육과정부터는 다시 정규 학교 교육과정으로 재편되어 오늘날까지 지속적인 발전을 거듭하고 있다.

6.25 전쟁 이후 헌법 및 교육법의 제정을 통해 교육의 기본 방침이 재정립되었고, 이에 따라 교육과정 전체 위원회가 구성되면서 제1차 교육과정이 시작되었다. 1954년 4월 20일에는 「학교 교육과정 시간 배당 기준」이 제정되었으며, 같은 해 문교부령 제35호로 공포된 「국민학교, 중학교, 고등학교, 사범학교 교육과정 시간 배당 기준령」에 근거하여 교육과정 운영이 이루어졌다.

제1차 교육과정에서 미용은 고등학교, 실업 고등학교, 고등기술학교에서 편성·운영되었다. 고등학교에서는 실업 가정과의 가정 과정으로, 실업 고등학교에서는 가정계로, 고등기술학교에서는 기타계의 전문 과목으로 분류되었다.

<표 2-1> 제1차 교육과정

구분	고등학교	고등기술학교	기술학교
설립 목적	일반 학문	고급 산업 기술 인력양성	기초 기술 기능 인력양성
입학 대상	중학교 졸업자	중학교 졸업자	초등학교 졸업자
교육목표	민주 사회에 적응할 인간을 육성	민주시민으로서 자질 함양 및 단일 기능공, 기술인 양성	민주시민으로서의 자질 함양 및 초급 단일 기능공 양성
미용 편제	실업·가정과→가정과→3학년	기타계→이용과, 미용과→1학년	기타계→이용과, 미용과→1학년

1) 고등학교

고등학교 교육은 민주 사회에 적응할 수 있는 인간 육성을 목표로 하였으며 우리나라의 특성에 맞추어 반공 교육, 도의 교육, 실업 교육 등이 강조되었다. 고등학교 실업·가정과 계열은 농업, 공업, 상업, 수산, 가정의 다섯 과정으로 분류되었으며, 미용교육은 가정과에 포함되어 3학년 과정으로 1년간 운영되었다. 미용과 교육과정은 크게 미용의 의의, 미용의 사적 고찰, 미용교과로 구성되었으며, 헤어, 피부, 화장 등의 기초 기술을 중심으로 교육이 이루어졌다.

<표 2-2> 제1차 교육과정 고등학교 교육과정 편제표

<table>
<tr><th></th><th>3학년 과목</th><th>과목</th><th>일감</th></tr>
<tr><td rowspan="5">가정과</td><td>피복생활</td><td rowspan="5">미용</td><td rowspan="2">미용의 의의</td></tr>
<tr><td>실생활</td></tr>
<tr><td>가정관리</td><td>미용의 사적 고찰</td></tr>
<tr><td>직업</td><td rowspan="2">미용교과</td></tr>
<tr><td>미용</td></tr>
</table>

2) 고등기술학교

고등기술학교는 일반 교육과 함께 직업에 필요한 전문 기능 교육을 통해 민주 시민으로서의 자질을 함양하고 국민 생활에 필수적인 기능과 기술을 연마하여 산업현장에서 활동할 수 있는 기술인을 양성하는 것을 목표로 하였다.

전문교과 계열은 농업계, 공업계, 상업계, 수산계, 가정계, 기타계로 구분되었으며, 기타계 1년제 과정에는 간호과, 미용과, 이용과가 포함되었다. 미용과 및 이용과의 필수 과목으로는 위생법규, 생리·해부학, 소독법, 전염병학, 공중위생, 피부과학, 미용 이론 또는 이용 이론이 개설되었으며, 선택 과목으로는 화장품화학, 전기일반 과목, 기타 과목이 포함되었다.

<표 2-3> 제1차 교육과정 고등기술학교 교육과정 편제표

<table>
<tr><td>기타계 1년제</td><th>필수 과목</th><th>선택 과목</th></tr>
<tr><td>미용과</td><td rowspan="2">- 위생법규
- 생리·해부학
- 소독법
- 전염병학
- 공중위생
- 피부과학
- 미용 이론/이용 이론</td><td rowspan="2">- 화장품화학
- 전기일반
- 기타 과목</td></tr>
<tr><td>이용과</td></tr>
</table>

3) 기술학교

기술학교는 보통 교육과 함께 직업 관련 기초 교육을 실시하며 민주시민으로서의 자질을 갖추고 생활에 필요한 기능을 연마하여 초급 기능공을 양성하는 데 목적을 두었다. 고등기술학교와 마찬가지로 전문교과 계열은 농업계, 공업계, 상업계, 수산계, 가정계, 기타계로 구성되었으며, 기타계 1년제 과정에 미용과와 이용과가 편제되었다. 이용과의 필수 과목은 위생법규, 생리·해부학, 소독법, 전염병학, 공중위생, 피부과학, 이용 이론 등으로 구성되었고, 선택 과목으로는 화장품화학, 전기일반, 기타 과목이 포함되었다. 미용과의 경우에도 위생법규, 생리·해부학, 소독법, 전염병학, 공중위생, 피부과학, 미용 이론이 필수 과목으로 편성·운영되었다.

<표 2-4> 제1차 교육과정 기술학교 교육과정 편제표

학과	필수 과목	선택 과목	학과	필수 과목
이용과	- 위생법규 - 생리·해부학 - 소독법 - 전염병학 - 공중위생 - 피부과학 - 이용 이론	- 화장품화학 - 전기일반 - 기타 과목	미용과	- 위생법규 - 생리·해부학 - 소독법 - 전염병학 - 공중위생 - 피부과학 - 미용 이론

2절. 제2차 교육과정(1964년~1973년)

1963년에 도입된 제2차 교육과정은 경제 개발과 사회 발전을 이끌어갈 실천적 인재 양성을 목표로 실업 교육과 도덕 교육을 강화하는 방향으로 구성되었다. 이 시기에는 기존의 교육과정을 전면 개편하여 교육과정의 체계성을 제고하였으며, 단위제를 도입하고 각 학교의 자율적인 이수 단위 편성 및 운영이 가능하도록 하였다.

경험 중심 교육이 강조되면서 고등학교, 실업계 고등학교, 고등기술학교로 구분된 이원적 교육체제가 정립되었다. 특히 실업 교육의 전문성과 실용성이 강조되며 미용은 고등학교의 교과과정, 실업계 고등학교의 선택 과목, 고등기술학교의 학과 체제로 운영되었다. 이는 곧 미용이 단순 기술직에서 전문 지식을 요구하는 직업으로 변화되었음을 의미한다.

<표 2-5> 제2차 교육과정

구분	고등학교	실업계 고등학교	고등기술학교
설립 목적	대학 진학 준비	직업능력 배양	산업 기술 인력 양성
교육목표	전인적 성장 및 학문 기반 구축	산업사회 적응과 기술 습득	고도 기술 숙련공 양성
미용 편제	가정일반 과목의 의생활, 몸차림 영역에 포함	가정계 고등학교 선택 과목 편제	1년제 과정, 전공과 과정

1) 고등학교

고등학교 교육은 전인적 성장과 학문적 기초 역량의 함양을 목표로 하였다. 이 시기 고등학교에서의 미용교육은 별도의 독립 교과로 편성되지는 않았으며 가정과의 가정일반 과목 내에서 부분적으로 다루어졌다. 가정일반의 하위 영역 중 의생활 및 몸차림 단원이 중심이 되었으며, 이 영역에서 미용에 대한 기초적 지식과 생활 적용 능력을 포함하여 교육이 이루어졌다. 이는 미용을 일상생활의 일부로 이해하고 교육함을 의미한다.

<표 2-6> 제2차 교육과정 고등학교 교육과정 편제표

학과		과목		소단원	
가정과	→	가정일반	→	의생활	미용에 대한 기초적 지식과 생활 적용 능력 내용 포함
				몸차림	

2) 실업계 고등학교

국가 차원에서 정식적으로 공포한 실업계 고등학교 최초의 교육과정으로 국가와 민족의 현실을 이해하고 실업에 종사할 유능한 생산인을 양성하기 위해 실업 교과목을 중심으로 한 교육과정을 마련하였다. 1단위는 50분으로 하여 학기 동안 18단위를 이수하고 실업계 고등학교에 있어서는 모든 현장실습으로 실업 교과목의 학습에 대치할 수 있었다.

계열로는 농업계, 공업계, 상업계, 수산계, 가정계 고등학교로 구분하였고 미용교육은 가정계 고등학교의 선택 과목에 편성·운영 되었다. 가정계 고등학교는 가정생활에 필요한 지식 기능을 습득하여 일상생활을 향상하고 창조하며 선택 교과목을 학습함으로써 사회진출의 의욕과 기술을 갖게 함을 목표로 하였다. 미용교육목표는 체격과 용모의 장점을 살리며 결점을 처리·보충할 수 있는 기능을 길러서 상대의 감정을 유화하는 동시에 자기 자신 만족감을 느낄 수 있는 자연스럽고 아름다운 미용을 하게 하여 원만한 대인관계와 에티켓을 돕게함으로 하였다. 선택 과목으로는 미용의 의의와 필요성, 전체미, 핀 커얼, 퍼어머넨트 웨이브, 미안술과 얼굴 화장법, 미용 체조, 미수법, 머리 인두하기, 세발과 미발법, 화장품 선택법으로 편성·운영되었다.

<표 2-7> 제2차 교육과정 실업계 고등학교 교육과정 편제표

미용 교육목표	체격과 용모의 장점을 살리며, 결점을 처리 보충할 수 있는 기능을 길러서, 상대의 감정을 유화하는 동시에 자기 자신 만족감을 느낄 수 있는 자연스럽고 아름다운 미용을 하게 하여 원만한 대인 관계와 에티켓을 돕게 한다.	
교육과정 (선택 과목)	- 미용의 의의와 필요성 - 전체미 - 핀 커얼 - 퍼어머넨트 웨이브 - 미안술과 얼굴 화장법 - 미용 체조 - 미수법	- 머리 인두하기 - 세발과 미발법 - 화장품 선택법

3) 고등기술학교

고등기술학교는 민주시민으로서 기본 자질을 가지게 하고 관련 직업 분야의 직무를 수행하는 데 필요한 지식과 기술을 습득하게 하였다. 개인별 적성과 능력에 맞는 직업에 종사할 수 있게 함을 목표로 1년제 및 3년제 과정, 전공과(2년제) 과정으로 운영하였다.

1년제 과정은 적성에 맞는 직업을 선택하고 이와 관련된 분야에서 유능한 직업인으로서 종사할 수 있게 함을 목표로 하였다. 미용과, 이용과가 편성·운영되었으며, 교육목표는 국민 보건 생활에 직접 필요한 체격과 용모의 장점을 살리고 결점을 보완하는 미용을 통해 자기만족과 더불어 타인과의 긍정적인 관계 형성 및 에티켓 향상에 기여하도록 하였다. 필수 과목에는 위생법규, 소독법, 공중보건, 피부과학으로 구성되었고 선택 과목에는 피부 미용 이론, 미용 이론, 이용 이론, 향장학, 해부·생리학, 이·미용 전기 기기, 피부 미용 실기 실습, 미용 실기 실습, 이용 실기 실습, 기타 과목으로 구성되었다.

<표 2-8> 제2차 교육과정 고등기술학교 1년제 교육과정 편제표

<table>
<tr><th>학과</th><th>1년제 과정 교육목표</th><th>필수 과목</th><th>선택 과목</th></tr>
<tr><td>미용과</td><td rowspan="2">국민 보건 생활에 직접 필요한 미용, 이용에 관한 지식과 기능을 연마하게 하여, 유능한 미용사를 양성한다.</td><td rowspan="2">- 위생법규
- 소독법
- 공중보건
- 피부과학</td><td rowspan="2">- 피부 미용 이론
- 미용 이론
- 이용 이론
- 향장학
- 해부·생리학
- 이·미용 전기 기기
- 피부 미용 실기 실습
- 미용 실기 실습
- 이용 실기 실습
- 기타 과목</td></tr>
<tr><td>이용과</td></tr>
</table>

전공과 과정은 전문 직업 분야의 기술 또는 직무수행에 필요한 능력을 개발하여 관련 직업에 종사하게 하거나 직무 능력을 향상시킬 수 있게 함을 목표로 하였다. 미용과 교육목표는 미용에 관한 특수한 전문 지식과 기술을 습득하게 하여 미용 실무에 종사하고 국민 보건 생활에 기여할 수 있는 자질과 능력을 기르게 하였다. 필수 과목으로는 위생법규, 소독법, 공중 보건학, 피부과학으로 구성되었고, 선택 과목으로는 해부·생리학, 영양학, 향장학, 피부 미용 이론, 미용 이론, 이용 이론, 이·미용 전기 기기, 전문 실습, 기타 과목으로 구성되었다.

<표 2-9> 제2차 교육과정 고등기술학교 전공과 교육과정 편제표

학과	전공과 과정 교육목표	필수 과목	선택 과목
미용과	미용에 관한 특수한 전문 지식과 기술을 습득하게 하여, 미용 실무에 종사하고, 국민 보건 생활에 기여할 수 있는 자질과 능력을 기르게 한다.	- 위생법규 - 소독법 - 공중 보건학 - 피부과학	- 해부·생리학 - 영양학 - 향장학 - 피부 미용 이론 - 미용 이론 - 이용 이론 - 이·미용 전기 기기 - 전문 실습 - 기타 과목

3절. 제3차 교육과정(1974년~1981년)

우리나라는 경제 성장과 산업화가 본격적으로 가속화되면서 교육의 목적도 변화하기 시작하였다. 산업 사회의 요구에 부응하기 위해 노동력 양성과 생산성 향상을 위한 교육의 중요성이 대두되었으며, 과학기술 중심의 산업 사회 진입에 따라 교육의 질적 향상이 주요 과제로 부각 되었다.

고등학교 교육과정의 단일화 과정에서 미용교육은 정규 고등학교 교육과정에서 제외되었다. 정규 고등학교에서는 없어졌지만, 직업교육 위주의 고등기술학교 1년제 과정에 미용과, 피부관리과, 이용과가, 전공과 과정에 미용과, 피부관리과가 편성·운영되었다.

고등기술학교 1년제 과정의 교육목표는 국민 보건 생활에 필요한 실용 기술로서 미용의 중요성을 인식하고 이에 특화된 직업인을 양성하는 데 중점을 두었다. 편성 과목으로는 위생법규, 소독법, 공중 보건학, 전염병학, 생리·해부학, 피부과학, 미용 이론, 미용 실습, 미용 전기 기기, 피부 관리 이론, 피부 관리 실습, 이용 이론으로 편성·운영되었다.

<표 2-10> 제3차 교육과정 고등기술학교 1년제 교육과정 편제표

<table>
<tr><th>학과</th><th>미용과</th><th>피부관리과</th><th>이용과</th></tr>
<tr><td>교육목표</td><td colspan="3">국민 보건 생활에 직접 필요한 미용에 관한 지식과 기능을 습득하게 하여, 관련 분야에 종사할 미용사를 양성한다.</td></tr>
<tr><td>편성 과목</td><td colspan="3">- 위생법규 - 소독법
- 공중 보건학 - 전염병학
- 생리·해부학 - 피부과학
- 미용 이론 - 미용 실습
- 미용 전기 기기 - 피부 관리 이론
- 피부 관리 실습 - 이용 이론</td></tr>
</table>

고등기술학교 전공과 과정에서는 보다 심화된 전문 기술 교육을 목표로 하며, 실무능력뿐만 아니라 경영과 기초과학까지 아우르는 종합 교육을 제공하였다. 교육목표는 미용에 관한 전문 지식과 고급 기술을 습득하게 하여 관련 산업 분야에 종사할 수 있는 자질과 실천 역량을 갖춘 인력양성이다. 편성 과목으로는 실습, 위생법규, 소독법, 공중 보건학, 전염병학, 생리·해부학, 피부과학, 미용 이론, 미용 전기학, 피

부 관리 이론, 향장학, 경락, 영양학, 생활체조, 자연 요법, 식이 요법, 경영 관리, 전자 계산학 개론, 기타 과목으로 편성·운영되었다.

<표 2-11> 제3차 교육과정 고등기술학교 전공과 교육과정 편제표

학과	미용과	피부관리과
교육목표	미용에 관한 전문 지식과 기술을 습득하게 하여, 관련 분야에 종사할 수 있는 자질과 능력을 기르게 한다.	
편성 과목	- 실습 - 소독법 - 전염병학 - 피부과학 - 미용 전기학 - 향장학 - 영양학 - 자연 요법 - 경영 관리 - 기타 과목	- 위생법규 - 공중 보건학 - 생리·해부학 - 미용 이론 - 피부 관리 이론 - 경락 - 생활 체조 - 식이 요법 - 전자 계산학 개론

고등학교 정규 교육과정에서 미용교육이 제외된 이후 미용은 국가 교육과정 편제표에서는 사라지게 되었으며, 이는 제3차 교육과정기를 끝으로 공식적인 미용교육이 종료되었음을 의미한다. 그러나 미용산업의 성장과 사회적 수요의 지속으로 인해 미용교육은 완전히 단절되지는 않았다. 정규 교육과정에서는 제외되었지만, 직업 전문학교 및 민간 교육기관에서는 미용교육이 개별적으로 계속 운영되었으며 일정 수준의 수요를 유지하였다.

이후, 국가 교육과정 개정의 흐름 속에서 제7차 교육과정기에 이르러 미용교육이 정규 교육과정 내에 다시 편성·운영되며 제도권 교육으로 복귀하게 되었다.

4절. 제7차 교육과정(2001년~2008년)

우리 사회는 정보화·지식 기반 사회로의 전환이라는 급격한 변화를 맞이하였다. 이에 따라 산업 구조는 빠르게 변화하였고 국민의 삶의 질 향상과 함께 직업의 다양화가 두드러지게 나타났다. 이러한 사회적 변화는 교육에도 영향을 미쳐 제7차 교육과정은 이 같은 시대적 요구를 반영하여 지식·정보화 사회와 세계화 시대에 적합한 인재를 육성하는 데 중점을 두었고 미용과 교육과정은 고등학교 정규 교육과정으로 재도입 되어 뷰티산업의 성장과 더불어 학생들에게 실질적인 진로 선택 기회를 확대하는 데 기여하였다.

1) 고등학교

교육과정의 재구조화를 통해 국민 공통 기본 교육과정, 선택 중심 교육과정으로 구분하였다. 국민 공통 기본 교육과정은 초등학교 1학년부터 고등학교 1학년까지 총 10년간 전 국민이 공통적으로 이수해야 하는 기초 교육 과정으로 선택 중심 교육과정은 고등학교 2, 3학년에 해당하는 11, 12학년에서 운영하여 교과와 재량활동, 특별활동으로 구성하였다. 교과는 보통교과와 전문교과로, 특별활동은 자치활동, 개별활동, 적응활동, 봉사활동, 행사활동으로 구분하였다. 이 중 전문교과는 농업, 공업, 상업, 수산·해운, 가사·실업, 과학, 체육, 예술, 외국어, 국제로 구분되었으며, 미용은 가사·실업 계열의 전문교과로 분류되어 하위 교과로 헤어 미용, 피부 관리, 공중보건을 운영하였다.

전문교과의 공동 필수 과목으로 인간발달, 전공 과목으로 헤어 미용, 피부 관리, 공중보건을 편성하였다. 교육과정의 체계화에 따라 과목별 성격, 목표, 교수-학습 방법 및 평가상의 유의점, 내용을 제시하였다.

<표 2-12> 제7차 교육과정 고등학교 교육과정 편제표

공통 필수 과목	전공 과목
인간발달	헤어 미용 피부 관리 공중보건

(1) 공통 필수 과목

<표 2-13> 인간발달

<table>
<tr><td>성격</td><td colspan="2">생명이 시작되는 순간부터 사망까지의 발달 단계에 따라 다루는 과목으로 가사·실업 계열의 모든 학과에서 공통 필수로 이수하는 과목이다.</td></tr>
<tr><td>목표</td><td colspan="2">인간발달에 대한 개념과 각 발달 단계의 특성을 이해하여 관련 분야의 직무에 활용할 수 있는 능력과 태도를 기른다.</td></tr>
<tr><td>교수-학습 방법 및 평가상의 유의점</td><td colspan="2">- 공통 필수 과목이므로 학과의 특성을 고려하여 지도한다.
- 인간 성장 발달에 관한 지식을 암기 중심으로 습득하기보다는 여러 가지 매체를 활용한 직·간접 체험을 통해 인간의 변화 과정에 대한 이해 증진을 목표로 한다.
- 평가는 지식에 대한 기억을 확인하기 보다는 앞으로 학생들이 담당하게 될 직무에 적용하는 것을 중시하도록 한다.</td></tr>
<tr><td rowspan="2">내용</td><td>인간발달의 기초</td><td>- 발달의 성격
- 인간발달 이론</td></tr>
<tr><td>인간발달 단계</td><td>- 태아기와 신생아
- 영아기
- 유아기
- 아동기
- 청소년기
- 성인기
- 노년기</td></tr>
</table>

(2) 전공 과목

<표 2-14> 헤어 미용

<table>
<tr><td>성격</td><td colspan="2">헤어, 피부 등의 상태를 건강하고 아름답게 손질할 수 있는 기본적인 지식과 기능을 익혀 변화하는 산업 사회에서 요구하는 미용 관련 전문 직업인을 양성함으로써 산업 발전에 도움을 주기 위한 과목이다.</td></tr>
<tr><td>목표</td><td colspan="2">미용에 관한 전반적인 지식을 이해하고 기능을 습득하여 변화하는 산업 사회에서 요구하는 관련 분야의 직무를 창의적으로 수행할 수 있는 능력과 태도를 기른다.</td></tr>
<tr><td>교수-학습 방법 및 평가상의 유의점</td><td colspan="2">- ‘피부 관리’, ‘공중보건’ 과목과 연계하여 지도하고, ‘헤어 스타일 디자인’ 영역은 컴퓨터를 통하여 심화시켜 지도한다.
- 반복적인 실습을 통하여 숙달되도록 지도하고, 실기 평가에서는 결과뿐만 아니라 준비 및 과정도 중요시하고, 될 수 있는 한 지도 단위별로 실시하여 평가의 타당성을 높인다.</td></tr>
<tr><td>내용</td><td>미용의 의의와 발달</td><td>- 미용의 의의
- 미용의 발달</td></tr>
</table>

	모발 미용의 원리	- 모발의 분류 - 모발의 구조 - 모발의 생성 및 성장
	헤어 샴푸와 린스	- 헤어 샴푸 - 헤어 린스 - 헤어 샴푸잉 실습
	헤어 컷	- 헤어 컷의 도구 - 헤어 컷의 방법 - 헤어 컷의 종류
	퍼머넌트 웨이브	- 퍼머넌트 웨이브의 원리 - 퍼머넌트 웨이브의 방법
	헤어 염색	- 염색의 종류 - 염색의 방법 - 염색의 실제
	헤어 세팅	- 헤어 세팅의 목적 - 헤어 세팅의 종류와 방법
	헤어 스타일 디자인	- 얼굴형에 따른 헤어 디자인 - 체형에 어울리는 헤어 디자인
	메이크업	- 메이크업 목적 - 메이크업의 종류와 방법

<표 2-15> 피부 관리

<table>
<tr><th>성격</th><td colspan="2">피부를 과학적으로 건강하게 보호하고 아름답게 손질할 수 있는 기본적인 지식과 기능을 익혀 산업 사회에서 요구하는 피부 관리 관련 전문 직업인을 양성함으로써 산업 발전에 도움을 주기 위한 과목이다.</td></tr>
<tr><th>목표</th><td colspan="2">피부 관리에 관한 지식과 기능을 습득하여 피부를 건강하게 하고 피부 상태에 맞게 아름다움을 창출할 수 있는 능력과 태도를 기른다.</td></tr>
<tr><th>교수-학습 방법 및 평가상의 유의점</th><td colspan="2">- ‘헤어 미용’, ‘공중보건’ 과목과 연계하여 지도한다.
- 실습에 역점을 두고 현장 견학의 교수·학습 방법을 병행하고 평가에서는 결과뿐만 아니라 준비 및 과정도 중요시하고, 될 수 있는 한 지도 단위별로 실시하여 평가의 타당성을 높인다.</td></tr>
<tr><th rowspan="2">내용</th><td>피부 관리의 이해</td><td>- 피부 관리의 개념
- 피부관리사의 자세</td></tr>
<tr><td>피부의 구조와 기능</td><td>- 근육과 골격
- 피부의 구조 및 생리
- 피부의 기능
- 피부의 부속 기관</td></tr>
</table>

		- 화장품과 피부
	피부의 유형	- 피부의 유형과 평가 - 피부 관리의 실제
	피부의 색소 침착	- 색소 침착의 원인 - 색소 침착의 처치 방법
	여드름	- 여드름 발생의 원인과 분류 - 여드름 피부의 손질법

<표 2-16> 공중보건

성격	국민 전체 또는 지역사회 주민의 질병을 예방하고 수명을 연장하며, 신체적, 정신적 건강을 증진시키는데 도움을 주기 위한 과목이다.	
목표	공중보건에 관한 전문 지식을 이해하고, 여러 가지 질병의 예방, 관리 등에 있어서 자신과 지역사회를 보호하고 관련 직무에 활용할 수 있는 능력과 태도를 기른다.	
교수-학습 방법 및 평가상의 유의점	- 미용 관련 학과의 과목과 연계하여 지도한다.	
내용	공중보건의 이해	- 공중보건의 개념 - 건강과 질병
	환경 위생	- 기후와 온열 요소 - 공기 - 물 - 주택
	식품 위생	- 식품과 미생물 - 식중독
	소독 및 전염병	- 소독 - 전염병 - 기생충 질환
	산업 보건	- 산업 보건 사업 - 산업 피로 및 산업 재해 - 직업병
	보건 관리	- 학교 관리 - 모자 관리 - 정신 보건 - 사고와 응급처치

2) 고등기술학교

고등기술학교는 산업현장에서 즉시 투입 가능한 기능 인력양성을 목표로 현장 적응력을 높이기 위한 실무 중심 교육을 제공하였다. 1년제 과정과 전공 과정으로 구분하였으며, 두 과정 모두 미용과, 이용과, 피부미용과를 편성·운영하였다.

1년제 과정 교육목표는 적성에 맞는 직업을 선택하고 해당 직무에 적응할 수 있도록 하였다. 과목은 위생법규, 소독법, 공중 보건학, 전염병학, 생리·해부학, 피부과학, 미용 기술, 피부 미용 기술, 이용 기술, 화장품학으로 구성되어 과목별 목표와 내용을 제시하였다.

전공과 과정 교육목표는 실무 위주의 전문 지식과 기술을 습득하여 관련 분야로 진로를 선택할 수 있도록 하였으며 과목은 실습, 위생법규, 소독법, 공중 보건학, 전염병학, 생리·해부학, 피부과학, 미용 상담 심리학, 이용 상담 심리학, 미용 전기학, 색채학, 미용 이론, 화장품학, 이용 이론, 영양·식이요법, 피부 미용 이론, 자연 요법, 이용 전기학, 경영 관리, 지압·경락, 이·미용 전산 정보, 생활 체조, 기타 과목으로 구성하였다.

<표 2-17> 제7차 교육과정 고등기술학교 1년제 교육과정 편제표

과목명	목표	내용
위생법규	공중 위생법에 관련된 시설의 설비, 운영, 위생 관리 등에 관한 법적 지식을 습득하여, 관련 분야의 실무에 활용할 수 있다.	- 공중 위생법 - 공중 위생법 시행령 - 공중 위생법 시행 규칙 - 이·미용실 및 피부 미용실의 위생 업무
소독법	이·미용 및 피부 미용 분야의 소독에 관한 지식을 습득하여, 관련 분야의 실무에 활용할 수 있다.	- 소독의 기초 - 세균 - 일반적인 소독 방법 - 이·미용 및 피부 미용의 소독 방법
공중 보건학	공중위생에 관한 기초 지식을 습득하여, 관련 분야의 실무에 활용할 수 있다.	- 공중보건의 개요 - 환경 위생 - 질병의 발생 및 전파 - 이·미용 및 피부 미용 분야와 위생
전염병학	전염병에 관한 기초 지식을 습득하고 전염병과 이·미용 및 피부 미용과의 관계를 이해하여, 관련 분야의 실무에 활용할 수 있다.	- 전염병학의 개요 - 전염병 종류와 전파 기전 - 전염병과 이·미용 및 피부 미용

생리·해부학	인체의 구조와 기능에 관한 기초 지식을 습득하고 생리·해부와 이·미용 및 피부 미용과의 관계를 이해하며, 관련 분야의 실무에 활용할 수 있다.	- 인체 생리의 개요 - 주요 기관의 구조와 기능 - 생리·해부와 이·미용 및 피부 미용
피부과학	피부와 모발의 구조 및 기능 등에 관한 기초 지식을 이해하며, 관련 분야의 실무에 활용할 수 있다.	- 피부의 구조와 기능 - 모발의 구조와 기능 - 피부와 모발의 관리 - 피부 질환의 종류와 예방 - 환경과 피부
미용 기술	미용에 관한 기초 지식과 기술을 습득하여, 관련 분야의 실무에 직접 활용할 수 있다.	- 미용 기기의 관리 및 사용 방법 - 머리카락 자르기 - 머리카락 모양내기 - 머리카락 색깔내기 - 머리 피부 및 머리카락 관리 - 손·발 관리 - 메이크업 - 미용실의 운영·관리
피부 미용 기술	피부 미용에 관한 기초 지식과 기술을 습득하여, 관련 분야의 실무에 직접 활용할 수 있다.	- 피부 미용 기기의 사용 방법 및 관리 - 얼굴 및 전신 마사지 - 체형 관리 - 향요법(아로마테라피) - 손·발 관리 - 제모 - 피부 미용실의 운영·관리
이용 기술	이용에 관한 기초 지식과 기술을 습득하여, 관련 분야의 실무에 직접 활용할 수 있다.	- 이용 기기의 사용 방법 및 관리 - 머리카락 자르기 - 화장과 면도 - 머리 피부 및 머리카락 관리 - 머리카락 색깔내기 - 이용실의 운영·관리
화장품학	화장품 원료와 제조 과정 및 사용 방법에 관한 기초 지식을 습득하여, 관련 분야의 실무에 활용할 수 있다.	- 화장품의 원료와 특성 - 화장품의 제조 - 화장품의 종류, 특성 및 사용 방법 - 세제의 종류, 특성 및 사용 방법 - 세제의 성분과 제조 방법

<표 2-18> 제7차 교육과정 고등기술학교 전공과 교육과정 편제표

학 과	과 목	
미용과 피부미용과 이용과	- 실습 - 위생법규 - 소독법 - 공중 보건학 - 전염병학 - 생리·해부학 - 피부과학 - 미용 상담 심리학 - 이용 상담 심리학 - 미용 전기학 - 색채학 - 미용 이론	- 화장품학 - 이용 이론 - 영양·식이요법 - 피부 미용 이론 - 자연 요법 - 이용 전기학 - 경영 관리 - 지압·경락 - 이·미용 전산 정보 - 생활 체조 - 기타 과목

5절. 2007 개정 교육과정(2009년~2010년)★

★ 제○차 교육과정에서 20○○ 개정 교육과정으로 명칭이 변경된 이유
- 차수 방식의 한계
- 개정 연도 중심은 유연한 부분 개정 가능
- 교육과정이 진화하고 있다는 의미 부여

2007 개정 교육과정은 21세기 정보·세계화 시대의 흐름에 부응하여 교육의 질을 제고하고 공교육의 경쟁력을 강화하고자 마련되었다. 학생 중심의 자율성과 창의성을 강조하였으며, 진로 및 적성에 부합하는 다양한 교육 기회를 제공함으로써 비판적 사고력과 문제해결 능력을 함양하고자 하였다. 이를 통해 민주시민으로서의 의식과 자기 주도적 학습 역량을 갖춘 미래 인재를 양성하는 데 목적이 있다. 또한 단위학교의 교육과정 편성 및 운영에 대한 자율성이 확대되었으며 집중 이수제가 도입되어 학습 효율성과 선택의 폭을 넓혔다.

1) 고등학교

고등학교 교육과정은 국민 공통 기본 교육과정, 선택 중심 교육과정으로 편성되었다. 1~10학년까지 국민 공통 기본 교육과정, 11, 12학년은 선택 중심 교육과정으로 교과와 특별활동으로 편성·운영하였다. 교과는 보통교과와 전문교과로 구분하였으며, 특별활동은 자치활동, 적응활동, 계발활동, 봉사활동, 행사활동으로 편성·운영하였다.

실업계 고등학교의 전문교과는 농생명 산업, 공업, 산업 정보, 수산·해운, 가사·실업, 과학, 체육, 예술, 외국어, 국제에 관한 교과로 구분되었다. 미용은 가사·실업에 관한 교과로 분류되었으며 공통 필수 과목으로 인간발달, 전공 과목으로 헤어 미용, 피부 관리, 메이크업, 공중보건 4개 교과를 중심으로 미용 분야의 이론과 실무 역량을 체계적으로 습득할 수 있도록 연계하였다.

<표 2-19> 2007 개정 교육과정 고등학교 교육과정 편제표

공통 필수 과목	전공 과목
인간발달	헤어 미용 피부 관리 메이크업 공중보건

(1) 공통 필수 과목

<표 2-20> 인간발달

<table>
<tr><td>성격</td><td colspan="2">생명이 시작되는 순간부터 사망할 때까지 인간발달의 전 과정에 관한 전반적인 이해를 돕기 위하여 가사·실업 계열 모든 학과에서 공통으로 이수하는 필수 과목이다.</td></tr>
<tr><td>목표</td><td colspan="2">인간발달에 대한 개념과 각 발달 단계의 특성을 이해하여 관련 분야의 직무에 활용할 수 있는 능력과 태도를 기른다.</td></tr>
<tr><td>교수-학습 방법</td><td colspan="2">- 인간발달 단계 영역에서는 단계별 발달 특징을 이해할 수 있도록 견학, 과제 학습, 인터넷, 비디오 등의 다양한 교수·학습 매체를 활용하고 학습자의 생활 설계를 해보도록 지도한다.
- 성년기와 노년기의 발달에서는 저출산 고령 사회에 관한 토의가 이루어지도록 한다.</td></tr>
<tr><td>평가</td><td colspan="2">개념 이해 정도와 문제해결 능력에 중점을 두고 실시한다. 관찰, 토의 학습에 대한 평가는 학생들이 작성한 보고서와 태도, 발표력 등을 포함하여 평가한다.</td></tr>
<tr><td rowspan="2">내용</td><td>인간발달의 기초</td><td>- 발달의 성격
- 인간발달 이론</td></tr>
<tr><td>인간발달 단계</td><td>- 태아기
- 신생아기
- 영아기
- 유아기
- 아동기
- 청소년기
- 성인기
- 중년기
- 노년기</td></tr>
</table>

(2) 전공 과목

<표 2-21> 헤어 미용

<table>
<tr><td>성격</td><td>인간의 헤어, 두피 등의 상태를 건강하고 아름답게 손질할 수 있는 기본적인 지식과 실무능력을 습득할 수 있도록 구성한 과목이다.</td></tr>
<tr><td>목표</td><td>헤어 미용에 관한 기초적인 지식을 이해하고 실무능력을 향상시켜 변화하는 산업 사회에서 요구되는 헤어 관련 분야의 직무를 창의적으로 수행할 수 있는 능력과 태도를 기른다.</td></tr>
<tr><td>교수-학습 방법</td><td>- '피부 관리', '메이크업', '공중보건' 과목과 연계하여 지도한다.
- 기초 이론과 실무 중심의 실습을 통하여 숙달되도록 하며, 봉사활동, 견학, 현장실습을 통하여 실무능력을 높이도록 지도한다.
- '헤어 스타일 디자인' 영역은 컴퓨터 프로그램을 활용하여 심화시켜 지도한다.
- 헤어 미용의 실무 관련 영역에서는 헤어 미용 제품의 사용과 환경 오염 문제를 연계하여 지도한다.</td></tr>
</table>

평가	- 헤어 미용의 숙달 정도를 고려하여 평가 방법과 시기를 계획하고 실시하되, 일부 특정 내용이나 영역에 치우치지 않도록 한다. - 실습에서는 실습을 위한 계획, 준비, 과정, 정리 정돈, 결과 등의 단계별 과정 평가와 지도 시간 단위별 평가를 실시하여 타당도와 신뢰도를 높인다. - 봉사활동, 견학, 현장실습은 학생들이 작성한 보고서와 발표 등을 평가한다.	
내용	미용의 의의와 발달	- 미용의 의의 - 미용의 발달 - 미용인의 진로와 자세
	모발의 원리	- 모발의 분류 - 모발의 구조 - 모발의 생성 및 성장
	모발과 두피의 진단 및 관리	- 모발과 두피의 진단 - 모발과 두피의 관리
	헤어 샴푸와 린스	- 헤어 샴푸 - 헤어 린스 - 헤어 샴푸의 실제
	헤어 스타일 디자인	- 헤어 디자인의 원리와 요소 - 헤어 스타일의 선택
	헤어 컷	- 헤어 컷의 도구 - 헤어 컷의 방법 - 헤어 컷의 종류
	헤어 세팅	- 헤어 세팅의 원리와 도구 - 헤어 세팅의 종류와 방법
	퍼머넌트 웨이브	- 퍼머넌트 웨이브의 원리 - 퍼머넌트 웨이브의 실제
	헤어 컬러링	- 헤어 컬러링의 원리 - 헤어 컬러링의 종류 - 헤어 컬러링의 방법 - 헤어 컬러링의 실제

<표 2-22> 피부 관리

성격	피부를 과학적으로 건강하게 보호하고 개선시키며, 아름답게 손질할 수 있는 기초적인 지식과 실무능력을 습득할 수 있도록 구성한 과목이다.
목표	피부 관리에 관한 지식과 실무능력을 향상시켜 피부를 건강하게 하고 고객의 피부 유형에 맞는 관리 방법을 실제에 적용하여 아름다움을 창출할 수 있는 능력과 태도를 기른다.
교수-학습 방법	- '헤어 미용', '메이크업', '공중보건' 과목과 연계하여 지도한다. - 각 영역에서는 현장에서 사용되는 소프트웨어를 활용하여 지도한다. - 피부 관리의 실제와 관련된 영역은 현장 견학 및 실습을 병행하여 지도한다.

	- 기초 이론과 실무 중심의 실습을 통하여 숙달하도록 하며, 지역사회의 봉사활동과 연계하여 실무능력을 높이도록 지도한다.
평가	- 평가 방법과 시기를 계획하고 실시하되 일부 특정 내용이나 영역에 치우치지 않도록 한다. - 실습에서는 실습을 위한 계획, 준비, 과정, 정리 정돈, 결과 등의 단계별 과정 평가와 지도 시간 단위별 평가를 실시하여 타당도와 신뢰도를 높인다. - 봉사활동, 견학, 현장실습은 학생들이 작성한 보고서와 발표 등을 평가한다.

<table>
<tr><td rowspan="6">내용</td><td>피부 관리의 이해</td><td>- 피부 관리의 개념
- 피부관리사의 자세 및 진로</td></tr>
<tr><td>피부의 구조와 기능</td><td>- 근육과 골격
- 피부의 구조
- 피부의 생리적 기능
- 피부의 부속 기관
- 근육과 골격과 림프계</td></tr>
<tr><td>피부의 유형</td><td>- 피부의 유형과 평가
- 피부의 유형별 관리
- 여드름 발생 원인과 관리
- 색소 침착의 원인과 관리</td></tr>
<tr><td>피부 관리 화장품</td><td>- 피부 관리 화장품의 성분
- 피부 관리 화장품의 종류</td></tr>
<tr><td>피부 관리 기기</td><td>- 사용 목적과 효과
- 기기 사용과 유의사항
- 피부 관리 기기를 활용한 관리의 실제</td></tr>
<tr><td>피부 관리의 실제</td><td>- 안면 관리
- 전신 관리
- 손·발 관리</td></tr>
</table>

<표 2-23> 메이크업

성격	인간의 외모를 건강하고 아름답게 가꾸며 다양한 개성 표현과 목적에 맞게 메이크업을 할 수 있는 지식과 실무능력을 습득할 수 있도록 구성된 과목이다.
목표	메이크업에 대한 지식과 실무능력의 향상을 통하여 메이크업 관련 분야의 직무를 창의적으로 수행할 수 있는 능력과 태도를 기른다.
교수-학습 방법	- '헤어 미용', '피부 관리', '공중보건' 과목과 연계하여 지도한다. - '메이크업과 색채 활용' 영역과 '메이크업 방법' 영역은 현장에서 사용되는 소프트웨어를 활용하여 지도한다. - 메이크업의 실제와 관련된 영역은 현장 견학, 현장실습 및 실습을 병행하여 지도한다.
평가	- 평가 방법과 시기를 계획하고 실시하되 일부 특정 내용이나 영역에 치우치지 않도록 한다. - 실습에서는 실습을 위한 계획, 준비, 과정, 정리 정돈, 결과 등의 단계별 과정 평가와 지도 시간 단위별 평가를 실시하여 타당도와 신뢰도를 높인다. - 봉사활동, 견학, 현장실습은 학생들이 작성한 보고서와 발표 등을 평가한다.

내용	메이크업의 의의와 발달	- 메이크업의 의의 - 메이크업의 발달 - 메이크업 아티스트의 자세와 진로
	메이크업의 분류 및 도구	- 메이크업의 분류 - 메이크업의 기본 도구 - 메이크업의 준비
	메이크업과 색채 활용	- 피부와 색채 - 메이크업 디자인과 색채 활용
	메이크업 화장품	- 베이스 화장품 - 포인트 화장품
	메이크업 방법	- 얼굴의 비율수정 - 베이스 화장 - 눈 화장 - 입술 화장 - 볼 화장
	메이크업의 종류	- 네추럴 메이크업 - 브라이덜 메이크업 - 패션 메이크업 - 포토 메이크업 - 페이스 페인팅
	네일아트	- 손톱의 구조와 특성 - 인조 손톱과 도구 - 네일 디자인 - 네일 기기의 사용

<표 2-24> 공중보건

성격	질병을 예방하고 수명을 연장하며 신체적, 정신적 건강을 증진시키는 데 도움을 주기 위하여 공중보건에 대한 기초 지식과 관련 분야별 예방, 관리 방법 등을 습득할 수 있도록 구성한 기초 과목이다.
목표	공중보건의 개념을 이해하고, 여러 가지 질병의 예방, 관리 등에 대한 지식과 실무능력을 습득하여 관련 직무에 활용할 수 있는 능력과 태도를 기른다.
교수-학습 방법	- '환경 위생', '식품 위생', '소독 및 전염병', '산업 보건', '정신 보건', '보건 관리' 영역은 사례 중심 학습 방법을 적용한 후 소집단 토론을 통해 문제해결 방안을 모색할 수 있도록 지도한다. - 각 영역에서는 사진, 슬라이드, 비디오, OHP, 동영상, NIE 등 다양한 매체를 활용하여 현장감 있게 지도한다. - 지역사회와 학교의 여건, 전공별 특성을 고려하여 지역사회 자원 인사의 활용하거나, 팀티칭을 적용하여 지도한다.

평가	- 공중보건의 이론은 개념 이해, 응용, 창의적인 사고와 실용적인 면에 중점을 둔 문제해결 능력을 평가한다. - 토론에 대한 평가는 학생들이 작성한 보고서를 활용하여 평가한다.	
내용	공중보건의 이해	- 공중보건의 개념 - 건강과 질병
	환경 위생	- 기후와 온열 요소 - 공기 - 물 - 주택
	식품 위생	- 식품과 미생물 - 식중독
	소독 및 전염병	- 소독 - 전염병 - 기생충 질환
	산업 보건	- 산업 보건 사업 - 산업 피로 및 산업 재해 - 직업병 - 사고와 응급처치
	정신 보건	- 정신 건강과 정신 보건 - 발달 과업과 정신 건강 - 정신 질환
	보건 관리	- 학교 보건 - 모자 보건
	의료 법규	- 의료 법규 - 전염병 관계 법규

2) 고등기술학교

고등기술학교는 평생교육 체제 내에서 적성 기반 진로 설계와 직업 역량 향상을 목적으로 운영되는 교육기관으로 산업현장 중심의 실무형 인재 양성을 지향하였고 교육은 기술 전문성과 함께 기초 소양 및 인성 함양에 중점을 두었다. 고등기술학교의 미용교육은 1년제 과정과 2년제 전공 과정으로 운영되었으며, 이용과, 미용과, 피부미용과를 편성하여 운영하였다.

1년제 과정은 국민 보건 위생과 밀접한 관계가 있는 미용 분야에 대한 지식과 기능을 습득하여 관련 분야의 실무를 수행할 수 있도록 목표를 하였다. 과목은 미용 기술, 피부 미용 기술, 이용 기술, 화장품학, 위생법규, 소독법, 공중 보건학, 피부·생리로 구성하여 과목별 목표와 내용을 제시하였다.

<표 2-25> 2007 개정 교육과정 고등기술학교 1년제 교육과정 편제표

과목명	목표	내용
미용 기술	미용에 관한 기초 지식과 기술을 습득하여, 관련 분야의 실무에 직접 활용할 수 있다.	- 미용 기기의 관리 및 사용 방법 - 머리카락 자르기 - 머리카락 모양내기 - 머리카락 색깔내기 - 머리 피부 및 머리카락 관리 - 손·발 관리 - 메이크업 - 미용실의 운영·관리
피부 미용 기술	피부 미용에 관한 기초 지식과 기술을 습득하여, 관련 분야의 실무에 직접 활용할 수 있다.	- 피부 미용 기기의 사용 방법 및 관리 - 얼굴 및 전신 마사지 - 체형 관리 - 향요법(아로마테라피) - 손·발 관리 - 제모 - 피부 미용실의 운영·관리
이용 기술	이용에 관한 기초 지식과 기술을 습득하여, 관련 분야의 실무에 직접 활용할 수 있다.	- 이용 기기의 사용 방법 및 관리 - 머리카락 자르기 - 화장과 면도 - 머리 피부 및 머리카락 관리 - 머리카락 색깔내기 - 이용실의 운영·관리
화장품학	화장품 원료와 제조 과정 및 사용 방법에 관한 기초 지식을 습득하여, 관련 분야의 실무에 활용할 수 있다.	- 화장품의 원료와 특성 - 화장품의 제조 - 화장품의 종류, 특성 및 사용 방법 - 세제의 종류, 특성 및 사용 방법 - 세제의 성분과 제조 방법 - 화장품의 안전성
위생법규	공중 위생법에 관련된 시설의 설비, 운영, 위생 관리 등에 관한 법적 지식을 습득하여, 관련 분야의 실무에 활용할 수 있다.	- 공중 위생법 - 공중 위생법 시행령 - 공중 위생법 시행 규칙 - 이·미용실 및 피부 미용실의 위생 업무
소독법	이·미용 및 피부 미용 분야의 소독에 관한 지식을 습득하여, 관련 분야의 실무에 활용할 수 있다.	- 소독의 기초 - 세균 - 일반적인 소독 방법 - 이·미용 및 피부 미용의 소독 방법
공중 보건학	공중 위생에 관한 기초 지식을 습득하여, 관련 분야의 실무에 활용할 수 있다.	- 공중보건의 개요 - 환경 위생 - 질병의 발생 및 전파 - 이·미용 및 피부 미용 분야와 위생

피부·생리	피부와 모발의 구조 및 기능, 인체의 구조와 기능에 관한 지식을 습득하고 피부·생리와 이·미용 및 피부미용과의 관계를 이해하여, 관련 분야의 실무에 활용할 수 있다.	- 인체와 피부, 모발의 개요 - 피부와 모발의 관리 - 피부·생리와 이·미용 및 피부 미용 - 피부 질환의 종류와 예방

전공과 과정은 보다 전문적인 실무 지식과 기술을 심화하여 미용 관련 분야에 진로 선택을 지원하는데 중점을 두었다. 총 45개 과목으로 구성되며, 구체적인 과목 편성은 〈표 2-26〉으로 정리하여 제시하였다. 해당 교과목들은 이론과 실습이 병행되도록 설계되어 현장 적응력과 전문성을 동시에 배양하도록 구성되었다. 이후 고등기술학교는 2007 개정 교육과정을 끝으로 폐지되었다.

<표 2-26> 2007 개정 교육과정 고등기술학교 전공과 교육과정 편제표

학과	선택 과목	
	- 코디네이트 미학	- 미용 색채학
	- 스포츠 마사지	- 미용과 식이
	- 공중 위생학	- 사진학 개론
미용과	- 모발과학	- 복식 문화
	- 미용개론	- 모발 및 두피 관리학
	- 미용 경영	- 피부학
	- 소독법과 전염병학	- 남성 헤어
	- 기초 드라이 실습	- 이용 이론
	- 기초 메이크업 실습	- 인체 생리학
	- 기초 파마 실습	- 무대 분장
	- 기초 커트 실습	- 지압과 경락 실습
피부미용과	- 기초 피부 관리 실습	- 특수 분장 실습
	- 전공 실무 연수	- 특수 피부 관리 실습
	- 임상 헤어	- 포트폴리오 작성법
	- 피부 미용 작품 발표	- 응용 파마 실습
	- 피부 미용 세미나	- 응용 메이크업 실습
	- 발 반사학	- 응용 드라이 실습
	- 전공 과목	- 여드름 피부 관리
	- 일러스트레이션 실습	- 마사지 임상 실습
이용과	- 경제학 개론	- 미용 전기학
	- 교육과정의 이해	- 보디 페인팅
	- 인사 관리	- 기타 과목
	- 미용 문화사	

6절. 2009 개정 교육과정(2011년~2017년)

2009 개정 교육과정은 2007 개정 교육과정이 안고 있던 과도한 학습 내용과 현장 적용의 어려움 등 실천적 한계를 보완하고자 마련된 교육과정이다. 이 개정안은 학교 교육의 자율성과 창의성 확대, 역량 중심 교육체제로의 전환을 지향하며, 미래 사회가 요구하는 인재 양성을 중심 목표로 설정하였다. 교육적 인간상으로는 자주적인 삶을 살아가는 자주인, 창의적 사고력을 지닌 창의인, 전통과 감성을 바탕으로 한 문화인, 세계와 소통하고 협력하는 세계인의 네 가지 인격적 특성을 통합한 '창의적 미래 인재'를 제시하였다. 이를 실현하기 위해 국가 수준, 지역 수준, 학교 수준에서 각각 교육과정을 수립하고 유기적이고 상호보완적인 체계로 운영하도록 하였다.

고등학교는 학생의 적성과 소질에 맞는 진로 개척 능력과 세계 시민으로서의 자질을 함양하는 데 중점을 두고 1~9학년까지는 공통 교육과정, 10~12학년까지는 선택 교육과정을 3년으로 확대하여 편성·운영하였다. 선택 교육과정으로는 교과(군)와 창의적 체험활동을 편제하여 교과(군)는 보통교과와 전문교과로 나누고 교과 영역별·교과(군)별 최소 필수 이수 단위를 제시하였다. 창의적 체험활동은 자율활동, 동아리활동, 봉사활동, 진로활동으로 편성하였다.

2009 개정 교육과정 시기는 실업계 고등학교가 특성화 고등학교로 전환되기 시작한 중요한 전환점이었다. 이 과정에서 미용교육은 전문교과 중 가사·실업 계열로 편성·운영하였다. 가사·실업 계열의 학생들은 가사·실업 관련 분야의 업무에 소질, 적성, 능력이 유사한 학생을 대상으로 관련 산업 분야의 인재 육성을 목표로 하였다. 미용교육의 필수 이수 과목은 인간발달, 생활 서비스 산업의 이해 두 과목이며, 전공 과목으로는 헤어 미용, 피부 미용, 메이크업, 공중보건을 편제하였다. 교육과정 총론에서는 과목별 목표, 내용 체계, 교수-학습 방법, 평가를 제시하였다.

<표 2-27> 2009 개정 교육과정 가사·실업 계열 교육과정 편제표

필수 이수 과목	전공 과목
인간발달 생활 서비스 산업의 이해	헤어 미용 피부 미용 메이크업 공중보건

(1) 필수 이수 과목

<표 2-28> 인간발달

<table>
<tr><td>목표</td><td colspan="2">‘인간발달’ 과목은 생명이 시작되는 순간부터 사망까지 인간발달의 전 과정에 관한 전반적인 이해를 돕기 위하여 가사·실업 계열의 모든 학과에서 공통으로 이수하는 필수 과목이며, 인간발달에 대한 개념과 각 발달 단계의 특성을 이해하여 가사·실업 계열 모든 학과에서 활용할 수 있는 기초 역량을 기른다.</td></tr>
<tr><td rowspan="3">내용체계</td><td>영역</td><td>내용 요소</td></tr>
<tr><td>인간발달의 기초</td><td>- 발달의 특성
- 인간발달 이론</td></tr>
<tr><td>인간발달 단계</td><td>- 태아기 - 영아기
- 유아기 - 아동기
- 청소년기 - 성년기
- 중년기 - 노년 전·후기</td></tr>
<tr><td>교수-학습 방법</td><td colspan="2">- 기준학과의 특성을 고려하되 학과별 직무 수행 과정에서 만나는 대상자들의 발달 특성을 이해하고, 인간에 대한 긍정적 이해가 성공적인 사회생활의 기초임을 인식하도록 한다.
- 인간발달의 각 단계에서는 신체, 인지, 정서, 사회성, 언어 등 모든 발달 분야가 균형 있게 통합적으로 다루어지도록 유의한다. 발달 특성과 관련된 개인의 문제를 찾아내고 해결해 봄으로써 문제해결 능력과 의사 결정에서 합리적인 사고가 이루어지도록 한다.</td></tr>
<tr><td>평가</td><td colspan="2">- 평가는 수업 시간에 수업 활동을 통한 과정 평가가 이루어지도록 한다.
- 인간발달 이론에 대한 평가는 정확한 개념과 원리의 이해, 실생활에서의 응용력, 주어진 상황에서의 문제해결 능력에 중점을 두고 실시한다.
- 관찰, 견학 등의 수행평가는 내용 영역에 따라 연구 보고서, 포트폴리오 등의 결과물뿐만 아니라 이러한 과제를 수행할 수 있는 능력, 발표력, 태도 등의 과정 전반을 포함하여 평가한다.
- 조사, 토론 학습에 대한 평가는 목표의 성취기준을 명확히 제시해 주고, 학습 과정에서의 어려움이나 알게 된 점, 수업 활동의 좋은 점 등 학생의 ‘자기평가’를 병행하도록 한다.</td></tr>
</table>

<표 2-29> 생활 서비스 산업의 이해

<table>
<tr><td>목표</td><td colspan="2">‘생활 서비스 산업의 이해’ 과목은 가사·실업 계열의 모든 학교에서 공통으로 이수하는 필수 과목으로 이 분야 산업에 대한 일반적인 지식과 기술을 습득하고, 이 분야 직업인으로서 갖추어야 할 태도와 가치관을 가질 수 있도록 구성된 과목이다. 가정생활에 관계되는 산업에 관한 기초적·기본적인 지식과 기술을 습득하고, 생활 서비스 산업의 사회적인 의의와 역할을 이해하며, 직업 생활과 윤리를 인식하여 진로 계획을 수립하고 실천할 수 있는 능력과 태도를 기른다.</td></tr>
<tr><td rowspan="2">내용체계</td><td>영역</td><td>내용 요소</td></tr>
<tr><td>생활 서비스 산업 발전과 전망</td><td>- 생활 서비스 산업의 발전
- 미래 사회의 변화와 생활 서비스 산업의 전망</td></tr>
</table>

	생활 서비스 산업과 직업	- 식생활 관련 분야 - 의생활 관련 분야 - 주생활 관련 분야 - 미용 관련 분야 - 보건·복지 관련 분야 - 관광 관련 분야
	생활 서비스 산업 정보의 활용과 관리	- 생활 서비스 산업 정보의 종류와 활용 의의 - 생활 서비스 산업 정보원과 정보 윤리 - 생활 서비스 산업 정보의 활용과 관리 실제
	직업 사회와 진로 계획	- 직업 사회 - 직업윤리 - 근로자의 권리와 의무 - 진로 계획 수립과 실천
교수-학습 방법	- 이 과목의 내용은 기준학과의 특성을 고려하되 학과별로 관련되는 산업 및 직업 세계에 대해 이해하고, 이 분야 직업인으로서 필요한 태도와 가치관을 갖출 수 있도록 지도한다. - 다양한 매체 활용, 현장 견학, 체험 활동 등을 통하여 학습하고, 정보 기기와 네트워크를 활용하여 필요한 정보를 직접 수집, 처리, 분석, 활용할 수 있도록 지도한다. 안전한 정보 활용과 관리자로서 필요한 윤리를 이해하고 실천할 수 있도록 한다.	
평가	- 평가는 원리의 이해, 응용, 창의적인 사고와 실용적인 측면에 중점을 두고 실시한다. 개념의 이해와 관련 지식은 단순한 습득 정도보다는 상황에서의 문제해결 능력에 중점을 두고 실시한다. - 과제나 연구 보고서 등 수행평가는 사전에 평가 방법을 안내하여 학생들이 스스로 계획하여 실시하되 일부 특정 내용이나 영역에 치우치지 않도록 한다. - 관찰, 견학, 조사, 토론 학습에 대한 평가는 수업 시간을 이용하여 학생들이 작성한 보고서와 태도, 발표력 등을 평가하되 학생의 '자기평가'를 병행하도록 한다.	

(2) 전공 과목

<표 2-30> 헤어 미용

목표	'헤어 미용' 과목은 모발, 두피 등의 상태를 건강하고 아름답게 손질할 수 있는 기본적인 지식과 실무능력을 습득하여 헤어 미용과 관련된 문제해결 능력과 대인 관계 능력, 창의적인 표현 능력 등을 배양하여 전문 직업인으로서 미용산업 발전에 이바지할 수 있도록 하기 위한 과목이다. 헤어 미용에 관한 기초적인 지식을 이해하고 실무능력을 향상해 변화하는 산업 사회에서 요구하는 헤어 관련 분야의 직무를 창의적으로 수행할 수 있는 능력과 태도를 기른다.	
내용체계	영역	내용 요소

	미용의 의의와 발달	- 미용의 의의 - 미용의 변천 - 미용인의 자세와 진로
	모발의 이해	- 모발의 생성과 성장 - 모발의 구조와 특성 - 모발의 분류
	모발과 두피의 진단 및 관리	- 모발과 두피의 진단과 분석 - 모발과 두피 관리의 실제
	헤어 샴푸와 헤어트리트먼트	- 헤어 샴푸의 구성 성분과 종류 - 헤어트리트먼트의 구성 성분과 종류 - 헤어 샴푸와 헤어트리트먼트의 실제
	헤어스타일 디자인	- 헤어 디자인의 원리와 요소 - 헤어스타일의 실제
	헤어 커트	- 헤어 커트의 도구 - 헤어 커트의 방법 - 헤어 커트의 실제
	헤어 세팅	- 헤어 세팅의 원리와 도구 - 헤어 세팅의 방법 - 헤어 세팅의 실제
	퍼머넌트 웨이브	- 퍼머넌트 웨이브의 원리와 도구 - 퍼머넌트 웨이브의 와인딩 방법 - 퍼머넌트 웨이브의 실제
	헤어 컬러링	- 헤어 컬러링의 원리와 도구 - 헤어 컬러링의 방법과 종류 - 헤어 컬러링의 실제
교수-학습 방법	- 다른 미용 관련 과목과 밀접한 교육 영역이므로 '피부 미용', '메이크업', '공중보건' 과목과 연계하여 지도하되 미용 전 분야를 아우를 수 있도록 지도한다. - 미용 기능은 단기간의 지식 습득이나 실습으로 숙달되기 어려우므로 기초 이론을 충분히 이해하고, 창의적 체험활동과 연계하여 실무 중심의 반복 실습을 통하여 숙달되도록 지도한다. - 미용 시술에 필요한 기기와 도구의 사용법을 정확히 숙지하고 인체에 사용 시 주의를 할 수 있도록 지도한다. - 헤어 미용은 대인 서비스 분야이므로 기능 교육과 함께 인성 교육, 위생 교육을 연계하여 지도한다. 세계화 시대에 맞는 미용 분야의 직업 세계 변화와 연계하여 학생들이 스스로 진로를 탐색하고 선택할 수 있도록 지도한다.	
평가	- 헤어 미용의 실습 분야는 헤어 커트, 헤어 세팅, 퍼머넌트 웨이브, 헤어 컬러링, 샴푸와 트리트먼트, 모발과 두피 케어 등 다양하게 구성되어 있으므로 헤어 미용의 숙달 정도를 고려하여 평가 방법과 시기를 계획하고 시행하되 일부 특정 내용이나 영역에 치우치지 않도록 한다.	

	- 실습에 임하는 자세와 진행 과정은 현장 실무에서 중요한 부분이므로 평가에서도 실습을 위한 계획, 준비, 과정, 정리·정돈, 결과 등의 단계별 과정 평가와 지도 시간 단위별 평가를 하여 수행 과정의 평가와 함께 타당도와 신뢰도를 높인다. - 봉사활동, 견학, 현장실습은 실무에 적응하기 위한 체험학습 과정이므로 보고서 및 태도, 발표력 등을 현장 실무와 연계시켜 이를 평가하도록 한다.

<표 2-31> 피부 미용

목표	'피부 미용' 과목은 피부를 과학적으로 건강하게 보호하고 개선하며 아름답게 손질할 수 있는 기초적인 지식과 실무능력을 습득할 수 있도록 구성한 과목이다. 피부 관리에 관한 지식과 실무능력을 향상해 피부를 건강하게 하고, 고객의 피부 유형에 맞는 관리 방법을 실제에 적용하여 아름다움을 창출할 수 있는 능력과 태도를 기른다.	
내용체계	영역	내용 요소
	피부 미용의 의의	- 피부 미용의 개념 - 피부 미용인의 자세와 진로
	피부의 이해	- 피부의 구조와 생리적 기능 - 피부 부속 기관의 구조와 생리적 기능 - 근육과 골격 및 혈관 림프계
	피부의 유형	- 피부의 유형 분석 - 피부의 유형별 관리 - 여드름 발생 원인과 관리 - 색소 침착의 원인과 관리
	피부 미용 화장품	- 피부 미용 화장품의 종류 - 피부 미용 화장품의 성분 - 피부 미용 화장품의 피부 흡수
	피부 미용 기기	- 피부 미용 기기의 종류와 기능 - 피부 미용 기기의 사용 방법 - 피부 미용 기기의 활용과 실제
	피부 미용의 실제	- 안면 관리 - 전신 관리 - 손발 관리
교수-학습 방법	- 다른 미용 관련 과목과 밀접한 교육 영역이므로 '헤어 미용', '메이크업', '공중보건' 과목과 연계하여 지도한다. - 피부 관리 능력은 단기간의 지식 습득이나 실습으로 숙달하기 어려우므로 기초 이론을 충분히 이해하고 창의적 체험활동과 연계하여 실무 중심의 반복 실습을 하여 숙달하도록 지도한다. - 실무 현장에서 활용되는 소프트웨어를 교수-학습 활동에 적용할 수 있도록 한다. - 피부 미용 시술에 필요한 도구와 기기의 사용법을 정확히 숙지하고 안전하게 사용할 수 있도록 지도한다. 피부 미용은 대인 서비스 분야이므로 기능 교육과 함께 인성 교육, 위생 교육을 연계하여 지도한다.	

평가	- 평가 방법과 시기를 계획하고 시행하되 피부 미용의 실습 분야에서는 얼굴 관리, 전신 관리, 경락, 손발 관리 등 다양하므로 일부 특정 내용이나 영역에 치우치지 않도록 평가한다. - 실습에 임하는 자세와 진행 과정은 현장 실무에서 중요한 부분이므로 평가에서도 실습을 위한 계획, 준비, 과정, 정리·정돈, 결과 등의 실습 단계별 과정 평가와 지도 시간 단위별 평가를 하여 수행 과정의 평가와 함께 타당도와 신뢰도를 높인다. - 봉사활동, 견학, 현장실습은 현장 실무에 적응하기 위한 체험학습 과정이므로 보고서 및 태도, 발표력 등을 현장 실무와 연계시켜 평가하도록 한다.

<표 2-32> 메이크업

목표	'메이크업' 과목은 종래의 단순한 개인 화장이나 신부 화장의 기본적 기술 수준을 벗어나 개개인의 특성과 필요성을 고려하고 보다 창의적이고 전문적인 메이크업 아티스트로서의 실무능력을 습득할 수 있도록 구성한 과목이며, 메이크업과 네일 미용에 대한 지식과 실무능력의 향상을 통하여 메이크업과 네일 미용 관련 분야의 직무를 창의적으로 수행할 수 있는 능력과 태도를 기른다.	
내용체계	영역	내용 요소
	메이크업의 의의와 발달	- 메이크업의 의의 - 메이크업의 변천 - 메이크업 아티스트의 자세와 진로
	메이크업과 색채	- 피부색과 색상의 조화 - 메이크업과 색채 활용
	메이크업 화장품	- 베이스 화장품 - 포인트 화장품
	메이크업의 분류와 도구	- 메이크업의 분류 - 메이크업의 기본 도구 - 메이크업의 준비
	메이크업의 방법	- 얼굴의 윤곽 수정 - 피부 화장 - 눈 화장 - 입술 화장 - 볼 화장
	메이크업의 실제	- 내추럴 메이크업 - 브라이들 메이크업 - 패션 메이크업 - 포토 메이크업 - 페이스 페인팅
	네일 미용	- 손톱과 발톱의 구조와 생리적 특성 - 네일 미용 기기와 도구 및 제품

		- 손톱과 발톱 관리 및 디자인 - 네일 미용의 실제
교수-학습 방법	- 다른 미용 관련 과목과 밀접한 교육 영역이므로 '헤어 미용', '피부 미용', '공중보건' 과목과 연계하여 지도한다. - 메이크업 기능은 단기간의 지식 습득이나 실습으로 숙달하기 어려우므로 기초 이론을 충실히 숙지하고, 창의적 체험활동과 연계하여 실무 중심의 반복 실습을 하여 숙달되도록 지도한다. - 네일 미용 시술에 필요한 도구와 기기 및 제품의 사용법과 소독법을 정확히 숙지하고 인체에 대하여 사용 시 주의할 수 있도록 지도한다. - 메이크업은 대인 서비스 분야이므로 기능 교육과 함께 인성 교육, 위생 교육을 연계하여 지도한다.	
평가	- 평가 방법과 시기를 계획하고 시행하되 메이크업의 실습 분야가 다양하므로 특정 내용이나 영역에 치우치지 않도록 평가한다. - 실습에 임하는 자세와 진행 과정은 현장 실무에서 매우 중요한 부분이므로 평가에서도 실습을 위한 계획, 준비, 과정, 정리·정돈, 결과 등의 실습 단계별 과정 평가와 지도 시간 단위별 평가를 하여 수행 과정의 평가와 함께 타당도와 신뢰도를 높인다. - 봉사활동, 견학, 현장실습은 현장 실무에 적응하기 위한 체험학습 과정이므로 보고서 및 태도, 발표력 등을 현장 실무와 연계시켜 평가하도록 한다.	

<표 2-33> 공중보건

목표	'공중보건' 과목은 국민 전체 또는 지역사회 주민의 건강 유지와 관련된 여러 분야의 내용을 포괄하고 있으며, 공중보건이 가지는 의미와 중요성을 이해하여 여러 가지 질병의 발병 현황과 종류, 특성 그리고 보건 관리 전반에 대한 지식을 이해할 수 있도록 구성한 과목이다. 보건 관리 전반에서 습득한 지식과 기술을 관련 직무에 활용할 수 있는 능력과 태도를 기른다.	
내용체계	영역	내용 요소
	공중보건의 이해	- 건강과 질병 - 공중보건의 개념과 발전
	환경 위생	- 기후 - 공기 - 물 - 주거 환경
	식품 위생	- 식품과 건강 - 식중독
	감염병 관리	- 감염병 - 감염 관리
	산업 보건	- 산업 보건 이해 - 산업 피로 및 산업 재해

		- 직업병 관리 - 사고와 응급 치료
	정신 보건	- 정신 보건의 이해 - 발달 과업과 정신 건강 - 정신 건강 문제 관리
	보건 관리	- 학교 보건 - 모자 보건 - 보건 의료 관계 법규
교수-학습 방법	- '공중보건' 과목의 개념 이해와 적용 능력 습득을 위해서는 실생활 예시를 많이 제공함으로써 쉽게 이해될 수 있도록 지도한다. 이를 위해 현장의 다양한 사례를 중심으로 한 학습을 통해 계획·운영하고 소집단 토론을 촉진하여 다양한 해결 방안을 모색하도록 한다. - 각 영역의 관련 내용 학습에서는 사진, 슬라이드, 비디오, PPT, 동영상, NIE 등 매체를 활용함으로써 직·간접적 체험을 할 수 있도록 지도한다. 팀별 토의 등 활동 중심의 과제와 내용을 포함하여 지도하며, 학습목표 달성에 유익하고 학습 동기를 촉진할 수 있는 관련 자료를 제시한다.	
평가	- '공중보건' 과목은 이론 중심 내용으로 개념 이해와 적용 능력 습득이 중요하다. 따라서 단원의 성격과 내용에 따라 문제해결 능력, 창의력, 의사 결정 능력 등 창의적 사고와 현장 체험을 통해 실용적인 면에 중점을 둔 문제해결 능력을 포함하여 평가한다. - 사례 중심 학습, 문제해결 학습 등을 통해 토론 활동을 유도한 학습은 팀별 토의를 통한 학생들의 참여도와 발표력, 작성한 보고서 등을 활용하여 평가한다. - 연구 보고서 등 수행평가는 사전에 평가 방법을 안내하여 학생들이 스스로 계획하여 실시하되 일부 특정 내용이나 영역에 치우치지 않도록 한다. - 관찰, 견학, 조사, 토론 학습에 대한 평가는 수업 시간을 이용하여 학생들이 작성한 보고서와 태도, 발표력 등을 평가하되 학생의 '자기평가'를 병행하도록 한다.	

7절. 2015 개정 교육과정(2018년~2024년)

2015 개정 교육과정은 미래 사회가 요구하는 핵심역량을 함양하여 바른 인성을 갖춘 창의·융합형 인재를 육성하는 것을 목표로 하였다. 인문학적 상상력과 과학기술 기반의 창조력을 고루 갖춘 인재를 기르기 위해 인문·사회·과학기술 분야의 기초 소양을 균형 있게 함양하고 학생의 적성과 진로에 기반한 선택학습을 강화하였다. 특히 교과 구성에 있어 핵심 개념 중심의 구조화된 학습 내용을 제시하였으며, 학습의 질을 높이기 위한 학습 중심 수업 및 과정 중심 평가를 강조하였다.

특성화 고등학교와 산업수요 맞춤형 고등학교에서는 국가직무능력표준(NCS)을 활용하여 산업 사회가 필요로 하는 기초 역량과 직무 능력을 함양 하였다. 편제는 교과(군)와 창의적 체험활동으로 편성하고 교과(군)는 보통교과와 전문교과로 구성하였으며, 전문교과는 전문교과Ⅰ, 전문교과Ⅱ로 구분하였다. 전문교과Ⅰ은 과학, 체육, 예술, 외국어, 국제 계열에 관한 과목이며 전문교과Ⅱ는 국가직무능력표준(NCS)에 의해 기존에 사용되었던 5개의 계열 분류 체계 대신 경영·금융, 보건·복지, 디자인·문화콘텐츠, 미용·관광·레저, 음식조리, 건설, 기계, 재료, 화학 공업, 섬유·의류, 전기·전자, 정보·통신, 식품 가공, 인쇄·출판·공예, 환경·안전, 농림·수산·해양, 선박 운항의 총 17개 교과(군)로 분류되었다. 창의적 체험활동은 자율활동, 동아리활동, 봉사활동, 진로활동으로 운영하였다.

'가사·실업에 관한 교과'로 운영되었던 미용은 '미용·관광·레저(군)'로 변경되었다. 또한 새로운 교과 분류 체계가 도입됨에 따라 필수 과목과 선택 과목으로 운영되었던 것이 전문 공통 과목, 기초과목, 실무과목으로 분류되었다. 전문 공통 과목은 교과(군)와 상관없이 모든 학과에서 필수적으로 이수하도록 제시되어 '성공적인 직업생활' 교과가 신설되었다. 기초과목은 '미용의 기초', '미용 안전·보건'을 새롭게 개설하였고, 실무과목으로는 네일 미용이 추가되어 '헤어 미용', '피부 미용', '메이크업, '네일 미용'으로 운영되었다.

미용교육은 미용 분야의 기능과 기술을 바탕으로 자기 주도적으로 사고하고 실천하는 미용 시술 서비스를 담당할 실무 전문가 양성을 목적으로 인력양성 유형을 제시하고 학습자의 성취수준을 명확히 제시하기 위해 성취평가제를 도입하여 S, A, P 세 수준으로 구분하여 평가하였다. 교육과정 총론에서는 과목별 성격, 목표, 내용, 교수-학습, 평가 네 가지 영역으로 나누어 제시하였다.

<표 2-34> 2015 개정 교육과정 교육과정 편제표

구분	기준학과	전문 공통 과목	기초과목	실무과목	인력양성 유형
미용·관광·레저	미용과	성공적인 직업 생활	미용의 기초 미용·안전보건	헤어 미용 피부 미용 메이크업 네일 미용	미용사(헤어디자이너) 피부미용사(피부관리사) 메이크업 아티스트 손톱미용사(네일아티스트)
현장실습	산업체견학→산업체 체험학습→현장실습(인턴십)				

(1) 전문 공통 과목

<표 2-35> 성공적인 직업 생활

성격	'성공적인 직업 생활'은 교과(군)와 관계없이 선택할 수 있는 전문 공통 과목으로, 노동시장에 성공적으로 이행하기 위해 고등학교 재학 중에 학습해야 할 필요가 있는 내용을 학습하는 기초적인 성격의 과목이다. 따라서 '성공적인 직업 생활'은 특성화 고등학교나 산업수요 맞춤형 고등학교, 또는 전문교과를 주로 교육하는 고등학교의 어느 학과에서나 편성할 수 있다.	
목표	미래의 직업 생활에서 요구하는 기초적이고 실천적인 지식을 습득하고, 직업인으로서의 기본자세를 갖추어 성공적인 직업 생활을 준비할 수 있는 능력과 태도를 기른다.	
내용	내용 영역	내용 영역 요소
	일과 직업 생활	- 일과 직업의 가치 - 직업 생활의 의미 - 생애 발달과 직업적 성공
	기업과 산업 활동	- 기업과 기업 활동 - 제조업과 제품 생산 활동 - 서비스업과 서비스 생산
	직업 능력 개발과 평생 학습	- 직업기초능력의 종류와 향상 - 전공별 직무 수행 능력 탐색 - 경력 개발과 평생 학습의 의미
	취업과 창업	- 합리적인 의사 결정과 취업 - 취업 계획 수립과 구직 활동 - 창업과 기업가 정신
	근로관계와 산업 안전	- 근로관계와 법 - 고용 서비스와 사회 제도 - 산업 안전과 재해 예방 - 협력적인 노사 관계
	직업윤리와 직업사회	- 사회 문제와 직업윤리 - 미래의 직업 사회

교수-학습 방법	- 기본적인 개념과 원리를 바탕으로 변화하는 직업 세계를 이해할 수 있도록 한다. 기초과목이지만 다양한 전공 학생들의 성취수준, 취업 희망 분야 및 교육 환경 등을 고려하여 기본적인 개념과 원리를 효율적으로 학습할 수 있도록 지도한다. - 직업 현장의 소재와 핵심 지식을 이해할 수 있도록 지도하고, 이 과목과 관련된 일반과목, 전공 기초과목, 전공 실무과목의 통합 수업을 통하여 '몸으로 익히고 마음으로 느끼는 수업'이 되도록 지도한다. - 학생들이 취업 후 직장 생활에서 직면할 수 있는 다양한 상황에 적극적으로 대처할 수 있도록 다양한 사회적인 현안과 연계하여 지도한다.
평가	- 평가는 단순하고 지엽적인 문제보다는 원리의 이해, 응용, 종합적인 사고와 실용적인 측면에 중점을 두고 실시한다. - 수행평가는 사전에 평가 방법을 안내하여 학생들이 스스로 계획하여 수행하도록 하되, 일부 특정 내용이나 영역에 치우치지 않도록 한다. - 미래 직업인으로서 갖추어야 할 올바른 직업관을 확립하여 자아실현은 물론 산업 발전에 기여할 수 있는 능력을 기를 수 있도록 평가한다.

(2) 기초과목

<표 2-36> 미용의 기초

성격	사회의 발달과 경제 수준의 향상은 개인의 건강과 아름다움에 대한 관심을 고조시키고 있으며 미용산업 분야는 헤어 미용, 피부 미용, 메이크업, 네일 미용 등의 분야로 세분화, 전문화되었다. '미용의 기초' 과목은 각 분야별 미용에 관한 기초적인 지식을 이해하여 실무교과목과 연계할 수 있도록 구성한 교과목이다.	
목표	산업 사회에서 요구하는 미용 관련 직무를 창의적으로 수행할 수 있는 지식, 능력 및 태도를 배양하기 위해 미용에 관한 기초적 지식을 이해하고 습득하며, 축적된 지식을 실무교과목과 연계하여 실무능력을 향상시킨다.	
내용	내용 영역	내용 영역 요소
	미용의 의의와 발달	- 미용의 의의 - 미용의 변천 - 미용인의 자세와 진로
	모발의 이해	- 모발의 생성과 성장 - 모발의 구조와 특성 - 모발의 분류
	피부의 이해	- 피부의 구조와 생리적 기능 - 피부 부속 기관의 구조와 생리적 기능 - 근육과 골격 및 혈관 림프계
	메이크업과 색채	- 피부색과 색상의 조화 - 메이크업과 색채 활용

	손발톱의 이해	- 손톱과 발톱의 구조 및 생리적 특성 - 손톱과 발톱 관리
	고객 상담	- 고객 응대하기 - 고객 상담하기
교수-학습 방법	- '미용의 기초' 과목의 개념 이해와 적용 능력 습득을 위해 실생활 예시를 많이 제공함으로써 쉽게 이해할 수 있도록 지도한다. 현장의 다양한 사례 중심 학습을 계획·운영하고, 소집단 토론을 촉진하여 다양한 해결 방안을 모색하도록 한다. - 팀별 토의 등 활동 중심의 과제와 내용을 포함하여 지도하며 학습목표 달성에 유익하고 학습 동기를 촉진할 수 있는 관련 자료를 제시한다.	
평가	- '미용의 기초' 과목은 이론 중심 내용으로 개념 이해와 적용 능력 습득이 중요하므로 단원의 성격과 내용에 따라 창의적 사고와 현장 실무에 중점을 둔 문제해결 능력을 포함하여 평가한다. - NCS 수행준거에 제시되어 있는 실무 교과목의 내용을 성공적으로 수행할 수 있도록 미용 이론의 기초가 되었는지 평가한다. - 미용 산업체 견학, 현장실습, 봉사활동은 실무에 적응하기 위한 체험학습 과정이므로 보고서 및 태도, 발표력 등을 현장 실무와 연계하여 평가한다.	

<표 2-37> 미용 안전·보건

성격	'미용 안전·보건' 과목은 고객의 건강과 안전에 관련된 내용을 포괄하고 있으며 공중보건이 가지는 의미와 중요성을 이해하여 환경 위생·감염병 관리·산업 보건 등 미용업과 관련된 공중보건 영역과 미용사와 시술 공간의 위생을 관리하고 안전사고를 예방할 수 있도록 미용업 위생·안전 관리 전반에 대한 지식을 이해하여 고객에게 청결하고 안전한 서비스를 제공하기 위해 구성한 과목이다.	
목표	공중보건과 미용실 안전 및 위생에 관한 기초 지식과 기술을 미용 관련 직무에 활용할 수 있는 능력과 태도를 기른다.	
내용	내용 영역	내용 영역 요소
	공중보건의 이해	- 건강과 질병 - 공중보건의 개념과 발전
	환경 위생	- 기후 - 공기 - 물 - 소독법
	감염병 관리	- 감염병 - 감염 관리
	산업 보건	- 산업 보건의 이해 - 산업 피로 및 산업 재해 - 직업병 관리

		- 사고와 응급 치료
	미용업 위생 관리	- 미용사 위생 관리하기 - 미용업소 위생 관리하기
	미용업 안전 관리	- 미용업 안전사고 예방하기
교수-학습 방법	- 미용은 대인서비스업으로 한정된 공간에서 미용 서비스를 받기 위해 고객이 장시간 머물러 있어야 하고 사람의 신체를 대상으로 다양한 재료나 제품을 활용하여 서비스를 제공하는 분야이다. 공중보건과 위생의 과학적 지식이 기초가 되어야 하므로 실무 교과와 연계하여 지도하여 학생들의 이해를 돕도록 한다. - '미용 안전·보건' 과목의 개념 이해와 적용 능력 습득을 위해 실생활 예시를 많이 제공함으로써 쉽게 이해될 수 있도록 지도한다. 현장의 다양한 사례를 중심으로 한 학습을 계획, 운영하고 소집단 토론을 촉진하여 다양한 해결 방안을 모색하도록 한다.	
평가	- '미용 안전·보건' 과목은 이론 중심 내용으로 개념 이해와 적용 능력 습득이 중요하므로 단원의 성격과 내용에 따라 문제해결 능력, 창의력, 의사 결정 능력 등 창의적 사고와 현장 체험을 통해 실용적인 면에 중점을 둔 문제해결 능력을 포함하여 평가한다. - 사례 중심 학습, 문제해결 학습 등을 통해 토론 활동을 유도한 학습은 팀별 토의를 통한 학생들의 참여도와 발표력, 작성한 보고서 등을 활용하여 평가한다. - 미용 각 분야의 안전·위생관리는 NCS 수행준거에 제시되어 있는 내용을 성공적으로 수행할 수 있는지를 평가하고, 수행준거에 따른 지식·기술·태도의 습득 능력을 평가한다.	

(3) 실무과목

<표 2-38> 헤어 미용

성격	'헤어 미용' 과목은 미용 관련 기초 지식을 파악하고 미용 산업현장에서 요구하는 기능 및 기술을 함양하여 창의적 실무형 인재를 양성하기 위한 교과이다. 헤어 미용 직무 수행을 위해 필요한 미용 실기 능력을 습득하고, 대인 서비스를 위한 인성 함양을 위해 대인 관계 능력, 의사소통 능력, 문제해결 능력 등 직업 기초 능력을 습득하여 미용 현장에서 실무에 적용하는 능력을 기를 수 있도록 구성한 과목이다.	
목표	헤어 미용 현장에서 직무 수행을 위해 필요한 미용에 관한 기초적인 지식을 이해하고 헤어 미용 시술 서비스에 필요한 지식과 기술을 습득하여 현장 실무에 활용할 수 있다.	
내용	내용 영역(능력단위)	내용 영역 요소(능력단위 요소)
	미용업 안전 위생 관리 (1201010101_16v3)	- 미용사 위생 관리하기 - 미용 업소 위생 관리하기 - 미용업 안전사고 예방하기
	고객 응대 서비스 (1201010116_16v3)	- 데스크 안내 업무하기 - 대기 고객 응대하기 - 고객 배웅하기

	헤어 샴푸 (1201010118_16v3)	- 헤어 샴푸하기 - 헤어 트리트먼트하기
	특수 목적 샴푸 (1201010119_16v3)	- 특수 목적 샴푸하기 - 특수 목적 샴푸 마무리하기
	원랭스 헤어커트 (1201010128_16v3)	- 원랭스 헤어커트하기 - 원랭스 헤어커트 마무리하기
	그래쥬에이션 헤어커트 (1201010131_16v3)	- 그래쥬에이션 헤어커트하기 - 그래쥬에이션 헤어커트 마무리하기
	레이어 헤어커트 (1201010132_16v3)	- 레이어 헤어커트하기 - 레이어 헤어커트 마무리하기
	베이직 헤어펌 (1201010120_16v3)	- 베이직 헤어펌 준비하기 - 베이직 헤어펌하기 - 베이직 헤어펌 마무리하기
	매직프레스 헤어펌 (1201010122_16v3)	- 매직프레스 헤어펌하기 - 매직프레스 헤어펌 마무리하기
	헤어컬러 분석 (1201010124_16v3)	- 블리치 레벨 차트 만들기 - 헤어컬러 색상환 만들기 - 헤어컬러 보색 중화하기
	베이직 헤어컬러 (1201010125_16v3)	- 베이직 헤어컬러하기 - 베이직 헤어컬러 마무리하기
	그레이 헤어컬러 (1201010126_16v3)	- 그레이 헤어컬러하기 - 그레이 헤어컬러 마무리하기
	베이직 드라이 (1201010123_16v3)	- 스트레이트 드라이하기 - C컬 드라이하기
	웨이브 드라이 (1201010139_16v3)	- S컬 드라이하기 - 응용 드라이하기
	두피·모발 관리 (1201010112_16v3)	- 두피·모발 관리 준비하기 - 두피 관리하기 - 모발 관리하기 - 두피·모발 관리 마무리하기
교수-학습 방법	- 헤어 미용 시술에 필요한 도구와 기기의 사용법을 정확히 숙지하고 인체에 사용 시 주의하도록 지도한다. - 헤어 미용 실습 시 새로운 헤어 미용 테크닉 시술 방법을 반영하여 지도하고, 헤어 미용 제품의 선택과 사용 방법에서부터 사용 후 용기의 처리에 이르기까지 환경 오염 문제를 연계하여 지도한다.	

	- 헤어 미용 시술 서비스 능력은 단기간의 지식 습득이나 실습으로 숙달하기 어려우므로 기초 이론을 충분히 이해하고 NCS 수행 준거를 중심으로 교과의 내용을 구성하되 학습자의 능력에 따라 수준을 고려하여 교과의 내용을 재구성하며, 학습자가 헤어 미용 현장에서 필요로 하는 지식을 습득하여 직무에 적용할 수 있도록 내용을 구성하여 지도한다. - 헤어 미용은 대인 서비스 분야이므로 기능 교육과 함께 인성 교육, 보건 위생 교육을 연계하여 지도한다. 미용 분야의 직업 세계 변화와 연계하여 학생들이 스스로 진로를 탐색하고 선택할 수 있도록 지도한다.
평가	- 실습에 임하는 자세와 진행 과정은 현장 실무에서 중요한 부분이므로 평가에서도 실습을 위한 계획, 준비, 과정, 정리·정돈, 결과 등의 단계별 과정 평가와 지도 시간 단위별 평가를 실시하여 수행 과정의 평가와 함께 타당도와 신뢰도를 높인다. - NCS 수행 준거에 제시되어 있는 내용을 성공적으로 수행할 수 있는지를 평가하며, 수행 준거에 따른 지식·기술·태도의 습득 능력을 평가한다. - 미용 산업체 견학, 현장실습, 봉사활동은 실무에 적응하기 위한 체험학습 과정이므로 보고서, 태도, 발표력 등을 현장 실무와 연계하여 평가하도록 한다.

<표 2-39> 피부 미용

성격	'피부 미용' 과목은 피부의 생리 기능을 정상적으로 유지, 보호, 개선하고 아름답게 손질하기 위하여 각 신체 부위와 피부 유형에 적절한 관리 방법과 기기 및 제품을 이용하기 위한 기초적인 지식과 실무를 습득하여, 피부 미용 현장에서 효율적으로 적용하는 능력을 기를 수 있도록 구성한 과목이다.	
목표	피부 미용에 관한 지식과 실무능력을 향상하여 피부를 건강하게 하고, 고객의 피부 유형에 맞는 관리 방법을 적용하여 아름다움을 창출할 수 있는 능력과 태도를 기른다.	
내용	내용 영역(능력단위)	내용 영역 요소(능력단위 요소)
	피부 미용 피부 분석 (1201010202_16v2)	- 클렌징하기 - 피부 상태 분석·평가하기 - 피부 관리 계획 작성하기
	피부 미용 고객 마무리 관리 (1201010206_16v3)	- 관리 후 상담하기 - 고객 유지 관리하기 - 홈케어 조언하기
	피부 미용 위생 관리 (1201010210_16v2)	- 피부 미용 작업장 위생 관리하기 - 피부 미용 비품 위생 관리하기 - 직원 위생 관리하기
	얼굴 각질 관리 (1201010212_16v3)	- 얼굴 클렌징하기 - 눈썹 정리하기 - 얼굴 딥클렌징하기
	얼굴 매뉴얼 테크닉 (1201010213_16v3)	- 매뉴얼 테크닉하기 - 영양 물질 도포하기

	얼굴 팩·마스크 (1201010214_16v3)	- 얼굴 팩·마스크하기 - 얼굴 관리 마무리하기
	몸매 상체 전면 관리 (1201010217_16v3)	- 복부 관리하기 - 가슴 관리하기
	몸매 상체 후면 관리 (1201010218_16v3)	- 신체 후면 관리하기 - 손·팔 관리하기
	몸매 하체 관리 (1201010219_16v3)	- 발·다리 관리하기 - 둔부 관리하기
	몸매 팩·마스크 (1201010220_16v3)	- 몸매 팩·마스크하기 - 몸매 관리 마무리하기
	제모 (1201010221_16v3)	- 얼굴 제모하기 - 전신 제모하기
	림프 관리 (1201010227_16v3)	- 세정 작용하기 - 순환 작용하기 - 림프 관리 마무리하기
	피부 미용 기초 화장품 사용 (1201010233_16v3)	- 화장품 분류하기 - 기초화장품 사용하기 - 기능성 화장품 사용하기 - 몸매 화장품 사용하기 - 두피 화장품 사용하기
교수-학습 방법	- 피부 미용 시술에 필요한 도구와 기기의 사용법을 정확히 숙지하여 안전하고 위생적으로 사용할 수 있도록 지도한다. - 피부 관리 능력은 단기간의 지식 습득이나 실습으로 숙달하기 어려우므로 기초 이론을 충분히 이해하고 NCS 수행 준거를 중심으로 교과의 내용을 구성하되 학습자의 능력에 따른 수준을 고려하여 교과의 내용을 재구성하며, 학습자가 피부 미용 현장에서 필요로 하는 지식을 습득하여 직무에 적용할 수 있는 내용으로 지도한다. - 피부 미용은 대인 서비스 분야이므로 기능 교육과 직업 기초능력 교육, 인성 교육 및 위생 교육을 연계하여 지도한다.	
평가	- 피부 미용의 실습 분야에서는 미용의 숙달 정도를 고려하여 평가 방법과 시기를 계획하고 시행하되, 일부 특정 내용이나 영역에 치우치지 않도록 한다. - 실습에 임하는 자세와 진행 과정은 현장 실무에서 중요한 부분이므로 평가에서도 실습을 위한 계획, 준비, 과정, 정리·정돈, 결과 등의 실습 단계별 과정 평가와 지도 시간 단위별 평가를 실시하여 타당도와 신뢰도를 높인다. - NCS 수행 준거에 제시되어 있는 내용을 성공적으로 수행할 수 있는지를 평가하며, 수행 준거에 따른 지식·기술·태도의 습득 능력을 평가한다. - 피부 미용 산업체 견학, 현장실습, 봉사활동은 현장 실무에 적응하기 위한 체험학습 과정이므로 보고서 및 태도, 발표력 등을 현장 실무와 연계하여 평가하도록 한다.	

<표 2-40> 메이크업

<table>
<tr><td>성격</td><td colspan="2">'메이크업'은 특정한 상황이나 목적에 맞는 이미지, 캐릭터 창출을 목적으로 얼굴과 신체를 연출하고 표현하는 예술이다. 고객의 특성과 요구를 파악하고, 지식과 기능을 습득하여 심미적 감성 역량을 키우며, 의사소통 능력, 문제해결 능력 등 직업 기초능력을 향상시켜 메이크업 관련 직무 수행에 필요한 자질과 능력을 갖춘 창의적 인재를 양성하기 위한 교과이다.</td></tr>
<tr><td>목표</td><td colspan="2">메이크업 현장에서 기본적인 메이크업 직무를 수행하기 위해 필요한 메이크업에 대한 기초적인 지식과 기술을 습득하여 메이크업 관련 분야의 직무를 수행할 수 있는 능력과 태도를 기른다.</td></tr>
<tr><td rowspan="11">내용</td><td>내용 영역(능력단위)</td><td>내용 영역 요소(능력단위 요소)</td></tr>
<tr><td>메이크업 위생 관리
(1201010301_16v3)</td><td>- 메이크업 숍 위생 관리하기
- 메이크업 재료·도구 위생 관리하기
- 메이크업 작업자 위생 관리하기</td></tr>
<tr><td>메이크업 고객 서비스
(1201010340_16v1)</td><td>- 방문 고객 응대하기
- 전화 상담 고객 응대하기
- 불만 고객 응대하기</td></tr>
<tr><td>메이크업 카운슬링
(1201010312_16v3)</td><td>- 얼굴 특성 파악하기
- 메이크업 디자인 제안하기</td></tr>
<tr><td>메이크업 기초화장품 사용
(1201010315_16v3)</td><td>- 기초화장품 선택하기
- 기초화장품 사용하기</td></tr>
<tr><td>베이스 메이크업
(1201010316_16v3)</td><td>- 피부 표현 메이크업하기
- 얼굴 윤곽 수정하기</td></tr>
<tr><td>색조 메이크업
(1201010317_16v3)</td><td>- 아이브로 메이크업하기
- 아이 메이크업하기
- 립&치크 메이크업하기</td></tr>
<tr><td>속눈썹 연장
(1201010319_16v3)</td><td>- 속눈썹 연장하기
- 속눈썹 리터치하기</td></tr>
<tr><td>본식 웨딩 메이크업
(1201010323_16v3)</td><td>- 신랑 신부 본식 메이크업하기
- 혼주 메이크업하기</td></tr>
<tr><td>트렌드 메이크업
(1201010342_16v1)</td><td>- 트렌드 조사하기
- 트렌드 메이크업하기
- 시대별 메이크업하기</td></tr>
<tr><td>미디어 캐릭터 메이크업
(1201010326_16v3)</td><td>- 미디어 캐릭터 기획하기
- 볼드 캡 캐릭터 표현하기
- 연령별 캐릭터 표현하기
- 상처 메이크업하기</td></tr>
<tr><td>교수-학습 방법</td><td colspan="2">- 메이크업 TPO와 고객의 얼굴 형태, 피부 상태, 스타일, 메이크업 목적을 파악하고 이미지, 얼굴 특성 등을 분석하여 메이크업 디자인을 개발하고, 고객의 얼굴 특성, 이미</td></tr>
</table>

	지 등과 조화를 이루는 베이스, 아이, 아이브로, 립&치크 메이크업에서 마무리 스타일링까지 실행할 수 있도록 지도한다. - 새로운 메이크업 테크닉 시술 방법을 반영하여 지도하고, 메이크업 시술에 필요한 도구와 화장품의 종류, 사용법 등을 정확히 숙지하며 필요에 따라 적절하게 사용할 수 있도록 지도한다. - NCS 수행 준거를 중심으로 교과의 내용을 구성하되 학습자의 능력에 따라 수준을 고려하여 교과의 내용을 재구성하며, 학습자가 메이크업 현장에서 필요로 하는 지식을 습득하여 직무에 적용할 수 있는 내용으로 지도한다.
평가	- 메이크업의 실습 분야에서는 미용의 숙달 정도를 고려하여 평가 방법과 시기를 계획하고 시행하되, 일부 특정 내용이나 영역에 치우치지 않도록 한다. - 실습에 임하는 자세와 진행 과정은 현장 실무에서 중요한 부분이므로 평가에서도 실습을 위한 계획, 준비, 과정, 정리·정돈, 결과 등의 단계별 과정 평가와 지도 시간 단위별 평가를 하여 수행 과정의 평가와 함께 타당도와 신뢰도를 높인다. - NCS 수행 준거에 제시되어 있는 내용을 성공적으로 수행할 수 있는지를 평가하며 수행 준거에 따른 지식·기술·태도의 습득 능력을 평가한다. - 미용 산업체 견학, 현장실습, 봉사활동은 실무에 적응하기 위한 체험학습 과정이므로 보고서 및 태도, 발표력 등을 현장 실무와 연계하여 평가하도록 한다.

<표 2-41> 네일 미용

성격	'네일 미용' 과목은 고객의 건강하고 아름다운 네일을 유지·보호하고 개선하며, 다양한 기능과 아트 기법을 수행할 수 있는 기초적인 지식과 실무능력을 습득할 수 있도록 구성한 과목이다.	
목표	네일 미용에 대한 지식과 실무능력의 향상을 통하여 네일 미용 관련 분야의 기본 직무를 수행할 수 있는 능력과 태도를 기른다.	
내용	내용 영역(능력단위)	내용 영역 요소(능력단위 요소)
	네일 화장물 제거 (1201010402_16v3)	- 일반 네일 폴리시 화장물 제거하기 - 젤 네일 폴리시 화장물 제거하기 - 인조 네일 화장물 제거하기
	랩 네일 (1201010405_16v3)	- 랩 재단하기 - 랩 접착하기 - 랩 연장하기
	젤 네일 (1201010406_16v3)	- 젤 네일 화장물 숙련하기 - 젤 원톤 스컬프처하기 - 젤 프렌치 스컬프처하기
	아크릴 네일 (1201010407_16v3)	- 아크릴 네일 화장물 숙련하기 - 아크릴 원톤 스컬프처하기 - 아크릴 프렌치 스컬프처하기
	네일 숍 위생 서비스 (1201010411_16v3)	- 숍 청결 작업하기 - 숍 안전 관리하기

		- 미용 기구 소독하기 - 손·발 소독하기
	네일 화장물 적용 전처리 (1201010413_16v1)	- 일반 네일 폴리시 전처리하기 - 젤 네일 폴리시 전처리하기 - 인조 네일 전처리하기
	네일 화장물 적용 마무리 (1201010414_16v1)	- 일반 네일 폴리시 마무리하기 - 젤 네일 폴리시 마무리하기 - 인조 네일 마무리하기 - 네일 기본 관리 마무리하기
	네일 기본 관리 (1201010415_16v3)	- 프리에지 모양 만들기 - 큐티클 부분 정리하기 - 보습제 도포하기
	네일 컬러링 (1201010416_16v3)	- 풀 컬러 도포하기 - 프렌치 컬러 도포하기 - 딥 프렌치 컬러 도포하기 - 그러데이션 컬러 도포하기
	기초 팁 네일 (1201010417_16v1)	- 네일 팁 선택하기 - 풀커버 팁 작업하기 - 프렌치 팁 작업하기 - 내추럴 팁 작업하기
	팁 위드 랩 (1201010419_16v3)	- 랩 네일 네일 팁 적용하기 - 네일 랩 적용하기 - 네일 파일 적용하기
교수-학습 방법	- 네일 보호를 위해 네일 위에 시술되어 있는 네일 폴리시, 인조 네일 및 아트 등의 네일 화장물을 파일과 용매제를 사용해 제거하여 마무리하고, 고객의 미적 요구 충족을 위하여 네일 기본 관리인 프리 에지 모양 만들기, 큐티클 정리하기, 컬러링하기, 보습제 바르기, 마무리하기 등을 할 수 있도록 지도한다. - 새로운 네일 미용 테크닉 시술 방법을 반영하여 지도하고, NCS 수행 준거를 중심으로 교과의 내용을 구성하되 학습자의 능력에 따라 수준을 고려하여 교과의 내용을 재구성하며, 학습자에게 네일 미용 현장에서 필요로 하는 지식을 습득하여 직무에 적용할 수 있는 내용으로 지도한다.	
평가	- 네일 미용의 실습 분야에서는 미용의 숙달 정도를 고려하여 평가 방법과 시기를 계획하고 시행하되, 일부 특정 내용이나 영역에 치우치지 않도록 한다. - 실습에 임하는 자세와 진행 과정은 현장 실무에서 중요한 부분이므로 평가에서도 실습을 위한 계획, 준비, 과정, 정리·정돈, 결과 등의 단계별 과정 평가와 지도 시간 단위별 평가를 실시하여 수행 과정의 평가와 함께 타당도와 신뢰도를 높인다. - NCS 수행 준거에 제시되어 있는 내용을 성공적으로 수행할 수 있는지를 평가하며, 수행 준거에 따른 지식·기술·태도의 습득 능력을 평가한다. - 네일 미용 산업체 견학, 현장실습, 봉사활동은 실무에 적응하기 위한 체험학습 과정이므로 보고서 및 태도, 발표력 등을 현장 실무와 연계하여 평가하도록 한다.	

<표 2-42> 2015 개정 교육과정의 평가 등급

평가 등급	의미
S(Superior) 등급	새로운 아이디어를 활용하여 실행하거나 새로운 예를 만들어 설명할 수 있는 수준
A(Advanced) 등급	타인에게 설명하면서 실행하거나 예를 들어 비교하면서 설명할 수 있는 수준
P(Pass) 등급	필요지식을 모두 이해하고 스스로 실행할 수 있는 수준

[활동하기]

활동 1: "미용교육, 시대를 말하다"

* 내용: 각 교육과정기(1차~2015 개정)의 시기적 배경을 조사하고, 해당 시기 미용교육의 특징을 연표로 정리하기
* 방법: 특정 교육과정기를 배정(예: 1조: 1차, 2조: 7차, 3조: 2007/2009, 4조: 2015)

아래 항목을 중심으로 조사 및 정리:

- 주요 교육 내용과 교과 편제
- 교육목표
- 산업 구조 변화
- 사회문화적 분위기
- 시대별 뉴스 헤드라인, 사진, 유행한 미용 트렌드도 함께 정리해 '시대감' 살리기

활동 2: "대한민국 미용교육 그 변화 배경엔 무엇이 있었을까? - 미용교육 분석 토론"

* 내용: 시대 변화에 따라 미용교육이 어떻게, 왜 변화했는지 비판적 분석
* 방법: 활동 1을 기반으로 전체 발표 후, 다음 질문 중심으로 토론
  - 미용교육은 어떤 사회적 요구에 따라 변화해왔나?
  - 실업계-특성화고 중심으로 바뀐 이유는 무엇일까?
  - 교육과정 변화는 학생들에게 어떤 영향을 미쳤을까?
  - '과거-현재-미래' 순으로 관점을 정리한 논리적 토론문 작성

활동 3: "미래 미용교육, 이렇게 바꿔보자!"

* 내용: 현재 미용교육의 한계를 분석하고, 미래형 미용교육 모델 제안
* 방법: 다음 자료를 활용해 현재의 미용교육 분석
  - 2022 개정 교육과정
  - NCS 기반 교육 방식

- 성취기준 기반 평가제도

조별로 미래 예측:

- 미래 산업 변화(예: AI 메이크업, 메타버스 뷰티 등)
- 인구 구조, 젠더 인식, 미용 소비 패턴의 변화
- 기술 융합 및 해외 미용교육 사례

발표 주제 예시:

- "AI와 만난 미용교육, 어떤 교과가 필요할까?"
- "K-뷰티 시대, 글로벌 커리큘럼 만들기"
- "2035년 고등학교 미용 수업 시뮬레이션 영상 만들기"
- 창의적 표현 방법 허용: 프레젠테이션, 영상, 인포그래픽, 모의 수업안 등

마무리 과제: "내가 만드는 미용교육 히스토리 북"

위 활동 내용을 정리해 개인 포트폴리오 형식의 소논문 또는 PPT로 제출

항목:

- 한국 미용교육의 역사적 흐름 요약
- 내가 중요하다고 생각하는 교육과정 변화와 그 이유
- 미래 미용교육에 대한 나의 비전과 제안

3장

2022 개정 교육과정 및 고교학점제의 이해

제3장 2022 개정 교육과정 및 고교학점제의 이해

2022 개정 교육과정은 미래 사회의 급속한 변화에 능동적으로 대응할 수 있는 융합적 사고력과 자기주도성을 갖춘 창의·융합형 인재를 양성하는 것을 목표로 설계되었다. 특히 직업계 고등학교에서는 이 교육과정이 지니는 의미가 더욱 크다. 산업현장에서 요구하는 실질적인 기술 역량은 물론 개인의 진로와 삶을 스스로 설계할 수 있는 역량까지 함양하는 교육이 요구되기 때문이다.

이러한 변화의 중심에는 고교학점제, 그중에서도 직업계고 맞춤형 학점제 운영 체계가 핵심으로 자리하고 있다. 고교학점제는 학생이 자신의 진로와 적성에 따라 과목을 선택하고 학점을 이수하여 졸업하는 제도로 더 이상 '모두가 같은 교과, 같은 시간표'에 얽매이지 않는 학생 중심의 교육을 가능하게 하는 제도이다.

직업계고 학점제는 일반계고와는 다른 방식으로 운영된다. 예를 들어, 산업체 수요와 연계한 전문교과 심화과정, 산학일체형 도제학교, 현장실습 및 자격 취득과 연계된 자격검정형 및 과정평가형 자격제도 운영, 그리고 타학과 및 지역사회와 협력하는 공동교육과정 운영 등을 통해 학생의 진로 역량을 정교하게 설계할 수 있도록 지원하고 있다. 또한 성취 중심 평가와 과정 중심 평가가 강조되며 학생이 배우는 과정 자체가 진로 역량의 일부로 작동하도록 설계되어 있다는 점도 특징적이다.

이러한 직업계고 학점제 운영 체계를 바탕으로 본 장에서는 미용과 교육과정의 구성과 특성을 살펴보고자 한다. 미용 분야는 단순한 기술 습득을 넘어 창의력, 예술성, 소통 능력, 직업윤리 등 복합적인 역량이 요구되는 영역이다. 이에 따라 교육과정은 이론과 실습의 통합, 창의적 문제해결 능력 강화, 고객 중심의 서비스 마인드 함양 등을 중심으로 구성되며, 학생 스스로 선택 과목과 학습 경로를 주도적으로 계획할 수 있는 유연한 구조를 지향한다.

따라서 본 장의 궁극적인 목표는 2022 개정 교육과정의 총론과 각론, 그리고 고교학점제 제도를 중심으로 실제 교육 현상에서의 미용과 교육과정 운영 방안을 이해하고 예비교사로서 교육과정을 구성·운영하는 실질적인 역량을 기르는 데에 있다.

학습목표

1. 2022 개정 교육과정의 개정 배경과 주요 내용을 이해할 수 있다.
2. 2022 개정 미용과 교육과정의 구성 체계와 특징을 설명할 수 있다.
3. 고교학점제 및 직업계고 학점제의 운영 특성을 이해하고, 이를 교육과정에 적용할 수 있다.
4. 실제 교육 현장에서의 미용과 교육과정 편성과 운영 사례를 분석할 수 있다.
5. 이론적 지식을 바탕으로 미용과 교육과정을 실제적으로 설계할 수 있다.
6. 창의적 체험활동의 사례를 통해 직접적으로 창의적 체험활동 운영 계획을 수립할 수 있다.

1절. 2022 개정 교육과정★

★ **총론**: 개정된 해당 교육과정의 철학, 목표, 구성 원칙 등을 제시하는 큰 틀의 문서
(ex. 2022 개정 교육과정)
각론: 총론의 방향에 따라 각 교과별로 구체적 내용과 실행 방안을 제시하는 문서
(ex. 2022 개정 미용과 교육과정)

※ 본 절은 교육부(2022), 2022 개정 교육과정 총론 해설에서 발췌하여 재구성하였음.

2022 개정 교육과정은 교육부가 2022년 12월 22일 고시한 국가 수준의 교육과정으로 대한민국 교육 역사상 열한 번째 교육과정이자 제7차 교육과정 이후 네 번째 수시 개정 교육과정이다. 이 개정은 사회의 변화와 미래 교육의 방향을 반영하여 전면적으로 이루어졌으며, 2009년생을 기준으로 단계적으로 적용될 예정이다.

2022 개정 교육과정은 그 논의가 비교적 이른 시기인 2019년부터 본격적으로 시작되었으며 2021년에는 교육과정 총론이 공개되었다. 이후 약 1년간의 의견 수렴과 정책 조율 과정을 거쳐 2022년 12월 22일 공식적으로 확정 및 고시되었다.

기존의 2007, 2009, 2015 개정 교육과정은 과목별로 순차적으로 개정되거나 혼합 적용되는 구조였던 반면, 2022 개정 교육과정은 모든 교과목을 동시에 개정하는 전면 개정 방식을 채택하였다. 이로 인해 이전 교육과정과 병행하여 배우는 혼합 적용 사례는 발생하지 않으며 2027년부터는 전 학년, 전 과목에 걸쳐 2022 개정 교육과정이 전면적으로 적용될 예정이다.

이 교육과정의 실질적인 교육 현장 반영은 2025년부터 본격적으로 시작된다. 특히 2025학년도 고등학교 1학년 학생을 대상으로 하는 6월 전국연합학력평가(2025년 6월 실시)에서 최초로 2022 개정 교육과정을 바탕으로 한 평가가 출제되었으며, 이는 교육과정 개정이 수업뿐만 아니라 평가 체계에도 직접적인 영향을 미치기 시작함을 의미한다.

2022 개정 교육과정은 교육 내용의 현대화, 학생 중심 수업의 확산, 핵심역량 함양, 교육과정의 자율성 확대 등 전반적인 교육 패러다임의 전환을 담고 있으며, 고교학점제와도 긴밀히 연계되어 있다. 특히 직업계고에서는 학생의 진로와 산업 수요를 반영한 교육과정 설계와 운영이 가능하도록 교육과정 편성의 자율성과 다양성이 강조되고 있는 교육과정으로 볼 수 있다.★

★ 교육과정 주체에 따른 주요 역할

- 국가(교육부): 국가 수준 교육과정 기준 고시 / 2022 개정 교육과정
- 지역(시·도교육청): 지역 수준 교육과정 편성 및 운영 지침 제시 / 서울특별시교육청 교육과정 편성 및 운영 지침
- 학교(단위학교): 학교 교육과정 편성 및 운영 / 2025학년도 OO고등학교 미용과 교육과정

1) 2022 개정 교육과정의 배경

첫째, 디지털 전환과 기후·생태환경 변화, 인구 구조 변화 등 불확실성이 증가하고 있는 미래 사회 변화에 대한 대응

둘째, 사회의 다양성이 확대되는 상황에서 자신의 삶을 책임 있게 이끌어 갈 수 있는 주도성과 서로 존중하고 협력하는 공동체 의식의 함양이 강조

셋째, 학습자 개개인의 특성과 진로에 따라 다양한 개별화된 학습경험을 선택할 수 있도록 지원해 주는 맞춤형 교육체제 구축에 대한 사회적 요구

넷째, 교육과정 개정 과정에서 국민의 다양한 관점과 의견을 반영할 수 있어야 한다는 요구와 교육과정 분권화 및 자율권 확대에 대한 요구는 그동안 꾸준히 제기되어 왔고 개정 시기마다 자율권 확대를 위한 다양한 요소들이 반영

이와 함께 디지털 교육환경 변화에 대한 대응과 창의적 체험활동 운영의 개선 과제, 코로나 상황에서의 학습 결손과 학력 격차 심화 문제, 학령인구 감소에 따른 학교급 간 통합·운영학교의 증가 현상 등 학교 교육과정·편성 운영 과정에서 발생하는 어려움을 개정 과정에서 고려하였다.

2) 2022 개정 교육과정 기본 방향 및 주요 개정 내용

(1) 2022 개정 교육과정 기본 방향

- 미래 사회가 요구하는 역량 함양이 가능한 교육과정
- 학습자의 삶과 성장을 지원하는 교육과정
- 지역·학교 교육과정 자율성 확대 및 책임교육 구현
- 디지털·AI 교육환경에 맞는 교수-학습 및 평가 체제 구축

(2) 2022 개정 교육과정 주요 개정 내용

첫째, 미래 사회 변화에 대응할 수 있는 기초 소양과 역량을 함양할 수 있도록 교육과정을 개선하였다. 디지털 대전환 시대로의 전환에 대응할 수 있도록 인공지능·소프트웨어 교육을 비롯한 디지털 기초 소양을 강화하고 정보교육 시수를 확대하였

다. 또한 기후 및 생태환경 변화 등이 요구하는 지속 가능한 발전 과제에 대한 대응 능력과 공동체적 가치를 함양하는 교육을 강화할 필요가 있다고 보았다. 이와 같은 미래 사회 변화 대응 능력의 함양을 위해서는 학습자의 삶과 연계한 학습과 탐구 능력 함양이 요구되며 교과 학습과 자기주도 학습의 기반이 되는 언어·수리·디지털 소양 등 기초소양 함양이 중요한 과제이다.

둘째, 학생의 인격적 성장과 주도성 함양을 지원하는 교육과정이 될 수 있도록 하였다. 인재로서의 역량을 갖추는 것과 동시에 인성과 품성의 함양 등이 교육의 핵심적인 과제이다. 더 나아가 학습자들이 주도성, 즉, '자신의 삶과 주변 세계에 긍정적인 영향을 미치며 세계의 변화를 주도하되 자신의 행위에 대해 성찰하며 책임감 있게 행동하는 능력'을 길러줄 수 있어야 한다. 스스로 설계한 진로에 맞추어 자기 주도적으로 학습하고 성장할 수 있도록 지원하며 다양한 특성을 가진 학생이 차별받지 않도록 지원하고 지역·학교 간 교육격차를 완화할 수 있는 지원 체제를 마련하여야 한다.

셋째, 학생의 특성과 요구 및 학교의 여건을 고려한 학교 교육과정의 자율성을 확대하고 지역 및 학교 간 그리고 학생 간 교육격차를 완화할 수 있는 책임교육을 강화하는 방향으로 교육과정 개선을 추진하였다. 이를 위해 초등학교, 중학교에 학교자율시간을 도입하여 새로운 과목이나 활동을 개설할 수 있도록 하였다. 그리고 시·도 교육청과 단위 학교 등 다양한 교육 주체들이 각자의 역할을 충실하게 수행하며, 서로의 전문성을 존중하는 상호 협력 체제 구축을 강조하였다. 또한 학교 교육과정 편성·운영과 관련하여 지역사회 및 교육공동체 사이의 상호 협조 체제를 마련하는 것을 강조하고 있다.

넷째, 원격교육의 확대 및 디지털 시대 교육환경 변화에 부합하는 미래형 교수-학습 방법과 평가 체제를 구축할 수 있도록 교육과정 개선을 추진하였다. 인공지능의 발달 등 디지털 전환 시대에 대응하여 디지털 원격교육, 수업용 소프트웨어 활용 등 에듀테크를 활용한 수업 설계를 해야 한다. 또한, 학습자의 성장을 지원하고 부족한 점을 개선하는 데 도움을 줄 수 있는 평가 체제의 구축과 빅데이터 분석을 활용한 개별화 맞춤형 평가 및 지도 체제가 모색되어야 한다. 이를 실천하기 위해서는 수업 설계·운영 및 평가에서 다양한 디지털 플랫폼과 기술 및 도구를 효율적으로 활용할 수 있도록 시설·설비 및 기자재 확충과 교사의 디지털 에듀테크 활용 역량과 교수-학습 및 평가 전문성 함양을 위한 국가 및 지역 수준의 연수 지원을 강조하고 있다.

2절. 2022 개정 미용과 교육과정

※ 본 절은 교육부(2022), 미용 전문 교과 교육과정에서 발췌하여 재구성하였음.

2022 개정 교육과정에서는 직업계고의 교육 체계 전반에 걸쳐 중요한 변화가 이루어졌으며 그중 미용과 교육과정도 새롭게 개편되었다. 이번 개정은 미용산업의 전문성과 다양성이 점차 확대되는 현실을 반영하여 산업 수요에 부합하는 실질적 교육과 인력양성을 목표로 하고 있다.

기존의 2015 개정 교육과정에서 미용교과는 '미용·관광·레저 교과(군)' 내에 포함되어 전문교과Ⅱ로 편성되었으며, 관광과 레저 분야와 함께 하나의 군으로 묶여 운영되었다. 그러나 2022 개정 교육과정에서는 이러한 구조가 변화하였다. 먼저 기존의 전문교과Ⅰ은 보통교과로 전환되었고 전문교과Ⅱ는 '전문교과'라는 명칭으로 통합·재편되었다. 그에 따라 기존에 교과(군) 단위로 구성되었던 미용교과는 관광·레저 영역과 분리되어 '미용'이라는 단독 교과로 독립 분류되었다. 이는 미용이라는 분야가 고유한 산업적 특성과 교육적 필요를 가진 독립적인 영역으로 인정받았다는 점에서 중요한 의미를 지닌다.

교과 구성 체계에서도 눈에 띄는 변화가 있다. 2015 개정 교육과정에서는 미용교과가 전문 공통 과목, 기초과목, 실무과목으로 구분되었으나 2022 개정 교육과정에서는 이를 보다 명확히 재편하여 전문 공통 과목, 전공 일반 과목, 전공 실무 과목의 세 가지로 구분하였다. 특히 전문 공통 과목에는 기존의 '성공적인 직업 생활' 외에 '노동 인권과 산업 안전 보건', '디지털과 직업 생활'이 새롭게 포함되었다. 이는 산업현장에서의 안전과 권리를 이해하고 디지털 환경에 적응하는 능력을 기르기 위한 것으로 직업윤리 및 실천 역량을 동시에 함양할 수 있도록 설계되었다.

전공 일반 과목으로는 '미용의 기초', '미용 안전·보건' 등이 편성되어 있으며, 이는 전공 이론에 대한 기초 지식을 쌓고 위생과 안전에 대한 이해를 높이는 데 중점을 둔다. 한편, 전공 실무 과목으로는 '헤어 미용', '피부 미용', '메이크업', '네일 미용'이 구성되어 있으며, 이는 기존 교육과정과 유사한 체제를 유지하면서도 보다 심화된 실습 중심 교육이 가능하도록 재정비되었다. 이러한 실무 과목은 실제 미용산업 현장에서 요구되는 전문 역량을 체계적으로 기를 수 있도록 구성되었다.

이와 같은 교육과정은 실질적으로 다음과 같은 인재를 양성하는 데 목적을 두고 있다.

대표적인 진로 유형으로는 미용사(헤어디자이너), 피부 미용사(피부관리사), 메이크업 아티스트, 손톱 미용사(네일아티스트) 등이 있으며, 교육과정과 국가기술자격제도가 유기적으로 연결되어 학생들이 고등학교 재학 중 관련 자격을 취득하고 산업현장에 조기 진출하거나 관련 대학 및 학과로 진학할 수 있는 체계를 갖추고 있다.

결론적으로 2022 개정 미용과 교육과정은 미용산업의 현실을 반영한 교육 내용과 구조를 통해 학생들이 직무에 필요한 전문성과 더불어 직업윤리, 안전 의식, 디지털 역량 등 미래 사회에서 요구되는 융합 역량을 함께 기를 수 있도록 설계된 진로 맞춤형 교육과정이라 할 수 있다.

<표 3-1> 2022 개정 교육과정 미용교과 구조

구분	기준 학과	전문 공통 과목	기초 과목		선택 과목		인력양성 유형 (진로)
			전공 일반 과목	전공 실무 과목	전공 일반 과목	전공 실무 과목	
미용	미용과	성공적인 직업 생활 노동 인권과 산업 안전 보건 디지털과 직업 생활	미용의 기초 미용 안전·보건			헤어 미용 피부 미용 메이크업 네일 미용	미용사 (헤어디자이너) 피부 미용사 (피부관리사) 메이크업 아티스트 손톱 미용사 (네일아티스트)
창의적 체험 활동	자율·자치활동, 동아리활동, 진로활동						
현장 실습	학교, 산업체, 지역사회 등과 연계한 현장실습						

미용 분야는 고객과 시술자의 안전과 위생, 고객 응대 서비스에서부터 미용 시술 서비스와 사후 관리를 위한 조언 등 다양한 직무로 이루어져 있으며, 기초적인 능력에서부터 숙련된 전문 기술까지 요구하고 있다. 따라서 고등학교 교육과정은 미용 산업체에 관한 지식에서부터 전공에 관한 기본적인 지식과 기술까지 고루 갖출 수 있도록 편성·운영한다.

첫째, 미용 시술 서비스 관련 실무를 효과적이고 창의적으로 수행하기 위하여 필요한 지식, 기술, 태도를 습득할 수 있도록 하며, 이론 위주의 전공 일반 과목은 학생의 학습 능력, 기초 지식 및 기술을 고려하여 내용을 구성하고 이론과 실습이 통합된 전공 실무 과목은 미용 직무와 관련이 있는 응용 과제의 형태로 구성한다.

둘째, 전문적인 미용 인력양성 유형을 구현하고 학생의 취업 역량을 제고할 수 있도록 국가직무능력표준(NCS) 기반 과목을 체계적으로 구성하여 이론을 바탕으로 실무를 창의적으로 수행할 수 있도록 교육과정을 편성한다.

셋째, 필요에 따라 타 교과(군)의 전공 일반 과목과 전공 실무 과목을 검토하여 교육과정에 편성하고 타 전공 학생들이 선택 과목으로 미용교과(군)의 관련 과목을 선택하는 경우 학생들의 선수 지식과 이해도를 고려하여 교과 난이도를 조절하여 지도할 수 있다.

넷째, 학생의 과목별 최소 성취수준을 보장하기 위해 교수·학습, 평가 시 학교의 여건과 학생의 특성 등을 고려하여 예방·보충 지도를 실시한다.

다섯째, 미용 산업현장과의 상시적 교류를 통해 빠르게 변화하는 미용 지식 및 기술을 반영하고 산업현장에서 요구하는 창의적 실무형 인재 양성을 위해 방과후 및 방학 중 실무 중심의 프로그램을 학생의 자발적 참여를 원칙으로 하여 운영할 수 있다.

(1) 전문 공통 과목

<표 3-2> 성공적인 직업 생활

<table>
<tr><td>성격</td><td colspan="2">'성공적인 직업 생활'은 직업계 고등학교 학생들이 졸업하기 전에 자신이 선택하고자 하는 직업의 의미와 가치에 대하여 생각해 보게 하고 졸업 후에 취업이나 창업뿐만 아니라 평생의 삶을 통하여 직업 선택과 진로를 결정하고 성공적인 직업 생활을 영위하는 데 도움을 주기 위한 과목이다. 따라서 '성공적인 직업 생활'은 두 가지 특성을 갖는다. 첫째, 교과(군)와 관계없이 선택할 수 있는 전문 공통 과목으로, 직업 사회로 진출을 준비하는 예비 직업인들이 성공적으로 직업 세계로 진입할 수 있도록 돕기 위해 지식을 습득한다. 둘째, 직업계 고등학교뿐만 아니라 직업 교육을 필요로 하는 모든 계열의 고등학교나 학과에서 편성할 수 있는 과목이다.</td></tr>
<tr><td>목표</td><td colspan="2">삶과 연계된 진로와 직업에 대한 가치를 바탕으로 직업인으로서의 진로 목표를 세우고 직업인으로서 갖추어야 할 직업 기초 역량을 개발시켜 성공적인 직업 생활을 준비할 수 있는 능력과 태도를 기르며, 직업 생활과 평생 학습을 연계하여 경력 개발을 통한 삶을 설계할 수 있도록 도움을 주는 것을 목표로 한다.</td></tr>
<tr><td rowspan="5">내용 체계</td><td>학습 영역</td><td>학습 요소</td></tr>
<tr><td>일과 직업</td><td>- 일과 직업의 의미와 가치
- 생애 발달과 직업적 성공</td></tr>
<tr><td>진로 직업 설계와 직업 기초 능력</td><td>- 진로 직업 탐색과 설계
- 직업 기초 능력의 종류
- 직업 기초 능력의 개발</td></tr>
<tr><td>취업과 창업</td><td>- 합리적인 의사 결정과 취업
- 취업 계획과 구직 활동
- 면접과 이미지 메이킹
- 창업 절차와 설계</td></tr>
<tr><td>직업 생활과 직업 윤리</td><td>- 직업 생활에 대한 이해
- 직장에서의 인간관계
- 직업 윤리와 사회 문제</td></tr>
</table>

	근로관계와 산업 안전	- 근로관계와 법 - 고용 서비스와 사회 제도 - 협력적인 노사 관계 - 산업 안전과 재해 예방
	경력 관리와 평생 학습	- 경력 관리와 개발 - 평생 학습 - 미래 사회와 직업 세계의 변화
교수-학습	- 예비 직업인으로서 필요로 하는 기본적인 지식과 실천적인 역량을 기를 수 있도록 계획하여 운영한다. - 예비 직업인으로 졸업 후 직업인이 되는 특성을 반영하여 다양한 현장 사례와 체험 기회를 제공함으로써 학생들이 흥미를 가지고 의미 있는 배움이 일어날 수 있도록 계획하여 운영한다. - 협동 학습이나 프로젝트 학습을 통해 학생들이 배운 내용을 적용하여 미래 직업인으로서의 다양한 역할을 경험해 볼 수 있는 기회를 제공하는 데 중점을 둔다. - 각종 디지털 기술을 활용하여 출석 수업과 원격수업이 가능한 교수-학습 자료를 개발하여 대면 수업과 원격수업의 연계가 가능하도록 한다. - 모든 교과(군)에서 배우는 과목의 특성을 반영하여 내용이 특정 교과(군)에 치우치지 않도록 계획하여 운영한다.	
평가	- 제시한 교육목표와 성취기준을 고려하여 예비 직장인으로서의 학생들에게 필요한 의사소통 능력, 정보 활용 능력, 문제해결 능력, 디지털 역량 등을 갖추었는가를 측정할 수 있도록 평가를 계획하고 시행한다. - 평가 과정에서 각각의 학습 영역별 기초적 개념이나 지식을 효과적으로 습득하고 관련된 다양한 사례들을 스스로 탐색하며, 이를 통해 학습 내용과 사례를 연계시킬 수 있는 역량을 갖추고 있는가를 평가한다. - 학생의 수업 참여 동기를 높이고 학습 공간과 일상이 연계된 학습과 평가가 이루어질 수 있도록 계획한다. - 학습하는 과정에서 프로젝트 학습을 통해 학생들이 배운 내용을 적용하여 실제 직무 상황을 경험해 볼 수 있는 기회를 제공하고, 활동 결과뿐만 아니라 준비 과정, 활동 등을 모두 평가하도록 계획한다. - 학생 중심의 프로젝트 수업에서는 부과된 과제를 학생이 수행하는 일련의 과정과 결과를 모두 평가한 후 미흡한 부분은 보충·정정 등을 통해 학생의 성장을 도모해 주고, 모둠 학습의 경우 자기평가, 모둠원 평가, 모둠 평가 등을 실시하여 타인을 배려하고 협동하는 정신을 배울 수 있도록 계획한다. - 최근 디지털 환경에서 이루어지고 있는 스마트 직업 정보와 서비스에 대한 중요성을 알 수 있도록 디지털 매체를 통한 정보 수집, 토론 활동 등을 평가함으로써 학생의 디지털 역량과 의사소통 역량을 강화시키는 데 중점을 준다. - 학습하는 과정에서 학생들이 직업인으로 갖추어야 할 바람직한 태도와 소양을 가지고 있는지를 평가하되, 학습 영역에서 제시한 지식, 기술, 태도 등을 전반적으로 평가할 수 있도록 해야 하며 특정 내용에 치우치지 않도록 한다. - 평가 결과는 차후 평가 계획 수립에 반영하여 교사의 교수-학습 개선에 반영될 수 있도록 하고, 학생의 학습 동기 유발과 개별 지도 자료로 활용한다. 평가 결과를 통하여 최소 성취수준에 도달하지 못한 학생에게는 평가 결과에 대한 피드백과 함께 보충지도 자료를 제시하여 학습을 지원한다.	

<표 3-3> 노동 인권과 산업 안전 보건

구분	학습 영역	학습 요소
성격	'노동 인권과 산업 안전 보건' 과목은 학생들이 노동의 의미를 잘 이해하고 노동 인권에 대한 감수성과 문제 해결력을 함양함으로써 갈등을 합리적으로 해결하는 역량을 배양함으로써 노동하면서 살아가는 대다수 시민의 삶을 서로 인정하고 존중하며, 안전·보건을 최우선으로 하는 사회를 만들기 위한 가치와 태도를 함양하기 위한 과목이다.	
목표	'노동 인권과 산업 안전 보건' 과목은 노동의 의미와 가치를 이해하고, 국제 규범과 헌법이 보장하는 보편적 권리로서의 노동 기본권을 이해하고 실천할 수 있는 능력을 기르며, 노동을 통해 행복을 추구하고 자아를 실현하며 세계시민으로서의 공동체 의식을 바탕으로 연대를 실천하여 노동 인권에 대한 차별과 침해 문제에 맞서 해결할 수 있는 능력을 향상시키는 것으로 목표로 한다. 또한 산업현장에서 필요한 법률 지식 및 안전 요소들을 습득하고, 각종 위험 상황에서 적절한 대처를 할 수 있는 능력과 태도를 기르는 것을 목표로 한다.	
내용 체계	학습 영역	학습 요소
	노동과 인간의 존엄	- 노동의 의미와 가치 - 노동과 노동 인권의 발전 - 헌법이 보장하는 노동의 가치 실현
	노동 인권의 보장	- 노동자 권리와 임금 - 노동 계약과 노동 시간 - 노동조합과 노동 3권
	다양한 노동과 노동 인권	- 고용 형태의 다양화 - 다양한 노동의 이해 - 숨겨진 노동의 가치와 사회적 역할
	산업 안전 일반	- 개요·개념 및 기초 지식의 이해 - 산업 재해 현황 및 현안 사항 - 산업 안전 보건법(규칙)의 이해
	사고 예방의 이해	- 사고 발생 원인 및 형태의 이해 - 주요 재해 사례 및 예방 대책 - 위험성 평가 절차 및 방법의 이해
	안전한 작업 방법	- 업종별 작업의 특성 - 기계·기구 등 설비 위험 요소 파악 - 안전 수칙·표지·보호구 등의 올바른 사용 방법
	노동 인권 실천과 사회 참여	- 노동과 민주주의 - 노동과 연대 - 노동과 미래 사회
교수-학습	- 노동의 의미를 이해하고 노동에 대한 감수성과 가치에 공감하도록 각종 정보를 다양하고 균형있게 제공한다. - 노동 인권을 보장해야 하는 이유와 노동 인권 보장에 대한 법적 내용을 구체적인 사례를 통해서 알아보고 부당한 대우를 받았을 때의 대처 방안에 대해 토론·토의 방법을 활용해 찾아볼 수 있도록 한다.	

	- 고용 형태의 다양화가 노동자에게 어떤 영향을 끼치고 있는지를 파악하고 사회적 약자들의 노동을 살펴봄으로써 차별적인 요소를 파악하여 해결 방안을 모색할 수 있도록 한다. 또한 우리 사회에서 꼭 필요하나 눈에 잘 띄지 않는 노동의 중요성에 대해 공감할 수 있도록 지도한다. - 노동 인권은 실천과 참여를 통해서 보장된다는 사실을 이해하며, 실천과 참여는 노동자 개개인이 아니라 노동자와 시민 등이 연대하였을 때, 가능함을 공감할 수 있도록 한다. 또한 미래 사회에서 노동을 존중하기 위한 방안을 탐색할 수 있도록 지도한다. - 산업 안전 보건은 직업계고 학생들이 산업현장에서 안전하게 근무하기 위해 필요한 산업 안전 보건의 기본 개념을 이해하고 다양한 사례를 통해 각 분야의 산업에서 요구하는 직무 역량을 기를 수 있도록 교수-학습 활동을 계획하고 운영한다. - 산업 안전 보건 내용을 통해 산업 안전 보건의 중요성 및 필요성을 인식할 수 있도록 다양한 사례를 제공함으로써 학생의 안전 의식이 내면화될 수 있도록 교수-학습을 계획하고 운영한다.
평가	- 학습의 과정과 결과를 통합적으로 판단하기 위해 다양한 방법을 적용한다. - 노동 존중에 대한 감수성 향상, 사회적 약자의 노동, 노동의 연대와 같은 노동에 대한 가치와 태도 학습 영역에서는 노동 현실과 관련된 다양한 가치와 관점에 대한 이해와 공감의 기회를 제공하고, 노동의 관점에서 해석하는 정도, 가치에 대한 분석과 판단 능력 등을 평가한다. - 노동 현상을 이해하는 데 필요한 다양한 자료와 정보를 수집하고 도표, 그림, 그래프 등을 분석하고 활용하여 표현할 수 있는 의사소통, 토론, 발표를 위한 디지털 활용 등을 통해 상호 협력하는 능력을 평가한다. - '산업 안전 일반' 학습 영역의 평가는 교과 교육과정에서 제시한 교육목표와 성취기준을 고려하여 산업현장에서 안전하고 안심하며 일할 수 있도록 학생에게 필요한 의사소통 능력, 문제 해결 능력, 자원 관리 능력, 대인 관계 능력, 기술 능력, 디지털 역량 등을 갖추었는가를 측정할 수 있도록 계획하고 시행한다. - '산업 안전 일반'과 '사고 예방의 이해' 학습 영역의 평가 과정에서 각 학습 영역별 기초적 개념이나 지식을 효과적으로 습득하고, 디지털 콘텐츠 활용을 통하여 학생의 전공과 관련된 구체적인 사례를 활용하며, 이를 통해 추상적 개념과 사례를 연계시킬 수 있는 역량을 갖추고 있는가를 평가한다. - 각 학습 영역의 학습 과정에서 산업 안전 보건에 대한 개념의 이해를 돕기 위해 현장 전문가 특강 혹은 사례 발표 등을 통해 산업현장에서 발생하는 문제 상황이 해결되는 과정을 학생들이 직간접적으로 경험할 수 있도록 한다. 이 과정에서 조사 보고서, 시나리오 작성 등 다양한 평가 방법을 고려하여 적용할 수 있다. - 산업현장의 잠재된 위험을 예측하여 항상 안전을 확인하고 위험 상황에 직면해서도 적절한 대처를 할 수 있는 태도를 가지고 있는지를 평가하되, 학습 영역에 제시된 지식, 기술, 태도 등을 전반적으로 평가할 수 있도록 해야 하며 특정 내용에 치우치지 않도록 한다. - 과목의 교육목표에 도달할 수 있도록 성취기준과 수행평가 항목을 고려하여 평가 계획을 수립하고, 최소 성취수준에 도달하지 못한 학생에게 내용과 관련된 보충 자료 및 과제를 제시한다. - '산업 안전 일반' 학습 영역의 평가는 평가계획서에 제시된 방법과 평가 절차를 따르고, 지필 평가 문항 제작 및 시행과 채점에 관한 사항을 평가계획서에 근거하여 점검표로 만들어 각 항목을 하나씩 점검함으로써 신뢰도를 유지해야 한다.

<표 3-4> 디지털과 직업 생활

<table>
<tr><td>성격</td><td colspan="2">'디지털과 직업 생활'은 예비 직업인이 직업 세계의 디지털 전환에 따른 변화를 이해하고 적응하는 데 필요한 지식을 습득하여 디지털 기술을 이용할 수 있는 능력을 기르도록 이론과 실습으로 구성된 과목이다. 예비 직업인들은 디지털 전환이 직업 생활에 미치는 영향을 이해하고, 직업 생활에서 발생하는 다양한 문제를 해결하기 위하여 각종 디지털에 관한 지식과 기술을 습득하고 디지털 시민 의식을 갖추는 것이 필요하다.이 과목은 디지털 전환과 직업 생활, 디지털 의사소통과 협업, 디지털 콘텐츠의 활용과 제작, 디지털 문제해결, 인공지능과 직업 생활, 디지털 시민 의식과 직업 윤리 등의 내용으로 구성되었으며, 예비 직업인들이 디지털 직업 환경에 적응하고, 디지털 관련 직무를 수행하는 과정에서 발생하는 다양한 문제에 대비하기 위해 필요한 지식, 기술, 태도를 기를 수 있도록 한다.</td></tr>
<tr><td>목표</td><td colspan="2">'디지털과 직업 생활' 과목은 지능정보사회를 살아갈 시민과 직업인으로서의 주어진 역할을 성공적으로 수행하기 위해 필요한 디지털 역량을 기르는 것을 목표로 한다.</td></tr>
<tr><td rowspan="7">내용 체계</td><td>학습 영역</td><td>학습 요소</td></tr>
<tr><td>디지털 전환과 직업 생활</td><td>- 디지털 전환의 이해
- 디지털 전환과 생활의 변화
- 디지털 전환과 직업 세계의 변화</td></tr>
<tr><td>디지털 의사소통과 협업</td><td>- 디지털 의사소통
- 직업 생활과 디지털 협업</td></tr>
<tr><td>디지털 콘텐츠의 활용과 제작</td><td>- 디지털 콘텐츠의 이해
- 디지털 콘텐츠의 활용
- 직업 생활과 디지털 콘텐츠의 제작</td></tr>
<tr><td>디지털 문제해결</td><td>- 디지털 문제해결의 이해
- 문제 분석과 해결 방법 탐색
- 직업 생활과 디지털 문제해결의 구현</td></tr>
<tr><td>인공지능과 직업 생활</td><td>- 인공지능의 이해
- 기계 학습에 대한 이해와 모델 구현
- 직업 생활과 인공지능의 역할</td></tr>
<tr><td>디지털 시민 의식과 직업 윤리</td><td>- 디지털 시민 의식의 이해
- 디지털 시대의 예절
- 디지털 시대의 직업 윤리</td></tr>
<tr><td>교수-학습</td><td colspan="2">- 디지털 환경의 직업 분야에 종사할 예비 직업인이 디지털 전환 시대를 이해하고, 기본적인 디지털에 관한 지식과 기술을 습득하기 위한 이론과 실습 중심의 과목으로 학생의 학습 수준 및 선수 지식, 학교의 실습 환경 등을 고려하여 교수-학습을 계획한다.
- 학생이 학습 영역별 성취기준을 고려한 내용을 효과적으로 습득할 수 있도록 다양한 학습자료와 교수-학습 방법을 활용한다.
- 디지털 전환 시대에 산업현장 활용도가 높은 실습 자료 및 도구나 기술을 활용하여 지도함으로써 학생들의 디지털 역량 신장을 돕는다.
- 직업 생활에서의 디지털 역량 향상과 관련된 수업 진행 시 학생이 타인 또는 공동 작업자와의</td></tr>
</table>

목표	올바른 의사소통 방법을 익히고 공동체 의식, 사회성 등을 함양하며, 디지털 직업 윤리와 인공지능 윤리를 실천할 수 있도록 교수-학습을 계획하고 운영한다. - 디지털 사회로의 전환에 따라 급격하게 변화하고 있는 다양한 직업 생활의 모습에 대한 수업 진행 시 17개 교과(군) 전공 관련 직무 분야에서의 적용 사례를 탐색하는 등 연계성을 고려하여 수업 활동을 계획하고 운영한다.
평가	- 디지털 직업 환경 속에서 다양한 디지털 문제에 대비하기 위해 필요한 디지털에 관한 지식, 디지털 기술, 디지털에 관한 태도를 포함한 디지털 역량의 신장을 평가한다. - 디지털 전환과 그로 인한 직업 세계의 변화, 의사소통과 공유 및 협업을 위한 디지털 도구나 기술의 이해, 디지털 시대의 직업 윤리, 디지털 콘텐츠의 개념과 인공지능에 대한 이해를 평가한다. - 디지털 도구나 기술을 활용한 공유 및 협업 결과, 디지털 시대의 직업 윤리 실천 방안, 직업 생활의 문제 분석과 소프트웨어 구현 또는 활용, 생성한 디지털 콘텐츠, 인공지능 모델링 결과 등의 실습 결과를 평가한다. - 직업 분야에서 요구하는 디지털 도구나 기술의 사용법을 습득하여 활용하는 태도를 평가한다. - 최소 성취수준에 도달하지 못한 학생에게는 평가 결과에 대한 피드백과 함께 보충 자료를 제시하여 학습을 지원한다.

(2) 전공 일반 과목

<표 3-5> 미용의 기초

성격	'미용의 기초' 과목은 미용과 관련된 분야로의 진출을 희망하는 학생들에게 미용에 대한 개괄적 이해를 돕는 과목으로, 이 과목을 통해 현대 사회에서 미용이 갖는 의의와 발달을 학습할 수 있으며, 전공 실무 과목 학습에 요구되는 기초 지식을 종합적으로 습득할 수 있다.	
목표	미용에 대한 전반적인 개념과 관련 지식을 학습할 뿐만 아니라, 미용분야에 필요한 인력을 양성하기 위하여 직무 능력과 자기 관리 역량을 갖추도록 하는 데 교육목표를 두고 있다.	
내용	학습 영역	학습 요소
	미용의 의의와 발달	- 미용의 의의 - 미용의 변천 - 미용인의 자세와 진로
	모발의 이해	- 모발의 생성과 성장 - 모발의 구조와 특성 - 모발의 분류
	피부의 이해	- 피부의 구조와 생리적 기능 - 피부 부속 기관의 구조와 생리적 기능 - 근육과 골격 및 혈관 림프계
	메이크업과 색채	- 피부색과 색상의 조화 - 메이크업과 색채 활용

	손발톱의 이해	- 손톱과 발톱의 구조 및 생리적 특성 - 손톱과 발톱 관리
	고객 응대	- 전화 고객 응대하기 - 대기 고객 응대하기
교수-학습	- 미용 분야에 직무 능력을 갖추어 필요한 인력을 양성하는 데 목표를 두어 미용 분야의 모발, 피부, 손톱, 발톱의 기초 지식과 관리할 수 있는 활용 능력을 기르고, 고객 상담과 관련된 직무를 이해하며, 고객 지향적 태도를 확립하는 데 있다. - '미용의 기초' 과목의 개념 이해 및 적용을 위한 이론적 정립이 될 수 있도록 지도하며, 학습목표 달성에 유익하고 학습 동기를 촉진할 수 있는 관련 자료(삽화, 도표, 사진 등)를 이용하여 지도한다. - 미용의 특성에 따라 이론을 중심으로 교육해야 하는 만큼 현장감 있는 학습이 강조되는 부분에서 한계가 있을 수 있으므로 지역사회나 학교의 여건을 고려하여 다양한 분야의 지역사회 전문 인사를 활용하거나 교사와의 팀 티칭 등을 시도하여 현장 전문성을 강화할 수 있도록 한다. - '미용의 기초'를 학습하는 과정에서 학생이 서비스업에 바람직한 태도를 함양할 수 있도록 교수-학습을 계획하고 운영한다.	
평가	- '미용의 기초' 과목 교육과정에서 제시한 목표와 성취기준을 고려하여 학생에 대한 미용 분야에서 요구하는 지식, 기술, 태도의 개념 이해와 적용 능력 습득을 고려하여 단원의 성격과 내용에 따라 문제해결 능력, 창의력, 의사 결정 능력 등 창의적 사고와 현장 실무에 중점을 둔 문제해결 능력을 포함하여 평가한다. - 사례 중심 학습, 문제해결 학습 등을 통해 토론 활동을 유도한 학습은 모둠별 토의를 통한 학생들의 참여도와 발표력, 작성한 보고서 등을 활용하여 평가한다. - 향후 전공 실무 과목의 성취수준을 성공적으로 달성할 수 있도록 미용 이론의 기초가 충분히 습득되었는지 이해도를 평가한다. - 미용 산업체 견학, 현장실습, 봉사활동은 실무에 적응하기 위한 체험학습 과정이므로 보고서 및 태도, 발표력 등을 현장 실무와 연계하여 평가한다. - 평가에 대한 피드백을 진행하여 결과에 대해 지도한다. - 성취기준 미도달 학생에게는 학생의 관심 분야를 파악하고, 학생의 실생활과 '미용의 기초' 과목을 쉽게 적용할 수 있도록 학교 여건에 맞게 대체 활동 및 별도의 향상 학습을 진행한다.	

<표 3-6> 미용 안전·보건

성격	「공중 위생 관리법」에 정의되어 있는 미용업은 안전과 보건의 전반적인 이해가 필요하므로 '미용 안전·보건' 과목을 통해 작업자와 고객에게 발생할 수 있는 사고를 예방하고 대처 방법을 배우며, 안전한 작업 환경에서 서비스를 제공하기 위해 요구되는 기초 지식을 습득할 수 있다.	
목표	'미용 안전·보건' 과목에서 요구하는 공중보건의 이해, 미용업의 환경 위생, 감염병 관리, 산업 보건, 미용업 위생 관리 등의 미용 분야 직무에 적용할 수 있도록 기초 능력과 태도를 습득하며, 이를 통해 미용 서비스 산업현장에서 작업자와 고객의 안전·보건에 대한 인식을 일깨우고, 창의적 사고 역량, 의사소통 역량, 문제해결 능력을 중점적으로 함양하는 것을 목표로 한다.	
내용	학습 영역	학습 요소

	공중보건의 이해	- 건강의 이해 - 질병의 이해 - 공중보건의 개념과 발전
	미용업 환경 위생	- 기후와 보건 위생 - 공기 오염 관리 - 수질 관리 - 소독 및 살균 방법
	감염병 관리	- 감염병의 개요 및 발생 과정 - 감염 관리
	산업 보건	- 산업 보건의 이해 - 산업 피로 및 산업 재해 - 직업병 관리 - 사고와 응급 치료
	미용업 위생 관리	- 미용사 위생 관리하기 - 미용업소 위생 관리하기
교수-학습	- '미용 안전·보건' 과목 교육과정에서 제시한 교과 교육목표와 성취기준을 고려하여 학생이 미용 서비스 산업 분야에서 필요로 하는 직무 역량을 기를 수 있도록 교수-학습을 계획하고 운영한다. - '미용 안전·보건' 과목의 학습활동 과정에서 다양한 디지털 자료를 활용한 직간접적 경험 기회를 제공하여 학생들이 위생과 환경에 대해 의미 있는 배움이 일어날 수 있도록 한다. - '미용 안전·보건' 과목의 총체성을 고려하여 '헤어 미용 안전 위생관리', '피부 미용 위생 관리', '메이크업 위생 관리','네일 미용 위생관리' 학습 영역 등과의 연계성을 고려하며 학습의 효율성을 높일 수 있도록 교수-학습을 운용한다.	
평가	- '미용 안전·보건' 과목 교육과정에서 제시한 목표와 성취기준을 고려하여 학생이 헤어 미용, 피부 미용, 메이크업, 네일 미용 위생 관련 분야에서 요구하는 창의적 사고 능력, 의사소통 능력, 문제해결 능력을 갖추었는지 측정할 수 있도록 평가를 계획하고 시행한다. - '미용 안전·보건' 과목의 평가 과정에서 각 학습 영역별 기초적 개념이나 지식을 효과적으로 습득하고, 관련된 여러 사례를 스스로 탐색하며, 이를 통해 추상적 개념과 사례를 연계시킬 수 있는 역량을 갖추고 있는가를 평가한다. - 각 학습 영역의 학습 과정에서 개념 이해를 돕기 위해 현장 전문가 특강 혹은 사례 발표 등을 통해 학생들이 미용의 안전과 보건이 운영되는 과정에 대해 직간접적으로 경험할 수 있도록 하며, 이 과정에서 조사 보고서, 시나리오 작성 등 다양한 평가 방법을 고려하여 적용한다. - 학생의 수업 참여 동기를 높이고 미용 서비스 현장 적응성을 높이는 학습과 평가가 이루어질 수 있도록 이미지, 동영상, PPT, VR/AR, 사물인터넷(IoT 기반 헬스케어 서비스), 메타버스 등을 체험하게 하고, 일반적인 보고서 형태뿐만 아니라 디지털 형식의 다양한 과제물을 활용하여 평가한다. - '미용 안전·보건' 과목을 학습하는 과정에서 프로젝트 학습을 통해 학생들이 배운 내용을 적용하여 실제 직무 상황을 경험할 수 있는 기회를 제공하고, 이 과정 및 결과에 대하여 평가한다. - '미용 안전·보건' 과목에 대한 중요성을 이해하기 위해 온라인 매체를 통한 정보 수집, 토론 활동 등을 평가함으로써 학생의 디지털 역량과 의사소통 역량을 강화시키는 데 중점을 둔다. - '미용 안전·보건' 과목을 학습하는 과정에서 학생이 서비스업에 대한 바람직한 태도를 가지고	

있는지를 평가하되, 내용 영역에 제시된 지식, 기술, 태도 등을 전반적으로 평가할 수 있도록 해야 하며, 특정 내용에 치우치지 않도록 한다.
- '미용 안전·보건' 과목의 평가 결과를 차후 평가 계획 수립에 반영하여 교사의 교수-학습 개선에 환류될 수 있도록 하고, 학생의 학습 동기 유발 및 개별 지도, 최소 성취수준에 미도달한 학생을 위한 보충 이수 자료로 활용될 수 있도록 제시한다.
- '미용 안전·보건' 과목의 평가는 평가계획서에 제시된 방법과 평가 절차를 따르고, 지필평가 문항 제작 및 시행과 채점에 관한 사항을 평가계획서에 근거하여 점검표로 만들어 각 항목을 하나씩 점검함으로써 신뢰도를 유지해야 한다.

(3) 전공 실무 과목★

★ 2022 개정 교육과정에서는 학습 영역(능력단위)별 코드를 별도로 기재하지 않았다. 이는 학습 모듈이 지속적으로 개발 및 수정되는 특성을 반영하여 교육과정이 보다 유연하게 변화에 대응하고 실제 교육 현장에 탄력적으로 적용될 수 있도록 하기 위함이다.

<표 3-7> 헤어 미용

<table>
<tr><td>성격</td><td colspan="2">'헤어 미용' 과목은 헤어 미용 분야로의 진출을 희망하는 학생들에게 헤어 미용 관련 기초 지식을 파악하고 미용 산업현장에서 요구하는 기능 및 기술을 함양할 수 있는 과목으로 현장 실무형 인재를 양성하기 위한 교과이다. 이 과목을 통해 헤어 미용의 개요와 전공 실무 과목에서 사용하는 기술들을 학습하고 습득할 수 있다. 또한 본 과목에서 학생들은 '미용업 안전 위생관리', '미용 고객 응대'를 학습하게 되며, 이를 통해 대인 관계 능력, 의사소통 능력, 문제해결 능력 등의 직업 기초 능력을 기를 수 있게 될 것이다.</td></tr>
<tr><td>목표</td><td colspan="2">헤어 미용 현장에서 직무 수행을 위해 필요한 미용 지식을 이해하고, 헤어 미용 분야의 지식과 기술을 습득하여 현장 실무에 활용할 수 있다. 헤어 미용 분야에 필요한 창의적인 인력을 양성하기 위하여 입직 수준의 직무능력을 갖출 수 있도록 하는데 교육목표를 두고 있다.</td></tr>
<tr><td rowspan="5">내용</td><td>학습 영역(능력단위)</td><td>학습 요소(능력단위 요소)</td></tr>
<tr><td>미용업 안전 위생 관리</td><td>- 미용사 위생 관리하기
- 미용 업소 위생 관리하기
- 미용업 안전사고 예방하기</td></tr>
<tr><td>미용 고객 응대</td><td>- 미용 고객 예약하기
- 미용 고객 응대하기
- 미용 고객 배웅하기</td></tr>
<tr><td>헤어 샴푸</td><td>- 헤어 샴푸 준비하기
- 헤어 샴푸 실행하기
- 헤어 샴푸 마무리하기</td></tr>
<tr><td>원랭스 헤어 커트</td><td>- 원랭스 헤어 커트 실행하기</td></tr>
</table>

		- 원랭스 헤어 커트 마무리하기
	그래쥬에이션 헤어 커트	- 그래쥬에이션 헤어 커트 실행하기 - 그래쥬에이션 헤어 커트 마무리하기
	레이어 헤어 커트	- 레이어 헤어 커트 실행하기 - 레이어 헤어 커트 마무리하기
	콜드 펌	- 콜드 펌 준비하기 - 콜드 펌 실행하기 - 콜드 펌 마무리하기
	히팅 펌	- 히팅 펌 준비하기 - 히팅 펌 실행하기 - 히팅 펌 마무리하기
	베이직 헤어 컬러	- 베이직 헤어 컬러 준비하기 - 베이직 헤어 컬러 실행하기 - 베이직 헤어 컬러 마무리하기
	블로우 드라이 스타일	- 블로우 드라이 실행하기 - 블로우 드라이 마무리하기
	헤어 아이론 스타일	- 헤어 아이론 실행하기 - 헤어 아이론 스타일 마무리하기
	두피·모발 관리	- 두피·모발 관리 준비하기 - 두피·모발 관리 실행하기 - 두피·모발 관리 마무리하기
교수-학습	- '헤어 미용' 과목은 헤어 미용 분야에 직무 능력을 갖추어 필요한 인력을 양성하는 데 목표를 두어 헤어 미용 직무에 필요한 기초 지식과 기술을 습득하여 현장 실무에서 활용할 수 있는 능력과 태도를 확립하는 데 있다. - 헤어 미용 시술에 헤어 미용 직무의 이론적 정립과 기술이 습득될 수 있도록 학습하며, 필요한 도구와 기기의 사용법을 정확히 숙지하고, 인체에 사용 시 주의하도록 지도한다. - 헤어 미용 실습 시 기초를 기본으로 하되, 새로운 헤어 미용 테크닉 시술 방법을 반영하여 지도한다. - '헤어 미용' 과목을 학습하는 과정에서 학생이 서비스업에 바람직한 태도를 함양할 수 있도록 하고, 훌륭한 미용인이 되기 위해 진로에 필요한 기초 능력과 자질을 갖추기 위해 스스로 실천할 수 있도록 교수-학습을 계획하고 운영한다. - 헤어 미용은 대인 서비스 분야이므로 기능 교육과 함께 인성 교육, 보건 위생 교육을 연계하여 지도한다. 또한 미용 분야의 직업 세계 변화와 연계하여 학생들이 스스로 진로를 탐색하고 선택할 수 있도록 지도한다.	
평가	- '헤어 미용' 과목 교육과정에서 제시한 목표와 성취기준을 고려하여 학생이 헤어 미용 분야에서 요구하는 지식, 기술, 태도의 숙달 정도를 고려하여 평가 방법과 시기를 계획하고 시행하되, 일부 특정 내용이나 영역에 치우치지 않도록 한다.	

<table>
<tr><td></td><td>- '헤어 미용' 과목의 평가 과정에서 각 학습 영역별 기초적 개념이나 지식을 효과적으로 습득하고, 관련된 여러 방법들을 스스로 연출하며, 이를 통해 응용된 실습을 연계시킬 수 있는 역량을 갖추고 있는가를 평가한다.
- 포트폴리오, 문제해결 시나리오, 서술형 시험, 논술형 시험, 사례연구, 평가자 질문, 평가자 체크리스트, 피평가자 체크리스트, 일지/저널, 역할 연기, 구두 발표, 작업장 평가 등 실제 수업에서 활용할 수 있는 적합한 평가 유형을 선정하여 평가한다.
- 실습에 임하는 자세와 진행 과정은 현장 실무에서 중요한 부분이므로 평가에서도 실습을 위한 계획, 준비, 과정, 정리·정돈, 결과 등의 단계별 과정 평가와 지도 시간 단위별 평가를 실시하여 수행 과정의 평가와 함께 타당도와 신뢰도를 높인다.
- 성취기준에 제시되어 있는 내용을 성공적으로 수행할 수 있는지를 평가하며, 성취기준에 따른 지식·기술·태도의 습득 능력을 평가한다. 성취기준 미도달 학생에게는 학생의 관심 분야를 파악하고, 학생의 실생활과 '헤어 미용' 과목을 쉽게 적용할 수 있도록 학교 여건에 맞게 대체 활동 및 별도의 향상 학습을 진행한다.
- 미용 산업체 견학, 현장실습, 봉사활동은 실무에 적응하기 위한 체험학습 과정이므로 보고서, 태도, 발표력 등을 현장 실무와 연계하여 평가하도록 한다.</td></tr>
</table>

<표 3-8> 피부 미용

<table>
<tr><th>성격</th><td colspan="2">'피부 미용' 과목은 피부 미용 서비스 산업의 진출을 희망하는 학생들에게 미용에 대한 전반적인 이해를 돕는 과목으로, 이 과목을 통해 과학적인 지식과 기술을 바탕으로 '피부 미용' 과목 학습에 요구되는 직무 역량을 종합적으로 습득할 수 있다.</td></tr>
<tr><th>목표</th><td colspan="2">피부 미용에 관한 지식과 실무능력을 향상하여 피부를 건강하게 하고, 고객의 피부 유형에 맞는 관리 방법을 적용하여 아름다움을 창출할 수 있는 능력과 태도를 기른다.</td></tr>
<tr><th rowspan="6">내용</th><td>학습 영역(능력단위)</td><td>학습 요소(능력단위 요소)</td></tr>
<tr><td>피부 미용 피부 분석</td><td>- 클렌징하기
- 피부 상태 분석 평가하기
- 피부 관리 계획 작성하기</td></tr>
<tr><td>피부 미용 고객 마무리 관리</td><td>- 관리 후 상담하기
- 고객 유지 관리하기
- 홈 케어 조언하기</td></tr>
<tr><td>피부 미용 위생 관리</td><td>- 피부 미용 작업장 위생 관리하기
- 피부 미용 비품 위생 관리하기
- 직원 위생 관리하기</td></tr>
<tr><td>피부 미용 얼굴 각질 관리</td><td>- 얼굴 클렌징하기
- 얼굴 딥 클렌징 하기</td></tr>
<tr><td>피부 미용 얼굴 매뉴얼 테크닉</td><td>- 매뉴얼 테크닉하기
- 영양 물질 도포하기</td></tr>
</table>

	피부 미용 얼굴 팩·마스크	- 얼굴 팩·마스크하기 - 얼굴 관리 마무리하기
	피부 미용 몸매 팩·마스크	- 몸매 팩·마스크하기 - 몸매 관리 마무리하기
	피부 미용 눈썹 미용 관리	- 눈썹 정리하기 - 눈썹 염색하기
	피부 미용 림프 관리	- 세정 작용하기 - 순환 작용하기 - 림프 관리 마무리하기
	피부 미용 기초 제모	- 팔 제모하기 - 다리 제모하기 - 겨드랑이 제모하기
	신체 피부 미용 전면 관리	- 복부 관리하기 - 가슴 관리하기 - 손·팔 관리하기 - 발·다리 전면 관리하기
	신체 피부 미용 후면 관리	- 신체 후면 관리하기 - 둔부 관리하기 - 발·다리 후면 관리하기
	피부 미용 화장품 사용	- 화장품 분류하기 - 기초화장품 사용하기 - 두피 관리 화장품 사용하기 - 몸매 관리 화장품 사용하기 - 방향성 화장품 사용하기
	직류를 이용한 피부 미용 기기 활용	- 직류 기기 이용 얼굴 세정하기 - 직류 기기 이용 얼굴 영양물질 침투하기
	교류를 이용한 피부 미용 기기 활용	- 교류 기기 이용 얼굴 관리하기 - 교류 기기 이용 몸매 관리하기
교수-학습	- '피부 미용' 과목 교육과정에서 제시한 교과 교육목표와 성취기준을 고려하여 학생이 피부 미용 서비스 산업 분야에서 필요로 하는 직무 역량을 기를 수 있도록 교수-학습을 계획하고 운영한다. - '피부 미용' 과목의 학습활동 과정에서 다양한 사례와 직간접적 경험 기회를 제공하여 학생들이 '피부 미용' 과목에 흥미를 가지고 의미 있는 배움이 일어날 수 있도록 교수-학습을 계획하고 운용한다. - '피부 미용' 과목을 학습하는 과정에서 학생이 피부 미용 서비스 산업에 대한 바람직한 태도를 함양할 수 있도록 교수-학습을 계획하고 운영한다. - 미래 첨단 기술의 발전과 변화에 대응할 수 있는 각종 디지털 기술을 활용하여 온오프라인 수업이 가능한 교수-학습 자료를 개발하여 온오프라인 연계 수업이 가능하도록 한다.	

평가	- '피부 미용' 과목의 평가는 성취기준을 고려하여 학생이 피부 미용 서비스 산업 분야에서 요구하는 문제해결 능력, 의사소통 능력 및 디지털 역량을 갖추었는가를 측정할 수 있도록 평가를 계획하고 시행한다. - '피부 미용' 과목의 평가 과정에서 각 학습 영역별 기초적 개념이나 지식을 효과적으로 습득하고, 관련된 여러 사례를 스스로 탐색하며, 이를 통해 추상적 개념과 사례를 연계시킬 수 있는 역량을 갖추고 있는가를 평가한다. - 각 학습 영역의 학습 과정에서 개념 이해를 돕기 위해 현장 전문가 특강 혹은 사례 발표 등을 통해 학생들이 피부 미용 서비스 산업이 운영되는 과정에 대해 직간접적으로 경험할 수 있도록 한다. 이 과정에서 사례연구, 문제해결 시나리오, 실습 일지 작성 등 다양한 평가 방법을 고려하여 적용할 수 있다. - 직접적인 실습이 어려운 내용의 경우 온라인 매체를 통한 정보 수집, 시뮬레이션 등을 평가함으로써 디지털 역량과 의사소통 역량을 강화시키는 데 중점을 둔다. - '피부 미용' 과목을 학습하는 과정에서 학생이 피부 미용 서비스 산업에 대한 바람직한 태도를 가지고 있는지를 평가하되, 내용 영역에 제시된 지식, 기술, 태도 등을 전반적으로 평가할 수 있도록 해야 하며, 특정 내용에 치우치지 않도록 한다. - '피부 미용' 과목을 학습하는 과정에서 프로젝트 학습을 통해 학생들이 배운 내용을 적용하여 실제 직무 상황을 경험할 수 있는 기회를 제공하고, 이 과정 및 결과에 대하여 평가한다. - '피부 미용' 과목의 평가 결과를 차후 평가 계획 수립에 반영하여 교사의 교수-학습 개선에 환류될 수 있도록 하고, 학생의 학습 동기 유발 및 개별 지도, 그리고 최소 성취수준에 미도달한 학생을 위한 보충 이수 자료로 활용될 수 있도록 제시한다. - '피부 미용' 과목의 평가는 평가계획서에 제시된 방법과 평가 절차를 따르고, 지필평가 문항 제작 및 시행과 채점에 관한 사항을 평가계획서에 근거하여 점검표로 만들어 각 항목을 하나씩 점검함으로써 신뢰도를 유지한다.

<표 3-9> 메이크업

성격	'메이크업' 과목은 메이크업 아티스트로서 갖추어야 할 기본적인 지식과 기술을 습득하기 위한 것으로 다양한 메이크업 분야에 대한 이해를 추구하기 위한 내용으로 구성된 실기 중심 과목이다. 메이크업에 대한 기초 이론을 이해하고 기본적인 메이크업 테크닉을 습득하는 것은 메이크업 분야로 진로를 희망하는 학생들에게 필수적으로 요구되는 사항으로, 이 과목은 학생들이 이러한 기초 지식과 테크닉을 바탕으로 메이크업 활동을 수행할 수 있도록 하는 데 주안을 둔다.	
목표	'메이크업' 과목에서는 메이크업 현장에서 기본적인 메이크업 직무를 수행하기 위해 필요한 메이크업에 대한 기초적인 지식과 기술을 습득하고, 이를 통해 궁극적으로 미래 사회가 요구하는 메이크업 관련 직무 수행에 필요한 자질과 창의적 사고 역량, 심미적 감성 역량을 중점적으로 함양하는 것을 목표로 한다.	
내용	학습 영역(능력단위)	학습 요소(능력단위 요소)
	메이크업 위생 관리	- 메이크업 위생 관리하기 - 메이크업 재료·도구 위생 관리하기 - 메이크업 작업자 위생 관리하기

	메이크업 고객 응대 서비스	- 방문 고객 응대하기 - 전화 상담 고객 응대하기 - 온라인 상담 고객 응대하기 - 불만 고객 응대하기
	메이크업 기초화장품 사용	- 기초화장품 선택하기 - 기초화장품 사용하기
	베이스 메이크업	- 피부 표현 메이크업하기 - 얼굴 윤곽 수정하기
	뷰티 색채	- 기초 색채 조색하기 - 색채 심리 활용하기 - 뷰티 색채 배색하기 - 뷰티 색채 디자인하기
	색조 메이크업	- 아이브로 메이크업하기 - 아이 메이크업하기 - 립&치크 메이크업하기 - 인조 속눈썹 연출하기
	메이크업 일러스트레이션	- 기초 드로잉 하기 - 일러스트레이션 하기
	뷰티 스타일링	- 메이크업 수정·보완하기 - 토털 코디네이션 하기
	웨딩 메이크업	- 웨딩 앨범 메이크업하기 - 신랑·신부 예식 메이크업하기 - 혼주 메이크업하기
	미디어 메이크업	- 미디어 특성 분석하기 - 영화 메이크업하기 - 드라마 메이크업하기 - 광고 메이크업하기
	미디어 캐릭터 메이크업	- 미디어 캐릭터 이미지 분석하기 - 미디어 캐릭터 메이크업 표현하기
	수염 분장	- 수염 재료 준비하기 - 수염 분장 계획하기 - 수염 분장 실행하기
	시대별 메이크업	- 시대별 메이크입 제인하기 - 시대별 메이크업하기
	무대 공연 기본 메이크업	- 무대 분석하기 - 무대 공연 기본 메이크업하기

	속눈썹 연장	- 속눈썹 연장하기 - 속눈썹 리터치하기 - 속눈썹 연장 제거하기
	뷰티 크리에이트	- SNS 콘텐츠 활용하기 - 뷰티 동영상 콘텐츠 활용하기
교수-학습	- '메이크업' 과목은 다른 미용 과목과 밀접한 교육 영역이므로 '미용의 기초', '미용 안전·보건', '헤어 미용', '피부 미용', '네일 미용' 과목과 연계하여 지도한다. - 메이크업의 시간(time), 장소(place), 상황(occasion)과 고객의 얼굴 형태, 피부 상태, 스타일, 메이크업 목적을 파악하고 이미지, 얼굴 특성 등을 분석하여 메이크업 디자인을 개발하며, 고객의 얼굴 특성, 이미지 등과 조화를 이루는 베이스, 아이, 아이브로, 립&치크 메이크업에서 마무리 스타일링까지 실행할 수 있도록 지도한다. - 새로운 메이크업 테크닉 시술 방법을 반영하여 지도하고, 메이크업 시술에 필요한 도구와 화장품의 종류, 사용법 등을 정확히 숙지하며, 필요에 따라 적절하게 사용할 수 있도록 지도한다. - 메이크업 서비스 능력은 단기간의 지식 습득이나 실습으로 숙달하기 어려우므로 기초 이론을 충분히 이해하고, 미용 산업체 견학, 현장실습, 봉사활동 등 창의적 체험 활동과 연계하여 실무 중심의 반복 실습을 통해 숙달하도록 한다. - 성취기준을 중심으로 교과의 내용을 지도하되, 학생의 수준을 고려하여 교과의 내용을 재구성하며, 학생이 메이크업 현장에서 필요로 하는 지식을 습득하여 직무에 적용할 수 있는 내용으로 지도한다. - 창의성이 필요한 메이크업 디자인 영역에서는 실무 현장이나 학교에서 활용하는 다양한 소프트웨어를 교수-학습 방법에 적용할 수 있도록 한다. - 메이크업은 대인 서비스 분야이므로 고객 응대 서비스 교육과 인성 교육, 위생 교육 등을 직업 기초 능력과 연계하여 지도한다. - 메이크업 분야에 대한 미래 사회의 지속적인 발전 방향에 관한 긍정적인 태도를 기르도록 하고, 미래 핵심역량과 직업 기초 능력 및 직무 능력을 갖춘 전문인으로 균형 있게 성장할 수 있도록 지도한다.	
평가	- 메이크업 실습 분야는 메이크업 위생 관리, 메이크업 고객 응대 서비스, 메이크업 기초화장품 사용, 베이스 메이크업, 뷰티 색채, 색조 메이크업, 메이크업 일러스트레이션, 뷰티 스타일링, 웨딩 메이크업, 미디어 메이크업, 무대 공연 기본 메이크업, 시대별 메이크업, 속눈썹 연장, 수염 분장, 뷰티 크리에이트 등 다양하게 구성되어 있으므로 메이크업의 숙달 정도를 고려하여 평가 방법과 시기를 계획하고 시행하되, 일부 특정 내용이나 영역에 치우치지 않도록 한다. - 수업 계획 시 평가계획서를 작성할 때 평가 내용과 방법, 시기, 배점 등 평가 기준을 작성하여 이를 학생들에게 미리 공지할 수 있도록 하며, 포트폴리오, 문제해결 시나리오, 서술형 시험, 논술형 시험, 사례연구, 평가자 질문, 평가자 체크리스트, 피평가자 체크리스트, 일지/저널, 역할 연기, 구두 발표, 작업장 평가 등 실제 수업에서 활용할 수 있는 적합한 평가 유형을 선정하여 평가한다. - 실습에 임하는 자세와 진행 과정은 현장 실무에서 중요한 부분이므로 평가에서도 실습을 위한 계획, 준비, 과정, 정리·정돈, 결과 등의 단계별 과정 평가와 지도 시간 단위별 평가를 실시하여 수행 과정의 평가와 함께 타당도와 신뢰도를 높이고, 진단평가와 형성평가 등을 통해 성취수준 미도달 학생을 조기 발견하여 학습 상담, 학습 코칭, 맞춤형 수업 등 선제적 지도를 할 수 있도록 한다. 그리고 수업 과정에서 일괄 평가가 아닌 관찰 평가, 개별 평가의 방식을 통해 평	

<table>
<tr><td></td><td>가 기준 미도달 학생을 진단하여 과정을 중시하는 피드백을 강화하고, 미도달 학생을 위한 과제, 온라인 보충 학습, 학습 동아리 등의 보충 지도를 계획할 수 있도록 한다.
- 성취기준에 제시되어 있는 내용을 성공적으로 수행할 수 있는지를 평가하며, 성취기준에 따른 지식·기술·태도의 습득 능력을 평가한다.
- 미용 산업체 견학, 현장실습, 봉사활동은 실무에 적응하기 위한 체험학습 과정이므로 보고서, 태도, 발표력 등을 현장 실무와 연계하여 평가한다.</td></tr>
</table>

<표 3-10> 네일 미용

<table>
<tr><td>성격</td><td colspan="2">‘네일 미용’ 과목은 네일 아티스트가 갖추어야 할 기본적인 지식과 기술을 습득하기 위해 다양한 네일 미용 분야에 대한 내용을 바탕으로 구성된 실기 중심 과목이다. 이 과목은 네일 분야로 진로를 희망하는 학생들이 네일 미용에 대한 기초 이론과 기본적인 네일 미용 테크닉을 습득하여 네일 분야로 진로를 선택하고 네일 미용 활동을 수행하는 데 필요한 과목이다.</td></tr>
<tr><td>목표</td><td colspan="2">‘네일 미용’ 과목에서는 네일 미용 현장에서 기본적인 직무를 수행하기 위해 필요한 네일 미용에 대한 기초적인 지식과 기술을 습득하고, 이를 통해 궁극적으로는 네일 미용 관련 직무 수행에 필요한 자질과 피부 미용 역량, 심미적 감성 역량을 중점적으로 함양하는 것을 목표로 한다.</td></tr>
<tr><td rowspan="7">내용</td><td>학습 영역(능력단위)</td><td>학습 요소(능력단위 요소)</td></tr>
<tr><td>네일 미용 위생 서비스</td><td>- 네일 숍 청결 작업하기
- 네일 숍 안전 관리하기
- 미용 기구 소독하기
- 개인위생 관리하기</td></tr>
<tr><td>네일 미용 고객 서비스</td><td>- 데스크 안내 업무하기
- 대기 고객 응대하기
- 사후 관리 안내하기
- 불만족 고객 대처하기</td></tr>
<tr><td>네일 기본 관리</td><td>- 프리에지 모양 만들기
- 큐티클 부분 정리하기
- 보습제 도포하기</td></tr>
<tr><td>네일 화장물 적용 전처리</td><td>- 일반 네일 폴리시 전처리하기
- 젤 네일 폴리시 전처리하기
- 인조 네일 전처리하기</td></tr>
<tr><td>네일 컬러링</td><td>- 풀 코트 컬러 도포하기
- 프렌치 컬러 도포하기
- 딥 프렌치 컬러 도포하기
- 그러데이션 컬러 도포하기</td></tr>
<tr><td>네일 폴리시 아트</td><td>- 일반 네일 폴리시 아트하기
- 젤 네일 폴리시 아트하기
- 통 젤 네일 폴리시 아트하기</td></tr>
</table>

	자연 네일 보강	- 네일 랩 화장물 보강하기 - 아크릴 화장물 보강하기 - 젤 화장물 보강하기
	팁 위드 파우더	- 네일 팁 선택하기 - 풀 커버 팁 작업하기 - 프렌치 팁 작업하기 - 내추럴 팁 작업하기
	팁 위드 랩	- 팁 위드 랩 네일 팁 적용하기 - 네일 랩 적용하기 - 팁 위드 랩 네일 파일 적용하기
	랩 네일	- 네일 랩 재단하기 - 네일 랩 접착하기 - 네일 랩 연장하기
	젤 네일	- 젤 화장물 활용하기 - 젤 원톤 스컬프처하기 - 젤 프렌치 스컬프처하기
	아크릴 네일	- 아크릴 화장물 활용하기 - 아크릴 원톤 스컬프처하기 - 아크릴 프렌치 스컬프처하기
	네일 화장물 적용 마무리	- 일반 네일 폴리시 마무리하기 - 젤 네일 폴리시 마무리하기 - 인조 네일 마무리하기 - 네일 기본 관리 마무리하기
	네일 화장물 제거	- 일반 네일 폴리시 제거하기 - 젤 네일 폴리시 제거하기 - 인조 네일 제거하기
	인조 네일 보수	- 팁 네일 보수하기 - 랩 네일 보수하기 - 아크릴 네일 보수하기 - 젤 네일 보수하기
교수-학습	- '네일 미용' 과목은 다른 미용 관련 과목과 밀접한 교육 영역이므로 '미용의 기초', '미용 안전·보건', '헤어 미용', '피부 미용', '메이크업' 과목과 연계하여 지도한다. - 네일 보호를 위해 네일 위에 시술되어 있는 네일 폴리시, 젤 네일, 인조 네일 및 장식물 등의 네일 화장물을 파일과 용매제를 사용해 제거하여 마무리하고, 고객의 미적 요구 충족을 위하여 네일 기본 관리인 프리에지 모양 만들기, 큐티클 정리하기, 컬러링하기, 보습제 바르기, 마무리하기 등을 할 수 있도록 지도한다. - 새로운 네일 미용의 테크닉 시술 방법을 반영하여 지도하고, 네일 미용 시술에 필요한 도구와 기기, 제품의 종류와 사용법을 정확히 숙지하여 안전하고 위생적으로 사용할 수 있도록 지도하	

	며, 인체에 사용할 때는 주의하도록 지도한다. - 성취기준을 중심으로 교과의 내용을 지도하되 학생의 수준을 고려하여 교과의 내용을 재구성하며, 학생에게 네일 미용 현장에서 필요로 하는 지식을 습득하여 직무에 적용할 수 있는 내용으로 지도한다. - 기초 이론을 충분히 이해하고, 네일 미용 산업체 견학, 현장실습, 봉사활동 등 창의적 체험 활동과 연계하여 협동 학습 형태로 실무 중심의 반복 실습을 하여 네일 미용 기술에 숙달되도록 지도한다. - 네일 미용은 대인 서비스 분야이므로 기능 교육과 함께 인성 교육, 위생 교육을 연계하여 지도한다. - 네일 미용 분야에 대한 미래 사회의 지속적인 발전 방향에 관한 긍정적인 태도를 길러 미래 핵심역량과 직업 기초 능력 및 직무 능력을 갖춘 전문인으로 균형 있게 성장할 수 있도록 지도한다.
평가	- 네일 미용 실습 분야는 네일 미용 위생 서비스, 네일 미용 고객 서비스, 네일 기본 관리, 네일 화장물 적용 전처리, 네일 컬러링, 네일 폴리시 아트, 자연 네일 보강, 팁 위드 파우더, 팁 위드 랩, 랩 네일, 젤 네일, 아크릴 네일, 네일 화장물 적용 마무리, 네일 화장물 제거, 인조 네일 보수 등 다양하게 구성되어 있으므로 네일 미용의 숙달 정도를 고려하여 평가 방법과 시기를 계획하고 시행하되, 일부 특정 내용이나 영역에 치우치지 않도록 한다. - 수업 계획 시 평가계획서를 작성할 때 평가 내용과 방법, 시기, 배점 등 평가 기준을 작성하여 이를 학생들에게 미리 공지할 수 있도록 하며, 포트폴리오, 문제해결 시나리오, 서술형 시험, 논술형 시험, 사례연구, 평가자 질문, 평가자 체크리스트, 피평가자 체크리스트, 일지/저널, 역할 연기, 구두 발표, 작업장 평가 등 실제 수업에서 활용할 수 있는 적합한 평가 유형을 선정하여 평가한다. - 실습에 임하는 자세와 진행 과정은 현장 실무에서 중요한 부분이므로 평가에서도 실습을 위한 계획, 준비, 과정, 정리·정돈, 결과 등의 단계별 과정 평가와 지도 시간 단위별 평가를 실시하여 수행 과정의 평가와 함께 타당도와 신뢰도를 높인다. - 성취기준에 제시되어 있는 내용을 성공적으로 수행할 수 있는지를 평가하며, 성취기준에 따른 지식·기술·태도의 습득 능력을 평가한다. - 미용 산업체 견학, 현장실습, 봉사활동은 실무에 적응하기 위한 체험학습 과정이므로 보고서, 태도, 발표력 등을 현장 실무와 연계하여 평가 한다. - 진단평가와 형성평가 등을 통해 성취수준 미도달 학생을 조기 발견하고 학습 상담, 학습 코칭, 맞춤형 수업 등 선제적 지도를 할 수 있도록 하며, 수업 과정에서 일괄 평가가 아닌 관찰 평가, 개별 평가의 방식을 통해 평가 기준 미도달 학생을 진단하여 과정을 중시하는 피드백을 강화하고, 미도달 학생을 위한 과제, 온라인 보충학습, 학습 동아리 등의 보충 지도를 계획할 수 있도록 한다.

3절. 고교학점제

※ 본 절은 교육부, 한국교육과정평가원(2024), 고교학점제 운영 안내서에서 발췌하여 재구성하였음.

1) 고교학점제의 정의

학생이 기초 소양과 기본 학력을 바탕으로 진로·적성에 따라 과목을 선택하고 이수 기준에 도달한 과목에 대해 학점을 취득·누적하여 졸업하는 제도이다.

2) 고교학점제의 도입 배경

인공지능 등 4차 산업혁명으로 인한 급격한 사회 구조 및 직업 세계 변화, 감염병 유행 등 다가올 미래를 예측할 수 없고 저출산에 따른 인구구조 변화로 인해 모든 학생의 잠재력과 역량을 키워주는 교육체제 구현을 통한 국가경쟁력 강화 및 지역 혁신 기반 마련이 필요하게 되었다. 학생들은 텍스트보다 이미지, 동영상 등 디지털 기반 콘텐츠를 통한 이해를 선호하고 능동적으로 지식과 정보를 선택하여 학습하며, 다양한 분야에 대한 탐색을 거쳐 학생 스스로 진로를 설정하고 개척해 갈 수 있도록 교육과정 다양화 및 진로, 학업 설계 지도를 통해 새로운 시대, 새로운 인재상의 필요성이 대두되었다.

3) 고교학점제의 추진 경과

(1) 고교학점제 도입 과정

「고교학점제 추진 방향 및 연구학교 운영 계획」 발표(교육부, 2017)
「고교교육 혁신방향」을 통한 학점제 추진 단계 제시(교육부, 2018)
「고졸취업 활성화 방안」 발표(교육부, 2019)
※ 마이스터고(2020), 특성화고(2022)에 학점제 도입 발표

학점제 도입 기반 마련 [2018~2021] → 학점제 도입 기반 마련 [2022~2024] → 학점제 본격 시행 [2025~]

[그림 3-1] 고교학점제 도입 과정

2025년 전면 적용될 고교학점제의 주요 내용과 구체적인 추진 과제를 제시한 「고교학점제 종합 추진계획」 발표(교육부, 2021)하면서 '학생이 기초 소양과 기본 학력을 바탕으로 진로·적성에 따라 과목을 선택하고, 이수 기준에 도달한 과목에 대해 학점을 취득·누적하여 졸업하는 제도를 제시하였다. 학점제형 교육과정, 학사제도, 평가제도 관련사항, 진로 및 학업 설계 지도 체계화, 수강신청 시트템 구축, 공동교육과정 운영 활성화, 학교 밖 교육 학점 인정, 학교 공간 조성 지원 등 고교학점제 도입을 위한 종합적 방안을 마련하였다. 2025년 이후 고교학점제 전면 적용을 위한 단계적 이행 계획이 발표되고 고교학점제는 2020년 마이스터고 및 2022년 특성화고 도입, 2023년 일반계고 및 특목고에 단계적으로 적용, 2025년부터 모든 고등학교에 전면 적용되었다.

고교학점제 시행 근거 마련을 위한 법령인 「초·중등교육법」일부 개정(21.9.제정, 22.3.시행)되었다.

*** 초·중등학교 교육과정 개정**

2015 개정 「초·중학교 교육과정」 일부 개정 고시(22.1.17.)하였고 2015 개정 교육과정 총론 일부 개정을 통해 수업량 적정화와 최소 성취수준 보장지도 등 학점제 단계적 도입 내용을 반영하였다.

- (단위의 학점 전환) 고교 수업량 기준을 단위에서 학점으로 전환
- (수업량 적정화) 204단위에서 192학점으로 적정화(교과 174학점, 창의적 체험활동 18학점)
- (최소 성취수준 보장지도) 최소 성취수준 보장지도 시행 관련 사항 신설
- (공동교육과정 등 근거 제시) 공동교육과정, 학교 밖 교육 관련 근거 지침 정비
- (교육청 역할) 고교학점제 단계적 도입 지원을 위한 교육청 역할 제시

※ 특성화고(22년 입학생부터 적용), 일반고(23년 입학생 부터 적용)

2022 개정 「초·중학교 교육과정」 고시(22.12.22.)에 수업량 적정화, 학기 단위 과목 운영, 교과 재구조화 등 2025년 고교학점제 전면 적용을 위한 학점제 기반 교육과정을 마련하였다.

- (수업량 적정화) 1학점 수업량을 50분 기준 17(16+1)회에서 16회로 전환
  (교과 영역) 현행 교과 영역을 삭제하고 교과(군) 체제로 개선
- (교과 재구조화) 고교 단계 기초 소양 함양 및 기본 학력 보장을 위한 공통 과목 유지, 일반 선택 과목 적정화, 다양한 진로 선택 과목 재구조화 및 융합 선택 과목 신설
- (창의적 체험활동 개선) 학생 중심 활동을 촉진하는 방향으로 창의적 체험활동 개선(자율·자치활동, 동아리활동, 진로활동)

공동교육과정 및 학교 밖 교육 운영을 위한 「공동교육과정 운영 안내서」가 개발(22.2.)되고 (23.3.) 운영 안내서 개정본이 배포되었다.

<공동교육과정 운영 안내서 주요 내용>

- (과목 개설 및 편성) 학교 내 교육과정에 편제되지 않았거나 학생 수요 부족 등으로 미개설된 과목에 한하여 개설 가능/학기 단위로 편성
- (강좌 운영 시기) 매 학기 수업 시작일과 종료일 등 공동교육과정 운영 일정을 거점학교 및 참여학교 학사 일정과 동일하게 운영
- (수업 시간) 정규 일과시간 내 운영을 원칙으로 하되, 지역 특성 및 학교 여건에 따라 정규 일과시간 외(평일 방과후, 주말) 운영 가능
- (학기 당 최대 수강 학점 수) 정규 일과시간 외 개설 강좌의 학생 1인당 수강 1인당 수강 학점 수는 학기당 최대 6학점 내에서 시·도교육감이 정하는 바에 따름

<학교 밖 교육 운영 공통 가이드라인 주요 내용>

- 학생이 진로·적성을 고려하여 수강을 희망한 과목 또는 창의적 체험활동 중 학교장이 학교 내 개설 또는 공동교육과정으로 운영이 어렵다고 판단한 과목이나 창의적 체험활동에 대하여 일정한 요건을 갖춘 지역사회 기관을 통해 이수하는 교육
- (편성·운영 원칙) 학교 내 개설, 공동교육과정으로 운영이 어려운 경우에만 개설해야 하며, 단위학교의 교육과정 이수 원칙을 훼손하지 않는 범위에서 개설 가능하고 시·도교육청 규정에 따라 학교 밖 교육 개설 및 지역사회 기관 등에 대한 교육감의 사전 승인을 받고, 학교교육계획에 반영하여 운영. 사전에 학교교육계획에 반영되지 않은 학교 밖 교육은 이수 인정 불가
- (운영 기간 및 이수 가능 학점) 학기 단위 운영/3년간 최대 8학점 내에서 시·도교육감이 정하는 바에 따름
- (기관 요건) 개설 과정에 대한 전문성과 공공성을 갖춘 공공기관, 지자체 및 교육청 운영 기관, 대학, 비영리 단체, 평생교육법에 따른 평생교육기관 등으로 교육감이 승인한 기관이나 단체

고교학점제 추진 점검 및 의견 수렴 결과를 토대로 고교학점제 현장 안착을 위한 보완 방안이 마련되었다. 학생 과목 선택 보장을 위한 온라인학교 및 공동교육과정 확대, 시도 고교학점제 지원센터 설치를 통한 단위학교 상시 지원, 지역 대학 및 기관과의 연계 강화와 학점제형 공간 조성이 지원되었다. 전 과목을 대상으로 이수 기준이 적용되고 이수 기준 미도달 우려 학생은 예방지도와 미도달 학생은 보충지도를 실시 하였고 학생이 이수한 과목 특성이 대입에 유의미하게 활용될 수 있도록 대학에 제공되는 정보를 확대하였다. 2022 개정 고등학교 교육과정에 따른 「2028 대학입시제도 개편 확정안」 발표(23.12.27.)에 따라 수능 및 고교 내신 체제 개편 방안이 발표되었다. 25년 이후 고등학교 평가제도는 절대평가(A~E)와 상대평가 등급(1~5등급)을 병기하여 기재하고 내신 9등급제를 5등급제로 개편하였다.

* 체육·예술·교양 교과(군), 과학탐구실험 과목, 사회·과학 융합 선택 과목은 절대

평가 성취도만 기재

<표 3-11> 과목별 성적 산출 및 대학 제공 방식

구분	절대평가		상대평가	통계 정보		
	원점수	성취도	석차 등급	성취도별 분포비율	과목 평균	수강자 수
보통교과	○	A·B·C·D·E	5등급	○	○	○
사회·과학 융합 선택	○	A·B·C·D·E	-	○	○	○
체육·예술/ 과학탐구실험	-	A·B·C	-	-	-	-
교양	-	P	-	-	-	-
전문교과	○	A·B·C·D·E	5등급	○	○	○

(2) 고교학점제 추진 방향

- 경쟁과 선발 중심에서 다양한 교육 주체 간 협력과 성장을 지향하는 교육으로 패러다임을 전환하고 포용 사회의 학습 체제를 지향한다.
- 상대적 서열화가 아닌 학생 개개인의 성장에 초점을 둔 교수-학습 및 평가 체제를 통해 학생의 잠재력과 소질을 최대한 발현하고 공교육 내에서 모든 학생들이 자신의 진로와 적성에 따라 원하는 교육을 받을 수 있도록 학교 교육의 다양성을 구현하고자 한다.
- 교사가 중심이 되는 지식 전달을 넘어 학생 스스로 의미 있는 지식을 모으고 진로와 학업을 디자인해 나갈 수 있는 교육체제를 설계하고 배움과 삶이 연계되는 교육, 진로와의 연계를 강조하는 교육을 통해 개개인의 의미 있는 학습경험에 초점을 둔다.
- 적극적이고 능동적인 학습자로 학생들의 수요를 존중하여 개별화된 교육을 구현하고 교육과정 이수에 대한 책무성을 부여하고자 한다. 첨단 기술 환경에서의 대면·비대면 수업의 혼합, 학교 안과 학교 밖 교육의 혼합 등 시·공간적 경계를 넘어선 미래형 교수-학습을 구현하고 학교 공간을 삶의 장소이자 학습의 장으로 재설계하고 다양한 교수-학습과 평가가 구현될 수 있도록 유연화하고자 한다.
- 학생과 교사가 함께 만들어가는 과목 설계, 학생의 삶과 연계된 학교 밖 교육 활성화 등 학교 교육과정의 유연성을 제고하고 학교와 학교 간, 학교와 지역 간 경

계를 낮춰 고교 교육의 장을 넓히고 온·오프라인 연계를 통해 다양한 교수 자원의 교육 참여를 장려한다.

- 교사, 학생, 학부모, 지자체, 산업체 등 구성원 간 파트너십을 바탕으로 지역사회와 학교가 함께 만들어가는 교육을 실현하고자 한다.
- 고교학점제 도입을 기반으로 교육과정, 고교 체제, 학사 운영, 학교 공간, 학교 문화 등 고등학교 교육체제의 종합적 혁신을 도모하고 학습 결손 및 결손 누적 예방에 대한 국가, 교육청, 학교의 역할과 책임을 강화하는 등 학습자의 성장을 중심에 둔 책임교육을 구현하고자 한다.

(3) 고교학점제 운영 중점 사항

- **(학생의 수요 반영)** 선택 과목에 대한 수요 조사, 수강 신청 절차 운영 등을 통해 학생 개개인의 수요를 반영한 교육과정 구성
- **(진로·학업 설계 지도)** 학생들이 진로와 연계된 학업 계획을 수립하고 책임 있게 이수할 수 있도록 진로·학업 설계 지도 체계화
- **(최소 성취수준 보장지도)** 학생들이 과목 이수 기준에 도달하여 학점을 취득할 수 있도록 최소 성취수준 미도달 예방 및 보충지도 등 학교 책임 교육 강화

• 학점제형 학사제도 운영 체계

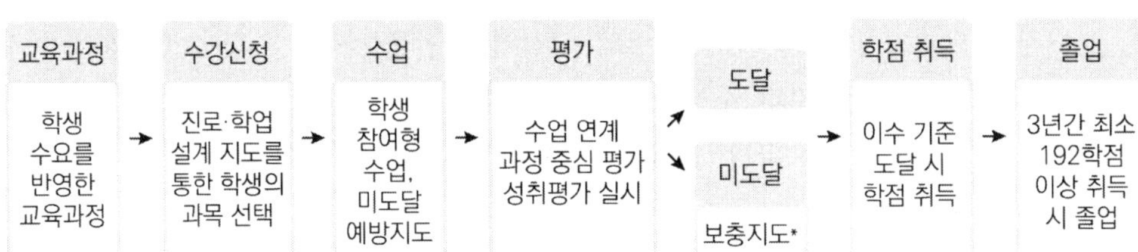

[그림 3-2] 고교학점제 학사제도 운영 체계

* 보충지도 불참 시 해당 과목 미이수 처리

- 교·강사: 다과목 지도 전문성을 갖춘 교사 등을 포함한 교수 자원의 탄력적 배치
- 학교 공간: 다양한 과목 수업을 지원하는 교실, 홈베이스 및 도서실 등 학생 자율활동 공간 조성

<표 3-12> 고교학점제 시행에 따른 학교의 변화

구분	시행 전		시행 후
진로 학업 설계	• (고1) 일반적 진로활동 • (고2) 성적 중심 진로·진학 준비 • (고3) 성적별 진학 결정	⇨	• (고1) 진로·적성 탐색 → 진로·학업 설계 → 수강신청 예) 고1 진로 집중 학기 운영 • (고2) 진로·적성에 따른 선택 과목 수강 → 진로 구체화 • (고3) 진로 기반 진학 준비, 졸업 이후 설계
과목 선택	사회·과학 및 제2외국어 교과(군) 내에서 일부 선택 편성 주요 기준: 대입준비 - 수능 출제 과목 중심, 인문·자연 계열별 정해진 과목	⇨	교과(군) 구분 없이 다양한 과목 선택 편성 주요 기준: 학생 진로·적성에 따른 개설 수요 - 학생 과목 수요 조사 및 수강 신청 결과
수업량	교과 180단위 - 선택 과목당 5단위 내외 이수 - 1단위: 17회 수업 창의적 체험활동 24단위(408시간) - 자율활동, 동아리활동, 봉사활동, 진로활동 - 주당 평균 4시간(학기당 4단위)	⇨	교과 174학점 - 선택 과목당 4학점 내외 이수 - 1학점: 16회 수업 창의적 체험활동 18학점(288시간) - 자율·자치활동, 동아리활동, 진로활동 - 주당 평균 3시간(학기당 3학점)
졸업 요건	과목별 별도 이수 기준 없음	⇨	과목별 이수 기준 적용 - 이수 기준: 과목 출석률 2/3이상+학업 성취율 40% 이수 기준 충족 → 학점 취득 이수 기준 미충족 → 보충지도를 통한 학점 취득 ※ 공통수학·공통영어에 한하여 기본수학·기본영어에 대체 이수 허용 3년간 최소 192학점 이상 취득 시 졸업 ※ 법령상 학년 진급 요건은 현행 유지(각 학년 수업일수의 2/3 이상 출석하면 진급)
평가	상대평가 등급 병기(9등급) ※ 체육·예술·교양 교과(군), 과학탐구실험, 진로 선택 과목은 절대평가 성취도만 기재 과목별 5단계 성취도(A~E) ※ 체육·예술·교양 교과(군), 과학탐구실험, 진로 선택 과목은 3단계(A~C), 교양 교과(군) P	⇨	상대평가 등급 병기(5등급) ※ 체육·예술·교양 교과(군), 과학탐구실험, 사회과학 융합 선택 과목은 절대평가 성취도만 기재 * 2022 개정 교육과정 보통교과 〈표 5〉 기준, 151과목 중 9과목 과목별 5단계 성취도(A~E) ※ 체육·예술 교과(군), 과학탐구실험 3단계(A~C),사회과학 융합 선택 과목 5단계(A~E), 교양 교과(군) P

공간 활용 일과 관리	학교 교실, 오프라인 수업 (학생)재적 중인 학교로 등교 (교사)재직 학교 학생 지도 (수업자료)서책 교과서 중심 학급별 동일 시간표 3년간 대부분 학교 내, 학급별 교실에서 생활 학생 거점 공간: 학급별 교실	⇨	인근 학교 및 지역사회, 온라인으로 수업 장소 확장 (학생)인근학교, 지역사회 기관에서 일부 수업 (교사)필요시 타 학교 학생도 포함하여 지도 (수업자료)지역사회, 온라인 등 다양한 학교 안팎 지원 활용 학생 개인별 시간표 - 학생 개인별 시간표에 따른 일과 운영·관리 - 인근 학교 및 지역사회 기관, 온라인 수업 등을 활용한 선택 과목 수강 가능 홈베이스, 도서관 등 교실 경계 확장 - 소규모 스터디룸, 카페형 학습 공간 등 조성 - 도서관을 복합 공간으로 활용
교직 문화	행정학급별 담임 배정 - 담임 역할: 행정학급 운영 교무·생활지도 중심 조직 - 행정업무 중심 부서 배치	⇨	학생 소그룹별 담임 배정 - 담임 역할: 학생별 상담 강화 1학년: 수강 신청, 3개년 진로·학업 설계 2~3학년: 진로·학업 설계 점검, 변경 교육과정 이수 과정 관리 교육과정 운영 및 진로·학업 설계 지원 중심 업무 조직 - 교육과정 및 진로·학업 설계 지원 중심 학교 업무 재구조화 - 교내 전문적 학습공동체 활성화

출처: 교육부, 한국교육과정평가원(2023).

4절. 직업계고 학점제

※ 본 절은 교육부, 한국직업능력연구원(2023), 2023년 직업계고 학점제 안내서에서 발췌하여 재구성하였음.

1) 직업계고 학점제의 도입 배경

최근 네트워크, 인공지능, 빅데이터 등 디지털 지능화 기술이 우리 사회 및 산업 현장에 다양하고 융복합적으로 영향을 끼치는 4차 산업혁명 시대가 도래하였다. 이에 따라 급변하는 직업 세계 및 고용구조에 적응하기 위해 미래 역량을 함양하는 직업교육 체제로의 전환 요구가 증대하고 있다.

미래 사회 전망에 따라 앞으로 고교 교육은 다음과 같이 패러다임적 전환이 필요하다. 입시·경쟁중심 교육에서 벗어나 모든 학생의 진로 개척 역량 함양을 지원하는 교육으로 전환될 필요가 있다. 학생으로 하여금 자신의 적성과 진로에 맞는 과목을 선택하고 그에 따른 책임을 지도록 하며, 학습 동기를 부여하고 자기주도적 학습자로 성장하도록 해야 한다. 입시·수능 준비에 초점을 둔 교육과정이 아닌 모든 학생의 진로 설계와 성장을 돕는 학생 맞춤형 교육과정 운영으로 변화될 필요가 있으며, 학생 선택형 교육과정 운영을 통해 학생 개개인에게 필요한 교육을 제공하고 학교 안팎의 자원을 활용하며, 학교 간 장벽을 낮춤으로써 교육과정의 다양성과 전문성을 확보할 필요가 있다.

전공 학과 기반의 전공 심화 및 융복합 인재를 양성하기 위해 경직적인 학과 운영 체제의 한계를 극복하고 학생들의 다양한 과목 수요를 반영한 융복합형 신산업 분야 전공 과정 제공이 필요하며, 유연한 교육과정 운영을 통해 전공 안팎의 다양한 과목 이수 기회를 확대하고 심화·융합 교육 기반 조성이 필요하다. 학교 밖 교육 확장을 통한 학생들의 다양한 진로 희망 요구 충족을 위해 직업계고와 지역사회 기관 간 협약을 기반으로 학교 내 또는 학교 간 교육과정을 통해 운영할 수 없는 과목을 적극 개설·운영해야 한다.

더불어 지역사회 기관 및 과목(과정)에 대한 승인 및 운영 결과에 대한 평가 체제를 마련하여 학교 밖 교육의 양적 확대와 질적 향상을 도모해야 한다. 직무 역량 보장을 위한 책임교육이 강화되어야 한다. NCS 기반 교육과정 도입 등으로 산업현장 맞춤형 실무 교육 여건이 조성되었으나 학생들의 직무 역량 보장 체제 마련이 필요하다.

2) 직업계고 학점제 모형

직업계고 학점제는 급변하는 직업세계 고용구조의 적응 및 경직적 학과 운영 체제의 한계를 극복하기 위해 도입된 제도이다. 직업계고 고교학점제의 중요성을 살펴보면 전통적 방식의 직업계고 학과 운영 체제의 한계에서 벗어나 전공 내외 영역에서 학생들이 다양한 교과목을 이수할 수 있으며, 학생들의 교육 역량을 단위학교를 벗어나 산업현장과 밀접하게 연계된 맞춤형 교육을 실시할 수 있고 학생들의 직무 역량을 제고하며, NCS(국가직무능력표준) 교육과정을 기반으로 산업현장 맞춤형 교육 수준을 향상시킬 수 있다.

또한 직업계고 학점제 도입으로 직업교육을 희망하는 학생들이 자신이 희망하는 학과(과정)에서 이수할 수 있는 기회를 제공받을 수 있으며, 미래 직업교육 환경이 급변하는 상황에서 현재의 학과 중심 학사제도를 벗어나 유연한 교육과정의 운영이 가능하게 된다. 이는 학생선택형 교육과정 운영을 통해 개개인에게 필요한 교육을 제공 받고 학교 안팎의 자원을 활용하여 현장중심의 학습경험으로 확장된다. 이러한 직업계고 학점제 도입에 따른 기대효과를 살펴보면 학생은 전통적 학과 중심 교육으로 인한 단일 직무 인재에서 타학과 과목 이수 및 학교 밖 교육을 통해 융합 인재로 성장할 수 있으며, 교사는 단일 직무 중심의 기술을 전수하는 입장에서 신산업에 대한 연구 및 교수-학습 전문성을 발휘하여 학생 맞춤형 과목을 지도할 수 있다. 학교는 학과별 단일 교육과정을 운영하는 경직된 교육과정을 운영하였으나 학점제 이후에는 학과 내 다양한 세부 교육과정, 학과 간, 학교 밖 융합 교육과정을 운영할 수 있는 다채로운 교육의 장으로의 기대를 할 수 있다.

직업계고 학점제의 모형은 크게 학과 내, 학과 간, 학교 간, 학교 밖 네 가지 분류와 여덟 가지 세부 모형으로 이뤄지며, 각 모형의 특징은 다음과 같다.

학과 내	학과 간	학교 간	학교 밖
• 전공 심화학습 지원 • 보통교과 선택폭 확대	• 타학과 과목 선택기회 제공 • 타학과 부전공 과정 지원	• 두 학교 이상 공동교육과정 운영 • 온·오프라인 병행 가능	• 산업체, 대학 등 교육시설활용 • 온·오프라인 병행 가능

[그림 3-3] 직업계고 학점제 모형 |

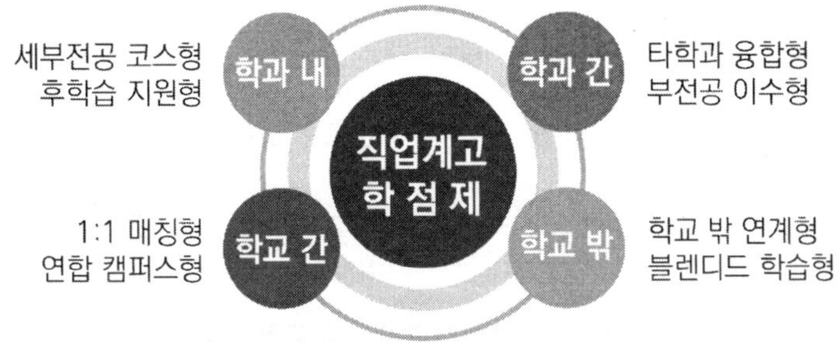

[그림 3-4] 직업계고 학점제 모형 II

(1) 학과 내 교육과정 모형

① 세부전공 코스형: 학과 교육과정 내에서 인력양성 유형에 따라 다양한 세부전공(코스)을 선택·이수하는 모형

[특징]

- 이론과 실무를 토대로 한 자격 취득을 통해 산업현장의 수요에 부합
- 자격 취득에 따른 취업기회 확대가 가능
- 전공 내 실무 과목의 추가 이수를 통해 심화된 학습이 가능
- 학과 내 다양한 세부 직무경로를 통해 단계별 학습이 가능하기 때문에 산업현장에서 필요로 하는 전문 인력양성이 보다 수월

[고려 사항]

- 학과 내 수업 시수, 다과목 배정 등 조율이 필요
- 동일 학과 내 최소 2개 이상 직무 코스/선택 과목 운영이 필요
- 학과 내 NCS 기반 교육과정과 연계한 직무 또는 자격별 직업교육과정 개발 및 과목 개설이 필요
- NCS 선택 교과목 개설에 따른 교사의 전문성 역량 강화가 필요
- 교사의 교과 연구 부담이 증가
- 소인수 또는 다수 수강 과목 및 코스에서 발생하는 문제에 대한 고려가 필요
- 분반 수업에 따른 시설·공간 확보 및 예산 지원이 필요, 학과가 다수인 학교일 경우 시간표 편성에 어려움이 존재할 가능성이 있음
- 코스 운영이 가능하도록 실습실(교실)의 확보 및 운영 배정이 필수적으로 선결되어야 함

학과	선택(직무)	1학년		2학년		3학년
A 학과	a	보통교과/전공 일반 과목	→	전문교과 선택		전문교과 선택
	b	보통교과/전공 일반 과목	→	전공코스 선택		전공코스 선택

[그림 3-5] 세부전공 코스형 운영 예시

② 후학습 지원형: 선취업-후학습 대비 기초학력 보장을 위한 해당 과목의 학점 확대 및 과 선택 기회를 제공하는 모형

[특징]

- 학생 개인별 기초학력 수준의 고려가 가능(교육의 책무성 향상)
- 학생들의 학습 동기 유발과 학력 증진 효과를 기대할 수 있음
- 기초학력 수준에 맞는 수업 제공을 위한 교사의 학생 개인별 수준 이해도 향상이 가능
- 필요시 선취업-후학습 연계가 가능

[고려 사항]

- 보통교과 담당 교사들의 수업시수 증가와 수준별 학생 지도를 위한 수업자료 준비, 수업 연구 등 교사 부담이 가중될 수 있음
- 다과목 배정 가능성에 따른 교사 부담
- 소수 선택 과목에 대한 내부 개설 기준 및 대책 마련이 필요
- 다수 학과에서 같은 과목을 수강할 경우 성적 산출 방안(통합성적 산출, 학과별 성적 산출 등)에 대한 고려가 필요
- 선택 과목을 고려할 때 선취업-후학습 시 학생에게 필요한 교과목에 대한 정보를 제시하고 학생의 희망을 고려할 필요가 있음

학과	선택(직무)	1학년		2학년		3학년
A 학과	a	전공 일반 과목 **보통교과** 선택	→	전공 일반 과목/ 전공 실무 과목 **보통교과** 선택	→	전공 일반 과목/ 전공 실무 과목 **보통교과** 선택

[그림 3-6] 후학습 지원형 운영 예시

(2) 학과 간 교육과정 모형

① 타학과 융합형(타학과 과목선택형): 학과 전공과 관련 있거나 학생이 이수를 원하는 타학과 과목(코스)을 선택할 수 있는 기회를 제공하는 모형

[특징]

- 다양한 학과 전공 학습을 통해 산업현장에서 필요로 하는 융합 인재 양성이 가능
- 본인의 전공뿐만 아니라 타학과 전공에 대한 과목 이수를 통해 학습 동기 부여 및 학교생활 만족도 향상(중도 탈락률 개선)이 가능
- 급변하는 직업세계와 융·복합적 능력을 요구하는 산업현장에 유연하게 대처하는 것이 가능
- 다양한 전공 경험으로 학생 진로 로드맵의 구체화가 가능

[고려 사항]

- 학과 간 수업 시수, 다과목 배정, 업무 분담 등 조율이 필요
- 소수 선택 교과에 대한 내부 개설 기준 및 대책 마련이 필요
- 과목(코스)의 개설 이유에 대한 고민이 필요
- 타학과 전공 선택의 범위와 단위 수에 대한 규정이 필요
- 타학과 과목 선택 학생의 기초학력 보장이 필수적임
- 교과수업 교사의 난이도 조절이 어려움
- 선수학습이 필요한 교과의 학생 선택 필수 조건 및 보충 프로그램에 대한 고려가 필요

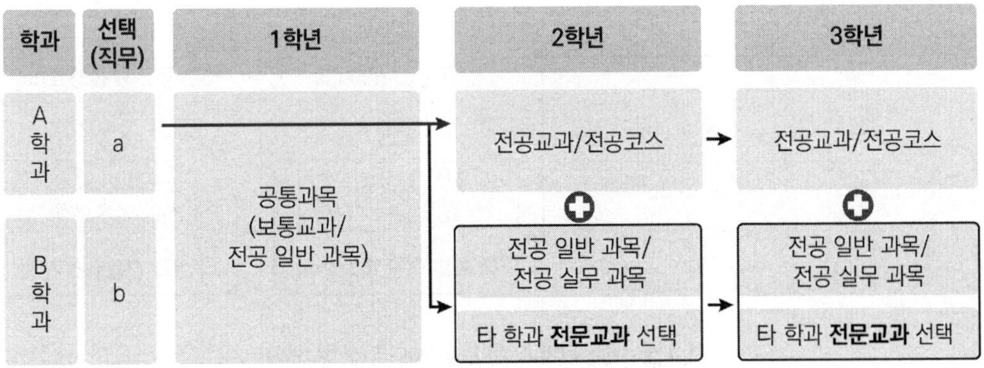

[그림 3-7] 타학과 융합형(과목선택형) 운영 예시

② 타학과 부전공 이수형: 타학과 전공 과목을 24학점 이상 심화 이수하는 모형

[특징]

- 학과 개편이나 전과 없이도 본인의 전공뿐만 아니라 다른 전공을 이수할 수 있으므로 학생 만족도 및 역량 강화가 가능
- 산업현장의 요구를 즉시 반영한 복수의 자격 취득을 통해 다기능 창의·융합형 기술 인재 양성이 가능
- 복수 자격 취득을 통한 취업 역량 강화가 가능
- 학과 개편에 따른 학교의 피로감 및 업무 부담 해소가 가능

[고려 사항]

- 부전공 인정을 위한 최소 24학점 이상 추가 이수가 필수임
- 자격 취득을 위한 평가 준비 또는 교육훈련 기간 확보를 위한 계절학기, 주말, 방과후 등 별도 과정 운영이 필요
- 타학과 자격 취득을 위한 별도 과정 운영에 따른 교사의 수업 또는 업무 증가가 예상됨(인센티브 방안 마련 필요)
- 부전공 개설 코스에 대한 학생의 전문성 확보 방안이 고려되어야 함(타학과 학생의 선수학습 과목에 대한 보충학습 등)
- 학생의 학습 부담이 증가

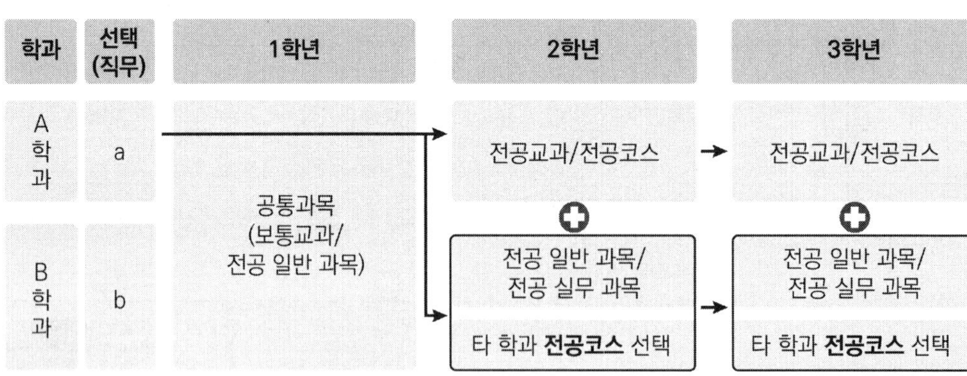

[그림 3-8] 타학과 부전공 이수형 운영 예시

(3) 학교 간 교육과정 모형

① 일대일(1:1) 매칭형: 인접한 두 학교 간 공동교육과정 운영 모형

※ 직업계고 ↔ 직업계고, 직업계고 ↔ 일반고, 일반고 내 직업 ↔ 일반고

[특징]

- 학교 간 연계(협력) 교육과정 운영을 통해 학생 수요가 있으나 학교에서 개설 및 운영이 어려운 과목의 선택 및 이수 지원을 통해 학생의 다양한 진로·직업 욕구 충족이 가능
- 대도시는 물론 농산어촌 소규모 지역의 경우도 일부 적용이 가능
- 해당 모형이 활성화될 경우 지속 가능하고 체계적인 교육과정 운영으로 학생 만족도 극대화가 기대됨

[고려 사항]

- 인접 학교 간 학생 상호 요구 및 수요가 기본 전제가 되어야 함
- 교류하고자 하는 학생 수와 학급 수에서 차이가 날 경우 조정이 필수임
- 매칭 학교와 학사 일정을 일치시키는 등 동일 학교처럼 운영해야 하는 실질적인 운영의 어려움이 존재
- 행정 절차에 따른 교육과정 교류의 한계가 있음
- 매칭 학교와 빈번한 교류에 따른 업무 조정이 필요

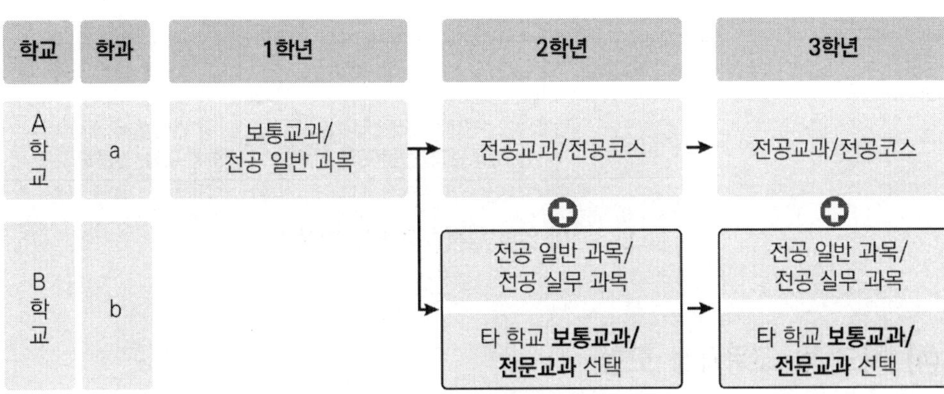

[그림 3-9] 일대일 매칭형 운영 예시

② 연합 캠퍼스형: 지역 내 학교 간 공동교육과정 운영 모형

※ 거점학교 지정(직업계고 ↔ 직업계고, 직업계고 ↔ 일반고), 공동실습소 활용

[특징]
- 시도 내보다 넓은 범위의 공동교육과정을 통해 학생들에게 다양한 과목 선택권 제공이 가능
- 개별 학교가 구비하기 어려운 고가의 기자재 및 시설, 담당 전문 인력의 적극 활용 가능
- 전국 특성화고 네트워크를 활용한 다양한 공동교육과정 개설이 가능

[고려 사항]
- 학생 이동 및 관리 부담 요소를 고려해야 함
- 단위학교에서 관리 및 지속적인 운영에 한계가 분명하여 시·도교육청 중심으로 업무가 편중될 우려가 있음
- 거점 학습장으로의 접근성에 제한 요소가 발생할 가능성이 있음
- 분명한 계열성에 따른 계열 편중 가능성이 있음

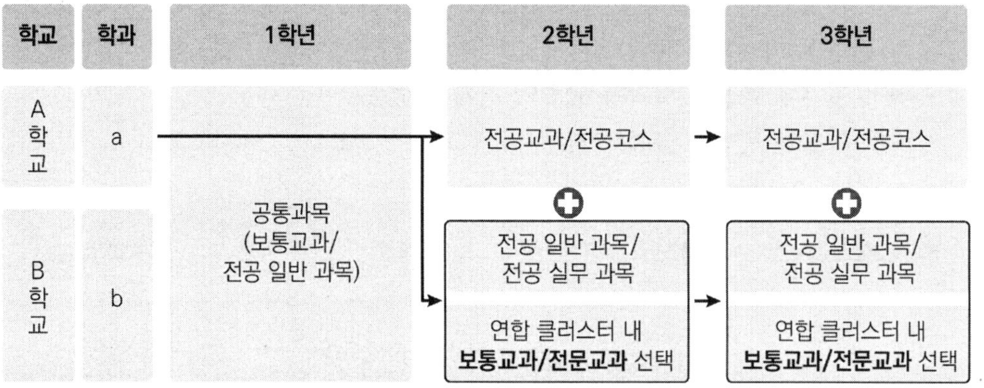

[그림 3-10] 연합 캠퍼스형 운영 예시

(4) 학교 밖 교육과정 모형

① 학교 밖 연계형: 지역사회 기관(산업체, 대학 등) 교육 프로그램과 시설을 활용하는 모형

[특징]
- 산업체·(전문)대학 등 지역사회 기관의 다양한 기자재 및 실험·실습실 활용이 가능
- 학교의 이론교육과 기업의 심화실습을 통한 균형 있는 현장 중심 교육 제공이 가능

- 산업체 연계를 통해 체계적이고 전문적인 전공교육 제공이 가능
- 대학 연계를 통해 고등학교 수준에서 가르칠 수 없거나 어려운 과목에 대해 전문성이 확보된 교수의 직강을 통해 교육과정에 대한 학생 선택권과 만족도 개선이 가능

[고려 사항]

- 산업단지, 클러스터, 대학가 등 유관 기관 위치 파악이 필요
- MOU 체결 및 교육과정 공동 개발·운영을 위한 학교 역량이 필요
- 행정 업무 증가로 교사 부담 증가 및 학생 안전 문제에 대한 고려가 필수적임
- 교사의 코티칭(co-teaching) 관리에 어려움이 예상되며, 평가의 신뢰성 확보가 필요
- 시·도교육청별 학교 밖 교육과정 운영 지침 확인이 필요

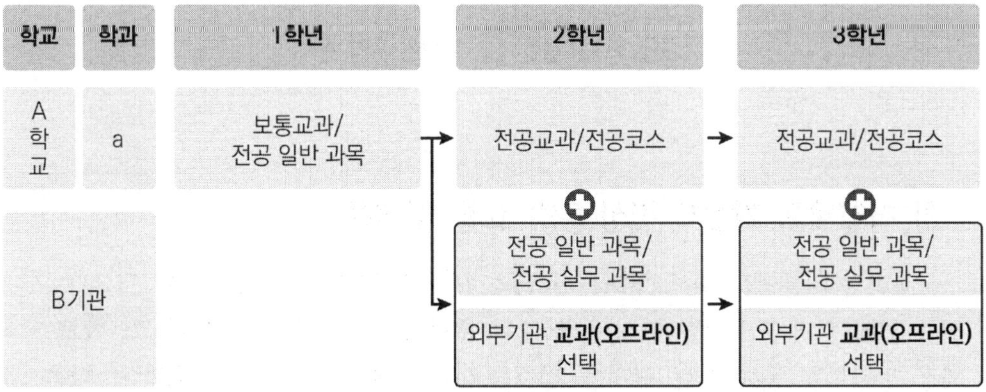

[그림 3-11] 학교 밖 연계형 운영 예시

② 블렌디드 학습형: 원격수업 + 학교 밖 체험 + 학교 내 수업을 혼합 운영하는 모형

[특징]

- 열악한 교육환경을 가진 도서벽지의 교육 여건 보완이 가능
- 시간과 공간의 제약을 최소화시킬 수 있음
- 학생 수요에 맞춘 다양한 교과목 개설 및 제공이 가능

[고려 사항]

- 온라인 플랫폼 및 시설 구축이 필요
- 온라인 과목과 국가고시 과목 또는 NCS에 준하는 프로그램의 질 확보가 필요

- 온라인 수업 평가 방식 및 공정성 확보 이슈가 존재하므로 이에 대한 고려가 필요
- 참여 학생의 온라인 플랫폼 활용 방안 및 기기 지원 방안 마련이 필요

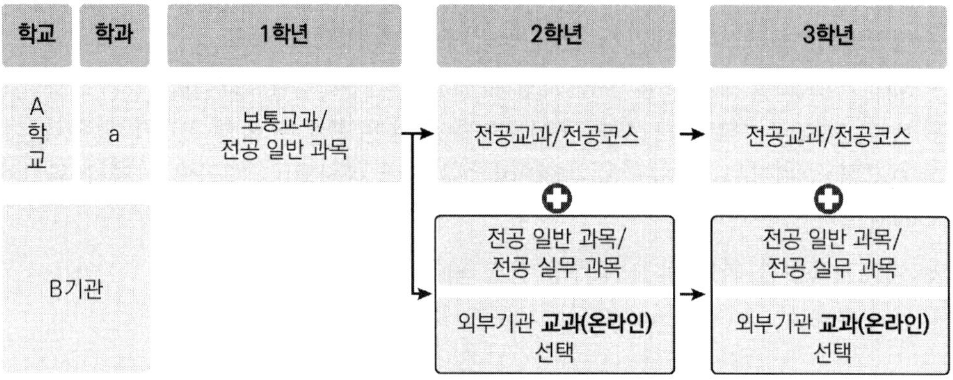

[그림 3-12] 블렌디드 학습형 운영 예시

3) 직업계고 학점제 편성·운영 흐름 및 절차

고교학점제 운영을 위해 학교는 교육과정을 체계적으로 편성·운영할 필요가 있다. 이를 위해 먼저 교육과정 편성·운영 계획 수립을 위한 TF팀을 구성하고, 학교 교육과정 위원회를 통해 관련 규정을 정비함으로써 제도적 기반을 마련한다. 다음으로 국가와 시도 교육과정 지침 및 고교학점제에 대한 이해를 교육공동체와 공유하고, 학생·학부모·교사·산업체의 의견을 수렴하여 공감대를 형성한다. 이후에는 실제 학교에서 개설할 수 있는 과목의 범위와 최소 개설 기준, 성취수준 등을 설정하고, 성취 미달 학생을 위한 예방 및 보충지도 계획을 수립함으로써 운영 기준안을 마련한다. 이 기준에 따라 학생과 학부모를 대상으로 선택 과목 안내 및 진로 상담을 실시하여 과목 선택을 돕고, 학생의 이수 희망 과목에 대한 선호도를 조사한 뒤 실제 개설할 과목을 확정한다. 마지막으로 수강신청과 변경 절차를 운영하고, 이를 바탕으로 학생 맞춤형 수업 시간표를 작성함으로써 교육과정 편성이 마무리된다. 이와 같은 일련의 절차는 고교학점제의 핵심인 학생 선택 중심 교육을 실현하기 위한 기본 구조로, 학교의 체계적인 준비와 교육공동체의 협력이 핵심이다.

<표 3-13> 직업계고 학점제 교육과정 편성·운영 흐름 및 절차

단계	내용
1단계: 학교 교육과정 편성을 위한 기초 작업	- 학교 교육과정 편성·운영 계획 수립을 위한 TF팀 구성 - 학교 교육과정 위원회 운영 및 학교 교육과정 편성·운영 규정 정비
2단계: 교육공동체의 의견 수렴	- 국가, 시도 교육과정 편성·운영 지침, 고교학점제에 대한 이해 공유 - 학생, 학부모, 교사 및 산업체의 의견 수렴 - 의견 수렴 과정을 통한 공감대 형성 및 교육과정 이해도 제고
3단계: 학교 교육과정 편성·운영 기준안 마련	- 학교 교육과정에서의 개설 과목 범위 설정 - 과목 개설 최소 기준 설정 - 최소 성취수준 범위 설정 및 예방·보충 지도 계획 수립
4단계: 진로·학업 설계 지도	- 학생, 학부모 대상 선택 과목 안내 - 과목 선택을 위한 진로상담 실시
5단계: 학생 선택 수요 조사	- 이수 희망 과목 선호도 조사 - 수강신청 대상 과목 확정
6단계: 수강신청 및 수업 시간표 작성	- 수강신청을 위한 상담 - 수강신청 및 변경 - 수업 시간표 작성
7단계: 교사 교실/배정 및 시간표 출력	- 교사 및 교실(실습실 포함) 배정 - 학생별, 교사별, 교실별(실습실 포함) 수업 시간표 출력
8단계: 수업 운영	- 개인별 시간표에 따라 학생 이동수업 - 학교 자율적 교육과정 운영 계획 수립 - 공강 관리 지원

5절. 2022 개정 미용과 교육과정 및 고교학점제 적용 교육과정 편성의 실제

1) 2022 개정 교육과정 편성

2015 개정 교육과정은 2015~2022년 기간에 걸쳐 12회의 일부 개정이 있었으며, 현재는 제2022-2호를 적용하고 있다. 2022 개정 교육과정은 2025학년도 입학생부터 적용하는 교육과정으로서 제2022-33호(국가교육위원회 고시 제2024-3호 일부 개정 포함)를 적용하고 있다. 2024학년도 입학생과 2025학년도 입학생 교육과정 편성·운영을 지원하기 위해 2015 개정 교육과정(제2022-2호)과 2022 개정 교육과정(제2022-33호)을 비교하여 제시한다.

<표 3-14> 직업계고 2015 개정 교육과정과 2022 개정 교육과정의 비교

구분	2015 개정 교육과정(제2022-2호)	2022 개정 교육과정(제2022-33호)
3년간 이수 학점	보통교과 필수 이수학점: 66학점 전문교과 필수 이수학점: 86학점 자율편성학점: 22학점 창의적 체험활동: 18학점 ***192학점(창체 18학점(288시간) 포함)** ※ 보통교과 편성 가능 범위: 최소 66학점~최대 88학점 ※ 전문교과 편성 가능 범위: 최소 86학점~최대 108학점 (전문교과 II에 한하여 편성 방안에 따라 보통교과 및 전문교과의 편성 학점 상이) * 자율이수학점(22학점) 편성 방안에 따라 보통교과 및 전문교과의 편성 학점 상이	보통교과 필수 이수학점: 64학점 전문교과 필수 이수학점: 80학점 자율편성학점: 30학점 창의적 체험활동: 18학점 ***192학점(창체 18학점(288시간) 포함)** ※ 보통교과 편성 가능 범위: 최소 64학점~최대 94학점 ※ 전문교과 편성 가능 범위: 최소 80학점~최대 110학점 (전문교과에 한하여 초과 이수 학점 편성 가능) * 자율이수학점(30학점) 편성 방안에 따라 보통교과 및 전문교과의 편성 학점 상이
교과 및 과목 유형	보통교과: 공통 과목, 선택 과목(일반, 진로) 전문교과 I: 과학, 체육, 예술, 외국어, 국제계열의 선택 과목 전문교과 II: 전문 공통 과목, 기초과목, 실무과목	보통교과: 공통 과목, 선택 과목 (일반, 진로, 융합) 전문교과: 전문 공통 과목, 전공 일반 과목, 전공 실무 과목

보통 교과

교과	교과 영역	교과(군)	공통과목 (학점)	필수 이수 학점
보통 교과	기초	국어	국어(8)	24
		수학	수학(8)	
		영어	영어(8)	
		한국사	한국사(6)	6
	탐구	사회 (역사/도덕 포함)	통합사회 (8)	12
		과학	통합과학 (8)	
	체육·예술	체육		8
		예술		6
	생활·교양	기술·가정/제2외국어/한문/교양		10
	소계			66

교과	교과(군)	공통과목 (학점)	필수 이수 학점
보통 교과	국어	공통국어1, 공통국어2	24
	수학	공통수학1, 공통수학2	
	영어	공통영어1, 공통영어2	
	한국사	한국사1, 한국사2	6
	사회 (역사/도덕 포함)	통합사회1, 통합사회2	12
	과학	통합과학1, 통학과학2	
	체육		8
	예술		6
	기술·가정/제2외국어/한문/교양		8
	소계		64

보통 교과 선택 과목

*일반 선택, 진로 선택
※ 진로 선택: 실용수학, 실용영어

*일반 선택, 진로 선택, 융합 선택
※ 보통교과 국어, 수학, 영어 교과(군)의 진로 선택 과목으로 직무의사소통, 직무수학, 직무영어 신설

전문 교과

전문교과 II

구분	과목 수	내용	필수 이수 학점
전문 공통 과목	1	성공적인 직업 생활	86
기초 과목	179	17개 교과(군)	
실무 과목	368	17개 교과(군)	

전문교과

구분	과목 수	내용	필수 이수 학점
전문 공통 과목	3	성공적인 직업 생활 노동인권과 산업 안전 보건 디지털과 직업 생활	80
전공 일반 과목	216	17개 교과(군)	
전공 실무 과목	309	17개 교과(군)	

이수 학점 증감 범위

구분	기본 학점	증감	편성가능 학점
공통과목	8	−2	6~8
한국사 (2학기 이상 편성)	6		6 이상
일반 선택 과목 (교양교과목 제외)	5	±2	3~7
진로 선택 과목	5	±3	2~8
교양교과목	5	±3	2~8
전문교과 II	시·도교육감이 정함		

구분	기본 학점	증감	편성가능 학점
공통과목	4	−1	3~4
한국사 (2학기 이상 편성)	3		3
일반 선택 과목 (교양교과목 제외)	4	±1	3~5
진로 선택 과목	3	±1	2~4
교양교과목	2	−1	1~2
전문교과 II	시·도교육감이 정함		

<table>
<tr>
<td></td>
<td>※ 체육교과: 매학기 편성. 단 특성화 고등학교와 산업수요 맞춤형 고등학교의 경우, 현장실습이 있는 학년에는 탄력적으로 운영

① 1학점은 50분을 기준으로 하여 16회를 이수하는 수업량이다.
② 1시간의 수업은 50분을 원칙으로 하되 기후 및 계절, 학생의 발달 정도, 학습 내용의 성격 등과 학교 실정 등을 고려하여 탄력적으로 편성·운영할 수 있다.
③ 공통과목은 2학점 범위 내에서 감하여 편성·운영할 수 있다. 단, 한국사는 6학점 이상 이수하되, 2개 학기 이상 편성하도록 한다.
④ 필수 이수 학점의 학점 수는 해당 교과(군)의 '최소 이수 학점'을 의미한다.
⑤ 창의적 체험활동의 학점은 최소 이수 학점이며, ( )안의 숫자는 이수 학점을 이수 시간 수로 환산한 것이다.
⑥ 총이수 학점 수는 고등학교 3년간 이수해야 할 '최소 이수 학점'을 의미한다.
- 전문교과Ⅱ과목의 이수 학점은 시·도교육감이 정한다.
- 전문 공통 과목, 기초과목, 실무과목은 모든 교과(군)에서 선택할 수 있다.</td>
<td>※ 별표(*)표시 선택 과목
스포츠 문화, 스포츠 과학, 생애 설계와 자립
※ 체육교과: 매 학기 이수, 단 특성화 고등학교와 산업수요 맞춤형 고등학교의 경우 현장실습이 있는 학년에는 탄력적으로 운영

① 1학점은 50분을 기준으로 하여 16회 이수하는 수업량이다.
② 1시간의 수업은 50분을 원칙으로 하되 기후 및 계절, 학생의 발달 정도, 학습 내용의 성격 등과 학교 실정 등을 고려하여 탄력적으로 편성·운영할 수 있다.
③ 공통 과목의 기본 학점은 4학점이며, 1학점 범위내에서 감하여 편성·운영할 수 있다. 단, 한국사1, 2의 기본 학점은 3학점이며 감하여 편성·운영할 수 없다.
④ 필수 이수 학점 수는 해당 교과(군)의 최소 이수 학점이다.
⑤ 자연 현장실습 등 체험 위주의 교육을 전문적으로 실시하는 특성화 고등학교의 전문교과 필수 이수 학점은 시·도교육감이 정한다.
⑥ 창의적 체험활동의 학점 수는 최소 이수 학점이며, ( )안의 숫자는 이수 학점을 시간 수로 환산한 것이다.
⑦ 총이수 학점 수는 고등학교 졸업을 위해 3년간 이수해야 할 최소 이수 학점을 의미한다.</td>
</tr>
<tr>
<td>학기별 이수 과목 편성</td>
<td>-</td>
<td>* 학기 단위로 과목을 이수할 수 있도록 편성
(보통교과)
<table>
<tr><td rowspan="2">구분</td><td colspan="2">편성불가</td><td colspan="2">편성가능</td></tr>
<tr><td>1학기</td><td>2학기</td><td>1학기</td><td>2학기</td></tr>
<tr><td>공통국어1</td><td>2</td><td>2</td><td>4</td><td>0</td></tr>
<tr><td>공통수학2</td><td>2</td><td>2</td><td>0</td><td>4</td></tr>
<tr><td>화법과언어</td><td>2</td><td>2</td><td>4</td><td>0</td></tr>
</table>
(전문교과)
<table>
<tr><td rowspan="3">구분</td><td colspan="2">편성불가</td><td colspan="3">편성가능</td></tr>
<tr><td colspan="2">2학년</td><td colspan="2">2학년</td><td>3학년</td></tr>
<tr><td>1학기</td><td>2학기</td><td>1학기</td><td>2학기</td><td>2학기</td></tr>
<tr><td>전문 공통 과목</td><td>2</td><td>2</td><td>4</td><td>-</td><td>0</td></tr>
<tr><td>전공 일반 과목</td><td>2</td><td>2</td><td>-</td><td>4</td><td>4</td></tr>
<tr><td rowspan="3">전공 실무 과목</td><td rowspan="3">-</td><td rowspan="3">-</td><td>8</td><td>-</td><td>-</td></tr>
<tr><td>4</td><td>4</td><td>-</td></tr>
<tr><td>-</td><td>4</td><td>4</td></tr>
</table>
※ 단 전공 실무 과목은 1개 학기 또는 연속선상에 있는 2개 학기에 걸쳐 편성·운영할 수 있음(능력단위는 학기 단위 평가가 가능하도록 편성·운영)</td>
</tr>
<tr>
<td>창의적 체험활동</td>
<td>*4개 영역
자율활동, 동아리활동, 봉사활동, 진로활동</td>
<td>*3개 영역
자율·자치활동, 동아리활동, 진로활동</td>
</tr>
</table>

영역	활동
자율활동	- 자치·적응 활동 - 창의 주제 활동 등
동아리활동	- 예술·체육 활동 - 학습 문화 활동 - 실습 노작 활동 - 청소년단체 활동 등
봉사활동	- 이웃돕기 활동 - 환경보호 활동 - 캠페인 활동 등
진로활동	- 자기 이해 활동 - 진로 탐색 활동 - 진로 설계 활동 등

영역		활동
자율·자치 활동	자율활동	- 주제 탐구 활동 - 적응 및 개척 활동 - 프로젝트형 봉사활동
	자치활동	- 기본 생활 습관 형성 활동 - 관계 형성 및 소통 활동 - 공동체 자치활동
동아리 활동	학술·문화 및 여가 활동	- 학술동아리 - 예술동아리 - 스포츠 동아리 - 놀이동아리
	봉사활동	- 교내 봉사활동 - 지역사회 봉사활동 - 청소년단체 활동
진로 활동	진로 탐색 활동	- 자아 탐색 활동 - 진로 이해 활동 - 직업 이해 활동 - 정보 탐색 활동
	진로 설계 및 실천 활동	- 진로 준비 활동 - 진로 계획 활동 - 진로 체험 활동

출처: 교육부, 전북특별자치도교육청, 한국직업능력교육원(2024).

2015 개정 교육과정에서 보통교과는 교과 영역과 교과(군)의 이원적 분류 체제로 구성하였으나 2022 개정 교육과정에서는 교과 영역을 삭제하고 교과(군) 체제로 일원화하였다★. 교과 영역을 삭제함에 따라 2015 개정 교육과정에서 기초 교과 영역에 독립된 교과로 포함되었던 '한국사'는 사회(역사/도덕 포함) 교과(군)의 공통 과목으로 배치하였다. 2022 개정 교육과정에서 디지털·AI 소양 함양 교육이 강화됨에 따라 2015 개정 교육과정에서 기술·가정교과에 과목으로 포함되었던 정보가 별도의 교과로서 기술·가정/정보/제2외국어/한문/교양 교과(군)에 추가되었다.

공통 과목은 2015 개정 교육과정에서 학생의 적성과 진로에 따라 과목을 선택하기 이전에 고등학교 수준의 기초 소양을 함양할 수 있도록 하기 위하여 신설되었다. 2022 개정 교육과정에서도 모든 학생이 기초 소양과 기본 학력을 갖출 수 있도록 공통 과목을 유지하였다. 2022 개정 교육과정에서는 학생이 공통 과목을 이수하고 난 뒤 교과별 학문 영역 내의 주요 학습 내용 이해와 탐구를 바탕으로 자신의 적성과 진로에 맞는 맞춤형 학습과 교과 내·교과 간 주제 융합 학습이 가능하도록 선택

★ 국가교육과정 검색
- NCIC 국가교육과정 정보센터 (http://ncic.re.kr)
- 에듀넷·티-클리어(http://edunet.net)

과목을 두고 있다. 선택 과목은 다시 일반 선택 과목, 진로 선택 과목, 융합 선택 과목으로 구분된다. 일반 선택 과목은 고등학교 단계에서 교과별 학문 영역 내의 주요 학습 내용을 이해하고 탐구해야 하는 내용으로 구성된 과목으로 모든 학생이 폭넓게 선택할 수 있는 과목이다. 진로 선택 과목은 교과별 심화 학습 및 진로 관련 과목으로 학생이 자신의 적성과 진로에 따라 선택할 수 있는 과목이다. 융합 선택 과목은 교과 내·교과 간 주제 융합과 실생활 체험 및 응용을 위한 과목으로 융합적인 주제 학습 및 문제를 해결하는 학습이나 실생활 맥락 속에서 적용·실천하는 능력을 배양할 수 있는 과목이다.

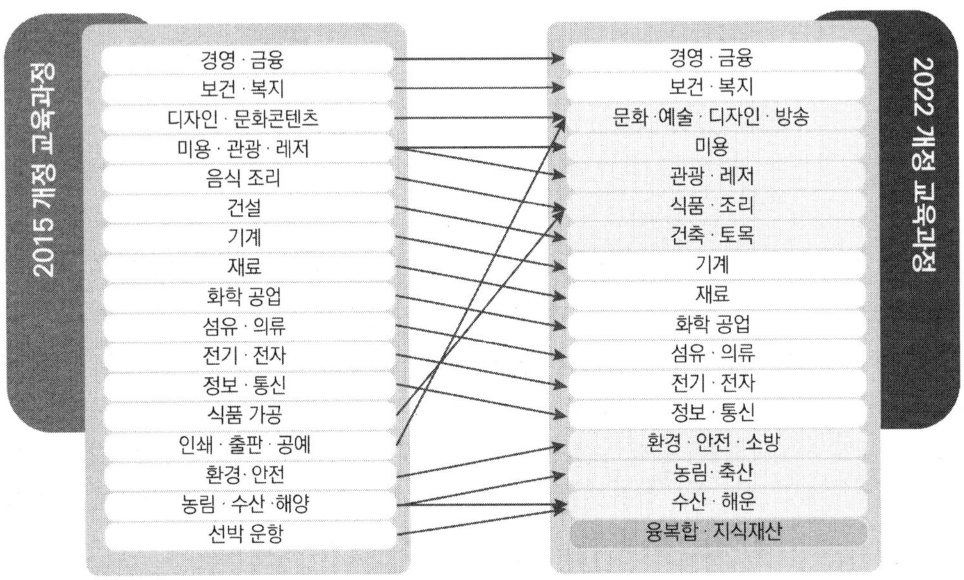

[그림 3-13] 중등 직업 교육과정의 교과(군) 구성 체계 변화

출처: 교육부, 광주광역시교육청, 한국직업능력연구원(2025).

전문교과는 신산업, 신기술의 생성 및 융복합화, 교육과정 운영의 현장성, 새로운 직무에 따른 다양한 인력양성 유형 등을 고려하여 교과(군)와 기준학과가 재구조화되었다. 2022 개정 교육과정의 전문교과(군)는 2015 개정 교육과정과 같은 17개 교과(군)로 8개는 그대로 유지되고 8개는 재구조화되었으며, 1개는 신설되었다. 재구조화된 17개의 교과(군)는 미래 직업 세계의 다양한 직무를 국가직무능력표준(NCS)을 기반으로 과목 단위로 구분한 것이기 때문에 특성화 고등학교와 산업수요 맞춤형 고등학교 등에서 학과별로 특정 교과(군)의 교육과정 이외에 산업 수요, 인재 양성 유형, 학교 여건 등에 따라 여러 교과(군)의 과목들로 교육과정을 구성할 수 있다.

교과(군) 구조의 변화와 연계하여 기준학과도 현행 체제에서 노동시장의 고졸 인력 수요, 직무, 자격 등과 교과(군)의 매칭, 디지털 기술 등에 의한 새로운 산업과 융·복합기술 분야에서 고졸 수준의 인력에 대한 적정한 직무와 산업사회의 수요에 부합 여부 등을 고려하여 재구조화하였다. 이에 따라 현행 교과(군)의 산업 분야 및 고졸 직무 수준을 고려하여 세분화하였고 산업 및 학과 개편 등의 경향을 반영하여 유사 기준학과들을 통합하였으며, AI와 디지털 기술 등 4차 산업혁명에 의한 신산업 및 신기술, 융복합 분야를 신설하고 점차 수요가 줄어드는 산업 분야의 학과를 폐지하였다. 2015 개정 교육과정에서 47개 기준학과는 2022 개정 교육과정에서 58개로 11개가 증가하였다. 소프트웨어, 바이오 화학공업, 에너지 화학공업, 소방, 스마트시티, 스마트공장, 발명특허 등 신산업 분야의 기준학과들을 신설하였고 조리과, 식음료과, 관광과, 레저산업과 등 통합되어 있던 기준학과들을 분야별로 분리하였다.

성숙한 자아의식과 인간의 존엄성에 대한 존중을 바탕으로 일의 가치를 이해하고 자신의 진로에 맞는 지식과 기능을 익히며, 평생학습의 기본 능력을 기른다. '진로와 직업' 과목 이외 보통교과 중 '도덕', '정보', '실과', 전문교과 중 '성공적인 직업 생활', '노동 인권과 산업 안전 보건' 등 성취기준에 일과 직업 의미를 포함한다. 2022 개정 교육과정의 전문 공통 과목은 '성공적인 직업 생활', '노동 인권과 산업 안전 보건', '디지털과 직업 생활' 등 3과목이다. 전문 공통 과목은 선택 과목으로 학생들의 수요나 학교 교육과정 운영, 학교 유형에 따라 교과(군)에 관계없이 학과별 인력양성 유형 및 교육목표에 따라 편성·운영할 수 있다. 2022 개정 직업계고 교육과정에서 전문 공통 과목을 1개에서 3개 과목으로 확대하여 개발함으로써 학생들의 진로 설계 및 예비 직업인으로 역량을 강화 시키고자 한다.

전공 일반 과목은 2015 개정 교육과정에서 179개 과목으로 구성된 기초 과목의 명칭을 변경한 것으로 54개 과목 신설과 17개 과목 폐지를 통해 216개 과목으로 구성하였다. 전공 실무 과목은 2015 개정 교육과정에서 368개 과목으로 구성된 실무 과목의 명칭을 변경한 것으로 32개 과목 신설과 91개 과목 폐지를 통해 309개 과목으로 구성하였다. 미용교과는 기존대로 전공 일반 과목 미용의 기초, 미용 안전·보건 2개, 전공 실무 과목 헤어 미용, 피부 미용, 메이크업, 네일 미용 4개의 교과로 유지되고 있지만 학습 영역과 학습 요소가 재구조화되었다.

2022 개정 교육과정에서 창의적 체험활동은 학생의 자기 주도성과 선택을 확대하는 방향으로 개선되었다. 기존의 자율활동, 동아리활동, 봉사활동, 진로활동 영역이 자율·자치 활동, 동아리활동, 진로활동 등 세 영역으로 재구조화되었다. 기존의 봉사활동은 동아리 영역의 하위 활동으로 편성되었으나 그 성격상 창의적 체험활동 모든 영역의 활동과 연계·통합하여 운영할 수 있다.

2025학년도 입학생 교육과정 편제 시 유의해야 할 사항은 교과목별 증감 범위의 변화를 확인하고 보통교과, 전문 공통 과목, 전공 일반 과목의 학기제 적용에 따른 과목별 교원의 정원이 변화할 수 있다. 따라서 2023학년 입학생 3학년 교육과정과 2024학년도 입학생, 1, 2학년 교육과정의 수정이 필요한 경우 학교 구성원 간에 충분한 논의를 통해 변경해야 한다. '체육'교과는 매 학기 이수하도록 해야 하는데 단, 특성화 고등학교와 산업수요 맞춤형 고등학교의 경우 현장실습이 있는 학년에는 탄력적으로 운영할 수 있다.

고교학점제는 학생들의 과목 이수와 학점 취득이 한 학기에 완결되어야 하는 특징을 반영하여 과목을 학기 단위로 편성·운영해야 한다. 보통교과의 공통 과목, 선택 과목 등 모든 과목은 학기 단위로 편성·운영해야 하며, 전문교과는 전문 공통 과목과 전공 일반 과목은 학기 단위로 편성하고 전공 실무 과목은 학기 단위 또는 최대 2학기에 걸쳐 편성·운영할 수 있다. 특히 미용과는 편성 시 교과가 다양하지 않아 편성의 어려움을 겪고 있다. 학교는 필요에 따라 교육과정에 제시되어 있는 과목 이외 새로운 과목을 개설할 수 있으므로 이 경우 시·도교육감이 정하는 지침에 따라 사전에 필요한 절차를 거쳐야 한다. 2022 개정 교육과정은 2025학년도 입학생부터 적용되는 교육과정으로 과목이 운영되기 전에 시·도교육감이 정하는 지침에 따라 사전에 필요한 절차를 거쳐 과목 개설 승인 신청을 하여 고시외 과목을 개설할 수 있다. 현재 승인된 고시외 과목을 확인할 수 있는 사이트는 에듀넷을 통해 교육과정에서 교육감 승인 탭을 통해 확인할 수 있다. 전문교과 전공 실무 과목은 국가직무능력표준의 성취기준으로 평가한다. 이는 1개의 능력단위를 학기와 학기에 걸쳐 평가할 수 없다. 1개의 능력단위는 반드시 1개 학기 내에서 평가 완료되어야 한다는 점에 유의해야 한다.

학기당 편성 과목 수의 제한은 없지만 학기당 이수 학점 수의 적정화가 이루어져야 한다. 고교학점제의 취지에 맞게 학생들의 학업 부담을 완화하면서 진로·적성에 적합한 과목을 선택하여 깊이 있게 학습하도록 편성하는 것이 중요하다. 학생들의 학점 이수가 특정 학기에 편중될 경우 학업 부담이 발생하게 되므로 균형적 편성을 권장한다.

2) 2022 개정 미용교과 편성의 실제

미용교과를 편성하기 전 직업계고 학점제 2022 개정 교육과정 총론 해설 주요 사항을 숙지하여야 한다.

(1) 전문 공통 과목 편성

전문 공통 과목은 직업교육을 이수한 예비 직업인으로서 알아야 할 자질인 노동시장 이행 준비, 직업 세계의 이해, 노동 인권과 산업 안전 보건, 디지털 직업 환경 등 공통적인 학습 내용으로 구성되어 있다. 2022 개정 교육과정에서는 '성공적인 직업 생활', '노동 인권과 산업 안전 보건', '디지털 직업 생활' 3개의 전문 공통 과목으로 구성되어 있다.

<표 3-15> 전문 공통 과목 편성 절차

전문 공통 과목의 교과 교육과정 내용 분석	→	이수 시기와 이수 학점 검토	→	전문 공통 과목의 교육과정 편성

전문 공통 과목은 특성화 고등학교 및 산업수요 맞춤형 고등학교 등의 어느 학과에서나 선택하여 편성·운영할 수 있으며, 특정 학년이나 시기에 학습할 것을 전제로 하지 않는다. 전문 공통 과목과 전공 일반 과목 간에는 특정한 위계성을 가지고 편성할 필요는 없다. 교과 교육과정을 분석하고 교과목 편성의 필요성을 판단하여 교육과정에 편성한다. 편성 여부와 편성 과목 수는 학교 상황, 학과의 목표 및 인력양성 유형을 토대로 선택하여 편성할 수 있다. 편성 시기는 1~3학년 중 적절한 학년에 편성할 수 있다.

(2) 전공 실무 과목 편성

전공 실무 과목 편성은 학과에서 양성하고자 하는 인력양성 유형에 적합한 교육목표를 기준으로 한다. 이와 관련된 직무능력을 함양할 수 있는 과목을 찾고, 과목을 구성하는 학습 영역(능력단위)에서 NCS 능력단위의 수준, NCS 훈련 시간, 자격 등을 분석하여 교육과정 편성에 꼭 필요한 능력단위를 선정한 후 이수 시간을 배당해야 한다.

단, 전공 실무 과목은 1개 학기 또는 연속선상에 있는 2개 학기로 편성·운영할 수 있다.

<표 3-16> 전공 실무 과목 편성 절차

전공 실무 과목 선정		전공 실무 과목 분석		학습 영역(능력단위)별 분석		학습 영역(능력단위) 선정, 이수 학점 배당
2022 개정 교육과정에서 인력양성 유형에 맞는 전공 실무 과목 검색	→	전공 실무 과목의 성격 및 목표, 내용 체계 및 성취기준, 교수-학습 및 평가 등 분석	→	학습 영역(능력단위)의 수준, 훈련시간, 학습모듈 내용 등 분석	→	학습 영역(능력단위)의 선정과 이수 학점 배당

2022 개정 교육과정에서 학과에서 양성하고자 하는 인력양성 유형에 적합한 내용을 수록하고 있는 전문교과의 전공 실무 과목을 검색한다. 국가교육과정정보센터와 에듀넷 사이트에서 해당 교과(군)별 교육과정을 다운로드한다. 과목 분석 시 17개 교과(군)에 제시된 과목 교육과정의 구조를 참고한다.

NCS 능력단위 수준, 능력단위별 훈련 시간, 학습모듈 내용 등을 분석한다. 학과의 인력양성 유형에 적합한 학습 영역(능력단위)을 선정하고 훈련 시간을 참고하여 적절한 이수 학점을 배당한다.

학교는 전공 실무 과목을 편성·운영할 때 전공 실무 과목을 구성하고 학습 영역(능력단위)을 모두 운영해야 한다. 다만 학습환경, 학과 인력양성 유형, 과정평가형 자격 과정 편성 기준, 산학일체형 도제학교 교육과정 편성 기준 등으로 불가피하게 학습 영역(능력단위)을 추가 또는 선택해서 운영해야 하는 경우 전공 실무 과목의 정체성을 해치지 않는 범위에서 교과협의회를 통해 학습 영역(능력단위)을 추가하거나 일부 선택하여 운영할 수 있다. 전공 실무 과목은 1개 학기 또는 연속선상에 있는 2개 학기로 편성·운영할 수 있다. 2015 개정 교육과정의 과목 내용 체계는 내용 영역(능력단위), 내용 요소(능력단위 요소)로 구성되었으나 2022 개정 교육과정의 과목 내용 체계는 학습 영역, 학습 요소로 변경되었다.

(3) 전공 일반 과목 편성

전공 실무 과목과 연계한 전공 일반 과목 편성의 방법은 다음과 같다.

전공 일반 과목은 교과(군)별, 기준학과별 기초 역량 함양을 위한 과목 또는 전공 실무 과목의 기초 지식이나 실습등을 위한 선수 과목의 의미를 가진다. 2022 개정 교육과정 전문교과의 경우 일부 과목을 제외하고 기본적으로 전공 일반 과목을 먼저 이수하고 전공 실무 과목을 이수하는 위계성을 가진다.

<표 3-17> 전공 일반 과목 편성 절차

전공 실무 과목의 학습 영역(능력단위)별 내용 분석	→	전공 실무 과목과 연계되는 전공 일반 과목 탐색	→	전공 일반 과목 선정

전공 실무 과목의 학습 영역(능력단위)별 내용 분석과 전공 실무 과목의 학습 영역을 학습하는 데 기초가 되는 선수 과목(전공 일반 과목) 연계 검토, 전공 실무 과목의 연계표를 작성하고 2022 개정 교육과정의 전공 일반 과목을 선택한다.

(4) 보통교과 이수 인정의 범위

전문교과의 기초가 되는 과목은 전문 공통 과목, 전공 일반 과목을 의미한다. 특성화 고등학교와 산업수요 맞춤형 고등학교에서 전문교과의 기초가 되는 과목을 선택하여 이수할 경우, 해당 전문교과의 선택 과목을 이와 관련되는 보통교과의 선택 과목 이수로 간주할 수 있다. 예를 들어, 학교는 전문교과의 '성공적인 직업 생활' 등 전문 공통 과목과 '미용 안전·보건' 등의 전공 일반 과목을 보통교과의 기술·가정/정보교과(군) 선택 과목(일반 선택, 진로 선택, 융합 선택) 이수로 간주할 수 있다. 이를 통해 학교는 전문교과 학습 시간을 확보할 수 있는데, 이 경우 다음 사항에 유의해야 한다.

첫째, 전문교과의 기초가 되는 과목을 보통교과의 선택 과목으로 대체하여 편성하는 경우 과목의 학점수 및 성적 산출 방식은 보통교과 선택 과목의 학점 수 및 성적 산출 방식을 따른다.

둘째, 전문교과의 기초가 되는 과목은 대체되는 보통교과의 선택 과목과 유사해야 한다. 한편, 여기에서 관련되는 보통교과의 선택 과목은 일반 선택 과목, 진로 선택 과목 그리고 융합 선택 과목 모두를 의미한다.

- 교과의 선택 과목을 전문교과 과목으로 교체 편성

내용이 유사하거나 관련되는 보통교과의 선택 과목(일반 선택, 진로 선택, 융합 선택)은 전문교과의 과목으로 교체하여 편성·운영할 수 있다. 예를 들어, 학교는 해당 분야의 기초적인 이해를 돕기 위해 기술·가정/정보교과의 '기술·가정', '정보', '로봇과 공학세계', '생활과학 탐구', '창의 공학 설계', '지식 재산 일반', '생애 설계와 자립', '인공지능 기초', '데이터 과학'등의 선택 과목을 전문교과로 편성할 수 있으며, 전문교과에는 편성되어 있지 않은 보통교과의 '영상 제작의 이해', '드로잉' 등과 같은 진로 선택 과목들도 전문교과로 편성·운영할 수 있다.

• 전문교과 과목 내용 구성의 유연성

2022 개정 교육과정에서는 2015 개정 교육과정과 동일하게 산업계의 수요 등을 고려하여 전문교과의 교과 내용에 주제나 내용 요소를 추가하여 구성할 수 있도록 하였다. 그리고 전공 실무 과목의 경우에는 국가직무능력표준(NCS)에 기반을 두되 학생 및 학교의 요구, 인력양성 유형, 교육과정 운영 여건 등을 고려하여 학습 영역(능력단위) 중 일부를 선택하여 운영할 수 있도록 하였다. 이 경우 학교는 다음과 같은 사항에 유의하여야 한다.

첫째, 전공 실무 과목에 특정 NCS 능력단위를 추가할 경우에는 전공 실무 과목 명칭과 기존의 학습 영역(능력단위)와 일관성이 있어야 한다. 예를 들어, '헤어 미용' 전공 실무 과목에 '헤어 미용' NCS의 능력단위 가운데 전공 실무 과목에 반영되지 않은 '쇼트 헤어 커트'를 추가하여 운영할 수 있지만 인력양성 유형과 무관한 '서양 조리' NCS의 능력단위를 추가할 수는 없다.

둘째, 전공 실무 과목에 주제나 내용 요소를 추가할 때에는 국가직무능력표준(NCS)에 기반을 두어야 하며, 추가하려는 주제나 학습 내용이 NCS 능력단위에 해당해야 한다.

셋째, 전공 실무 과목의 학습 영역(능력단위) 중 일부를 선택하여 운영할 경우에는 지역 여건이나 산업 수요, 학교의 교육 환경 등에 기반을 두어야 하며, 선택한 학습 영역(능력단위)으로 해당 전공 실무 과목의 목표를 구현할 수 있어야 한다.

넷째, 전공 실무 과목의 학습 영역(능력단위)별 학습모듈이 새로 개발되거나 수정된 경우 학교는 개선된 능력단위를 전공 실무 과목 학습 영역으로 반영하여 가르칠 수 있다. 고용노동부에서는 산업현장의 변화를 고려하여 NCS 능력단위를 지속적으로 개선하고 있으며, 개선된 NCS 능력단위에 대한 NCS 학습모듈이 개선되었다면 학교에서는 최신의 NCS 학습모듈을 교과서로 채택하여 새롭게 변화하는 내용에 적극적으로 대응할 필요가 있다.

(5) 현장실습의 운영

산업 분야의 인재 양성을 목적으로 하는 특성화 고등학교와 산업수요 맞춤형 고등학교는 학생이 이수한 교육과정과 관련된 직무 경험이 가능한 현장실습을 운영하여야 한다. 아울러 「직업교육훈련 촉진법」에 따라 직업 교육과정을 이수하는 학생의 경우 현장실습 참여 의무를 두고 있지만 학교에 재학 중인 학생의 경우 참여 선택권을 보장하고 있다. 현장실습은 향후 학생의 진로와 관련하여 직무수행에 필요한 지식·기술 및 태도를 습득할 수 있도록 실무 현장에서 실시하는 학교 교육과정의 일환이며, 현장실습은 교내 활동과 교외 활동으로 구분하고 있으며, 교내 활동 유형에는 교내 현장실습(산업현장 전문가 학교 방문 교육 등), 교과 활동 유형에는 산업체 체험형 현장실습, 연계교육형 현장실습, 산업체 채용형 현장실습으로 구분하고 있다. 산업체에서 채용을 연계한 현장실습을 운영하는 경우 학교는 현장실습 참여 산업체와 공동으로 현장실습 프로그램을 개발하고 학교와 산업체는 이를 토대로 현장실습을 운영하고 해당 과정과 결과를 평가해야 한다. 학교는 지역사회 기관(대한상공회의소, 인적자원개발위원회, 전문직업교육훈련기관 등)등과 연계하여 현장실습을 운영할 수 있으며, 이와 관련된 구체적인 사항은 시·도교육감이 정하는 지침에 따라 운영한다.

학생의 진로·적성에 따른 과목 선택권 확대, 공동교육과정이나 학교 밖 교육의 증가 등에 따라 실험·실습의 확대가 예상된다. 실험·실습과 관련된 교과 운영시 학생들이 실습의 전 과정에서 반드시 지켜야 할 안전수칙을 비롯한 산업 안전 보건 등에 관한 내용을 충분히 숙지할 수 있도록 교육해야 한다.

(6) 새로운 교과(군)의 설치·운영

특성화 고등학교와 산업수요 맞춤형 고등학교에서는 4차 산업 혁명에 따른 신산업의 발달, AI 등 디지털 전환 및 시대적 요구 등에 부응하는 교육을 실시하기 위해 국가 교육과정에 편제되지 않은 새로운 교과(군)를 설치하여 운영할 수 있다. 이때 유사한 교과(군)의 교육과정에 준하는 것이 원칙이지만 그렇지 않을 경우에는 새로운 교육과정을 개발해야 한다. 학교가 새로운 교과(군)를 설치하고자 하거나 그에 따른 교육과정을 운영하고자 할 때에는 시·도교육감이 정하는 지침에 따라 사전에 필요한 절차를 거쳐야 한다.

- 새로운 전공 실무 과목의 개설·운영

2022 개정 교육과정에서는 2015 개정 교육과정과 동일하게 학교가 필요에 따라 새로운 전공 실무 과목을 개설할 수 있도록 하였다. 이를 위해 학교는 인력양성 유형 등을 토대로 합리적이고 타당한 방식으로 교육에 필요한 능력단위를 선정하고 이 능력단위가 2022 개정 교육과정에 제시된 전공 실무 과목과 어떠한 관계가 있는지를 확인하여 새로운 전공 실무 과목의 개설 여부를 판단할 필요가 있다. 새로운 전공 실무 과목을 개설하는 경우에는 그 내용 체계가 국가직무능력표준(NCS)을 기반으로 구성되어야 하며, 이 경우 시·도교육감이 정하는 지침에 따라 사전에 필요한 절차를 거쳐야 한다.

<표 3-18> 편성 예시(2022 개정 교육과정 적용, 2025학년 입학생 이후)

구분	교과목	운영 가능 학점	운영 학점	이수시기						이수 학점
				1-1	1-2	2-1	2-2	3-1	3-2	
전문 공통 과목	성공적인 직업 생활	2이상	4					4		4
	노동 인권과 산업 안전 보건	2이상	2						2	2
	디지털과 직업 생활	2이상	3	3						3
전공 일반 과목	미용의 기초	2이상	4	4						4
	미용 안전·보건	2이상	2		2					2
전공 실무 과목	헤어 미용	2이상	12			6	6			12
	피부 미용	2이상	12			6	6			12
	메이크업	2이상	6	3	3					6
	네일 미용	2이상	8					4	4	8
고시 외 과목	토탈미용	2이상	10					5	5	10
	헤어 미용 현장실무	2이상	4					2	2	4
	피부 미용 현장실무	2이상	4					2	2	4
	네일 미용 현장실무	2이상	4					2	2	4

* 고시외 과목 검색 방법
에듀넷-교육정책-교육과정-교육감 승인 과목-2022 교육과정-과목명(미용)

<표 3-19> 2022 개정 교육과정 보통교과

교과(군)	공통 과목	선택 과목		
		일반 선택	진로 선택	융합 선택
국어	공통국어1 공통국어2	화법과 언어, 독서와 작문, 문학	주제 탐구 독서, 문학과 영상, 직무 의사소통	독서 토론과 글쓰기, 매체 의사소통, 언어생활 탐구
수학	공통수학1 공통수학2 기본수학1 기본수학2	대수, 미적분Ⅰ, 확률과 통계	기하, 미적분Ⅱ, 경제 수학, 인공지능 수학, 직무 수학	수학과 문화, 실용 통계, 수학과제 탐구
영어	공통영어1	영어Ⅰ, 영어Ⅱ,	영미 문학 읽기,	실생활 영어 회화,

교과(군)	공통 과목	선택 과목 일반 선택	선택 과목 진로 선택	선택 과목 융합 선택
	공통영어2 기본영어1 기본영어2	영어 독해와 작문	영어 발표와 토론, 심화 영어, 심화 영어 독해와 작문, 직무 영어	미디어 영어, 세계 문화와 영어
사회 (역사 / 도덕 포함)	한국사1 한국사2 통합사회1 통합사회2	세계시민과 지리, 세계사, 사회와 문화, 현대사회와 윤리	한국지리 탐구, 도시의 미래 탐구, 동아시아 역사 기행, 정치, 법과 사회, 경제, 윤리와 사상, 인문학과 윤리, 국제 관계의 이해	여행지리, 역사로 탐구하는 현대 세계, 사회문제 탐구, 금융과 경제생활, 윤리문제 탐구, 기후변화와 지속가능한 세계
과학	통합과학1 통합과학2 과학탐구실험1 과학탐구실험2	물리학, 화학, 생명과학, 지구과학	역학과 에너지 / 전자기와 양자 물질과 에너지 / 화학 반응의 세계 세포와 물질대사 / 생물의 유전 지구시스템과 / 행성우주과학	과학의 역사와 문화, 기후변화와 환경생태, 융합과학 탐구
체육		체육1, 체육2	운동과 건강, 스포츠 문화*, 스포츠 과학*	스포츠 생활1, 스포츠 생활2
예술		음악, 미술, 연극	음악 연주와 창작, 음악 감상과 비평, 미술 창작, 미술 감상과 비평	음악과 미디어, 미술과 매체
기술·가정 /정보		기술·가정	로봇과 공학세계, 생활과학 탐구	창의 공학 설계, 지식 재산 일반, 생애 설계와 자립*, 아동발달과 부모
		정보	인공지능 기초, 데이터 과학	소프트웨어와 생활
제2 외국어/ 한문		독일어, 프랑스어, 스페인어, 중국어, 일본어, 러시아어, 아랍어, 베트남어	독일어 회화, 프랑스어 회화, 스페인어 회화, 중국어 회화, 일본어 회화, 러시아어 회화, 아랍어 회화, 베트남어 회화, 심화 독일어, 심화 프랑스어, 심화 스페인어, 심화 중국어, 심화 일본어, 심화 러시아어, 심화 아랍어, 심화 베트남어	독일어권 문화, 프랑스어권 문화, 스페인어권 문화, 중국 문화, 일본 문화, 러시아 문화, 아랍 문화, 베트남 문화
		한문	한문 고전 읽기	언어생활과 한자
교양		진로와 직업, 생태와 환경	인간과 철학, 논리와 사고, 인간과 심리, 교육의 이해, 삶과 종교, 보건	인간과 경제활동, 논술

출처: 교육부(2022).

<표 3-20> 2022 개정 교육과정 전문교과

교과(군)	선택 과목				기준학과
	전문 공통	전공 일반	전공 실무		
경영·금융	성공적인 직업 생활 노동 인권과 산업 안전 보건 디지털과 직업 생활	상업 경제 기업과 경영 사무 관리 회계 원리 회계 정보 처리 시스템 기업 자원 통합 관리 세무 일반 유통 일반 무역 일반 무역 영어 금융 일반 보험 일반 마케팅과 광고 창업 일반 비즈니스 커뮤니케이션 전자 상거래 일반	총무 노무 관리 사무 행정 회계 실무 유통 관리 자재 관리 공급망 관리 물류 관리 원산지 관리 무역 금융 업무 전자 상거래 실무	인사 비서 예산·자금 세무 실무 구매 조달 공정 관리 품질 관리 수출입 관리 창구 사무 고객 관리 매장 판매	경영사무과 세무회계과 유통과 금융정보과 마케팅과
보건·복지		인간발달 보육 원리와 보육 교사 보육 과정 아동 생활 지도 아동 복지 보육 실습 영유아 교수 방법 생활 서비스 산업의 이해 복지 서비스의 기초 사회 복지 시설의 이해 공중보건 인체 구조와 기능 간호의 기초 기초 간호 임상 실무 보건 간호 보건 의료 법규 치과 간호 임상 실무	영유아 건강·안전·영양 지도 사회 복지 시설 실무 요양 지원	영유아 놀이 지도 대인 복지 서비스	보육과 복지과 간호과
문화·예술·디자인·방송		문화 콘텐츠 산업 일반 미디어 콘텐츠 일반 영상 제작 기초 애니메이션 기초 음악 콘텐츠 제작 기초 디자인 제도 디자인 일반 조형 색채 일반 컴퓨터 그래픽 공예 일반 공예 재료와 도구 방송 일반	영화 콘텐츠 제작 광고 콘텐츠 제작 게임 디자인 애니메이션 콘텐츠 제작 캐릭터 제작 VR·AR 콘텐츠 제작 제품 디자인 실내 디자인 편집 디자인 목공예 방송 콘텐츠 제작	음악 콘텐츠 제작 게임 기획 게임 프로그래밍 만화 콘텐츠 제작 스마트 문화 앱 콘텐츠 제작 시각 디자인 디지털 디자인 색채 디자인 도자기 공예 금속 공예 방송 제작 시스템 운용	문화콘텐츠과 디자인과 공예과 방송과
미용		미용의 기초 미용 안전·보건	헤어 미용 메이크업	피부 미용 네일 미용	미용과

교과(군)	선택 과목				기준학과
	전문 공통	전공 일반	전공 실무		
관광·레저		관광 일반 관광 서비스 관광 영어 관광 일본어 관광 중국어 관광 문화와 자원 관광 콘텐츠 개발 전시·컨벤션·이벤트 일반 레저 서비스 일반	호텔 식음료 서비스 실무 국내 여행 서비스 실무 전시·컨벤션·이벤트 실무	호텔 객실 서비스 실무 국외 여행 서비스 실무 카지노 서비스 실무	관광과 레저산업과
식품·조리		식품과 영양 기초 조리 디저트 조리 식음료 기초 식품 과학 식품 위생 식품 가공 기술 식품 분석	한식 조리 중식 조리 바리스타 식공간 연출 축산 식품 가공 건강 기능 식품 가공 음료·주류 가공 떡 제조 제빵	양식 조리 일식 조리 바텐더 수산 식품 가공 유제품 가공 김치·반찬 가공 식품 품질 관리 제과	조리과 식음료과 식품가공과 제과제빵과
건축·토목		공업 일반 기초 제도 건축 일반 건축 기초 실습 건축 도면 해석과 제도 토목 일반 토목 도면 해석과 제도 건설 재료 역학 기초 토질·수리 측량 기초 드론 기초 스마트 시티 기초 건물 정보 관리 기초	철근 콘크리트 시공 건축 마감 시공 건축 설계 토목 시공 측량 공간 정보 융합 서비스 국토 도시 계획 주거 서비스	건축 목공 시공 건축 도장 시공 토목 설계 지적 공간 정보 구축 소형 무인기 운용·조종 교통 계획·설계	건축과 건축 인테리어과 토목과 공간정보과 스마트시티과
기계		기계 제도 기계 기초 공작 전자 기계 이론 기계 일반 자동차 일반 기계 기초 역학 냉동 공조 일반 유체 기계 산업 설비 자동차 기관 자동차 섀시 자동차 전기·전자 제어 선박 이론 선박 구조 선박 건조 선체 도면 독도와 제도 항공기 일반 항공기 실무 기초	기계요소 설계 선반 가공 연삭 가공 측정 특수 가공 기계 소프트웨어 개발 건설 광산 기계 설치·정비 승강기 설치·정비 자전거 정비 사출 금형 제작 사출 금형 조립 프레스 금형 제작 프레스 금형 조립 냉동 공조 설계 보일러 설치·정비 피복 아크 용접 가스 텅스텐 아크 용접 보일러 장치 설치	기계 제어 설계 밀링 가공 컴퓨터 활용 생산 성형 가공 기계 수동 조립 운반 하역 기계 설치·정비 공작 기계 설치·정비 오토바이 정비 사출 금형 설계 사출 금형 품질 관리 프레스 금형 설계 프레스 금형 품질 관리 배관 시공 냉동 공조 유지 보수 관리 판금·제관 이산화탄소·가스 메탈 아크 용접 로봇 용접	기계과 공조산업 설비과 자동차과 조선과 항공과

교과(군)	선택 과목				기준학과
	전문 공통	전공 일반	전공 실무		
			자동차 전기·전자 장치 정비 자동차 섀시 정비 자동차 도장 자동차 튜닝 전장 생산 항공기 기체 제작 항공기 기체 정비 항공기 왕복 엔진 정비 항공기 전기·전자 장비 정비 항공기 정비 관리	냉동 공조 장치 설치 자동차 엔진 정비 자동차 차체 정비 자동차 정비 검사 선체 조립 선체 생산 설계 항공기 전기·전자 장비 제작 항공기 가스 터빈 엔진 정비 항공기 계통 정비 소형 무인기 정비	
재료		재료 일반 재료 시험 세라믹 재료 세라믹 원리·공정	제선 압연 금속 재료 가공 도금 도자기 용융 세라믹 제조	제강 주조 금속 열처리 금속 재료 신뢰성 시험 탄소 재료	금속재료과 세라믹과
화학 공업		공업 화학 제조 화학 스마트 공정 제어 화공 플랜트 기계 화공 플랜트 전기 바이오 기초 화학 에너지 공업 기초 에너지 화공 소재 생산	화학 분석 화학 공정 유지 운영 고분자 제품 제조 바이오 화학 제품 제조 에너지 설비 유틸리티	화학 물질 관리 기능성 정밀 화학 제품 제조 바이오 의약품 제조 화장품 제조 신재생 에너지 실무	화학공업과 바이오화학공업과 에너지화학공업과
섬유·의류		섬유 재료 섬유 공정 염색·가공 기초 패션 소재 패션 디자인의 기초 의복 구성의 기초 편물 패션 마케팅	텍스타일 디자인 제포 패션 디자인의 실제 서양 의복 구성과 생산 한국 의복 구성과 생산 패션 상품 유통 관리	방적·방사 염색·가공 패턴 메이킹 니트 의류 생산 패션 소품 디자인과 생산 비주얼 머천다이징	섬유과 의류과
전기·전자		전기 회로 전기 기기 전기 설비 자동화 설비 전기·전자 일반 전자 회로 전기·전자 측정 디지털 논리 회로 전자 제어	발전 설비 운영 전기 기기 설계 전기 기기 유지 보수 내선 공사 자동 제어 기기 제작 자동 제어 시스템 운영 전기 철도 시설물 유지 보수 전자 제품 생산 전자 제품 설치 정비 가전 기기 하드웨어 개발 산업용 전자 기기 하드웨어 개발 산업용 전자 기기 소프트웨어 개발 정보 통신 기기 소프트웨어 개발	송·변전 배전 설비 운영 전기 기기 제작 전기 설비 운영 외선 공사 자동 제어 시스템 유지 정비 전기 철도 시공 철도 신호 제어 시공 전자 부품 생산 가전 기기 시스템 소프트웨어 개발 가전 기기·기구 개발 산업용 전자 기기·기구 개발 정보 통신 기기 하드웨어 개발 전자 응용 기기 하드웨어 개발 전자 응용 기기 소프트웨어	전기과 전자과

교과(군)	선택 과목				기준학과
	전문 공통	전공 일반	전공 실무		
			전자 응용 기기 기구 개발 전자 부품 기구 개발 반도체 제조 반도체 재료 로봇 하드웨어 설계 로봇 소프트웨어 개발 로봇 유지 보수 의료 기기 인허가 LED 기술 개발 3D 프린터용 제품 제작	개발 반도체 개발 반도체 장비 디스플레이 생산 로봇 기구 개발 로봇 지능 개발 의료 기기 연구 개발 의료 기기 생산 3D 프린터 개발	
정보 · 통신		통신 일반 통신 시스템 정보 통신 정보 처리와 관리 컴퓨터 구조 프로그래밍 자료 구조 알고리즘 설계 컴퓨터 시스템 일반 컴퓨터 네트워크 인공지능 일반 사물 인터넷과 센서 제어	네트워크 구축 무선 통신 구축·운용 응용 프로그래밍 개발 시스템 프로그래밍 네트워크 프로그래밍 빅 데이터 분석 정보 보호 관리 사물 인터넷 서비스 기획	유선 통신 구축·운용 초고속망 서비스 관리 운용 응용 프로그래밍 화면 구현 데이터베이스 프로그래밍 시스템 관리 및 지원 인공지능 모델링 컴퓨터 보안	통신과 정보컴퓨터과 소프트웨어과
환경 · 안전 · 소방		인간과 환경 환경 화학 기초 환경 기술 환경과 생태 산업 안전 보건 기초 소방 기초 소방 법규 소방 건축 소방 기계 소방 전기	대기 관리 폐기물 관리 토양·지하수 관리 환경 생태 복원 관리 전기 안전 관리 화공 안전 관리 소방 시설 설계 소방 안전 관리	수질 관리 소음 진동 관리 환경 유해 관리 기계 안전 관리 건설 안전 관리 가스 안전 관리 소방 시설 공사	환경과 산업안전과 소방과
농림 · 축산		농업 이해 농업 기초 기술 농업 경영 재배 농산물 유통 농산물 거래 관광 농업 친환경 농업 생명 공학 기술 농업 정보 관리 농업 창업 일반 원예 생산 자재 조경 식물 관리 화훼 장식 기초 산림 휴양 산림 자원 임산 가공 조림	수도작 재배 육종 농촌 체험 상품 개발 스마트 팜 운영 과수 재배 화훼 장식 임업 종묘 산림 보호 목재 가공 조경 설계 조경 관리 수의 보조 젖소 사육 가금 사육 말 사육 농업용 기계 설치·정비	전특작 재배 종자 생산 농촌 체험 시설 운영 채소 재배 화훼 재배 버섯 재배 산림 조성 임산물 생산 펄프·종이 제조 조경 시공 종축 애완동물 미용 돼지 사육 한우 사육 곤충 사육 농업 생산 환경 조성	농업과 원예과 산림자원과 조경과 동물자원과 농업기계과 농업토목과

교과(군)	선택 과목				기준학과
	전문 공통	전공 일반	전공 실무		
		조경 동물 자원 반려동물 관리 곤충 산업 일반 농업 기계 농업 기계 공작 농업 기계 운전 작업 농업용 전기·전자 농업 토목 제도·설계 농업 토목 시공·측량 농업 생산 환경 일반			
수산 · 해운		해양의 이해 수산·해운 산업 기초 해양 생산 일반 해양 오염·방제 전자 통신 운용 어선 전문 수산 일반 수산 생물 수산 양식 일반 수산 경영 수산물 유통 양식 생물 질병 관상 생물 기초 수산 해양 창업 활어 취급 일반 해양 레저 관광 요트 조종 잠수 기술 항해 기초 해사 일반 해사 법규 선박 운용 선화 운송 항만 물류 일반 해사 영어 항해사 직무 열기관 선박 보조 기계 선박 전기·전자 기관 실무 기초 기관 직무 일반	근해 어업 해면 양식 내수면 양식 수상 레저 기구 조종 산업 잠수 어촌 체험 시설 운영 선박 갑판 관리 선박 안전 관리 기관사 직무 선박 보조 기계 정비	원양 어업 수산 종묘 생산 수산 질병 관리 일반 잠수 어촌 체험 상품 개발 선박 통신 선박 운항 관리 선박 기기 운용 선박 기관 정비	해양생산과 수산양식과 해양레저과 항해과 기관과
융복합 · 지식 재산		스마트 공장 일반 스마트 공장 운용 스마트 공장 설계와 구축 발명·특허 기초 발명과 기업가 정신 발명과 디자인 발명과 메이커	스마트 설비 실무 특허 출원의 실제	특허 정보 조사·분석 지식 재산 관리	스마트공장과 발명특허과

출처: 교육부(2022).

(7) 단위학교 교육과정 편성 예시

*** A 특성화 고등학교 교육과정 2025년 입학생 편제표 및 NCS 능력단위 편성표**

2022 개정 교육과정에 따라 2025학년도부터 적용되는 특성화 고등학교의 3개년 교육과정 편제표는 고교학점제 도입에 따라 학생의 선택권을 보장하고, 진로 맞춤형 교육이 가능하도록 설계되었다. 다만, 각 학교의 여건과 특성에 따라 교육과정 편제는 다양하게 편성될 수 밖에 없다.

A 특성화 고등학교는 공업계열의 대표적인 특성화 고등학교로, 현재 건축 전공, 전기·전자 전공, 뷰티 전공 3개 학과로 운영되고 있다. 뷰티 전공과는 학년당 1개 반으로 운영되며, 실습을 위한 NCS_헤어 미용 실습실, NCS_피부 미용 실습실, NCS_메이크업 실습실로 구성되어 있다.

보통교과의 편성은 각 학교의 학교 교육과정 위원회에서 협의를 통해 결정된다. 모든 학생이 이수해야 하는 보통교과의 공통과목은 교과 협의를 거쳐 정해지며, 이는 학생들의 기초 소양을 함양에 중점을 둔다. 선택 과목은 공통과목을 이수한 후 심화 또는 응용 학습을 위해 선택할 수 있으며, 진로 선택 과목은 학생의 진로와 관련 있는 과목을 중심으로 선택할 수 있다. 이러한 일반·진로 선택 과목은 주로 2~3학년에 배치되어 학생 맞춤형 진로 설계를 지원한다.

교육과정 편제에서 중요한 기준 중 하나는 기준학점과 운영학점이다. 기준 학점이란 교육부가 제시한 최소 이수 학점 기준으로, 학교가 편성·운영해야 학점을 말한다. 반면, 운영 학점이란 학교가 실제로 편성·운영하는 학점으로, 학교의 특성과 학생 수요에 따라 자율적으로 늘려 운영할 수 있는 학점이다. 편성표에 따르면, 보통교과는 총 67학점, 전문교과는 총 107학점, 창의적 체험활동은 18학점으로 편성되어, 총 192학점으로 구성하여 운영하고 있다. 이는 기준 학점보다 많은 학점이 편성된 것으로, 그 이유는 자율 편성 학점 때문이다. 자율학점은 학교가 교육과정을 보다 유연하게 운영할 수 있도록 기준 학점 외에 최대 30학점까지 추가 편성할 수 있는 학점이다. 이 자율학점을 활용해, 보통 교과에서 기준 학점(64학점)보다 3학점을 더 편성하고, 전문교과에서는 기준 학점(80학점)보다 27학점을 더 편성함으로써 학교의 특성과 전공의 전문성을 살린 교육과정을 구성하였다.

결과적으로, 이 학교는 고교학점제의 취지를 반영하여 학생들의 선택권을 확대하고 실무 중심의 진로 맞춤형 교육을 강화하기 위해 기준학점을 초과한 자율 편성 학점을 적극적으로 활용하고 있다.

미용교과 교육과정 편제를 살펴보면 기술·가정/정보교과(군)에 보통교과 선택 과목으로 미용 안전·보건 과목과 성공적인 직업 생활 과목이 편성되어 있다. 이처럼 해당 전문교과의 선택 과목은, 그 성격과 학습 내용이 유사할 경우 보통 교과 선택 과목(일반 선택, 진로 선택, 융합 선택) 이수로 간주할 수 있다.

A 특성화 고등학교는 전문교과의 성공적인 직업 생활(전문 공통 과목)과 미용 안전·보건(전공 일반 과목)을 편성함으로써 전문교과 학습 시간을 확보할 수 있다. 이 경우, 다음과 같은 사항에 유의해야 한다. 전문교과의 기초가 되는 과목을 보통교과 선택 과목으로 대체하여 편성하는 경우 해당 과목의 학점 수 및 성적 산출 방식은 보통 교과 선택 과목의 기준을 따라야 한다.

1학년 1학기에 전공 일반 과목인 미용의 기초를 편성하고 1학년 2학기부터 2학년 1학기까지는 헤어 미용 전공 실무 과목을 순차적으로 편성하여 운영한다. 전공 실무 과목은 교육과정의 특성에 따라 1개 학기 또는 2개 학기에 걸쳐 편성·운영할 수 있으며, 실무 내용은 능력단위 기준으로 구성된다. 이때 유의할 점은 하나의 능력단위는 반드시 한 학기 내에 평가가 완료되어야 하며, 두 학기에 걸쳐 나누어 평가할 수 없다는 것이다. 이러한 기준에 따라 헤어 미용, 피부 미용, 메이크업, 네일 미용 등 주요 전공 실무 과목은 2개 학기에 걸쳐 편성한 결과 3학년에 편성할 실무 과목이 부족해지는 문제점이 발생하였다. 이에 따라 해당 학교는 각 시·도교육청에서 승인한 고시외 과목으로 토탈미용 과목을 편성하였으며, 고교학점제 코스형 교육과정에 맞게 학과 간 융합 선택 교과로 네일 미용을 편성하였다. 이를 통하여 학생들에게 보다 다양하고 심화된 실무 경험을 제공할 수 있도록 교육과정을 유연하게 운영하고 있다.

2025학년도 고등학교 교육과정 편제 및 학점배당표								입학년도	2025
시도명	학교명	교과군	기준학과1	기준학과2	학과정보				
					학과명	코스명	(자격)과정	인력양성유형	
OO	OO고등학교	미용	미용과		뷰티미용과	토탈미용	미용영	헤어디자이너, 피부관리사, 메이크업아티스트, 네일아티스트	

교과영역	교과(군)	과목		기준학점	운영가능학점	운영학점	1학년		2학년		3학년		이수학점		필수이수학점
		구분	과목명				1학기	2학기	1학기	2학기	1학기	2학기			
보통교과	국어	공통	공통국어1	4	3~4	3	3						3	9	24
		공통	공통국어2	4	3~4	3		3					3		
		일반	직무 의사소통	4	3~5	3				3			3		
	수학	공통	공통수학1	4	3~4	3	3						3	9	
		공통	공통수학2	4	3~4	3		3					3		
		일반	직무 수학	4	3~5	3				3			3		
	영어	공통	공통영어1	4	3~4	3	3						3	9	
		공통	공통영어2	4	3~4	3		3					3		
		일반	직무 영어	4	3~5	3				3			3		
	사회(역사/도덕 포함)	공통	한국사1	3	3	3	3						3	6	6
		공통	한국사2	3	3	3		3					3		
		공통	통합사회1	4	3~4	3	3						3	6	12
		공통	통합사회2	4	3~4	3		3					3		
	과학	공통	통합과학1	4	3~4	3	3						3	6	
		공통	통합과학2	4	3~4	3		3					3		
	체육	일반	체육1	3	2~4	2	2						2	8	8
		일반	체육2	3	2~4	2		2					2		
		진로	운동과 건강	2	1~2	2			2				2		
		진로	스포츠 문화	2	1~2	2				2			2		
	예술	일반	음악↔미술	3	2~4	3	3						3	6	6
		일반	미술↔음악	3	2~4	3		3					3		
	기술·가정/정보/제2외국어/한문	진로	미용 안전·보건	4	3~5	3				3			3	8	8
		진로	성공적인 직업 생활	4	3~5	3				3			3		
	교양	일반	생태와 환경	3	2~4	2				2			2		
전문교과(고시과목)	전문공통		디지털과 직업 생활	2	2이상	3	3						3		
	미용	전공일반	미용의 기초	2	2이상	3	3						3		
	미용	전공실무	헤어 미용	2	2이상	23		6	17				23		
	미용	전공실무	메이크업	2	2이상	20			10	10			20		
	미용	전공실무	피부 미용	2	2이상	20					10	10	20		
전문교과(고시외과목)	미용	전공실무	토탈미용	2	2이상	30					15	15	30		
학과융합(택1) OO		전공실무	OOOO	2	2이상						4		4		
OO		전공실무	OOOO	2	2이상						4		4		80
OO		전공실무	OOOO	2	2이상	4					4		4		
OO		전공실무	OOOO(고시외)	2	2이상						4		4		
미용	미용	전공실무	네일 미용	2	2이상						4		4		
학과융합(택1) OO		전공실무	OOOO	2	2이상							4	4		
OO		전공실무	OOOO	2	2이상							4	4		
OO		전공실무	OOOO	2	2이상	4						4	4		
OO		전공실무	OOOO(고시외)	2	2이상							4	4		
OO	미용	전공실무	네일 미용	2	2이상							4	4		
전문교과 총 이수 합계						107	6	6	27	10	29	29	107		80
교과 총 이수 합계						174	29	29	29	29	29	29	174		174
창의적 체험활동			자율·자치활동				16	16	16	16	16	16	288		288
			동아리활동				16	16	16	16	16	16			
			진로활동				16	16	16	16	16	16			
			학기별 이수 합계				3	3	3	3	3	3	18		18
학기별 총 이수 합계							32	32	32	32	32	32	192		192
학년별 총 이수 합계							64		64		64		192		192

[그림 3-14] A 특성화 고등학교 교육과정 편제 및 학점배당표

<표 3-21> A 특성화 고등학교 전공 실무 과목 능력단위 편성표

전공 실무 과목 능력단위 편성표

학교명	학과명	코스명
OO고등학교	뷰티미용과	토탈미용

전공 실무 과목	운영 학점	학습 영역 (능력단위)	능력단위 코드	1학년				2학년				3학년				이수 학점 합계	이수 시간 합계
				1학기		2학기		1학기		2학기		1학기		2학기			
				이수 학점	이수 시간	이수 학점	이수 시간	이수 학점	이수 시간	이수 학점	이수 시간	이수 학점	이수 시간	이수 학점	이수 시간		
헤어 미용	23	헤어 샴푸	1201010156_21v6			2	32									2	32
		콜드 펌	1201010159_21v6			2	32									2	32
		히팅 펌	1201010161_21v6			2	32									2	32
		원랭스 헤어 커트	1201010128_21v5					4	64							4	64
		그래쥬에이션 헤어 커트	1201010131_21v5					4	64							4	64
		레이어 헤어 커트	1201010132_21v6					4	64							4	64
		블로우 드라이 스타일	1201010157_21v5					5	80							5	80
		학습 영역 합계				6	96	17	272							23	368
메이크업	20	베이스 메이크업	1201010316_19v5					3	48							3	48
		색조 메이크업	1201010346_19v5					3	48							3	48
		웨딩 메이크업	1201010347_19v5					4	64							4	64
		뷰티 색채	1201010351_19v2							4	64					4	64
		수염 분장	1201010352_19v2							3	48					3	48
		속눈썹 연장	1201010319_19v5							3	48					3	48
		학습 영역 합계						10	160	10	160					20	320
피부 미용	20	피부 미용 피부 분석	1201010202_19v3									3	48			3	48
		피부 미용 얼굴 각질 관리	1201010212_19v5									4	64			4	64
		피부 미용 얼굴 메뉴얼 테크닉	1201010213_20v6									3	48			3	48
		피부 미용 얼굴 팩·마스크	1201010214_19v5											4	64	4	64
		피부 미용 기초 제모	1201010239_17v4											3	48	3	48
		피부 미용 화장품 사용	1201010243_17v4											3	48	3	48
		학습 영역 합계										10	160	10	160	20	320
토탈미용 (고시외 과목)	30	미용 고객 응대	1201010116_21v6									4	64			4	64
		베이직 헤어 컬러	1201010125_21v6									3	48			3	48
		시대별 메이크업	1201010342_19v3									4	64			4	64
		기초 팁 네일	1201010451_23v5									4	64			4	64
		헤어 커트 디자인	1201010163_21v5											5	80	5	80
		패션 이미지 메이크업	1201010341_19v3											5	80	5	80
		랩 네일	1201010405_23v5											5	80	5	80
		학습 영역 합계										15	240	15	240	30	480
네일 미용 [학과간 선택]	8	네일 기본 관리	1201010415_17v4									2	32			2	32
		네일 컬러링	1201010416_23v5									2	32			2	32
		네일 폴리시 아트	1201010426_16v3											2	32	2	32
		젤 네일	1201010406_23v5											2	32	2	32
		학습 영역 합계										4	64	4	64	8	128

*** B 특성화 고등학교 교육과정 2025년 입학생 편제표 및 NCS 능력단위 편성표**

B 특성화 고등학교는 상업계열의 45학급의 특성화 고등학교로, 현재 보건 전공, 영유아보육 전공, 뷰티 전공, 조리 전공, 음악 전공, 스포츠 전공의 6개 학과로 운영되고 있다. 뷰티 전공학과는 학년당 네 개의 반으로 운영되며, 실습을 위한 NCS_헤어 미용 실습실1~3, NCS_피부 미용 실습실1~2, NCS_메이크업 실습실1~2, NCS_네일 미용 실습실, 뷰티 스튜디오실로 구성되어 있다.

B 특성화 고등학교 또한 2022 개정 교육과정의 변화에 발맞추어 3학년 과정에 고교학점제 기반의 코스형 교육과정을 도입하여, A코스(헤어 미용 전공반), B코스(피부 미용 전공반), C코스(메이크업 전공반), D코스(뷰티헬스 전공반)으로 나뉘어 심화적인 능력단위 중심의 수업을 구성하고 있다. 이에 따라 각 전공 교과에서는 능력단위별 학습목표가 한 학기 내에 도달될 수 있도록 편제를 조정하고, 성취기준에 기반한 평가와 피드백을 동일 학기 내에 종료하도록 계획하고 있다. 이는 고교학점제의 취지에 부합하는 학습 선택권과 맞춤형 진로 탐색 기회를 제공함과 동시에, 교육과정의 유연성·다양성·실효성을 모두 확보하고자 하는 고교학점제 교육과정 운영의 일환이다.

2025학년도 고등학교 교육과정 편제 및 학점배당표							입학년도	2025
시도명	학교명	교과군	기준학과1	기준학과2	학과정보			
					학과명	(자격)과정	인력양성유형	
OO	OO고등학교	미용	미용과		뷰티아트과	미운영	헤어디자이너, 피부관리사, 메이크업아티스트, 네일아티스트	

		교과(군)	과목: 구분	과목: 과목명	기본 학점	운영 가능 학점	운영 학점	1학년 1학기 이론	1학년 1학기 실습	1학년 2학기 이론	1학년 2학기 실습	2학년 1학기 이론	2학년 1학기 실습	2학년 2학기 이론	2학년 2학기 실습	3학년 1학기 이론	3학년 1학기 실습	3학년 2학기 이론	3학년 2학기 실습	이수 학점	필수 이수 학점
전문교과		고시과목	전공일반	관광 영어	3	3	3											3		3	
		고시과목	전공실무	헤어 미용	8	8	8						4		4					8	
		고시 외 과목	전공실무	화장품 패키지 디자인	4	4	4										2		2	4	
코스형 (택1)	코스A~코스D 공통	미용	전공일반	미용의 기초	3	46	46											3		46	
		미용	전공일반	미용 안전·보건	1											1					
	코스A (헤어/메이크업)	미용	전공실무	헤어 미용 현장실무	18												9		9		
		미용	전공실무	헤어 컬러 스타일링	18												9		9		
		미용	전공실무	메이크업 현장실무	6												3		3		
	코스B (헤어/네일미용)	미용	전공실무	헤어 미용 현장실무	18												9		9		
		미용	전공실무	헤어 컬러 스타일링	18												9		9		
		미용	전공실무	네일 미용 현장실무	6												3		3		
	코스C (피부/네일미용)	미용	전공실무	피부 미용 현장실무	22												11		11		
		미용	전공실무	피부 미용 기기관리	14												7		7		
		미용	전공실무	네일 미용 현장실무	6												3		3		
	코스D (메이크업/헤어)	미용	전공실무	메이크업 현장실무	18												9		9		
		미용	전공실무	응용 메이크업	18												9		9		
		미용	전공실무	헤어 미용 현장실무	6												3		3		
타학과 융합형 (택1)	미용	미용	전공실무	메이크업	4	32	32 (타학과 융합 코스 48)		2		2									32	
		미용	전공실무	기초 피부 미용	4				2		2										
		미용	전공실무	기초 헤어 미용	6				3		3										
		미용	전공실무	네일 미용	6								3		3						
		미용	전공실무	피부 미용	6								3		3						
		미용	전공실무	메이크업 실무	6								3		3						
	뷰티헬스	경영·금융	전공일반	OO OO	2	32			2												
		관광·레저	전공일반	OOO OO	2			2													
		관광·레저	전공일반	OO OO1	3				3												
		경영·금융	전공실무	OO OO	2						2										
		관광·레저	전공일반	OOO OO	2					2											
		관광·레저	전공일반	OOO OO2	3						3										
		미용	전공실무	피부 미용1	10								5		5						
		관광·레저	전공일반	OO OO OO OO	4								4								
		관광·레저	전공일반	OO OO OO OO	4										4						
	코스E (뷰티헬스)	고시과목	전문공통	성공적인 직업 생활	3	48												3			
		미용	전공실무	피부 미용2	12												6		6		
		미용	전공실무	헤어 미용 현장실무	18												9		9		
		관광·레저	전공실무	OOOO OOOO	12												6		6		
전문교과 총 이수 합계							93	0	7	0	7	0	13	0	13	1	23	6	23	93	80
								7		7		13		13		24		29			
교과 총 이수 합계							174	29		29		29		29		29		29		174	174
창의적 체험활동								3		3		3		3		3		3		18	18
학기별 총 이수 합계								32		32		32		32		32		32		192	192
학년별 총 이수 합계								64				64				64				192	192

[그림 3-15] B 특성화 고등학교 교육과정 편제 및 학점배당표

<표 3-22> B 특성화 고등학교 전공 실무 과목 능력단위 편성표

전공 실무 과목 능력단위 편성표

학교명	학과명	코스명
OO고등학교	뷰티아트과	헤어 미용, 피부 미용, 메이크업

실무 과목	운영 학점	학습 영역 (능력단위)	능력단위 코드	1학년				2학년				3학년				이수 학점 합계	이수 시간 합계
				1학기		2학기		1학기		2학기		1학기		2학기			
				이수 학점	이수 시간	이수 학점	이수 시간	이수 학점	이수 시간	이수 학점	이수 시간	이수 학점	이수 시간	이수 학점	이수 시간		
화장품 패키지 디자인	4	메이크업 기초화장품 사용	1201010315_19v5									2	32			2	32
		뷰티 색채	1201010351_19v2											2	32	2	32
		학습 영역 합계		0	0	0	0	0	0	0	0	2	32	2	32	4	64
기초 헤어 미용	6	두피·모발 관리	1201010112_21v5	3	48											3	48
		원랭스 헤어 커트	1201010128_21v5			3	48									3	48
		학습 영역 합계		3	48	3	48	0	0	0	0	0	0	0	0	6	96
헤어 미용	8	그래쥬에이션 헤어 커트	1201010131_21v5					2	32							2	32
		콜드 펌	1201010159_21v6					2	32							2	32
		레이어 헤어 커트	1201010132_21v6							2	32					2	32
		헤어펌 디자인	1201010164_21v5							2	32					2	32
		학습 영역 합계		0	0	0	0	4	64	4	64	0	0	0	0	8	128
헤어 미용 현장실무 (코스A, B)	18	블로우 드라이 스타일	1201010157_21v5									3	48			3	48
		단발형 이발	1201010518_18v3									3	48			3	48
		기본 염·탈색	1201010524_16v2									3	48			3	48
		헤어 아이론 스타일	1201010158_21v5											3	48	3	48
		기본 아이론 펌	1201010530_18v3											3	48	3	48
		기본 정발	1201010526_16v2											3	48	3	48
		학습 영역 합계		0	0	0	0	0	0	0	0	9	144	9	144	18	288
헤어 미용 현장실무 (코스D)	6	업스타일	1201010166_21v5									3	48			3	48
		헤어 스타일 디자인	1201010165_21v5											3	48	3	48
		학습 영역 합계		0	0	0	0	0	0	0	0	3	48	3	48	6	96
헤어 미용 현장실무 (코스E)	18	단발형 이발	1201010518_18v3									3	48			3	48
		베이직 헤어 컬러	1201010125_21v6									3	48			3	48
		기본 아이론 펌	1201010530_18v3									3	48			3	48
		클래식 헤어 디자인	1201010543_21v2											3	48	3	48
		그레이 헤어 컬러	1201010126_21v5											3	48	3	48
		기본 정발	1201010526_16v2											3	48	3	48
		학습 영역 합계		0	0	0	0	0	0	0	0	9	144	9	144	18	288
헤어 컬러 스타일링	18	베이직 헤어 컬러	1201010125_21v6									3	48			3	48
		업스타일	1201010166_21v5									3	48			3	48
		히팅 펌	1201010161_21v6									3	48			3	48
		그레이 헤어 컬러	1201010126_21v5											3	48	3	48
		헤어스타일 디자인	1201010165_21v5											3	48	3	48
		헤어 펌 트렌드 분석	1201010168_21v5											3	48	3	48
		학습 영역 합계		0	0	0	0	0	0	0	0	9	144	9	144	18	288
기초 피부 미용	4	피부 미용 피부 분석	1201010202_19v3	2	32											2	32
		피부 미용 얼굴 각질 관리	1201010212_19v5			2	32									2	32
		학습 영역 합계		2	32	2	32	0	0	0	0	0	0	0	0	4	64
피부 미용	6	피부 미용 얼굴 매뉴얼 테크닉	1201010213_20v6					3	48							3	48
		피부 미용 얼굴 팩·마스크	1201010214_19v5							3	48					3	48
		학습 영역 합계		0	0	0	0	3	48	3	48	0	0	0	0	6	96
피부 미용1	10	피부 미용 몸매 분석	1201010215_20v6					2	32							2	32
		피부 미용 아로마 테라피	1201010223_20v5					3	48							3	48

		피부 미용 림프 관리	1201010227_20v5							2	32					2	32
		피부 미용 몸매 팩·마스크	1201010220_20v6							3	48					3	48
		학습 영역 합계		0	0	0	0	5	80	5	80	0	0	0	0	10	160
피부 미용 현장실무	22	신체 피부 미용 전면 관리	1201010241_20v6									4	64			4	64
		피부 미용 기초 제모	1201010239_17v4									3	48			3	3
		피부 미용 몸매 각질관리	1201010216_19v5									2	32			2	2
		피부 미용 몸매 팩·마스크	1201010220_20v6									2	32			2	2
		신체 피부 미용 후면 관리	1201010242_20v6											4	64	4	4
		피부 미용 응용 제모	1201010240_17v4											3	48	3	3
		피부 미용 몸매 분석	1201010215_20v6											2	32	2	2
		피부 미용 림프 관리	1201010227_20v5											2	32	2	32
		학습 영역 합계		0	0	0	0	0	0	0	0	11	176	11	176	22	112
피부 미용 기기관리	14	피부 미용 뱀부(대나무) 테라피	1201010226_20v5									3	48			3	48
		직류를 이용한 피부 미용 기기 활용	1201010228_19v4									3	48			3	3
		피부 미용 화장품 사용	1201010243_17v4									1	16			1	1
		피부 미용 스톤 테라피	1201010225_20v5											3	48	3	48
		교류를 이용한 피부 미용 기기 활용	1201010229_19v5											3	48	3	48
		피부 미용 고객 상담	1201010201_17v3											1	16	1	16
		학습 영역 합계		0	0	0	0	0	0	0	0	7	112	7	112	14	164
피부 미용2	12	신체 피부 미용 전면 관리	1201010241_20v6									3	48			3	48
		피부 미용 뱀부(대나무) 테라피	1201010226_20v5									3	48			3	48
		신체 피부 미용 후면 관리	1201010242_20v6											3	48	3	48
		피부 미용 스톤 테라피	1201010225_20v5											3	48	3	48
		학습 영역 합계		0	0	0	0	0	0	0	0	6	96	6	96	12	192
메이크업	4	베이스 메이크업	1201010316_19v5	2	32											2	32
		색조 메이크업	1201010346_19v5			2	32									2	32
		학습 영역 합계		2	32	2	32	0	0	0	0	0	0	0	0	4	64
메이크업 실무	6	웨딩 메이크업	1201010347_19v5					3	48							3	48
		시대별 메이크업	1201010342_19v3							3	48					3	48
		학습 영역 합계		0	0	0	0	3	48	3	48	0	0	0	0	6	96
메이크업 현장실무	24	무대공연 기본 메이크업	1201010327_19v5									3	48			3	48
		눈썹 특수 연출	1201010353_19v2									3	48			3	48
		아트 메이크업	1201010333_19v5									3	48			3	48
		퍼스널 이미지 제안	1201010345_19v5									3	48			3	48
		무대 공연 캐릭터 메이크업	1201010328_19v5											3	48	3	48
		수염 분장	1201010352_19v2											3	48	3	48
		에어브러시 메이크업	1201010335_19v5											3	48	3	48
		뷰티 크리에이트	1201010354_19v2											3	48	3	48
		학습 영역 합계		0	0	0	0	0	0	0	0	12	192	12	192	24	384
응용 메이크업	18	패션 이미지 메이크업	1201010341_19v3									3	48			3	48
		특수효과 메이크업 제작	1201010349_19v5									3	48			3	48
		미디어 메이크업	1201010326_19v5									3	48			3	48
		바디 페인팅	1201010333_19v5											3	48	3	48
		특수효과 메이크업 연출	1201010350_19v5											3	48	3	48
		미디어 캐릭터 메이크업	1201010348_19v5											3	48	3	48
		학습 영역 합계		0	0	0	0	0	0	0	0	9	144	9	144	18	288
네일 미용	6	네일 기본 관리	1201010415_23v5					3	48							3	48
		네일 컬러링	1201010416_23v5							3	48					3	48
		학습 영역 합계		0	0	0	0	3	48	3	48	0	0	0	0	6	96
네일 미용 현장실무 (코스 B, C)	6	기초 팁 네일	1201010451_23v5									3	48			3	48
		랩 네일	1201010405_23v5											3	48	3	48
		학습 영역 합계		0	0	0	0	0	0	0	0	3	48	3	48	6	96

* A 산업정보(문화예술정보)학교 교육과정 2027년 입학생 편제표 및 NCS 능력단위 편성표

산업정보(문화예술정보)학교는 각종학교로 고등학교 2학년 2학기에 입교를 지원하여 고등학교 3학년 인문계고와 산업정보(문화예술정보)학교에서 학업을 병행하는 시스템으로 운영된다. A 산업정보(문화예술정보)학교는 14개 학과로 운영되고 있으며, 미용 전공학과는 두 개의 반으로 운영된다. 미용과는 실습을 위한 NCS_헤어 미용 실습실1~4, NCS_피부 미용 실습실, NCS_메이크업 실습실로 구성되어 있다.

2022 개정 교육과정의 시행에 따라 산업정보학교와 문화예술정보학교를 포함한 각종학교의 위탁 교육과정 또한 2027학년도부터 새로운 교육과정 체계에 근거하여 편제되어야 하며, 이에 따라 교육과정의 구성 원칙 및 수업 운영 방식에 중요한 변화가 요구된다.

기존에는 2015 개정 교육과정에 근거하여 전공 실무 과목 내 1개의 능력단위를 2개 학기에 걸쳐 연속적으로 편성하는 형태로 운영되었다. 그러나 2022 개정 교육과정은 학생의 학업 성취를 보다 명확하게 확인하고자 하는 방향으로 구조가 재편되었으며, 이에 따라 단일 능력단위는 반드시 1개 학기 이내에 편성 및 평가가 완료되어야 한다는 원칙이 도입되었다.

이러한 변화는 교수-학습 및 평가 체계 전반에 걸쳐 실질적인 재구조화를 요구한다. 특히 평가 시점이 학기 말로 고정되는 것에 따른 교육 내용의 집중 편성, 수업 활동의 압축적 구성, 실습 중심 수업에서의 시간 관리 등 다면적인 조정이 불가피하다.

따라서 각종학교에서는 2027학년도부터 시행되는 교육과정의 취지에 부합하도록 능력단위별 교육목표가 한 학기 내에 달성될 수 있도록 교과 편제를 조정하고 평가 및 피드백 또한 학기 내 완료되도록 계획하여야 한다. 이는 학생의 학습 부담을 조절하고 교육과정 운영의 유연성과 실효성, 다양성을 동시에 확보하기 위함으로 볼 수 있다.

2027학년도 산업정보(문화예술정보)학교 교육과정 편제 및 학점배당표						입학년도	2027
시도명	학교명	교과군	기준학과1	학과정보			
				학과명	(자격)과정	인력양성유형	
OO	OO산업정보학교	미용	미용과	미용예술과	미운영	헤어디자이너, 피부관리사, 메이크업아티스트, 네일아티스트	

교과영역	교과(군)	과목		기준 학점	운영 가능 학점	운영 학점	3학년		이수 학점	필수 이수 학점
		구분	과목명				1학기	2학기		
전문교과 (고시과목)	미용	전공일반	미용의 기초	2	2이상	2	1	1	2	52
	미용	전공일반	미용 안전·보건	2	2이상	2	1	1	2	
	미용	전공실무	헤어 미용	2	2이상	28	14	14	28	
	미용	전공실무	피부 미용	2	2이상	10	5	5	10	
	미용	전공실무	메이크업	2	2이상	6	3	3	6	
	미용	전공실무	네일 미용	2	2이상	4	2	2	4	
전문교과 총 이수 합계						52	26	26	52	52
교과 총 이수 합계						52	26	26	52	52

[그림 3-16] A 산업정보(문화예술정보)학교 교육과정 편제 및 학점배당표

<표 3-23> A 산업정보(문화예술정보)학교 전공 실무 과목 능력단위 편성표

전공 실무 과목 능력단위 편성표

학교명	OO산업정보학교	학과명	코스명
		미용예술과	토탈미용

전공 실무 과목	운영 학점	학습 영역 (능력단위)	능력단위 코드	3학년				이수 학점 합계	이수 시간 합계
				1학기		2학기			
				이수 학점	이수 시간	이수 학점	이수 시간		
헤어 미용	28	헤어 샴푸	1201010156_21v6	3	48			3	48
		콜드 펌	1201010159_21v6	5	80			10	160
		블로우 드라이 스타일	1201010157_21v6	3	48			6	96
		원랭스 헤어 커트	1201010128_21v5	3	48			3	48
		히팅 펌	1201010161_21v6			4	64	3	48
		헤어 아이론 스타일	1201010158_21v6			4	64		
		레이어 헤어 커트	1201010132_21v6			3	48	3	48
		베이직 헤어 컬러	1201010125_21v6			3	48	3	48

		학습 영역 합계		14	224	14	224	31	496
피부 미용	10	피부 미용 얼굴 각질관리	1201010212_19v5	3	48			3	48
		피부 미용 얼굴 팩·마스크	1201010214_19v5	2	32			2	32
		피부 미용 얼굴 매뉴얼테크닉	1201010213_20v6			2	32	2	32
		신체 피부 미용 전면관리	1201010241_20v6			3	48	3	48
		학습 영역 합계		5	80	5	80	10	160
메이크업	6	색조 메이크업	1201010346_19v5	3	48			3	48
		시대별 메이크업	1201010342_19v3			3	48	3	48
		학습 영역 합계		3	48	3	48	6	96
네일 미용	4	네일 기본 관리	1201010415_23v5	2	32			2	32
		네일 컬러링	1201010416_23v5			2	32	2	32
		학습 영역 합계		2	32	2	32	4	64

6절. 2022 개정 미용과 창의적 체험활동 운영의 실제

1) 고등학교 창의적 체험활동

비교과 프로그램은 정규 교과 교육과정 외에 학교에서 조직적으로 계획·운영하는 일체의 교육 활동을 포괄하는 개념으로 학생의 자율성, 창의성, 전인적 성장을 지원하는 데 목적을 둔다. 이러한 프로그램은 단순히 교과 학습을 보완하는 기능에 머무르지 않으며 학습자의 삶의 맥락에 기반한 실천적 교육을 실현함으로써 학교 교육의 총체적 역량을 강화하는 역할을 수행한다.

2022 개정 교육과정은 "모두를 위한 맞춤형 성장 지원"이라는 교육적 비전을 중심에 두고 학생 선택 중심의 교육과정 재구조화를 강조하였다. 이에 따라 비교과 프로그램 역시 학교 교육과정 내에서 자율성과 다양성이 강화된 핵심 구성 요소로 인식되고 있다. 특히 고등학교 단계에서는 학생 개인의 흥미와 진로를 고려한 맞춤형 설계가 중요하며, 비교과 영역은 성장 이력(포트폴리오) 구축, 핵심역량 함양, 진로 정체성 탐색 등의 기능을 수행하게 된다.

고등학교 교육과정에서 비교과 프로그램은 창의적 체험활동을 중심으로 구성되며, 이는 다시 자율·자치활동, 동아리활동, 진로활동 세 가지 영역으로 세분화된다. 이 외에도 각 학교의 교육목표 및 특색에 따라 진로탐색 프로그램, 자격증 취득 과정, 융합 프로젝트 활동, 방과후학교 프로그램, 학생 주도 활동 등으로 확장·심화되어 운영될 수 있다.

이러한 활동은 교과 중심의 인지적 학습을 보완하며 학생의 비인지적 역량을 함양 예를 들어, 인성, 사회성, 시민성을 균형 있게 육성하고 학생 개인의 삶의 의미와 진로 정체성을 탐색할 수 있는 기회를 제공한다. 이와 같이 비교과 프로그램은 학생 성장의 수평적 다양성과 수직적 심화를 모두 포괄하며 2022 개정 교육과정이 지향하는 학생 맞춤형 교육과정 구현에 필수적인 요소로 작용한다.

<표 3-24> 2022 개정 교육과정 창의적 체험활동

영역		활동
자율·자치활동	자율활동	- 주제 탐구 활동 - 적응 및 개척 활동 - 프로젝트형 봉사활동
	자치활동	- 기본 생활 습관 형성 활동 - 관계 형성 및 소통 활동 - 공동체 자치활동
동아리활동	학술·문화 및 여가 활동	- 학술동아리 - 예술동아리 - 스포츠 동아리 - 놀이동아리
	봉사활동	- 교내 봉사활동 - 지역사회 봉사활동 - 청소년단체 활동
진로활동	진로 탐색 활동	- 자아 탐색 활동 - 진로 이해 활동 - 직업 이해 활동 - 정보 탐색 활동
	진로 설계 및 실천 활동	- 진로 준비 활동 - 진로 계획 활동 - 진로 체험 활동

2) 고등학교 미용과 창의적 체험활동 운영 예시

(1) 자율활동 기반 프로그램

- 주제 탐구 활동

「뷰티 트렌드를 읽다」
- 활동명: 미용 트렌드 분석 프로젝트
- 활동 내용: 헤어, 피부, 메이크업, 네일 등 각 분야별 최신 트렌드 조사 및 분석 결과 발표(예: K-뷰티, 해외 컬렉션, SNS 인기 뷰티 이슈 등)
- 운영 방식: 팀별 탐색 → 자료 정리 → 프레젠테이션 → 피드백 및 토론
- 기대 효과: 변화하는 산업 흐름 이해력 향상, 발표력·조사력·비판적 사고력 강화

• **적응 및 개척 활동**

「**미용과 새내기의 첫걸음**」

- 활동명: 미용과 적응 캠프
- 활동 내용: 1학년 대상 학교 및 학과 생활 오리엔테이션, 상급생과의 멘토링, 동기 유대 활동
- 운영 방식: 학과 투어, 선배 미용기술 시연, 팀 미션 활동, 다짐 발표
- 기대 효과: 학과 소속감 향상, 심리적 안정 및 학교생활 초기 적응 지원

• **프로젝트형 봉사활동**

「**찾아가는 따뜻한 뷰티**」

- 활동명: 지역사회 이·미용 봉사 프로젝트
- 활동 내용: 복지관, 요양원 등을 직접 방문하여 커트, 새치 염색, 손 마사지, 네일아트, 영정사진용 메이크업 등 미용 기술을 활용한 봉사 진행
- 운영 방식: 봉사 전 기술 연습 → 현장실습 → 활동일지 작성 및 봉사보고서 제출
- 기대 효과: 실무능력 강화와 더불어 나눔 실천을 통한 인성 함양

• **기본 생활 습관 형성 활동**

「**미용인의 기본을 다지다**」

- 활동명: 미용인 소양 교육 프로그램
- 활동 내용: 용모 단정, 복장 규정 준수, 시간 엄수, 개인 위생관리 등 미용인의 기본 태도 형성
- 운영 방식: 생활 수칙 교육 → 실천 캠페인 → 자율 점검 및 반성 활동
- 기대 효과: 실무 현장에 요구되는 기본 생활 습관 내면화 및 직업윤리 인식

• **관계 형성 및 소통 활동**

「**역할을 바꾸면 보이는 것들**」

- 활동명: 고객·미용사 역할 체험
- 활동 내용: 학생들 간 역할을 바꿔 고객 응대, 상담, 스타일링 등의 과정을 체험하며, 공감 능력 향상
- 운영 방식: 1:1 매칭 → 시나리오 기반 역할극 진행 → 활동 소감 나누기
- 기대 효과: 의사소통 능력, 공감 능력, 서비스 마인드 향상

• **공동체 자치활동**

「**함께 만드는 미용과**」

- 활동명: 미용과 학급회의 및 학생회 활동
- 활동 내용: 학과 내 행사의 기획·운영(예: 미용 기술대회, 뷰티 데이, 메이크업

쇼 등), 학과 생활의 문제점 해결을 위한 토론
- 운영 방식: 정기 회의 → 안건 상정 → 토의 및 실천 → 활동 보고
- 기대 효과: 민주적 의사결정 능력, 협업 능력, 책임 의식 고취

(2) 동아리활동 기반 프로그램(봉사활동 연계)★

★ 2022 개정 교육과정부터는 창의적 체험활동 내 봉사활동 영역이 동아리활동 영역으로 포함되어 운영

• 학술동아리

「뷰티 사이언스 연구회」
- 활동 내용: 두피 구조, 피부 타입, 화장품 성분 등에 대한 과학적 원리 탐구 및 실험
- 운영 방식: 실험 보고서 작성, 발표회 운영, 화장품 원료 탐색 프로젝트
- 기대 효과: 과학적 이해를 기반으로 한 전문성 향상, 뷰티 관련 진학 및 연구 진로로 확장 가능

• 예술동아리

「아트 메이크업 동아리」
- 활동 내용: 특수 분장, 무대 메이크업, 캐릭터 메이크업 등 예술적 감각을 살린 창작 활동
- 운영 방식: 공연 분장 협업, 학내 전시회, 교내 축제 참가
- 기대 효과: 창의적 표현 능력 강화, 공연·영상계 분장 분야 진출 기반 마련

• 놀이동아리

「뷰티 유튜브 콘텐츠 팀」
- 활동 내용: 미용 콘텐츠 기획, 촬영, 편집을 통해 뷰티 브이로그, 튜토리얼 영상 제작
- 운영 방식: 자체 유튜브 채널 운영, 구독자 피드백 반영, 미용 팁 콘텐츠 시리즈 구성
- 기대 효과: 디지털 콘텐츠 제작 역량 강화, 1인 미디어 창작자로의 성장 기반 마련

• 교내 봉사활동

「미용 나눔 동아리」
- 활동 내용: 학교 구성원(교직원, 동료 학생 등)을 대상으로 커트, 네일, 손 마사

지 등 미용 봉사
- 운영 방식: 점심시간·방과후 시간을 활용한 정기적 봉사 운영
- 기대 효과: 기술 나눔을 통한 공동체 의식 함양, 실습 기회 확대

• 지역사회 봉사활동

「찾아가는 진로 체험 봉사」
- 활동 내용: 지역 아동센터·복지시설 방문, 어린이 및 청소년 대상 헤어·네일 체험 운영
- 운영 방식: 체험 부스 기획, 아이 맞춤형 미용 체험 제공, 미니 뷰티 클래스 진행
- 기대 효과: 지역사회와의 연계 강화, 봉사정신 및 책임감 배양

• 청소년단체 봉사활동

「청소년 적십자 뷰티봉사팀(RCY)」
- 활동 내용: 응급처치 기초 교육, 위생·자기관리 교육, 위생 뷰티케어(손 세정, 간단한 헤어정리 등) 지원
- 운영 방식: 보건소, 아동센터 등과 협력하여 정기적 봉사활동 운영
- 기대 효과: 보건·위생 연계 봉사 경험, 사회적 책임의식 및 대인 관계 능력 향상

(3) 진로활동 기반 프로그램

• 자아 탐색 활동

「나를 알고 진로를 그리다」
- 활동명: 퍼스널 컬러 진단 & 이미지 분석
- 활동 내용: 자신의 얼굴형, 피부 톤, 스타일 등을 진단해 나에게 어울리는 색상과 이미지 유형을 분석
- 목표: 외적 이미지에 대한 이해를 바탕으로 자기 자신을 인식하고 미용 분야 내 관심 분야와 성향을 연결함

• 진로 이해 활동

「선배와의 대화, 미래를 만나다」
- 활동명: 졸업생 및 현업 종사자 인터뷰 & 진로 리포트 작성
- 활동 내용: 다양한 진로 경로에 있는 선배 또는 미용 관련 현업인과의 인터뷰를 통해 산업현장의 이야기를 듣고 진로 계획서 작성
- 목표: 실제 사례를 통해 미용 직무 세계를 구체적으로 이해하고 자신의 진로 구상을 명확히 함

• 직업 이해 활동

「직무, 몸으로 느끼다」

- 활동명: 실습 기반 직무 체험
- 활동 내용: 뷰티 살롱 시뮬레이션, 고객 응대 및 스타일링 실습 등 직무 상황을 실제처럼 구성하여 체험
- 목표: 이론으로 배운 내용을 실전에서 적용하며, 직업에 대한 이해도를 높임

• 정보 탐색 활동

「진로의 길, 직접 탐색하다」

- 활동명: 진학·취업 정보 탐색 프로젝트
- 활동 내용: 미용 관련 대학교, 전문대학, 아카데미, 산업체 등을 직접 조사하거나 방문 탐방
- 목표: 다양한 진로 경로를 비교·분석하고 자신의 진로 목표를 명확히 세움

• 진로 준비 활동

「포트폴리오로 나를 보여주다」

활동명 ①: 진로 포트폴리오 제작 워크숍

- 작품 활동 사진, 디자인 보드, 자격증, 수상 실적 등 자신만의 기록물을 체계적으로 정리

활동명 ②: 나의 3년 진로 로드맵 설계

- 고등학교 입학부터 졸업까지 진로 준비 경로를 연도별로 설계(예: 자격증 취득 → 진학/취업 전략 수립)
- 목표: 진로 설계 능력을 향상시키고, 면접 및 입시에 활용이 가능한 결과물 완성

• 진로 체험 활동

「현장을 보고, 진로를 꿈꾸다」

- 활동명: 산업 현장 진로 체험학습
- 활동 내용: 미용 관련 살롱, 화장품 매장, 방송국 분장실 등 실제 직무 환경을 직접 체험
- 목표: 산업 현장을 눈으로 보고 경험하며, 자신의 적성과 진로 선택의 확신을 가짐

(4) 기타 프로그램

• 기능경기대회 준비반

「전국을 향한 실력 도전! 기능경기대회 준비반」

- 운영 목적: 전국 및 지방기능경기대회 등 대외 대회를 목표로 한 심화 실습을 통해 고난도 기술을 숙달하고, 도전정신과 성취동기를 고취함
- 운영 내용: 분야별 전문 코치의 기술 지도, 출제 기준에 맞춘 실기 훈련 및 실전 시뮬레이션, 수시 모의평가 및 피드백 제공
- 기대 효과: 학생의 기술 숙련도 향상, 성취 경험을 통한 자신감 향상, 취업 시 활용 가능한 대외 수상 경력 확보

• 창업 아이디어 발표회

「내 손으로 만드는 뷰티 브랜드! 창업 아이디어 경진대회」

- 운영 목적: 뷰티산업에 대한 시장 감각과 창의적 사고력, 실무적 사고력을 키워 기업가 정신을 함양
- 운영 내용: 창업 아이템 구상(뷰티살롱, 화장품 개발, 1인 미디어 기반 뷰티 서비스 등), 사업계획서 작성(SWOT 분석, 마케팅 전략, 예산 계획 등), 발표회 및 평가(교사·전문가 피드백)
- 기대 효과: 창의적 문제해결 능력 및 융합 사고 향상, 미래형 진로 설계 역량 강화, 자기 소개서 및 면접 활용 가능

• 전공별 실습 중심 동아리

「내 전공에 날개를 달다! 세부 전공 중심 창의 동아리」

- 운영 목적: 전공별 실기 심화 학습을 자율적이고 협업적인 방식으로 운영하여, 자기주도성, 창의성, 진로탐색 능력을 통합적으로 강화
- 운영 방식: 프로젝트 기반 팀 활동 → 결과물 발표회 또는 전시회 개최 → 교내외 연계 봉사활동 참여 또는 진로 체험과 연결
- 기대 효과: 자기주도적 학습 태도 형성, 창의적 기획력 및 협업 능력 강화

<표 3-25> 전공별 실습 중심 동아리 예시

전공 분야	동아리활동 예시
헤어	헤어 커트, 스타일링, 펌, 컬러링 작품 창작, 살롱워크 시뮬레이션, 모델 스타일링
피부	피부 진단 및 관리 실습, 천연 화장품 만들기, 고객 상담 시뮬레이션
메이크업	테마 메이크업 창작, 포토 촬영, 메이크업 쇼 연출
네일	아트 팁 제작, 캡슐 네일 개발, 시즌 디자인 기획

4) 고등학교 미용과 창의적 체험활동 운영의 실제

창의적 체험활동은 기획 단계에서부터 운영, 결과 분석 및 성찰 보고에 이르기까지 체계적이고 반복적인 과정을 거쳐야 하며, 이는 담당 교사의 세심한 준비와 헌신이 전제되어야 가능한 일이다. 활동 목적에 부합하는 프로그램 구성, 학생 수준과 흥미를 고려한 내용 설계, 결과물 정리와 학생부 기록 연계까지 그 모든 순간이 교사의 전문성과 교육철학을 요구한다.

이에 본 교재에서는 예비교사들이 실습과 모의설계 활동을 통해 실제 교육 현장의 맥락을 직접 경험할 수 있도록 다음과 같은 서식 및 예시를 제공하고자 한다.

제공되는 서식은 학교 현장에서 활용 빈도가 높은 문서들로 구성되어 있으며, 구체적으로는 동아리활동 계획서, 방과후학교 프로그램 운영계획서, 현장체험학습 프로그램 연간 운영계획서 및 세부 계획서, 교육통신문, 사안 발생 보고서를 포함한다.

동아리활동은 특히 미용교과 운영 시 필수적으로 편성되며, 대부분의 학교에서 정규적인 활동으로 운영되고 있다.

또한 방과후학교는 학생들의 자격증 취득과 다양한 학습경험 제공을 목적으로 하여 대부분의 단위학교에서 매 학기 개설되고 있다.

현장체험학습 또한 다양한 형태로 활발히 운영되고 있으며, 최근에는 현장체험학습 중 발생하는 사안들이 교육 현안으로 떠오름에 따라 이에 대응하기 위한 사안 발생 보고서 서식도 함께 제공한다.

이러한 서식들을 활용한 실습은 예비교사들이 현장의 문서 행정 실무를 이해하고 준비하는 데 필수적인 기초 역량을 기를 수 있도록 돕는다. 이 서식들은 단순한 양식을 넘어 현장 적용을 위한 사례 중심의 실습자료로 활용될 수 있도록 구성되었다. 이와 같은 서식 제공은 예비교사들이 수업 설계 역량을 갖추는 데 실질적인 도움이 될 뿐 아니라 장차 현장에서 직접 창의적 체험활동을 기획하고 운영하는 데 있어 기반이 되는 실천 경험을 제공할 것이다. 특히 미용과처럼 실습 중심의 직업계 고등학교 교육과정에서는 이러한 활동 설계 능력이 교사의 전문성을 결정짓는 중요한 요소가 되므로 본 교재의 실습을 통해 다양한 활동 기획의 틀을 직접 설계하고 응용할 수 있도록 유도하였다.

서식1 동아리활동 계획서

미용과 ‘헤어 미용 동아리’ 활동 계획

I 추진 목적 및 추진 방향

❑ 헤어 미용 관련 체험 및 봉사활동으로 미용 관련 전문성과 창의성을 개발하고 인성교육의 내실화를 도모

❑ 미용 교내·외 대회 준비 및 지원으로 향후 취업 및 진로 역량 강화

II 세부 추진 내용

1. 동아리명: ○○○

2. 활동기간 및 시간

❍ 기간: 20○○. ○○. ~ 20○○. ○○.

❍ 시간: 시간은 유동적으로 변할 수 있으며, 교내·외 학과 행사 시 수시 실시

3. 활동장소: 교내 및 교외

4. 구성

❍ 학생: 미용과 ○학년 ○○명

❍ 지도교사: ○○○, ○○○, ○○○

5. 활동 세부계획

차시	일정	활동 내용
1	○○월	연간계획 수립 및 홍보, 모집
2	○○월	헤어 미용 현장 역량 강화 교육
3	○○월	외부 미용 기능대회 출전 준비 및 출전

4	○○월	교내 미용 경진대회 실기 교육
5	○○월	지역사회와 함께하는 봉사활동 교육
6	○○월	지역사회와 함께하는 봉사활동
7	○○월	학교 및 학과 홍보 관련 기능교육 및 도우미 활동
8	○○월	종합발표회 체험
9	○○월	종합발표회(부스 및 체험활동) 준비
10	○○월	평가 및 피드백

6. 기대효과

○ 전공 관련 활동으로 미용예술 분야의 창의적 인재 육성

7. 예산

내용	일정	소요 예산(항목 기재, 단위: 원)
	○○월~○○월	원
	○○월~○○월	원
합계		원

IV 행정 사항

❑ 동아리활동은 담당 교사의 책임하에 이루어져야 하며, 교사의 임장 지도를 통한 학생 안전 지도 등에 만전을 기해 활동한다.

❑ 원활한 동아리활동이 되도록 홍보와 탐방, 견학, 전시를 통해 학생들의 동기를 유발하고 자발적이고 창의적인 작품을 제작할 수 있도록 지원한다.

서식2 방과후학교 프로그램 운영계획서

○○○○학년도 ○학기 방과후학교 프로그램 운영계획서

프로그램명	미용사(일반) 대비반	지도 교·강사	○○○
대상	미용과 ( )명	지도 시수	60시간
지도 기간	○○. ○○.~ ○○. ○○. (요일 기재)	예정 차시	20차시
지도 장소	NCS_헤어 미용 실습실		
목표	미용사(일반) 관련 이론 및 실습을 통해 자격을 취득할 수 있다.		

차시별 지도 계획				
차시	지도일	시수	지도 주제(학습 내용)	지도 교·강사
1	○○. ○○(요일)	3		○○○
2	○○. ○○(요일)	3		○○○
3	○○. ○○(요일)	3		○○○
4	○○. ○○(요일)	3		○○○
5	○○. ○○(요일)	3		○○○
6	○○. ○○(요일)	3		○○○
7	○○. ○○(요일)	3		○○○
8	○○. ○○(요일)	3		○○○
9	○○. ○○(요일)	3		○○○
10	○○. ○○(요일)	3		○○○
11	○○. ○○(요일)	3		○○○
12	○○. ○○(요일)	3		○○○
13	○○. ○○(요일)	3		○○○
14	○○. ○○(요일)	3		○○○
15	○○. ○○(요일)	3		○○○
16	○○. ○○(요일)	3		○○○
17	○○. ○○(요일)	3		○○○
18	○○. ○○(요일)	3		○○○
19	○○. ○○(요일)	3		○○○
20	○○. ○○(요일)	3		○○○
계		60		

서식3 현장체험학습 프로그램 연간 계획서 및 계획서

미용과 현장체험학습 프로그램 연간 계획서

학과명	학습 장소	학습 내용	일정	예상 체험 비용
미용과	○○○	○○ 미용 박람회 참관	3월	식대 ○○○○원, 입장료 ○○○○원
	○○○	○○ 진로직업 박람회 참관	4월	식대 ○○○○원, 간식비 ○○○○원
	○○○	○○ 기업 탐방	5월	식대 ○○○○원, 간식비 ○○○○원
	○○○	○○ 대학교 탐방	6월	식대 ○○○○원, 간식비 ○○○○원
	○○○	○○ 화장품 박람회 참관	7월	식대 ○○○○원, ○○○○원
	○○○	○○ 미용 트렌드 탐방	9월	식대 ○○○○원, 간식비 ○○○○원
	○○○	○○○ 창업 박람회 참관	10월	식대 ○○○○원, 간식비 ○○○○원
	○○○	○○ 기업 탐방	11월	식대 ○○○○원, 간식비 ○○○○원
	○○○	○○ 취업 박람회 참관	12월	식대 ○○○○원, 간식비 ○○○○원

미용과 현장체험학습 프로그램 계획서

<table>
<tr><td colspan="2">과제명
(프로그램명)</td><td colspan="2"></td></tr>
<tr><td colspan="2">목적</td><td colspan="2"></td></tr>
<tr><td rowspan="4">운영
계획</td><td>일시</td><td colspan="2"></td></tr>
<tr><td>장소</td><td colspan="2"></td></tr>
<tr><td>대상</td><td colspan="2"></td></tr>
<tr><td>지도
교사</td><td colspan="2"></td></tr>
<tr><td rowspan="9">운영
내용</td><td>준비
자료</td><td colspan="2"></td></tr>
<tr><td>사전
교육
내용</td><td colspan="2"></td></tr>
<tr><td rowspan="7">세부
계획</td><td>시간</td><td>학 습 내 용</td></tr>
<tr><td></td><td></td></tr>
<tr><td></td><td></td></tr>
<tr><td></td><td></td></tr>
<tr><td></td><td></td></tr>
<tr><td></td><td></td></tr>
<tr><td></td><td></td></tr>
<tr><td colspan="2">안전
지도 계획</td><td colspan="2"></td></tr>
<tr><td colspan="2">교통 안내</td><td colspan="2"></td></tr>
<tr><td colspan="2">소요경비</td><td colspan="2"></td></tr>
<tr><td colspan="2">추수지도 내용</td><td colspan="2"></td></tr>
<tr><td colspan="2">기타</td><td colspan="2"></td></tr>
</table>

서식4 교육통신문(가정통신문/참가 동의서)

○○ 제20○○-○○호 (미용과)	**교 육 통 신 문**	
20○○. ○○. ○○.	☎담당:○○○-○○○○(https://○○○.○○○.kr/)	

『○○○○학년도 ○학기 미용과 ○○월 현장체험학습 안내』

학부모님 댁내에 항상 건강과 행복이 가득하시길 빕니다.

본교는 학생들의 잠재된 소질과 능력, 문제해결력을 키우고 진로를 개척할 수 있는 현장 체험 중심의 진로•직업교육을 실시하고 있습니다. 미용과의 ○○월 현장체험학습을 다음과 같이 실시하고자 하오니 학부모님께서는 아래 양식을 작성하셔서 ○○월 ○○일(○요일)까지 학생 편에 제출해 주시면 감사하겠습니다.

1. 일　　시 : ○○○○년 ○○월 ○○일 ○○시 ○○분~○○시 ○○분
2. 장　　소 : OOOOOO
3. 인솔교사 : OOO, OOO …
4. 목　　적 :
5. 준 비 물 :
6. 활동내용 :

시간	학습 내용
	. . .

* 학교 비상연락 : (○○) ○○○-○○○○

* 미세먼지 예보등급 **"나쁨"** 이상 시와 오존 **"주의보 및 경보"** 발령시 실외활동은 실내동으로 대체될 수 있으며, 미세먼지 예보등급 **"매우 나쁨"** 이상 시와 오존 **"중대경보"** 발령 시에는 체험학습이 연기될 수 있습니다.

2025년 O월 OO일

○○고등학교장

---------------------------------------절취선---------------------------------------

미용과 (　　)반 (　　)번 학생 이름 (　　　　　　　　　)

다음의 해당된 부분에 ○표 하여 주시기 바랍니다.

자녀의 현장체험학습을 희망합니다.	
자녀의 현장체험학습을 희망하지 않습니다.	

* 현장체험학습 진행을 희망하는 학생 수가 70% 이상이 될 경우 현장체험학습을 진행합니다.

○○○○년 ○○월 ○○일

학부모 성명 : ______________ ㊞

○○고등학교장 귀하

서식5 사안 발생 보고서

사 안 보 고 서

학교명		교장명	
자치구		교감명	
사고 발생지		담당자 연락처(HP)	
사건명		발생일시	
		보고일시	
피해현황 (교사, 학생 등)	〈관련학생 수가 많을 경우 별도 자료 첨부〉		

■ 사건 개요

▪ 사건 내용 (육하원칙에 의해 기술)

▪ 언론보도 내용 (해당 없으면 기록하지 않음)

▪ 경찰 조사 내용 (해당 없으면 기록하지 않음)

■ 조치 사항 및 사후 처리 계획

※ 1일형 현장체험학습 중 사안 발생 시 보고 순서

○ 초·중·일반고등학교: 학교 → 교육지원청 초·중등교육지원과 → 본청 체육건강예술교육과

○ 본청소속학교(특수목적고, 자사고, 특성화고 등): 학교 → 본청 체육건강예술교육과

※ 발생 즉시 보고 순서에 따라 유선 보고 후 사안보고서 송부

[활동하기]

활동 1. 개념 다시 보기 퀴즈

다음 문장을 읽고 빈칸에 들어갈 적절한 용어를 쓰세요.

- 2022 개정 교육과정은 보통교과와 전문교과를 (   )학점으로 운영하며, 1학점은 50분 × 16회로 산정한다.
- 고교학점제는 학생의 (   )과/와 (   )에 따라 과목을 선택하고 이수하는 제도로, 2025학년도부터 전면 시행된다.
- 미용과 전공 실무 과목 은 국가직무능력표준(NCS)에 기반하여 (   )학점으로 구성되며, 학기 단위 또는 2개 학기에 걸쳐 편성할 수 있다.
- 직업계고 학점제는 학생의 다양한 (   )설계와 (   ) 역량 강화를 목표로 한다.

활동 2. 교육과정 분석 워크시트

다음 표를 참고하여 본인의 학교에서 개설이 가능한 미용과 전문 공통 과목과 전공 과목을 구분해 작성해보세요.

구분	과목명	학기 수	적합 학년	과목 특징
전문 공통 과목	예) 성공적인 직업 생활	1	1학년	진로 설계 및 직업 기초 역량 개발

※ 학교 실정에 맞는 학기 배치, 이수 시기 조정, 학점 설정 등도 고려하세요.

활동 3. 내가 미용과 학과장이라면?

당신은 특성화 고등학교에 새롭게 신설되는 미용과의 학과장입니다. 2022 개정 교육과정과 직업계고 학점제의 취지를 살려 2026학년도 입학생을 기준으로 우리 학교에 새롭게 개설할 미용 관련 학과의 교육과정을 직접 설계해보세요.

활동 4. 고교학점제 실전 시뮬레이션

고1 학생 A의 관심 진로가 메이크업 아티스트라고 가정합니다.

A 학생의 1학년~3학년 동안 이수할 맞춤형 교육과정표(과목+학점+학기)를 구성해 보세요.

- 보통교과(공통/선택), 전문교과(전공 일반/실무), 창의적 체험활동 등을 포함
- 과목 수와 학점, 성취기준 충족 여부까지 고려
- 1학기에 무리하게 학점이 몰리지 않도록 균형 있게 편성

학년	학기	교과 유형	과목명	학점	이수 이유
1학년	1학기	전문 공통	성공적인 직업 생활	2학점	진로탐색 및 직업이해
1학년	2학기	전공 일반	미용의 기초	4학점	메이크업 실무 과목 선수학습
…	…	…	…	…	…

활동 5. 창의적 체험학습 프로그램 운영하기

미용과 교사가 되어 활동 3의 교육과정을 바탕으로 해당 학과 내의 방과후학교 프로그램, 연간 현장체험학습 계획서를 작성해봅시다.

4장

교수-학습 및 교수설계 이론

제4장 교수-학습 및 교수설계 이론

제4장은 교사가 수업을 단순히 '진행'하는 수준을 넘어 학습을 설계하고 조직하며 조율하는 전문가로 거듭나기 위해 꼭 필요한 교수-학습 이론과 교수설계 전략을 포괄적으로 다루는 핵심 장이다. 이 장은 교육심리학, 학습이론, 교수설계 모형, 수업목표 진술, 교수-학습지도안 작성까지 교사에게 요구되는 이론적 기반과 실천 역량을 연결해 주는 구조로 구성되어 있다.

학습이란 무엇이며, 인간은 어떻게 배우는지를 설명하는 주요 이론들을 다룬다. 고전적 조건화와 조작적 조건화를 중심으로 하는 행동주의, 정보처리 이론과 통찰학습, 형태주의를 포함한 인지주의, 그리고 피아제와 비고츠키의 관점을 바탕으로 한 구성주의를 비교·분석하면서 각 이론이 교실 수업에 미치는 영향과 적용 사례를 구체적으로 제시한다. 이 장은 "왜 이런 수업 전략이 필요한가?"라는 질문에 교육심리학적 근거를 제시하는 이론적 토대를 제공한다.

또한 수업을 체계적이고 일관성 있게 조직하기 위한 교수설계의 접근법을 제시한다. 대표적인 설계 모형인 ADDIE 모형(분석-설계-개발-실행-평가)과 Dick & Carey 모형(10단계 절차)을 비교하며, 각 단계에서 교사가 수행해야 할 분석, 목표 수립, 평가계획, 교수전략 개발 등을 실제 수업 설계와 연결해 설명한다. 수업 전개 과정에서 효과적인 교수전략이란 무엇인가에 답하는 장이다. 글레이저의 수업 모형은 '목표 설정-출발점 진단-수업절차 선정-평가'라는 기본 흐름을 제시하고 있으며, 가네의 9가지 수업사태 이론은 실제 교실에서 학습자의 주의 환기, 목표 제시, 피드백, 파지 및 전이까지 전개되는 학습 과정을 단계별로 설명하여 교사들이 수업을 구조화하는 데 실질적인 도움을 준다. 또한 켈러의 ARCS 이론은 수업의 몰입과 지속적인 학습 참여를 유도하기 위해 반드시 고려해야 할 동기 전략(주의, 관련성, 자신감, 만족감)을 구체적인 수업 사례와 함께 설명하고 있어 학습자 참여가 저조한 수업에 효과적으로 개입할 수 있는 실천적 해법을 제공한다.

이어서 앞선 이론들을 바탕으로 실제 수업 계획을 어떻게 수립할 것인가에 대해 구체적으로 안내한다. 수업목표를 진술하는 다양한 방식(타일러, 메이거, 가네, 그론룬드)을 비교하고 각 수업목표 진술 방식의 장·단점과 적용 사례를 제시한다. 또한 세안과 약안의 실제 예시와 함께 교수-학습지도안의 구성 요소, 작성 시 유의사항, 도입-전개-정리 단계별 교수전략까지 세세히 설명한다. 특히 자주 활용되는 실습 중심 교수-학습지도안 사례까지 포함되어 있다.

학습목표

1. 주요 학습이론(행동주의, 인지주의, 구성주의)의 핵심 원리와 차이를 비교·설명할 수 있다.
2. ADDIE와 Dick & Carey 교수설계 모형의 단계별 구성과 실제 적용 방안을 분석할 수 있다.
3. 가네(Gagné)의 9가지 수업사태에 따라 수업을 설계하고 학습자의 내적 조건을 고려한 교수전략을 제안할 수 있다.
4. ARCS 이론의 구성 요소(주의, 관련성, 자신감, 만족감)를 활용하여 학습동기를 유발하는 구체적 수업 전략을 설계할 수 있다.
5. 교수-학습지도안의 약안과 세안의 차이점을 이해하고 실제적으로 지도안을 설계할 수 있다.

1절. 교수-학습의 심리학적 기초

1) 행동주의

학습(learning)이란 직·간접적 경험이나 연습의 결과를 통해 일어나는 비교적 지속적인 행동의 변화를 의미하며 인간은 끊임없이 변화하는 환경에 적응하거나 환경을 개선하기 위해 무엇인가를 끊임없이 학습한다. 이러한 학습의 과정에 대해 체계적이고 과학적인 탐구가 이루어져 왔는데 그 중 행동주의는 인간의 학습을 이해하는 매우 중요한 학문 분야로써 최초의 심리학적 이론이다(Ormrod, 1999).

행동주의 학습이론의 근본적이고 일반적인 학습 원리는 자극(stimulus)과 반응(response) 간의 연합이라고 할 수 있다. 자극이란 학습자의 환경에서 제시되는 모든 것 즉, 눈에 보이는 것, 귀로 들리는 소리, 피부로 느껴지는 촉감 등이 모두 자극이 된다. 반응이란 다양한 자극에 의해 나타나는 행동을 의미한다. 갑작스러운 큰 소리에 놀라거나 귀를 막는 행동, 뜨거운 것에 손이 닿았을 때, 급히 손을 떼는 행동, 역한 냄새를 맡으면 코를 막거나 숨을 멈추는 행동 등은 모두 자극에 대한 반응을 나타내는 예이다. 행동주의는 이러한 자극과 반응의 연합을 학습으로 이해하고 있으며, 이를 자극-반응 이론(S-R, stimulus-response) 또는, 연합 이론(association theory)이라고도 부른다.

행동주의는 학습자의 내적 과정을 간과한다는 비판을 받고 있지만 학습자마다 학습과정에서 선천적 능력에 따라 개인차가 발생한다는 것을 거부하고 학습자에게 제공되는 환경의 중요성을 강조하며, 모든 인간은 평등하다는 이념을 기초로 발전되어 왔다.

행동주의 학습이론으로 분류되는 이론은 고전적 조건화 이론, 조작적 조건화 이론, 사회학습 이론이다.

(1) 고전적 조건화 이론

고전적 조건화(classical conditioning) 이론은 러시아 생리학자인 파블로브(I. Pavlov)에 의해 발전되었다. 파블로브는 1904년 개의 소화(digestion)에 관한 연구를 하던 중 개가 침을 흘리는 여러 가지 상황을 관찰하였다. 그는 개가 침을 흘리는 과정에 일정한 법칙이 있음을 발견하고 이 결과를 학습으로 설명하며, 이를 토대로 고전적 조건화의 원리를 확립하였다. 이는 학습자가 환경자극과 정서적 또는 인지적 반응 사이의 관계를 학습하는 방식을 설명하는 원리로 사용된다.

고전적 조건화를 이해하기 위해서 중요한 요소인 자극과 반응의 종류를 알아야 할 필요가 있다. 자극은 중립 자극과 무조건 자극, 그리고 조건 자극으로 분류되고 반응은 무조건 반응과 조건 반응으로 분류된다. 중립 자극(neutral stimulus: NS)은 유기체로부터 아무런 반응을 일으키지 않는 자극을 의미하고 무조건 자극(unconditioned stimulus: UCS)은 유기체로부터 자동적인 반응을 일으키게 하는 자극을 의미하며, 조건 자극(conditioned stimulus: CS)은 처음에는 반응을 일으키지 못하는 중립 자극이었으나 조건화가 형성된 후 반응을 일으키는 자극을 의미한다. 파블로브의 실험에서 종소리만으로는 개가 침을 흘리지 않기 때문에 실험 전 종소리는 중립 자극(NS)이 되고, 개에게 고기를 주었을 때, 개가 고기에 반응하여 자동으로 침을 흘리게 되므로 고기는 무조건 자극(UCS)이 되며, 고기를 줄 때마다 종소리를 함께 들려주는 실험을 반복하면 개에게 고기를 주지 않고 종소리만 들려주어도 침을 흘리게 되는데 이 때의 종소리는 조건 자극(CS)이 된다. 즉, 무조건 자극 없이 종소리만으로 침을 흘리도록 조건화가 형성된 것이다. 무조건 반응(unconditioned response: UR)은 무조건 자극에 의해 자동으로 일어나는 반응을 의미하고 조건 반응(conditioned response: CR)은 조건 자극에 의해 나타나는 자동적으로 나타나게 된 반응을 의미하는데 이를 위해서는 조건화가 이루어져야 한다. 개가 고기를 보고 반응하여 자동적으로 흘리게 되는 침은 무조건 반응(UR)이 되고 고기를 주면서 종소리를 함께 들려주는 반복적인 실험 후 개에게 고기를 주지 않고 종소리만 들려주어도 침을 흘리게 되는 것이 조건 반응(CR)이 된다.

[그림 4-1] 이반 파블로브와 실제 개 실험 장면

〈출처: Walter Westley Russell, 초상화 "E. H. Starling과 실험용 개" (1926), UCL Art Museum 소장, 이미지 제공: The Public Catalogue Foundation〉

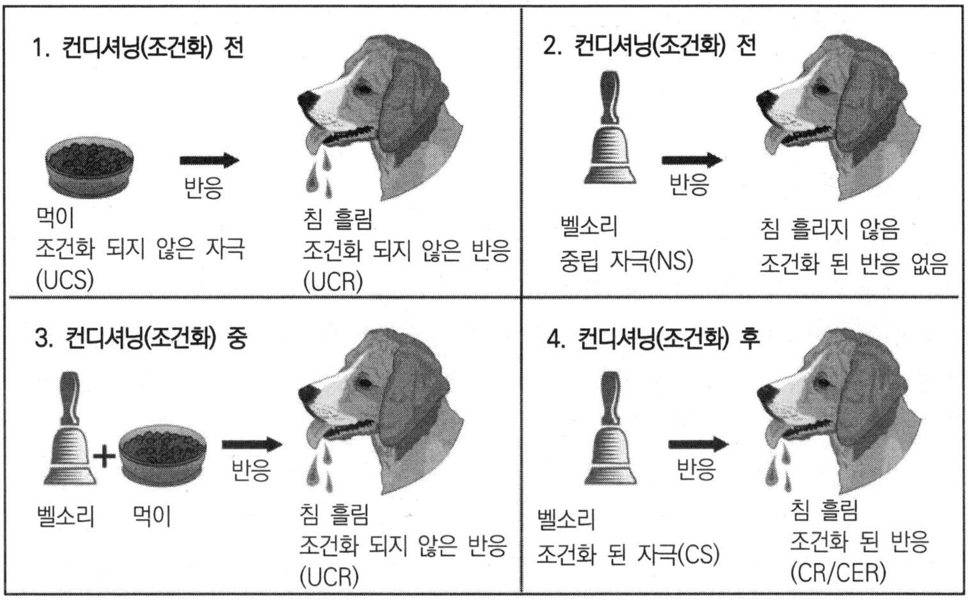

[그림 4-2] 파블로브의 개실험

〈출처: https://www.tuttee.co/blog/a2-a-level-biology-animal-behaviour-1〉

조건화가 이루어진 개는 종소리만 들어도 침을 분비하게 되는데 파블로브는 조건화가 잘 이루어지려면 조건 자극이 항상 무조건 자극보다 먼저 제시되어야 한다고 하였다. 조건화가 이루어진 후 조건 자극과 비슷한 유사 자극에도 조건 반응이 나타날 수 있는데 이를 일반화(generalization)라고 하고 반대로 특정 자극과 유사한 자극이 주어져도 서로 다른 자극임을 구별하여 조건 반응이 나타나지 않는 것은 변별(discrimination)이라고 하며, 조건화가 이루어진 후 일정 시간 동안 무조건 자극 없이 조건 자극만 주어지면 조건 반응이 점차 사라지게 되는데 이를 소거(extinction)라고 한다.

고전적 조건화의 원리가 사용되는 경우는 다양한데 대표적인 것이 시험불안이다. 실패에 대한 경험이 없는 경우의 시험은 중립 자극이었으나 시험에 대한 실패의 경험이 반복되면서 실패는 무조건 자극이 되고 실패와 계속 연관된 시험은 조건 자극으로 작용하여 이때의 불안과 초조함은 조건 반응이 된다. 학교 현장뿐만 아니라 매체 광고에 인기 있는 연예인을 기용하는 것도 조건화의 원리가 적용된 예라고 할 수 있다.

고전적 조건화 원리는 부적응적 행동 제거를 위한 행동 치료 기법에도 활용되는데 불안장애나 공포증을 해결하기 위한 체계적 둔감법(systematic desensitization)이 대표적이다. 체계적 둔감법은 교수자가 학교 현장에서 비교적 간단하게 적용할 수 있다는 장점이 있다. 예를 들어, 수줍음이 많은 학생이 발표 불안을 느낄 때 의도적으로 그 학생이 정답을 알 수 있는 문제를 질문하여 정답을 말하는 기회를 여러 번 주면 점차 자신감을 얻게 되어 더 이상 발표에 대한 불안을 없애는 데 도움을 줄 수 있다.

(2) 조작적 조건화 이론

고전적 조건화가 학교 현장에서의 학생의 심리적 또는 생리적 현상을 설명하는데 매우 유용한 것은 사실이지만 학생들은 의식적으로 행동하는 능동적인 존재이므로 고전적 조건화로만 교육 현장을 설명하기에는 부족한 부분들이 있다. 이를 보완하기 위해 손다이크(E. Thorndike)의 도구적 조건화 이론, 스키너(B. F. Skinner)의 조작적 조건화 이론 등이 제시되었다.

손다이크는 고양이의 퍼즐상자 실험을 통해 시행착오 학습(trial and error learning)을 제안하였다. 이 실험은 고양이가 상자 밖에 있는 먹이를 먹기 위해 여러 가지 방법을 시도하다가 우연히 널빤지를 밟아서 퍼즐상자 밖으로 나가게 된다. 시도가 반복될수록 널빤지를 밟고 상자 밖으로 나오는 시간이 점차 줄어든다. 시행착오 학습은 여러 번의 시행착오 끝에 성공적인 반응이 학습되고 바람직하지 않은 반응은 사라지게 됨을 의미한다.

손다이크의 도구적 조건화를 통해 세 가지 학습의 원리를 설명하는데 첫째, 효과의 법칙으로 보상이 따르는 자극과 반응 간의 결합은 강해지고 그렇지 못한 자극과 반응의 결합은 약해지는 것이다. 즉, 반응의 결과가 학습에 영향을 미친다는 의미가 된다. 둘째, 연습의 법칙으로 연습의 횟수가 많을수록 학습은 강화된다(빈도의 법칙). 셋째, 준비도의 법칙으로 학습할 준비나 목표지향적 행동의 준비가 되어있을 때, 학습이 만족스럽게 이루어진다.

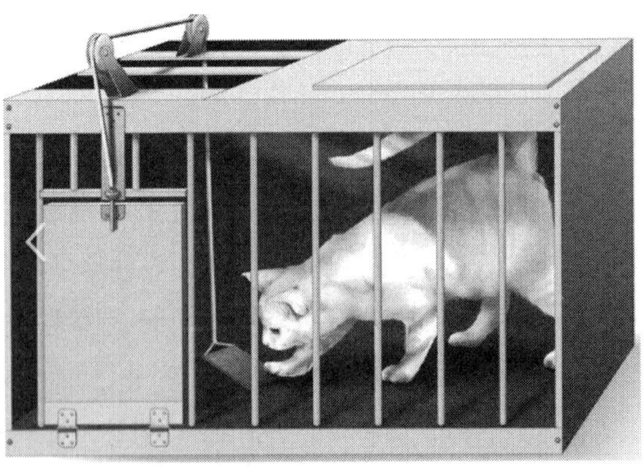

[그림 4-3] 손다이크의 고양이 실험

〈출처: https://mmilani.com/9362/self-initiating-behaviors-in-cats-and-dogs/〉

스키너(1904~1990)가 제안한 조작적 조건화(operant conditioning)는 인간의 행동이 어느 정도는 고전적 조건화로 설명할 수 있으나 말하기, 쓰기, 자전거 타기, 친구 사귀기 등과 같이 복잡한 행동이나 습관들은 조작적 조건화에 의해 학습된다고 주장하는 이론이다. 고전적 조건화가 행동을 유발하기 위해 자극에 초점을 두는 반면, 조작적 조건화는 자극보다 나타난 행동의 결과에 초점을 두는 데 큰 차이점이 있다. 즉, 고전적 조건화 실험에서 종소리를 들려주는 이유는 개에게 종소리만으로 침을 흘리도록 하기 위해 자극을 조절하는 것이지만 조작적 조건화는 어떤 행동 후에 나타나는 결과물에 관심을 갖는다. 수업시간에 대답을 잘 하는 학생에게 교사가 칭찬을 해주는 것이 대표적인 예이다.

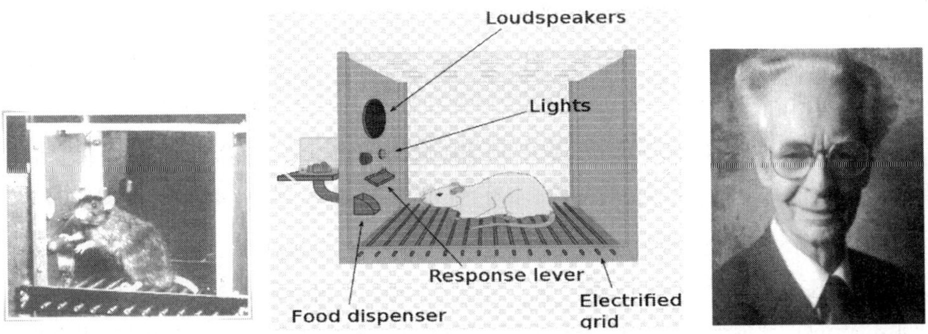

[그림 4-4] 스키너 상자와 Burrhus F. Skinner

〈출처: https://www.mdpi.com/1660-4601/20/7/5398〉

미국의 심리학자인 스키너는 거의 모든 행동이 그 결과를 검토하면 설명될 수 있다고 생각했고 신중하게 통제된 행동의 결과는 개인 또는 사회 전체를 바람직한 행동으로 일끌 수 있다고 믿은 결과 '스키너 상자' 실험을 만들었다.

스키너 상자는 지렛대와 먹이 받침대, 적색등과 녹색등이 있고 바닥은 전기배선망이 설치되어 있다. 지렛대를 누르면 먹이 받침대에 먹이가 떨어지도록 고안된 상자 안에 실험용 쥐를 넣어 두었다. 이리저리 돌아다니던 쥐가 우연히 지렛대를 눌렀을 때(이는 쥐가 스스로 선택한 조작적 행동임), 먹이가 먹이 받침대에 떨어지는 것을 보고 먹이와 지렛대의 연관성을 학습하게 되어 반복적으로 지렛대를 누르게 된다. 이로써 조작적 조건화가 형성된 것을 확인할 수 있다. 스키너는 쥐가 지렛대를 누르는 행동과 이런 행동의 빈도를 증가시키는 먹이와의 관계를 '강화(reinforcement)'라는 용어로 설명하였다. 강화란 행동의 빈도를 증가시키는 것이고 '강화물(reinforcer)'은 행동의 빈도나 강도를 높이는 자극을 의미한다.

강화는 정적 강화(positive reinforcement)와 부적 강화(negative reinforcement)로 나눌 수 있는데 정적 강화는 학생이 어떤 행동 후에 좋아하는 자극을 제시함으로써 그 행동을 강화시키는 것이다. 예를 들어, 시험을 잘 봤을 때, 선생님에게 받는 칭찬이나 그림을 잘 그렸을 때, 그 학생의 작품을 교실에 전시하여 학생이 더욱 흥미를 갖도록 하는 것 등이 좋은 예이다. 부적 강화는 학생이 어떤 행동 후에 싫어하는 것을 제거하여 그 행동의 빈도를 증가시키거나 유지시키는 것이다. 예를 들어, 쪽지 시험을 봤을 때, 일정 점수 이상을 받은 학생은 청소를 면제시켜 주는 것, 선생님의 질문에 대답을 잘 한 학생은 과제를 면제시켜 주는 것 등이 있다. 부적 강화는 행동의 증가를 목표로 한다는 점에서 행동을 약화시키거나 감소시키려는 의도의 '벌(punishment)'과 구별해야 한다.

벌은 싫어하는 자극을 제시하여 행동의 빈도를 감소시키는 '수여성 벌'과 좋아하는 자극을 제거하여 행동의 빈도를 감소시키는 '제거성 벌'로 구분된다. 수여성 벌은 물리적 자극 제시가 대부분이라서 효가가 즉각적이나 대부분의 학자는 부정적 견해를 보인다. 제거성 벌의 대표적인 것이 타임아웃(time-out) 기법으로 수업시간에 떠들면 장소를 정해두고 그곳에서 일정 시간 동안 움직이지 못하도록 하여 바람직하지 못한 행동을 감소시키는 방법이다.

강화는 의도한 행동의 빈도를 증가시키는 것으로써 '강화계획(reinforcement schedule)'이란 어떻게 강화할 것인가를 계획하여 의도한 행동을 유발하고 유지하기 위한 강화의 횟수와 간격에 대한 원리이다.

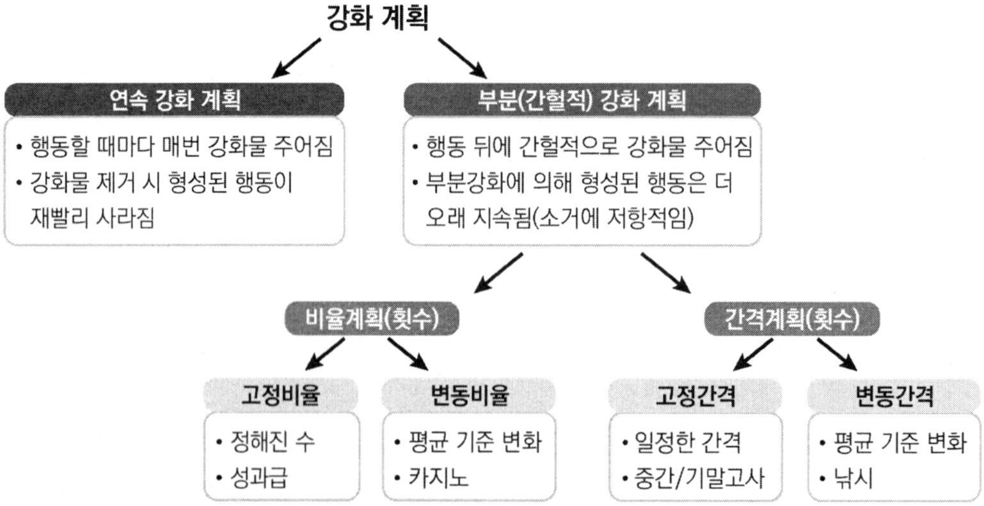

[그림 4-5] 스키너의 강화계획표

강화계획에는 의도한 행동을 할 때마다 강화하는 계속적 강화(연속강화)와 부분적으로 가끔씩 강화하는 간헐적 강화(부분강화)로 구분된다. 간헐적 강화는 다시 일정한 시간(간격)을 두고 강화하는 간격강화와 일정한 비율(횟수)로 강화하는 비율강화로 나눌 수 있다.

고정비율(fixed-ratio) 강화계획이란 강화물이 사전에 정해둔 횟수에 근거하여 제시되는 것이다. 학교 현장에서 선생님이 '쪽지시험 10문제를 모두 푼 사람은 나가서 놀아도 됩니다'라고 한다면 시간과 관계없이 문제를 모두 푼 즉시 나가서 노는 강화물을 받게 된다. 이와 관련된 예시 중 수업 중에 선생님의 질문에 정답을 말할 때마다 '맞아요, 참 잘했어요.'라고 매번 칭찬하는 경우는 연속강화(continuous reinforcement)라고 하며, 이 강화 역시 비율 간격이 의도된 행동마다 매번 강화가 주어지는 것으로 설정된 고정비율 강화계획의 일종이라고도 할 수 있다. 고정비율 강화계획을 사용할 때 유의점은 처음보다 점차 비율의 간격을 늘려서 사용할 필요가 있다는 것이다(Slavin, 2006). 학습의 초기에는 매번 강화를 주는 방법이 좋지만 장기적으로는 효과적이지 않다. 궁극적인 교육의 목적은 학생이 강화를 받지 않아도 스스로 학습할 수 있도록 하고 소거에 보다 잘 저항할 수 있도록 돕는 것이기 때문이다.

변동비율(variable-ratio) 강화계획이란 학생들이 강화물을 얻기 위해 수행해야 하는 수행 횟수를 예상하지 못하도록 강화물이 제시되는 것이다. 대표적인 예가 도박인데 카지노에 있는 슬롯머신은 속도와 관계없이 레버를 당기는 횟수에 따라 상금을 획득하게 되며 사람들은 몇 번을 당겨야 상금에 당첨되는지 전혀 예측하지 못한다. 다만, 언젠가는 반드시 상금을 획득하게 된다는 사실만 알고 있을 뿐이다. 변동비율 강화계획은 소거에 매우 강하게 저항하기에 변동비율 강화계획이 사용되는 상황에서 형성된 행동은 더 이상 그 행동에 대해 강화물이 주어지지 않아도 오래 지속되는 경향이 있다.

고정간격(fixed-ratio) 강화계획이란 의도한 행동을 했을 때, 고정된 시간을 기준으로 제시되는 것이다. 학기의 중간 정도 지난 시점에서 중간고사를 보고 이후 학기가 끝나갈 시점에 기말고사를 보는 것은 고정간격 강화계획의 한 예이다. 고정간격 강화가 계획되었을 경우 학생들은 그 시점에 이르러서야 비로소 집중력을 보이는 학습 패턴을 보이는 경향이 있다. 그러므로 고정간격 강화계획을 수립할 때에는 중간고사와 기말고사 사이 사이에 쪽지시험을 보는 등 보다 짧은 간격의 계획을 설정하는 것이 벼락치기를 예방하는 데 효과적일 수 있다(Crooks, 1988).

변동간격(variable-ratio) 강화계획이란 어느 시점에 강화물이 주어지는지 예상할 수 없도록 강화가 제시되는 것이다. 대표적인 예로는 낚시, 수시고사, 축구시합에서 골을 기다리기 등이다. 변동간격 강화계획을 사용하는 이유는 언제 강화물이 제시되는지를 전혀 예측하지 못하므로 항상 최선을 다할 것이기 때문이다. 변동비율 강화계획의 경우와 같이 변동간격 강화계획도 행동의 빈도 증가와 유지 지속에 효과적인 방법으로 알려져 있다.

2) 인지주의

1950년대 이후부터 각광받기 시작한 인지주의 학습이론은 학습을 환경 조건(자극)과 관찰 가능한 행동(반응) 간의 연합에 초점을 맞춘 행동주의 학습이론과는 달리 인간 내부에서 일어나는 인지적 과정 즉, 사물을 인식하거나 해석하고 기억하는 방법 등을 강조하는 이론이다. 19세기 후반 독일의 분트(W. Wundt)에 의해 인지주의적 관점이 시작되었으나 크게 관심받지 못하고 2차 세계대전 이후 인지심리학이 재조명되기 시작하면서 언어학자인 촘스키(N. Chomsky)(1957)가 언어를 학습하는 과정에서는 행동주의 학습이론으로는 설명이 부적절하다고 비판하며 새로운 관점이 필요하다고 주장하였다. 형태주의 심리학자들의 인간의 지각(perception)에 대한 시각과 언어의 학습 과정을 연구하던 언어학습 심리학자들에 의해 학습에 대한 초점을 인간 내부의 정신 과정에 두는 인지학습 이론의 중요성이 대두되었다.

(1) 형태주의 학습이론

형태주의 심리학(gestalt psychology)은 인간이 정보를 수용하는 과정과 그것이 학습되고 기억되는 과정에 관심을 갖는다. 즉, 감각기관을 통해 들어오는 정보를 인지하고 그것을 해석하는 인간의 지각에 관한 것이며, 이는 문제 상황을 인식하고 정보를 조직하는 인간의 내면 과정을 강조하는 것이다. 형태주의 학습이론에서는 인간이 문제를 지각하는 방식으로 파이 현상과 전경-배경의 원리를 기본적 관점으로 보고 '전체는 부분들의 합 그 이상이다'라는 기본적 견해를 갖는데 이는 인간 행동을 단순한 요소로 작게 나누어 설명하는 행동주의의 환원주의(reductionism)에 반대하는 것이다.

형태주의 심리학자인 베르트하이머(Wertheimer, 1912)의 파이 현상(phiphenomenon)은 인간이 무언가를 인지할 때 실제 존재하는 사실과 다르게 받아들이는 현상을 말한다. 이를 운동착시 현상 또는 주관적 지각이라고 하는데 두 개의 불빛이 일정한 간격을 두고 번갈아 가며 반짝일 때 인간은 이를 마치 하나의 불빛이 두 곳을 왔다 갔다 하며, 움직이고 있다고 착각하는 현상을 가리킨다. 즉, 우리가 경험하는 것이 때로는 본질과는 매우 다를 수 있다는 것을 나타낸다. 영화 필름을 영사기로 돌리면 움직이는 동작으로 지각되는 현상 등이 대표적인 예가 된다.

전경-배경의 원리는 인간이 사물을 지각할 때 자동적으로 전경과 배경을 구분하며, 전경에 주의를 기울이고 배경은 전경을 둘러싸는 주위 환경으로 분리하여 인식하는 것을 의미한다. 이러한 원리는 학습 현장에서 '중요한 학습 내용(전경)'을 '중요하지 않은 내용(배경)'과 분명하게 구분될 수 있도록 제시해야 함을 시사한다. 예를 들어, 중요한 학습 내용에 밑줄을 긋거나 색을 달리하거나 굵은 글씨로 나타내는 것 등으로 활용될 수 있다.

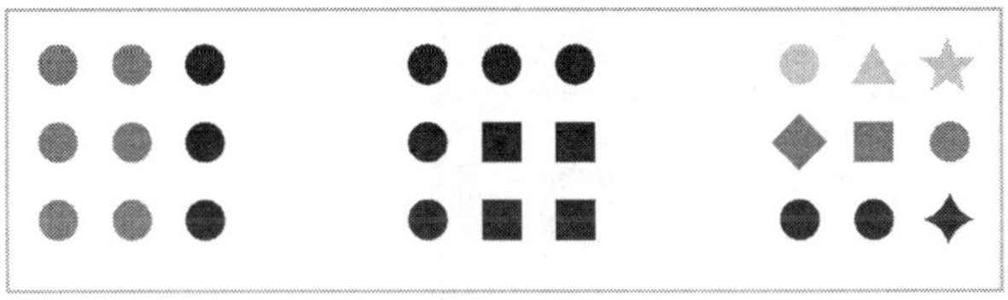

[유사성]

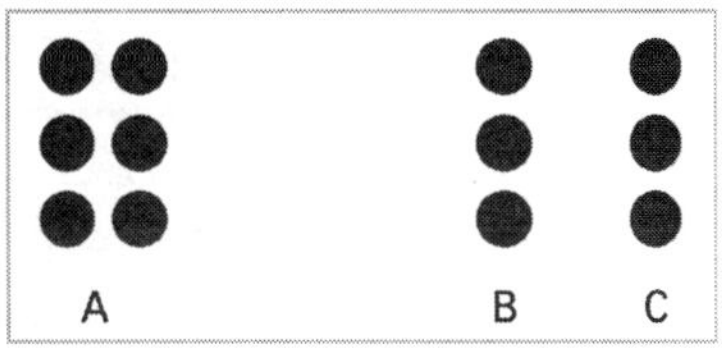

[근접성]

[전경-배경]

[폐쇄성]

[그림 4-6] 형태주의 관련 이미지

〈출처: https://yozm.wishket.com/magazine/detail/1385/〉

(2) 쾰러의 통찰 이론(insight theory)과 레빈의 장 이론(field theory)

쾰러(W. Köller, 1925)는 학습을 시행착오의 결과로 보는 행동주의의 입장과 다르게 침팬지 실험을 통해 문제해결 과정은 통찰력 전략을 사용하여 이루어진다고 하였다. 통찰(a-ha 현상)이란 문제 상황을 구성하는 요소 간의 관계를 파악하는 능력으로 순간적으로 일어나는 비약적 사고의 과정을 의미하며, 학습에서의 문제해결에서 문제를 전체 장면으로 지각하는 의식 현상의 중요성을 나타낸다고 할 수 있다. 통찰을 통해 습득한 지식은 다른 장면에 쉽게 전이되고 오랫동안 유지된다.

[그림 4-7] 침팬지 실험

〈출처: https://www.seoul.co.kr/news/newsView.php?id=20071204017007〉

B(Behavior) = F(P × E)
행동 = 매개변수(인간욕구 × 환경)
* F: 조합, P: 개인의 성격, E: 환경

레빈(K. Lewin, 1942)은 미국의 사회심리학자로 인간의 행동을 개인과 환경 간의 함수관계로 설명하였다. 행동이란 한 사람이 경험하는 심리적 사실에 영향을 받으며, 심리적 사실은 개인의 전체적 상황으로서의 장(field) 즉, 생활공간(life space)을 이룬다고 보았다. 생활공간은 개인의 심리적 사실이 변하면 전체적으로 재배치되는 특성을 가지며, 행동의 원인은 계속 역동적으로 변화하는데 이런 현상을 심리적 장(psychological field)이라고 하였다. 학습이란 개인이 지각하는 외부의 장과 개인 내적 또는 개인적 영역의 심리적 장의 관계에서 형성되는 인지구조의 성립 또는 변화로 보았다(인지구조의 재구조화). 즉, 어떤 사람의 행동은 그 개인 내부의 심성과 그를 둘러싸고 있는 환경과의 상호작용의 결과로 설명하고 있다.

형태주의 심리학은 인지심리학에 계속적으로 큰 영향을 미치고 있으며, 지각에 대한 연구는 조직화에 대한 형태주의 심리학을 보다 더욱 명료하게 하려는 노력으로 이해할 수 있다(Robertson, 1986).

(3) 정보처리 이론(information processing theory)

인지주의 학습이론은 기존 지식의 구조를 이해하고 새로운 지식이 기존의 지식과 관계를 형성하는 과정에 대한 탐구 즉, 새로운 정보가 투입되고 기억되며 다시 인출되는 과정을 연구하는 이론이다. 애킨슨과 쉬프린(Atkinson & Shiffrin, 1968)이 제시한 정보처리 이론은 학습자의 내부에서 학습이 일어나는 과정을 설명하려는 이론이다.

정보처리 이론의 구성 요소는 정보 저장소(감각등록기, 작업기억 또는 단기기억, 장기기억)와 인지처리과정(주의집중, 지각, 시연, 부호화, 인출 등) 그리고 메타인지 또는 상위인지, 초인지(인지과정을 계획, 점검, 평가)로 구분할 수 있다.

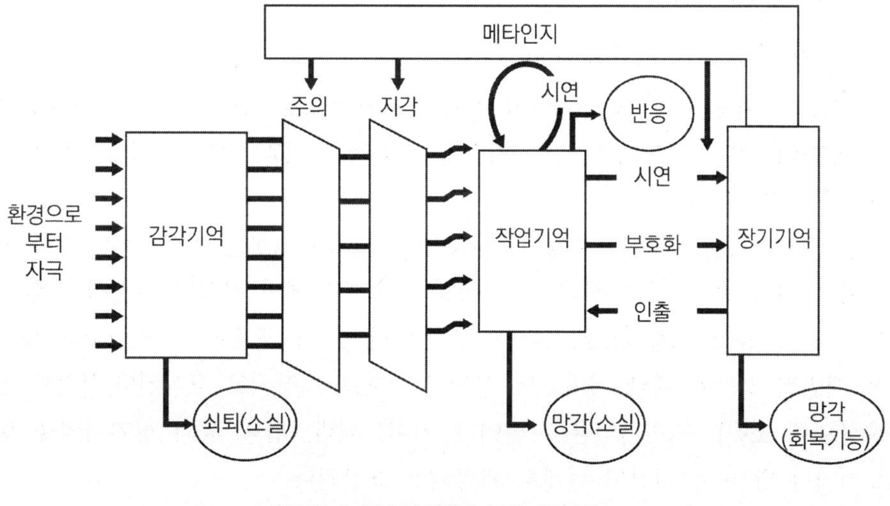

[그림 4-8] 정보처리 이론 모형도

① 정보 저장소

새로 투입된 정보가 머무르는 장소이며, 컴퓨터의 램이나 하드디스크와 같이 다양한 정보를 저장하는 공간과 유사하다고 할 수 있다.

• 감각등록기(감각기억, sensory register)

학습자가 환경으로부터 감각수용기관(눈, 귀, 코, 피부 등)을 통해 정보를 처음 저장하는 곳으로 자극을 정확하게 저장하지만 매우 짧은 시간(약 1~4초 이내) 동안 저장하는 특징을 갖는다. 정보를 저장하는 양에는 제한이 없고 투입된 정보 중 주의(attention)를 받은 자극 정보만 작동기억으로 전이되고 즉시 처리되지 않은 정보는 곧 소실된다.

• 작업기억(작동기억 또는 단기기억, working memory)

투입된 정보의 인지과정이 진행되는 장소라는 의미의 작업기억은 감각등록기에서 전이된 정보의 재연이나 조작(시연, 청킹 등)과 장기기억의 정보를 인출하는 등의 작업이 이루어진다. 정보의 일시적 저장소이며 성인의 경우 보통 7±2개의 정보가 약 20초간 저장되는 큰 특징을 가지므로 작업기억에 들어온 정보를 오래 유지하려는 방법이 중요한 의미를 갖는다. 유지시연은 투입된 정보를 변형하지 않고 반복적으로 되뇌는 기계적 암송을 말하는데 이는 정보가 사용될 때까지만 작업기억에 유지되며 장기기업으로 전이되어도 고립 상태로 존재하므로 효과적인 부호화 전략은 아니다. 그러므로 의미 덩어리로 묶는 방법인 청킹(chunking)이나 기초적 기능의 자동화, 시각과 청각을 동시에 활용하는 이중부호처리 등의 방법이 작업기억의 한계 수용량을 극복하는 좋은 방법이 될 수 있다.

• 장기기억(long-term memory)

부호과 과정을 거친 작업기억의 정보가 영구적으로 저장되는 저장소로써 수용량의 제한이 없다. 장기기억 속의 지식은 선언적 지식과 절차적 지식, 조건적 지식으로 구분할 수 있다.

선언적 지식은 '무엇이 어떻다(knowing that/what)'는 것을 아는 지식으로 사실이나 개념, 원리 등에 관한 지식 등의 서술적·명제적 지식과 개인적 경험, 법칙, 이론 태도 등이 포함되므로 일상기억과 의미기억을 포괄하는 개념이다. 일상기억은 개인적 경험에 대한 기억으로 심상의 형태로 저장되고 표상된다(시간과 장소를 중심으로 조직). 의미기억은 사실이나 의미, 원리, 법칙 등의 장기기억을 말하며 도식이나 망 또는 심상의 형태로 저장되고 표상된다.

절차적 지식은 '무엇을 어떻게 하는가(knowing how)'를 아는 것으로 방법에 대한 지식에 해당한다. 예를 들어, 자전거 타기, 자동차 운전, 수학문제 풀기 등 절차와 규칙이 사용되며 다양한 상황에서 많은 연습을 통해 습득되고 자동화될 수 있다.

조건적 지식은 개념 등에 관한 선언적 지식과 방법이나 규칙에 관한 절차적 지식을 '언제, 어떻게, 왜 적용할 것이가'에 관한 지식으로 학습을 조절하고 점검하는 지식이다. 인지전략의 형태나 선언적 지식과 절차적 지식이 연결된 망의 형태로 저장된다.

② 정보처리 과정(인지처리 과정, 인지전략, cognitive process)

인지처리과정이란 새로이 투입된 정보를 하나의 저장소에서 다른 저장소로 이동시키는 내부적이고 지적인 활동을 의미한다. 인지처리과정에는 주의집중, 지각, 시연, 부호화, 인출, 망각 등의 과정이 포함된다.

• 주의집중(attention)

정보 자극에 대해 반응하는 것으로 선택적 특징을 갖는다. 감각등록기에 들어온 수많은 자극은 주의집중하지 않으면 곧바로 유실된다. 그러므로 학습은 주의집중을 함으로써 시작된다고 할 수 있다. 학습자의 주위에는 많은 자극이 존재하고 감각등록기의 용량은 무제한이지만 주의집중하지 않을 경우 학습은 결코 일어나지 않는다.

학습자의 주의를 유도하는 전략은 교사와 학습자에게 모두 중요한 암시를 준다. 먼저 중요한 시각 자료를 제시할 때는 강조(밑줄, 색바꿈, 진한 색 등) 전략을 사용하거나 청각 자료들은 음성의 고저, 강약 등을 사용하여 강조하는 방법 등이 있다. 또는 흥미를 유발시키는 자료를 제시, 시범, 도표나 그림 등의 특별한 유인물 그리고 질문, 호명하기 등 다양한 주의집중 전략 등이 사용될 수 있다.

• 지각(perception)

학습자가 경험한 것(주의집중한 자극)에 의미와 해석을 부여하는 과정으로 지각이 일어난 자극은 '객관적 실재'로써의 자극이 아닌 개인마다 다르게 인식하는 '주관적 실재'로써의 자극이 된다. 같은 사물을 보고 사람마다 다르게 해석하는 경우가 있듯 지각은 과거 경험의 정도에 따라 좌우된다. 자극이 잘못 지각되어 장기기억으로 전이된 경우 그것을 제거하는 것은 매우 어려울 수 있다.

• 시연(rehearsal)

작업기억 안에서 이루어지는 정보처리 과정으로 들어온 정보를 소리내어 읽거나 속으로 되풀이하는 등 정보를 변형하지 않고 계속적으로 반복하는 것을 의미한다. 시연을 통해 파지(retention)가 되거나 장기기억으로 전이가 이루어지기도 한다. 예를 들어 전화번호 외울 때를 연상하면 쉽게 이해할 수 있는데 외운 번호를 사용하여 통화하고 난 후 쉽게 잊혀지게 되는 이유는 작업기억 안에서 의도한 목적을 달성할 때까지만 시연을 하기 때문이다. 시연한 정보가 장기기억으로 전이되는 경우는 충분한 반복에 의해서 가능하다. 중요한 내용을 시연을 통해 학습할 경우 맨 처음(초두효과)과 마지막(최신효과)에 배치하는 것도 좋은 방법이 될 수 있다.

• 부호화(기호화, 약호화, encoding)

작업기억의 새로운 정보와 장기기억 속 기존의 정보를 연결하거나 연합시켜 작업기억에서 장기기억으로 정보를 파지하는 것을 의미한다. 부호화는 정보처리과정에서 가장 중요한 부분이라고 할 수 있다. 새롭게 들어온 정보를 시각적 또는 언어적 상징의 형태로 유의미한 부호화가 이루어져야 장기기억 속에 전이가 수월해지고 인출도 쉬워진다.

유의미한 부호화 전략에는 정교화, 조직화, 맥락화, 기억술 등이 있다.

정교화는 새로운 정보에 의미를 추가하거나 기존 지식과 관련짓는 것으로 개별적 정보 간에 연합의 수를 증가시켜 가는 과정이다. 예를 들어, 무지개와 날씨를 학습할 때 소나기가 내리고 난 후 무지개가 떠오른 것을 기억하거나 처음 만난 사람의 이름을 기억할 때 기존에 알고 있던 사람의 이름과 같을 경우 함께 연합시켜 학습하는 것이다.

조직화는 개별적 정보를 관련 있는 하나의 정보로 묶어 체계화 또는 구조화시키는 것으로 부호화를 돕는 매우 중요한 인지처리 과정이다. 도표를 작성하거나 위계도를 만드는 것과 묶음 덩어리를 만드는 청킹이나 비슷한 것끼리 묶는 군집화 등이 있다.

맥락화는 새로운 정보를 장소나 사람, 감정 등의 물리적 또는 정서적 맥락과 함께 기억하도록 학습하는 것을 의미한다. 어떤 향을 맡았을 때, 특별한 누군가를 떠올리는 것, 새로운 장소에 갔을 때, 길을 외우기 위해 좋아하는 메뉴를 파는 식당이나 특별한 기억이 있는 건물 등을 찾아 외우는 등이 있다.

기억술은 조직화나 정교화만으로는 부호화가 어려운 경우 유용한 전략으로 학습내용에 존재하지 않는 연합을 만들어 부호화하는 것을 의미한다. 새로운 정보와 기존의 정보 사이에 인위적인 고리를 만들어주는 것이다. 대표적인 예로 조선시대 왕의 계보를 외울 때 사용하는 '태정태세문단세…'와 같이 단어의 앞글자를 따서 기억하는 두문자법이 있고 영어 알파벳을 외울 때나 구구단을 외울 때 운율을 만들어 외우는 운율법 등 다양한 방법들이 있다.

• 인출(retrieval)

장기기억에 있는 정보를 작업기억으로 이동시키는 것을 의미하며, 부호화와 인출은 밀접하게 연결되어 있는데 인출은 정교한 부호화에 매우 크게 영향을 받는다. 그러므로 정보가 잘 인출되려면 부호화가 잘 되어있어야 하고 적절한 단서가 있어야 한다. 적절한 인출 단서가 없을 때, 혀끝에서만 맴도는 현상인 설단현상이 나타나기 쉽다.

③ 메타인지(상위인지, 초인지, meta-cognition)

인지에 대한 인지 또는 사고에 대한 사고 즉, 자신의 인지과정을 통제하고 조절하는 것을 의미한다(Flavell, 1976). 미국의 심리학자인 도널드 마이켄바움(Meichenbaum)

외(1985)는 자신의 인지상태와 인지과정에 대한 지식으로 자신의 인지능력, 과제특성, 학습전략 등에 대해 알고 있는 등의 정신적인 작용의 총합이라고 정의하고 있다. 초인지 전략 개발에 관한 연구들을 보면 초인지 전략의 활용은 학습의 이해력을 높이고 훈련의 효과도 지속적으로 나타난다고 보고하고 있으며 초인지의 중요성을 강조하고 있다.

3) 구성주의

21세기는 이전 세기와는 다른 성격의 사회이다. 시대가 발전함에 따라 산업사회에서 지식정보화사회로 대전환이 이루어지면서 교육적 패러다임도 급격한 변화를 맞이하게 되었다. 즉, 이전 세기에서 주를 이루었던 객관주의(행동주의, 인지주의)에서 주관주의로의 변화가 이루어지고 있다. 주관주의를 대표하는 철학의 인식론적 연구분야가 구성주의인 만큼 구성주의 개념과 성격을 분명하게 파악할 필요가 있다. 구성주의는 전통적 교수방법의 문제점 극복을 위한 방법론 및 배경 이론으로 등장하게 되었다. 21세기 이전의 산업사회는 표준화, 효능성, 예측 가능성 등의 교육적 패러다임이 주류였다면 현재 우리가 살고 있는 지식정보화사회는 다양성, 창의성, 불확실성 등의 상대주의적 가치가 높이 평가되는 시대가 되었다. 교육 분야에도 시대의 흐름에 따라 듀이(Dewey)의 교육철학과 피아제, 비고츠키의 이론에 근거하여 변화를 맞이하고 있다(Anita Woolfolk, 2001). 구성주의의 유형은 인지적(개인적) 구성주의와 사회적 구성주의로 구분된다.

(1) 행동주의, 인지주의와 구성주의

행동주의와 인지주의는 학습의 과정을 연구하는 심리학적 접근인데 반해 구성주의는 지식의 의미, 지식의 구성 요소 등에 대한 철학적 즉, 인식론적 접근이지만 인식론은 사물에 대한 인식이나 인지에 관한 영역이므로 심리학적 배경으로도 성립이 된다. 교육방법의 심리학적 배경으로 행동주의, 인지주의, 구성주의를 아래의 표로 비교해 보면 그 차이를 명확하게 알 수 있다.

<표 4-1> 행동주의, 인지주의, 구성주의 비교

구분	행동주의	인지주의	구성주의
철학적 배경	객관주의	객관주의	주관주의
대표적 교수-학습이론	Skinner의 강화 이론	Bruner의 발견학습, Ausubel의 포섭 이론	Piaget의 인지발달, Vygotsky의 사회문화적 발달
패러다임의 초점	교수(teaching)	교수-학습	학습(learning)

학습의 정의	외현적 행동의 변화	인지구조의 변화	주관적 경험에 근거한 개인의 의미 창출
학습의 생성	자극과 반응의 연결 및 강화	정보의 입수, 조직, 저장, 인출	개인적 경험에 근거한 세계에 대한 의미 창조, 환경 및 동료들과의 사회적 상호작용
학습자관	수동적 인간관	적극적인 학습자관	적극적 인간관
학습에 영향을 미치는 변인	외현적 자극-반응의 배열 및 시점	정보처리 활동을 촉진할 수 있는 학습자의 정신활동	상황적 맥락, 역동적 상호작용
교수-학습 전략	외현적 교수전략	내적 사고 전략, 정보처리 전략	학습환경의 조성, 의미 있는 과제 제공
기억의 역할	기억의 중요성 간과, 반복학습 및 복습 강조	세계의 객관적 재현	세계의 주관적 구성
전이	일반화의 결과	정보의 유의미한 조직	학습과제의 맥락화
효과적인 학습 형태	분철, 간단한 사실 습득, 일반화, 적용	문제해결, 정보처리, 추론	복잡하고 비구조화된 학습과제 및 문제영역
교수설계와의 관련성	행동목표 강조, 준거지향 평가관, 학습자 분석 강조, 수업 내용의 계열성, 강화계획 강조	학습자의 적극적인 참여, 인지과제 분석기법, 정보의 구조화 및 계열화, 효과적인 전이 환경	학습상황 강조, 학습과제의 맥락화, 다양한 관점 제시, 사회적 협상 강조, 협력적 학습환경 강조

출처: 권성호(2022). 재구성.

위에서 살펴본 것과 같이 행동주의, 인지주의, 구성주의의 철학적 배경이나 학습이론들은 극명한 차이를 나타낸다. 그러나 행동주의 학습이론이 주류를 이르던 시대가 변화함에 따라 새로운 인지주의, 구성주의 학습이론이 등장하고 보급·전파된다고 하여 행동주의가 완전히 사라지는 것은 아니다. 모든 이론은 각각의 장점과 단점을 가지고 있고 시기와 장소(상황) 및 대상에 따라 저마다 다르게 활용되어 학습이론이 유기적으로 작용하고 있다는 것을 이해해야 한다.

(2) 인지적 구성주의와 사회적 구성주의

인지적 구성주의와 사회적 구성주의는 '지식의 구성 과정'에 영향을 미치는 요소들에 의해 유형이 분류된다. 즉, 지식이 구성되는 과정에 작용하는 주요 요인이 '개인적 인지과정이나 선행지식인가?' 아니면 '개인이 속해 있는 사회적, 문화적, 역사적 상황인가?'에 따라 구분된다고 볼 수 있다.

① 인지적 구성주의(cognitive constructivism)

인지적 구성주의는 개인적 구성주의라고도 하는데 지식이 개인의 경험세계 속에서 구성되고 사회적 환경은 지식 구성에 영향을 주지 않는다고 본다. 인지적 구성주의는 피아제(Piaget, 1896~1980)의 인지발달 이론에 기초하고 있다. 스위스의 발달심리학자인 피아제는 학습과 지식 성장에 대한 구성주의를 창조한 학자라고 평가받고 있으며(Bymes, 1996), 미국의 스키너와 동시대의 학자이다. 그가 제안한 '인지발달 이론'은 학습자의 학습과정을 이해하는 가장 중요한 이론이기도 하다.

피아제의 '인지발달 이론'은 평형화, 도식, 동화, 조절 개념을 사용하여 인간의 인지발달 과정을 설명하고 있다. 평형화는 인간이 생존을 위해 자신의 내부 구조를 일정하고 유지하려는 본능적 경향을 의미한다. 체온이나 혈압 등의 적절한 범위 유지 등이 그 예라고 할 수 있다. 인지발달에서의 평형화(equilibrium)란 외부 세계에 대한 개인의 이해와 해석이 자신의 내부에 존재하는 인지구조에 비추어 모순이 없는 경우를 말한다. 인지발달에서 평형화가 충족되어 구조화 및 조직화가 이루어지면 도식(schema)이 형성된다. 동화(assimilation)란 새로운 외부 세계의 정보나 경험을 접촉했을 때, 새로운 것에 의해 자신의 내부에 구성되어 있는 도식에 적용하거나 포함하려는 경향성을 의미한다. 예를 들어, 아동이 '개'라는 도식(네 발을 갖고 털이 있는 멍멍 짖는 동물)을 가지고 있는데 길에서 처음 보는 강아지를 보고 '개'라고 이해하는 과정이다. 조절(accommodation)은 새로운 외부 세계의 정보나 경험에 의해 자신이 가지고 있는 인지적 구조를 변경하거나 변화시키는 과정을 말한다. 예를 들어, '개'에 대한 도식을 가지고 있으나 고양이를 개로 인식하고 있다가 고양이는 개처럼 '멍멍'이라는 소리를 내지 않는 것을 경험하여 개가 아니며 자신의 인지구조 속에 '고양이'라는 새로운 도식을 만들게 된다.

피아제의 인지 발달단계는 생물의 발생학적 학문에 기초하여 아동의 연령에 따라 변화 발달된다고 보았는데 아동은 성인의 축소판으로 보던 전통적 아동관과 달리 교육 현장에서의 교육내용의 제시 방법, 교수매체의 선정과 사용, 교수법의 선택 등에 따라 결과가 달라질 수 있다고 주장하여 교육에 유용한 정보를 제공해주고 있다.

<표 4-2> 피아제의 인지발달 단계

단계	연령	중심적인 특징
감각 운동기	0~2세	- 감각 동작에 의한 학습, 의도적인 반복활동 - 모방, 기억, 사고의 시작 - 대상 영속성 인식 - 단순 반사행동에서 목적을 가진 행동으로 발전

전 조작기	2~7세	- 직관적·자기중심적·문화론적 사고 - 언어가 점차적으로 발달하고 상징적인 형태로 사고 - 일방적인 관점에서 사고할 수 있음 - 사고와 언어가 자아중심적인 특징을 보임
구체적 조작기	7~11세	- 논리적·가역적 사고, 보존개념 습득 - 논리적으로 구체적인 문제를 해결할 수 있음 - 보존의 개념을 이해하고, 유목화하고 서열화할 수 있음 - 가역성을 습득
형식적 조작기	11세 이후	- 추상적·가설적 사고 - 논리적으로 추상적인 문제를 해결할 수 있음 - 사고가 점차로 과학적이 됨 - 복잡한 언어과제나 가설적인 문제를 해결할 수 있음

② 사회적 구성주의(social constructivism)

구소련의 인지심리학자인 비고츠키(Lev Vygotsky, 1896~1934)의 '심리발달 이론'에 기초한 이론으로써 학습에 영향을 미치는 사회적·문화적·역사적 요소 등에 관심을 가지는 이론이다.

아동은 자신의 인지구조를 스스로 구조화하고 외부의 세계를 수용하고 이해하는 존재로 보는 피아제와 달리 비고츠키는 아동이 타인과의 관계에서 영향을 받으며 성장한다는 것을 강조하며, 인간을 이해하는 데 있어 사회·문화·역사적 측면을 제시하였다. 인간의 정신작용은 유전에 의해 결정되는 것이 아니라 그가 속한 사회와의 상호작용의 결과라고 주장하였다. 그는 이러한 상호작용에 필수적인 요소인 언어 습득을 아동발달의 가장 중요한 변인으로 제시하였다(Blanck, 1990). 즉, 아동의 인지발달은 사회학습의 결과로서 사회적인 맥락화된 지식을 내면화한다고 보는 것이다.

비고츠키의 사회적 구성주의의 중요한 개념에는 근접발달영역과 비계설정이 있다. 근접발달영역(ZPD: zone of proximal development)은 아동이 혼자 해결할 수 없는 문제를 성인이나 우수한 동료와 함께 학습하면 성공할 수 있는 영역을 의미한다. 아동이 스스로 도달할 수 있는 영역(실제적 발달수준)과 주변의 도움을 받아 도달할 수 있는 영역(잠재적 발달수준)으로 구분하여 새로운 인지발달의 도달을 위해 근접발달영역 안에서 정교한 교수활동이 일어나야 한다는 것을 제시하였다. 이것은 아동의 정신 발달을 과거의 성과로 보는 피아제의 인지발달 이론과 달리 미래지향적인 잠재적 능력으로 본다는 의미이다. 비고츠키는 실제적 발달수준과 잠재적 발달수준 사이의 간격을 근접발달영역으로 보고 이 간극을 줄여 현재의 발달수준을 점차 늘려가야 한다고 주장하는 것이다.

비계설정(scaffolding)이란 아동의 지적 성장에 필요한 요소를 지원하는 도움활동을 말한다. 즉, 아동 스스로 문제를 해결할 수 있는 수준까지 도달하도록 매 단계마다 아동의 수행 수준에 맞게 도움의 수준과 양을 적절히 조절하여 제공하는 방안을 의미하는 것이다. 비계설정은 성인의 일방적 교수에 의존하는 성인 중심 인지발달 촉진 방안과 아동 스스로의 활동에 의존하는 아동 중심 방안을 적절히 통합하여 궁극적으로는 아동이 독자적으로 문제를 해결할 수 있도록 유도하는 전략이라고 할 수 있다.

(3) 구성주의의 기본 전제 및 수업설계

구성주의의 학습에 관한 기본 가정 및 전제가 행동주의 및 인지주의와 확연히 구분되는 점은 제일 먼저 학습자의 이해를 구성하는 것이다. 학습자는 기존의 지식을 단순히 기억하고 저장하는 것만이 아니라 선행지식에 기초하여 새로운 자극을 해석하고 자신의 기존 지식과 뜻이 통하도록 이해를 구성한다. 이는 구성주의의 기본 원리이기도 하다. 두 번째로 새로운 학습은 현재의 이해에 의존한다는 것이다. 학습자가 이미 아는 지식과 이 지식이 활성화되는 정도는 무엇이 새롭게 습득되고 학습하고 있는 자료가 무슨 의미를 갖게 되는가에 대해 중요한 함의를 갖는다. 세 번째로 학습은 사회적 상호작용에 의해 촉진된다는 것이다. 마지막으로 유의미학습은 현실의 학습과제 내에서 일어난다. 즉, 실제와 유사한 환경, 유사한 활동의 실제적 과제는 학습자들에게 현실의 생활과 같은 상황에서 사고하는 실습을 제공한다(문선모, 2004).

구성주의의 다양한 개념과 원리에 기초하여 구성주의적 수업설계의 주요 요소는 다음과 같다.

① 학습자 중심의 학습환경

구성주의는 학습을 적극적인 지식 구성의 과정으로 보았기에 학습자들의 적극적인 참여와 의미 구성의 촉진이 가능한 교수-학습환경을 강조한다. 전달된 지식의 수용이 아니라 학습자의 인지구조 속에 있는 지식과 신념에 기초하여 정보를 새롭게 해석하는 학습활동의 주체가 되도록 수업활동을 설계해야 한다.

② 실제적 맥락 및 상황에 의한 지식의 구성

구성주의적 교수-학습활동에서는 지식이 생성 및 적용되는 사회·문화적 맥락을 교수-학습과정에 도입하도록 수업설계를 해야한다. 즉, 복잡하고 비구조화된 실제 생활 사태나 유사한 상황에서 학습이 이루어지도록 해야 함을 강조한다.

③ 학습자의 사전 지식의 활용

구성주의적 수업은 학습자들의 선행지식과 신념체계의 역할을 고려해야 한다. 학습은 학습자들이 과제를 해결하기 위해 사용하는 자신의 지식구조에 상당 부분 의존하게 되므로 정보처리의 효율성은 많은 부분이 사전 지식의 수준과 정교성에 의해 결정되기 때문이다.

④ 교수자의 역할은 인지적 조력자, 촉진자, 동료 학습자

교수자는 전문가로서 학습자들의 모델링이 되어야 하고 인지적 조력을 제공하여 협동적 학습이 되도록 해야 한다. 즉, 교수자는 흥미 유발, 질문 유도, 피드백, 단서 제공 등으로 학습자가 스스로 문제를 해결하도록 돕는 학습 코치의 역할을 수행해야 한다.

⑤ 실제적 과제의 활용

실제의 생활 맥락에서 적용 가능한 지식과 기능을 학습하기 위해 도입하는 실생활과 관련된 문제들을 좀 더 복잡하고 비구조화된 형태로 제공해야 한다. 전통적 수업에서는 맥락과 분리된 지식의 전수와 이의 성취여부를 평가하는 데 초점을 두었지만 구성주의는 실제적 맥락 속에서 실제적 문제의 해결 과정을 통해 평가가 이루어짐을 강조한다.

⑥ 협동학습 강조

구성주의는 수업에서 동료들 간의 협력적 대화와 상호작용을 통한 반성적 사고를 유발하는 의미있는 학습과정을 강조한다. 학습환경에서 뛰어난 동료나 선배 또는 전문가들과의 협력적이고 상호 의존적인 공동 노력을 통한 학습활동 활성화를 위해 학습자 공동체, 지식 구성 공동체의 구축과 활용이 요구된다(권낙원, 김동엽, 2005).

2절. 교수체제 개발

교수체제 개발의 접근 방법은 체계적 접근(systematic approach)과 체제적 접근(systemic approach)으로 나뉜다(변영계, 이상수, 2003). 체계적이란 순서나 절차, 간격 등을 의미하는데, 체계적 접근이란 단계적이고 순차적인 절차를 나타내는 것으로 교수설계 활동을 위해 사전에 세분화된 절차에 따라 주어진 목표를 효과적이고 효율적으로 달성하기 위해 수업 활동을 설계하는 것이다. 이에 반해 체제적이란 조직적인 전체, 유기적인 총체를 의미하는 것으로서 체제적 접근은 역동적이고 비순차적이며 다양한 상황별 변인을 동시에 고려해야 하는 특성을 갖는다. 따라서 체제적 접근은 학습에 영향을 줄 수 있는 모든 변인을 동시에 고려해 상황적 특성에 적합하도록 창의성과 융통성을 고려하여 수업 활동을 설계하는 것이다.

학습이론의 시대적 흐름에 따라 교수-학습에 대한 인식론적 관점이 객관주의의 패러다임을 채택하느냐, 구성주의의 패러다임을 채택하느냐에 따라 어떤 지식이나 기능을 가르치는 방법, 가르치는 이유와 같은 교수-학습 방법과 교수설계 활동에 차이가 난다. 객관주의는 지식이나 진리가 외부 세계에 객관적으로 존재하며 객관적으로 공유되는 실재(reality)가 있다고 본다. 객관주의 관점에서 교육은 객관적인 지식을 효과적으로 가르치기 위한 계획을 설계하고 이를 수업 활동을 통해 학습자에게 전달하는 일을 수행한다고 보고 교육의 목적은 교사의 입장에서 지식을 효과적이며 효율적으로 전달하는 것이다(Bednar et al, 1991). 구성주의적 관점에서 지식이나 진리는 인간에 의해 해석되고 부과되는 의미이기에 인간과 독립된 객관적이고 보편적인 실체는 존재하지 않는다고 본다. 따라서 구성주의적 접근의 교수설계에서 교수목표는 학습이 이루어지기 전에 교수자에 의해 미리 정해지는 것이 아니라 학습자가 과제를 해결해 가는 과정 중에 스스로 수립하며, 이 때의 과제는 비구조적이고 비정형화된 상황으로 정답을 요구하기보다는 학습자의 주관적 해석을 반영하는 만족스러운 해결책을 요구한다(박숙희, 염명숙, 2007).

<표 4-3> 객관주의와 구성주의 교수설계 비교

구분	객관주의적 교수설계	구성주의적 교수설계
문제 상황	구조적 문제 상황	비구조적 문제 상황
설계 목적	최적의 해결책	만족스러운 해결책
설계 과정	체계적 접근	체제적 접근

설계 관점	합리적 접근	창의적 접근
분석 단계	- 목표 및 내용의 명세화, 계열화 - 계열화를 위한 선수 지식의 중요성 강조	- 목표 및 내용의 통합적 관점 - 지식 구성을 위한 이전 지식 및 경험의 중요성 강조
설계 단계	- 목표 및 내용의 효과적인 전달 위한 최상의 방법 - 교수자 활동 중심의 설계	- 절충(negotiation)과 의미 만들기를 위한 학습환경 설계 - 학습자 중심의 학습환경 설계
개발 단계	- 효과적, 효율적 목표 달성에 초점	- 문제해결에 초점을 맞추어 학습자의 능동적 지식 구성을 촉진하는 학습환경 개발

출처: 유승우 외(2010). 재구성.

지금까지 살펴본 내용을 바탕으로 교수체제 개발에 있어 교수설계 접근 방식 중에서 가장 널리 활용되고 있는 ADDIE 모형과 Dick & Carey의 체제적 교수설계 모형을 알아보고자 한다.

1) ADDIE 모형

실즈와 리치(Seels & Richy)에 의해 제시된 ADDIE 모형은 교수설계 모형의 가장 일반적인 형태를 지니고 있어 일반모형이라고도 하며, 현재까지 가장 널리 활용되는 모형으로써 가장 핵심적인 활용이라고 할 수 있는 분석(analysis), 설계(design), 개발(development), 실행(implementation), 평가(evaluation)의 알파벳 첫 자를 따서 약자로 이름을 붙인 모형이다. 각 단계에 대한 설명은 아래와 같고, 각 단계 간 화살표를 보듯 선형적인 것과 순환적인 것이 복잡하게 얽혀있는 체제적 모형임을 알 수 있다.

<표 4-4> ADDIE 모형의 절차

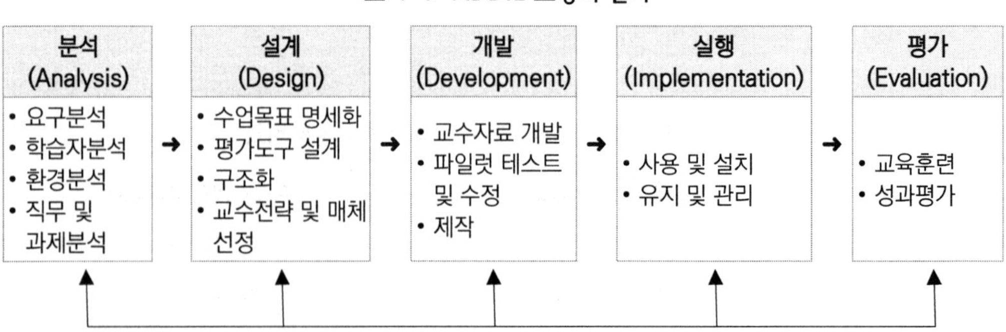

① 분석(analysis)

학습과 관련된 요인들의 분석 단계로 학습 내용을 정리하는 과정이다. 분석에는 요구분석, 학습자 분석, 환경 분석, 직무 및 과제 분석 등이 포함된다.

- 요구분석: 성취해야 할 바람직한 목표수준과 현재 학습자들이 가지고 있는 능력 수준 간의 차이를 분석하여 학습자들이 최종 습득해야 할 적정 수업목표를 설정하게 된다.
- 학습자분석: 학습자의 특성 분석으로 지능, 선수학습 능력, 적성, 인지양식, 학습양식, 학습동기, 태도 등을 분석하여 설계의 기초 자료로 활용한다.
- 환경분석: 새로운 지식, 기능, 태도를 획득하게 될 학습환경과 획득한 지식, 기능, 태도를 활용하게 될 수행 환경을 분석하고 특정 교육프로그램이 설계되고 개발되는 개발 환경 등을 분석한다.
- 직무 및 과제분석: 과제의 구성 요소인 지식, 태도, 기능이 무엇인지 파악하고 이들 간의 관계와 계열성을 확인한다.

② 설계(design)

분석과정에서 나온 결과를 창조적으로 종합하는 과정이다.

- 수행목표(수업목표) 명세화: 학습자들이 수업을 마치고 획득하게 될 수업목표를 구체적이고 명세적인 행동적 용어로 진술하는 것이다.
- 평가도구 설계: 학습한 결과 또는 수행결과를 확인하기 위한 평가도구를 개발한다.
- 프로그램의 구조화와 계열화: 학습 내용이나 학습활동을 어떤 방식으로 조직하고 제시할 것인지 계열화한다.
- 교수전략 및 매체 선정: 수행목표와 학습 내용에 적절한 교수전략과 교수-학습의 효과와 효율을 위한 도구인 교수매체를 선정한다.

③ 개발(development)

설계 단계에서 결정된 설계 명세에 따라 실제 수업에 활용할 교수 자료나 교수 프로그램을 제작하는 단계이다.

- 교수–학습자료 개발: 설계 단계에서 명세화된 학습목표를 성취하기 위해 필요한 모든 자료를 개발한다.
- 파일럿 테스트(형성평가) 및 수정: 형성평가를 통해 수집된 정보를 바탕으로 제작된 교수자료를 종합적으로 점검하여 문제점을 수정하고 보완한다.
- 제작: 수정된 교수자료를 학습자들이 활용하는 데 불편함이 없고 학습효과를 극대화시킬 수 있도록 프로그램이 제작되어야 한다.

④ **실행(implementation)**

개발 단계에서 완성된 최종 산출물인 교수 자료나 교수 프로그램을 실제 교육 현장에 적용하는 단계이다.

- 사용 및 설치: 개발된 교수 프로그램을 실제 수업에 사용한다.
- 유지 및 관리: 새로운 프로그램의 효과적인 적용을 위해 계속적인 질 관리를 실시한다.

⑤ **평가(evaluation)**

최종 산출물이 의도한 목적을 충실히 달성했는지 총괄 평가하여 확인하는 과정이다.

- 교육 훈련 성과 평가: 새로 개발된 교육프로그램의 효율성을 확인하기 위해 프로그램의 만족도, 학습자의 지식·기능·태도 등의 변화정도, 학습된 능력의 실제적 문제 사태에 대한 전이 또는 적용하는 정도 등을 평가한다.

2) Dick & Carey의 체제적 교수설계 모형

Dick & Carey 모형(2010)은 체제적 접근 방식에 입각한 절차적 모형이고 효과적인 교수 프로그램 개발을 위한 일련의 단계들과 그들 간의 역동적 관련성에 초점을 둔다. 이 모형은 경험이 적은 교수설계자가 사용하기에 유용하며, 총 10단계로 구성되어 있다.

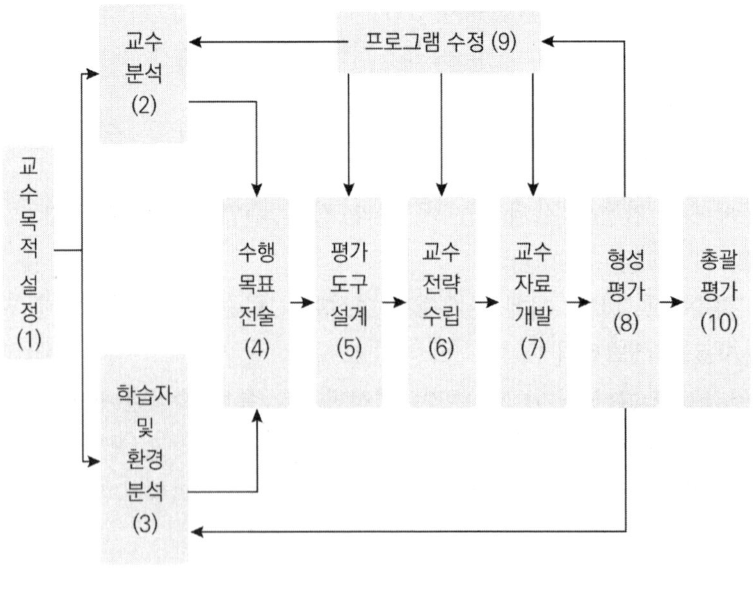

[그림 4-9] Dick & Carey 교수설계 모형

① 교수목적 설정(요구사정)

수업을 끝난 후 학습자들이 무엇을 할 수 있기를 바라는지 즉, 최종 목적(goal)을 설정하는 단계로 수업목적은 학습자의 요구분석이나 교육과정 분석을 통해 정보를 수집하여 설정된다.

② 교수분석(수업분석)

교수분석은 교수에 포함되어야 할 기능과 지식을 규명하는 것이 목적이므로 이를 위해 목적의 분석과 하위 기능 분석이 실시된다. 교수의 목표가 어떤 유형의 것이며, 이를 달성하기 위해 어떠한 활동들이 필요한가를 규명한다. 즉, 교수목표 달성을 위해 학습자가 학습해야 할 하위 기능을 분석하고 그 기능들이 어떠한 절차로 학습되어야 하는지를 밝히는 것이다.

③ 학습자 및 환경분석

수업이 시작될 때 특정 학습을 하기 위해 학습자가 반드시 갖추어야 할 선수학습(출발점 행동)과 교수활동을 설계하는데 중요하게 고려해야 할 학습자 특성을 확인한다. 그리고 학습이나 교수에 영향을 줄 수 있는 환경(상황)을 분석한다.

④ 수행목표 진술

교수분석과 학습자 분석을 토대로 수업이 종료된 후 학습자들이 무엇을 할 수 있을 것인가에 관한 명세적인 수행목표(학습목표) 진술을 해야 한다. 수행목표 진술은 학습될 성취행동과 그 성취행동이 실행될 조건, 성공적 수행 준거를 포함해야 한다.

⑤ 평가도구 개발

앞에서 설정된 학습목표에 대응하는 평가문항을 개발함으로써 학습자들의 학습목표 달성 정도를 측정할 수 있는 평가도구와 문항을 개발하는 과정이다. 개발된 문항은 학습목표에서 기술된 성취행동을 직접 측정할 수 있는 다양한 형태의 문항, 수행과제들로 구성하며, 준거지향평가 문항으로 개발하여야 한다.

⑥ 교수전략 수립

최종 학습목표 달성을 위한 전략을 설정하는 단계로 동기 유발 전략, 학습 내용 제시나 연습과 피드백 전략, 교수-학습집단 조직, 수업환경의 정비 등 학습자들의 특성을 고려하여 개발해야 한다.

⑦ 교수자료 개발

교수자료 전략 개발에 따라 교수 프로그램을 실제 제작하는 단계로 이 때 교수 프로그램은 수업활동에 사용될 모든 자료를 의미한다. 각종 자료들이 개발되는 단계이며, 이 자료들은 학습목표와 내용, 학습자 특성을 고려하여 개발한다.

⑧ **형성평가**

7단계까지의 개발이 완료된 교수 프로그램을 일대일 평가, 소집단 평가, 현장 평가 등과 같은 다양한 방법으로 그 결과를 검토하여 수정·보완하는 단계이다.

⑨ **프로그램 수정**

형성평가의 결과를 토대로 학습목표 달성에 있어 학습자가 곤란을 겪는 점을 확인하고 이를 수정한다. 학습과제 분석의 타당성, 학습자의 출발점 행동, 학습자 특성에 대한 가정을 재검토하고 학습목표 진술의 적절성, 평가문항 개발의 타당성, 교수전략의 효과 등을 통합적으로 검토하고 개선하여 보다 효과적인 교수 프로그램을 개발한다.

⑩ **총괄평가**

형성평가에 의해 수정·보완된 교수 프로그램은 마지막 총괄평가를 통해 개발한 교수 프로그램을 사용할 것인지 새로운 교수 자료를 채택할 것인지에 관한 결정을 하는 것이다. 총괄평가는 교수개발자나 교수설계자가 아닌 별도의 외부 평가자에 의해 실시되므로 교수설계 전체 과정 밖에 있다고 볼 수 있다.

지금까지 교수설계 이론 중에서 일반모형과 Dick & Carey 모형을 살펴보았다. 수업의 일관성, 계획성을 바탕으로 수업의 효과를 증진시킬 수 있는 교수설계에서 학습동기를 유발시키는 전략은 매우 중요한 역할을 한다고 볼 수 있다. 학습동기 설계 모형의 대표적인 이론이 켈러(John M. Keller)의 ARCS 이론이다. 따라서 다음 절에서는 켈러의 ARCS 이론을 다루고자 한다.

3절. 교수설계 이론

교수이론은 효과적인 교수설계의 원칙을 강조하는 처방적(prescriptive) 이론으로서 실제 가르치는 교실 상황에서 학습이 촉진되는 효과적인 방법을 처방하고자 한다. 이를 바탕으로 교수설계란 교수자가 수업을 일관성 있고 신뢰감 있게 계획, 진행하기 위해 체계적인 계획을 만들어 가는 활동이라고 할 수 있다. 즉, 교수자가 수업을 통해 학습자가 무엇을 학습해야 하는지, 수업목표를 달성하기 위해 어떤 학습활동과 학습전략, 학습자료를 제공해야 하는지 그리고 수업목표의 달성 여부를 무엇으로 판단할지에 대한 해답을 찾아가는 과정이다(박숙희, 염명숙, 2007; 조규락, 김선연, 2006).

모든 교수설계 이론은 다음과 같은 네 가지의 공통된 특징을 나타낸다(Reigeluth, 1999). 첫째, 설계지향적이고 처방적이다. 교수-학습이 진행되는 과정을 설명 또는 기술하는 것에 그치지 않고 교수-학습의 과정이 원활하게 이루어져 교수목표가 달성되는 데 필요한 처방에 초점을 둔다는 것이다. 둘째, 맥락적이고 상황적이다. 특정한 교수-학습 상황에서 사용 가능한 방법과 사용 불가능한 방법을 구체화하는 과정이라고 말할 수 있다. 같은 학습 내용이라고 해도 학습자의 특성, 수준, 환경과 같은 맥락이나 상황에 따라 적용 가능한 교수방법이 달라지고 그에 따른 학습 결과도 달라질 수 있다는 것이다. 셋째, 요소적이다. 즉, 교수설계를 통해 하나의 수업방법은 보다 단순한 하위의 요소들로 세분할 수 있고 이러한 하위 요소들은 실제 교육에 실질적인 도움을 준다. 교육 실제에 도움이 되는 것은 바로 그 실제 상황의 특성과 관련되는 하위 요소이고, 이는 교수자에게 보다 많은 안내와 처방을 제공해 준다. 넷째, 개연적 특징을 갖는다. 모든 상황과 맥락에 적용되는 보편적 교수설계는 존재하지 않는다고 본다. 교수설계는 확정적인 것이 아니라 상황에 따라 다양하게 변경가능한 융통성을 갖는다는 의미이다.

학습이론은 행동주의, 인지주의, 구성주의와 같이 학습이 일어나는 과정을 설명하고 예측하는 기술적(descriptive) 이론이라고 한다면 교수이론은 효과적인 교수설계의 원칙을 강조하는 처방적(prescriptive) 이론이라고 할 수 있다. 학습이론은 가장 좋은 학습 상황에 대해 기술하고자 하는 반면, 교수이론은 실제 가르치는 교실 상황에서의 방법을 처방하고자 한다. 교수이론은 글레이저(Glaser)의 교수이론을 비롯하여 브루너(Bruner)의 발견적 교수이론, 오수벨(Ausubel)의 유의미 학습이론, 가네(Gagné)의 학습조건 이론(9가지 수업사태), 반두라(Bandura)의 사회학습 이론, 와이너(Weiner)의 귀인 이론 등 다양한 교수이론이 있는데, 여기에서는 글레이저(Glaser)

의 교수이론과 현재까지 가장 많이 활용되고 있는 가네(Gagné)의 학습조건 이론을 살펴보고 교수설계의 중요한 요소인 학습동기는 관련 이론 중 대표적인 켈러(Keller)의 ARCS 이론을 살펴보고자 한다.

1) 글레이저의 수업모형

글레이저(R. Glaser)의 수업모형(1962)은 너무 개괄적이지만 교육과정과 학습지도, 교육평가를 하나의 시스템 속에 통합하여 교수활동에 대한 개념체계를 잘 보여주고 있으며, 다른 교수모형에 기초하고 할 수 있을만큼 간결하지만 정확한 교수과정 개념체계를 갖추고 있다.

<표 4-5> 글레이저의 수업 과정 모형

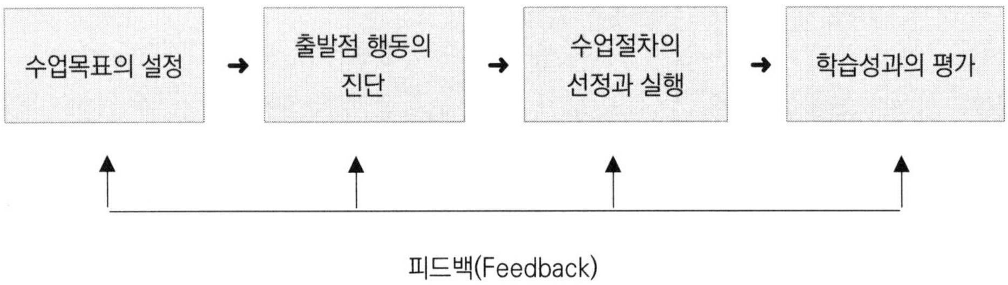

글레이저는 학습 내용을 정보로 간주하여 수업과정을 막대한 양의 정보가 빠르게 처리되는 컴퓨터의 구조와 기능에 빗대어 설명했다. 그는 교수과정을 교사에 의한 연속적인 의사결정 과정으로 보고 교수의 구성 요소와 전개 절차를 수업목표 설정, 출발점 행동의 진단, 수업절차의 선정과 실행(교수절차) 그리고 학습성과의 평가라는 4단계로 구분하고 그들 간의 상호관계를 도식화하였다.

1단계는 가르치고 배워야 할 내용을 의미하는 교수 목표를 설정하는 단계이며, 학습 내용을 학습자가 쉽게 이해할 수 있도록 적절한 단위의 분류와 제시 순서를 정리하는 단계이다. 이때 수업목표는 명세적인 도착점 행동 목표로 진술되어야 한다.

2단계는 수업목표가 정해지면 이에 근거하여 학습자들의 학습수준을 진단하여 도착점 행동을 습득하기 위해 습득해야 할 지식, 발달 수준, 동기 상태 등을 진단하여 이에 적절한 수업절차를 제시한다.

3단계는 학습자에게 가르칠 내용을 교수자가 직접 가르치는 과정으로 이때의 수업 절차는 수업목표에 따라 진행되어야 한다.

4단계는 설정된 수업목표가 얼마나 달성되었는가를 평가하는 단계로 학습자의 도착점 행동의 성취여부를 확인하는 단계이다. 이 평가의 결과는 다음 수업 과정 설계의 기초자료로 활용된다.

단계별 흐름도를 보면 알 수 있듯이 교수과정의 각 단계에서 수행 결과를 평가하고 수정하여 단계별 결함이 있는지 확인하는 순환적 흐름이 있다는 것을 알 수 있다.

2) 가네의 9가지 수업사태

가네(Gagné)의 학습조건 이론은 행동주의를 근간으로 하여 전문적인 교사가 교실에서 수행하는 것에 대한 경험적인 연구결과와 학습에 대한 정보처리 이론의 관점이 결합되어 형성된 이론으로 탁월한 수업설계 이론을 구축하기 위한 기본적 도구로써의 역할도 수행하고 있다(Gagné, Briggs & Wager, 1992).

수업 심리학자인 가네(Robert M. Gagné)는 '학습의 조건'이라는 책을 출간하면서 특정 직무훈련에 필요한 기능과 지식을 연구하며, 직무훈련을 받는 학습자가 어떻게 하면 가장 잘 학습할 수 있는지를 연구한 결과, 학습 성과의 분류, 학습조건, 수업사태 등 학습의 세 가지 요소를 구성하여 제시하였다.

<표 4-6> 가네의 9가지 수업사태 흐름도

단계		수업사태 (학습자-내적 조건)		학습 조건 (교수자-외적 조건)		학습 성과
학습 준비	-	① 수용	-	① 주의집중 획득		
		② 기대	-	② 목표 제시		
		③ 작업기억으로 인출	-	③ 선행학습의 회상 자극		
획득과 수행	-	④ 선택적 지각	-	④ 자극 제시	→	언어정보
		⑤ 의미의 부호화	-	⑤ 학습 안내	→	지적기능
		⑥ 반응	-	⑥ 성취행동 유도	→	인지전략
		⑦ 강화	-	⑦ 피드백	→	운동기능
학습 전이	-	⑧ 인출 및 강화	-	⑧ 평가	→	태도
		⑨ 인출 및 일반화	-	⑨ 파지 및 전이		

가네는 블룸(Benjamin Bloom)의 인지적·정의적·심동적 학습 영역 분류체계를 발전시켜 언어정보, 지적기능, 인지전략, 운동기능, 태도 등 5개의 학습성과(영역)로 분류하였다. 학습자들이 다섯 가지의 학습 성과를 획득하기 위해서는 학습이 발생해야

하는데 이때 학습자의 내부에서 일어나는 일련의 과정을 정보처리 과정으로 보고 이를 학습사태 또는 학습의 내적 조건으로 제시하였다.

그는 인지적 학습 과정은 ① 수용, ② 기대, ③ 작업기억으로 인출, ④ 선택적 지각, ⑤ 의미의 부호화, ⑥ 반응, ⑦ 강화, ⑧ 인출 및 강화, ⑨ 인출 및 일반화의 9가지 단계(9가지 수업사태)를 거쳐 발생한다고 하였다. 학습 조건이란 학습의 외적 조건으로 교수를 의미하고 그 역할은 학습자의 학습 과정 즉, 내적 과정(정보처리 과정)을 돕는 것이다. 학습 조건의 과정은 수업사태의 단계에 따라 ① 주의집중 획득, ② 목표 제시, ③ 선행학습의 회상 자극, ④ 자극 제시, ⑤ 학습 안내, ⑥ 성취 행동 유도, ⑦ 피드백, ⑧ 평가, ⑨ 파지 및 전이로 이루어지며, 이를 세 단계로 구분하여 학습 준비, 획득과 수행, 학습 전이로 제시하였다. 가네의 이 단계는 실제 학교현장에서 가장 널리 보급되어 사용되고 있으므로 교수자는 9가지 수업사태와 그에 따른 각 단계별 학습 조건에 대해 알아둘 필요가 있다.

① 수용 - 주의집중 획득

학습이론에서 다루었듯이 학습자는 새롭게 투입되는 정보에 대해 주의를 기울이고 수용하지 않으면 학습이 일어나지 않기 때문에 학습자의 주의를 포착하는 일은 수업에서 가장 먼저 일어나야 할 사태이다. 주의는 Keller의 학습동기 이론에서 아주 중요한 핵심 개념으로 다루어지고 있다.

② 기대 - 목표 제시

학습자가 학습하려는 내용에 대한 기대를 갖는 것은 그 기대와 관련한 후속 정보처리에 영향을 주게 된다. 연령에 관계없이 모든 학습자는 수업 상황에서 학습하게 될 내용에 관한 기대를 나타내는 경향이 있다. 기대는 간단히 수업목표를 진술하거나 수업 후에 학습자들이 할 수 있게 될 내용을 언급하거나 학습 결과를 간단하게 시범을 보임으로써 설정할 수 있다.

③ 작업기억으로 인출 - 선행학습의 회상 자극

선행학습의 회상을 자극하는 것은 지난 시간에 학습한 내용을 다시 상기시켜주는 것이다. 새로운 학습이 이전에 학습한 내용에 크게 의존하지만 지식의 기반이 넓지 않은 나이 어린 학생일수록 관련 정보를 회상하거나 활용하지 못하는 경향이 있다. 이전에 학습한 내용을 새로운 문제나 맥락에 적용하는 일은 그리 쉬운 일이 아니다. 그러므로 학습자의 전이나 부호화를 돕기 위해서는 교수자가 관련된 필수 선행 정보를 회상하도록 도와주어야 한다.

④ 선택적 지각 - 자극 제시

학습할 내용이 무엇인가에 좌우되는데 학습성과에 따라 다양하게 제시될 수 있다.

만약, 수업목표가 지적 기능이라면 학습할 개념이나 규칙의 주요 특징을 확실하게 제시하도록 하며, 운동기능이나 인지전략의 자극 제시는 언어적 지시를 통해서도 이루어진다. 태도의 학습성과는 모델이 바람직한 행동이나 선택에 대한 시범을 보여줌으로써 제시될 수 있다. 모든 유형의 학습 성과를 위한 자극 제시는 학생으로 하여금 선택적 지각을 할 수 있도록 기대한 결과의 분명한 특징이나 필수 요소를 강조해야 한다.

⑤ 의미의 부호화 – 학습 안내

학습 안내 역시 기대한 결과에 달려있으나 구체적 수업활동은 유의미한 방법으로 학습될 내용이 장기기억으로 전이되도록 촉진시키는 것이다. 즉, 교수자는 각 영역의 학습 성과에 맞는 결정적이고 특별한 학습 조건을 이 단계에서 제시해야만 한다. 학습 안내는 학습자의 능력에 따라 어느 정도로 제시할 것인지는 달라질 수 있다.

⑥ 반응 – 성취행동 유도

학습자의 학습을 학습자 스스로와 교수자, 또는 학습과 관련된 다른 타인에게 확인시켜주는 단계로 학습된 것을 보여주는 수행을 하도록 요구한다. 학습이란 의도하는 행동의 변화를 나타내는 것이므로 행동은 기대한 학습목표를 나타내는 가장 중요한 지표가 된다. 이 단계의 사태는 학습의 진행 상황을 측정할 수 있는 기회를 제공한다. 그러므로 이를 기초로 다음 수업사태에서 학습자에게 수행 개선에 영향을 주는 유용한 정보를 제공한다.

⑦ 강화 – 피드백

6단계에서 학습자가 수행한 것에 대해 정보적 피드백을 제공해야 한다. 피드백은 학습자가 그들의 수행 결과가 맞는 것인지 틀린것인지 그 여부를 제공하여 만약 틀리다면 학습자가 그 원인을 찾고 수정하는데 도움이 되어야 한다. 피드백은 맞거나 틀린 것에 대한 정보만 주는 것이 아니라 현재의 기능을 향상시키는 방법을 학습자에게 보여주는 더 자세한 보충 설명이 되어야 한다.

⑧ 인출 및 강화 – 평가

학습은 비교적 장기간에 걸쳐 일어나는 행동과 수행의 변화이므로 새로운 기능은 교사의 평가를 받기 전에 자신의 완성된 지식을 보여줄 수 있도록 다듬을 기회를 준 후 이루어져야 한다. 일반적으로는 단원이나 분기별 시험, 포트폴리오, 기능 시험 등이 수행된다. 수업의 마지막 단계에 일어나는 이 사태에서도 적합한 피드백을 받도록 해야 한다.

⑨ 인출 및 일반화 – 파지 및 전이

마지막 단계의 사태에서만 파지와 전이가 일어나는 것은 아니다. 이미 5~7단계의 사태에서 여러 번의 반복이나 다양한 보기 및 맥락에 따른 학습조건이 제안된다면 앞 선 단계에서도 파지와 전이는 일어날 수 있다. 잘 짜여진 수업 설계는 대다수의 학습자가 수업목표를 장기기억으로 파지와 전이가 잘 이루어져 쉽게 인출되고 일반화시킬 수 있다.

3) 켈러의 학습동기(ARCS) 이론

미국의 교육심리학자인 켈러(John M. Keller, 1938)는 동기 유발 교수설계 이론에서 학습자의 동기가 유발되기 위해서 충족되어야 할 네 가지 동기조건을 제시하였다. 이는 주의집중, 관련성, 자신감, 만족감으로 이 요건을 충족시키도록 수업을 설계하면 효과적인 수업이 된다는 이론이다. 이 요건의 영문의 앞 글자를 따서 ARCS 모형(1984)이라고 한다. 켈러의 학습동기 설계 이론(ARCS 이론)은 동기의 기대-가치 이론에 영향을 받아 개인의 필요, 믿음, 기대가 행동을 선택하는 데 어떠한 영향을 미치는지에 초점을 두고 설계되었다. 이 모형은 학습자들의 동기 상태를 구체적으로 파악하고 적절한 동기전략을 선택하여 수업을 설계하도록 해주며 교수자의 경험이나 전문성을 바탕으로 상황(맥락)에 따라 융통성 있게 사용할 수 있는 특징이 있다.

(1) 주요 요소

① 주의집중(attention)

호기심은 동기 중 가장 강력한 동기의 원천이지만 쉽게 사라질 수 있다. 교수자는 학습의 선수조건으로서 단순히 감각적인 것으로 관심을 끄는데 그치지 말고 지적인 호기심을 유발하거나 학습 자극을 적절히 변화시킴으로써 계속적으로 유발·유지시킬 수 있다. 예를 들어, 시청각 매체를 적절히 활용하거나 비일상적인 사건 또는 내용 등의 제시, 문제해결을 위한 단서 제공, 형식의 다양성 가미 등 여러 가지 방법들을 사용할 수 있다.

② 관련성(relevance)

'왜 내가 이것을 학습해야 하는가'에 대한 해답 제시를 요구하는 것으로 현재나 미래의 일들을 수행함에 있어서 학습하고 있는 내용이 도움이 된다는 것을 보여주거나, 학습 그 자체에서 즐거움을 찾고 그 가치를 알려주거나, 결과보다는 과정에 초점을 맞추도록 해주어야 한다. 주어진 학습과제, 학습목표, 내용, 활동 등이 학습자의 흥미와 일치하면서 학습자들에게 직접적인 의미와 가치가 생길 때 학습동기가 유발·유지된다.

③ 자신감(confidence)

학습자가 학습과제를 성공시킬 수 있는 능력이 있다는 신념 즉, 성공에 대한 확신이 높을 때, 학습동기가 유발된다. 그러므로 학습자에게 적절한 수준의 도전 과제를 주고 이 과제는 자신의 노력(귀인)에 따라 성공할 수 있다는 자신감을 심어주어야 한다.

④ 만족감(satisfaction)

켈러는 학습에 대한 만족감 생성을 위한 전략으로 자연적 결과, 긍정적 결과, 공정성이라는 세 가지 범주를 제안하였다. 자연적 결과는 유의미한 방법으로 새롭게 획득한 지식이나 기능을 활용할 기회를 제공함으로써 가능해진다. 언어적 칭찬이나 유인물, 상품 또는 상장 같은 것 긍정적 결과의 활용은 만족감을 생성시키는데 유용할 수 있다. 공정성은 학습을 시작할 때 설정한 기대와 학습 결과가 일치하는 것을 확인하고 과제 성취기준과 결과를 일관성 있게 유지함으로써 학습자들이 공정하고 정당하게 대우받고 있다는 것을 느끼게 해준다.

ARCS 이론은 구체적이고 처방적인 동기전략을 제시하는 모형으로써 일반적인 교수설계 모형들과 함께 사용이 가능하기 쉽게 고안되어 있다. 이 모형은 교수설계자나 교수자가 교수과정에서 학습동기를 계속적으로 계획하고 설계되어야 함을 주장하고 있다. 아래의 표를 보면 동기 유발 및 유지전략을 교수설계에 반영하기 위한 지표로써 해당 동기를 개발하기 위해 무엇을 중점으로 고민하고 해당 전략을 구안할 수 있는지 보여준다.

<표 4-7> ARCS 이론의 구성 요소

구성 요소	하위 요소	동기 유발을 위한 주요 질문(적용 방법)
주의집중 (Attention)	지각적 주의 환기 전략	흥미를 끌기 위해 무엇을 할 수 있을까?
	탐구적 주의 환기 전략	탐구하는 태도를 어떻게 유발할까?
	다양성의 전략	학습자의 주의를 어떻게 유지할 수 있을까?
관련성 (Relevance)	목적 지향성의 전략	학습자의 요구를 어떻게 최적으로 충족시켜 줄 수 있을까?
	모티브 일치 (필요나 동기와의 부합)의 전략	수업을 학습자의 학습양식과 개인적 흥미에 언제, 어떻게 연결시킬까?
	친밀성의 전략	수업과 학습자의 경험을 어떻게 연결시킬까?

자신감 (Confidence)	학습의 필요조건 제시 전략	성공에 대한 긍정적 기대감을 어떻게 키워 줄 수 있을까?
	성공의 기회 제시 전략	자신의 역량에 대한 믿음을 향상시킬 수 있는 학습경험을 어떻게 제공할까?
	개인적 조절감 증대전략	학습자가 자신의 성공이 스스로의 노력과 능력에 의한 것이라고 어떻게 알 수 있을까?
만족감 (Satisfaction)	자연적 결과 강조 전략 (내재적 보상)	학습경험에 대한 학습자들의 내재적 즐거움을 어떻게 격려하고 지원할까?
	긍정적 결과 강조 전략 (외재적 보상)	학습자의 성공에 대한 보상으로 무엇을 제공할까?
	공정성 강조 전략	공정성 처리에 대한 학습자들의 지각을 어떻게 만들어 줄까?

(2) ARCS 이론의 예시

이론의 요소들을 미용교과에 적용할 경우 사용할 수 있는 예시를 몇 가지 제시해 보면 다음과 같다. 각 전략은 수업의 도입, 전개, 정리 단계마다 적절히 적용하여 사용할 수 있다.

① 주의집중(attention) 전략

지각적 주의 환기 전략
- 학습 내용과 관련된 흥미 유발 보조 자료(인쇄매체, 동영상, 사진 등) 제시
- 추상적 용어보다 특정하거나 구체적인 예시를 제시(구체화 시키기)

탐구적 주의 환기 전략
- 호기심을 유발시킬 수 있는 질문 제시
- 호기심이나 신비감을 만들기 위한 시각적인 자료 사용하기

다양성의 전략
- 수업 방법의 변화(예: 강의법과 협동학습의 혼합)
- 진술 형식(설명, 화술, 설득 등)이나 제시내용의 유형(글, 그림, 표, 사진 등)에 변화주기

② 관련성(relevance) 전략

목적 지향성의 전략
- 학습자들이 본시 수업 후 무엇을 할 수 있게 되는지 제시(현재나 미래의 가치)

모티브 일치(필요나 동기와의 부합) 전략

- 학습자 개인이 대접받고 있다는 것을 느끼도록 개별적 언어 사용하기
- 성취를 위한 노력과 목적달성을 나타내는 실제적 예시 제공하기

친밀성의 전략

- 학습자들이 이미 경험한 것과 관련되어 있는 내용 제시하기
- 학습자들에게 과제 내용에 대해 선택권 주기

③ 자신감(confidence) 전략

학습의 필요조건 제시 전략

- 긍정적인 격려와 피드백 제시
- 자신의 학습목적이나 목표를 적어보도록 기회 제공하기

성공의 기회 제시 전략

- 명확하고 따라하기 쉬운 계열의 내용으로 조직하기
- 지나치게 어려운 질문이나 연습문제가 없도록 하기
- 연습문제를 학습목표나 학습 내용과 일치하게 만들기

개인적 조절감 증대 전략

- 학습자들이 자신의 속도에 맞춰 학습하도록 하기
- 자신의 능력을 나타내는 방법의 선택권 부여하기

④ 만족감(satisfaction) 전략

자연적 결과 강조 전략(내재적 보상)

- 목표달성에 대한 긍정적이고 열정적인 말로 피드백 제공하기
- 흥미 있는 다른 영역에 대한 정보 제공하기

긍정적 결과 강조 전략(외재적 보상)

- 지루해지기 쉬운 반복적 연습같은 과제를 위해 점수제 같은 외재적 보상 제시
- 학습자가 과제에 능숙해지면 점차 간헐적인 강화 전략 사용하기

공정성 강조 전략

- 학습자들이 공정한 평가를 받고 있음을 느끼도록 일관성 있게 평가하기
- 최종 연습문제와 이전 연습문제가 일치하도록 제시

위에 제시된 전략들은 하나의 예시이고, 각각의 전략은 관련성 있는 요소들이 동시에 적용되어 사용될 수도 있다. 예를 들어, 외재적 보상은 만족감뿐만 아니라 자신감 전략도 될 수 있다는 의미이다. 이처럼 각 요소는 분절된 것이 아니라 서로 관련되어 있음을 이해할 필요가 있다.

4절. 교수-학습지도안의 실제

1) 수업목표 진술

(1) 수업목표 설정

수업목표의 설정은 보통 교수설계의 첫 단계인 분석 단계에서 학습자들에게 요구되는 것이 무엇인지 분석한 상태에서 시작된다. 즉, 어떤 내용이나 방법에 대한 지식, 기능, 태도를 갖추게 할 것인지 정리하여 인지적 영역, 정의적 영역, 운동기능적 영역의 세 차원에서 어떤 내용을 학습할 것인지 확인해야 한다.

학습의 세 가지 영역(인지적/정의적/운동기능적) 가운데 어떤 영역과 관련되는지 확인하면 기대하는 목표를 정확히 기술하기 위해 용어를 선정하는데 이때 특성에 따른 교육의 결과를 체계적으로 분류하는 블룸(Bloom, 1956)의 목표분류학을 활용하게 된다.

수업목표를 진술하는 기본적 세 가지 요소는 수행할 과업, 조건, 기준이다. 과업은 어떤 행동의 최종적 결과 즉, 성취해야 할 목표를 의미하며, 여기에는 두 가지 정보가 포함되어야 한다. 하나는 관찰이 가능한 행위 동사, 예를 들면 '진술한다', '완성한다' 등의 진술문으로 표현해야 하고 다른 하나는 주요 의도 즉, 무엇을 성취할 것인가를 기술해야 한다. 조건이란 과업이 행해질 특정 상황이 어떠해야 하는지를 안내하는 것이다. 끝으로 기준은 과업 실행이 측정되는 표준을 나타내는 정보를 말한다. 이 세 가지의 요소를 포함한 예를 들어 목표를 진술하면 다음과 같다.

조건: 커트의 기본형 네 가지를 참고하여
준거: 네 가지 커트형 모두를 예시와 동일하게
과업: 완성할 수 있다.

(2) 수업목표 진술

지금까지 설명한 수업목표 일반적인 진술 방법 외에도 타일러(Tyler)의 진술 방식, 메이거(Mager)의 진술 방식, 가네(Gagne)와 브리지스(Briggs)의 진술 방식, 그론룬드(Gronlund)의 진술 방식 등이 있으며, 네 가지 유형의 수업목표 진술 방법에 대해서 알아보고자 한다.

① 타일러(Tyler)의 진술 방식

타일러(1949)는 교육목표가 의미하는 바를 명확하기 위하여 수업목표를 진술할 때 행동목표로 진술할 것을 주장하였다. 행동목표란 학습의 결과인 도착점 행동을 관찰이 가능한 용어로 진술하는 것을 말한다. 타일러의 진술 방식은 현재까지 교실 현장에서 보편적으로 사용되고 있는 방식 중 하나이며, 가장 간결하게 구성되어 있다. 그 특징과 예시를 살펴보면 다음과 같다.

<표 4-8> 타일러 수업목표 진술 방식

도착점 행동으로 진술	학습자가 수업이 끝난 후 설정된 학습목표와 일치하여 획득하게 될 도착점 행동으로 표현한다.
행동과 내용이 모두 포함	학습목표 속에 '행동'과 그 행동이 나타나게 될 학습 영역인 '내용'이 포함되어야 한다.
구체적 행위동사 사용	의도한 행동이 나타났는지 확인할 수 있도록 구체적인 동사를 사용하여 진술한다.

<표 4-9> 타일러 수업목표 진술 방식 예시

내용	행동
실습일지를	작성할 수 있다.
젤 네일을	완성할 수 있다.
퍼머넌트 웨이브의 원리를	생각해 내어 발표할 수 있다.

② 메이거(Mager)의 진술 방식

메이거는 타일러의 진술 방식보다 명세적인 진술 방식을 사용하는 특징을 갖는다. 진술된 수업목표를 읽고 다른 의미로 해석되는 것을 방지하기 위해서 그 의미가 분명한 명시적 동사를 사용할 것을 권장하고 있다. 또한 수업목표를 내용과 행동으로 진술하는 것만으로는 충분하지 못하다고 본다. 이에 다음과 같은 요건을 갖추고 있어야 한다고 하였다.

<표 4-10> 메이거 수업목표 진술 방식

명세적 진술	모든 목표는 구체적인 행위 동사로 진술되어야 한다.
도착점 행동으로 진술	학습자가 교수과정을 통해 최종적으로 나타나야 할 행동으로 표현한다.
조건(상황) 제시	기대하는 도착점 행동이 나타날 조건이나 상황을 제시한다.
수락기준(준거) 제시	학습자가 성취해야 할 행동이 설정해놓은 기준에 부합해야 성취했다는 증거로 보는 기준을 뜻한다.

<표 4-11> 메이거 수업목표 진술 방식 예시

조건	수락기준	도착점 행동
이사도라형 과제가 주어졌을 때,	30분 이내에 커트를	완성할 수 있다.
피부의 유형이 주어졌을 때,	10분 이내에 유형을 파악하여 관리차트를	작성할 수 있다.
판타지 메이크업 패턴지가 주어졌을 때,	20분 이내에 일러스트를	그릴 수 있다.

이와 같은 메이거의 수업목표 진술 방법은 철저하게 조작주의적 입장을 취하고 있다. 즉, 학습자의 목표 행동인 '도착점 행동'을 철저히 조작적으로 정의하고, 그 행동이 나타날 것으로 기대되는 조건을 제시하였으며, 학습자의 행동이 목표의 절대 수준에 도달했는지를 판단할 수 있는 절대적 준거를 선정한 것은 수업목표를 조작화한 대표적인 사례로 볼 수 있다.

③ 가네(Gagné)의 수업목표

가네는 수업목표 진술 시 학습자의 도착점 행동과 그 행동이 유발되는 조건이 구체적으로 진술되어야 한다고 하였다. 그는 진술문에 준거가 빠진 이유로 언제나 100%의 수업목표 도달을 요구하고 있으므로 매번 진술할 필요가 없다고 보았다. 행동의 표시 방법을 핵심 동사와 보조 동사로 엄격하게 구분한다. 학습능력이 내포된 행동을 묘사하는 동사를 핵심 동사라고 하였고 보조 동사는 어떤 내용을 통해 그 학습능력을 표현하는데 수단이 되는 동사를 의미한다. 이에 목표 진술의 모호성을 극복하기 위하여 다음 다섯 가지 요소를 중심으로 진술할 것을 제안하였다.

- 상황: 학습자의 성취 행동이 표현되는 상황을 기술한다(예: ~이 주어지면).
- 도구와 기타 제약조건: 성취 행동이 어떻게 수행되어야 하는 것으로 도구와 행동에 가해지는 제한 사항을 기술한다.

- 행위: 타인이 관찰할 수 있는 성취 행동을 기술한다.
- 대상(혹은 목적): 수행한 행동의 결과로써 학습자가 무엇을 달성하였는가를 기술한다. 또한 이는 성취행동의 대상이기도 하다.
- 학습된 능력: 성취행동의 종류나 학습된 능력을 기술한다.

<표 4-12> 가네 수업목표 진술 방식 예시

상황	도구·제약	행위	대상	능력
메이크업 패턴지가 주어졌을 때,	20분 이내에 색연필을 가지고	일러스트함으로써	판타지 메이크업 시안을	그릴 수 있다.
커트 도해도가 주어졌을 때,	50분 이내에 커트 도구를 가지고	커트함으로써	콤비네이션 커트를	완성할 수 있다.
고객이 방문했을 때,	30분 이내에 측징기기를 가지고	측징함으로써	피부 유형을	파익힐 수 있다.

가네와 브리지스의 수업목표 진술 방법에 대한 논의는 대체로 지나치게 조작적이라는 점에 초점이 맞추어진다. 이 방법은 수업목표 진술의 요소로 다섯 가지를 제시하여 지나치게 구체적이고 세분화되어 있으며, 이에 따라 목표 진술을 제대로 할 수 있는 사람은 드물다. 또한 지나친 세분화와 조작적 성격으로 인해 모든 교과 내용에 적용하기 어렵다는 비판도 제기된다.

④ 그론룬드(Gronlund)의 수업목표

그론룬드는 수업목표를 일반적 수업목표와 명세적 수업목표로 구분하였다. 그는 일반적 수업목표를 먼저 진술한 후 이를 기초로 명세적 수업목표를 만들어야 한다고 하였다. 즉, 수업목표를 진술할 때에는 먼저 일반 목표를 포괄적으로 제시한 다음 이를 구체화할 수 있는 명세적 목표를 덧붙여야 한다는 것이다.

명세적 목표는 일반적 수업목표를 구체적인 행동으로 나타낸 결과이며 평가의 기초가 된다(Gronlund, 1985). 수업목표에는 학습 내용을 포함함과 동시에 학습자를 주이로 하여 교수-학습의 결과로 기대되는 행동이 빠짐없이 진술되어야 한다.

또한 목표 진술을 간단하고 명료하게 하기 위해 학습자인 주어는 생략하고 '~을 할 수 있다'는 동사 표현 대신 '~하기'와 같은 부정사 형태로 나타낼 것을 권장하고 있다.

예시: 메이크업의 역사 수업의 수업목표

Ⅰ. 메이크업의 역사를 알기(일반적 수업목표)

Ⅰ-1. 시대별 관련 인물을 확인하기(명세적 수업목표)

Ⅰ-2. 특정 시대별 인물의 특징을 기술하기(명세적 수업목표)

Ⅰ-3. 역사적 대표 인물을 시대순으로 나열하기(명세적 수업목표)

Ⅰ-4. 역사적 특징과 그 원인을 관련짓기(명세적 수업목표)

*** 수업목표 진술 시 유의사항**

수업목표는 학습자가 획득하게 될 도착점 행동으로 진술되어야 하는 것이지 교사의 행동으로 진술되어서는 안된다. 또한 학습의 과정이 아닌 학습의 결과를 진술해야 하고 수업목표에는 두 가지 이상의 학습 결과가 포함되지 않도록 주의해야 한다.

2) 교수-학습지도안 작성

(1) 교수-학습 지도의 단계

교수-학습 지도의 단계는 보통 도입, 전개, 정리의 세 부분으로 구성된다.

도입 단계에서는 수업의 시작을 알리고 지난 시간에 학습한 내용을 회상시키며 새롭게 학습하게 될 주제에 대한 동기 유발 전략을 활용한다. 전개 단계는 학습 내용을 제시하고 주제와 관련된 활동이 실제로 이루어지는 단계로 수업의 대부분을 차지한다. 정리 단계는 수업의 마지막 단계로 학습한 내용을 정리하거나 요약하여 중요한 내용을 명확히 이해하고 파지할 수 있도록 돕는다. 이를 통해 학습자는 새로운 상황에도 학습한 내용을 적용할 수 있게 된다.

(2) 교수-학습지도안 작성의 실제

교수-학습지도안은 학습자들에게 학습시키고자 하는 교육 내용을 가지고 수업목표를 설정하고 어떤 방법으로 지도하여 학생들이 학습한 내용을 사용하게 할 것인가를 계획적으로 설계하는 대본이라고 할 수 있다. 지도안은 수업에서 성취해야 할 학습목표를 명확하게 제시하고 수업의 전체 개요를 일목요연하게 정리하여 작성해야 한다. 교수-학습지도안 작성 시 구비되어야 할 조건과 유의점은 다음과 같다.

① 교수-학습지도안 작성 시 구비되어야 할 조건

- 선행학습 내용이 본 차시에 배울 내용과 연관되어야 한다.

- 학습목표가 분명하게 행위 동사로 진술되어야 한다.
- 제시된 학습목표의 달성을 위해 필수적인 교수-학습 내용을 안내해야 한다.
- 학습자들의 능력 수준에 적합하면서 개인차와 흥미, 요구가 고려되어야 한다.
- 학습 내용과 진행의 형태에 적합한 교수방법에 대한 대안이 확인되어야 한다.
- 수업 진행을 위해 교재에 대한 연구와 보충 자료, 유인물 등이 분명하게 명시되도록 사전 준비가 이루어져야 한다.
- 수업의 흐름에 따라 시간 배분 계획을 세우되 예상치 못한 상황에 대비할 수 있도록 신축성을 기해야 한다.
- 수업 마무리에 대한 준비와 학습목표의 달성도를 평가할 수 있는 방법을 제시한다.

② 교수-학습지도안 작성 시 유의점

- 각 차시에 지도할 학습목표가 분명하게 드러나도록 작성해야 한다. 하나의 학습목표에 두 개 이상의 도착점 행동이 포함되지 않도록 한다.
- 교수자는 실제 학습 상황에 적합한 구체적인 내용으로 작성해야 한다. 표준화된 학습지 도안은 있을 수 없으므로 현실 가능한 내용으로 가르칠 대상에게 적절한 지도안을 제작 한다.
- 지도 순서가 일목요연하게 드러나야 한다. 인지적 영역의 학습은 지식의 논리적 체계성에 따라 지도 순서로 작성되어야 하는데 실습이나 실험 학습일 경우 활동의 순서가 더욱 중요하므로 작업지시서 등을 학습자료로 활용하면 동기 유발에 도움이 될 수 있다.
- 학습효과를 높이기 위해 다양한 교수매체를 활용하면 단조로움을 피할 수 있고 학습동기 유발에 효과적이다.
- 준비물을 나열하는데 그치지 말고 사용 방법을 함께 명시한다.

(3) 교수-학습지도안 양식

교수-학습지도안은 표준화된 일정한 양식이 있는 것은 아니다. 학습지도가 학습자와 학습환경에 따라 다양하게 진행되듯이 지도안도 다양하게 제시될 수 있다. 그러나 학습지도가 도입, 전개, 정리의 과정을 거치며 진행되고 내용상으로 학습목표가 제시되고 그에 따라 학습 내용과 활동이 전개되는 것에 대한 세밀한 계획이 필요한 것은 공통적이며 일반적인 형식이라고 할 수 있다.

교수-학습지도안은 세안과 약안으로 나눌 수 있으며, 세안은 단원명, 단원의 개요, 단원설정의 이유, 지도상의 유의점, 단원의 학습목표, 학습자 분석 및 학습환경 분석, 단원의 평가 방법, 단원의 지도계획(본시 학습지도안), 첨부자료 등의 수업 계획의 전반적이고 세부적인 내용을 모두 포함하는 양식이고 약안은 세안의 목차 중 단원의 지도계획(본시 학습지도안) 부분만 작성하는 것을 말한다.

- **교수-학습 지도의 단계**

교수-학습 지도의 단계는 일반적으로 도입, 전개, 정리 세 단계로 구성된다.

- 도입 단계에서는 수업의 시작을 알리고 이전 시간에 학습한 내용을 간단히 회상한 후 새롭게 학습할 주제에 대해 학습자의 관심과 흥미를 유발할 수 있는 전략을 활용한다.
- 전개 단계는 핵심 학습 내용이 실제로 다루어지는 단계로 학습 활동이 집중적으로 이루어지며 수업의 대부분을 차지한다.
- 정리 단계는 수업의 마지막으로 학습한 내용을 요약하고 정리함으로써 학습 내용을 명확히 이해하고 장기 기억에 저장(파지)할 수 있도록 돕는다. 이를 통해 학습자는 새로운 상황에도 그 내용을 적절히 적용할 수 있다.

- **교수-학습지도안 작성의 실제**

교수-학습지도안은 교수자가 전달하고자 하는 교육 내용을 바탕으로 수업목표를 설정하고 학생들이 학습한 내용을 어떻게 실천에 활용할 수 있도록 이끌 것인지를 계획한 '수업의 청사진'이라 할 수 있다.

지도안은 수업에서 달성해야 할 학습목표를 구체적이고 명확하게 진술하고 전체적인 수업 흐름과 내용, 활동을 일목요연하게 구성해야 한다.

① 교수-학습지도안 작성 시 구비되어야 할 조건

- 선행학습 내용이 본 차시 학습 내용과 유기적으로 연결되어야 한다.
- 학습목표는 구체적인 행위 동사를 포함하여 명확하게 진술되어야 한다.
- 제시된 학습목표를 달성하기 위한 필수 교수-학습 내용을 구체적으로 안내해야 한다.
- 학습자의 능력 수준, 개인차, 흥미와 요구가 충분히 고려되어야 한다.
- 수업의 내용과 유형에 따라 적절한 교수 방법의 대안이 마련되어야 한다.
- 수업을 준비하며 교재 분석, 보조 자료, 유인물 등을 사전에 철저히 준비해야 한다.
- 시간 배분 계획은 수업 흐름에 맞게 설정하되 예기치 못한 상황에 유연하게 대응할 수 있도록 신축성을 확보해야 한다.
- 수업 종료 후 학습목표 달성도를 평가할 수 있는 적절한 평가 방법이 제시되어야 한다.

② 교수-학습지도안 작성 시 유의사항

- 각 차시에 다룰 학습목표는 한 가지 도착점 행동만 포함되도록 구체적으로 진술한다.
- 실제 학습 상황에 맞게 현실적으로 구성해야 하며, 표준화된 지도안은 존재하지 않음을 인지하고 수업 대상과 여건에 맞는 적절한 내용을 반영해야 한다.
- 지도 순서가 논리적으로 정리되어야 하며, 특히 실습이나 실험이 포함된 수업에서는 활동의 순서를 명확히 제시하고 작업지시서 등을 활용하면 학습 동기 유발에 도움이 된다.
- 다양한 교수매체 활용은 학습자의 흥미를 높이고 수업의 단조로움을 줄이며 효과적인 동기 유발로 이어질 수 있다.
- 준비물을 단순히 나열하는 데 그치지 말고 그 사용 방법까지 구체적으로 명시해야 한다.

• 교수-학습지도안 양식

학습지도안에는 표준화된 단일 양식이 존재하지 않는다. 학습자의 특성과 수업 환경에 따라 다양하게 구성되며, 교수자는 지도안을 도입-전개-정리의 기본 흐름에 따라 구조화한다. 또한 학습목표, 내용, 활동 간의 일관성과 논리적 흐름이 유지되어야 하며, 이를 뒷받침할 수 있는 세부적 수업 계획이 필수적으로 요구된다.

- 세안(詳案): 단원명, 단원 개요, 단원 설정 이유, 지도상의 유의점, 학습목표, 학습자 및 환경 분석, 평가 방법, 본시 수업 계획, 첨부 자료 등 전체 수업 흐름을 체계적으로 기록한 계획안이다.
- 약안(略案): 세안 중 본시 수업지도안만 요약한 계획안으로 수업 현장에서 간단히 활용할 수 있도록 구성된다.

교수-학습지도안의 일반적인 양식은 다음과 같다.

결재	지도교사	부장	교감	교장

교 과 명	
일 시	○○○○. ○. ○.
장 소	
대 상 학 급	○학년 ○반
단 원	
지 도 교 사	

○○고등학교

Ⅰ. 단원명

1. 대단원명
2. 중단원명
3. 소단원명

Ⅱ. 단원의 개요

Ⅲ. 단원 설정의 이유

Ⅳ. 지도상의 유의점

Ⅴ. 단원의 학습목표

1. 이해적 측면
2. 기능적 측면
3. 태도적 측면

Ⅵ. 학습자 분석 및 학습환경 분석

Ⅶ. 단원의 평가 방법

Ⅷ. 단원의 지도계획

1. 본시의 학습지도안

첨부자료

1. 학습활동 자료

Ⅰ. 단원명(학습 영역명)

지도해야 할 학습 내용의 제목을 의미하며, 간단하고 명료하게 표현하면서 학습할 내용이 무엇인지 예상할 수 있도록 해야 한다. 질문의 형태로 제시할 수도 있다.

Ⅱ. 단원의 개요(학습 영역의 개요)

단원명(학습 영역명)에 제시한 학습할 내용이나 학습을 간단히 안내한다.

Ⅲ. 단원 설정의 이유(학습 영역 설정의 이유)

왜, 이 단원을 다루어야 하는지 그 이유를 밝히는 것으로 교육과정 개발 단계에서 이 단원이 선정된 이유와 의의를 진술한다. 대체적으로 국가와 사회의 요구, 교육과정 계열상의 요구, 학습자의 요구나 필요 등에 대해 그 의미를 부여하게 된다.

Ⅳ. 지도상의 유의점

교수자가 계획된 학습을 진행할 때 수업에 필요한 도구를 점검하고 수업이 원활하게 진행되기 위해 필요한 사항들을 제시한다.

Ⅴ. 단원의 학습목표

교수자의 입장에서는 지도 목표가 되고 학생의 입장에서는 학습할 목표가 되는데 일반적으로는 학습자의 측면에서 학습할 내용과 도착점 행동을 포함하여 목표 진술을 하도록 한다.

Ⅵ. 학습자 분석 및 학습환경 분석

실제 수업이 이루어질 학습 대상자에 대한 분석과 학습이 이루어질 환경에 대한 분석한 내용을 진술하는데 본시 수업을 계획하는 데 필요한 정보를 제공하게 되므로 이데 대한 대비를 마련하기 위함이 된다.

Ⅶ. 단원의 평가 방법(학습 영역의 평가 방법)

계획한 학습목표가 달성된 정도를 파악하기 위한 준거지향적 평가도구를 제시하고 학습 진행 과정 중의 상황을 점검하며, 수업 개선의 대안을 어떻게 진행할 지에 대한 방안을 제시한다.

Ⅷ. 단원의 지도 계획

본시 학습지도안은 세밀하게 작성되어야 하는데 본 단원의 학습에 소요되는 총 시간 중 1회의 시간에 지도할 학습 내용에 대한 계획을 세우는 것이다. 본시 학습의 목표, 해당 차시, 실시 일자, 수업 단계 등이 구체적으로 제시되어야 한다.

* 첨부자료

본시 수업에서 사용된 학습 자료나 유인물 등에 대해 제시한다.

위와 같이 교수-학습지도안 양식은 다양한 양식들 중 하나의 예시이므로 실제 교육 현장에서 각 교과에 따라 작성된 다양한 지도안을 접해 보고 여러 가지 양식으로 작성해 봄으로써 보다 효과적·효율적으로 지도안을 작성할 수 있는 역량을 함양해야 한다.

· **세안의 예시**

<table>
<tr><td rowspan="2">결재</td><td>지도교사</td><td>부장</td><td>교감</td><td>교장</td></tr>
<tr><td></td><td></td><td></td><td></td></tr>
</table>

미용과 교수-학습지도안

교 과 명	피부 미용
일 시	20○○. ○. ○.
장 소	NCS_피부 미용 실습실
대 상 학 급	○학년 ○반
학 습 영 역	피부 미용 얼굴 각질 관리
지 도 교 사	○○○

○○고등학교

Ⅰ. 학습 영역명

1. 학습 영역: 피부 미용 얼굴 각질 관리
2. 학습 요소: 얼굴 클렌징하기

Ⅱ. 학습 영역의 개요

사회가 발달하고 경제 수준이 향상되면서 미용에 대한 관심과 요구의 증대는 미용 관련 서비스의 종류를 전문화, 세분화시키고 있다. 피부 미용 분야 역시 전문 지식과 고도의 테크닉을 필요로 하는 사회적 요구에 의해 서비스의 변화가 일어나고 있다. 이에 분야별 이론과 실기 능력을 통합적으로 습득하고 피부 미용과 관련된 문제해결 능력과 창의적인 표현 능력 등을 배양하여 전문 직업인으로서 미용산업 발전에 기여할 수 있도록 하기 위함이다.

Ⅲ. 학습 요소의 선정 이유

이 단원은 미용 분야 중 피부 관리의 기초 과정을 다루는 단원으로서 학생들의 실기 교육과 산업현장에 취업 후 현장 근무 시 필수적으로 알아야 하는 기본적인 이론이며, 피부 관리의 기초가 되는 주요 이론이다. 또한 교육과정 이외에도 국가기술자격증 필기 이론과 연계하여 국가자격증 시험에 대비할 수 있도록 하기 위하여 본 단원을 설정하였다.

Ⅳ. 지도상의 유의점

1. 지도상의 유의점

1) 교과서와 필기구 등을 미리 점검하여 수업의 진행을 원활하게 하도록 한다.
2) 미용사(피부) 국가자격 시험과 연계하여 집중도를 향상시킨다.
3) 지속적인 질의응답을 통해 수업의 집중도를 향상시킨다.
4) 시청각 자료를 활용하여 학생들의 흥미를 이끌고 이해를 돕는다.
5) 형성평가를 통해 학생들의 이해 정도를 파악한다.

Ⅴ. 학습 영역의 학습목표

1. 학습 영역의 목표

얼굴 부위의 화장이나 먼지를 닦아내고 눈썹을 정리하여 표정을 밝게 하며, 딥클렌징을 통해 묵은 각질과 모공 속에 남아 있는 노폐물을 제거할 수 있다.

2. 본시 학습의 목표

1) 이해면 : 얼굴 클렌징의 원리를 설명할 수 있다.
2) 태도면 : 얼굴 클렌징의 원리를 숙지하기 위해 실습에 적극적으로 참여할 수 있다.
3) 기능면 : 얼굴 클렌징의 원리를 알고 활용할 수 있다.

Ⅵ. 학습자 분석 및 학습환경 분석

1. 학습자 분석

1) ○○고등학교 미용과 피부 미용 수업을 수강하는 학생
2) 피부 미용에 흥미를 가지고 있지만 처음 접하는 학생들을 대상으로 기초부터 지도하여야 한다.
3) 실습수업은 자격증 과정과 연계해 지도하여 학습능률을 높여야 한다.

2. 학습환경 분석

수업 시간의 탄력적 운영을 위하여 블록타임제 실시, 실습 수업 진행을 위해 기자재와 실습 재료 일체가 구비된 실습실에 개인용 베드가 배치되어 있고, 시청각 자료를 사용하기 위한 매체인 TV와 빔 프로젝트가 설치되어 있으며, 칠판 위에는 큰 스크린이 구비되어 있다. 또한, 수업 과제를 해결할 수 있는 수업방식을 가지며 형성평가는 사전에 제작된 프로그램을 이용하여 진행한다.

Ⅶ. 학습 영역의 평가 방법

1. 얼굴관리의 중요성을 이해하고 수업을 통해 습득한 지식과 기술들을 제대로 수행하는지 정확한 관찰과 평가를 실시한다.
2. 평가방법을 모든 학생이 잘 이해할 수 있도록 정확하게 설명한다.
3. 모든 측정 과정을 올바로 수행하는지 개개인에 대해 세심하게 관찰하여 평가하도록 한다.

Ⅷ. 학습 영역(학습 요소)의 지도계획

-본시 학습지도안-

<table>
<tr><td>일시</td><td>0000년 00월 00일</td><td>지도 시간</td><td colspan="2">00분</td><td>지도교사</td><td colspan="2">000</td></tr>
<tr><td>과목</td><td>피부 미용
(전공 실무 과목)</td><td>차시</td><td colspan="2">0/0</td><td>교과서 쪽수</td><td colspan="2">pp. 00-00</td></tr>
<tr><td>학습 영역</td><td colspan="7">피부 미용 얼굴 각질 관리</td></tr>
<tr><td>학습 요소</td><td colspan="7">얼굴 클렌징하기</td></tr>
<tr><td>학습목표</td><td colspan="7">1. 얼굴 피부 유형별 상태에 따라 클렌징 방법과 제품을 선택할 수 있다.
2. 눈, 입술 순서로 포인트 메이크업을 클렌징 할 수 있다.
3. 얼굴 피부 유형에 맞는 제품과 테크닉으로 클렌징 할 수 있다.
4. 온습포 또는 경우에 따라 냉습포로 닦아내고 토닉으로 정리할 수 있다.</td></tr>
<tr><td rowspan="2">교육자료</td><td>교사</td><td colspan="6">교과서, 수업자료, 평가지</td></tr>
<tr><td>학생</td><td colspan="6">교과서, 필기구, 피부 미용 소모품 재료(해면, 터번, 타월, 스파츌라, 티슈, 화장솜, 면봉, 붓, 볼 등) 일체</td></tr>
<tr><td rowspan="2">학습 단계</td><td rowspan="2">학습 내용</td><td colspan="4">교수-학습활동</td><td rowspan="2">시간</td><td rowspan="2">지도상
유의점</td></tr>
<tr><td colspan="2">교사</td><td colspan="2">학생</td></tr>
</table>

도입	[주의획득] 인사 및 출석 확인 교육자료 확인 흥미 및 동기 유발	- 인사 및 출석 점검을 한다. "안녕하세요, 여러분."	- 인사 및 학습 준비를 한다. "안녕하세요, 선생님."	OO 분 이내	출석 확인 시 눈을 마주친다. 학생들의 수업집중을 위해 실시한다.
		- 수업의 필요성 및 흐름에 대해 설명한다. "오늘은 우리가 피부 관리를 할 때 기초가 되는 얼굴 클렌징 방법에 대해 학습할거에요. 모둠을 나누어 학습 및 평가활동을 진행해 보도록 하겠습니다. 먼저 다음의 영상을 함께 시청할게요."	- 교사의 설명을 경청한다. - 학습 준비를 한다. "네, 선생님."		
		- 주의집중을 위해 수업 관련 뉴스 영상을 시청한다. - 얼굴 클렌징의 중요성에 관한 시각적 영상 자료화면을 활용한다 "영상을 보니 무슨 생각이 들어요?" "맞아요, 그래서 본 수업 시간에는 우리가 얼굴 클렌징 방법에 관해서 학습해 볼거예요."	- 교사에 지시에 따라 수업 관련 시각적 자료화면에 집중할 수 있도록 한다. "사소해 보이지만 클렌징은 우리 모두에게 매우 중요한 것 같아요."		
	[학습목표 제시하기] 학습목표 제시	- 학습목표를 다 함께 읽도록 한다. "자, 다 함께 학습목표를 읽어봅시다."	- 다 함께 학습목표를 소리 내어 읽는다.		학습목표를 학생들이 반드시 숙지하도록 한다.
	[선수학습 재생하기] 전시학습 확인	- 전시 학습 내용을 정해진 리듬에 맞춰 확인하고 질문 후 답변한다. - 답변을 올바르게 한 조에 칭찬스티커를 부여한다. "우리는 지난 시간에 관리차트 작성법과 웨건 세팅, 해면 사용법에 대해 학습했었는데 기억이 나시나요? 여러분 얼굴 타입별 관리차트 작성한 것을 조별로 발표해 봅시다." "네, 모두 잘했어요. 잘 기억하고 있네요."	- 교사의 지도에 따라 전시 수업 내용을 조원들과 상의 후 리듬에 맞춰 하나씩 발표한다. "네, 맞아요." "저희 조가 먼저 할게요."		선수학습이 미흡한 학생의 보충 및 교정학습을 실시한다.
전개	[자극 자료 제시하기] 수업 내용 제시	- '얼굴 클렌징하기' 주제와 관련된 자료화면을 제시한다. "자 다음의 화면을 함께 보면서 얼굴 클렌징에 대해 설명할게요. 중요한 부분은 잘 노트	- 시청각 자료화면에 집중하며 노트에 메모한다.	OO 분 이내	다양한 발문 기법을 사용한다.

		에 메모하면서 집중해봅시다."			
	[학습 안내 제공하기] 유의미한 학습 내용 제시	- 학습 내용에 관한 자료를 배부하고 학습 내용을 설명한다. "선생님이 유인물을 배부할테니 함께 참고하면서 봅시다."	- PPT와 학습자료를 보며 학습 내용에 집중한다.		예시 제시 및 조직화, 정교화 등을 사용한다.
	시범 및 실연	- 실습 시 주의사항을 학생들에게 안내하고 이해하기 쉽게 실습방법을 설명한다. - 얼굴 클렌징하기 수행에 대한 내용을 사진과 함께 과정을 제시한다. "선생님이 먼저 데모를 보여줄테니 보고 각자 자리에 가서 마네킹에 연습을 해보도록 하겠습니다." "클렌징은 1차, 2차, 3차로 나눠지는데요. 1차 클렌징은 포인트 메이크업 색조화장을 지우는 과정입니다. 2차 클렌징은 안면 클렌징 단계이고 밀크로션 타입으로 지웁니다. 3차 클렌징은 티슈, 해면, 온습포 토너를 이용해서 마무리합니다." "데모 시연을 잘 보셨죠? 밴드에 올려놓은 동영상을 참고하시면서 순서대로 연습해보세요."	- 교사의 설명을 경청하고 얼굴 클렌징 방법을 숙지한다. - 데모를 숙지하면서 실습을 수행한다.		소란스럽지 않게 지도하고 실습에 집중할 수 있도록 분위기를 조성한다.
정리	[파지 및 전이 높이기] 학습 내용 종합 및 정리	- 학습한 내용을 종합적으로 정리한다. "자, 오늘 학습한 내용을 정리합시다."	- 학습 내용을 숙지하며 정리한다.	OO분 이내	학습 결과를 확인하여 학습목표 달성이 잘 되었는지 점검한다.
	[형성평가 실시] **평가**	- 지도한 내용에 대해 형성평가를 실시한다.	- 형성평가를 통해 오늘 학습한 내용들을 숙지하였는지 점검한다.		학업성취를 평가한다.
	[과제 안내]	- 오늘 작성한 시나리오를 조별로 정리하여 밴드에 업로드 한다. "오늘 실습한 얼굴 클렌징 관리 방법의 순서를 작성해서 밴드에 올리면 됩니다. 잘 이해했나요?"	- 과제를 메모한다. "네, 이해했어요, 선생님."		과제를 잘 이해했는지 확인한다.

		○○고등학교 2학년 1반 피부미용 활동 모음집 링크에 업로드하면 됩니다."			
	[차시 예고]	- 차시 학습을 예고한다. "오늘 학습한 내용을 잘 숙지하고 다음 시간에는 실제 상호로 '얼굴 클렌징하기'를 할 예정이니 미리 연습해오면 더 좋겠습니다. 준비물은 화면을 보고 잘 메모해서 준비하면 됩니다." "네, 맞아요."	- 차시 학습을 인지한다. "다음 시간까지 준비물 챙겨와요?"		예습할 수 있도록 격려한다.
	마무리 인사	- 상호 인사를 하며 마무리한다. "수고했습니다. 다음 시간에 만나요."	- 상호 인사를 하며 마무리한다. "수고하셨습니다, 선생님."		수업에 열심히 참여한 학생에 격려한다.

*첨부자료

· 약안의 예시

일시	0000년 00월 00일	지도 시간	00분	지도교사	000
과목	피부 미용 (전공 실무 과목)	차시	0/0	교과서 쪽수	pp. 00-00
학습 영역	피부 미용 얼굴 각질 관리				
학습 요소	얼굴 클렌징하기				
학습목표	1. 얼굴 피부 유형별 상태에 따라 클렌징 방법과 제품을 선택할 수 있다. 2. 눈, 입술 순서로 포인트 메이크업을 클렌징 할 수 있다. 3. 얼굴 피부 유형에 맞는 제품과 테크닉으로 클렌징 할 수 있다. 4. 온습포 또는 경우에 따라 냉습포로 닦아내고 토닉으로 정리할 수 있다.				
교육자료	교사	교과서, 수업자료, 평가지			
	학생	교과서, 필기구, 피부 미용 소모품 재료(해면, 터번, 타월, 스파출라, 티슈, 화장솜, 면봉, 붓, 볼 등) 일체			

학습 단계	학습 내용	교수-학습활동		시간	지도상 유의점
		교사	학생		
도입	[주의획득] 인사 및 출석 확인	- 인사 및 출석 점검을 한다.	- 인사 및 학습 준비를 한다.	00분 이내	출석 확인 시 눈을 마주친다.
		- 수업의 필요성 및 흐름에 대해 설명한다.	- 교사의 설명을 경청한다. - 학습준비를 한다.		
	교육자료 확인 흥미 및 동기 유발	- 주의집중을 위해 수업 관련 뉴스 영상을 시청한다. - 얼굴 클렌징의 중요성에 관한 시각적 영상 자료화면을 활용한다.	- 교사에 지시에 따라 수업 관련 시청각 자료화면에 집중한다.		학생들의 수업집중을 위해 실시한다.
	[학습목표 제시하기] 학습목표 제시	- 학습목표를 다 함께 읽도록 한다.	- 다 함께 학습목표를 소리 내어 읽는다.		학습목표를 학생들이 반드시 숙지하도록 한다.
	[선수학습 재생하기] 전시학습 확인	- 전시학습 내용을 정해진 리듬에 맞춰 확인하고 질문 후 답변한다. - 답변을 올바르게 한 조에 칭찬스티커를 부여한다.	- 교사의 지도에 따라 전시 수업 내용을 조원들과 상의 후 리듬에 맞춰 하나씩 발표한다.		선수학습이 미흡한 학생의 보충 및 교정학습을 실시한다.
전개	[자극 자료 제시하기] 수업 내용 제시	- '얼굴 클렌징' 주제와 관련된 시청각 자료화면을 제시한다.	- 시청각 자료화면에 집중하며 노트에 메모한다.	00분 이내	다양한 발문 기법을 사용한다.
	[학습 안내 제공하기] 유의미한 학습 내용 제시	- 학습 내용에 관한 자료를 배부하고 학습 내용을 설명한다.	- PPT와 학습자료를 보며 학습 내용에 집중한다.		예시 제시 및 조직화, 정교화 등을 사용한다.
	시범 및 실연	- 실습 시 주의사항을 학생들에게 안내하고 이해하기 쉽게 실습방법을 설명한다.	- 교사의 설명을 경청하고 관리 방법을 숙지한다.		소란스럽지 않게 지도하고 실습에 집중할 수 있도

		- 얼굴 클렌징하기 수행에 대한 내용을 사진과 함께 과정을 제시한다.	- 데모를 숙지하면서 실습을 수행한다.		록 분위기를 조성한다.
정리	[파지 및 전이 높이기] 학습 내용 종합 및 정리	- 학습한 내용을 종합적으로 정리한다.	- 학습 내용을 숙지하며 정리한다.	OO분 이내	학습 결과를 확인하여 학습목표 달성이 잘 되었는지 점검한다.
	[형성평가 실시] **평가**	- 지도한 내용에 대해 형성평가를 실시한다.	- 형성평가를 통해 오늘 학습한 내용들을 숙지하였는지 점검한다.		학업성취를 평가한다.
	[과제 안내]	- 오늘 배운 얼굴 클렌징 순서를 작성하여 밴드에 업로드 한다. (○○고등학교 2학년 1반 피부미용 활동 모음집 링크 안내)	- 과제를 메모한다.		과제를 잘 이해했는지 확인한다.
	[차시 예고]	- 차시 학습을 예고한다.	- 차시 학습을 인지한다.		예습할 수 있도록 격려한다.
	마무리 인사	- 상호 인사를 하며 마무리한다.	- 상호 인사를 하며 마무리한다.		수업에 열심히 참여한 학생에 격려한다.

[활동하기]

활동 1: "강화계획으로 수업 시나리오 짜기"

관련 이론: 행동주의 – 스키너의 조작적 조건화 이론

활동 설명: 미용 수업 중 하나(예: 네일 실습, 헤어 커트 등)를 선택한 후, 정적 강화와 부적 강화를 활용한 수업 시나리오를 작성한다. 강화계획 유형(연속, 고정비율, 변동비율 등)을 적절히 조합해서 구성하고, 학습자의 행동 변화 유도 방안을 함께 설계한다.

제출 내용:

- 선택한 미용 수업 주제와 수업목표
- 강화유형별 적용 전략 설명
- 적용할 강화계획 유형과 그 이유
- 수업 장면 스크립트 또는 시나리오 예시

활동 2: "정보처리 이론으로 본 나의 수업 구조 분석"

관련 이론: 인지주의 – 정보처리 이론(감각등록기, 작업기억, 장기기억 등)

활동 설명: 자신이 계획한 미용 수업(또는 실제 관찰한 수업)을 정보처리 이론의 관점에서 분석해본다. 학습자의 주의집중 유도, 시연 전략, 부호화 방안 등이 어떻게 적용되었는지 파악하고 부족한 부분은 보완안을 제안한다.

제출 내용:

- 수업 구조 요약(도입-전개-정리 단계)
- 각 단계에서 일어난 인지처리(주의, 지각, 시연, 부호화, 인출) 설명
- 작업기억의 한계를 극복하기 위한 전략 사용 여부 및 개선 아이디어

활동 3: "약안으로 수업을 설계하라"

목표: 수업 전개 순서 및 핵심 내용을 중심으로 미용 수업용 약안을 설계해보는 활동

활동 개요: 실제 고등학교 미용 수업 중 하나를 택해 약안 형식의 교수-학습지도안을 작성한다. 전개 중심의 흐름과 수업시간 배분, 활동 전략, 유의점 등을 간결하게 구성해야 한다.

활동 구성 요소:

- 단원명과 차시
- 수업목표(행위 동사 포함, 구체적 진술)
- 학습자료(교사/학생용 구분)
- 수업단계별 전개(도입-전개-정리)

- 시간배분
- 교수-학습 활동(교사/학생 활동 분리)
- 지도상의 유의점

활동 4: "세안으로 나만의 교수-학습지도안 만들기"

목표: 전체 수업 설계 능력을 키우고, 수업 맥락 분석까지 담아내는 세안 작성 활동

활동 개요: 자신이 기획하고 싶은 미용 수업 단원을 선정하여 세안 형식으로 수업 전체를 설계한다. 이 활동은 '수업지도 계획서'이자, 교사로서의 의도를 드러내는 하나의 '수업 철학 실천문'으로 간주한다.

필수 작성 요소:

- 단원명(대/중/소 단원)
- 단원 개요 및 설정 이유
- 지도상의 유의점
- 학습목표(이해/기능/태도)
- 학습자 및 환경 분석
- 단원의 평가 계획
- 본시 교수-학습지도안(약안 요소 포함)
- 첨부자료(시나리오 예시, 유인물, 평가 기준표 등)

반영할 이론:

행동주의 이론 → 수업 도입 및 강화 전략 설계

인지주의 이론 → 시연 및 부호화 전략

구성주의 이론 → 실제적 과제, 협동학습, 비계설정 적용

ARCS → 동기전략 설계

5장

미용교육과 교수-학습 방법 및 모형

제5장 미용교육과 교수-학습 방법 및 모형

현대 교육에서 수업은 단순한 지식 전달을 넘어 학습자가 의미 있는 학습경험을 통해 능동적이고 창의적인 문제해결 능력을 기를 수 있도록 설계되어야 한다. 특히 미용교육은 이론적 지식과 실무능력이 통합되어야 하는 실기 중심의 교과 특성을 지니고 있으므로 교수자의 효과적인 수업 전략과 교수-학습 모형의 적용이 학습 성과에 중대한 영향을 미친다.

수업이란 학습자가 적절한 학습활동을 통해 학습목표를 성취하도록 안내하고 지원하는 계획된 교육 경험이다. 이는 단순히 교사가 정보를 전달하는 것을 넘어서 학습자의 사고를 자극하고 참여를 유도하며 그들의 행동을 관찰하고 즉각적인 피드백을 제공함으로써 학습 효과를 극대화하는 일련의 전문적 활동이라 할 수 있다. 특히 미용교육 현장에서는 교수자가 학습자의 개별적 특성과 수준, 흥미, 진로 방향 등을 고려하여 다양한 교수 전략을 융합적으로 활용할 필요가 있다.

미용 분야는 감성적 표현과 창의적 사고, 섬세한 기술 습득이 동시에 요구되기 때문에 단편적 암기식 수업 방식으로는 학습자의 실질적인 성장을 기대하기 어렵다. 따라서 본 장에서는 미용교육의 특수성과 현장성을 반영한 다양한 교수-학습 방법 및 모형을 소개하고 그 적용 원리와 실제 수업에서의 활용 방안을 구체적으로 제시하고자 한다. 이를 통해 예비 미용 교사 및 현장 교사들이 수업 설계와 운영에서 보다 전문적이고 체계적인 교수 역량을 발휘할 수 있도록 돕는 것이 본 장의 목적이다.

또한 본 장에서는 전통적인 강의법부터 토의법, 문답법, 프로젝트 기반 학습, 협동학습, 실기 중심 모형, 구성주의 학습모형 등 미용교과에 적합한 다양한 교수-학습 방법을 비교·분석하고 실제 교육 현장에서 효과적으로 활용할 수 있는 전략적 시사점을 제시할 것이다. 학습자의 자기주도성, 창의성, 문제해결 능력을 함양하고자 하는 미용교육의 본질적 목표를 고려할 때 본 장에서 다루는 내용은 미용교육의 실천적 기반을 마련하는 데 중요한 기초가 될 것이다.

학습목표

1. 미용교육의 특성과 교수-학습의 원리를 이해하고 설명할 수 있다.
2. 다양한 교수-학습 방법 및 교수 모형의 개념, 특징, 적용 상황을 비교·분석할 수 있다.
3. 미용교과의 내용 및 수업목표에 적합한 교수-학습 방법을 선별하고 설계할 수 있다.
4. 실제 미용 수업 상황을 가정하여 교수-학습 방법을 적용한 교수-학습지도안, 시연 자료를 제작할 수 있다.
5. 미용교과의 수업 설계 시 각 교수법의 단계와 절차를 실제로 구성하고 실행할 수 있다.

1절. 강의법(lecture method)

1) 강의법의 정의

'강의법'은 중세 라틴어 'lectare(크게 읽다)'에서 유래된 교수법으로 언어를 매개로 한 교사 중심의 교수-학습 활동을 의미한다. 이는 역사적으로 가장 오래된 수업 형태로 교사가 설명과 해설을 통해 지식이나 정보를 전달하는 방식이다. 특히 새로운 단원의 도입, 이론적 개념 정리, 정보의 체계적 전달이 필요한 경우에 효과적으로 활용된다.

(1) 강의법의 특징

전통적으로 지식 전달 중심의 교육에서 널리 활용되어 왔으며, 현재에도 학습 내용을 명확히 전달할 필요가 있는 상황에서 여전히 유용한 방법으로 평가받는다. 그러나 학습자의 자율성과 능동성이 강조되는 현대 교육 패러다임에서는 단점 또한 존재한다.

(2) 강의법의 장점

- 단시간 내 다수의 학습자에게 다양한 내용을 효율적으로 전달할 수 있다.
- 언어적 표현만으로도 추상적 개념이나 현상을 생생히 설명할 수 있어 학습자의 흥미 유발에 효과적이다.
- 교사의 재량에 따라 교과서 내용을 보완하거나 재구성하는 것이 용이하다.

(3) 강의법의 단점

- 교사의 전문성과 수업 준비가 부족할 경우 비창의적이고 지루한 수업이 될 수 있다.
- 학습자의 개별적 특성을 반영하지 못하고 획일적 수업으로 흐르기 쉽다.
- 학습자가 수동적으로 학습에 참여할 가능성이 높다.

(4) 강의법 적용이 적절한 상황

- 지식이나 개념 전달이 수업의 주된 목적일 경우
- 교과서에 명시되지 않은 내용이나 고난이도 이론 설명이 필요한 경우
- 단기기억이 우선시되는 수업 내용일 경우

(5) 강의법 적용이 부적절한 상황

- 장기기억 형성이 중요한 내용
- 학습자의 문제해결 능력, 비판적 사고 등 고차적 사고를 요구하는 경우
- 학생의 지적 수준이 평균 이하인 경우

2절. 문답법(socratic method)

1) 문답법의 정의

문답법은 교사와 학습자 간의 질문과 응답을 통해 학습을 유도하는 귀납적 교수법(inductive teaching method)으로 고대 소크라테스(Socrates)의 대화법에서 그 기원을 찾을 수 있다. 이 교수법은 단순한 지식 전달이 아닌 사고의 촉진과 논리적 추론, 문제해결 능력의 계발을 중시한다. 교사의 체계적인 질문과 학습자의 능동적인 반응을 통해 비판적 사고(critical thinking), 의사소통 능력(communication skills), 자기 표현력(self-expression) 등을 효과적으로 함양할 수 있다.

문답법은 특히 학습자가 스스로 지식의 구조를 구성해 나가도록 돕는 점에서 구성주의적 학습 이론과 밀접한 관련이 있다. 또한 교수자와 학습자 간의 상호작용성(interactivity)을 기반으로 수업이 전개되기 때문에 학습자의 참여도를 높이고 학습의 내재화를 도모할 수 있다.

(1) 문답법의 수업 전개 단계

① **구조화(structuring)**: 논의할 주제나 학습목표를 간결하고 명료하게 제시하여 수업의 방향성과 논의의 틀을 설정한다. 이를 통해 학습자는 본 수업의 주안점을 인식하고 사고의 초점을 맞출 수 있게 된다.

② **질의(questioning)**: 교사는 발문을 통해 학습자의 사고를 자극하고 학습자의 이해도를 탐색한다. 질문은 단순 지식 확인을 넘어 추론, 비교, 적용, 분석 등을 포함하며, 학습자의 인지 수준을 고려하여 다양한 사고 수준의 질문이 포함되어야 한다.

③ **반응(response)**: 학습자는 교사의 질문에 대해 자신의 생각을 표현하고 논리적 근거를 들어 응답한다. 이 과정에서 학습자는 자신의 기존 지식과 새로운 정보를 통합하며 의미 있는 학습이 이루어진다.

④ **대응(feedback)**: 교사는 학습자의 응답에 대해 긍정적 강화, 보완적 설명, 또는 재질문을 통해 피드백을 제공한다. 이는 학습자의 사고를 확장 시키고 올바른 개념 정착을 유도하는 데 중요한 단계이다.

(2) 문답법의 장점

- 비판적인 사고력을 향상할 수 있다.
- 자기주도 학습을 유도할 수 있다.

- 대화형 수업 분위기를 조성할 수 있다.

(3) 문답법의 단점

- 시간이 오래 걸릴 수 있다.
- 학습자 수준의 차이가 발생할 수 있다(소외되는 학생 발생 가능).
- 고도의 발문 설계 역량을 필요로 한다.

2) 발문의 정의

'발문(prompting)'은 교사가 의도적으로 학습자의 사고와 언어 표현을 유도하기 위해 던지는 질문으로 단순히 정보의 확인을 위한 질문이 아닌 학습자의 인지적 성장을 촉진하기 위한 도구이다. 이때의 질문은 진정한 궁금증에서 출발하는 것이 아니라 교수적 전략의 일환으로 계획되고 실행되는 점에서 일반적인 질문과 차별된다.

발문은 다음과 같은 특징을 가진다.

- 상호의존적 관계: 질문자와 응답자 간의 평등하고 협력적인 관계에서 이루어진다.
- 쌍방향적 소통: 일방향적 전달이 아닌 상호작용을 기반으로 한 지식 구성 과정이다.
- 학습 촉진 목적: 응답자의 사고를 자극하고 표현력과 이해력을 높이며 지식의 통합을 돕는 것을 목적으로 한다.

(1) 발문의 유형

① **재생적 발문**: 학습했던 내용이나 경험한 사항을 알아보기 위한 발문으로 대개 도입 단계에서 사용, 단순한 지식과 사실, 방법과 열거, 계산 등에 대한 문답 형태의 발문으로 이뤄진다.

예) 모발의 결합 구조 중 블로우 드라이와 관련 있는 결합은 무엇인가요?

② **추론적 발문**: 학생들의 지식, 정보 등을 사용하여 비교, 대조, 구분, 분석, 종합하여 응답하게 하는 발문, 학생들로 하여금 생각하게 하는 발문, 문제해결 수준의 발문으로 이뤄진다.

예) 블로우 드라이의 원리는 무엇인가요?

③ **적용적 발문**: 학생들의 확산적 사고를 계발하기 위하여 새로운 사태에 적용, 예언 또는 가설을 설정하도록 하는 발문으로 이뤄진다.

예) 손상모인 고객이 샵에 방문하였을 때, 블로우 드라이 시술을 어떻게 계획하고 적용해야 할까요?

(2) 효과적인 발문의 조건

- 명확하고 간결한 발문: 막연하고 모호하거나 너무 길지 않게 한다.
- 구체적 발문: 막연하지 않도록 '누가', '무엇을', '어떻게'라고 자세하게 한다.
- 학생의 사고를 자극하는 개방적 발문: 발문의 답이 즉석에서 '예', '아니오'로 나오지 않고 깊게 생각하며 답할 수 있도록 한다.
- 개인차를 고려한 발문: 학생의 발달 정도나 학습 수준에 맞게 한다.

(3) 비효과적인 발문의 예

- 기계적으로 답이 나오기는 하지만 어떤 답변이 나오건 별 의미 없거나 어떤 답변이 나올지 너무나 분명한 발문
- 무엇을 요구하는지 분명치 않은 막연한 발문
- 발문한 후에 교사가 학생들을 바라보는 대신 다른 일을 하는 경우
- 똑같은 발문을 여러 차례 반복하는 경우

3절. 토의법(discussion method)

1) 토의법의 정의 및 특징

공동학습의 한 형태로 비형식적 토의집단을 구성한 가장 사회화된 학습형태이다. 학습자들 간 그리고 학습자와 교사 간 상호작용을 통해 새로운 정보를 획득하거나 문제해결에 협력하며 집단사고를 통해 결론을 이끌어내는 학습 방법이다. 비판적 사고력 등 고차적인 인지과정을 요구하는 학습과제, 태도 학습, 도덕적 판단력 함양을 위한 수업, 민주적 태도와 가치관 함양을 요구하는 수업의 경우에 적합한 학습 방법이다. 본 교재에서는 8개의 토의법을 다루고 있으며 교실 현장 내에서 적용할 수 있는 적합한 토의 모형으로는 자유토의, 배심토의, 원탁토의, 버즈토의로 구분 지을 수 있다.

(1) 토의법의 장점

- 의사소통 능력이 향상된다.
- 협력과 사회성을 학습할 수 있다.
- 다양한 시각을 경험할 수 있다.
- 민주적 의사결정 능력이 상승된다.

(2) 토의법의 단점

- 학습 내용의 깊이가 부족한 상황이 발생할 수 있다.
- 수업의 경제성이 떨어질 수 있다.
- 학습자가 수준차가 있을 시, 우수한 학습자가 독점할 수 있다.

2) 토의법의 유형

(1) 자유토의(free discussion)

구성원 간 자유롭게 의견을 교환하며 문제해결을 도모하는 방식으로 참여자의 성숙도와 자율성이 요구된다.

(2) 배심토의(panel discussion, 판결식 토의)

특정 주제에 대해 상반되는 견해를 대표하는 소수(3~6명)의 선정된 배심원들이 사회자의 진행에 따라 다수의 청중들 앞에서 유목적인 대화 형태로 토의하는 형식의 토의 방법으로 이때 배심원들은 자원 인사로 구성한다. 배심원들이 주제와 관련하여 자신의 입장이나 의견을 간략하게 표명하고 사회자는 의견 개진이나 토의 참여가 허용되지 않는다. 단, 경우에 따라 사회자의 재량으로 청중에게도 질문과 발언권을 제공한다. 문제나 쟁점에 대한 관심 제고, 문제나 쟁점에 대한 확인 및 명료화, 문제나 쟁점에 대한 다양한 관점에서의 이해와 문제해결력 증진에 적합하다.

(3) 공개토의(forum discussion, 공론식 토의)

1~3명의 전문가 또는 자원 인사가 10~20분간 공개 연설을 실시한 후 이를 중심으로 발표자와 청중 간 질의응답으로 진행하는 방법이다. 청중(학습자)들이 직접 토의에 참여함으로 주제에 대한 적극적이고 능동적 탐구를 통해 효과적 학습이 가능하다. 학습자들의 요구와 필요를 반영, 학습자들의 다양한 의견 수렴을 통해 집단적 지혜 획득, 전문가의 의견 개진과 학습자들의 질의응답을 통해 체계적이고 깊이 있는 학습이 가능하다.

(4) 단상토의(symposium, 강연식 토의)

하나의 토의 주제와 상이한 의견을 가진 권위 있는 전문가 3~4명이 사회자의 진행으로 부여된 시간 동안 자신의 의견을 개진하는 방식의 토의 방법이다. 발표자 간 또는 발표자와 청중 간 의견 교환이나 토의가 원칙적으로 허용되지 않으나 경우에 따라 짧은 시간이 제공되기도 한다.

(5) 세미나(seminar, 질의식 토의)

어원적 의미로 동물의 축사, 사육장으로 참가자 모두(5~30명)가 해당 토의 주제 분야에서 권위 있는 전문가 혹은 연구가로 구성된 소수집단 토의이다. 해당 주제 분야에 대한 전문적인 연수나 훈련의 기회를 제공하며 토의를 주도해 나갈 사람이 주제 발표 이후 참가자들이 사전에 준비된 의견을 개진하거나 상호 간 질의와 응답을 실시한다. 참가자 전원이 해당 주제에 관련된 사전 지식, 준비가 철저해야 한다.

(6) 대담토의(colloquium)

청중 대표(3~4명)와 전문가나 자원 인사 대표(3~4명)가 청중 앞에서 사회자의 진행으로 특정 주제에 대하여 토의를 진행하는 토의 방법이다. 청중들도 사회자의 진행에 따라 질문하거나 의견을 개진, 청중 대표와 전문가가 대등한 수로 구성되고 청중 대표가 직접 토의에 참여하여 쌍무적 의사 교환을 한다는 점에서 배심토의와 차이점을 둔다.

(7) 원탁토의(round table discussion)

어떤 형식에 구애되지 않는 자유토의의 한 형태로 참가자 전원(5~10명)이 상호 대등한 관계 속에서 정해진 주제에 따라 자유롭게 서로의 의견을 교환하는 토의 방법이다. 사회자는 참가자 전원이 발언하고 상호 협조적 태도로 토의를 진행할 수 있도록 기회를 적절히 제공해야 한다.

(8) 버즈토의(buzz discussion, 버즈학습, 윙윙학습, 와글와글 학습)

한 장소에서 여러 개의 소집단이 각각 토의하여 마치 벌집을 쑤셔 놓은 것처럼 윙윙거린다는 뜻의 버즈라는 이름이 붙었다. 소수 인원으로 집단을 구성하여 참가자 상호 간의 친근감을 유도하고 집단 내에서 자유로운 발언 기회를 갖게 하여 자발적 참여를 체험하고 적극적으로 토론에 참여하도록 하는 것이 특징이다. 사회자는 토의 결론을 보고받고 다시 비슷한 집단끼리 묶음으로서 토의를 유도하여 최종적으로 전체 집단이 함께 토의 결과를 모아서 결론을 도출해 내는 집단토의 학습방법이다.

<표 5-1> 버즈토의 교수-학습지도안 예시

일시	0000년 00월 00일	지도 시간	00분	지도교사	000
과목	미용 안전·보건 (전공 일반 과목)	차시	0/0	교과서 쪽수	pp. 00-00
학습 영역	미용업 위생 관리				
학습 요소	미용업소 위생 관리하기				
학습목표	1. 미용업소의 소독 기준과 설비 기준을 설명할 수 있다. 2. 미용업소를 위생적으로 관리하는 방법을 조사하고 고객에게 안전한 미용 서비스를 제공할 수 있다.				
교육자료	교사	교과서, 수업자료, 평가지			
	학생	교과서, 필기구			
학습 단계	학습 내용	교수-학습활동		시간	지도상 유의점
		교사	학생		
도입	[주의획득] 인사 및 출석 확인	- 학생들과 인사 후 출석을 확인한다.	- 교사와 인사하고 출석 확인에 응한다.	00분 이내	출석 확인 시 눈을 마주친다.
	교육자료 확인	- 교육자료(준비물)를 확인한다.	- 교육자료(준비물)를 확인한다.		
	흥미 및 동기 유발	- 미용업소 위생 관리와 관련된 시청각 자료 등을 활용한다.	- 미용업소 위생 관리에 대해 흥미를 갖고 생각해본다.		학생들의 수업집중을 위해 실시한다.
	[학습목표 제시하기] 학습목표 제시	- 학습목표를 제시하고 이번 수업의 주안점에 대해서 설명한다.	- 학습목표를 함께 소리내어 읽고 이번 수업의 주안점을 파악한다.		학습목표를 학생들이 반드시 숙지하도록 한다.
	[선수학습 재생하기] 전시학습 확인	- 이전 차시 학습 내용(미용인의 위생 관리하기)을 진단평가 문항 등으로 확인한다.	- 진단평가 문항 등으로 이전 차시 학습 내용(미용인의 위생 관리하기)을 환기한다.		선수학습이 미흡한 학생의 보충 및 교정학습을 실시한다.

전개	집단 편성	- 4~6명씩 소집단을 구성하여 분과토의(헤어, 피부, 메이크업, 네일)를 진행할 수 있도록 집단을 구성하도록 지도한다. 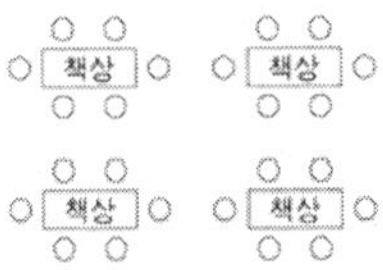	- 4~6명씩 소집단을 구성하여 분과토의(헤어, 피부, 메이크업, 네일)를 진행할 수 있도록 집단을 구성한다.		학생이 흥미있는 분과별로 선택할 수 있도록 분위기를 형성한다.
	토의 준비	- 각 역할을 배정할 수 있도록 안내한다.	- 각 역할을 배정한다.(사회자, 기록자, 토의자 등)		역할 분담이 공정하고 적절히 이루어지도록 안내하고 확인한다.
	[자극 자료 제시하기] 수업 내용 제시 (토의 주제 제시)	- 미용업소 위생 관리 내용 및 토의 주제에 대해 제시한다.	- 미용업소 위생 관리 내용 및 토의 주제에 대해 인지한다.	OO 분 이내	강조, 발문 등 다양한 기법을 사용한다.
	토의 실행	- 각 분과별로 자유로운 분위기에서 토의가 실시될 수 있도록 지도한다.	- 사회자의 진행에 따라 각 분과별로 자유롭게 도의를 실시한다.		토의 시 학생들의 자유로운 의견 개진을 격려하며 소극적인 학생도 참여할 수 있도록 개입한다.
	[학습 안내 제공하기] 유의미한 학습 내용 제시	- 미용업소 위생 관리 내용에 대해 구조화된 학습지를 배부하여 유의미한 학습이 될 수 있도록 한다.	- 미용업소 위생 관리 내용에 대한 구조화된 학습지를 받아 의미론적 부호화를 통해 장기기억으로 학습 내용을 저장한다.		예시 제시 및 조직화, 정교화 등을 사용한다.
	대집단 토의	- 각 분과별로 정리된 내용을 바탕으로 전체 토의가 진행될 수 있도록 지도한다.	- 각 분과별로 정리된 내용을 바탕으로 전체 토의를 진행한다.		교사의 개입은 최소화하되 학습목표에 부합하도록 유도한다.
정리	[파지 및 전이 높이기] **토의 내용 종합 및 정리**	- 토의 내용의 종합 및 정리를 실시하고 전체 결과를 발표하도록 지도한다.	- 토의 내용의 전체 토의 결과를 정리하고 결과를 발표한다.		발표 내용에 대해 정리하며 핵심 내용을 강조한다. 토의 활동 결과가 학습 목표와 잘 연결되었는지 점검한다.
	토의 활동 평가 실시	- 토의 활동에 대해 교사평가를 실시하고 자기평가, 동료평가를 실시할 수 있도록 지도한다.	- 토의 활동에 대해 자기평가, 동료평가를 실시하고 교사평가와 각 평가의 내용을 통해 반성하는 시간을 갖는다.	OO 분 이내	자기평가, 동료평가가 공정하게 이루어질 수 있도록 평가 기준을 명확히 안내한다. 평가 시 활동 내용뿐 아니라 참여 태도, 협력 정도 등도 함께 반영되도록 지도한다.
	[차시 예고]	- 차시 학습을 예고한다.	- 차시 학습을 인지한다.		예습할 수 있도록 격려한다.
	마무리 인사	- 학생 격려와 마무리 인사를 한다.	- 교사에게 감사한 마음으로 마무리 인사를 한다.		수업에 열심히 참여한 학생에 격려한다.

4절. 실습 중심 학습(practice-based learning)

미용교과는 이론 중심의 보통교과와는 달리 실습 중심의 성격이 강한 전문교과로 기능의 숙달 및 창의적 표현을 기르는 데 초점을 둔다. 이에 따라 실습을 지도함에 있어 관련 모형을 적용하여 수업을 진행하는 것이 매우 중요하다. 교과의 목표 달성을 위해 실습 과정의 시범 관찰, 실습 과제의 수행, 평가 등의 과정이 필요로 하기에 해당 영역에서 관련 모형을 살펴보고자 한다. 실습 중심 학습 모형은 키드와 레이버디의 시범법, 한국교육개발원(KEDI)의 개별 확인식 수업모형, 오레곤 대학에서 개발한 직접교수법 모형이 대표적이다. 해당 모형들은 단계의 명칭은 다르지만 비슷한 요소로 구성되어 있음을 볼 수 있다. 해당 모형들의 절차를 비교한 것은 〈표 5-2〉와 같다.

(1) 실습 중심 학습의 장점

- 실제적 사례를 통해 학습하고 교수자의 시범과 동시에 학습자의 실습(실연)이 병행될 시 학습자의 능동적 참여를 조장할 수 있다. 학습 과정이 교사의 주도적 시범으로 진행되기는 하지만 시범에 따른 학습자의 직접적 수행은 학습자의 참여 기회를 높이는 좋은 계기를 마련해 준다.
- 인지적, 정의적, 심동적 영역 학습에 모두 효과적으로 적용된다. 교사의 행위 또는 학습자료의 관찰을 통해 실제적 수행에 필요한 학습과제를 학습함에 있어 효과적이다.
- 교수자의 특정 행위를 관찰하고 논의하는 과정을 거치며 단계별 실습과 이에 따른 피드백을 통하여 학습해 갈 수 있다.

(2) 실습 중심 학습의 단점

- 학습자의 능력 차로 인해 학습 결과가 다양하게 나타날 수 있다. 교수자의 시범을 관찰하는 학습자는 각기 다른 과정에서 관찰한 내용을 지각하고 해석하여 그에 따라 수행한다. 따라서 다양한 학습 결과로 인해 의도한 학습 결과를 성취하기 어려울 수 있다.
- 실습을 위한 준비와 자료 개발비용이 많이 소요되며 실습 진행 시간도 많이 소요된다. 교사의 시범뿐만 아니라 실습을 위한 물리적 환경이 마련되어야 하고 직접 수행하기 위해 요구되는 시간이 많이 소요되어 정해진 시간 내 의도한 학습 목적을 달성하기 어려운 점이 있다.

- 효과적 시범-실습(실연)을 위해 교수자와 학습자의 비율이 낮을수록 효과적이므로 교수자 수급의 어려움이 있다. 학습자가 새롭게 학습한 기능을 반복 연습하고 숙달하기 위해 교수자의 적극적 관찰과 피드백이 요구된다.

<표 5-2> 실습 중심 학습 모형 비교

시범-실습(실연)법		개별 확인식 수업모형	직접교수법
- 준비	- 교사준비 - 동기 유발	- 학습목표 및 관련지식 이해	- 오리엔테이션
- 제시	- 지식 설명 - 시범 제공	- 기본 기능 시범 관찰	- 프레젠테이션
- 응용	- 연습 - 적용	- 기본 기능 습득	- 구조화된 연습 - 안내된 연습 - 독립적 연습
- 평가	- 성취도 평가	- 기본 기능 습득 확인 및 평가	

1) 시범-실습(실연)법(demonstration-practice method)

키드(D. Kidd) & 레이버디(G. Leighbody)가 1973년 실기 지도를 위해 고안한 모형이다. 시범(demonstration)은 학습해야 할 기능이나 절차의 실제적 사례를 제시하고 학습자가 이를 관찰하는 것으로 실연은 시범을 통하여 익힌 것을 교수자의 통제하에 직접 연습하고 적용해 보는 방법이다. 시범은 학습자의 신체적 수행을 요구하거나 태도와 가치의 변용을 위해 특정인의 행동을 일종의 모델로 제시하기 위해 활용된다. 일반적으로 시범은 학습자의 신체적 수행을 요구하거나 태도와 가치의 변용을 위해 특정인의 행동을 일종의 모델로 제시하기 위해 활용된다. 신체적 수행을 요구하는 학습 내용의 경우 시범에 반드시 학습자의 직접 수행과 연결되어야 한다. 따라서 시범과 실습은 운동 기능을 포함하는 신체적 영역 학습에서 가장 효과적으로 활용되는 방법이다.

시범과 실습은 사회적 인지 이론의 관찰학습(observational learning) 방법이다. 행동주의적 학습 이론이 반복적 연습과 피드백 전략에서 그 이론적 토대를 형성할 수 있다. 관찰학습은 사회적 인지 이론에서 모델링(modeling)의 역할과 연계되어 학습자가 이를 통해 얻어진 지식을 이용하여 새로운 행동의 변화를 일으켰을 때, 나타난다. 관찰학습 과정은 학습자에게 유의미한 행위에 대한 주의 집중(attention), 습득한 지식을 내외적으로 시연하고 재현한 후 개념 모델을 형성하는 파지(retention), 형성된 개념 모델에 따라 행동을 수행하는 생산(production), 행위의 기능적 가치와 적절성을 인지함으로써 동기화(motivation) 과정을 거친다. 즉, 타인의 행위를 관찰하고 이를 이해하고 개념화하여 직접적 수행의 단계를 옮겨가는 관찰학습은 시범-실습(실연) 방법과 유사한 과정을 거친다.

반복 연습과 피드백 전략은 행동주의적 학습 이론에서 학습을 완성하기 위한 필수적 요소이다. 자극과 반응의 결합으로 형성된 행동의 반복 연습 과정은 같은 행위를 되풀이하며 그 행동의 자동화를 형성, 학습자의 행동에 대한 적절한 피드백은 올바른 반응을 일으키는 강화 요인이 된다. 따라서 시범-실습(실연) 과정에서 반복 연습 전략은 새로운 기능을 숙지하기 위한 효과적 과정이 되며, 이 과정을 통해 학습자는 기능의 절차적 수행에 대한 질적·양적 증진을 얻을 뿐만 아니라 이에 관련된 지적인 기능도 확고히 확립된다. 또한 학습자의 수행에 대한 점진적 피드백은 잘못 형성된 개념과 기능을 수정하여 정확한 수행을 가능하게 한다.

미용교육에서 시범과 실습(실연)은 각종 미용(헤어, 피부, 메이크업, 네일) 과목 수업 및 수행 학습 내에서 효과적으로 적용될 수 있다.

(1) 방법

교사에 의해 직접 수행되거나 슬라이드, 비디오, 영화 등 시청각 매체를 통하여 학습자에게 재현

(2) 시범-실습(실연)법의 절차

일반적으로 시범-실습(실연)은 네 가지 기본 단계에 따라 진행된다.

① **준비**: 학습 과정을 위하여 학습자를 준비시키고 시범될 내용에 집중할 수 있도록 주의를 이끈다.

② **제시(시범)**: 교수자가 학습자에게 학습할 특정한 행위를 보여주는 단계이다.

③ **응용(실습/실연)**: 교수자의 통제에 따라 학습자가 관찰한 기능을 실제로 연습할 수 있는 기회를 제공하는 단계이다.

④ **평가**: 학습자의 기능 성취 정도를 측정하는 단계이다.

<표 5-3> 시범-실습(실연)법 절차

준비
↓
제시(시범)
↓
응용(실습/실연)
↓
평가

<표 5-4> 시범-실습(실연)법 교수-학습지도안 예시

<table>
<tr><td colspan="2">일시</td><td>0000년 00월 00일</td><td>지도 시간</td><td>00분</td><td>지도교사</td><td>000</td></tr>
<tr><td colspan="2">과목</td><td>헤어 미용
(전공 실무 과목)</td><td>차시</td><td>0/0</td><td>교과서 쪽수</td><td>pp. 00-00</td></tr>
<tr><td colspan="2">학습 영역</td><td colspan="5">레이어 헤어 커트</td></tr>
<tr><td colspan="2">학습 요소</td><td colspan="5">레이어 헤어 커트 실행하기</td></tr>
<tr><td colspan="2">학습목표</td><td colspan="5">1. 레이어 헤어 커트 스타일에 따른 블로킹과 섹션을 할 수 있다.
2. 레이어 헤어 커트 스타일에 따른 빗질의 방향과 각도를 조절할 수 있다.
3. 커트빗과 가위를 정확하게 사용하여 레이어 헤어 커트를 할 수 있다.</td></tr>
<tr><td colspan="2" rowspan="2">교육자료</td><td>교사</td><td colspan="4">교과서, 수업자료, 평가지</td></tr>
<tr><td>학생</td><td colspan="4">교과서, 필기구, 헤어 커트 재료(홀더, 마네킹, 연습용 가발, 핀셋, 분무기, 핀셋, S브러쉬, 헤어 커트 가위, 커트빗 등) 일체</td></tr>
<tr><td colspan="2" rowspan="2">학습 단계</td><td rowspan="2">주요
학습 내용</td><td colspan="2">교수-학습활동</td><td rowspan="2">시간</td><td rowspan="2">지도상
유의점</td></tr>
<tr><td>교사</td><td>학생</td></tr>
<tr><td rowspan="5">도입</td><td rowspan="5">(준비)</td><td>[주의획득]
인사 및 출석 확인</td><td>- 학생들과 인사 후 출석을 확인한다.</td><td>- 교사와 인사하고 출석 확인에 응한다.</td><td rowspan="5">00분 이내</td><td>출석 확인 시 눈을 마주친다.</td></tr>
<tr><td>교육자료 확인 및 실습 안전·유의 사항 안내</td><td>- 교육자료(준비물)를 확인하고 실습실 안전 및 기구 사용 시 유의사항에 대해 설명한다.</td><td>- 교육자료(준비물)를 확인하고 실습실 안전 및 기구 사용 시 유의사항에 대해 인지한다.</td><td>실험실습 시 안전 및 유의사항을 반드시 안내한다.</td></tr>
<tr><td>흥미 및 동기 유발</td><td>- 레이어 헤어 커트와 관련된 질의응답, 동영상 자료 등을 활용한다.</td><td>- 레이어 헤어 커트의 내용에 대해 흥미를 갖고 생각해본다.</td><td>학생들의 수업집중을 위해 실시한다.</td></tr>
<tr><td>[학습목표 제시하기]
학습목표 제시</td><td>- 학습목표를 제시하고 이번 수업의 주안점에 대해서 설명한다.</td><td>- 학습목표를 함께 소리내어 읽고 이번 수업의 주안점을 파악한다.</td><td>학습목표를 학생들이 반드시 숙지하도록 한다.</td></tr>
<tr><td>[선수학습 재생하기]
전시학습 확인</td><td>- 이전 차시 학습 내용(레이어 헤어 커트 이론)을 진단평가 문항 등으로 확인한다.</td><td>- 진단평가 문항 등으로 이전 차시 학습 내용(레이어 헤어 커트 이론)을 환기한다.</td><td>선수학습이 미흡한 학생의 보충 및 교정학습을 실시한다.</td></tr>
</table>

		[자극 자료 제시하기] 수업 내용 제시	- 레이어 헤어 커트 실습 내용에 대해 제시한다.	- 레이어 헤어 커트 실습 내용에 대해 인지한다.	OO분 이내	강조, 발문 등 다양한 기법을 사용한다.
	(시범)	[학습 안내 제공하기] 유의미한 학습 내용 제시	- 레이어 헤어 커트에 대한 도해도 및 학습지를 배부하여 유의미한 학습이 될 수 있도록 한다.	- 레이어 헤어 커트에 대한 도해도 및 학습지를 받아 의미론적 부호화를 통해 장기기억으로 학습 내용을 저장한다.		예시 제시 및 조직화, 정교화 등을 사용한다.
전개		**제시 (시범)**	- 레이어 헤어 커트 방법에 대해 동영상 혹은 교사 직접적인 시범을 단계별(분무-블로킹-커트(네이프-골덴-사이드-탑 순))로 보여주며 학습하도록 유도한다.	- 레이어 헤어 커트 방법에 대해 동영상 혹은 교사 직접적인 시범을 단계별(분무-블로킹-커트(네이프-골덴-사이드-탑 순))로 집중하여 보며 학습한다.	OO분 이내	한 번에 시범 시 시야를 확보하며, 인원을 나눠서 시범 시 학생들에게 시범하는 관련 내용을 학습지를 통해 작성하도록 지도한다.
	(응용)	**응용 (실습, 실연)**	- 레이어 헤어 커트 방법에 대해 단계별(분무-블로킹-커트(네이프-골덴-사이드-탑 순))로 실습(실연)하도록 유도한다.	- 레이어 헤어 커트 방법에 대해 단계별(분무-블로킹-커트(네이프-골덴-사이드-탑 순))로 실습(실연)을 실시한다.	OO분 이내	교사는 순회하며 학생들의 실습(실연)이 원활히 이뤄질 수 있도록 지도한다.
		[피드백 제공하기] 수행의 과정 결과 알려주기	- 레이어 헤어 커트 실습 과정 및 결과물에 대해서 피드백을 제공한다.	- 레이어 헤어 커트 실습 과정 및 결과물에 대한 피드백을 수용하여 인지 및 행동을 교정한다.		피드백을 통해 실습에 대한 행동이 교정될 수 있도록 한다.
정리	(평가)	[형성평가 실시] **평가**	- 지도한 내용에 대해 형성평가를 실시한다.	- 형성평가를 통해 오늘 학습한 내용들을 숙지하였는지 점검한다.	OO분 이내	학업성취를 평가한다.
		[파지 및 전이 높이기] 요점 정리 및 일반화	- 학습목표를 다시 한번 확인하고 학생들과 같이 중요 요점을 도출하여 정리한다. - 학습한 내용을 일반화할 수 있도록 새로운 상황을 제시한다.	- 학습목표를 다시 한번 인지하고 중요 요점을 중심으로 학습한 내용을 스스로 다시 정리한다. - 학습한 내용을 다양한 상황에 적용해 본다.		파지를 위해 요점 정리를 하며, 전이를 위해 새로운 상황에 적용해 보도록 유도한다.
		[차시 예고]	- 차시 학습을 예고한다.	- 차시 학습을 인지한다.		예습할 수 있도록 격려한다.
		청소 지도 및 마무리 인사	- 실습실 청소 지도를 실시한다. - 학생 격려와 마무리 인사를 한다.	- 실습실 청소를 실시한다. - 교사에게 감사한 마음으로 마무리 인사를 한다.		위생의 중요성에 대해 인지시키고 수업에 열심히 참여한 학생에 보상한다.

2) 개별 확인식 수업(individually confirmed instruction)

한국교육개발원(KEDI)에서 1973년 중학교 기술교육의 효율화를 위해 개발한 수업모형이다. 특정 기능을 학생에게 습득시키기 위해 교사가 특정 기능에 대한 기본적 지식에 관한 지도를 받고 학생은 교사가 보여주는 작업 과정에 대한 시범을 관찰하며, 이후 교사의 시범에 따라 작업을 시도해 보고 그 시도가 성공하면 계속적인 연습을 하게 된다. 반복 학습에 의해 그 기능이 어느 정도 숙련되면 교사의 평가를 거쳐 기능이 습득되었다고 본다. 학습자의 자기평가와 교사의 확인 평가를 통해 학습목표 달성 여부를 반복적으로 연습하고 각 단계에서 자신의 수준에 맞는 학습 기회와 피드백을 받는 순환적 구조를 가진 완전 학습을 지향하는 기능 습득 모형이다.

(1) 개별 확인식 수업의 특징

- **개별화 중심**: 학습자의 속도와 수준에 맞춘 자료와 평가가 제공
- **학습자 자율성 강조**: 자기주도적 학습 촉진
- **피드백 중심**: 형성평가를 통한 즉각적인 피드백과 보완
- **성취 중심 수업**: 학습목표 도달 여부에 중점

(2) 개별 확인식 수업의 절차

- **제1단계(학습목표 및 관련 지식 이해)**: 수업의 목표와 이유를 명확히 제시하고 학습자가 스스로 학습목표와 관련 배경지식을 이해하며, 동기 유발 활동도 포함할 수 있다.
- **제2단계(기본 기능 시범 관찰)**: 교사는 시범을 보이며 학생은 이를 관찰한다. 시범에는 작업의 순서, 주의점, 정확한 기능 수행법이 포함되며 학생은 시범을 통해 기본 기능의 전체 구조를 파악하게 된다.
- **제3단계(기본 기능 습득)**: 학생은 제시된 작업 순서에 따라 기능을 수행한다. 학습자는 기능을 직접 연습하고 자기평가를 진행한다. 이때, 자기평가에서 기능이 숙달되지 않았다면 다시 연습을 반복하고 다시 연습 후에도 도달하지 못하면 해당 기본 기능을 다시 학습한다. 도달할 시에는 다음 단계로 진행한다.
- **제4단계(기본 기능 습득 확인 및 평가)**: 교사가 시범 기능의 숙달 정도를 평가한다. 도달 시 다음 기본 기능으로 이동하고 미도달 시 다시 제3단계로 돌아가 기능을 연습하고 보완하는 과정을 거친다.

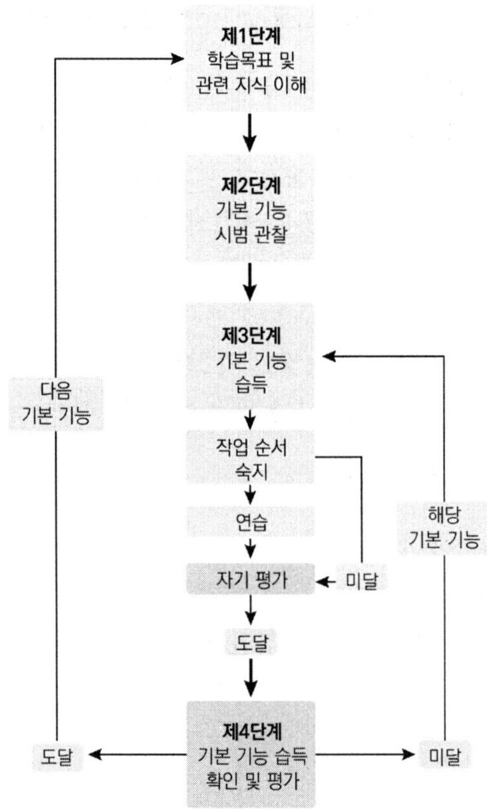

[그림 5-1] 개별 확인식 수업 절차

출처: 신세호 외(1974).

<표 5-5> 개별 확인식 수업 교수-학습지도안 예시

<table>
<tr><th>일시</th><td>0000년 00월 00일</td><th>지도 시간</th><td>00분</td><th>지도교사</th><td>000</td></tr>
<tr><th>과목</th><td>메이크업
(전공 실무 과목)</td><th>차시</th><td>0/0</td><th>교과서 쪽수</th><td>pp. 00-00</td></tr>
<tr><th>학습 영역</th><td colspan="5">시대별 메이크업</td></tr>
<tr><th>학습 요소</th><td colspan="5">시대별 메이크업하기</td></tr>
<tr><th>학습목표</th><td colspan="5">1. 시대별 메이크업의 특성을 반영한 메이크업을 표현할 수 있다.
2. 시대별 메이크업의 특성을 반영한 의상, 소품 등으로 스타일링 할 수 있다.</td></tr>
<tr><th rowspan="2">교육자료</th><th>교사</th><td colspan="4">교과서, 수업자료, 평가지</td></tr>
<tr><th>학생</th><td colspan="4">교과서, 필기구, 메이크업 도구 일체 및 화장품 일체</td></tr>
<tr><th rowspan="2">학습 단계</th><th rowspan="2">주요
학습 내용</th><th colspan="2">교수-학습활동</th><th rowspan="2">시간</th><th rowspan="2">지도상
유의점</th></tr>
<tr><th>교사</th><th>학생</th></tr>
<tr><td></td><td>[주의획득]
인사 및
출석 확인</td><td>- 학생들과 인사 후 출석을 확인한다.</td><td>- 교사와 인사하고 출석 확인에 응한다.</td><td>00분</td><td>출석 확인 시 눈을 마주친다.</td></tr>
</table>

도입	(1단계 학습목표 이해)	교육자료 확인 및 실습 안전·유의사항 안내	- 교육자료(준비물)를 확인하고 실습실 안전 및 기구 사용 시 유의사항에 대해 설명한다.	- 교육자료(준비물)를 확인하고 실습실 안전 및 기구 사용 시 유의사항에 대해 인지한다.	이내	실험실습 시 안전 및 유의사항을 반드시 안내한다.
		흥미 및 동기 유발	- 시대별 메이크업과 관련된 질의응답, 동영상 자료 등을 활용한다.	- 시대별 메이크업의 내용에 대해 흥미를 갖고 생각해 본다.		학생들의 수업집중을 위해 실시한다.
		[학습목표 제시하기] **학습목표 이해** (학습목표 제시)	- 학습목표를 제시하고 이번 수업의 주안점에 대해서 설명한다.	- 학습목표를 함께 소리내어 읽고 이번 수업의 주안점을 파악한다.		학습목표를 학생들이 반드시 숙지하도록 한다.
		[선수학습 재생하기] 전시학습 확인	- 이전 차시 학습 내용(1950년대 메이크업(마릴린 먼로))을 진단평가 문항 등으로 확인한다.	- 진단평가 문항 등으로 이전 차시 학습 내용(1950년대 메이크업(마릴린 먼로))을 환기한다.		선수학습이 미흡한 학생의 보충 및 교정학습을 실시한다.
전개	(1단계 관련 지식 이해)	[자극 자료 제시하기] **관련 지식 이해** (수업 내용 제시)	- 1960년대 메이크업(트위기) 실습 내용에 대해 제시한다.	- 1960년대 메이크업(트위기) 실습 내용에 대해 인지한다.	OO 분 이내	강조, 발문 등 다양한 기법을 사용한다.
		[학습 안내 제공하기] 유의미한 학습 내용 제시	- 1960년대 메이크업(트위기)에 대한 메이크업 일러스트 및 학습지를 배부하여 유의미한 학습이 될 수 있도록 한다.	- 1960년대 메이크업(트위기)에 대한 메이크업 일러스트 및 학습지를 받아 의미론적 부호화를 통해 장기기억으로 학습 내용을 저장한다.		예시 제시 및 조직화, 정교화 등을 사용한다.
	(2단계 기본 기능 시범 관찰)	기본 기능 시범 관찰	- 1960년대 메이크업(트위기) 방법에 대해 동영상 혹은 교사 직접적인 시범을 단계별(피부표현-눈화장-치크 및 주근깨-립)로 보여주며 학습하도록 유도한다.	- 1960년대 메이크업(트위기) 방법에 대해 동영상 혹은 교사 직접적인 시범을 단계별(피부표현-눈화장-치크 및 주근깨-립)로 집중하여 보며 학습한다.	OO 분 이내	한 번에 시범 시 시야를 확보하며, 인원을 나눠서 시범 시 학생들에게 시범하는 관련 내용을 학습지를 통해 작성하도록 지도한다.
	(3단계 기본 기능 습득)	작업 순서 숙지	- 1960년대 메이크업(트위기) 방법에 대해 동영상 혹은 교사 직접적인 시범을 토대로 작업의 순서를 학습지 작성을 통해 숙지하도록 지도한다.	- 1960년대 메이크업(트위기) 방법에 대해 동영상 혹은 교사 직접적인 시범을 토대로 작업의 순서를 학습지 작성을 통해 숙지한다.	OO 분 이내	교사는 순회하며 학생들의 실습(실연)이 원활히 이뤄질 수 있도록 지도한다.
		연습 (실습 및 실연)	- 1960년대 메이크업(트위기) 방법에 대해 단계별(피부표현-눈화장-치크 및 주근깨-립)로 실습(실연)하도록 유도한다.	- 1960년대 메이크업(트위기) 방법에 대해 단계별(피부표현-눈화장-치크 및 주근깨-립)로 실습(실연)을 실시한다.		교사는 순회하며 학생들의 실습(실연)이 원활히 이뤄질 수 있도록 지도한다.
		자기평가	- 1960년대 메이크업(트위기) 실습 작업 순서에 대해 자기평가를 실시하도록 지도한다.	- 1960년대 메이크업(트위기) 실습 작업 순서에 대해 자기평가를 실시한다.		체크리스트를 통해 미달 시 작업 순서를 다시 한번 숙지하도록 한다.

정리	(4단계 기본 기능 습득 확인 및 평가)	**기능 습득 확인 및 평가**	- 지도한 내용에 대해 교사평가를 실시한다.	- 교사평가를 통해 오늘 학습한 내용들을 숙지하였는지 점검한다.	OO분 이내	도달 시 다음 기본 기능으로 차시 학습을 준비하며, 미도달 시 해당 기본 기능을 숙지를 위한 수업을 차시 학습에 반영한다.
		[파지 및 전이 높이기] 요점 정리 및 일반화	- 학습목표를 다시 한번 확인하고 학생들과 같이 중요 요점을 도출하여 정리한다. - 학습한 내용을 일반화할 수 있도록 새로운 상황을 제시한다.	- 학습목표를 다시 한번 인지하고 중요 요점을 중심으로 학습한 내용을 스스로 다시 정리한다. - 학습한 내용을 다양한 상황에 적용해 본다.		파지를 위해 요점 정리를 하며, 전이를 위해 새로운 상황에 적용해 보도록 유도한다.
		[차시 예고]	- 차시 학습을 예고한다.	- 차시 학습을 인지한다.		예습할 수 있도록 격려한다.
		청소 지도 및 마무리 인사	- 실습실 청소 지도를 실시한다. - 학생 격려와 마무리 인사를 한다.	- 실습실 청소를 실시한다. - 교사에게 감사한 마음으로 마무리 인사를 한다.		위생의 중요성에 대해 인지시키고 수업에 열심히 참여한 학생에 보상한다.

3) 직접교수법(direct instruction model)

직접교수법(direct Instruction)은 조이스(Joyce), 웨일(Weil), 칼훈(Calhoun)에 의해 1992년 제시된 교수-학습모형으로 새로운 개념이나 기능을 교사가 명시적으로 설명하고 학습자가 교사의 지도 아래 단계적으로 연습을 거쳐 해당 개념이나 기능을 숙달하도록 유도하는 교수 전략이다. 이 모형은 구조화된 수업 흐름과 반복적인 연습을 통해 학습자의 과제 수행 능력과 학습 성취도를 극대화하는 데 중점을 둔다.

(1) 직접교수법의 주요 구성 요소

① 중요 학습 내용의 강조

학습자에게 우선 순위가 높은 핵심 개념이나 기능을 명확히 강조함으로써 주의 집중을 유도하고 학습의 효율성과 성취도를 향상시킬 수 있다. 이는 학습의 전이 가능성과 실천력을 높이는 데에도 긍정적인 영향을 미친다.

② 높은 수준의 지시와 통제

교사는 학습과제를 선정하고 이를 구조화된 방식으로 조직하여 학습자에게 명확하게 제시한다. 수업의 전 과정에서 학습자가 집중할 수 있는 분위기를 조성하며, 수업의 흐름을 주도한다.

③ 높은 기대와 긍정적 정서

직접교수법은 행동주의 학습이론, 특히 강화의 원리에 기초하여 학습자의 긍정적인 행동을 유도하고 이를 지속적으로 강화함으로써 학습 동기를 유발한다. 교사의 높은 기대와 긍정적인 정서적 상호작용은 학습자의 자기 효능감 향상에 기여한다.

(2) 직접교수법의 절차

① 오리엔테이션(orientation)

수업의 개요를 제시하고 학습목표와 절차를 안내하는 도입 단계이다. 이 단계에서는 학습자의 선행 지식을 점검하고 수업의 흐름에 대한 예측 가능성을 제공함으로써 인지적 준비도를 높인다.

② 프레젠테이션(presentation)

교사가 새로운 개념이나 기능을 설명하고 실습 과정을 시연하며 시각적 자료나 표상을 통해 내용을 구체화한다. 이후 학습자의 이해도를 점검하고 이에 따라 다음 단계로의 전이 여부를 판단한다.

③ 구조화된 연습(structured practice)

교사의 안내에 따라 학습자가 단계적으로 실습을 수행하는 과정이다. 이 단계에서는 교사가 지속적인 질문을 통해 학습자의 이해도를 확인하고 오류에 대해 즉각적인 교정적 피드백을 제공한다. 바람직한 수행에는 강화를 제공하여 학습을 정착시킨다.

④ 안내된 연습(guided practice)

학습자가 점차적으로 독립성을 갖고 과제를 수행하는 단계로 교사는 학생의 수행을 관찰하며 필요한 경우 피드백을 제공한다. 이 단계는 학습자가 실수로부터 학습할 수 있도록 기회를 제공하며 긍정적인 강화 역시 지속된다.

⑤ 독립적 연습(independent practice)

학습자는 교실 안팎에서 독립적으로 학습과제를 수행하며 학습 내용을 내면화한다. 피드백은 지연되거나 자기평가의 형태로 제공되며 반복적이고 다양한 맥락에서의 연습 기회를 통해 학습의 자동화를 유도한다.

<표 5-6> 직접교수법 절차

오리엔테이션

↓

프레젠테이션

↓

구조화된 연습

↓

안내된 연습

↓

독립적 연습

<표 5-7> 직접교수법 교수-학습지도안 예시

<table>
<tr><th colspan="2">일시</th><td>0000년 00월 00일</td><th>지도 시간</th><td>00분</td><th>지도교사</th><td>000</td></tr>
<tr><th colspan="2">과목</th><td>피부 미용
(전공 실무 과목)</td><th>차시</th><td>0/0</td><th>교과서 쪽수</th><td>pp. 00-00</td></tr>
<tr><th colspan="2">학습 영역</th><td colspan="5">피부 미용 얼굴 각질 관리</td></tr>
<tr><th colspan="2">학습 요소</th><td colspan="5">얼굴 딥 클렌징하기</td></tr>
<tr><th colspan="2">학습목표</th><td colspan="5">1. 피부 유형별 딥 클렌징 제품을 선택할 수 있다.
2. 선택된 딥 클렌징 제품을 특성에 맞게 적용할 수 있다.
3. 피부 미용 기기·기구를 활용하여 딥 클렌징을 적용할 수 있다.</td></tr>
<tr><th colspan="2" rowspan="2">교육자료</th><th>교사</th><td colspan="4">교과서, 수업자료, 평가지</td></tr>
<tr><th>학생</th><td colspan="4">교과서, 필기구, 피부 미용 소모품 재료(효소, AHA, 스크럽, 고마쥐, 해면, 터번, 타월, 스파츌라, 티슈, 화장솜, 면봉, 붓, 볼 등) 일체</td></tr>
<tr><th colspan="2" rowspan="2">학습 단계</th><th rowspan="2">주요
학습 내용</th><th colspan="2">교수-학습활동</th><th rowspan="2">시간</th><th rowspan="2">지도상
유의점</th></tr>
<tr><th>교사</th><th>학생</th></tr>
<tr><td rowspan="4">도입</td><td rowspan="4">(오리엔테이션)</td><td>[주의획득]
인사 및
출석 확인</td><td>- 학생들과 인사 후 출석을 확인한다.</td><td>- 교사와 인사하고 출석 확인에 응한다.</td><td rowspan="4">00
분
이내</td><td>출석 확인 시 눈을 마주친다.</td></tr>
<tr><td>교육자료
확인 및
실습
안전·유의
사항 안내</td><td>- 교육자료(준비물)를 확인하고 실습실 안전 및 기구 사용 시 유의사항에 대해 설명한다.</td><td>- 교육자료(준비물)를 확인하고 실습실 안전 및 기구 사용 시 유의사항에 대해 인지한다.</td><td>실험실습 시 안전 및 유의사항을 반드시 안내한다.</td></tr>
<tr><td>흥미 및
동기 유발</td><td>- 얼굴 딥 클렌징과 관련된 질의응답, 동영상 자료 등을 활용한다.</td><td>- 얼굴 딥 클렌징의 내용에 대해 흥미를 갖고 생각해 본다.</td><td>학생들의 수업집중을 위해 실시한다.</td></tr>
<tr><td>[학습목표
제시하기]
학습목표
제시</td><td>- 학습목표를 제시하고 이번 수업의 주안점에 대해서 설명한다.</td><td>- 학습목표를 함께 소리내어 읽고 이번 수업의 주안점을 파악한다.</td><td>학습목표를 학생들이 반드시 숙지하도록 한다.</td></tr>
</table>

		[선수학습 재생하기] 전시학습 확인	- 이전 차시 학습 내용(얼굴 딥 클렌징(효소)) 실습 방법을 진단평가 문항 등으로 확인한다.	- 진단평가 문항 등으로 이전 차시 학습 내용(얼굴 딥 클렌징(효소)) 및 실습 방법을 환기한다.		선수학습이 미흡한 학생의 보충 및 교정학습을 실시한다.
전개	(프레젠테이션)	[자극 자료 제시하기] 수업 내용 제시	- 얼굴 딥 클렌징 실습 내용에 대해 기초 개념과 지식, 실습 방법을 설명한다.	- 얼굴 딥 클렌징 실습 내용에 대한 기초 개념과 지식, 실습 방법을 인지한다.	OO분 이내	강조, 발문 등 다양한 기법을 사용한다.
		[학습 안내 제공하기] 유의미한 학습 내용 제시	- 피부 관리 계획 차트 학습지를 배부하여 유의미한 학습이 될 수 있도록 한다.	- 피부 관리 계획 차트 학습지를 받아 의미론적 부호화를 통해 장기기억으로 학습 내용을 저장한다.		예시 제시 및 조직화, 정교화 등을 사용한다.
		시범 보이기	- 얼굴 딥 클렌징(AHA) 방법에 대해 동영상 혹은 교사 직접적인 시범을 단계별(고객준비-1차 클렌징 및 분석표 작성-손소독-아이패드 및 AHA 도포-해면-냉습포-토닉) 단계별로 보여주며 학습하도록 유도한다.	- 얼굴 딥 클렌징(AHA) 방법에 대해 동영상 혹은 교사 직접적인 시범을 단계별(고객준비-1차 클렌징 및 분석표 작성-손소독-아이패드 및 AHA 도포-해면-냉습포-토닉) 단계별로 집중하여 보며 학습한다.	OO분 이내	한 번에 시범 시 시야를 확보하며, 인원을 나눠서 시범 시 학생들에게 시범하는 관련 내용을 학습지를 통해 작성하도록 지도한다. 학생의 이해 정도를 점검해가며 시범을 실시한다.
	(연습)	구조화된 연습	- 교사의 지도하에 얼굴 딥 클렌징(AHA)을 단계별(고객준비-1차 클렌징 및 분석표 작성-손소독-아이패드 및 AHA 도포-해면-냉습포-토닉)로 실습(실연)하도록 유도한다.	- 교사의 지도하에 얼굴 딥 클렌징(AHA)을 단계별(고객준비-1차 클렌징 및 분석표 작성-손소독-아이패드 및 AHA 도포-해면-냉습포-토닉)로 실습(실연)하도록 유도한다.	OO분 이내	교사가 한 단계씩 시범을 보이면서 학생들이 따라하도록 지도한다.
		안내된 연습	- 얼굴 딥 클렌징(AHA)을 단계별(고객준비-1차 클렌징 및 분석표 작성-손소독-아이패드 및 AHA 도포-해면-냉습포-토닉)로 실습(실연)하도록 유도한다.	- 얼굴 딥 클렌징(AHA)을 단계별(고객준비-1차 클렌징 및 분석표 작성-손소독-아이패드 및 AHA 도포-해면-냉습포-토닉)로 실습(실연)하도록 유도한다.		순회와 피드백을 통해 실습에 대한 행동이 교정될 수 있도록 한다.
		독립된 연습	- 얼굴 딥 클렌징(AHA)을 단계별(고객준비-1차 클렌징 및 분석표 작성-손소독-아이패드 및 AHA 도포-해면-냉습포-토닉)로 실습(실연)하도록 유도한다.	- 얼굴 딥 클렌징(AHA)을 단계별(고객준비-1차 클렌징 및 분석표 작성-손소독-아이패드 및 AHA 도포-해면-냉습포-토닉)로 실습(실연)하도록 유도한다.		학생 스스로 연습할 수 있도록 지도한다. (상황에 따라 과제로 제공할 수 있다.)
정리		[형성평가 실시]	- 지도한 내용에 대해 형성평가를 실시한다.	- 형성평가를 통해 오늘 학습한 내용들을 숙지하였는지 점검한다.	OO분 이내	학업성취를 평가한다.
		[파지 및 전이 높이기] 요점 정리 및 일반화	- 학습목표를 다시 한번 확인하고 학생들과 같이 중요 요점을 도출하여 정리한다.	- 학습목표를 다시 한번 인지하고 중요 요점을 중심으로 학습한 내용을 스스로 다시 정리한다.		파지를 위해 요점 정리를 하며, 전이를 위해 새로운 상황에 적용해 보도록 유도한다.

		- 학습한 내용을 일반화할 수 있도록 새로운 상황을 제시한다.	- 학습한 내용을 다양한 상황에 적용해 본다.		
	[차시 예고]	- 차시 학습을 예고한다.	- 차시 학습을 인지한다.		예습할 수 있도록 격려한다.
	청소 지도 및 마무리 인사	- 실습실 청소 지도를 실시한다. - 학생 격려와 마무리 인사를 한다.	- 실습실 청소를 실시한다. - 교사에게 감사한 마음으로 마무리 인사를 한다.		위생의 중요성에 대해 인지시키고 수업에 열심히 참여한 학생에 보상한다.

4) 실습 중심 학습의 응용

(1) 전습법과 분습법(whole method & part method)

제임스 네일러(James Naylor) & 조지 브리그스(George Briggs)가 1963년에 제시한 전습법과 분습법은 여러 요소를 내포하고 있는 기능 과제를 지도하고자 할 때 하나의 단위로 묶어서 연습시킬 것인지 또는 그 요소들을 하나하나 또는 몇 개의 묶음으로 나누어서 연습시킬지에 대한 지도 방법을 뜻한다. 전습법은 학습자가 미용 실습 과제를 한 번에 전체적으로 학습하는 방법이고 분습법은 미용 실습 요소를 몇 개의 하위 단위로 나누어 학습하는 방법이다. 미용 실습 과제를 연습함에 있어 이와 같은 전습법, 분습법을 선택하기 위해서는 실습 과제의 특성과 학습자의 수행 능력을 우선적으로 파악한 후 판단해야 한다.

미용기술에 전혀 경험이 없는 초보자는 과제의 요구를 모두 처리하고 제어할 수 없기에 전체 기술을 한 번에 연습하는 것이 오히려 학습에 지장을 초래할 수 있으므로 학습과제를 하위 요소로 하나씩 연습하여 나중에 전체적으로 결합해 나가는 방법을 택하는 것이 바람직하다. 예를 들어, 블로킹, 밴딩 등과 같은 기본적 기술을 익히지도 못한 학습자에게 와인딩과 같은 복잡한 기술을 가르치는 것은 무리이므로 기본적 기술을 학습한 뒤 복잡한 기술을 학습하는 것이 좋다. 실제로 과제를 어느 정도의 크기로 구성하여 지도하는지에 따라서 기능 과제의 학습효과에 많은 영향을 미치기 때문이다. 또한 인지 능력 결함, 신체적 결함 등으로 장애가 있는 학습자에게도 학습 초기 단계에서 분습법을 사용하는 것이 효과적이다. 이와 같이 전습법, 분습법은 어느 방법이 보다 효과적이라 단정 지을 수는 없다. 실제로 대부분의 미용 기술을 연습하는 과정에서 두 가지 방법이 병행되어 사용되고 있다.★

★ 전습법과 분습법 적용 고려 사항

① 과제의 조직성 : 과제나 기술에 내포되어 있는 구성 요소들이 어떻게 관련되어 있는가, 다시 말해서 요소들 간 독립성이 어느 정도인가에 대한 문제이다.

② 과제의 복잡성 : 하나의 과제 속에 몇 개의 부분 또는 요소들이 내재하며 또한 얼마만큼의 정보처리가 요구되는가 하는 문제이다. 이것은 실기 종목마다 다르며, 어느 종목의 한 기술이라 하더라도 연습의 조건에 의해서 요소나 처리해야 할 정보의 양이 달라진다.

<표 5-8> 전습법과 분습법 비교

구분	전습법	분습법
학습 방식	전체 과제를 통합적으로 학습	과제를 분할하여 부분적으로 학습
이해 수준	전체적 구조 이해 용이	세부적 정확도 높음
적합 대상	고숙련자, 상위 학습자	초보자, 기초 학습자
학습 내용	구조가 명확하고 양이 적은 경우	내용이 많고 복잡한 경우
전이 효과	높음	낮거나 제한적일 수 있음

① **전습법**(whole method): 하나의 과제를 하나의 전체로 묶어서 학습을 실시하는 방법, 과제를 나누지 않고 처음부터 끝까지 몇 번이고 전체적으로 반복적으로 연습하는 방법이다.
- 통합적 이해 강조: 전체 구조 및 흐름을 파악하기에 적합하다.
- 인지구조 형성에 효과적: 개별 요소 간 관계를 이해할 수 있다.
- 적합한 학습자: 실기 능력이 우수하고 인지적 처리 능력이 우수한 학습자, 연습이 진척된 학습자에게 적합
- 실습의 양이 적거나 구조가 명확할 경우 효율적
- 전이 학습에 유리: 습득한 기술을 새로운 상황에 적용하기 쉬움

② **분습법**(part method): 하나의 기술 또는 과제를 나누어 순차별로 학습해 가는 방법으로 이때 몇 개의 부분으로 나눌 것인가의 문제는 가르치는 사람이 결정해야 할 문제이기는 하지만 지도자가 임의로 나누는 것이 아니고 하나의 기술에 포함되어 있는 부분들을 분류하여 가르치고자 할 때에는 그 기술의 복잡성이나 조직성 그리고 수행자의 능력 따위를 고려해야 한다.
- 순수 분습법: 전체 학습과제를 적당히 나누어 부분적으로 학습한 후에 전체

기술을 종합하여 학습하는 방법
- 초보자나 저학습자에게 적합
- 초기 학습의 정확도 향상
- 전체 통합 시 맥락 연결이 약할 수 있음

예) a→b→c→a+b+c

- 점진적 분습법: 학습 단위를 누적적으로 연결하며 학습하는 방법으로 전체 학습과제를 a, b, c로 나누었다면 먼저 a와 b의 부분을 각각 학습하고 다음에는 a, b를 동시에 학습 후 종합하여 학습하는 방법
  - 이전 학습 내용을 반복하며 누적하여 학습
  - 기억 강화, 연결성 향상에 효과적
  - 전체 구조에 대한 점진적 접근이 가능

  예) a→b→a+b→c→a+b+c
- 반복적 분습법: 먼저 a 부분을 학습하고 다음에는 a, b를 같이 학습하고 또 a, b, c 부분을 함께 학습한다.
  - 반복을 통한 숙달 효과
  - 각 부분을 학습할 때마다 전체적 구조와 맥락을 반복적으로 확인
  - 동기 유지 및 전이 효과 증가
  - 연습의 초기 단계
  - 연습이 진척된 경우

  예) a→a+b→a+b+c

전습법이나 분습법을 선택하기 위해서는 교사가 우선 과제나 기술의 두 가지 특성, 즉, 과제의 조직성과 과제의 복잡성을 고려해야 한다.

① **과제의 조직성**: 과제나 기술에 내포되어 있는 구성 요소들이 어떻게 관련되어 있는가, 다시 말해서 요소들 간의 독립성이 어느 정도인가의 문제이다.

② **과제의 복잡성**: 하나의 과제 속에 몇 개의 부분 또는 요소들이 내재하며, 또한 얼마만큼의 정보처리가 요구되는가 하는 문제이다. 이것은 실습 종목마다 다르며, 어느 종목의 한 기술이라 하더라도 연습의 조건에 의해서 요소나 처리해야 할 정보의 양이 달라진다.

이와 같은 전제하에서 미용교사가 전습법과 분습법을 결정하는데 있어서 고려해야 할 두 가지 지침을 제시한다.

- 가르치고자 하는 기술이 복잡성은 높으나 조직성이 낮으면 분습법의 연습법을 선택하여야 하며, 반대로 복잡성이 낮고 조직성이 높은 경우에는 전습법이 보다 효과적이다.

• 어느 부분들을 분리시키고 또 다른 부분들은 결합시켜서 가르칠 것인가를 결정하는 데 있어서는 부분들의 상호 의존성이 높은 기술 부분들은 하나의 단위로 묶어서 연습시키고 비교적 독립적인 부분들은 개별적으로 훈련시키는 방법이 효과적이다.

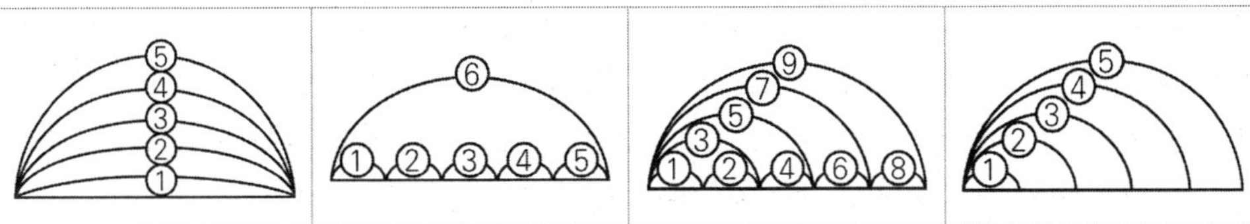

전습법	순수 분습법	점진적 분습법	반복적 분습법

(2) 팀 티칭(team teaching)

팀 티칭이란 2인 이상의 교사가 팀을 구성하여 학생을 지도하는 것으로 복수의 교사가 공동의 목표를 가지고 한 교실에서 과목을 함께 지도하는 것을 뜻한다. 동일 교과의 교사 혹은 타 교과의 교사가 팀을 이룰 수 있으며, 동일한 학습자를 대상으로 진단, 계획, 교수, 평가의 과정을 함께 진행하는 교수-학습의 양식이다. 이러한 팀 티칭의 유형은 다음과 같다.

① **주도형**(team leader type): 두 명 이상의 교사가 팀을 이루지만 한 명의 교사가 리더가 되어 책임을 부여한 형태로 리더가 수업을 주도하는 유형

② **연합형**(associated type): 특정 리더의 역할을 구분 짓지 않고 주어진 상황에 따라 구성원 간 긴밀한 상호작용으로 리더십이 이루어지는 유형

③ **주임/초임 교수자형**(master teacher-beginning teacher type): 교사 교육을 위해 경험이 많은 선임이나 주임교사가 의사결정의 주도권을 갖는 유형

④ **공동 교수형**(coordinated-team type): 한 학급에서 함께 지내는 두 교사가 단일 교실에 대해 개인적 책임을 보유하고 팀을 조직하여 계획에 참가하는 유형

5절. 문제해결법(problem-solving method)

문제해결법은 존 듀이(John Dewey)의 반성적 사고(reflective thinking) 이론에 근거한 교수-학습 방법으로 지적 능력의 획득 과정을 중시한다. 본 방법은 학습자가 실제 삶의 맥락에서 직면하는 문제들을 해결하는 경험 자체를 반성적 사고 과정으로 보아 이를 통해 지식과 기술, 태도 등이 통합적으로 형성되는 것을 목표로 한다. 특히 이론적·상상적 문제해결과 경험을 통한 학습의 중요성을 강조한다.

(1) 문제해결법의 절차

① **문제인식**: 학습자는 문제를 스스로 발견할 수도 있으며, 교사가 문제 상황을 제시할 수도 있다. 이때 학습자가 문제의 본질을 명확히 이해하고 인지할 수 있도록 충분한 설명과 상황 제시가 이루어져야 한다. 문제 인식은 학습자의 주의 집중과 문제해결 의욕을 촉진하는 출발점이다.

② **문제해결 방안 계획**: 인지된 문제를 효과적으로 해결하기 위해 문제의 특성을 분석하고 이에 적합한 해결 방안과 절차를 설계한다. 또한 역할 분담이나 시간 계획 등 구체적인 실행 계획을 수립한다. 이 과정은 문제해결의 전략적 토대를 마련하는 단계이다.

③ **자료의 수집**: 계획된 방법에 따라 문제해결에 필요한 자료를 수집한다. 자료 수집 방법은 문헌 조사, 실험, 관찰, 인터뷰, 실측 등 다양할 수 있으며, 수집된 자료는 문제해결 과정에 객관적 근거로 활용된다.

④ **학습활동 전개**: 수집된 자료를 기반으로 관찰, 실험, 조사, 연구 등 다양한 학습활동을 수행한다. 이 단계에서는 학습자가 주체적으로 탐구하며 적극적으로 문제해결에 참여한다. 교사는 조력자 및 촉진자 역할을 수행하여 학습자의 자기주도적 학습을 지원한다.

⑤ **결과의 검증**: 수행된 활동의 결과를 분석하고 그 타당성을 검증한다. 문제해결 결과를 재확인하고 필요에 따라 응용하거나 보완한다. 성공적인 해결 결과는 발표 및 공유하며, 이를 바탕으로 더욱 복잡하고 고차원적인 문제해결로 확장하는 기반을 마련한다.

<표 5-9> 문제해결법 학습 절차

문제인식
↓
문제해결 방안 계획
↓
자료의 수집
↓
학습활동 전개
↓
결과의 검증

(2) 문제해결법의 장점

- 학습자의 자발적 학습을 유도한다.
- 실생활 적용 능력을 함양할 수 있다.
- 고등정신 능력을 함양할 수 있다(사고력, 창의성 등).

(3) 문제해결법의 단점

- 기초학력이 부실해질 우려가 있다.
- 사회 및 국가적 교육에 소홀할 수 있다.
- 교과의 체계성이 무시될 수 있다.

6절. 프로젝트 학습(project method, 구안법)

진보주의 교육사상가인 킬패트릭(Killpatrick, 1918)이 '사회적 맥락에서 학습자의 주도성'을 강조하기 위해 프로젝트를 학교 교육과정으로 도입한 1920년 초반부터 본격적으로 활용하기 시작한 교수-학습 방법이다. 학습자가 주체가 되어 목표를 설정하거나 프로젝트 과정을 주도적으로 수행해가며, 학습자의 주도성이 요구되는 학습환경을 중시한다. 또한 프로젝트 기반 학습에서의 학습활동은 개별학습과 협력학습의 모든 맥락에서 실행될 수 있는 교수법이다. 해당 교수법의 특징은 다음과 같다. 첫째, 정해진 기간 내에 학습목표를 달성해야 하는 과정이다. 둘째, 학습자가 책임을 갖고 적극적으로 수업에 참여해야 하는 활동이다. 셋째, 구성원이 함께 수행하는 협동 작업이다. 넷째, 프로젝트를 수행한 결과로써의 산출물을 개발하는 활동이다.

(1) 프로젝트 학습의 절차

① **목표설정**: 학습문제의 선택과 구체적인 학습목표 설정 단계로 학습자의 흥미와 동기를 확인하며, 스스로 프로젝트를 선택할 수 있도록 교사가 유도한다. 이는 학습자의 자기주도성을 강화하는 출발점이다.

② **계획**: 목표 달성을 위한 구체적인 방법을 설계하는 단계이다. 학습자는 체험활동, 토론, 학습 내용과 학습 순서를 면밀하게 계획하여 문제해결 과정에서의 혼선을 방지한다. 이 단계는 프로젝트의 성공 여부를 좌우할 만큼 중요하고 어려운 과정이다.

③ **실행(수행)**: 계획된 프로젝트를 실제로 수행하는 단계이다. 문제해결 과정에서 학습자들은 창의성을 발휘하며 활발히 활동한다. 교사는 학습자의 자율성을 존중하며 학습환경을 원활하게 조성하고 조력자로서 지원한다.

④ **평가(비판)**: 프로젝트 결과물을 전시하거나 보고서, 요약 등을 통해 발표하는 단계이다. 이 과정에서는 학습자 스스로의 자기평가, 동료 학습자 간 동료평가, 교사의 교사평가 등 다면평가로 이루어진다. 평가 과정은 학습 성과에 대한 비판적 반성을 촉진하여 다음 프로젝트 수행의 질을 높인다.

<표 5-10> 프로젝트 학습 절차

목표 설정
↓
계획
↓
실행
↓
평가

<표 5-11> 프로젝트 학습 교수-학습지도안 | 예시

일시	0000년 00월 00일	지도 시간	00분	지도교사	000
과목	메이크업 (전공 실무 과목)	차시	0/0	교과서 쪽수	pp. 00-00
학습 영역	뷰티 스타일링				
학습 영역 요소	토털 코디네이션 하기				
학습목표	1. 메이크업 이미지와 관련된 패션 스타일을 고객에게 제안할 수 있다. 2. 메이크업 이미지에 어울리는 헤어스타일을 제안할 수 있다.				
교육자료	교사	교과서, 수업자료, 평가지			
	학생	교과서, 필기구, 에듀테크 기기			
학습 단계	주요 학습 내용	교수-학습활동		시간	지도상 유의점
		교사	학생		
도입	[주의획득] 인사 및 출석 확인	- 학생들과 인사 후 출석을 확인한다.	- 교사와 인사하고 출석 확인에 응한다.	00분 이내	출석 확인 시 눈을 마주친다.
	교육자료 확인	- 교육자료(준비물)를 확인한다.	- 교육자료(준비물)를 확인한다.		학습자가 오늘 배울 주제와 활동의 목적을 실제 직무와 연결된 맥락으로 이해할 수 있도록 설명한다.
	흥미 및 동기 유발	- 토털 코디네이션과 관련된 질의응답, 동영상 자료 등을 활용한다.	- 토털 코디네이션의 내용에 대해 흥미를 갖고 생각해본다.		
	[학습목표 제시하기] 학습목표 제시	- 학습목표를 제시하고 이번 수업의 주안점에 대해서 설명한다.	- 학습목표를 함께 소리내어 읽고 이번 수업의 주안점을 파악한다.		학습목표를 학생들이 반드시 숙지하도록 한다.
	[선수학습 재생하기] 전시학습 확인	- 이전 차시 학습 내용(메이크업 수정·보완하기)을 진단평가 문항 등으로 확인한다.	- 진단평가 문항 등으로 이진 차시 학습 내용(메이크업 수정·보완하기)을 환기한다.		선수학습이 미흡한 학생의 보충 및 교정학습을 실시한다.
전개	[자극 자료 제시하기] 수업 내용 제시	- 토털 코디네이션 내용에 대해 제시한다.	- 토털 코디네이션 내용에 대해 인지한다.	00분	강조, 발문 등 다양한 기법을 사용한다.

	[학습 안내 제공하기] 유의미한 학습 내용 제시	- 토털 코디네이션에 대한 학습지를 배부하여 유의미한 학습이 될 수 있도록 한다.	- 토털 코디네이션에 대한 학습지를 받아 의미론적 부호화를 통해 장기기억으로 학습 내용을 저장한다.		예시 제시 및 조직화, 정교화 등을 사용한다.
	목표설정	- 졸업작품을 주제로 대주제를 설정할 수 있도록 토의를 진행시키며 학습자의 흥미에 맞춰 주제 및 목표를 선정한 후 조별로 모일 수 있도록 지도한다.	- 졸업작품을 주제로 대주제를 설정하는 토의를 진행하며 흥미에 맞춰 주제 및 목표를 선정한 후 조별로 모인다.	이내	조 편성 시 능력·성향의 균형을 고려하고, 소외되는 학습자가 없도록 순회하며 참여도를 확인한다. 학생들이 자율적으로 주제를 선정할 수 있도록 충분한 시간을 제공하되, 방향이 벗어나지 않도록 교사가 조율한다.
	계획	- 교과서, 에듀테크 기기를 이용해 조별 주제에 대해 자료를 수집하도록 안내한다(스타일, 메이크업, 헤어 등). - 자료 수집 후 브레인드로잉으로 이미지 맵 완성, 조별 코디네이션 시술 계획서를 작성할 수 있도록 안내한다.	- 교과서, 에듀테크 기기를 이용해 조별 주제에 대해 자료를 수집한다(스타일, 메이크업, 헤어 등). - 자료 수집 후 브레인드로잉으로 이미지 맵으로 완성하고 조별 코디네이션 시술 계획서를 완성한다.		에듀테크 기기나 자료 탐색 도구 사용 시 정보의 신뢰도 및 출처 확인을 강조한다. 학생이 주도적으로 무엇을 해야 하는지 안내한다.
정리	[형성평가 실시]	- 지도한 내용에 대해 형성평가를 실시한다.	- 형성평가를 통해 오늘 학습한 내용들을 숙지하였는지 점검한다.		학업성취를 평가한다.
	[파지 및 전이 높이기] 요점 정리 및 일반화	- 학습목표를 다시 한번 확인하고 학생들과 같이 중요 요점을 도출하여 정리한다. - 학습한 내용을 일반화할 수 있도록 새로운 상황을 제시한다.	- 학습목표를 다시 한번 인지하고 중요 요점을 중심으로 학습한 내용을 스스로 다시 정리한다. - 학습한 내용을 다양한 상황에 적용해 본다.	OO 분 이내	파지를 위해 요점 정리를 하며, 전이를 위해 새로운 상황에 적용해 보도록 유도한다.
	[차시 예고]	- 차시 학습을 예고한다.	- 차시 학습을 인지한다.		예습할 수 있도록 격려한다.
	마무리 인사	- 학생 격려와 마무리 인사를 한다.	- 교사에게 감사한 마음으로 마무리 인사를 한다.		수업에 열심히 참여한 학생에 격려한다.

<표 5-12> 프로젝트 학습 교수-학습지도안 II 예시

일시	0000년 00월 00일	**지도 시간**	00분	**지도교사**	000
과목	메이크업 (전공 실무 과목)	**차시**	0/0	**교과서 쪽수**	pp. 00-00
학습 영역	뷰티 스타일링				
학습 영역 요소	토털 코디네이션 하기				
학습목표	1. 메이크업 이미지와 관련된 패션 스타일을 고객에게 제안할 수 있다. 2. 메이크업 이미지에 어울리는 헤어스타일을 제안할 수 있다.				
교육자료	**교사**	교과서, 수업자료, 평가지			
	학생	교과서, 필기구, 에듀테크 기기, 메이크업 키트			
학습 단계	**주요 학습 내용**	**교수-학습활동**		**시간**	**지도상 유의점**
		교사	**학생**		
도입	[주의획득] 인사 및 출석 확인	- 학생들과 인사 후 출석을 확인한다.	- 교사와 인사하고 출석 확인에 응한다.	00분 이내	출석 확인 시 눈을 마주친다.
	교육자료 확인 및 실습 안전·유의 사항 안내	- 교육자료(준비물)를 확인하고 실습실 안전 및 기구 사용 시 유의사항에 대해 설명한다.	- 교육자료(준비물)를 확인하고 실습실 안전 및 기구 사용 시 유의사항에 대해 인지한다.		실험실습 시 안전 및 유의사항을 반드시 안내한다.
	흥미 및 동기 유발	- 토털 코디네이션과 관련된 질의응답, 동영상 자료 등을 활용한다.	- 토털 코디네이션의 내용에 대해 흥미를 갖고 생각해본다.		학생들의 수업집중을 위해 실시한다.
	[학습목표 제시하기] 학습목표 제시	- 학습목표를 제시하고 이번 수업의 주안점에 대해서 설명한다.	- 학습목표를 함께 소리내어 읽고 이번 수업의 주안점을 파악한다.		학습목표를 학생들이 반드시 숙지하도록 한다.
	[선수학습 재생하기] 전시학습 확인	- 이전 차시 학습 내용(토털 코디네이션 하기)을 진단평가 문항 등으로 확인한다.	- 진단평가 문항 등으로 이전 차시 학습 내용(토털 코디네이션 하기)을 환기한다.		선수학습이 미흡한 학생의 보충 및 교정학습을 실시한다.
전개	[자극 자료 제시하기] 수업 내용 제시	- 토털 코디네이션 내용에 대해 제시한다.	- 토털 코디네이션 내용에 대해 인지한다.	00분 이내	강조, 발문 등 다양한 기법을 사용한다.
	[학습 안내 제공하기] 유의미한 학습 내용 제시	- 토털 코디네이션에 대한 학습지를 배부하여 유의미한 학습이 될 수 있도록 한다.	- 토털 코디네이션에 대한 학습지를 받아 의미론적 부호화를 통해 장기기억으로 학습 내용을 저장한다.		예시 제시 및 조직화, 정교화 등을 사용한다.
	실행	- 이미지 맵에 맞는 스타일로 학습한 형태별 메이크업, 헤어, 코디네이션 방법을 조별로 실습할 수 있도록 지도한다. - 작품 사진을 완성하여 촬영할 수 있도록 지도한다. - 시술계획서와 작품, 느낀점 등을 함께 발표하도록 지도한다.	- 이미지 맵에 맞는 스타일로 학습한 형태별 메이크업, 헤어, 코디네이션 방법을 조별로 실습한다. - 작품 사진을 완성하여 촬영한다. - 시술계획서와 작품, 느낀점 등을 함께 발표한다.		단순 기술 습득이 아닌, 목표와의 일치 여부, 팀 간 협력 과정, 창의적 접근 등을 중점 지도. 교사는 결과물뿐 아니라, 계획서와 실행 과정의 일치성을 점검한다. 포트폴리오 평가와 연계하며 지도한다.

정리	[형성평가 실시] **평가**	- 프로젝트 학습에 대해 교사평가를 실시하고 자기평가, 동료평가를 실시할 수 있도록 지도한다.	- 프로젝트 학습에 대해 교사평가를 실시하고 자기평가, 동료평가를 실시한다.	OO분 이내	다면평가를 실시한다.
	[파지 및 전이 높이기] 요점 정리 및 일반화	- 학습목표를 다시 한번 확인하고 학생들과 같이 중요 요점을 도출하여 정리한다. - 학습한 내용을 일반화할 수 있도록 새로운 상황을 제시한다.	- 학습목표를 다시 한번 인지하고 중요 요점을 중심으로 학습한 내용을 스스로 다시 정리한다. - 학습한 내용을 다양한 상황에 적용해 본다.		파지를 위해 요점 정리를 하며, 전이를 위해 새로운 상황에 적용해 보도록 유도한다.
	[차시 예고]	- 차시 학습을 예고한다.	- 차시 학습을 인지한다.		예습할 수 있도록 격려한다.
	청소 지도 및 마무리 인사	- 실습실 청소 지도를 실시한다. - 학생 격려와 마무리 인사를 한다.	- 실습실 청소를 실시한다. - 교사에게 감사한 마음으로 마무리 인사를 한다.		위생의 중요성에 대해 인지시키고 수업에 열심히 참여한 학생에 격려한다.

(2) 프로젝트 학습의 장점

- 창조적이고 구성적인 태도를 육성할 수 있다.
- 자발적이고 능동적인 학습활동을 촉구할 수 있다.
- 동기 유발 및 책임감 훈련을 할 수 있다.

(3) 프로젝트 학습의 단점

- 시간이 오래 소요되며 교과의 체계성이 무시될 수 있다.
- 능력이 부족한 학생의 경우 수업이 비경제적일 수 있다.
- 일부 우수 학생의 학습독점 가능성이 있다.

7절. 협동학습(cooperative learning)

협동학습(cooperative learning)은 학습자들이 소집단 내에서 공동의 학습목표를 달성하기 위해 상호작용하며 지식을 구성하는 구조화된 수업 전략이다. 기존의 전통적 소집단 학습(traditional small group learning)은 오랜 시간 동안 다양한 교육 현장에서 활용되어 왔으나 개인 책무성 결여, 상호의존 구조 부재, 평가 방식의 비구조성 등의 이유로 협동학습이 등장하게 되었다. 협동학습은 단순한 집단 활동이 아니라 교사의 체계적인 지도 하에 학습 효과를 극대화하도록 설계된 교수-학습 모형으로 이해할 수 있다. 협동학습에서 교사는 먼저 학습목표와 과제를 명확히 제시하고 학생들의 수준과 과제의 성격에 따라 일반적으로 4~6명 규모의 이질적인 소집단을 조직한다. 수업이 진행되는 동안 교사는 직접적인 개입을 최소화하며 학습자들이 자율적으로 상호 협력하고 사회적 상호작용 기술을 활용하여 과제를 해결할 수 있도록 촉진자(facilitator)의 역할을 수행한다. 이를 통해 학습자들은 수동적인 지식 수용자의 위치에서 벗어나 동료들과의 상호작용을 기반으로 지식을 공동으로 구성하고 학습의 과정을 주체적으로 이끌어 나가는 능동적 참여자가 된다.

협동학습은 또한 협력학습(collaborative learning)과 개념적으로 유사한 점이 있으나 두 접근법은 교수-학습 구조 및 교사의 역할에 있어 구분된다. 협동학습은 교사가 집단 활동의 구조, 목표 설정, 과제 분배 등 학습 전반을 체계적으로 설계하고 지도하는 반면, 협력학습은 학습자들에게 더 많은 자율성과 책임을 부여하여 학습 과정 자체에 대한 통제권을 학생 중심으로 전환하는 특징을 지닌다. 따라서 협동학습은 보다 명확한 절차와 구조를 갖춘 교수법으로 분류되며, 교육적 맥락에 따라 두 모형의 선택과 적용은 상이하게 이루어질 수 있다.

<표 5-13> 전통적 소집단 학습과 협동학습 비교

구분	전통적 소집단 학습	협동학습
목표 구조	공동 과제이나 개인 목표 중심	공동의 학습목표와 개인 책무성
역할 분담	역할이 없거나 뚜렷하지 않음	명확한 역할 분배
책무성	특정 학생에게 과중될 수 있음	개인과 집단 모두에게 책임 부여
상호작용	상호작용이 자연 발생적이며 계획되지 않음	의도적인 상호작용 설계
사회적 기능	학습하지 않음	직접 학습
평가 방법	개별 평가 또는 결과물 중심 평가	개인과 집단의 성과 모두 평가
교사 역할	안내자 또는 단순 관찰자	설계자와 촉진자

출처: Johnson D. W. & Johnson J. D.(1975).

(1) 협동학습의 원리

① 긍정적 상호의존성(positive interdependence)

구성원들은 집단의 성공을 위해 서로 의존하며 협력해야 한다. 즉, "우리 모두가 성공하기 위해서는 너와 나 모두가 성공해야 한다"는 인식 아래 학습자는 자신의 성취뿐 아니라 동료의 성공에도 책임을 지는 관계를 형성하게 된다. 이는 공동의 목표를 향한 상호 협력의 동기를 유발한다.

② 대면적 상호작용(face-to-face interaction)

협동학습은 단순히 함께 있는 것 이상의 의미를 지닌다. 학습자들은 집단 목표를 달성하기 위해 서로 직접적인 상호작용을 통해 격려하고 학습을 촉진하며 정서적 지지를 제공해야 한다. 이 과정은 학습의 심화를 가능하게 한다.

③ 개별 책무성(individual accountability)

협동학습에서 각 학습자는 집단과제 수행에 있어 자신의 역할과 책임을 분명히 인식해야 한다. 이는 무임승객 효과(free-rider effect)와 봉 효과(sucker effect)를 방지하며 학습자의 적극적인 참여를 유도한다.

④ 사회적 기술(social skills)

효과적인 협동을 위해서는 갈등 해결, 의사결정, 리더십, 능동적 청취 등의 사회적 기술이 요구된다. 이러한 기술은 협동학습의 질을 높이며 학습자의 사회적 성장을 도모한다.

⑤ 집단 과정(group processing)

협동학습이 효과적으로 이루어지기 위해서는 학습활동 이후 집단 구성원들이 공동의 목표 달성 과정에서의 행동, 노력, 상호작용 등에 대해 토의하고 피드백을 주고받는 과정이 필요하다. 이는 다음 활동의 질 향상으로 이어진다.

(2) 전통적 소집단 학습 및 협동학습의 문제점과 극복 방안

협동학습은 다양한 교육적 이점을 제공하지만 실제 운영 과정에서는 몇 가지 문제점이 발생할 수 있다. 이를 다음과 같이 정리하고 각각에 대한 대응 전략을 제시할 수 있다.

① 부익부 현상(rich-get-richer effect)

학습 능력이 높은 학생이 주도적으로 활동하면서 더 많은 학습 기회를 가지게 되어 집단 내 불균형이 심화되는 현상이다.

→ 역할 분담을 명확히 하고 집단 보상을 통해 공동의 책임감을 부여함으로써 해

결이 가능하다.

② 무임승객 효과(free-rider effect)

학습 능력이 낮은 학생이 소극적으로 참여하면서도 집단의 성과를 공유하는 현상이다.

→ 개별 평가 요소를 포함한 집단 보상 체계를 도입함으로써 적극적 참여를 유도할 수 있다.

③ 봉 효과(sucker effect)

능력 있는 학생이 자신의 노력이 다른 구성원에게만 이익이 된다고 느끼며 소극적으로 참여하는 현상이다.

→ 집단 보상과 함께 개별 보상을 병행함으로써 개인의 기여도에 대한 보상을 강화할 수 있다.

④ 집단 간 편파 현상(in-group bias)

내집단에 대해 우호적이고 외집단에 대해 적대적인 태도를 보이는 현상이다.

→ 주기적인 소집단 재편성과 과목별 소집단 다양화 등을 통해 고정된 집단 정체성을 해소할 수 있다.

⑤ 사회적 태만(social loafing)

집단 내 개인이 노력을 줄이는 현상으로 개별 책무성이 낮을 때, 발생하기 쉽다.

→ 구체적인 역할 설정과 개별 평가를 통해 책무성을 높이고 협동학습 기술 교육을 통해 예방할 수 있다.

⑥ 자아존중감 손상(damage to self-esteem)

반복적인 소외 경험이나 낮은 성취는 학습자의 자아존중감을 저하시킬 수 있다.

→ 협동학습에 필요한 기술과 긍정적 상호작용 전략을 사전에 지도함으로써 자아존중감 손상을 예방할 수 있다.

<표 5-14> 협동학습 모형 비교

	모형	특징	적용안
보상 중심	Jigsaw Ⅱ, Ⅲ, Ⅳ	Jigsaw와 STAD의 특징을 통합한 후 휴식기와 재교수의 기간을 둠	- 형평체제, 평등체제, 필요체제의 보상체제 조화가 요구될 경우 - 단순한 지식 습득이 필요한 경우 - 재미있는 퀴즈로 평가 분위기 개선을 위한 경우 - 성공 기회 균등을 보장한 퀴즈가 필요한 경우
	STAD	교사의 수업안내 후 소집단별로 학습하여 개별향상 점수를 얻으므로 성공의 기회가 균등	
	TGT	퀴즈를 준비하여 테이블별로 성공 기회가 균등하도록 소집단을 구성하고 외재적 동기가 높음	
과제 중심	Jigsaw Ⅰ	전문가집단 활동을 하며 개별 책무성이 중시	- 세분된 다양한 소주제 탐구 단원 적용
	GI	학생이 주제를 제안하여 주제 선택 자유가 있으며 학습 후 발표를 실시함	- 문제해결/프로젝트 과제 - 교육과정 범위 내 자유로운 주제 설정이 가능한 단원
	co-op co-op	학생중심 브레인스토밍을 통해 소주제 선정 후, 하위주제별 학습으로 학급전체에 발표를 실시함	
교과 중심	TAI	협동학습 내에서 개별화 수업이 적용	- 학습자 간 학습의 수준 차이가 많이 나는 경우
기타	LT	수업 설계자가 학습 구조를 설계할 수 있는 모형	- 형식에 얽매이지 않고 수업을 설계할 경우

출처: 송현순 외(2017). 재구성.

1) Jigsaw(직소) Ⅰ-Ⅳ

Jigsaw 모형은 Aronson과 그의 동료들에 의해 개발된 협동학습 모형으로 인종 간·문화 간 교우 관계 증진과 같은 정의적 영역의 향상을 주요 목표로 삼는다. 이 모형은 학생 상호 간의 의존적 학습 구조를 통해 상호 협력과 책임감을 유도하며 협동적 학습환경을 조성하고자 한다. Jigsaw 모형은 점차 보완해가며 Ⅰ-Ⅳ까지 이어져 제시되었다.

• Jigsaw Ⅰ 모형

JigsawⅠ 모형은 각 학생이 과제의 일부분을 분담하여 학습한 뒤 전체 학습을 위해 다시 원 소집단(home group)으로 돌아와 서로의 학습 내용을 공유하는 구조로 이루어진다. 이 과정에서 과제 상호의존성은 높지만 보상 상호의존성이 결여되어 있다는 한계가 존재한다. 즉, 학습자들은 과제를 공유해야 하는 구조 속에 있으나 개별 성취나 집단 성취에 따른 보상 체계는 존재하지 않는다. 이로 인해 진정한 협동학습의 효과를 기대하기 어렵다는 비판이 제기되었다.

• JigsawⅡ .모형

슬래빈(Slavin, 1986)은 JigsawⅠ 모형의 한계를 보완하고자 보상 구조와 성공 기회의 균등성(equal opportunity for success)을 추가하여 JigsawⅡ 모형을 제안하였다. 이 모형에서는 개별 평가 결과가 집단의 보상으로 연계되며 학습자 간의 상호의존성을 보다 강화함으로써 협동학습의 효과성을 제고하였다.

• JigsawⅢ 모형

JigsawⅢ 모형은 학습자가 평가 전에 학습 내용을 스스로 정리하고 재구성할 수 있는 휴식기 또는 정리 시간을 부여함으로써 인지적 정교화 과정을 강화하였다. 이는 학습자의 내면화와 자율적 점검을 촉진하기 위한 구조적 장치로 평가된다.

• JigsawⅣ 모형

JigsawⅣ 모형은 앞선 모형들에서 나타난 단점을 보완하여 보다 발전된 형태이다. 특히 학생들이 탐구 과정 중 방향성을 잃기 쉬운 문제를 해결하기 위해 다음과 같은 요소를 포함한다.

- 전문가 활동 후 전문가 내용에 대한 평가 실시
- 모집단 활동 이후 전체 학습에 대한 종합 평가 실시
- 모든 활동 종료 후 재교수(reteaching) 단계 선택 가능

이러한 추가적 절차는 학습자 개개인의 취약한 학습 영역을 보완할 수 있는 기회를 제공함으로써 협동학습의 질을 높이는 데 기여한다.

(1) Jigsaw 모형의 특징

① 고안된 과제(designed task)

Jigsaw 모형에서는 전체 학습과제를 하위 단위로 분절하여 각 학습자에게 개별적인 전문 과제(expert task)를 부여한다. 이로 인해 학생은 자신이 맡은 내용을 충분히 숙지해야 할 책무성을 가지며, 동시에 집단의 전체적인 학습 완성을 위해 타 구성원의 학습에도 의존해야 하는 긍정적 상호의존성이 자연스럽게 형성된다. 이는 학습자의 동기 유발 및 책임감 증진에 기여한다.

② 집단의 리더(group leader)

집단의 리더는 일반적으로 교사에 의해 선출되며, 다음과 같은 역할을 수행한다.

- 집단 활동의 조직 및 조율
- 구성원들이 학습과제에 집중할 수 있도록 분위기 조성
- 학업적·사회적 행동의 모범 제시
- 갈등 상황에서 중재자 역할 수행

이러한 리더십은 집단 내 질서 유지와 협력적 분위기 조성에 필수적이다.

③ 의사소통(communication)

원활한 협동학습을 위해서는 효과적인 의사소통 능력이 필수적이다. 과제 수행의 성공 여부는 구성원 간의 상호작용에 크게 의존하므로 소집단 구성 시 상호작용의 조화 가능성을 고려해야 하며, 사전 혹은 병행적으로 의사소통 기술 훈련이 필요하다. 이는 학습뿐 아니라 사회적 관계 형성에도 긍정적 영향을 미친다.

④ 소집단 구성(group composition)

Jigsaw 모형에서의 소집단은 일반적으로 4~5명으로 구성되며, 가장 효과적인 인원은 4명 내외로 간주 된다. 구성 시에는 학생들의 학습 능력, 성별, 성격, 학습 태도 등 다양한 변인을 고려하여 이질적으로 편성함으로써 상호보완적 학습이 가능하도록 한다. 이는 다양한 관점의 통합을 유도하고 집단 내 균형을 유지하는 데 기여한다.

⑤ 전문가 집단(expert group)

각 소집단의 구성원은 동일한 전문 과제를 담당하는 다른 집단의 학생들과 모여 전문가 집단을 형성한다. 이 집단에서 학습자는 과제에 대한 이해를 심화하고 이를 자신의 소집단으로 돌아가 가르칠 수 있을 수준까지 숙지해야 한다. 이 과정은 협동적 탐구, 설명, 정교화 활동을 통해 학습 내용을 내면화하도록 돕는다.

⑥ 보상 구조(reward structure)

Jigsaw 모형에서는 구성원의 개별 평가 점수의 총합을 집단 점수로 환산하여 보상을 제공하는 방식을 적용한다. 이때 보상은 단순한 집단 점수 기준으로 제공할 수도 있고 기존 점수 대비 향상된 정도를 반영한 성장 기반 보상 방식도 가능하다. 이러한 이중적 보상 구조는 책무성과 동기부여를 동시에 충족시키는 효과적인 전략이다.

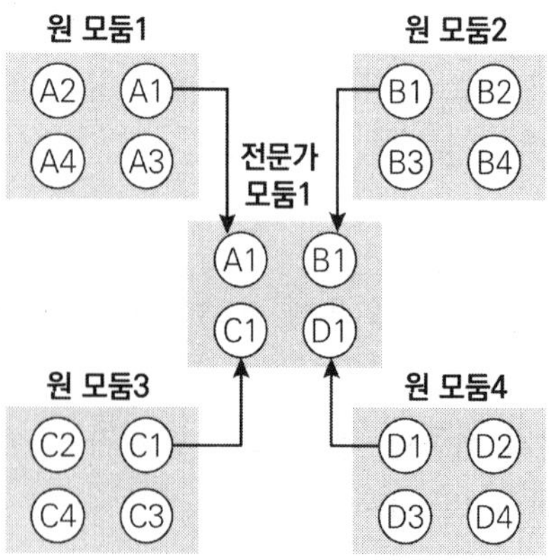

[그림 5-3] Jigsaw 배치도

<표 5-15> Jigsaw 절차

모집단 활동
↓
전문가 활동
↓
모집단의 재소집
↓
평가 및 보상

<표 5-16> Jigsaw 교수-학습지도안 예시

일시	0000년 00월 00일	지도 시간	00분	지도교사	000
과목	미용의 기초 (전공 일반 과목)	차시	0/0	교과서 쪽수	pp. 00-00
학습 영역	피부의 이해				
학습 영역 요소	근육과 골격 및 혈관 림프계				
학습목표	1. 얼굴과 전신을 구성하는 근육과 골격의 구조 및 특성을 이해할 수 있다. 2. 혈관 림프계의 구조 및 특성을 이해할 수 있다. 3. 근육과 골격 및 혈관 림프계 관련 지식을 피부 미용에 적용할 수 있다.				
교육자료	교사	교과서, 수업자료, 평가지			
	학생	교과서, 필기구			
학습 단계	주요 학습 내용	교수-학습활동		시간	지도상 유의점
		교사	학생		
도입	[주의획득] 인사 및 출석 확인	- 학생들과 인사 후 출석을 확인한다.	- 교사와 인사하고 출석 확인에 응한다.	00분 이내	출석 확인 시 눈을 마주친다.
	교육자료 확인	- 교육자료(준비물)를 확인한다.	- 교육자료(준비물)를 확인한다.		
	흥미 및 동기 유발	- 근육, 골격, 혈관, 림프와 관련된 흥미를 유발할 수 있는 시청각 자료 등을 활용한다.	- 근육, 골격, 혈관, 림프와 관련된 시청각 자료를 시청하며 흥미를 갖고 생각해본다.		학생들의 수업 집중을 위해 실시한다.
	팀 구성	- 이질적으로 구성된 조편성을 공지하고 지난 시간 개인별 점수(사전점수), 개인별 향상 기대점수에 대해서 안내한다.	- 이질적으로 구성된 조편성을 확인하고 지난 시간 개인별 점수(사전점수), 개인별 향상 기대점수에 대해서 확인한다.		교사는 집단의 각 구성원에 대해 개인학습 기대(ILE)점수를 계산한다.
	주제 선정	- 학습 세부 주제(근육계, 골격계, 혈관계, 림프계)가 적힌 전문가 용지를 각 조에 배부한 후 각자의 흥미와 관심에 따라 주제를 선정하도록 안내한다.	- 학습 세부 주제(근육계, 골격계, 혈관계, 림프계)가 적힌 전문가 용지를 배부받은 후 각자의 흥미와 관심에 따라 주제를 선정한다.		흥미를 기반으로 주제를 선택할 수 있도록 분위기를 조성하되, 조정이 필요한 경우 교사가 개입한다.

	[학습목표 제시하기] 학습목표 제시	- 학습목표를 제시하고 이번 수업의 주안점에 대해서 설명한다.	- 학습목표를 함께 소리내어 읽고 이번 수업의 주안점을 파악한다.		학습목표를 학생들이 반드시 숙지하도록 한다.
	[선수학습 재생하기] 전시학습 확인	- 이전 차시 학습 내용(피부 부속 기관의 구조와 생리적 기능)을 진단평가 문항 등으로 확인한다.	- 진단평가 문항 등으로 이전 차시 학습 내용(피부 부속 기관의 구조와 생리적 기능)을 환기한다.		선수학습이 미흡한 학생의 보충 및 교정학습을 실시한다.
전개	[자극 자료 제시하기] 수업 내용 제시	- 근육계, 골격계, 혈관계, 림프계의 내용에 대한 개괄을 제시한다.	- 근육계, 골격계, 혈관계, 림프계의 내용에 대한 개괄을 인지한다.	OO분 이내	강조, 발문 등 다양한 기법을 사용한다.
	[학습 안내 제공하기] 유의미한 학습 내용 제시 **전문가 활동**	- 각 전문가 활동에 필요한 내용(근육, 골격, 혈관, 림프계)에 대한 학습지를 배부하고 전문가 활동이 원활히 진행될 수 있도록 지도한다.	- 각 전문가 활동에 필요한 내용(근육, 골격, 혈관, 림프계)에 대한 학습지를 받아 전문가 활동 내에서 의미론적 부호화를 통해 장기기억으로 학습 내용을 저장한다.		예시 제시 및 조직화, 정교화 등을 사용한다. (*직소Ⅳ의 경우 전문가 활동 이후 전문가 내용에 대한 평가를 진행)
	소집단 활동	- 사전에 구성된 원래의 소집단으로 돌아와 소집단의 구성원에게 학습한 내용을 전수할 수 있도록 지도한다.	- 사전에 구성된 원래의 소집단으로 돌아와 소집단의 구성원에게 학습한 내용을 전수받으며 학습한다.		조별 활동이 원활히 이뤄질 수 있도록 순회 지도를 한다.
정리	**평가 실시**	- 학습한 내용에 대해 개인별로 퀴즈 또는 쪽지 시험을 실시한다. - 답안지 교환 후 채점하여 개인별 점수를 기록하여 과거의 점수와 비교하여 향상된 점수만 팀 점수에 반영하고 개인별 향상 점수와 팀 점수를 공고한다.	- 학습한 내용에 대해 개인별로 퀴즈 또는 쪽지 시험을 본다. - 다른 학생들과 답안지를 교환 후 채점한다. 개인별 향상 점수와 팀 점수를 확인한다.	OO분 이내	시험 및 채점 진행에 대해서 순회지도 하며 확인한다. (*직소Ⅲ의 경우 평가 전 휴식기를 두어 개인별로 추가적 학습 시간 부과) (*직소Ⅳ의 경우 평가활동 이후 재교수 단계를 선택하여 부족한 세부 주제 영역을 학습)
	[파지 및 전이 높이기] 요점 정리 및 일반화	- 학습목표를 다시 한번 확인하고 학생들과 같이 중요 요점을 도출하여 정리한다. - 학습한 내용을 일반화할 수 있도록 새로운 상황을 제시한다.	- 학습목표를 다시 한번 인지하고 중요 요점을 중심으로 학습한 내용을 스스로 다시 정리한다. - 학습한 내용을 다양한 상황에 적용해 본다.		파지를 위해 요점 정리를 하며, 전이를 위해 새로운 상황에 적용해 보도록 유도한다.
	보상	- 개인별 최고 득점자와 팀 점수가 가장 높은 집단에 보상한다.	- 개인별 최고 득점자와 팀 점수가 가장 높은 집단은 보상을 받는다.		적절한 내재적, 외재적 보상을 활용하여 보상한다.
	[차시 예고]	- 차시 학습을 예고한다.	- 차시 학습을 인지한다.		예습할 수 있도록 격려한다.
	마무리 인사	- 학생 격려와 마무리 인사를 한다.	- 교사에게 감사한 마음으로 마무리 인사를 한다.		수업에 열심히 참여한 학생에 격려한다.

2) STAD(성취과제 분담모형, student team achievement division)

STAD(student team achievement division) 모형은 미국 Johns Hopkins 대학교의 슬래빈(Slavin, 1978) 등에 의해 개발된 협동학습 모형이다.

보상 중심인 STL(student-team-learning) 프로그램에 속하며 학생들이 교과 내용을 공동으로 학습하고 목표를 달성했을 시, 소그룹에 보상이 주어지는 형태로 기본 기능의 습득, 지식의 이해를 촉진 시킬 목적으로 개발된 가장 단순한 협동학습의 형태이다. 팀 전체의 학업성취도는 팀 구성원 각자의 학업성취도에 의해 결정되므로 구성원관 협동이 필수이며 대부분의 교과에 쉽게 적용이 가능하나 주로 수학과 과학 교과에 많이 활용되고 있다. 즉, 해당 모형은 학생들의 학습 동기를 유발하여 교사가 제시하는 학습 내용을 서로 간 소통 및 협력을 통해 완전히 습득하도록 하는데 목적이 있다.

(1) STAD 모형의 구성 요소

① 과제 제시(whole-class presentation)

교사는 수업의 시작 단계에서 학습목표와 핵심 개념을 전체 학급을 대상으로 설명한다. 이는 전통적인 수업 형태와 유사하나 이후 진행될 소집단 활동의 기반이 된다. 이 단계에서 교사는 학생들이 자율적으로 학습 내용을 탐색할 수 있도록 명확한 학습과제를 제시해야 한다.

② 소집단 학습(team study)

제시된 과제를 바탕으로 학생들은 이질적으로 구성된 4~5명 규모의 소집단 내에서 상호 협력적 학습활동을 수행한다. 각 구성원은 공동의 목표를 향해 노력하며 동료의 이해를 돕는 과정에서 자신의 학습도 심화시키게 된다.

③ 개별 퀴즈(individual quiz)

학습활동 후 각 학생은 개별적으로 퀴즈를 응시하여 자신의 이해도를 점검받는다. 이때 소집단의 도움 없이 독립적으로 수행해야 하며, 이는 개별 책무성을 강화하고 평가의 공정성을 유지하기 위한 절차이다.

④ 개인 향상 점수(individual improvement score)

각 학생의 퀴즈 점수는 이전 성취수준과 비교하여 산출되는 향상 점수로 변환된다. 즉, 단순한 절대 점수가 아닌 개인의 학습 성장 정도에 초점을 맞춘 평가 방식으로 모든 학생에게 성공 가능성을 부여하고 동기 유발 효과를 높인다.

⑤ 소집단 점수 및 보상(team recognition and reward)

소집단 점수는 구성원 개개인의 향상 점수를 합산하여 산출되며 우수한 성과를 거둔 집단에게 인증서, 칭찬, 추가 점수 등 다양한 형태의 보상이 주어진다. 이는 협력과 책임의식을 동시에 고취하는 데 중요한 역할을 한다.

<표 5-17> STAD 절차

팀구성 및 개인별 기대 점수 계산
↓
수업 안내
↓
소집단 학습
↓
평가 및 개별·팀별 향상 점수 계산
↓
보상

<표 5-18> STAD 교수-학습지도안 예시

<table>
<tr><th>일시</th><td>0000년 00월 00일</td><th>지도 시간</th><td>00분</td><th>지도교사</th><td>000</td></tr>
<tr><th>과목</th><td>미용 안전·보건
(전공 일반 과목)</td><th>차시</th><td>0/0</td><th>교과서 쪽수</th><td>pp. 00-00</td></tr>
<tr><th>학습 영역</th><td colspan="5">미용업 환경 위생</td></tr>
<tr><th>학습 요소</th><td colspan="5">소독 및 살균 방법</td></tr>
<tr><th>학습 목표</th><td colspan="5">1. 소독의 정의, 소독법의 종류와 특성에 대해 설명할 수 있다.
2. 미용업소에서 소독하고자 하는 대상에 알맞은 소독법을 제시할 수 있다.</td></tr>
<tr><th rowspan="2">교육 자료</th><th>교사</th><td colspan="4">교과서, 수업자료, 평가지</td></tr>
<tr><th>학생</th><td colspan="4">교과서, 필기구</td></tr>
<tr><th rowspan="2">학습 단계</th><th rowspan="2">주요 학습 내용</th><th colspan="2">교수-학습활동</th><th rowspan="2">시간</th><th rowspan="2">지도상 유의점</th></tr>
<tr><th>교사</th><th>학생</th></tr>
<tr><th rowspan="3">도입</th><td rowspan="3">[주의획득]
인사 및 출석 확인

교육자료 확인

흥미 및 동기 유발</td><td>- 학생들과 인사 후 출석을 확인한다.</td><td>- 교사와 인사하고 출석 확인에 응한다.</td><td rowspan="3">00 분 이내</td><td rowspan="3">출석 확인 시 눈을 마주친다.
학생들의 수업집중을 위해 실시한다.</td></tr>
<tr><td>- 교육자료(준비물)를 확인한다.</td><td>- 교육자료(준비물)를 확인한다.</td></tr>
<tr><td>-미용업소에서 소독을 실시하지 않을 시, 일어날 수 있는 시청각 자료 등을 활용한다.</td><td>- 미용업소에서의 소독 미실시 시 일어날 수 있는 사건에 대해 흥미를 갖고 생각해본다.</td></tr>
</table>

	팀 구성 및 개인별 기대점수 계산	- 이질적으로 구성된 조편성을 공지하고 지난 시간 개인별 점수(사전점수), 개인별 향상 기대점수에 대해서 안내한다.	- 이질적으로 구성된 조편성을 확인하고 지난 시간 개인별 점수(사전점수), 개인별 향상 기대점수에 대해서 확인한다.		교사는 집단의 각 구성원에 대해 개인학습 기대(ILE)점수를 계산한다.
	[학습목표 제시하기] 학습목표 제시	- 학습목표를 제시하고 이번 수업의 주안점에 대해서 설명한다.	- 학습목표를 함께 소리내어 읽고 이번 수업의 주안점을 파악한다.		학습목표를 학생들이 반드시 숙지하도록 한다.
	[선수학습 재생하기] 전시학습 확인	- 이전 차시 학습 내용(수질관리)을 진단평가 문항 등으로 확인한다.	- 진단평가 문항 등으로 이전 차시 학습 내용(수질관리)을 환기한다.		선수학습이 미흡한 학생의 보충 및 교정학습을 실시한다.
전개	[자극 자료 제시하기] 수업 내용 제시	- 소독, 미용분야별 소독 방법 내용에 대해 제시한다.	- 소독, 미용분야별 소독 방법에 대해 인지한다.	OO 분 이내	강조, 발문 등 다양한 기법을 사용한다.
	[학습 안내 제공하기] 유의미한 학습 내용 제시 **소집단 활동**	- 소독, 미용분야별 소독 방법 내용에 대해 학습지를 배부하여 유의미한 학습이 될 수 있도록 한다. - 사전에 구성된 조별로 협동하여 학습하며 퀴즈 또는 쪽지시험을 준비하도록 안내한다.	- 소독, 미용분야별 소독 방법 내용에 대한 학습지를 받아 의미론적 부호화를 통해 장기기억으로 학습 내용을 저장한다. - 사전에 구성된 조별로 협동하여 학습하며 퀴즈 또는 쪽지시험을 준비한다.		예시 제시 및 조직화, 정교화 등을 사용한다. 조별 활동이 원활히 이뤄질 수 있도록 순회지도를 한다.
정리	**평가 및 개별·팀별 향상 점수 계산**	- 학습한 내용에 대해 개인별로 퀴즈 또는 쪽지시험을 실시한다. - 답안지 교환 후 채점하여 개인별 점수를 기록하여 과거의 점수와 비교하여 향상된 점수만 팀 점수에 반영하고 개인별 향상점수와 팀 점수를 공고한다.	- 학습한 내용에 대해 개인별로 퀴즈 또는 쪽지시험을 본다. - 다른 학생들과 답안지를 교환 후 채점한 후 개인별 향상점수와 팀 점수를 확인한다.	OO 분 이내	시험 및 채점 진행에 대해서 순회지도 하며 확인한다.
	[파지 및 전이 높이기] 요점 정리 및 일반화	- 학습목표를 다시 한번 확인하고 학생들과 같이 중요 요점을 도출하여 정리한다. - 학습한 내용을 일반화할 수 있도록 새로운 상황을 제시한다.	- 학습목표를 다시 한번 인지하고 중요 요점을 중심으로 학습한 내용을 스스로 다시 정리한다. - 학습한 내용을 다양한 상황에 적용해 본다.		파지를 위해 요점 정리를 하며, 전이를 위해 새로운 상황에 적용해 보도록 유도한다.
	보상	- 개인별 최고 득점자와 팀 점수가 가장 높은 집단에 보상한다.	- 개인별 최고 득점자와 팀 점수가 가장 높은 집단은 보상을 받는다.		적절한 내재적, 외재적 보상을 활용하여 보상한다.
	[차시 예고]	- 차시 학습을 예고한다.	- 차시 학습을 인지한다.		예습할 수 있도록 격려한다.
	마무리 인사	- 학생 격려와 마무리 인사를 한다.	- 교사에게 감사한 마음으로 마무리 인사를 한다.		수업에 열심히 참여한 학생에 격려한다.

3) TGT(팀 경쟁학습, team game tournament)

TGT(team game tournament) 모형은 미국 Johns Hopkins 대학교의 디브리스(Devries), 슬래빈(Slavin)이 1973년 개발한 협동학습 모형이다. TGT 모형의 경우 STAD 모형의 퀴즈나 평가를 위한 문제를 토너먼트 게임으로 바꿔서 사용하고 소집단을 구성하기에 협동학습 모형 중에서 가장 흥미와 경쟁을 유도할 수 있는 모형이다. 서로 이질적으로 구성된 소집단의 학생들이 주어진 학습과제를 상호 협력하여 학습하고 학습이 끝나면 성취수준이 비슷한 학생들끼리 모여 자신의 수준에 맞는 문제를 풀고 점수를 얻는 협동학습의 형태이다. TGT 협동학습에서 가장 큰 특징은 성취수준이 같은 학생들끼리 모여 경쟁을 하기에 모두에게 성공 기회가 주어진다는 것에 있다. 따라서 학업 성취수준이 낮은 학습자에게도 동기를 유발할 수 있는 효과적인 방법이다. 그러나 정답이 명확하게 규정된 과목(예: 수학, 과학, 기술 등)에 적합하며, 개방형 사고나 주관적 판단이 강조되는 교과에는 활용이 제한적이라는 단점이 있다.

(1) TGT 모형의 구성 요소

① 수업 안내(whole-class instruction)

본 단계에서는 교사가 학습 주제와 핵심 개념을 전체 학습자에게 직접적으로 제시하며 학생들의 기초 이해와 개념 형성을 돕는다. 학습 내용을 명확하게 전달한 후 유사 예시를 제공하여 학습자들이 개념을 적극적으로 연습할 수 있도록 구조화한다. 이 단계는 향후 토너먼트 게임에서 문제를 해결할 수 있는 기초적 역량을 구축하는 데 목적이 있다.

② 소집단 학습(team study)

이질적으로 구성된 4~5명의 소집단은 교사가 제시한 학습과제를 바탕으로 자율적 협력 학습활동을 전개한다. 이 과정에서 학생들은 서로 설명하고 질문하며 내용을 정리하는 과정에서 인지적 상호작용과 학습 심화가 이루어진다.

③ 토너먼트 게임(team tournament)

TGT 모형의 핵심 단계로 각 소집단 구성원은 자신과 유사한 성취수준을 지닌 타 집단의 학생들과 함께 게임을 통해 문제해결 경쟁에 참여한다. 이는 학생들에게 책임감과 동기를 동시에 부여하며 게임 요소를 활용하여 학습에 대한 흥미와 몰입을 유도한다.

* TGT 모형의 진행 방식

- 동일 역할을 수행한 학생들이 모여 4인 1조로 구성

- 문제 카드를 중앙에 배치하고 돌아가며 문제를 읽는 역할 수행
- 문제에 대한 정답을 가장 먼저 맞힌 학생이 카드를 획득
- 오답 시 해당 카드는 타 학생에게 넘어감
- 정답을 들은 후 "통과" 또는 "찬스"를 외쳐 의사 표현 가능
- 모든 문제를 마친 후 획득 카드 수를 개인 점수로 집계
- 개별 점수 합산으로 소집단의 총점 결정
- 게임 도중 차임벨 사용 등으로 긴장감과 몰입도 증대

이러한 활동은 경쟁 구조 속에서도 공정성과 개인 향상 중심의 평가 체계를 유지하며 학생 간 비교보다 개인의 책임감 있는 학습 태도 형성에 기여한다.

④ 집단 보상(team recognition)

게임이 종료된 후 각 팀의 성과를 공개하고 우수 소집단에 대해 상징적 보상을 제공한다. 보상은 물리적 보상보다는 인정과 칭찬 중심으로 이루어지며, 학생들에게 성취에 대한 긍정적 정서 강화를 유도한다. 또한 성과가 낮았던 소집단에게는 다음 활동에서의 향상을 위한 격려와 동기 부여가 함께 제공된다.

<표 5-19> TGT 절차

교사의 수업 안내
↓
소집단 학습
↓
토너먼트 게임
↓
집단 보상

<표 5-20> TGT 교수-학습지도안 예시

일시	0000년 00월 00일		지도 시간	00분	지도교사	000
과목	미용의 기초 (전공 일반 과목)		차시	0/0	교과서 쪽수	pp. 00-00
학습 영역	미용의 의의와 발달					
학습 요소	미용의 변천					
학습목표	1. 미용 문화의 변천사를 이해할 수 있다. 2. 미용의 발달에 영향을 미치는 요인을 설명할 수 있다. 3. 미래 미용 분야의 변화와 전망을 예측할 수 있다.					
교육자료	교사	교과서, 수업자료, 평가지				
	학생	교과서, 필기구				

<table>
<tr><th rowspan="2">학습 단계</th><th rowspan="2">주요
학습 내용</th><th colspan="2">교수-학습활동</th><th rowspan="2">시간</th><th rowspan="2">지도상
유의점</th></tr>
<tr><th>교사</th><th>학생</th></tr>
<tr><td rowspan="7">도입</td><td rowspan="3">[주의획득]
인사 및 출석 확인

교육자료 확인

흥미 및 동기 유발</td><td>- 학생들과 인사 후 출석을 확인한다.</td><td>- 교사와 인사하고 출석 확인에 응한다.</td><td rowspan="7">OO
분
이내</td><td rowspan="3">출석 확인 시 눈을 마주친다.

학생들의 수업집중을 위해 실시한다.</td></tr>
<tr><td>- 교육자료(준비물)를 확인한다.</td><td>- 교육자료(준비물)를 확인한다.</td></tr>
<tr><td>- 미용의 역사와 관련된 시청각 자료 등을 활용한다.</td><td>- 미용의 역사에 대해 흥미를 갖고 생각해본다.</td></tr>
<tr><td>팀 구성</td><td>- 수준별로 편성된 조편성을 공지한다.</td><td>- 수준별로 편성된 조편성을 확인한다.</td><td>수준별(상, 중, 하)로 이질적으로 조편성을 구성한다.</td></tr>
<tr><td>[학습목표 제시하기]
학습목표 제시</td><td>- 학습목표를 제시하고 이번 수업의 주안점에 대해서 설명한다.</td><td>- 학습목표를 함께 소리내어 읽고 이번 수업의 주안점을 파악한다.</td><td>학습목표를 학생들이 반드시 숙지하도록 한다.</td></tr>
<tr><td>[선수학습 재생하기]
전시학습 확인</td><td>- 이전 차시 학습 내용(미용의 의의)을 진단평가 문항 등으로 확인한다.</td><td>- 진단평가 문항 등으로 이전 차시 학습 내용(미용의 의의)을 환기한다.</td><td>선수학습이 미흡한 학생의 보충 및 교정학습을 실시한다.</td></tr>
<tr style="display:none"></tr>
<tr><td rowspan="3">전개</td><td>[자극 자료 제시하기]
교사의 수업 안내</td><td>- 미용 문화(동양, 서양) 내용에 대해 제시한다.</td><td>- 미용 문화(동양, 서양) 내용에 대해 인지한다.</td><td rowspan="3">OO
분
이내</td><td>강조, 발문 등 다양한 기법을 사용한다.</td></tr>
<tr><td>[학습 안내 제공하기]
유의미한 학습 내용 제시</td><td>- 미용 문화(동양, 서양) 내용에 대해 구조화된 학습지를 배부하여 유의미한 학습이 될 수 있도록 한다.</td><td>- 미용 문화(동양, 서양) 내용에 대한 구조화된 학습지를 받아 의미론적 부호화를 통해 장기기억으로 학습 내용을 저장한다.</td><td>예시 제시 및 조직화, 정교화 등을 사용한다.</td></tr>
<tr><td>소집단 학습</td><td>- 사전에 구성된 조별로 협동하여 학습하며 구성원보다 적게 과제를 나누어 준다.</td><td>- 사전에 구성된 조별로 협동하여 학습하며 퀴즈 또는 쪽지 시험을 준비한다.</td><td>조별 활동이 원활히 이뤄질 수 있도록 순회지도를 한다.</td></tr>
<tr><td rowspan="2">정리</td><td>[형성평가 실시]
토너먼트 게임</td><td>- 소집단에서 상, 중, 하로 선정된 학생들을 토너먼트 테이블에 앉히도록 한다.

- 학생들에게 문항 뽑기, 문제 읽기, 답 확인 및 점수 작성 역할을 정하도록 안내한다.

- 토너먼트 게임을 진행하도록 한다.

- 게임이 끝난 후 점수를 계산하고 순위를 작성하도록 안내한다.</td><td>- 소집단에서 상, 중, 하로 선정된 학생들은 토너먼트 테이블에 앉는다.

- 문항 뽑기, 문제 읽기, 답 확인 및 점수 작성 역할을 정한다.

- 정해진 후 토너먼트 게임을 실시한다.

- 게임이 끝난 후 점수를 계산하고 순위를 작성한다.</td><td rowspan="2">OO
분
이내</td><td>토너먼트 게임 진행에 대해서 순회지도 하며 확인한다.

경쟁이 과도하게 과열되지 않도록 분위기를 조성한다.</td></tr>
<tr><td>[파지 및 전이 높이기]
요점 정리 및 일반화</td><td>- 학습목표를 다시 한번 확인하고 학생들과 같이 중요 요점을 도출하여 정리한다.</td><td>- 학습목표를 다시 한번 인지하고 중요 요점을 중심으로 학습한 내용을 스스로 다시 정리한다.</td><td>파지를 위해 요점 정리를 하며, 전이를 위해 새로운 상황에 적용해 보도록 유도한다.</td></tr>
</table>

		- 학습한 내용을 일반화할 수 있도록 새로운 상황을 제시한다.	- 학습한 내용을 다양한 상황에 적용해 본다.		
	집단 보상	- 소집단 구성원들의 토너먼트 점수를 근거로 팀 점수를 계산하여 높은 점수를 얻은 팀을 게시하고 보상한다.	- 소집단 구성원들의 토너먼트 점수를 근거로 팀 점수를 계산하여 높은 점수를 얻은 팀은 보상을 받는다.		적절한 내재적, 외재적 보상을 활용하여 보상한다.
	[차시 예고]	- 차시 학습을 예고한다.	- 차시 학습을 인지한다.		예습할 수 있도록 격려한다.
	마무리 인사	- 학생 격려와 마무리 인사를 한다.	- 교사에게 감사한 마음으로 마무리 인사를 한다.		수업에 열심히 참여한 학생에 격려한다.

4) TAI(팀 보조 개별학습, team assisted individualization)

TAI(team assisted individualization) 모형은 슬래빈(Slavin), 매든(Madden), 리버르(Leavery)에 의해 1973년 개발된 협동학습 모형으로, 수준 차이가 뚜렷한 학습 집단 내에서 발생하는 학습 부진과 흥미 저하 문제를 해결하기 위해 고안되었다. 특히 수학 교과와 같이 학습자 간 능력 격차가 큰 과목에서 효과적으로 적용할 수 있는 수업 모형이다.

전통적인 일제식 수업에서는 수준이 낮은 학생이 과도한 부담을 느끼거나 수준이 높은 학생은 이미 알고 있는 내용을 반복하며 학습 흥미를 상실하는 문제가 발생하기 쉽다. TAI 모형은 이러한 문제를 해결하기 위해 개별화 학습의 자율성과 협동학습의 상호작용을 결합한 형태로 모든 학습자에게 적절한 난이도의 학습 기회를 제공하고 동료 학습을 통해 학습 효과를 증진시키는 데 그 목적이 있다.

(1) TAI 모형의 구성 요소 및 수업 절차

① 집단 구성 및 배치 검사

TAI 수업의 첫 단계는 소집단 구성과 학습자 수준 진단이다. 학습 집단은 보통 2~4명으로 구성하며, 성별, 성격, 학습 능력 등 다양한 요소를 고려하여 이질적으로 편성한다. 이러한 이질적 구성은 학습자 간 상호보완적 상호작용을 유도하는 데 목적이 있다. 이후 배치 검사(진단평가)를 통해 각 학습자의 기초 학습 수준을 파악하고 이에 따른 개별화 학습 프로그램을 계획한다.

② 학습 자료 배포 및 지시적 수업

교사는 먼저 전체 학습자를 대상으로 지시적 수업(direct instruction)을 통해 핵심 개념과 학습 전략을 전달한다. 이는 학습자가 이후 개별화 학습활동을 수행할 수 있도록 필수적인 사전 지식과 기능을 습득하도록 돕는 단계이다. 지시적 수업 후 진단평가 결과에 따라 각 학생은 자신의 수준에 맞는 맞춤형 개별학습 자료(워크북, 활동지 등)를 제공받는다.

③ 집단 학습 및 교수 집단 운영

본 단계에서는 다음 두 가지 형태의 학습이 병행된다.

- 협동학습 집단 활동: 학생들은 자신에게 부여된 개별 학습과제를 소집단 내에서 자율적으로 수행한다. 이때 동료 학생들과 상호 도움을 주고받으며, 학습 진도에 따라 개별 또는 공동 학습활동을 수행한다.
- 교수 집단(instructional group): 학습에 어려움을 겪는 학생들을 대상으로 교사가 별도로 조직한 2~3명의 동질적 소집단에 대해 약 15분간 집중적인 개별지도를 실시한다. 이 활동은 기초 개념의 재습득과 오개념 교정, 동기 강화를 목적으로 한다. 교수 집단 이외의 학생은 여전히 소집단 활동 속에서 자신의 학습을 지속한다. 이러한 이중 구조는 개별화 학습의 자기 주도성과 협동학습의 상호 지원성을 유기적으로 결합한 것이 특징이다.

④ 집단 점수와 보상

TAI 모형은 개별학습의 결과를 소집단의 총 성취로 집계하여 집단 보상으로 연결한다. 보상의 방식은 물질적 보상보다는 심리적·사회적 동기 부여 중심으로 예를 들어 칭찬, 상장 수여, 점수 게시, 수행평가 반영 등이 활용될 수 있다. 이는 학습자의 자기 효능감 향상과 소속감 증진에 긍정적으로 작용하며, 학습 공동체 내 상호 책임의식을 강화하는 효과가 있다.

<표 5-21> TAI 절차

집단 구성 및 배치 검사
↓
학습 자료 배포 및 지시적 수업
↓
집단 학습 및 교수 집단 운영
↓
집단 점수와 보상

5) LT(함께 학습하기, learning togeter)

LT(learning together) 모형은 미국 미네소타 대학교의 존슨(David W. Johnson과 Roger T. Johnson) 형제가 1975년에 개발한 협동학습의 대표적인 모형이다. 이 모형은 특정한 절차나 고정된 역할보다는 협동학습의 본질적 원리를 구조화하는 데 초점을 둔다. 5~6명의 이질적인 구성원들이 소집단을 구성하여 주어진 과제를 해결하게 되는데 과제를 집단별로 부여하고 보상도 집단 전체에 주어지며 평가도 집단 전체의 성취수준에 따라 받게 된다. 여기서는 교사의 역할이 중요한데 교사는 학생들 사이의 협동을 구조화하는 것보다 학습상황을 협동적으로 구조화하는 것이 더 중요하다고 보았다. 즉, 학생들을 억지로 협동하도록 강요하기보다 수업상황 자체가 학생들이 협동하지 않으면 안되도록 구조화하는 것이 중요하다는 뜻이다.

(1) LT 모형의 절차

① **학습과제 제시:** 교사는 학생이 도달해야 하는 학습과제를 명확하게 제시할 필요가 있다. 그리고 동료 간의 협동이 기반이 되는 모형이기 때문에 학생들이 협동에 필요한 바람직한 행동 유형을 구체적으로 해당 단계에서 제시해 주어야 한다.

② **집단 편성 및 집단활동:** 각 모둠은 이질적인 학생들로 구성하며, 크기는 2~4명으로 과제의 특성에 따라 달리 배치한다. 각 집단은 긍정적 목표 상호의존성, 개별 책무성, 집단 간 협동 등을 구조화시켜 동료와의 적극적인 상호작용을 돕고 집단에서 해야 될 역할을 부여받게 된다. 집단 활동에 효과적으로 참여하기 위해서 학생들은 협동학습에 관한 기능을 연습하게 된다. 교사는 학생의 과제 수행정도와 동료간의 협력 정도를 관찰한다. 교사의 개입이 많지는 않으나 학생이 과제를 수행하거나 협동하는데 어려움을 보이면 적절한 도움을 제공해야 한다.

③ **평가 및 반성:** 학생들은 동료와 함께 학습한 내용을 요약할 수 있어야 하고 교사는 학생의 학습과제 달성여부를 확인하기 위해 간단한 질문, 퀴즈를 활용하여 평가한다. 학생의 협동기술도 평가의 대상에 포함되는데 이는 수행평가를 통해 실시한다. 집단 활동이 끝나면 학생들은 집단 학습에서의 행동들을 반성, 평가한다.

<표 5-22> LT 절차

학습과제 제시
↓
집단편성 및 집단활동
↓
평가 및 반성

6) GI(집단 탐구, group inverstigation)

GI(group investigation, 집단 탐구) 모형은 1976년 샤란(Shlomo Sharan & Yael Sharan) 부부에 의해 개발된 협동학습 수업모형으로 학습자 중심 교육을 실천하는 데 매우 효과적인 접근법이다. 이 모형은 특히 학생의 자율성과 선택권을 중시하는 것이 특징이며, 사회과 수업처럼 복합적 사고와 가치 판단이 중요한 교과에 자주 활용된다. 학생들은 자신이 흥미를 느끼는 주제를 선택하고 그 주제에 대해 심층적인 탐구를 진행함으로써 학습에 대한 몰입과 흥미를 높일 수 있다.
GI 모형의 수업은 크게 여섯 단계로 구성되며, 각 단계에서 학생의 참여와 주도적 사고가 강조된다.

GI 모형의 가장 큰 강점은 학생에게 자신이 좋아하는 주제를 선택하고 깊이 있게 탐구할 수 있는 기회를 제공한다는 점이다. 이는 자연스럽게 학습에 대한 동기와 흥미를 자극하며 공동 탐구의 과정에서 사회적 상호작용과 협동 능력도 함께 발달한다. 하지만 GI 모형을 성공적으로 운영하기 위해서는 학생들이 기본적인 협동 기술을 사전에 충분히 익혀야 한다. 역할 분담, 시간 관리, 의견 조율, 피드백 수용 등의 기술이 준비되지 않은 경우 모둠 내 갈등이나 참여 불균형이 발생할 수 있기 때문이다. 결론적으로 GI 모형은 교사가 중심이 아닌 학생이 주도적으로 학습을 이끌어가는 수업 구조를 제안한다. 미래 교육이 요구하는 핵심역량인 창의적 문제해결, 협업, 비판적 사고, 자기주도성 등을 종합적으로 키울 수 있는 매우 효과적인 협동학습 모형이다. 특히 고등학교 수준에서 프로젝트 수업, 융합 수업, 자유학기제 등과 결합할 경우 그 효과가 더욱 극대화될 수 있다.

(1) GI 모형의 절차

① **주제선정 및 탐구 모둠 조직**: 교사가 전체적인 탐구 주제를 제시하고 학생들은 그 주제와 관련하여 보다 구체적인 질문을 스스로 도출한다. 이러한 질문들을 중심으로 소주제가 형성되고 소주제별로 탐구 모둠이 구성된다. 중요한 점은 학생이 자발적으로 자신이 탐구하고 싶은 주제를 선택할 수 있다는 점이며, 이로 인해 학습 동기와 책임감이 자연스럽게 촉진된다.

② **탐구 계획 수립**: 각 모둠이 자신들의 소주제에 대해 어떤 방식으로 탐구를 진행할 것인지 구체적인 계획을 세운다. 탐구의 방향, 방법, 자료 수집 방식 등을 논의하고 구성원 간 역할을 나눈다. 예를 들어, 한 명은 자료 조사 담당, 또 한 명은 발표 자료 정리 담당 등으로 역할을 분담하는 것이다. 이 과정은 개별 책무성을 높이고 협업 구조를 명확하게 형성하는 데 도움을 준다.

③ **탐구 실행**: 학생들은 각자 맡은 역할에 따라 자료를 수집하고 이를 분석하고 종합한다. 이 과정에서 교사, 친구들과 활발히 소통하면서 생각을 구체화하고

정리하게 된다. 정보의 수집은 단순히 인터넷 검색에 그치지 않고 인터뷰나 직접 관찰, 뉴스 기사 활용 등 다양한 방식으로 이루어질 수 있다. 또한 다른 모둠과의 아이디어 교환이나 토론을 통해 관점을 확장시키는 것도 중요한 학습 요소이다.

④ **보고서 준비**: 이 단계에서 학생들은 탐구 결과를 정리하여 발표할 수 있는 형태의 보고서를 작성한다. 보고서 형식은 전통적인 보고서일 수도 있고 신문 형식, 인터뷰 기사, 영상물 등 다양한 형태로 구성될 수 있다. 이는 학생의 표현력과 창의성을 극대화할 수 있는 기회를 제공하며 각자의 탐구 결과를 효과적으로 전달할 수 있게 한다.

⑤ **보고서 발표**: 각 모둠은 준비한 내용을 반 전체 앞에서 발표하며 청중은 발표 내용을 경청하고 질문이나 보완 의견을 자유롭게 제시한다. 이 과정을 통해 동료 간 학습이 이루어지며, 학생들은 발표를 통해 자신들의 생각을 정제하고 표현하는 법을 익히게 된다. 평가 역시 미리 제시된 기준에 따라 이루어지며, 명확성, 논리성, 창의성 등이 평가 요소에 포함된다.

⑥ **평가**: 이 단계에서는 학생들의 탐구 결과뿐만 아니라 탐구 과정 전반에 대한 평가가 이루어진다. 특히 단순 지식 수준이 아닌 응용, 종합, 추론과 같은 고차 사고력이 평가의 중심이 된다. 교사와 학생 모두 평가에 참여할 수 있으며, 상호평가 또는 자기평가 형태로 실시된다. 이로 인해 학습자들은 자신의 학습 과정에 대해 성찰할 수 있는 기회를 갖게 되며, 이는 곧 자기주도 학습 능력의 발달로 이어진다.

<표 5-23> GI 절차

주제선정 및 탐구 모둠 조직
↓
탐구 계획 수립
↓
탐구 실행
↓
보고서 준비
↓
보고서 발표
↓
평가

7) co-op co-op(자율적 협동학습, cooperative learning)

자율적 협동학습(cooperative learning: co-op co-op) 모형은 카건(Kagan, 1985)에 의해 고안된 협동학습 모형으로 전체 학급이 하나의 공동 목표를 달성하기 위해 소집단 단위로 학습을 수행하고 그 결과를 다시 전체 학급에 공유함으로써 학습 공동체 전체의 성장을 도모하는 방식이다. 이 모형의 명칭인 'co-op co-op'은 '협동을 위한 협동(cooperation of cooperatives)'이라는 개념에서 유래하였으며, 개별 학습자, 소집단, 전체 학급이 상호의존적 구조로 조직되어 협력과 책임을 동시에 강조한다.

본 모형은 집단탐구(group investigation, GI) 모형의 한계, 예컨대 소수의 주도적 학생에 의존하거나 전체 학급 차원의 목표와 연결성이 약하다는 점을 보완하기 위해 개발되었으며, 학생들이 자율성과 창의성, 탐구 역량, 발표 및 표현 능력을 발휘할 수 있는 수업 환경 조성을 핵심 교육철학으로 삼고 있다.

(1) co-op co-op 모형의 절차

① **학습주제 소개**: 교사는 포괄적으로 주제를 미리 제시하고 학습자가 이와 관련된 흥미를 발견하고 표현하도록 격려한다.

② **학생중심 학급 토론**: 학급 토론을 통해 학습자의 동기를 유발하고 학습자는 주제를 탐구하고자 하는 호기심이 일어나는 단계이다. 브레인스토밍★을 통해 주제에 대해 더 알고 싶은 것과 알게 된 것에 대해 전체 토론을 한다. 해당 단계에서 다양한 소주제들이 생성된다.

③ **소주제 선택**: 각 모둠에서는 학급 주제를 고려하여 선호하는 소주제를 선택한다. 교사는 모둠별 토론 전 소주제가 무엇이 있는지 보여주고 이를 참고하여 주제를 결정하도록 한다. 교사는 이때 순회하며 촉진자 역할을 수행한다.

④ **소주제별 모둠 구성 및 소주제 정교화**: 소주제별 중심으로 모둠이 구성된다. 학생들의 흥미에 따라 구성되었기에 이질감이 없고 효과적 상호 교류를 위한 팀워크를 형성한다. 소주제의 정교화 과정은 소주제를 바탕으로 모인 모둠원끼리 이를 보다 정교한 형태로 구체화하여 탐구할 수 있도록 모둠 내 토의를 통해 연구 범주를 정한다.

★ 브레인스토밍의 원리

① 자유로운 분위기
② 비판금지
③ 양산(질보단 양)
④ 결합과 개선

⑤ **미니주제 선택과 분업**: 미니주제 탐구를 위해 몇 개의 작은 주제로 나누고 개별적으로 원하는 미니주제를 선택해 분담한다.

⑥ **개별학습 및 준비, 모둠 내 발표 준비**: 자신이 맡은 미니주제를 개별적으로 학습하고 탐구하는 과정으로 개별학습에서 학습한 자료들은 다음 단계들의 토대가 되기에 철저한 준비를 요구한다.

⑦ **모둠 내 미니주제 발표**: 자신이 맡은 미니주제에 대해 활동을 완성한 후 모둠원들에게 학습하거나 만든 것을 발표한다. 발표 후 토론 분위기가 조성되어야 하며, 피드백을 해주어야 한다. 이러한 과정을 통해 학생들은 미니주제 완성에 대한 책임감을 갖게 된다.

⑧ **모둠별 발표 준비**: 미니주제 발표에서 있었던 내용을 종합하여 모둠 발표를 준비한다. 모둠 발표는 이전 단계에서 미니주제 내용의 반복이 아닌 종합한 것 이상의 결과물이 되도록 하여야 한다.

⑨ **모둠별 학급 발표 및 토의**: 해당 단계는 학습에 대한 평가의 비중이 가장 큰 단계로 학생들이 보다 적극적인 자세로 참여할 수 있도록 하며, 발표 과정이 효율적이면서도 효과적으로 이뤄질 수 있도록 한다. 한 모둠이 발표를 하면 다른 모둠이 그것에 대해 피드백을 하기도 하고 또 모둠 발표를 위해 다른 모둠의 자료를 공유하기도 한다.

⑩ **다면평가 및 반성**: 학생들은 평가와 반성을 통해 학급의 전체 학생들로부터 모둠 발표 평가뿐만 아니라 모둠원들로부터 모둠 내 기여도 평가, 각 학생의 소주제 발표나 모둠 발표에 대한 교사의 평가와 같이 세 가지 수준에서 이뤄진다. 교사는 모둠 발표가 끝나면 발표 내용 및 과정에 대한 장·단점을 학급 전체가 토론하도록 유도하여 사회적 관계 및 기술에 대해 반성할 수 있는 기회를 제공한다.

<표 5-24> co-op co-op 절차

학습주제 소개
↓
학생중심 학급 토론
↓
소주제 선택
↓
소주제별 모둠 구성 및 소주제 정교화
↓

미니주제 선택과 분업

↓

개별학습 및 모둠 내 미니주제 발표 준비

↓

모둠 내 미니주제 발표

↓

모둠별 발표 준비

↓

모둠별 학급발표 및 토의

↓

다면평가 및 반성

<표 5-25> co-op co-op 교수-학습지도안 | 예시

<table>
<tr><td>일시</td><td>0000년 00월 00일</td><td>지도 시간</td><td>00분</td><td>지도교사</td><td>000</td></tr>
<tr><td>과목</td><td>네일 미용
(전공 실무 과목)</td><td>차시</td><td>0/0</td><td>교과서 쪽수</td><td>pp. 00-00</td></tr>
<tr><td>학습 영역</td><td colspan="5">네일 폴리시 아트</td></tr>
<tr><td>학습 영역 요소</td><td colspan="5">일반 네일 폴리시 아트하기</td></tr>
<tr><td>학습목표</td><td colspan="5">1. 일반 네일 폴리시 아트 디자인을 계획할 수 있다.</td></tr>
<tr><td rowspan="2">교육자료</td><td>교사</td><td colspan="4">교과서, 수업자료, 평가지</td></tr>
<tr><td>학생</td><td colspan="4">교과서, 필기구, 에듀테크 기기, 네일 폴리시 아트 재료(베이스코트, 다양한 색의 일반 네일 폴리시, 톱코트, 닷 툴, 오렌지 우드스틱, 네일 폴리시 건조기 등) 일체</td></tr>
<tr><td rowspan="2">학습 단계</td><td rowspan="2">주요 학습 내용</td><td colspan="2">교수-학습활동</td><td rowspan="2">시간</td><td rowspan="2">지도상 유의점</td></tr>
<tr><td>교사</td><td>학생</td></tr>
<tr><td rowspan="5">도입</td><td rowspan="3">[주의획득]
인사 및 출석 확인
교육자료 확인
흥미 및 동기 유발</td><td>- 학생들과 인사 후 출석을 확인한다.</td><td>- 교사와 인사하고 출석 확인에 응한다.</td><td rowspan="5">00 분 이내</td><td>출석 확인 시 눈을 마주친다.</td></tr>
<tr><td>- 교육자료(준비물)를 확인한다.</td><td>- 교육자료(준비물)를 확인한다.</td><td rowspan="2">시청각 자료 활용 시 학생의 호기심을 유도할 수 있도록 예시 작품과 실제 적용사례를 제시한다.</td></tr>
<tr><td>- 네일 폴리시 아트와 관련된 시청각 자료 등을 활용한다.</td><td>- 네일 폴리시 아트에 대해 흥미를 갖고 생각해 본다.</td></tr>
<tr><td>[학습목표 제시하기]
학습목표 제시</td><td>- 학습목표를 제시하고 이번 수업의 주안점에 대해서 설명한다.</td><td>- 학습목표를 함께 소리내어 읽고 이번 수업의 주안점을 파악한다.</td><td>학습목표를 학생들이 반드시 숙지하도록 한다.</td></tr>
<tr><td>[선수학습 재생하기]
전시학습 확인</td><td>- 이전 차시 학습 내용(네일 폴리시 아트 기법)을 진단평가 문항 등으로 확인한다.</td><td>- 진단평가 문항 등으로 이전 차시 학습 내용(네일 폴리시 아트 기법)을 환기한다.</td><td>선수학습이 미흡한 학생의 보충 및 교정학습을 실시한다.</td></tr>
</table>

<table>
<tr><td rowspan="5">전개</td><td>[자극 자료 제시하기]
수업 내용 제시

학습주제 소개</td><td>- 네일 폴리시 아트 디자인 계획 내용에 대해 제시한다.

- 네일 폴리시 아트 학습 주제에 대해서 소개한 후 “환경”이란 대주제를 소개한다.</td><td>- 네일 폴리시 아트 내용에 대해 인지한다.

- 네일 폴리시 아트 학습 주제에 대해서 소개한 후 “환경”이란 대주제에 대해서 인지한다.</td><td rowspan="5">OO분

이내</td><td>학생이 흥미있는 분과별로 편성될 수 있도록 한다.</td></tr>
<tr><td>학생 중심 학급 토론</td><td>- 브레인스토밍을 통해 환경이란 주제로 네일 폴리시 아트 소주제 네 가지를 도출하도록 토론을 지도한다.</td><td>- 브레인스토밍을 통해 환경이란 주제로 네일 폴리시 아트 소주제 네 가지를 도출하기 위해 토론을 실시한다.</td><td>브레인스토밍 원칙을 적용하여 실시한다.</td></tr>
<tr><td>소주제 선택</td><td>- 본인의 흥미에 맞게 네 가지 소주제 중 원하는 주제를 선택하도록 지도한다.</td><td>- 본인의 흥미에 맞게 네 가지 소주제 중 원하는 주제를 선택한다.
(ex. 산, 바다, 하늘, 땅)</td><td>흥미에 맞도록 주제를 선정할 수 있도록 한다.</td></tr>
<tr><td>소주제별 모둠 구성 및 소주제 정교화</td><td>- 주제에 맞는 네일 폴리시 아트를 구성할 수 있도록 소주제를 정교화하도록 지도한다.

- 주제에 맞는 네일 폴리시 아트에 필요한 도구, 색상, 기법 등을 계획 및 선정하도록 지도한다.</td><td>- 주제에 맞는 네일 폴리시 아트를 구성할 수 있도록 소주제를 정교화한다.

- 주제에 맞는 네일 폴리시 아트에 필요한 도구, 색상, 기법 등을 계획 및 선정한다.
예) · 바다
· 파도(네일 페인팅 브러시, 흰색, 파란색, 하늘색, 마블링)
· 조개(중략…)
· 돌고래(중략…)
· 등대 (중략…)</td><td>에듀테크 기기를 활용하여 학생들이 참고자료를 수집할 수 있도록 지도한다.

충분한 토론시간을 부여한다.</td></tr>
<tr><td>미니주제 선택과 역할분담</td><td>- 미니주제 선택과 역할분담이 될 수 있도록 지도한다.</td><td>- 미니주제를 선택하고 역할분담을 실시한다.</td><td>순회하며 역할분담을 조정해준다.

개별 책무성을 부여한다.</td></tr>
<tr><td rowspan="4">정리</td><td>[형성평가 실시]</td><td>- 지도한 내용에 대해 형성평가를 실시한다.</td><td>- 형성평가를 통해 오늘 학습한 내용들을 숙지하였는지 점검한다.</td><td rowspan="4"></td><td>학업성취를 평가한다.</td></tr>
<tr><td>[파지 및 전이 높이기]
요점 정리 및 일반화</td><td>- 학습목표를 다시 한번 확인하고 학생들과 같이 중요 요점을 도출하여 정리한다.

- 학습한 내용을 일반화할 수 있도록 새로운 상황을 제시한다</td><td>- 학습목표를 다시 한번 인지하고 중요 요점을 중심으로 학습한 내용을 스스로 다시 정리한다.

- 학습한 내용을 다양한 상황에 적용해 본다.</td><td>파지를 위해 요점 정리를 하며, 전이를 위해 새로운 상황에 적용해 보도록 유도한다.</td></tr>
<tr><td>[차시 예고]</td><td>- 차시 학습을 예고한다.</td><td>- 차시 학습을 인지한다.</td><td>예습할 수 있도록 격려한다.</td></tr>
<tr><td>마무리 인사</td><td>- 학생 격려와 마무리 인사를 한다.</td><td>- 교사에게 감사한 마음으로 마무리 인사를 한다.</td><td>수업에 열심히 참여한 학생에 격려한다.</td></tr>
</table>

<표 5-26> co-op co-op 교수-학습지도안 II 예시

일시	0000년 00월 00일	지도 시간	00분	지도교사	000
과목	네일 미용 (전공 실무 과목)	차시	0/0	교과서 쪽수	pp. 00-00
학습 영역	네일 폴리시 아트				
학습 영역 요소	일반 네일 폴리시 아트하기				
학습목표	1. 네일 미용 도구를 사용하여 일반 네일 폴리시 아트를 작업할 수 있다. 2. 페인팅 브러시를 사용하여 일반 에일 폴리시를 조화롭게 디자인할 수 있다. 3. 일반 네일 폴리시의 성질을 이용하여 마블 기법을 시행할 수 있다. 4. 톱코트를 사용하여 일반 네일 폴리시 아트의 지속성을 높일 수 있다.				
교육자료	교사	교과서, 수업자료, 평가지			
	학생	교과서, 필기구, 에듀테크 기기, 네일 폴리시 아트 재료(베이스코트, 다양한 색의 일반 네일 폴리시, 톱코트, 닷 툴, 오렌지 우드스틱, 네일 폴리시 건조기 등) 일체			

학습 단계	주요 학습 내용	교수-학습활동: 교사	교수-학습활동: 학생	시간	지도상 유의점
도입	[주의획득] 인사 및 출석 확인	- 학생들과 인사 후 출석을 확인한다.	- 교사와 인사하고 출석 확인에 응한다.	00분 이내	출석 확인 시 눈을 마주친다.
	교육자료 확인	- 교육자료(준비물)를 확인한다.	- 교육자료(준비물)를 확인한다.		
	흥미 및 동기 유발	- 네일 폴리시 아트와 관련된 시청각 자료 등을 활용한다.	- 네일 폴리시 아트에 대해 흥미를 갖고 생각해본다.		학생들의 수업집중을 위해 실시한다.
	[학습목표 제시하기] 학습목표 제시	- 학습목표를 제시하고 이번 수업의 주안점에 대해서 설명한다.	- 학습목표를 함께 소리내어 읽고 이번 수업의 주안점을 파악한다.		학습목표를 학생들이 반드시 숙지하도록 한다.
	[선수학습 재생하기] 전시학습 확인	- 이전 차시 학습 내용(네일 폴리시 아트 기법)을 진단평가 문항 등으로 확인한다.	- 진단평가 문항 등으로 이전 차시 학습 내용(네일 폴리시 아트 기법)을 환기한다.		선수학습이 미흡한 학생의 보충 및 교정학습을 실시한다.
전개	**개별학습 및 준비**	- 토의 결과를 통해 전 차시에 선정된 미니주제와 관련된 네일 폴리시 아트를 실습하여 작품을 제작하도록 지도한다.	- 토의 결과를 통해 전 차시에 선정된 미니주제와 관련된 네일 폴리시 아트를 실습하여 작품을 제작한다.	00분 이내	필요한 기법 실습 시연 또는 소규모 피드백 세션을 제공하며 순회지도를 실시한다. 모둠 발표는 단순 나열을 피하고, 전체 메시지나 콘셉트 중심으로 스토리텔링 방식으로 구성하도록 안내한다.
	모둠 내 발표 준비	- 완성된 작품에 대해서 각 조별로 수정 및 보완을 하여 완성할 수 있도록 지도한다.	- 완성된 작품에 대해서 각 조별로 수정 및 보완을 하여 완성할 수 있도록 한다.		
	모둠 내 미니주제 발표	- 모둠별로 각 미니주제(작품)에 대해서 발표하며 사용된 도구, 색상, 기법 등을 발표하도록 지도한다.	- 모둠별로 각 미니주제(작품)에 대해서 발표하며 사용된 도구, 색상, 기법 등을 발표한다.		
	모둠별 발표 준비	- 작업자가 하나의 작품으로 완성하고 발표자료를 제작하도록 지도한다.	- 작업자가 하나의 작품으로 완성하고 발표자료를 제작한다.		원활한 진행을 위해 미리 발표 순서를 사전에 공지한다. 타 모둠이 경청할 수 있도록 지도한다.
	모둠별 학급발표 및 토의	- 제작된 작품을 전시하고 발표자가 나와 모둠별로 발표를 실시하도록 지도한다.	- 제작된 작품을 전시하고 발표자가 나와 모둠별로 발표를 실시한다.		

정리	[형성평가 실시] **다면평가 및 반성**	- 지도한 내용에 대해 형성평가를 실시한다.	- 형성평가를 통해 오늘 학습한 내용들을 숙지하였는지 점검한다.		학업성취를 평가한다.
	[파지 및 전이 높이기] 요점 정리 및 일반화	- 학습목표를 다시 한번 확인하고 학생들과 같이 중요 요점을 도출하여 정리한다. - 학습한 내용을 일반화할 수 있도록 새로운 상황을 제시한다.	- 학습목표를 다시 한번 인지하고 중요 요점을 중심으로 학습한 내용을 스스로 다시 정리한다. - 학습한 내용을 다양한 상황에 적용해 본다.		파지를 위해 요점 정리를 하며, 전이를 위해 새로운 상황에 적용해 보도록 유도한다.
	[차시 예고]	- 차시 학습을 예고한다.	- 차시 학습을 인지한다.		예습할 수 있도록 격려한다.
	마무리 인사	- 학생 격려와 마무리 인사를 한다.	- 교사에게 감사한 마음으로 마무리 인사를 한다.		수업에 열심히 참여한 학생에 격려한다.

8절. 역할놀이(role-play)

역할놀이(role-play)는 사회학습 이론(social learning theory)과 인간중심 교육 이론(humanistic education)에 기초하고 있다. 전자는 관찰, 모방, 피드백을 통해 학습이 이루어진다고 보며, 후자는 학습자의 자기 실현(self-actualization)과 정서적 성장을 강조한다. 역할놀이는 이러한 이론적 배경 속에서 학습자의 인지적, 정의적, 행동적 영역을 통합적으로 자극하는 다차원적 교수 전략이다. 역할놀이는 학습자에게 특정 상황이나 역할을 직접 수행하게 함으로써 사고, 감정, 태도, 가치, 행동 등 다양한 인간 경험을 탐색하고 이해하도록 하는 교수-학습 방법이다. 이는 단순한 지식 전달을 넘어서 인간 이해와 사회적 상호작용의 학습을 목적으로 하는 체험 중심 수업 형태이며, 특히 감정이입(empathy), 자기 성찰(self-reflection), 협동과 소통 능력 함양에 효과적이다.

본 교수 모형은 패니 셰프텔(Fannie Shaftel)과 조지 셰프텔(George Shaftel)에 의해 개발되었으며, 이들은 20년 이상 민주적 가치(예: 존엄성, 공정성, 책임감 등)를 교육 현장에서 실제적으로 구현하기 위해 역할놀이를 체계화하였다. 역할놀이는 실제 또는 유사한 상황을 설정하고 그 안에서 학습자가 특정 인물의 역할을 수행하는 방식으로 진행되며, 특히 인간관계와 관련된 문제를 중심으로 문제해결을 위한 사고와 태도의 변화를 촉진한다.

(1) 역할놀의 모형의 절차

① **역할놀이 상황 및 문제 선정:** 역할놀이를 실시할 상황에 대한 문제를 규명하거나 안내를 하고 문제를 명백히 하여 문제에 대한 이야기를 해석하고 문제점을 탐색한다.

② **역할놀이 준비:** 상황의 맥락, 등장인물의 입장, 대화 내용 등을 사전에 이해시키며 공감적 몰입을 위한 배경지식과 정서적 준비를 유도한다. 미용교육에서는 고객 불만 응대, 다양한 성격 유형 고객 상담, 시술 중 갈등 상황 대응 등 실제 산업현장에서 마주할 수 있는 구체적인 시나리오를 제시한다.

③ **역할놀이 실연자 선정:** 역할극이 성공하려면 학습자의 자발적 참여가 필요하므로 배역의 선정은 교사가 임의대로 하지 않고 가급적이면 학습자들이 자원하도록 유도한다.

④ **청중 준비:** 역할놀이의 목적은 놀이에 참가하는 학생과 관람하는 학생 모두가 해당 역할놀이로부터 학습해야 하기에 관람하는 학생들도 능동적으로 참여할

수 있도록 지도한다.

⑤ **역할놀이 실연:** 준비가 완료될 시 역할놀이를 실연한다. 역할놀이 시 학생들이 주어진 상황처럼 똑같이 느끼고 행동할 수 있도록 유도한다.

⑥ **중간 토의 및 평가:** 역할극이 어느 정도 진행되었다고 판단되거나 혹은 역할놀이 실연자들이 더 이상 역할놀이를 이어 나가지 못할 시 교사는 역할극을 중단시키고 토의와 평가를 실시한다. 토의는 그 배역자들이 어떻게 역할을 나타냈고 문제상황 등에 대한 느낀점 등을 중심으로 전개하며, 이때 토의와 평가는 짧게 끝낸다.

⑦ **재실연:** 다시 똑같은 상황을 놓고 다시 한번 역할극을 실시하고 배역을 새로 선정하거나 실연자들 간 서로 역할을 바꾸어 진행하는 것이 바람직하다.

⑧ **토의 및 평가:** 재실연이 끝나면 역할극에 대한 분석으로 다시 전체 토의 및 평가를 실시한다. 출연자들이 실제로 극을 하는 동안 어떠한 느낌들이 어떻게 생성되고 인식되었는지 의도와 행동이 어떻게 다르게 나타났는지 학습한 것은 무언인지 등을 청중에게 설명한 후 토의를 진행한다.

<표 5-27> 역할놀이 절차

역할놀이 상황 및 문제 선정
↓
역할놀이 준비
↓
역할놀이 실연자 선정
↓
청중 준비
↓
역할놀이 실연
↓
중간 토의 및 평가
↓
재실연
↓
토의 및 평가

(2) 미용교육에서의 역할놀이 모형 적용

미용교육은 다양한 대인서비스가 포함된 실천 중심 교육이므로 역할놀이의 적용이 매우 효과적이다. 특히 고객 응대 기술, 문제 상황 대처, 상담 커뮤니케이션, 감정노동 관리 등의 역량 강화를 위해 역할놀이 수업이 적극 활용될 수 있다.

예를 들어, 다음과 같은 시나리오를 설정할 수 있다

- 불만족한 고객이 시술 결과에 대해 항의하는 상황
- 고객의 요구가 모호하거나 부적절할 때 전문적으로 대응하는 방법
- 시술 중 고객과의 신뢰를 구축하는 상담 전략 연습
- 직장 내 상호작용과 갈등 해결

이러한 경험은 단순히 기술을 습득하는 데 그치지 않고 현장 중심의 전문성과 인성을 동시에 기르는 데 기여하게 된다.

<표 5-28> 역할놀이 교수-학습지도안 예시

<table>
<tr><th>일시</th><td>0000년 00월 00일</td><th>지도 시간</th><td>00분</td><th>지도교사</th><td>000</td></tr>
<tr><th>과목</th><td>미용의 기초
(전공 일반 과목)</td><th>차시</th><td>0/0</td><th>교과서 쪽수</th><td>pp. 00-00</td></tr>
<tr><th>학습 영역</th><td colspan="5">고객 응대</td></tr>
<tr><th>학습 영역 요소</th><td colspan="5">대기 고객 응대하기</td></tr>
<tr><th>학습목표</th><td colspan="5">1. 대기 고객 응대 매뉴얼에 따라 응대할 수 있다.
2. 시술 유형에 따라 시술 장소로 안내할 수 있다.
3. 고객 서비스 매뉴얼을 작성할 수 있다.</td></tr>
<tr><th rowspan="2">교육자료</th><th>교사</th><td colspan="4">교과서, 수업자료, 평가지</td></tr>
<tr><th>학생</th><td colspan="4">교과서, 필기구</td></tr>
<tr><th rowspan="2">학습 단계</th><th rowspan="2">주요 학습 내용</th><th colspan="2">교수-학습활동</th><th rowspan="2">시간</th><th rowspan="2">지도상 유의점</th></tr>
<tr><th>교사</th><th>학생</th></tr>
<tr><td rowspan="5">도입</td><td>[주의획득]
인사 및 출석 확인</td><td>- 학생들과 인사 후 출석을 확인한다.</td><td>- 교사와 인사하고 출석 확인에 응한다.</td><td rowspan="5">00분 이내</td><td rowspan="3">출석 확인 시 눈을 마주친다.

학생들의 수업집중을 위해 실시한다.</td></tr>
<tr><td>교육자료 확인</td><td>- 교육자료(준비물)를 확인한다.</td><td>- 교육자료(준비물)를 확인한다.</td></tr>
<tr><td>흥미 및 동기 유발</td><td>- 미용의 역사와 관련된 시청각 자료 등을 활용한다.</td><td>- 미용의 역사에 대해 흥미를 갖고 생각해본다.</td></tr>
<tr><td>[학습목표 제시하기]
학습목표 제시</td><td>- 학습목표를 제시하고 이번 수업의 주안점에 대해서 설명한다.</td><td>- 학습목표를 함께 소리내어 읽고 이번 수업의 주안점을 파악한다.</td><td>학습목표를 학생들이 반드시 숙지하도록 한다.</td></tr>
<tr><td>[선수학습 재생하기]
전시학습 확인</td><td>- 이전 차시 학습 내용(전화 고객 응대하기)을 진단평가 문항 등으로 확인한다.</td><td>- 진단평가 문항 등으로 이전 차시 학습 내용(전화 고객 응대하기)을 환기한다.</td><td>선수학습이 미흡한 학생의 보충 및 교정학습을 실시한다.</td></tr>
</table>

	[자극 자료 제시하기] 수업 내용 제시	- 대기 고객 응대 매뉴얼, 시술장소 안내, 고객 서비스 매뉴얼 내용에 대해서 안내한다.	- 대기 고객 응대 매뉴얼, 시술장소 안내, 고객 서비스 매뉴얼 내용에 대해 인지한다.		강조, 발문 등 다양한 기법을 사용한다.
	[학습 안내 제공하기] 유의미한 학습 내용 제시	- 대기 고객 응대하기 내용에 대해 구조화된 학습지를 배부하여 유의미한 학습이 될 수 있도록 한다.	- 대기 고객 응대하기 내용에 대한 구조화된 학습지를 받아 의미론적 부호화를 통해 장기기억으로 학습 내용을 저장한다.		예시 제시 및 조직화, 정교화 등을 사용한다.
	역할놀이 상황 및 문제 선정	- 대기 고객 응대 시 발생할 수 있는 상황에 대해서 탐색하도록 지도한다.	- 대기 고객 응대 시 발생할 수 있는 상황에 대해서 탐색한다.		문제를 명확하게 규명할 수 있도록 지도한다.
	역할놀이 준비	- 문제상황에 일어나는 사건에 대해서 토의하며 구체적으로 상황을 설정하여 역할놀이를 준비하도록 지도한다.	- 문제상황에 일어나는 사건에 대해서 토의하며 구체적으로 상황을 설정하여 역할놀이를 준비한다.	OO분 이내	미용 산업현장 내 고객 상담 및 응대 시 발생할 수 있는 명확한 상황이 도출될 수 있도록 한다.
전개	**역할놀이 실연자 선정**	- 역할극의 배역 선정을 위해 학습자들이 지원하도록 안내한다.	- 역할극의 배역 선정을 지원한다.		학생들의 능동적 참여를 유도한다.
	청중 준비	- 참관 학생이 능동적으로 참여할 수 있도록 지도한다.	- 참관 학생은 유의사항을 듣고 능동적으로 참여한다.		청중은 역할극을 평가할 수 있도록 하여 참여를 유도한다.
	역할놀이 실연	- 역할놀이를 실시하도록 지도한다.	- 역할놀이를 실시한다.		역할놀이 시 학생들이 주어진 상황처럼 똑같이 느끼고 행동할 수 있도록 유도한다.
	중간 토의 및 평가	- 역할놀이 중간 시점에 토의와 평가를 실시한다.	- 역할놀이 중간 시점에 역할놀이 내용의 장점 및 단점에 대해 토의와 평가를 실시한다.		역할놀이 진행상황을 보며 적절한 시점에 중단시킨다.
	재실연	- 토의 내용을 반영하여 재실연하도록 지도한다.	- 토의 내용을 반영하여 재실연한다.		배역을 새로 선정하거나 실연자들 간 서로 역할을 바꾸어 진행한다.
	토의 및 평가	- 재실연이 끝나면 역할극에 대한 분석으로 다시 전체 토의 및 평가를 실시하도록 지도한다.	- 재실연이 끝나면 역할극에 대한 분석으로 다시 전체 토의 및 평가를 실시한다.		실연자는 느낀 점 등을 청중에게 설명 후 토의를 진행한다.
정리	[파지 및 전이 높이기] 요점 정리 및 일반화	- 학습목표를 다시 한번 확인하고 학생들과 같이 중요 요점을 도출하여 정리한다. - 학습한 내용을 일반화할 수 있도록 새로운 상황을 제시한다.	- 학습목표를 다시 한번 인지하고 중요 요점을 중심으로 학습한 내용을 스스로 다시 정리한다. - 학습한 내용을 다양한 상황에 적용해 본다.	OO분 이내	파지를 위해 요점 정리를 하며, 전이를 위해 새로운 상황에 적용해 보도록 유도한다.
	[차시 예고]	- 차시 학습을 예고한다.	- 차시 학습을 인지한다.		예습할 수 있도록 격려한다.
	마무리 인사	- 학생 격려와 마무리 인사를 한다.	- 교사에게 감사한 마음으로 마무리 인사를 한다.		수업에 열심히 참여한 학생에 격려한다.

(3) 역할놀이 모형의 장점

- 다른 사람의 입장에서의 이해를 할 수 있다.
- 현실 상황에서 연습과 실수를 통해 학습이 가능하다.
- 역할에 대한 연기로 자신의 가치, 감정, 태도, 행동을 객관적으로 관찰하고 분석할 수 있다.
- 학습자의 참여를 높일 수 있다.

(4) 역할놀이 모형의 단점

- 시간이 오래 소요될 수 있다.
- 집단의 성숙과 이해 수준에 적합해야 하며 다루는 문제에 대한 관심이 선행되어야 한다.
- 학습 내용이 산만해질 수 있다.
- 소극적인 학습자의 경우 수업에 대한 반감이 형성될 수 있다.

9절. 인지적 도제 이론(cognitive apprenticeship theory)

인지적 도제 이론(cognitive apprenticeship theory)은 콜린스(Collins), 브라운(Brown), 뉴먼(Newman)이 1989년 제안한 교수-학습모형으로 학습자가 사회문화적 맥락 속에서 전문가와의 상호작용을 통해 지식과 문제해결 전략을 습득하는 과정에 초점을 둔다. 이 이론은 비고츠키(L. S. Vygotsky)의 사회문화적 인지이론, 특히 근접발달영역(zone of proximal development, ZPD)과 스케폴딩(scaffolding) 개념을 기반으로 하고 있다. 전통적인 도제교육 모델이 기술적 기능의 전수를 중심으로 이루어졌다면 인지적 도제 이론은 이를 인지적 영역으로 확장하여 학습자 스스로 고차적 사고 능력과 문제해결 전략을 구성하고 전이할 수 있도록 돕는다. 특히 미용교육과 같은 기능 중심의 실습 교육에서는 전문가의 시범과 학습자의 실질적 참여가 결합된 도제적 접근이 효과적이며 교사는 안내자이자 촉진자의 역할을 수행한다. 이러한 인지적 도제 학습은 여섯 가지의 절차 및 요소로 이뤄져있다.

(1) 인지적 도제 이론의 구성 요소 및 절차

① **모델링(modeling)**: 전문가(교사)가 실제 과제를 수행하는 과정을 시범으로 제시하고 학습자는 이를 관찰한다. 이때 단순한 지식의 전달을 넘어 문제 인식 방식, 전략 선택, 자기조절 과정 등 전문가의 인지적·메타인지적 전략이 함께 전수된다. 이는 학습자가 자신의 잠재적 발달수준으로 이동하는 데 필요한 기초를 형성하며 근접발달영역(ZPD) 내에서 의미 있는 학습을 가능하게 한다. 가장 효과가 크고 해당 영역에서 학생은 교사 혹은 우수한 동료 학습자가 제공하는 도움인 스케폴딩을 받아 스스로 할 수 없던 과제를 수행하게 된다.

② **코칭(coaching)**: 학습자가 모델링을 통해 형성된 기반 아래 학습자가 문제해결을 시도하는 과정에서 교사가 언어적 피드백, 시범의 재제공, 암시 등 다양한 방법으로 적절한 도움을 제공한다. 이 과정은 학습자의 자율성을 해치지 않으면서도 학습의 방향성과 효율성을 확보하는 데 목적이 있다.

③ **스케폴딩(scaffolding)**: 교사는 학습자의 수행 수준에 따라 점진적으로 학습과제를 조절하거나 다양한 지원을 제공한다. 이러한 지원은 학습자의 역량이 향상됨에 따라 점차 줄여나가는데 이를 페이딩(fading)이라 하며, 궁극적으로는 학습자가 독립적으로 과제를 수행할 수 있도록 한다.

④ **명료화(articulation)**: 학습자가 자신의 사고 과정, 전략, 문제해결 방식을 말이나 글로 표현하는 과정이다. 이는 자신이 무엇을 알고 있으며, 어떻게 사고하

는지를 인식하도록 돕고 메타인지적 능력을 신장시킨다. 또한 집단 활동이나 발표를 통해 다른 학습자와의 비교 및 토론도 가능해진다.

⑤ 반성적 활동(reflection): 학습자는 자신의 문제해결 과정과 다른 사람(교수자 혹은 동료학습자)의 과정과 비교하고 분석하면서 새로운 시각을 획득하게 된다. 이를 통해 학습자는 자신의 전략을 성찰하고 어려움을 겪는 부분을 재구성하며 개선 방향을 모색하게 된다. 이는 자기조절 학습 능력 향상에 기여한다.

⑥ 탐색(exploration): 학습자는 새로운 문제상황에서 자신이 습득한 전략과 지식을 창의적으로 재조합하여 새로운 방식으로 활용하는 단계이다. 해당 단계에서는 교사의 지원 없이 학습자가 독립적으로 문제를 정의하고 전략과 가설을 세우는 등 해결책을 설계하는 전이 학습이 이뤄진다. 이를 통해 학습자는 자기주도적이고 창의적인 문제해결자로 성장하게 된다.

<표 5-29> 인지적 도제 이론 절차

모델링
↓
코칭
↓
스케폴딩
↓
명료화
↓
반성
↓
탐색

<표 5-30> 인지적 도제 이론 교수-학습지도안 | 예시

일시	OOOO년 OO월 OO일	지도 시간	OO분	지도교사	OOO
과목	네일 미용 (전공 실무 과목)	차시	O/O	교과서 쪽수	pp. OO-OO
학습 영역	젤 네일				
학습 요소	젤 원톤 스컬프처하기				
학습목표	1. 젤 원톤 스컬프처를 위한 베이스 젤을 적용할 수 있다. 2. 고객의 요구에 따라 프리에지의 길이를 연장할 수 있다. 3. 젤 램프 기기를 이용하여 인조 네일을 경화할 수 있다.				

<table>
<tr><td colspan="2"></td><td colspan="5">4. 고객의 요구에 따라 젤 원톤 스컬프처를 위한 두께를 조절할 수 있다.
5. 고객의 요구에 따라 원톤 스컬프처의 형태를 조정할 수 있다.</td></tr>
<tr><td colspan="2" rowspan="2">교육자료</td><td>교사</td><td colspan="4">교과서, 수업자료, 평가지</td></tr>
<tr><td>학생</td><td colspan="4">교과서, 필기구, 젤 네일 재료(전 처리제, 일회용 위생 봉투, 클리어 젤, 베이스 젤, 톱 젤, 젤 클렌저, 젤 브러시류, 젤 램프기기, 네일 파일류, 샌딩 파일류, 오렌지 우드스틱, 더스트 브러시 등) 일체</td></tr>
<tr><td colspan="2" rowspan="2">학습 단계</td><td rowspan="2">주요 학습 내용</td><td colspan="2">교수-학습활동</td><td rowspan="2">시간</td><td rowspan="2">지도상 유의점</td></tr>
<tr><td>교사</td><td>학생</td></tr>
<tr><td colspan="2" rowspan="5">도입</td><td rowspan="3">[주의획득]
인사 및 출석 확인
교육자료 확인 및 실습 안전·유의사항 안내
흥미 및 동기 유발</td><td>- 학생들과 인사 후 출석을 확인한다.</td><td>- 교사와 인사하고 출석 확인에 응한다.</td><td rowspan="5">OO 분 이내</td><td rowspan="3">출석 확인 시 눈을 마주친다.

실험실습 시 안전 및 유의사항을 반드시 안내한다.

학생들의 수업집중을 위해 실시한다.</td></tr>
<tr><td>- 교육자료(준비물)를 확인하고 실습실 안전 및 기구 사용 시 유의사항에 대해 설명한다.</td><td>- 교육자료(준비물)를 확인하고 실습실 안전 및 기구 사용 시 유의사항에 대해 인지한다.</td></tr>
<tr><td>- 젤 원톤 스컬프처와 관련된 질의응답, 동영상 자료 등을 활용한다.</td><td>- 젤 원톤 스컬프처의 내용에 대해 흥미를 갖고 생각해본다.</td></tr>
<tr><td>[학습목표 제시하기]
학습목표 제시</td><td>- 학습목표를 제시하고 이번 수업의 주안점에 대해서 설명한다.</td><td>- 학습목표를 힘께 소리내어 읽고 이번 수업의 주안점을 파악한다.</td><td>학습목표를 학생들이 반드시 숙지하도록 한다.</td></tr>
<tr><td>[선수학습 재생하기]
전시학습 확인</td><td>- 이전 차시 학습 내용(젤 화장물 활용하기)을 진단평가 문항 등으로 확인한다.</td><td>- 진단평가 문항 등으로 이전 차시 학습 내용(젤 화장물 활용하기)을 환기한다.</td><td>선수학습이 미흡한 학생의 보충 및 교정학습을 실시한다.</td></tr>
<tr><td rowspan="4">전개</td><td rowspan="3">(모델링)</td><td>[자극 자료 제시하기]
수업 내용 제시</td><td>- 젤 원톤 스컬프처 실습 내용에 대해 제시한다.</td><td>- 젤 원톤 스컬프처 실습 내용에 대해 인지한다.</td><td rowspan="4">OO 분 이내</td><td>강조, 발문 등 다양한 기법을 사용한다.</td></tr>
<tr><td>[학습 안내 제공하기]
유의미한 학습 내용 제시</td><td>- 젤 원톤 스컬프처에 대한 학습지를 배부하여 유의미한 학습이 될 수 있도록 한다.</td><td>- 젤 원톤 스컬프처에 대한 학습지를 받아 의미론적 부호화를 통해 장기기억으로 학습 내용을 저장한다.</td><td>예시 제시 및 조직화, 정교화 등을 사용한다.</td></tr>
<tr><td>모델링</td><td>- 젤 원톤 스컬프처 방법에 대해 교사의 직접적인 모델링(시범)을 단계별(네일 폼 적용-베이스 젤-클리어 젤-경화-폼 제거-형태 및 두께 조형-톱 젤-마무리 순)로 보여주며 학습하도록 유도한다.</td><td>- 젤 원톤 스컬프처 방법에 교사의 직접적인 모델링(시범)을 단계별(네일 폼 적용-베이스 젤-클리어 젤-경화-폼 제거-형태 및 두께 조형-톱 젤-마무리 순)로 집중하여 보며 학습한다.</td><td>한 번에 시범 시 시야를 확보하며, 인원을 나눠서 시범 시 학생들에게 시범하는 관련 내용을 학습지를 통해 작성도록 지도한다.</td></tr>
<tr><td>(코칭)</td><td>코칭</td><td>- 젤 원톤 스컬프처 실습을 단계별(네일 폼 적용-베이스 젤-클리어 젤-경화-폼 제거-형태 및 두께 조형-톱 젤-마무리 순)로 상호로(실연) 진행하도록 유도한다.</td><td>- 젤 원톤 스컬프처 실습을 단계별(네일 폼 적용-베이스 젤-클리어 젤-경화-폼 제거-형태 및 두께 조형-톱 젤-마무리 순)로 상호로(실연) 실시한다.</td><td>교사는 순회하며 학생들의 실습(실연)이 원활히 이뤄질 수 있도록 지도한다.</td></tr>
</table>

학습 단계	주요 학습 내용	교사	학생	시간	지도상 유의점
	[피드백 제공하기] 수행의 과정 결과 알려주기	- 젤 원톤 스컬프처 실습 과정 및 결과물에 대해서 피드백을 제공한다.	- 젤 원톤 스컬프처 실습 과정 및 결과물에 대한 피드백을 수용하여 인지 및 행동을 교정한다.		피드백을 통해 실습에 대한 행동이 교정될 수 있도록 한다.
정리	[형성평가 실시]	- 지도한 내용에 대해 형성평가를 실시한다.	- 형성평가를 통해 오늘 학습한 내용들을 숙지하였는지 점검한다.	OO분 이내	학업성취를 평가한다.
	[파지 및 전이 높이기] 요점 정리 및 일반화	- 학습목표를 다시 한번 확인하고 학생들과 같이 중요 요점을 도출하여 정리한다. - 학습한 내용을 일반화할 수 있도록 새로운 상황을 제시한다.	- 학습목표를 다시 한번 인지하고 중요 요점을 중심으로 학습한 내용을 스스로 다시 정리한다. - 학습한 내용을 다양한 상황에 적용해 본다.		파지를 위해 요점 정리를 하며, 전이를 위해 새로운 상황에 적용해 보도록 유도한다
	[차시 예고]	- 차시 학습을 예고한다.	- 차시 학습을 인지한다.		예습할 수 있도록 격려한다.
	청소 지도 및 마무리 인사	- 실습실 청소 지도를 실시한다. - 학생 격려와 마무리 인사를 한다.	- 실습실 청소를 실시한다. - 교사에게 감사한 마음으로 마무리 인사를 한다.		위생의 중요성에 대해 인지시키고 수업에 열심히 참여한 학생에 격려한다.

<표 5-31> 인지적 도제 이론 교수-학습지도안 II 예시

일시	0000년 00월 00일	지도 시간	OO분	지도교사	OOO
과목	네일 미용 (전공 실무 과목)	차시	O/O	교과서 쪽수	pp. OO-OO
학습 영역	젤 네일				
학습 요소	젤 원톤 스컬프처하기				
학습목표	1. 젤 원톤 스컬프처를 위한 베이스 젤을 적용할 수 있다. 2. 고객의 요구에 따라 프리에지의 길이를 연장할 수 있다. 3. 젤 램프 기기를 이용하여 인조 네일을 경화할 수 있다. 4. 고객의 요구에 따라 젤 원톤 스컬프처를 위한 두께를 조절할 수 있다. 5. 고객의 요구에 따라 원톤 스컬프처의 형태를 조정할 수 있다.				
교육자료	교사	교과서, 수업자료, 평가지			
	학생	교과서, 필기구, 젤 네일 재료(전 처리제, 일회용 위생 봉투, 클리어 젤, 베이스 젤, 톱 젤, 젤 클렌저, 젤 브러시류, 젤 램프기기, 네일 파일류, 샌딩 파일류, 오렌지 우드스틱, 더스트 브러시 등) 일체			
학습 단계	주요 학습 내용	교수-학습활동		시간	지도상 유의점
		교사	학생		
도입	[주의획득] 인사 및 출석 확인	- 학생들과 인사 후 출석을 확인한다.	- 교사와 인사하고 출석 확인에 응한다.	OO분 이내	출석 확인 시 눈을 마주친다.
	교육자료 확인 및 실습 안전·유의사항 안내	- 교육자료(준비물)를 확인하고 실습실 안전 및 기구 사용 시 유의사항에 대해 설명한다.	- 교육자료(준비물)를 확인하고 실습실 안전 및 기구 사용 시 유의사항에 대해 인지한다.		실험실습 시 안전 및 유의사항을 반드시 안내한다.

	흥미 및 동기 유발	- 젤 원톤 스컬프처와 관련된 질의응답, 동영상 자료 등을 활용한다.	- 젤 원톤 스컬프처의 내용에 대해 흥미를 갖고 생각해본다.		학생들의 수업집중을 위해 실시한다.
	[학습목표 제시하기] 학습목표 제시	- 학습목표를 제시하고 이번 수업의 주안점에 대해서 설명한다.	- 학습목표를 함께 소리내어 읽고 이번 수업의 주안점을 파악한다.		학습목표를 학생들이 반드시 숙지하도록 한다.
	[선수학습 재생하기] 전시학습 확인	- 이전 차시 학습 내용(젤 원톤 스컬프처하기)을 진단평가 문항 등으로 확인한다.	- 진단평가 문항 등으로 이전 차시 학습 내용(젤 원톤 스컬프처하기)을 환기한다.		선수학습이 미흡한 학생의 보충 및 교정학습을 실시한다.
전개 **(스케폴딩)**	**스케폴딩**	- 젤 원톤 스컬프처 방법에 대해 교사의 직접적인 모델링(시범)을 단계별(네일 폼 적용-베이스 젤-클리어 젤-경화-폼 제거-형태 및 두께 조형-톱 젤-마무리 순)로 상호실습(실연)하도록 지도하며 어려움 발생 시 동료 학습자와 함께 문제를 해결하도록 유도한다.	- 젤 원톤 스컬프처 방법 대해 교사의 직접적인 모델링(시범)을 단계별(네일 폼 적용-베이스 젤-클리어 젤-경화-폼 제거-형태 및 두께 조형-톱 젤-마무리 순)로 상호실습(실연)하며 어려움 발생 시 동료 학습자와 함께 문제를 해결한다.		교사는 순회하며 학업능력이 낮은 학생들 중심으로 실습(실연)이 원활히 이뤄질 수 있도록 지도한다.
전개 **(명료화, 반성)**	**명료화**	- 젤 원톤 스컬프처 실습 시 주의사항, 어려웠던 점, 잘했던 점, 느낀점 등을 작성하도록 지도한다.	- 젤 원톤 스컬프처 실습 시 주의사항, 어려웠던 점, 잘했던 점, 느낀점 등을 작성한다.	OO분 이내	순회하며 학습지를 작성할 수 있도록 지도한다.
	반성	- 젤 원톤 스컬프처 실습 시 주의사항, 어려웠던 점, 잘했던 점, 느낀 점이 작성된 학습지를 동료학습자와 비교하도록 지도한다. - 동료 학습자와 이야기한 내용을 토대로 발표를 진행시킨다.	- 젤 원톤 스컬프처 실습 시 주의사항, 어려웠던 점, 잘했던 점, 느낀 점이 작성된 학습지를 동료학습자와 비교해본다. - 동료 학습자와 이야기한 내용을 토대로 발표를 진행한다.		적극적인 자세로 동료학습자와 대화할 수 있도록 지도한다.
정리 **(탐색)**	[형성평가 실시]	- 지도한 내용에 대해 형성평가를 실시한다.	- 형성평가를 통해 오늘 학습한 내용들을 숙지하였는지 점검한다.		학업성취를 평가한다.
	[파지 및 전이 높이기/**탐색**] 요점 정리 및 일반화	- 학습목표를 다시 한번 확인하고 학생들과 같이 중요 요점을 도출하여 정리한다. - 학습한 내용을 일반화할 수 있도록 새로운 상황을 제시한다.	- 학습목표를 다시 한번 인지하고 중요 요점을 중심으로 학습한 내용을 스스로 다시 정리한다. - 학습한 내용을 다양한 상황에 적용해 본다.	OO분 이내	파지를 위해 요점 정리를 하며, 전이를 위해 새로운 상황에 적용해 보도록 유도한다.
	[차시 예고]	- 차시 학습을 예고한다.	- 차시 학습을 인지한다.		예습할 수 있도록 격려한다.
	청소 지도 및 마무리 인사	- 실습실 청소 지도를 실시한다. - 학생 격려와 마무리 인사를 한다.	- 실습실 청소를 실시한다. - 교사에게 감사한 마음으로 마무리 인사를 한다.		위생의 중요성에 대해 인지시키고 수업에 열심히 참여한 학생에 격려한다.

(2) 인지적 도제이론의 장점

- 실제적 맥락에서 학습할 수 있다.
- 메타인지 능력이 강화된다.
- 즉각적이고 맞춤형 피드백을 제공할 수 있다.

(3) 인지적 도제이론의 단점

- 시간과 자원이 많이 소요될 수 있다.
- 학습자의 수동성을 초래할 수 있다.
- 교사의 전문성과 인내심이 요구된다.

10절. 상황학습(situated learning)

상황학습(situated learning)은 구성주의 교육철학을 토대로 발전된 학습 이론으로 지식과 기능은 실제 사용되는 맥락(context) 속에서 습득되어야 한다는 관점을 지닌다. 이 이론은 학습을 맥락, 활동, 문화와의 불가분의 관계 속에서 이해하며 단절된 이론 중심의 지식 전달이 아니라 실제적 문제해결 상황 속에서의 참여를 통해 지식이 구성된다고 본다. 브라운(Brown), 콜린스(Collins) & 듀구이드(Duguid)는 "지식은 상황적이며 과제, 맥락, 문화 안에서 생성되는 것이지 결코 독립적으로 존재하지 않는다"고 주장하며 지식의 실천적 적용 가능성에 주목하였다. 이들은 학교에서의 전통적인 학습이 실제 삶에서의 문제해결과 괴리되는 원인을 지식이 사용될 실제적 맥락으로부터 분리된 상태에서 전달되기 때문이라고 비판하였다. 미용교육과 같은 실천 중심의 교육에서는 이론과 실제의 괴리를 줄이기 위해 학습자가 실제와 유사한 상황에서 기술과 지식을 함께 습득할 수 있도록 수업을 설계하는 것이 필요하다. 예컨대 미용학 이론 수업만으로는 고객 응대나 시술의 맥락을 충분히 경험하기 어려우므로 실습 중심의 활동, 사례 기반 수업 등을 통해 학습이 강화되어야 한다.

(1) 상황학습 내용 및 과제 설계의 원리

상황학습의 효과를 극대화하기 위해 학습 내용과 과제는 다음의 원칙에 따라 설계되어야 한다.

- **지식이나 기능은 그것이 사용되는 맥락과 함께 제시**: 지식은 실제 상황과 분리되지 않고 활용될 구체적 맥락 속에서 제시되어야 한다. 이는 지식의 전이를 높이고 학습자가 지식을 실질적으로 활용할 수 있도록 돕는다.
- **실제적 과제 사용**: 학습활동은 단순한 문제 풀이가 아니라 실제 전문가들이 수행하는 과업과 유사한 복합적 문제를 포함해야 한다. 학습자는 이를 해결하는 과정에서 지식과 기술을 자연스럽게 통합하게 된다.
- **전문가의 수행과 사고 과정 반영**: 과제 설계에는 전문가의 문제 접근 방식과 사고 전략이 반영되어야 하며, 학습자는 이를 관찰하고 점진적으로 자신의 것으로 내면화하는 과정을 거친다.
- **구체적이고 다양한 사례 사용**: 다양한 실제 사례를 활용하여 학습자가 지식의 적용 가능성을 확장할 수 있도록 하며, 유연한 문제해결 능력을 기른다.
- **실제적 평가 설계**: 학습자는 지식의 단순 암기가 아니라 실제 과제를 수행하는 능력으로 평가되어야 하며, 수행 중심의 평가가 강조된다.

(2) 상황학습 교수방법 설계의 원리

상황학습의 교수설계는 다음과 같은 원칙을 따라야 한다.

- **인지적 전략의 시연과 관찰의 기회 제공:** 교사 또는 전문가가 문제해결 전략을 시연하고 학습자는 이를 관찰하고 모방하는 기회를 가져야 한다. 이는 학습자가 실제적 전략을 내면화하는 데 필수적이다.
- **협동, 반성, 명료화 기회 제공:** 학습자 간 협동 활동을 통해 다양한 시각에서 문제를 접근하게 하고 자신의 사고를 명료하게 표현하고 반성할 수 있는 장을 제공해야 한다. 이는 사회적 상호 작용을 통한 의미 구성 과정과도 맞닿아 있다.
- **교사는 지식의 전달자가 아닌 학습 촉진자 역할 수행:** 교사는 지식을 단순히 전달하는 존재가 아니라 학습자가 실제 맥락 속에서 문제를 탐색하고 스스로 지식을 구성해 나가도록 돕는 촉진자(facilitator)로서의 역할을 수행해야 한다. 이는 학습자의 자율성과 책임감을 증진시키는 데 기여한다.

(3) 상황학습의 장점

- 실제적 맥락에서 학습할 수 있다.
- 문제해결 능력과 비판적 사고력이 향상된다.
- 현실과 연결되 학습동기와 몰입도가 높다.

(4) 상황학습의 단점

- 실제적 상황을 재현하기 어렵다.
- 체계적인 지식 정리가 어려울 수 있다.
- 평가의 모호성이 발생할 수 있다.

11절. PBL (문제중심학습, 문제기반학습, problem-based learning)

문제중심학습(problem-based learning, 이하 PBL)은 1950년대 후반, 전통적인 의과대학 교육의 수동적이고 비현실적인 교수 방법에 대한 반성으로부터 시작되었다. 베로우스(Barrows)에 의해 개발된 이 교수-학습 모형은 학습의 출발점을 문제로 삼고 문제해결 과정에서 필요한 지식과 기능을 학습자가 자기주도적이고 협동적으로 습득하도록 하는 구성주의 기반의 학습 모형이다.

PBL은 정답이 명확히 존재하지 않는 비구조화된 실제적 문제를 중심으로 수업이 구성되며, 학습자는 문제 상황의 분석, 정보 탐색, 가설 설정 및 검증, 대안 제시 등의 복합적 활동을 통해 고등 사고 능력과 실천적 지식을 함께 발전시킨다.

(1) PBL의 핵심 구성 요소 및 원리

① 비구조화된 문제(ill-structured problems)

PBL의 출발점은 학습자가 스스로 탐색하고 해결해야 할 복잡하고 명확한 정답이 존재하지 않는 문제이다. 이러한 문제는 현실 세계의 불확실성과 복합성을 반영하며, 학습자가 문제의 구조를 분석하고 재구성하는 과정을 통해 의미 있는 학습을 하도록 유도한다. 이 문제들은 상황에 따라 해석과 해결 방안이 달라지므로 다양한 시각과 접근이 필요하다.

② 자기주도적 학습(self-directed learning)

학습자는 문제해결을 위해 필요한 지식이나 정보를 스스로 탐색하고 구성해야 하며, 이 과정에서 정보 검색, 문헌 조사, 판단 및 종합 능력이 요구된다. 교수자는 단순한 지식 제공자가 아닌 학습 촉진자(facilitator)의 역할을 수행하며, 학습자는 자신의 학습목표를 설정하고 계획하며 조절하는 능력을 키운다.

③ 협동학습(collaborative learning)

학습자는 소그룹 협동학습을 통해 개별학습 결과를 공유하고 상호 피드백을 주고받으며 지식을 사회적으로 구성한다. 이 과정은 의사소통 능력, 팀워크, 상호 존중 등의 사회적 기술 함양에도 기여한다.

④ 가설-연역적 추론 기능(hypothetico-deductive reasoning)

학습자는 제시된 문제를 분석하여 대안적인 가설을 설정하고 필요한 자료를 수집하여 이를 논리적으로 검토하고 검증하는 추론적 과정을 거친다. 이 과정은 단순한 사실 암기와는 달리 문제해결을 위한 전략적 사고 능력과 분석적 판단력을 필요로 한다. 다만 이러한 추론이 유의미하려면 기초 지식 기반과의 연결이 반드시 이루어져야 한다.

⑤ 실제성(authenticity)

PBL의 문제는 단순한 교실 안의 문제가 아니라 현실 세계에서 실제로 직면하게 되는 문제 상황을 반영해야 한다. 문제는 해당 분야의 전문가가 겪는 사고 과정과 유사한 인지적 요구를 포함해야 하며, 학습자는 이를 통해 실제적 문제해결 능력을 향상시킨다.

⑥ 학습자 중심(learner-centeredness)

PBL은 교사 중심에서 학습자 중심으로의 전환을 강조하는 교수 모형이다. 학습의 방향과 내용은 학습자가 주체적으로 결정하며, 교수자는 학습자의 탐색과 논의를 지원하고 격려하는 조력자 역할을 한다. 이는 학습자의 자기효능감과 책임감을 높이는 데 기여한다.

(2) PBL의 절차

① **문제 제시**: 문제 중심 학습의 첫 번째 단계는 문제를 인식하고 가능한 해결 방안을 탐색하기 위한 초기 시도이다. 이 단계에서 교사는 학습자에게 실제적이며 도전적인 문제를 제시하고 학습자들은 소그룹을 형성하여 문제 상황을 면밀히 분석한다. 학습자들은 문제의 본질과 요구되는 해결 과제를 파악하기 위해 '생각(가설 설정)', '관련 사실 탐색', '학습과제 도출', '향후계획 수립'의 네 가지 관점에서 문제를 구조화한다. 이를 통해 문제에 대한 명확한 이해와 탐색 방향을 설정하게 된다.

<표 5-32> PBL(문제중심학습) 절차

문제 제시
↓
문제의 재확인
↓
발표
↓
문제 결론

생각(가설)	사실	학습과제	향후계획
주어진 문제에 대한 학생들의 생각을 기록: 원인과 결과, 가능한 해결안 등	개인 혹은 그룹학습을 통해 제시된 가설을 뒷받침할 지식과 정보를 종합한다.	주어진 과제를 해결하기 위해 학생들 자신이 더 알거나 이해해야 할 사항을 기록	주어진 과제를 해결하기 위해 취해야 할 구체적 실천을 계획

[그림 5-4] PBL(문제중심학습) 관점

② **문제의 재확인**: 문제 제시 단계 이후 학습자들은 개별학습을 통해 확보한 정보를 토대로 소그룹 내에서 재논의를 진행한다. 이 과정에서 초기 단계에서 설정한 가설, 관련 사실, 학습과제, 향후 계획을 재조정하며 문제를 다시 평가하고 분석한다. 학습자들은 자신의 학습 결과를 팀원들과 공유하고 종합하여 문제해결을 위해 보다 정교한 접근을 시도한다. 만약 이 과정에서 문제해결에 도달하지 못할 경우 새로운 학습과제를 도출하여 반복적으로 문제를 재구조화하고 해결 방안을 탐색한다.

③ **발표**: 각 팀은 공동의 학습 결과 및 최종 해결안을 전체 학습자들 앞에서 발표한다. 발표를 통해 학습자들은 다른 팀의 아이디어와 해결 전략을 비교 분석하고 문제해결에 대한 다양한 관점을 공유하게 된다. 이러한 상호 비교와 피드백 과정은 학습자들의 비판적 사고와 창의적 문제해결 능력을 심화하는 데 기여한다.

④ **문제 결론**: 학습의 마지막 단계에서는 문제해결 과정을 종합적으로 정리하고 자신들의 학습 성과와 과정에 대한 평가를 실시한다. 학습자들은 자기평가와 동료평가 등 다양한 다면적 평가를 통해 학습 과정에서의 성취 정도를 성찰하고 피드백을 수렴한다. 이러한 평가활동은 학습자의 자기주도성과 책임감을 높이며 학습 내용을 내면화하고 전이할 수 있도록 돕는다.

(3) 미용교육에서 PBL의 적용

미용교육은 기술적 숙련과 더불어 문제해결 능력, 고객 이해, 창의성 등의 복합적 요소를 요구하는 분야이므로 PBL의 접근은 매우 유용하다. 예를 들어, 다음과 같은 형태로 적용이 가능하다.

- 사례 기반 문제 제시: 고객의 모발 상태, 요구사항, 예산 등을 고려한 복합적 미용 상담 문제를 제시한다.
- 역할 기반 협동학습: 학생들이 디자이너, 고객, 매니저 등의 역할을 분담하여 그룹 활동을 수행하도록 하며, 고객 상담, 제품 선택, 스타일 제안 등을 토의하고 각자의 전문 의견을 제시한다.

- 자료 탐색 및 토론: 각 그룹은 제품의 성분, 시술 순서, 고객 만족도 향상 방안 등을 탐색하고 발표하며 상호 피드백을 나눈다.
- 포트폴리오 및 수행평가 도입: 문제해결 과정과 결과를 기록한 학습 포트폴리오를 활용해 평가한다.
- 지속적 피드백 제공: 교수자는 중간중간 학습자들의 질문과 토론을 촉진하며 피드백을 통해 학습을 심화시킨다.

당신은 전문 헤어살롱의 디자이너입니다. 어느 날 SNS를 통해 20대 백인 여성 고객으로부터 예약 문의가 들어왔습니다. 고객은 다음과 같이 요청했습니다.
"저는 각진 얼굴형을 보완하고 싶으며, 곱슬머리가 고민입니다. 톤 다운한 낮은 명도의 모발을 보다 화사한 색감으로 변신하고 싶습니다."

고객의 사진과 사전 상담 내용을 바탕으로 방문 전 시술 계획을 세워야 합니다.

1. 고객의 얼굴 형태 보완을 위한 커트 시술 계획

- 각진 얼굴형을 보완하기 위한 헤어 커트 디자인은 어떻게 설계해야 하는가?
- 얼굴형에 따른 스타일링 원리와 고려해야 할 요소는 무엇인가?

2. 고객의 곱슬머리 교정을 위한 약제 선택과 시술 계획

- 곱슬머리를 직모로 교정할 때 사용할 수 있는 약제는 무엇이며, 각 약제의 특징과 적용 기준은 무엇인가?
- 안전하고 효과적인 시술 절차는 어떻게 계획할 것인가?

3. 피부 톤과 원하는 색상을 고려한 염색 시술 계획

- 고객의 피부 톤을 분석하여 적합한 염색 색상과 톤 조합은 무엇인가?
- 현재 어두운 톤의 모발에서 밝은 톤의 모발로 명도 조절을 위한 염색 계획을 어떻게 설계해야 하는가?
- 모발의 현재 상태와 염색 전 처치, 염색 방법 및 사후 관리 계획은 어떻게 수립할 것인가?

[그림 5-5] PBL(문제중심학습) 미용교육 문제

사실	알아야 하는 것	학습과제
- 고객은 백인 여성이며, 20대 초반으로 추정됨 - 얼굴형: 각진 형태로 보완을 원함 - 모발 상태: 곱슬머리, 기존 8레벨 정도의 밝기였으나, 3개월 전 5레벨 정도로 톤 다운 염색을 함 - 원하는 변화: 곱슬머리 교정 +화사한 염색 컬러	- 고객의 모질, 모발 길이, 손상도는 어떤가? - 모발 형태 교정 시 파상모 또는 직모 중 어떤 방향으로 연출을 원할까? - 과거 염색 이력은 있는가? - 고객의 피부 톤은 어떤 톤이며, 어울리는 컬러는 무엇인가? - 고객이 희망하는 염색 색상은 무엇인가?	1. 커트 디자인 계획 수립 - 고객의 각진 얼굴형 보완을 위한 헤어 커트 디자인은 어떻게 설계할 것인가? - 앞머리 또는 사이드 라인을 이용한 시각적 밸런스 조정 방법은? 2. 곱슬머리 교정을 위한 약제 및 시술 계획 - 모발 손상도를 고려한 안전한 약제 선택(cysteine 등)과 기준은?

- 디자인 요청: 인상 변화 및 얼굴형 보완 중심	- 커트의 형태와 길이 조정은 어떻게 설계할 것인가? - 축모 교정 시 사용할 약제는 어떤 종류가 적합한가? - 염색 시 기존 모발 상태(기염모)에 따른 투터치 또는 원터치 적용 계획은? - 고객의 니즈와 조화를 이루는 염모제 제품(브랜드, 색상명)은 무엇인가? - 연화 방법, 매직 스트레이트 온도, 회전수 등 기술적 디테일은 어떻게 적용할 것인가? - 시술 후 모발 보호 및 사후 관리 계획은?	- 연화 → 매직 스트레이트 → 정리 절차 등 시술 순서와 도구 사용 기준은? - 시술 중 온도 조절, 프레스 압력, 아이롱 회전수 등 기술 요소는? 3. 피부 톤 및 희망 컬러에 따른 염색 계획 - 고객의 피부 톤 분석을 기반으로 적합한 염색 색상과 톤 조합은? - 염색 이력을 반영하여 투터치 방식 적용 여부 결정은? - 염색약 브랜드 및 색상명 추천(예: 웰라, 로레알, 밀본 10.03 등) - 사전 전처리, 색상 유지, 모발 손상 방지를 위한 사후 관리 전략은?

가능한 해결	새로운 학습과제
1. 각진 얼굴형 보완을 위한 커트 디자인 - 턱선을 부드럽게 보완하기 위해 앞내림 형태의 보브 스타일 또는 레이어드 커트를 적용한다. - 사이드뱅 또는 비대칭 커트로 각진 윤곽을 시각적으로 완화한다. - 볼륨감을 살려 상단의 균형감을 높이고 시선을 위로 분산시킨다. 2. 모발 손상도에 따른 펌 약제 선택 - 고객의 모발 손상도가 있는 경우 시스테인(cysteine) 계열 약제를 사용하여 손상을 최소화하며, 자연스러운 직모 효과를 유도한다. - 손상이 심한 경우 단백질 전처리제를 병행하여 시술 전 모발 컨디셔닝을 강화한다. 3. 기염모에 따른 염색 방식 - 기존 염색 이력이 있는 모발은 투터치 염색(리터치 → 전체 염색)으로 계획한다. - 뿌리 부분은 산화제를 약하게 조절, 기염 부위는 pH 밸런스와 손상 보호제를 고려하여 시술한다. 4. 고객의 피부 톤 및 희망 색상 반영한 염색 색상 선정 - 백인 고객의 쿨톤 피부일 가능성이 높으므로 웜한 브라운, 밀크티 베이지, 핑크 베이지 계열 추천.	1. 다문화 고객 대상 커뮤니케이션 및 시술 설계 능력 향상 - 다양한 인종과 국적의 고객을 응대할 때 필요한 문화적 이해와 피부·모발 특성 차이에 대해 학습하고, 이에 맞는 시술법을 제안한다. - 외국인 고객과의 상담 시 언어·비언어적 커뮤니케이션 전략을 개발하고 적용해 본다. 2. 모발 손상도 분석 및 약제 선택 기준 수립 - 고객의 모발 상태를 과학적으로 분석하여 손상도에 따른 시술 약제 매칭 기준표를 작성한다. - 시술 전·중·후에 적용 가능한 모발 보호제 및 트리트먼트 설계 능력을 기른다. 3. 시술별 안전관리 및 클레임 예방 방안 설계 - 화학 시술 시 발생할 수 있는 부작용(알레르기, 열손상 등)에 대해 파악하고 위험 요소 사전 안내 및 사후 관리 매뉴얼을 만든다. - 시술 전 상담 기록지 및 시술 동의서의 표준 서식을 작성해 본다. 4. 헤어 컬러 디자인과 색채 이론 심화 학습 - 고객의 퍼스널 컬러 진단을 기반으로 한 맞춤형 염색 디자인 로드맵을 만든다. - 색상별 명도, 채도, 온도감에 따른 시각적 인상 변화를 사례로 비교 분석한다.

<table>
<tr>
<td>- 5레벨 정도의 모발에서 더욱 밝은 톤으로의 변화를 위해 리프트 컬러 사용 가능성을 평가한다.
- 고객과의 상담을 통해 구체적인 톤(예: 10레벨 애쉬브라운 등)을 협의 후 최종 결정한다.
5. 매직 스트레이트(히팅 펌) 시술 기술 적용
- 연화 시간은 모발 손상도와 두께에 따라 조절(정상모: 15분 / 손상모: 8~10분)
- 아이론 온도: 손상모는 140~160도, 정상모는 160~180도로 조절
- 아이론 회전수는 1초 1회 이하, 과도한 열이 가지 않도록 클립 압력은 중간 강도 유지
- 2차 도포 시 약제를 충분히 제거하고 중화과정을 안정적으로 진행
6. 염색약 제품 선정
- 웰라(Wella Koleston Perfect) - 발색력 우수, 쿨/웜 계열 다양
- 로레알(L'Oréal Majirel) - 복합 톤 컬러 구현 가능
- 밀본(Milbon Ordeve) - 아시아인 및 유럽인 모발에 맞춘 색상 구성
- 고객의 두피 민감도 및 염모제 내 암모니아 함량 고려해 브랜드 결정
- pH 밸런싱 제품과 컬러 마스크 또는 수분팩을 사후 관리에 포함</td>
<td>5. 고객 중심의 '헤어 디자인 포트폴리오' 제작
- 가상의 고객 설정 후 커트-펌-염색이 포함된 토탈 헤어 디자인 기획서를 작성한다.
- 포트폴리오에는 시술 전후 이미지, 디자인 의도, 제품 선택 이유, 관리법 설명 등을 포함한다.
6. 헤어 디자이너로서의 전문가 윤리 및 직업태도 탐구
- 시술 중 발생 가능한 윤리적 문제(외모 평가, 시술 강요 등)에 대해 토의하고 전문가로서의 적절한 대응 방안을 정리한다.
- 고객의 미적 니즈와 전문가 판단 사이에서 균형을 잡는 직업적 태도 형성 활동을 수행한다.</td>
</tr>
</table>

<표 5-33> PBL(문제중심학습) 교수-학습지도안 I 예시

<table>
<tr><th>일시</th><td>0000년 00월 00일</td><th>지도 시간</th><td>00분</td><th>지도교사</th><td>000</td></tr>
<tr><th>과목</th><td>헤어 미용
(전공 실무 과목)</td><th>차시</th><td>0/0</td><th>교과서 쪽수</th><td>pp. 00-00</td></tr>
<tr><th>학습 영역</th><td colspan="5">베이직 헤어 컬러, 히팅 펌</td></tr>
<tr><th>학습 요소</th><td colspan="5">베이직 헤어 컬러 준비하기, 히팅 펌 준비하기</td></tr>
<tr><th>학습목표</th><td colspan="5">1. 두피 및 모발 상태에 따른 전처리 제품과 도구 및 재료를 준비할 수 있다.
2. 헤어 컬러를 결정하는 염모제를 선택할 수 있다.
3. 고객의 요구, 특성과 라이프 스타일 및 모발 상태를 고려하여 히팅 펌을 디자인하고 제안할 수 있다.</td></tr>
<tr><th rowspan="2">교육자료</th><th>교사</th><td colspan="4">교과서, 수업자료, 평가지</td></tr>
<tr><th>학생</th><td colspan="4">교과서, 필기구, PBL 학습지, 에듀테크 기기</td></tr>
<tr><th rowspan="2">학습 단계</th><th rowspan="2">주요
학습 내용</th><th colspan="2">교수-학습활동</th><th rowspan="2">시간</th><th rowspan="2">지도상
유의점</th></tr>
<tr><th>교사</th><th>학생</th></tr>
</table>

<table>
<tr>
<td rowspan="6">도입</td>
<td>[주의획득]
인사 및
출석 확인</td>
<td>- 학생들과 인사 후 출석을 확인한다.</td>
<td>- 교사와 인사하고 출석 확인에 응한다.</td>
<td rowspan="6">OO
분
이내</td>
<td rowspan="3">출석 확인 시 눈을 마주친다.

학생들의 수업집중을 위해 실시한다.</td>
</tr>
<tr>
<td>교육자료
확인 및
실습
안전·유의
사항 안내</td>
<td>- 교육자료(준비물)를 확인한다.</td>
<td>- 교육자료(준비물)를 확인한다.</td>
</tr>
<tr>
<td>흥미 및
동기 유발</td>
<td>- 베이직 헤어 컬러, 히팅 펌과 관련된 질의응답, 동영상 자료 등을 활용한다.</td>
<td>- 베이직 헤어 컬러, 히팅 펌의 내용에 대해 흥미를 갖고 생각해본다.</td>
</tr>
<tr>
<td>팀 구성</td>
<td>- 이질적으로 구성된 조편성을 공지하고 모여앉도록 안내한다.</td>
<td>- 이질적으로 구성된 조편성을 확인하고 조별로 모인다.</td>
<td>상, 상중, 중, 하등 수준에 따라 이질적으로 구성한다.</td>
</tr>
<tr>
<td>[학습목표
제시하기]
학습목표
제시</td>
<td>- 학습목표를 제시하고 이번 수업의 주안점에 대해서 설명한다.</td>
<td>- 학습목표를 함께 소리내어 읽고 이번 수업의 주안점을 파악한다.</td>
<td>학습목표를 학생들이 반드시 숙지하도록 한다.</td>
</tr>
<tr>
<td>[선수학습
재생하기]
전시학습
확인</td>
<td>- 이전 차시 학습 내용을 진단평가 문항 등으로 확인한다</td>
<td>- 진단평가 문항 등으로 이전 차시 학습 내용을 환기한다.</td>
<td>선수학습이 미흡한 학생의 보충 및 교정학습을 실시한다.</td>
</tr>
<tr>
<td>전개</td>
<td>[자극 자료
제시하기]
문제 제시</td>
<td>- 베이직 헤어 컬러, 히팅 펌 관련 문제상황에 대해서 제시한다.

<table><tr><td>여러분은 헤어살롱의 디자이너입니다. 어느 날, SNS를 통해 외국인 고객이 예약을 해왔습니다.
예약의 내용을 살펴보면 다음과 같습니다.
"저는 20대 백인 여성입니다. 저는 각진 얼굴을 보완하고, 곱슬이 고민이며, 검은 색상의 모발을 화사하게 바꾸고 싶습니다"
여러분은 고객 방문 전 시술 방법에 대해서 고객의 사진과 사전 상담을 통해 시술 계획을 세우고자 합니다.
* 고객의 얼굴 형태를 보완하기 위한 커트 시술을 어떻게 계획할 겁니까?
* 고객의 축모 형태를 직모로 교정하기 위해 어떠한 약제를 사용하고 어떻게 시술을 계획할 겁니까?
* 고객의 피부 톤과 원하는 색상을 고려하여 어떻게 시술을 계획할 겁니까?</td></tr></table>

- 문제해결에 필요한 학습의 흐름도를 제시한다.

- 모둠별 문제해결 계획을 수립할 수 있도록 역할을 분담시킨다.

- 모둠별 토의를 통해 계획 및 개별학습 영역을 구분하도록 안내한다.</td>
<td>- 베이직 헤어 컬러, 히팅 펌 관련 문제상황에 대해서 인지한 후 생각(가설), 사실, 학습과제, 향후계획의 네 가지 관점에서 문제를 검토한다.

<table>
<tr><th>생각
(가설)</th><th>사실</th><th>학습
과제</th><th>향후
계획</th></tr>
<tr><td>주어진 문제에 대한 학생들의 생각을 기록: 원인과 결과, 가능한 해결안 등</td><td>개인 혹은 그룹학습을 통해 제시된 가설을 뒷받침할 지식과 정보를 종합한다.</td><td>주어진 과제를 해결하기 위해 학생들 자신이 더 알거나 이해해야 할 사항을 기록</td><td>주어진 과제를 해결하기 위해 취해야 할 구체적 실천을 계획</td></tr>
</table>

- 문제해결에 필요한 학습의 흐름도를 인지한다.

- 모둠별 문제해결 계획을 수립할 수 있도록 역할을 분담시킨다.

- 토의를 통해 계획을 세우며 문제해결 계획서 작성을 위해 개별학습 영역을 구분한다.</td>
<td>OO
분
이내</td>
<td>문제상황에 대해 주인의식을 느끼도록 지도한다.

마지막에 제출할 과제물에 대해 소개를 한다.</td>
</tr>
</table>

	[학습 안내 제공하기] **개별학습**	- 문제해결에 관한 학습지를 배부하여 개별 학습을 진행하도록 진행한다. - 개별학습 후 공유 작업 어플리케이션에 팀원들과 개별학습 내용을 공유하도록 안내한다.	- 문제해결에 관한 학습지를 받아 개별 학습을 진행한다. - 개별학습 후 공유 작업 어플리케이션에 팀원들과 개별학습 내용을 공유하도록 안내한다.		개별학습 공유 어플리케이션을 미리 개설하여 수업에 활용될 수 있도록 안내한다.
정리	[형성평가 실시]	- 활동한 학습지에 대해 평가를 실시한다.	- 평가를 통해 오늘 학습한 내용들을 숙지하고 추후 과제에 대해 점검한다.	OO분 이내	학업성취를 평가한다.
	[파지 및 전이 높이기] 요점 정리 및 일반화	- 학습목표를 다시 한번 확인하고 학생들과 같이 중요 요점을 도출하여 정리한다. - 학습한 내용을 일반화할 수 있도록 새로운 상황을 제시한다.	- 학습목표를 다시 한번 인지하고 중요 요점을 중심으로 학습한 내용을 스스로 다시 정리한다. - 학습한 내용을 다양한 상황에 적용해 본다.		파지를 위해 요점 정리를 하며, 전이를 위해 새로운 상황에 적용해 보도록 유도한다.
	[차시 예고]	- 차시 학습을 예고한다.	- 차시 학습을 인지한다.		예습할 수 있도록 격려한다.
	마무리 인사	- 학생 격려와 마무리 인사를 한다.	- 교사에게 감사한 마음으로 마무리 인사를 한다.		수업에 열심히 참여한 학생에 격려한다.

<표 5-34> PBL(문제중심학습) 교수-학습지도안 II 예시

일시	0000년 00월 00일	**지도 시간**	OO분	**지도교사**	OOO
과목	헤어 미용 (전공 실무 과목)	**차시**	O/O	**교과서 쪽수**	pp. OO-OO
학습 영역	베이직 헤어 컬러, 히팅 펌				
학습 요소	베이직 헤어 컬러 준비하기, 히팅 펌 준비하기				
학습목표	1. 두피 및 모발 상태에 따른 전처리 제품과 도구 및 재료를 준비할 수 있다. 2. 헤어 컬러를 결정하는 염모제를 선택할 수 있다. 3. 고객의 요구, 특성과 라이프 스타일 및 모발 상태를 고려하여 히팅 펌을 디자인하고 제안할 수 있다.				
교육자료	**교사**	교과서, 수업자료, 평가지			
	학생	교과서, 필기구, PBL 학습지, 에듀테크 기기			
학습 단계	**주요 학습 내용**	**교수-학습활동**		**시간**	**지도상 유의점**
		교사	**학생**		
도입	[주의획득] 인사 및 출석 확인 교육자료 확인 및 실습 안전·유의 사항 안내 흥미 및 동기 유발	- 학생들과 인사 후 출석을 확인한다. - 교육자료(준비물)를 확인한다. - 베이직 헤어 컬러, 히팅 펌과 관련된 질의응답, 동영상 자료 등을 활용한다.	- 교사와 인사하고 출석 확인에 응한다. - 교육자료(준비물)를 확인한다. - 베이직 헤어 컬러, 히팅 펌의 내용에 대해 흥미를 갖고 생각해본다.	OO분 이내	출석 확인 시 눈을 마주친다. 학생들의 수업집중을 위해 실시한다.

	[학습목표 제시하기] 학습목표 제시	- 학습목표를 제시하고 이번 수업의 주안점에 대해서 설명한다.	- 학습목표를 함께 소리내어 읽고 이번 수업의 주안점을 파악한다.		학습목표를 학생들이 반드시 숙지하도록 한다.
	[선수학습 재생하기] 전시학습 확인	- 이전 차시 학습 내용을 진단평가 문항 등으로 확인한다.	- 진단평가 문항 등으로 이전 차시 학습 내용을 환기한다.		선수학습이 미흡한 학생의 보충 및 교정학습을 실시한다.
전개	**문제의 재확인**	- 문제 제시 단계에서 확인된 자료를 중심으로 문제에 대한 재평가를 실시하도록 지도한다. - 전 차시와 추가적으로 개별학습을 한 학생들이 문제 제시 단계에서 확인된 자료를 중심으로 다시 팀별로 모여 학습 결과를 발표하고 종합하여 첫 단계에서 확인된 생각(가설), 사실, 학습과제, 향후 과제의 사항을 재조정하도록 지도한다.	- 문제 제시 단계에서 확인된 자료를 중심으로 문제에 대해 다시 한번 의논한다. - 추가적으로 개별학습 후 문제 제시 단계에서 확인된 자료를 중심으로 다시 팀별로 모여 학습 결과를 발표하고 종합하여 첫 단계에서 확인된 생각(가설), 사실, 학습과제, 향후 과제의 사항을 재조정한다.	OO분 이내	활용된 학습자원을 종합하고 의견교환이 이뤄질 수 있도록 한다. 주어진 문제에 대해 새롭게 접근할 수 있도록 한다.
	[학습 안내 제공하기] **개별학습 및 조별학습**	- 재조정 한 내용을 중심으로 개별학습과 조별학습을 진행하여 결론을 도출하여 발표 자료를 작성하도록 지도한다.	- 재조정 한 내용을 중심으로 개별학습과 조별학습을 진행하여 결론을 도출하여 발표 자료를 작성한다.		최종적 해결안이 도출되지 못할 시 새로운 학습과제를 모색하고, 최종 해결안에 도달할 때까지 몇 번의 문제 재확인 과정을 반복한다.
정리	[형성평가 실시]	- 활동한 학습지에 대해 평가를 실시한다.	- 평가를 통해 오늘 학습한 내용들을 숙지하고 추후 과제에 대해 점검한다.	OO분 이내	학업성취를 평가한다.
	[파지 및 전이 높이기] 요점 정리 및 일반화	- 학습목표를 다시 한번 확인하고 학생들과 같이 중요 요점을 도출하여 정리한다. - 학습한 내용을 일반화할 수 있도록 새로운 상황을 제시한다.	- 학습목표를 다시 한번 인지하고 중요 요점을 중심으로 학습한 내용을 스스로 다시 정리한다. - 학습한 내용을 다양한 상황에 적용해 본다.		파지를 위해 요점 정리를 하며, 전이를 위해 새로운 상황에 적용해 보도록 유도한다.
	[차시 예고]	- 차시 학습을 예고한다.	- 차시 학습을 인지한다.		예습할 수 있도록 격려한다.
	마무리 인사	- 학생 격려와 마무리 인사를 한다.	- 교사에게 감사한 마음으로 마무리 인사를 한다.		수업에 열심히 참여한 학생에 격려한다.

<표 5-34> PBL(문제중심학습) 교수-학습지도안Ⅲ 예시

일시	0000년 00월 00일	지도 시간	OO분	지도교사	OOO
과목	헤어 미용 (전공 실무 과목)	차시	O/O	교과서 쪽수	pp. OO-OO
학습 영역	베이직 헤어 컬러, 히팅 펌				
학습 요소	베이직 헤어 컬러 준비하기, 히팅 펌 준비하기				

학습목표	1. 두피 및 모발 상태에 따른 전처리 제품과 도구 및 재료를 준비할 수 있다. 2. 헤어 컬러를 결정하는 염모제를 선택할 수 있다. 3. 고객의 요구, 특성과 라이프 스타일 및 모발 상태를 고려하여 히팅 펌을 디자인하고 제안할 수 있다.	
교육자료	교사	교과서, 수업자료, 평가지
	학생	교과서, 필기구, PBL 학습지, 에듀테크 기기

학습 단계	주요 학습 내용	교수-학습활동 교사	교수-학습활동 학생	시간	지도상 유의점
도입	[주의획득] 인사 및 출석 확인	- 학생들과 인사 후 출석을 확인한다.	- 교사와 인사하고 출석 확인에 응한다.	OO분 이내	출석 확인 시 눈을 마주친다.
	교육자료 확인 및 실습 안전·유의 사항 안내	- 교육자료(준비물)를 확인한다.	- 교육자료(준비물)를 확인한다.		
	흥미 및 동기 유발	- 베이직 헤어 컬러, 히팅 펌과 관련된 질의응답, 동영상 자료 등을 활용한다.	- 베이직 헤어 컬러, 히팅 펌의 내용에 대해 흥미를 갖고 생각해본다.		학생들의 수업집중을 위해 실시한다.
	[학습목표 제시하기] 학습목표 제시	- 학습목표를 제시하고 이번 수업의 주안점에 대해서 설명한다.	- 학습목표를 함께 소리내어 읽고 이번 수업의 주안점을 파악한다.		학습목표를 학생들이 반드시 숙지하도록 한다.
	[선수학습 재생하기] 전시학습 확인	- 이전 차시 학습 내용을 진단평가 문항 등으로 확인한다.	- 진단평가 문항 등으로 이전 차시 학습 내용을 환기한다.		선수학습이 미흡한 학생의 보충 및 교정학습을 실시한다.
전개	**발표**	- 발표 및 평가 방안에 대해서 소개한다. - 모둠별로 순서대로 발표를 진행하며 자기평가, 동료평가가 진행될 수 있도록 안내한다.	- 모둠별로 순서대로 발표를 진행한다.	OO분 이내	경청할 수 있도록 지도한다.
정리	[형성평가 실시] **문제결론**	- 자기평가, 동료평가를 실시하도록 지도하며, 반성의 기회를 갖게한다.	- 자기평가, 동료평가를 실시하며 반성의 기회를 갖는다.	OO분 이내	학업성취를 평가한다.
	[파지 및 전이 높이기] 요점 정리 및 일반화	- 학습목표를 다시 한번 확인하고 학생들과 같이 중요 요점을 도출하여 정리한다. - 학습한 내용을 일반화할 수 있도록 새로운 상황을 제시한다.	- 학습목표를 다시 한번 인지하고 중요 요점을 중심으로 학습한 내용을 스스로 다시 정리한다. - 학습한 내용을 다양한 상황에 적용해 본다.		파지를 위해 요점 정리를 하며, 전이를 위해 새로운 상황에 적용해 보도록 유도한다.
	[차시 예고]	- 차시 학습을 예고한다.	- 차시 학습을 인지한다.		예습할 수 있도록 격려한다.
	마무리 인사	- 학생 격려와 마무리 인사를 한다.	- 교사에게 감사한 마음으로 마무리 인사를 한다.		수업에 열심히 참여한 학생에 격려한다.

(4) PBL의 장점

- 자기주도학습 능력이 강화된다.
- 협업과 의사소통 능력이 발달된다.
- 문제해결력 및 비판적 사고력이 향상된다.
- 문제해결 맥락 속에서 학습 동기가 유발된다.
- 여러 교과의 지식과 기술을 통합적으로 활용하며, 융합적 사고가 가능해진다.

(5) PBL의 단점

- 시간이 매우 오래걸려 수업 시간 배분에 어려움이 있다.
- 학생 간 실력 차이가 노출된다.
- 교사의 문제 설계, 진행, 조정, 피드백, 평가 등 부담이 증가한다.

[활동하기]

활동 1. 미용교과 교수-학습법 비교·분석하기

활동 목표: 다양한 미용 교수-학습법(강의법, 문답법, 토의법, 프로젝트 학습, 협동학습, 실습 중심학습)의 특성을 비교·분석하여 각 방법의 장·단점과 적절한 적용상황을 명확히 이해한다.

활동 방법:

- 2~4명으로 소집단을 구성하여 각 교수-학습 방법을 분담한다.
- 분담한 교수-학습 방법의 장점, 단점, 적용상황 등을 브레인스토밍 후 표로 정리한다.
- 각 그룹이 작성한 내용을 공유하고 다른 그룹과 토의를 통해 차이점을 확인한다.

활동 2. 미용수업 발문 설계 및 실습하기

활동 목표: 문답법 중 '발문(prompting)'의 유형과 조건을 이해하고 실제 미용 수업에서 활용 가능한 발문을 설계·실습한다.

활동 방법:

- 모둠별로 실제 미용교육에서 사용할 수 있는 주제를 선정한다(예: 헤어 염색법, 피부 클렌징 방법 등).
- 주제에 맞는 재생적 발문, 추론적 발문, 적용적 발문을 각각 3개씩 만든다.
- 설계한 발문을 실제 수업처럼 진행하며, 다른 모둠원들이 답을 하도록 실습한다.
- 발문과 응답 과정에서 나타나는 문제점에 대해 피드백을 주고받는다.

활동 3. 다양한 모형을 적용한 나만의 교수-학습지도안 작성하기

당신은 예비 미용 교사이며, 다음 학기에 첫 실습 수업을 맡게 되었습니다. 담당 교과목은 헤어 미용「블로우 드라이 스타일」능력단위이며, 수업 대상은 고등학교 2학년 미용 전공 학생들입니다.

최근 학생들의 실습 집중도가 낮고 일부 학생들은 "어차피 미용은 손으로 외우는 거 아니에요?", "실습만 하면 되니까 이론은 필요 없어요"라고 말하기도 합니다. 게다가 반 전체의 실기 수준이 고르지 않아 일부 선수 학습자는 응용 스타일링이 가능하지만 몇몇은 도구 사용도 익숙하지 않은 상태입니다.

교사로서 당신은 학생들이 스스로 생각하고 참여할 수 있는 수업을 만들고 싶고 무엇보다도 학생들이 미용 학습을 '직접 경험하고 의미를 느끼는 과정'을 중심으로 수업을 구성하고자 합니다.

학습목표는 단순한 지식 암기가 아닌 개별 역량 차이를 고려하면서도 자기주도성과 창의성, 그리고 실무 역량을 함께 키울 수 있어야 합니다.

위 문제 상황을 바탕으로 자신이 맡게 될 수업을 직접 설계하세요.

다음의 내용을 포함해 교수-학습지도안을 제작하세요.

- 학습 주제 및 목표 설정
- 학습자 분석과 요구 분석
- 적합한 교수-학습 모형 선택 및 이유 제시
- 수업 흐름 구성(도입-전개-정리 중심)
- 수업의 핵심 활동 설명(실습/협업/피드백 포함)
- 평가 방법 및 기대 효과 제시

조건: 최소 2개 이상의 교수-학습 방법 및 모형을 조합하여 수업을 구성할 것.

예) 강의법 + 실습 중심 모형 / 강의법 + 협동학습 등

6장 미용교육과 교수매체 선정 및 에듀테크

제6장 미용교육과 교수매체 선정 및 에듀테크

21세기 교육환경은 빠르게 디지털 중심으로 재편되고 있으며, 이에 따라 미용교육 역시 전통적인 실기 위주의 교수법에서 벗어나 다양한 교수매체와 에듀테크 기반의 수업 설계를 요구받고 있다. 제6장은 이러한 변화에 효과적으로 대응하기 위해 미용 교과 수업에서 적절한 교수매체를 선정하고 ICT 및 에듀테크를 활용하여 수업을 설계하고 운영하는 구체적인 방법을 중심으로 구성하였다.

먼저, 교수매체의 개념과 특성, 교육적 기능에 대한 이해를 바탕으로 교수매체가 단순한 보조 도구가 아니라 교수-학습의 핵심 매개체로 작동할 수 있음을 인식하도록 하였다. 감각기관, 투사 여부, 상호작용성 등 다양한 기준에 따른 교수매체의 분류 체계를 살펴보고 이를 바탕으로 미용 수업에 적합한 매체를 비판적으로 분석하고 선택하는 능력을 기를 수 있도록 하였다.

이어지는 내용에서는 체계적인 수업 설계 전략으로 널리 활용되는 ASSURE 모형을 중심으로 학습자 분석부터 수업목표 진술, 교수매체 선정 및 활용, 학습자 참여 유도, 평가 및 피드백에 이르는 전 과정을 실제 사례를 통해 학습할 수 있도록 구성하였다. 특히 「메이크업 트렌드 분석 및 콘텐츠 제작」이라는 고등학교 수업 사례를 활용하여 이론과 실무가 통합된 수업 설계 방식을 보다 직관적으로 이해할 수 있도록 하였다.

이 장에서는 디지털 기술과 에듀테크의 실제적 교육 적용도 중요하게 다루었다. ICT 기반의 수업 유형, VR/AR 기술의 활용, AI 피드백 시스템, AutoDraw를 이용한 수업, 생성형 AI를 활용한 대화 시뮬레이션 등은 모두 미용 수업의 몰입도와 창의성을 높이기 위한 현장 중심의 교수 전략으로 제시되었다. 또한 플립드 러닝, 블렌디드 러닝 등 하이브리드형 교수법도 함께 다루어 교사와 학습자가 능동적으로 상호작용하는 수업 환경을 구성할 수 있도록 돕는다.

마지막으로, 2022 개정 교육과정에서 강조하는 디지털 소양과 AI 기반 학습, 그리고 직업계고에 신설된 「디지털과 직업 생활」 과목 등과의 연계를 통해 본 장의 내용을 현행 교육정책 및 평가 체계와 통합적으로 해석할 수 있도록 하였다. 이를 통해 예비교사들이 미용 수업에서 디지털 기반 교수 전략을 효과적으로 설계·운영할 수 있는 실질적인 역량을 기를 수 있도록 하는 데 초점을 두었다.

학습목표

1. 미용교육에 적합한 교수매체의 개념, 분류 기준 및 교육적 기능을 이해하고 설명할 수 있다.
2. ASSURE 모형을 활용하여 체계적인 미용 수업 설계를 수행할 수 있다.
3. ICT 및 디지털 기술을 활용한 교수-학습 방법을 이해하고 실제 수업에 적용할 수 있다.
4. 에듀테크 기반의 수업 전략을 활용하여 학습자의 자기주도성과 진로 역량을 강화하는 수업을 설계할 수 있다.

1절. 교수매체

1) 교수매체의 정의

교수매체는 교수-학습 과정에서 교사가 학습자에게 학습 내용을 효과적이고 효율적으로 전달하기 위한 수단이며, 교사와 학습자 간의 커뮤니케이션을 매개하는 역할을 한다. 대표적인 교수매체에는 칠판, 모형, 실물, 차트, 게시판, 사진, 녹음자료, 영상, TV, 컴퓨터 등이 있으며, 모두 수업의 이해를 돕기 위한 시청각 도구로 활용된다.

현대 교수매체는 단순한 보조 기구의 개념을 넘어 교수자, 교재, 학습 환경, 전달 메시지 등 교수활동 전반을 포함하는 포괄적 개념으로 확장되었다. 일반적으로는 교재(소프트웨어적 측면, 지식·정보를 담은 물리적 자료)와 교구(하드웨어적 측면, 교재 활용을 위한 도구)로 나눌 수 있다.

2) 교수매체의 특성 및 교육적 기능

교수매체는 다음과 같은 특성을 갖고 교육적 기능을 수행한다.

<표 6-1> 교수매체의 특성

특성	내용
학습 촉진	새로운 정보를 접하고 이를 통해 학습이 이루어짐
의사소통 촉진	정보 제공자와 수용자 간의 효과적인 정보 전달 가능
학습 동기 유발	시각적 자극을 통해 흥미 유발 및 기억에 오래 남는 학습 가능
공통 경험 제공	학습자 간 개인차를 줄이고 공통된 학습 기반 제공
수업 기법 다양화	매체 활용에 따른 교수 전략의 확장 가능

<표 6-2> 교수매체의 교육적 기능

교육적 기능	내용
매개적 보조	주의력 집중, 수업 시간 단축, 흥미 유발 등 수업 보조 역할
정보 전달	시공간을 초월한 다감각적 정보 전달 가능
학습경험 구성	매체 그 자체가 학습 내용이 되기도 함
교수	효과적 구성·활용을 통해 지적 기능 개발 가능

이러한 기능들은 교수매체가 단순한 보조적 역할을 넘어서 수업의 질을 높이고 교사의 역할을 보다 역동적으로 변화시키는 데 기여한다.

3) 교수매체의 분류

(1) 감각기관에 따른 분류

교수매체는 감각기관에 따라서 시각매체, 청각매체, 시청각매체, 상호작용매체로 〈표 6-3〉과 같이 분류할 수 있다.

<표 6-3> 감각기관에 따른 분류

구분	유형
시각매체	칠판, 실물화상기, 파워포인트 등
청각매체	녹음기, 라디오 및 오디오 장치 등
시청각매체	TV, DVD, 영화 등
상호작용매체	컴퓨터 보조학습, 멀티미디어 시스템, 상호작용비디오 디스크, 쌍방향 TV 등

(2) 투사 여부에 따른 분류

교수매체는 빛을 투사하는 장치 사용 여부에 따라서 투사매체와 비투사매체로 〈표 6-4〉와 같이 분류할 수 있다.

<표 6-4> 빛을 투사하는 장치의 사용여부에 따른 분류

구분	유형
투사매체	실물화상기, OHP, 프로젝터, 슬라이드 등
비투사매체	실물, 모형, 전시물, 그래프, 그림 등

(3) 상호작용성에 따른 분류

교수매체의 상호작용성 여부에 따라서 일방향매체와 쌍방향매체로 〈표 6-5〉와 같이 분류할 수 있다.

<표 6-5> 상호작용성 여부에 따른 분류

구분	유형
일방향매체	인쇄물, 오디오, 라디오, 비디오, TV, CD-ROM, VOD 등
쌍방향매체	컴퓨터, 상호작용 비디오, 멀티미디어, 양방형 TV 등

(4) 교수매체의 종류

교수매체의 종류는 매우 많으므로, 그중에서도 가장 많이 사용하는 교수매체를 분류하면 〈표 6-6〉과 같다.

<표 6-6> 교수매체의 종류

종류	특징
칠판	- 모든 교실에 설치되어 있어 준비 없이 사용 가능 - 가격이 저렴하고 관리가 용이하여 유지 비용이 적음 - 별도의 사용 기술이 불필요 - 영구적인 기록이 필요한 상황에서는 부적절
OHP	- 사용이 간편하고, 사용 방법이 다양함 - 자료를 제작하는데 시간, 경비가 적게 듦 - 밝은 장소에서도 선명한 상을 볼 수 있음 - 개별학습용으로 부적절
실물화상기	- 어떤 자료라도 바로 확대해서 볼 수 있음 - 조작이 간편 - 출력기기가 필요하고 상이 커질수록 선명도가 떨어짐
슬라이드	- 실제 장면, 사진, 그림 등을 정확히 확대하거나 재생 가능 - 화면이 크고 선명하여 집단학습에 적합 - 선명한 영상을 보기 위해 암막 장치 필요 - 역동성이 부족
디지털 카메라	- 필름 현상 및 인화 비용이 필요 없어 비용 절감 - 색 온도에 맞게 자유롭게 촬영 가능 - 컴퓨터에 보관하고 검색하기 때문에 검색 가능
실물, 모형, 디오라마	- 실물은 실제의 물체나 인물로서 취급, 보완에 제약 - 모형은 실물이 가지는 제약점을 보완하는 대체물 - 디오라마는 지형을 배경으로 모형을 제작, 배치하여 입체감을 주는 것
차트, 도표, 지도	- 칠판에 판서할 내용을 전지 크기 종이에 미리 작성 - 여러 장이 묶인 차트는 무거움 - 교실로 가지고 이동하기에 번거로움

사진, 그림, 이미지	- 사진은 가격이 저렴하고 사실성이 높음 - 그림은 대상을 비교적 자세하게 그려서 보여주는 것 - 이미지는 생략 등의 방법으로 필요한 부분을 강조함으로써 대상을 예시하는 데 사용
신문	- 신문 활용 교육에 많이 활용 - 디지털 신문을 활용한 교육 - 특정 주제를 조사하여 보고서 작성
라디오, TV	- 대량 전달매체 - 불특정 다수에게 동시에 빠르게 전달 가능 - 한 번에 많은 사람에게 보낼 수 있어 경제성이 있음 - 제작 시간과 비용이 많이 소모
LCD 프로젝터	- TV 모니터 없이 영상을 대형 스크린에 투사하여 원거리에 있는 사람도 볼 수 있음 - 컴퓨터를 활용한 수업에 유용 - 가격이 비싸고 화면이 잘 보이도록 암막장치 필요
DVD	- CD-ROM과 비교해 약 7배 이상의 정보 저장 가능 - 매우 큰 동영상을 수록하는데 이용
CD-ROM	- 대용량, 반영구적인 저장장치 - 안정성이 뛰어나 중요한 자료를 백업하는 데 사용 - 한 번 저장하면 지우고 다시 저장하는 것이 불편
스캐너	- 컴퓨터에 연결되어 아날로그 정보를 디지털 정보로 변환시키는 전자 장비 - 복사기로 복사하듯이 사진을 불러 읽고 컴퓨터에 저장
파워포인트	- 프로젝트를 이용하여 대형 스크린에 투사 가능 - 텍스트, 동영상, 소리, 그림, 그래프 등 포함 가능
전자칠판	- 컴퓨터와 연결된 보드 위에 특별히 제작된 펜으로 수업 내용을 판서하고 대형스크린을 통해 보여주는 시스템 - 교사가 판서한 내용을 바로 저장 및 출력 가능

출처: 신재한(2011).

(5) 교수매체의 선정

데일(Dale, 1969)은 교수매체를 선정하는 기준으로 전달하고자 하는 아이디어의 표현 정도, 학습 내용에 도움성, 학습자의 연령, 지능, 경험 등 개인적 특성에 적합성, 매체의 물리적인 상태, 효과적인 사용을 위한 안내서의 존재, 학생들의 사고력과 창조력의 배양에 도움, 매체 이용에 드는 시간과 비용, 노력에 상응하는 가치 여부 등을 제시하고 있다.

한편 교수매체를 선정하는 방법에는 〈표 6-7〉과 같이 크게 세 가지로 구분할 수 있다.

<표 6-7> 교수매체 선정 방법

선정 방법	내용
기존의 자료 선택	- 학습자의 특성, 학습목표의 성격, 교수방법 및 학습상황에서의 시설, 환경 등 요소를 고려하여 기존의 자료 중에서 선택
자료를 수정·재편집하여 사용	- 기존의 자료의 녹음내용이나 캡션 등을 수정하거나 재편집하여 사용 - 새로 교재를 제작하는 일보다 효율적
새 교재 제작	- 학습목표를 달성하기에 가장 적합한 교재를 교사 스스로 제작

교수매체를 선정 시 고려 사항은 수업 집단 유형, 수업 전략, 학습과제 유형, 매체의 속성, 학습자 및 교사 특성, 시설 여건, 실질적 제약 요인(시간, 비용 등)을 포함한다.

<표 6-8> 교수매체 선정 시 고려 사항

고려 사항		내용
수업현황	수업집단 형태	- 대집단 또는 소집단 수업 등 고려
	수업 전략	- 교사 중심 수업 또는 학습자 중심 수업 등 고려 - 설명식 수업 또는 탐구식 및 발견식 수업 등 고려
학습과제 유형 (목표와 내용)		- 인지적, 정의적, 운동 기능적 영역 등 고려 - 교수매체가 수업 주제와 연계되는지, 제공되는 정보가 정확하고 타당한지, 학습자의 수준에 맞춰 난이도와 표현 방식이 조정되어 있는지 등을 고려
통신 과정 (매체 속성)		- 매체의 물리적 속성과 기능 고려 - 매체의 속성(시각, 청각, 시청각, 동작, 크기, 색감 등) 고려
인적 요인 (학습자)		- 학습자의 연령, 지적 수준, 적성, 태도 등의 학습자 특성 고려
일반적 요인 (교사)		- 교사의 매체에 대한 태도, 사용 능력 등 고려
수업 장소 (시설)		- 매체를 효율적으로 활용할 수 있는 시설 여부 등 고려
실질적 요인 (시간, 난이도, 비용, 이용가능성)		- 매체 선정에 영향을 미치는 실질적인 제한 요인(시간, 난이도, 비용, 이용가능성) 고려

교수매체를 효과적이고 체계적으로 활용하기 위한 절차적 모형인 ASSURE 모형에 따라서 교사가 교수매체를 선택하고 활용하면 수업목표의 달성이 매우 용이하다.

4) 교수매체 선정 모형

(1) ASSURE 모형

ASSURE 모형은 하이니히(Heinich)가 제안한 교수설계 이론으로 교수-학습 과정에서 매체와 기술의 효과적인 활용을 통해 수업의 질을 높이고 학습자의 적극적인 참여를 유도하기 위한 체계적인 접근 방식이다. ASSURE라는 이름은 여섯 개의 핵심 단계인 학습자 분석(analyze learners), 목표 진술(state objectives), 매체 및 자료 선정(select media and materials), 매체 및 자료 활용(utilize media and materials), 학습자 참여 요구(require learner participation), 평가 및 수정(evaluate and revise)의 머리글자를 조합하여 구성되었다.

이 모형은 전통적인 교수설계 모형과는 달리 다양한 교육 매체와 교수 자료의 활용을 중심에 두며, 학습자 중심의 교육 실현을 목적으로 한다. 특히 미용교육과 같은 실기 기반 교육에서는 시청각 자료와 디지털 매체의 활용이 학습 성과에 중요한 영향을 미치므로 ASSURE 모형은 그 활용 가능성이 높다. ASSURE 모형의 6단계 절차는 다음과 같다.

① 학습자 분석

수업 설계의 출발점은 학습자에 대한 정확한 이해이다. 학습자의 일반적 특성(연령, 학력, 사회문화적 배경), 출발점 능력(기존 지식이나 기술 수준), 학습양식(지각 선호, 정보 처리 습관, 동기 유형 등)을 다각도로 분석함으로써 수업 전략과 매체 선정의 방향성을 명확히 할 수 있다. 예컨대 디지털 환경에 익숙한 학습자에게는 시청각 기반의 멀티미디어 자료가 효과적일 수 있으며, 자기주도성이 높은 학습자에게는 탐구형 활동이 적합하다.

② 목표설정

학습목표는 수업이 끝난 후 학습자가 도달해야 할 기대 수준을 구체적으로 진술하는 것이다. 이는 단순한 지식 습득에 그치지 않고 학습자에게 새로운 능력이나 태도가 형성되어야 함을 전제로 한다. 명확하고 실현 가능한 목표 설정은 수업의 방향성과 전략 선택, 학습 환경 구성 등 전체 교수설계 과정에 핵심적인 기준이 된다.

학습목표는 학습자에게 동기를 부여하는 주요 요소이기도 하다. 따라서 목표를 단지 외재적 보상으로 제시하기보다는 학습을 통해 이전에 할 수 없었던 일을 가능하게 만들고 타인으로부터 인정을 받을 수 있다는 내재적 만족감을 강조하는 것이 바람직하다. 효과적인 목표 진술은 abcd 방식에 따라 대상(audience), 행동(behavior), 조건(condition), 기준(degree)의 4요소를 포함해야 한다.

③ 매체와 자료 선정

이 단계에서는 설정된 학습목표를 효과적으로 전달할 수 있는 교수방법과 매체, 그리고 학습 자료를 선정한다. 매체란 단순히 시청각 도구만을 의미하는 것이 아니라, 텍스트, 이미지, 동영상, 온라인 플랫폼, 실물 자료 등 학습 내용을 전달하는 모든 수단을 포함한다.

과거에는 교과서 중심 수업이 주를 이루어 매체 선택의 여지가 적었으나 오늘날은 다양한 디지털 자원과 에듀테크 기반 자료들이 활용 가능해지면서 교사의 매체 선택 역량이 더욱 중요해졌다. 동일한 매체라 하더라도 구성 방식이나 제시 방법에 따라 학습 효과가 달라질 수 있기 때문에 교사는 학습자 특성과 수업목표에 적합한 매체를 선별하거나 필요에 따라 내용을 재구성해야 한다.

④ 학습 자료 및 매체의 활용

매체와 자료가 선정되었으면 이를 실제 수업에 효과적으로 통합하는 단계가 필요하다. 단순한 도입이 아닌 수업목표 달성을 위해 매체가 적절하게 기능하는지를 지속적으로 확인하고 조정해야 한다.

활용 단계에서는 먼저 수업 환경과 기자재를 점검하고 학습자에게 매체의 사용 방법과 목적을 충분히 안내한다. 매체가 학습자의 몰입과 사고를 유도할 수 있도록 시청 전에 질문을 던지거나 관찰 포인트를 제시하는 등 인지적 자극을 설계하는 것도 중요하다.

⑤ 능동적 학습자의 요구

학습의 주체는 항상 학습자이다. 교수매체는 단지 정보를 전달하는 도구가 아니라 학습자가 주도적으로 사고하고 상호작용할 수 있도록 돕는 촉진 수단으로 활용되어야 한다.

따라서 교사는 매체 활용 이전에 학습자의 관점과 태도를 형성할 수 있도록 맥락을 제공하고 수업 중에는 질문, 토론, 체험, 표현 등의 활동을 설계해야 한다. 수업이 끝난 후에는 자신의 의견을 글로 표현하거나 소감을 공유하는 방식으로 학습경험을 내면화할 수 있도록 유도한다.

⑥ 학습의 과정을 평가 확인

ASSURE 모형의 마지막 단계는 교수-학습 전 과정을 성찰하고 그 결과를 기반으로 개선안을 도출하는 평가와 수정 단계이다.

이때 평가의 초점은 다음과 같다.

- 학습자들이 학습목표에 얼마나 도달했는가?

- 선정한 매체와 자료가 학습의 효과성을 높이는 데 실제로 기여했는가?
- 수업 중 교수전략, 자료, 학습자의 반응 간의 일치 여부는 어떠했는가?

평가는 지필시험, 수행평가, 자기평가, 동료 피드백 등 다양한 형태로 진행할 수 있으며, 수업 후 수집된 반응은 다음 차시 수업 설계의 근거 자료로 활용된다. 특히 에듀테크 기반 수업에서는 디지털 플랫폼의 사용성, 자료 접근성, 기술적 문제 발생 여부 등도 함께 검토되어야 한다.

<표 6-9> ASSURE 모형의 6단계

단계		내용
학습자 분석	일반적 특성	- 연령, 학력, 지위, 지적 특성, 문화, 사회경제적 요인
	출발점 능력	- 학습하기 전에 학습자가 가지고 있는 지식, 기능 등의 정도
	학습 유형	- 학습자가 학습환경에 어떻게 지각하고 상호작용하고 반응하는지 결정하는 심리적 특성
목표 진술		- 학습자가 획득하게 될 학습경험과 지식을 위주로 명확한 학습목표 진술
매체 및 학습자료 선정		- 학습과제에 적합한 교수방법 선택 - 교수방법을 수행하기에 적합한 매체 선택 - 선정된 매체를 위해 기존의 자료를 선택하거나 수정
매체 및 자료 활용		- 교수매체를 이용하는 교실 주변 환경 정비 - 학습자에게 전체적인 내용소개, 사용할 교수매체에 대한 정보, 특수한 촬영 기법이나 용어에 대한 설명 제공 - 의사소통 능력을 발휘하여 자료 제시
학습자 참여 요구		- 학습자의 능동적이고 적극적인 참여
평가 및 수정	성취도 평가	- 학습자가 목표에 어느 정도 달성했는지 평가
	매체와 방법 평가	- 교수자료의 효과성, 비용 효과성, 소요된 시간의 적절성 등 평가
	교수-학습 과정평가	- 수업 전 학습자의 출발점 행동이 충분히 진단되었는지, 수업 중 학습자의 능력 수준과 제공된 자료의 적합성이 확보되었는지, 교수-학습 전개 과정에서 어려움이나 제약 요인이 발생하지 않았는지 등을 평가

출처: 신재한(2011).

<표 6-10> ASSURE 모형에 따른 수업 점검

관점	척도				
	1	2	3	4	5
수업매체 선정 조건 - 학습자의 특성, 학습 유형, 학습과제의 특성을 고려하여 매체를 선정하였다.					
매체 특성 - 매체의 특성과 장·단점을 충분히 검토하였다.					
매체 선정절차 - 매체 활용 분석표를 작성하고, 수업에 적합한 매체를 선정하여 활용 계획을 수립하였다.					
시간의 효율성 - 정해진 수업 시간과 수업 내용의 분량에 적절한 매체를 활용하였다.					
정확성 - 매체 활용이 학습자의 내용 이해를 보다 정확하게 돕는 역할을 하였다.					
매체의 다양성 - 다양한 유형의 매체를 활용하였다.					
탐구성 - 학습자의 지식 습득, 능동적인 참여와 탐구를 촉진하는 방향으로 매체를 활용하였다.					
시의 적절성 - 수업 중 매체 활용 시점이 적절하였다.					
보편적 설계 - 학습자의 시력, 건강, 편의성 등 다양한 조건을 고려하여 매체를 활용하였다.					
동기 유발성 - 학습자의 학습 동기를 높일 수 있도록 매체를 활용하였다.					

출처: 이성흠 외(2017).

(2) ASSURE 모형 기반 교수설계 사례

ASSURE 모형을 활용한 단계별 교수설계 과정을 미용교육 사례와 함께 제시하고자 한다. 각 단계별 안내된 내용을 참고하여 미용 수업에서 교수설계가 어떻게 이루어지는지 이해하고, 이를 바탕으로 학습자가 스스로 설계를 시도할 수 있도록 한다(백영균 외, 2015).

<표 6-11> ASSURE 모형의 학습주제 및 대상

학습주제	메이크업 트렌드 자료를 분석하고 홍보 전략 및 프로모션 기획을 반영한 콘텐츠를 제작할 수 있다.	대상	고등학교 3학년
학습 내용 및 지도 방향			
- 학습목표는 '메이크업 트렌드 자료를 분석하고 홍보 전략 및 프로모션 기획을 반영한 콘텐츠를 제작할 수 있다' 이다. - 본 수업은 학습자 분석을 통해 디지털 미디어에 익숙한 고등학생의 특성을 고려하여 K-뷰티 홍보 영상 및 SNS 콘텐츠를 수업 도입에 활용하되 교과 핵심 내용을 충실히 전달하기 위해 교사 중심의 PPT 설명 및 텍스트 기반 기획자료를 병행하여 제공한다. - 교사는 트렌드 분석 방법, 홍보 대상 설정법, 카드뉴스 구성법을 파워포인트와 시각자료를 활용해 설명한 뒤 학생들이 워크시트와 기획안 템플릿을 바탕으로 콘텐츠를 기획할 수 있도록 지도한다. - 워크시트에는 페르소나 설정, 홍보 키워드 선정, 홍보문구 작성 등의 항목이 포함되며, 학생들의 창의적 기획력과 실무 감각을 기를 수 있도록 자율적인 작업 환경을 조성한다. - 수업이 끝난 뒤에는 교사가 학생들의 결과물을 기반으로 구조, 표현력, 전략 적절성 등에 대해 피드백을 제공하며, 필요시 자기평가 및 동료 피드백 활동을 함께 운영하여 학습 효과를 극대화한다.			

① 학습자 분석

학습자 분석은 학습자의 일반적 특성 분석, 출발점 능력 분석 그리고 학습양식에 대한 분석을 주심으로 수행한다. 본 수업의 대상인 고등학교 3학년 학생들에 대한 학습자 분석의 사례는 다음과 같다.

<표 6-12> ASSURE 모형의 학습자 분석

A 학습자 분석	일반적 특성	- 학생은 남녀 혼성반으로 구성되어 있다. - Z세대 고등학생의 시청각 학습 선호도를 반영한다. - SNS에 익숙한 디지털 네이티브 특성을 고려한다. - 한국인이며, 연령은 만 17~18세 정도다. - 학생들은 수업에 적극적으로 참여하는 편이지만 다소 산만하다.
	출발점 능력	- 학생들은 기본적인 피부 톤, 얼굴형 분석에 대한 이해도를 갖고 있다. - 학생들은 홍보나 마케팅 개념은 다소 생소하지만 SNS에서 자연스럽게 광고 콘텐츠를 접한 경험은 풍부하다.
	학습양식	- Z세대 고등학생의 시청각 학습 선호도를 반영한다. - SNS에 익숙한 디지털 네이티브 특성을 고려한다. - 잘 이해되지 않는 것에 대해 질문하는 것을 선호하며, 배운 학습 내용을 토대로 심화 문제를 해결하는 것을 선호한다. - 대부분의 학생이 적극적인 참여를 통하여 학습한 후 조용한 분위기에서 문제를 풀었을 때, 집중도가 높다.

② 목표 진술

이 단원의 학습목표는 'K-뷰티 트렌드 영상을 시청한 후 특정 고객층을 대상으로 메이크업 홍보 전략과 프로모션 기획안을 포함한 카드뉴스를 1건 이상 제작할 수 있다.'이다. 각 내용 요소별로 구체적인 학습목표를 제시하면 다음과 같다.

- 메이크업 트렌드의 홍보 방향 전략, 대상을 기획할 수 있다.
- 홍보 대상과 홍보 방법 등의 홍보 전략을 수립할 수 있다.
- 메이크업 프로모션 행사를 기획할 수 있다.

<표 6-13> ASSURE 모형의 목표 진술

S 목표 진술	abcd 방식으로 기술	고등학교 3학년 미용 전공 학생들은 K-뷰티 트렌드 영상을 시청한 후 특정 고객층을 대상으로 메이크업 홍보 전략과 프로모션 기획안을 포함한 카드뉴스를 1건 이상 제작할 수 있다. (a) 대상 : 고등학교 3학년 학생들은 (b) 행동 : 제작할 수 있다. (c) 조건 : K-뷰티 트렌드 영상을 시청한 후 특정 고객층을 대상으로 홍보 전략과 프로모션 기획을 포함하여 (d) 정도 : 카드뉴스 1건 이상

③ 방법, 매체, 자료 선정

방법, 매체, 자료에 대한 예시는 다음과 같다.

<표 6-14> ASSURE 모형의 자료 선정

S 방법 매체 자료 선정	전략 (방법)	- 혼합형 전략 적용: 수업 초반에는 교사 중심 전략을 통해 트렌드 개념과 메이크업 용어, 기획 방향 설명 - 이후에는 학생 중심 전략으로 전환하여 분석·기획·제작 등 실습 중심 수업을 운영함 - 전원 참여 기반 개별 및 조별활동 병행: 타겟 설정, 콘텐츠 스케치, 피드백 발표 등을 통해 참여 유도 - 학생 간 상호 피드백과 발표를 통해 자기주도성과 발표력을 강화함
	공학 및 매체	- K-뷰티 트렌드 영상자료: 최신 유튜브 영상, SNS 광고 클립 등으로 도입 시 학습 흥미 유발 - 파워포인트(PPT): 트렌드 개념, 고객 분석 방법, 마케팅 도구 예시 등을 시각자료로 제공 - 디지털 보드/화이트보드: 키워드 정리, 아이디어 브레인스토밍 등 실시간 정리 활동에 사용 - 온라인 디자인 도구: Canva, 포토피아, 키네마스터 등 학생용 카드뉴스 및 콘텐츠 제작에 활용

	자료	- 분석용 사례 자료: 유명 브랜드의 K-뷰티 홍보 콘텐츠, 메이크업 행사 포스터, 인스타그램 광고 등 - 기획용 템플릿 자료: SWOT 분석지, 트렌드 키워드 정리표 - 실습용 활동지: 카드뉴스 기획안지, 콘텐츠 콘티 작성지, 평가 체크리스트 등 - 참고 교재 및 PPT 요약 자료: 교과서 기반 NCS 학습 요소(트렌드 분석, 홍보 방법 등)를 정리한 교사 제작 학습자료

④ 매체와 자료 활용

수업에서 사용할 동영상 매체와 파워포인트 자료의 효과적인 활용을 위하여 교실 환경과 학습자를 준비시킨다. 구체적인 예시는 다음과 같다.

<표 6-15> ASSURE 모형의 매체와 자료 활용

U 매체 및 자료 활용	환경 준비	- 영상 시청을 위한 환경 구성 - 빔프로젝터와 스피커 상태를 사전 점검하고, 조명이 조절 가능한 교실을 준비 - 스크린(또는 칠판)에 PPT 및 K-뷰티 트렌드 홍보 영상이 명확히 보이도록 좌석 배치를 조정 - 영상 시청과 발표가 모두 가능한 U자형 또는 3열 분산형 구조로 구성하여 시야 확보 및 참여 유도 - 디지털 기기 및 출력물 준비 - 카드뉴스 제작에 활용할 노트북 또는 태블릿, PPT 자료, 기획안 워크시트, 트렌드 키 워드 카드 등을 사전 배포 - 조별 활동을 위한 색연필, 스케치 용지 등 시각적 도구도 배치
	학습자 준비 시키기	- 주제 배경 사전 인식 유도 수업 도입 전에 "내가 좋아하는 메이크업 브랜드는?", "인스타그램에서 본 뷰티 광고 중 기억나는 건?" 등의 질문으로 학습자의 관심과 배경지식을 활성화 - 영상 시청 목적 안내 "이 영상에서 어떤 타겟을 겨냥했는가?", "주요 트렌드는 무엇인가?" 등의 관찰 포인트를 미리 제시 - 학습자에게 '보고 끝내는' 수동적 태도가 아닌 분석하고 적용할 준비된 자세를 갖추게 함 - PPT 자료 사전 구조 안내 PPT 주요 슬라이드에 등장할 키워드나 구성 틀(예: 타겟 설정 → 메시지 전략 → 콘텐츠 표현 방식)을 미리 간략하게 설명하여 학습자들은 수업 내용을 예측하고 집중할 준비를 하게 함

⑤ 학습자의 참여 유도

각 수업의 단계별로 제공될 학습경험과 학습자의 참여를 유도할 전략을 계획한다. 학습자의 참여 유도는 학습자의 능동적인 학습 참여를 통하여 사고 활동을 촉진시키는 데 초점을 둔다.

<표 6-16> ASSURE 모형의 학습자 참여 유도

	구분	학습경험 제공하기	학습자 참여시키기	매체/자료 활용
R 학습자 참여	도입	학생들이 실제 K-뷰티 트렌드 영상(홍보 영상, 릴스 등)을 시청하도록 한다. - 교사 중심	영상을 본 후, 대상, 트렌드 요소, 홍보 방식을 추론하고 자유롭게 아이디어를 공유하게 유도한다.	영상 매체를 통해 이번 수업의 핵심 주제(트렌드→홍보)를 자연스럽게 연결하도록 한다.
	전개	교사는 메이크업 트렌드 분석 방법, 타겟 고객 설정, 홍보 콘텐츠 구조를 PPT를 활용하여 설명한다. - 교사 중심	학생들은 타겟을 설정하고, 트렌드 키워드를 활용한 카드뉴스 기획안을 작성한다. - 학생 중심	PPT, 타겟 분석 시트, 트렌드 키워드 카드 등을 활용하여 학습자 분석 및 기획 자료로 사용한다.
	정리	학생들은 제작한 카드뉴스 또는 프로모션 아이디어를 공유하고 발표한다. - 학생 중심	서로의 작품을 보고 피드백을 제공하며, 스스로 자기평가지와 루브릭을 작성한다.	카드뉴스 예시, 피드백 체크리스트, 루브릭 양식을 통해 학습 내용을 종합하고 적용하도록 유도한다.

⑥ 평가와 수정

평가는 학습자의 성취 평가와 방법 및 매체, 자료에 대한 평가를 계획한다. 평가는 지필평가를 이용한다. 교수자의 의도와 실제 실행 간에 불일치가 발견되는 항목에 대해서는 수정의 필요성을 확인한다.

<표 6-17> ASSURE 모형의 평가와 수정

E 평가 및 수정	학습자 평가계획	- 형태: 수행 중심 평가 (기획안, 카드뉴스, 자기평가지 등) - K-뷰티 트렌드 키워드를 올바르게 분석하고 반영하였는가? - 홍보 대상(고객)의 특성에 맞는 전략을 기획하였는가? - 카드뉴스 또는 프로모션 콘텐츠에 트렌드, 메시지, 시각 요소가 적절히 표현되었는가? - 발표와 피드백을 통해 홍보 기획의 타당성을 설명할 수 있었는가?
	방법 및 매체 평가	- K-뷰티 트렌드 영상이 학생들의 흥미를 끌고 학습목표 도입에 효과적이었는가?

	(교사 자기평가 포함)	- PPT와 워크시트를 통해 학생들의 기획력 및 분석력 향상에 도움이 되었는가? - 카드뉴스 제작 활동이 학습자 수준에 적절했는가? - 전체 수업 흐름이 지나치게 일방적이거나 지루하지는 않았는가? - 디지털 도구(Canva, PPT 등) 활용이 수업 참여도에 긍정적 영향을 주었는가?
	수정	- 교수자의 의도와 학습자의 실제 수행 사이에 괴리가 있었는가? - 학생 성취 결과가 수업목표와 일치했는가? - 사용한 영상, 워크시트, 제작 템플릿 자료의 질은 충분했는가? - 학생들은 수업의 전략(설명 → 제작), 매체(영상, PPT), 자료(기획안지 등)에 대해 어떤 반응을 보였는가? - 특정 활동에서 집중 저하, 난이도 편차 등의 문제가 있었는가?

(3) ASSURE 모형 교수설계 실습하기

① 학습주제와 내용 선정하기

교수설계의 첫 단계는 미용 수업에서 다룰 학습주제와 주요 학습 내용을 정하는 것이다. 수업목표에 맞는 주제를 설정하고, 이를 토대로 핵심 학습 내용을 간결하게 정리한다.

<표 6-18> ASSURE 모형의 학습주제와 내용 선정

학습주제	주요 학습 내용
	• • • • • • • •

② 학습자 분석 실습하기

학습자의 일반적 특성, 출발점 능력 그리고 학습양식에 대해서 다음의 양식에 따라 분석해본다.

<표 6-19> ASSURE 모형의 학습자 분석

<table>
<tr><td rowspan="4">일반적 특성</td><td rowspan="2">고정변인</td><td>학년</td><td>나이</td><td>성별</td></tr>
<tr><td></td><td></td><td></td></tr>
<tr><td>유동 변인
(태도·흥미)</td><td colspan="3"></td></tr>
<tr><td>사회문화
경제적요인</td><td colspan="3"></td></tr>
<tr><td rowspan="2">출발점 능력</td><td>이미 보유하고
있는 학습자의
기능 및 태도</td><td colspan="3"></td></tr>
<tr><td>현재 부족한
학습자의 기능
및 태도</td><td colspan="3"></td></tr>
<tr><td rowspan="3">학습 양식</td><td>지각적 선호와
강점</td><td colspan="3"></td></tr>
<tr><td>정보처리 습관</td><td colspan="3"></td></tr>
<tr><td>동기적 요소</td><td colspan="3"></td></tr>
<tr><td>기타 특성</td><td></td><td colspan="3"></td></tr>
</table>

③ 목표 진술 실습하기

학습목표는 학습자가 실제 수업에서 수행할 수 있는 행동 중심의 용어로 진술한다. 미용 수업에서는 앞서 선정된 주요 교육 내용을 토대로, 구체적이고 관찰 가능한 행동을 포함하여 목표를 작성한다.

<표 6-20> ASSURE 모형의 목표 진술

<table>
<tr><td colspan="2">학습목표 1</td><td colspan="3"></td></tr>
<tr><td colspan="2">구분</td><td>해당 내용</td><td colspan="2">abcd 목표 자가 점검</td></tr>
<tr><td>학습</td><td>대상
(audience)</td><td></td><td>목표가 의도하는
학습자 명세화</td><td>적절한 진술 □
부적절한 진술 □
진술 없음 □</td></tr>
</table>

목표 분할	행동 (behavior)		수업 후 학습자에게 기대되는 능력 기술	적절한 진술 □ 부적절한 진술 □ 진술 없음 □
	조건 (condition)		수행 제시 조건 기술	적절한 진술 □ 부적절한 진술 □ 진술 없음 □
	준거 (degree)		수행의 적용 가능 표준 기술	적절한 진술 □ 부적절한 진술 □ 진술 없음 □
학습목표 2				
학습목표 3				
학습목표 4				

④ 수업방법, 매체, 자료 선정 실습하기

수업에 활용할 교수-학습 방법, 매체, 자료에 대해서 다음의 양식지에 기술한다.

<표 6-21> ASSURE 모형의 자료 선정

수업 방법 선정	사용하고자 하는 수업방법	수업방법 선정 근거	수업방법 선정 시 고려 사항	
			학습성취 측면	
			동기 측면	
공학 매체 선정	사용할 매체	매체 선정 근거	매체 선정 시 고려 사항	
	텍스트			
	매체 포맷			
	예) TV, 파워포인트 슬라이드, 컴퓨터 멀티미디어 등			

아래의 평가 요소 중 학습목표를 학생들이 성취하는 데 어느 준거를 가장 중요하게 고려할 것인지 결정하여야 한다.

<table>
<tr><td rowspan="8">선정
평가
요소
(O,X)</td><td colspan="3">- 표준, 결과, 학습목표와 연계가 되는가?</td></tr>
<tr><td colspan="3">- 정보의 정확성과 최신성을 담고 있는가?</td></tr>
<tr><td colspan="3">- 연령에 맞는 언어를 사용하는가?</td></tr>
<tr><td colspan="3">- 흥미 수준과 참여도를 고려하였는가?</td></tr>
<tr><td colspan="3">- 기술 수준은 되는가?</td></tr>
<tr><td colspan="3">- 객관성(보편성)을 확보하고 있는가?</td></tr>
<tr><td colspan="3">- 사용이 편리한가?</td></tr>
<tr><td colspan="3">- 사용설명과 안내를 제공하는가?</td></tr>
<tr><td rowspan="2">자료
선정</td><td>기존 자료 선정</td><td>기존 자료 수정</td><td>새 자료 설계</td></tr>
<tr><td></td><td></td><td></td></tr>
<tr><td></td><td colspan="3"></td></tr>
</table>

⑤ 매체와 자료 활용 실습하기

수업에서 사용할 매체와 자료는 미리 선정하고 실제 활용 과정을 계획한다.

<표 6-22> ASSURE 모형의 자료 활용

<table>
<tr><th colspan="2">단계</th><th colspan="3">내용</th></tr>
<tr><td>1단계</td><td>공학·매체·자료 사전 검토 (학습목표 고려)</td><td colspan="3"></td></tr>
<tr><td rowspan="2">2단계</td><td rowspan="2">공학·매체·자료 준비</td><td>사용할 기자재, 자료 (모두 기입)</td><td>사용할 자료 순서</td><td>자료를 어디에 사용할 것인지 결정</td></tr>
<tr><td></td><td></td><td></td></tr>
<tr><td rowspan="3">3단계</td><td rowspan="3">환경준비</td><td>수업 장소</td><td colspan="2"></td></tr>
<tr><td>기자재·자료 점검</td><td colspan="2"></td></tr>
<tr><td>기타 (자리배치, 저장공간 등)</td><td colspan="2"></td></tr>
</table>

<table>
<tr><td rowspan="4">4단계</td><td rowspan="4">학습자 준비</td><td>선행조직자</td><td></td></tr>
<tr><td>실세계와의 관련성</td><td></td></tr>
<tr><td>내용에 대한 동기적 진술</td><td></td></tr>
<tr><td>주의를 이끌 지시적 단서</td><td></td></tr>
<tr><td>5단계</td><td>학습경험 제공</td><td></td><td></td></tr>
</table>

⑥ 학습자 참여 유도 실습하기

교수-학습 과정의 단계별로 학습자 참여를 어떻게 유도할 것인가에 대한 전략을 기술한다.

<표 6-23> ASSURE 모형의 학습자 참여 유도

구분	학습경험 제공하기	학습자 참여시키기	매체/자료 활용
도입			
전개			
정리			
참고 사항			

⑦ 평가와 수정 실습하기

학습자 평가 및 수업 평가를 어떻게 할 것인가에 대한 전략을 기술한다.

<표 6-24> ASSURE 모형의 평가와 수정

<table>
<tr><td rowspan="6">학습자 평가</td><td>학습목표 성취에 대한 평가 유형</td><td colspan="3">지필평가 □ 수행평가 □ 포트폴리오 평가 □</td></tr>
<tr><td rowspan="4">학습목표 성취에 대한 평가 항목</td><td>질문 형태로 작성</td><td>배점</td><td>총점</td></tr>
<tr><td></td><td></td><td></td></tr>
<tr><td></td><td></td><td></td></tr>
<tr><td></td><td></td><td></td></tr>
<tr><td>구체적인 평가계획</td><td></td><td></td><td></td></tr>
</table>

<table>
<tr><td rowspan="5">방법 및 매체 평가</td><td>평가 요소</td><td colspan="5">척도</td></tr>
<tr><td>- 수업전략이 학습목표를 성취하는 데 효과적인가?</td><td>①</td><td>②</td><td>③</td><td>④</td><td>⑤</td></tr>
<tr><td>- 공학과 매체가 학생이 학습목표를 달성하는 데 도움이 되었는가?</td><td>①</td><td>②</td><td>③</td><td>④</td><td>⑤</td></tr>
<tr><td>- 공학과 매체가 학생들의 흥미를 유발하는 데 효과적이었는가?</td><td>①</td><td>②</td><td>③</td><td>④</td><td>⑤</td></tr>
<tr><td>- 공학과 매체가 학생들의 의미 있는 참여를 지원했는가?</td><td>①</td><td>②</td><td>③</td><td>④</td><td>⑤</td></tr>
<tr><td>수업에 대한 전반적인 성찰</td><td colspan="6"></td></tr>
<tr><td rowspan="4">수정 및 참고사항</td><td colspan="6">- 교수자의 계획과 실제 수업 전개 간 차이가 발생했는가?(예/아니오)
[사고하기] 발생 시, 수정·보완 방안은 무엇인가?</td></tr>
<tr><td colspan="6">- 학생 성취 수준이 학습목표에 도달하지 못한 부분이 있는가?(예/아니오)
[사고하기] 미도달 시, 개선 방안은 무엇인가?</td></tr>
<tr><td colspan="6">- 선정된 교수매체와 자료가 교육적 가치와 효과성을 충분히 갖추었는가?(예/아니오)
[사고하기] 미흡할 경우, 대체 자료나 보완 방법은 무엇인가?</td></tr>
<tr><td colspan="6">- 학생들이 수업 전략·교수 공학·매체 활용에 긍정적으로 참여하였는가?(예/아니오)
[사고하기] 참여가 낮을 경우, 어떤 조정이 필요한가?</td></tr>
</table>

2절. ICT 및 디지털 교육

ICT(정보통신기술)★ 활용 교육은 학습자가 일상생활과 학습에서 직면하는 문제를 해결할 수 있도록 정보 기술을 적극적으로 활용하도록 돕는 교육이다. 이는 단순한 도구 사용을 넘어, 창의적 사고력과 문제해결력을 기를 수 있는 학습 환경을 조성하는 데 목적이 있다. 특히 디지털 네이티브 세대 학생들에게는 일상적인 디지털 기기의 활용을 수업에 자연스럽게 연계함으로써 수업의 몰입도와 효과를 높일 수 있다.

ICT 교육은 보통 'ICT 소양 교육'과 'ICT 활용 교육'으로 구분된다.

★ ICT 활용 교육이란?
정보통신기술(ICT: information and communication technology)을 활용하여 학습자에게 효과적인 교수-학습 환경을 제공하고자 하는 교육 방식이다. 컴퓨터, 스마트기기, 인터넷, 멀티미디어 콘텐츠 등을 활용하여 학습 자료를 제공하고, 상호작용 중심의 수업을 설계함으로써 학습자의 이해도와 참여도를 높인다.

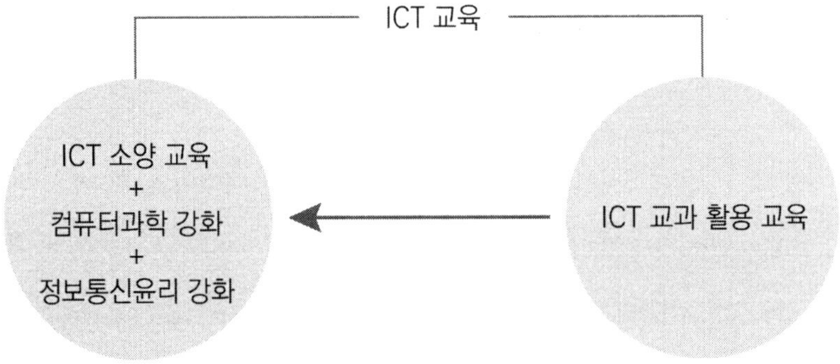

[그림 6-1] ICT 교육

출처: 조규락 외(2006).

<표 6-25> ICT 기반 교수-학습활동 유형

유형	개념	절차	특징
정보 탐색하기	다양한 정보원에서 필요한 자료를 찾아보는 활동	탐색과제 선정 준비→과제 안내→학습계획 수립 및 정보수집→탐색결과 발표 및 공유	기초적인 정보검색 및 정리를 위해 활용되며, 문제해결력과 탐구태도 함양에 기여

	미용교육 적용 예시		
	SNS 트렌드를 바탕으로 최신 헤어스타일 사진을 탐색하여 발표 자료 구성		
정보 분석하기	수집한 자료를 분류하고 정리하여 결론을 도출하는 활동	원자료 확보 계획 수립 및 수업 준비→학습안내→원자료 확보 및 도구 선택→정보비교 분류 및 분석→결과보고 및 공유	자료 분석을 통해 탐구 능력 및 결론 도출 능력 강화
	미용교육 적용 예시		
	화장품 성분별 특징을 정리한 후 피부타입별 제품 비교 자료 작성		
정보 안내하기	교사가 미리 준비한 자료를 통해 학습 내용을 전달	수업 계획 및 수업 준비→학습안내→학습전개→학습 결과 정리 및 평가	교사의 체계적 수업 설계 필요, 효율적인 자료 전달 가능
	미용교육 적용 예시		
	피부 미용 시술과정 안내 영상 시청 후 주요 단계 정리		
웹 토론하기	온라인 공간에서 다양한 의견을 교환하는 활동	토론주제의 선정 및 수업준비→학습안내→토론활동→토론결과 발표 및 공유	타인의 의견 존중 및 합리적 사고력을 함양하거나 면대면 토론에 부담감을 갖는 소극적인 학습자들을 적극 참여시켜 이사표현 능력을 신장시키기 위하여 활용
	미용교육 적용 예시		
	'K-뷰티가 세계 시장에서 성공한 이유'에 대해 게시판을 통한 의견 나누기		
협력 연구하기	지역, 국가를 넘어 함께 연구하고 결과를 공유	연구과제 선정 및 수업 준비→학습안내→연구계획 수립 및 정보수집→연구결과 발표 및 공유	다문화 이해와 통합교육 경험 제공
	미용교육 적용 예시		
	조별로 국가별 뷰티 트렌드를 조사하여 포스터 발표물 제작		
전문가 교류하기	온라인으로 외부 전문가와 의견을 나누는 활동	수업 계획 수립 및 수업 준비→학습안내→전문가 교류 활동 수행→결과정리 및 발표	전문가의 실시간 대화 및 교류를 통하여 심화 학습 가능
	미용교육 적용 예시		
	졸업한 선배 미용인과 온라인 인터뷰 후 진로 발표자료 작성		
웹 펜팔하기	다양한 지역 학습자와 문화적 교류를 하는 활동	수업 계획 수립 및 수업 준비 →학습안내→웹 펜팔 활동 수행→결과 정리 및 발표	문화적 다양성의 이해 및 외국어 사용 기회 제공
	미용교육 적용 예시		
	일본의 뷰티 고등학교 학생과 메이크업 도구 차이점 소개 주고받기		
정보 만들기	학습 결과물을 디지털 콘텐츠로 제작하는 활동	수업 계획 수립 및 수업 준비→학습안내→저작 활동 수행→결과정리 및 발표	디지털 표현력과 협업 능력 함양
	미용교육 적용 예시		
	'나만의 뷰티 브랜드 기획서' 작성 후 PPT 발표 영상으로 제작		

출처: 신재한(2011).

• 디지털 기술 활용 교육의 특성

이두휴 외(2021)는 디지털 기반 교육의 특성을 다음과 같이 다섯 가지로 정리하였다.

① 시공간의 유연성 확대

디지털 기술은 전통적인 교실 중심 교육의 제약을 극복하여 학습자가 시간과 장소에 구애받지 않고 학습할 수 있도록 한다. 예를 들어, 미용 이론 수업은 온라인 강의와 실시간 화상 토론을 병행하는 블렌디드 러닝으로 운영할 수 있으며, 실습 수업 또한 VR 기반 콘텐츠를 통해 가정에서도 반복 학습이 가능하다.

② 교육 자원의 다양성과 활용성 강화

교수자료의 형태와 범위가 텍스트 중심에서 영상, 시뮬레이션, 인터랙티브 콘텐츠 등으로 확대됨에 따라 다양한 형태의 수업자료가 사용된다. 이는 미용 실습 수업에서 예시 영상, 3D 헤어 디자인 도면, 디지털 포트폴리오 구축 등에 활용되어 학습 효과를 높이는 데 기여한다.

③ 개인 맞춤형 학습 활성화

인공지능은 학습자의 수준과 학습 방식, 이해 정도를 분석하여 적합한 학습 자료를 제안하거나 맞춤형 과제를 제시한다. 이러한 개인화는 기초 이론이 부족한 학생과 심화 학습이 필요한 학생 간의 학습 격차를 줄이는 데 효과적이다.

④ 교육 내용의 확대 및 재구성

사회 변화에 따라 디지털 리터러시, 온라인 윤리, 디지털 시민성 등의 새로운 교육 내용이 부각되고 있다. 미용교육에서도 디지털 콘텐츠 제작 능력, sns 기반 고객 커뮤니케이션, 온라인 마케팅 활용 능력 등을 학습목표로 포함할 수 있다.

⑤ 디지털 교육 플랫폼 기반 환경 구축

학습관리시스템(LMS), AI 튜터링, 디지털 평가 시스템 등이 구축되면서 교사는 학습 데이터를 기반으로 한 진단과 피드백을 실시할 수 있다. 이러한 플랫폼은 고등학교 수준의 미용교육에서 실기 평가, 과제 제출, 포트폴리오 관리 등의 영역에 효과적으로 활용된다.

1) 디지털 기술 활용 교육의 동향

오늘날 디지털 기술의 발전은 교육 패러다임의 본질적인 전환을 이끌고 있다. 이와 같은 정책 방향은 에듀테크가 단순한 '도구'가 아닌 교육의 질과 방향을 재정립하는 본질적 요소로 기능하고 있음을 보여준다. 향후 미용교육에서도 디지털 기반의 수업 설계와 실습 체계가 보다 적극적으로 확산되어야 하며, 이에 따른 교사 연수 및 교육자료 개발도 함께 이루어져야 할 것이다.

특히 「제6차 교육정보화 기본계획」(교육부, 2022)에서는 다음과 같이 2대 정책 영역(① 미래형 ICT 기반 교육·연구 환경조성, ② 지속 가능한 교육 정보화 혁신)을 중심으로 다수의 과제가 추진되고 있다.

<표 6-26> ICT 활용 정책 과제

정책 분야	정책 과제	세부 내용
미래형 ICT 기반 교육·연구 환경조성	ICT 융합 교수-학습 자료 개발 및 활용 활성화	- 디지털 교과서 활용 활성화 - 온라인 콘텐츠 활용 교과서 시범사업 운영 - ICT 기반 교수-학습-평가 지원 시스템 구축 및 운영 - 신기술 분야 교육용 콘텐츠 개발 및 보급 - 교육정보와 콘텐츠 공유 및 제공 서비스 강화
	지능형 학술·연구 생태계 구축 지원	- 학술·연구 자원 DB 구축 - 기존 분야 학술·연구 정보 서비스 개편 - 학술정보 공유 협력 체계 강화
	ICT를 통한 맞춤형 교육 서비스 실현	- AI 교육 기관 확대 - 교원 대상 원격연수 활성화 - 분야별 디지털 역량 강화
	공유형 교육정보화 자원 확대	- 초·중등 정보인프라의 고도화 - 체험 중심의 미래교육체험관 운영 - 지능형 과학실 콘텐츠 개발
지속 가능한 교육 정보화 혁신	생애주기를 고려한 온라인 교육 확대	- 초·중등 원격수업 지원 공공플랫폼 기능 개선 - 대학 온라인 강의 지원을 위한 원격교육지원센터 운영 - 평생교육 지원을 위한 온라인 공개강좌 제공
	평생학습 이력 및 진로·직업 정보관리체계 강화	- 대국민 평생교육 학습 이력 관리 - 진로·직업교육 서비스 고도화 및 맞춤형 정보 제공
	업무 효율성 증대를 위한 교육행정 서비스 고도화	- 유아교육 행정정보서비스 고도화 - 초·중등 행정정보서비스 고도화 - 대학 행정정보서비스 고도화 - 교육시설 통합정보망 구축 - 교육부 디지털 기반 행정업무 환경 개선·지원

출처 : 교육부(2022).

2) 디지털 기반 학습의 종류

디지털 기술을 활용한 학습은 교수-학습의 시간, 공간, 방식에 유연성을 제공하며, 교육목표에 따라 다양한 유형으로 구분된다.

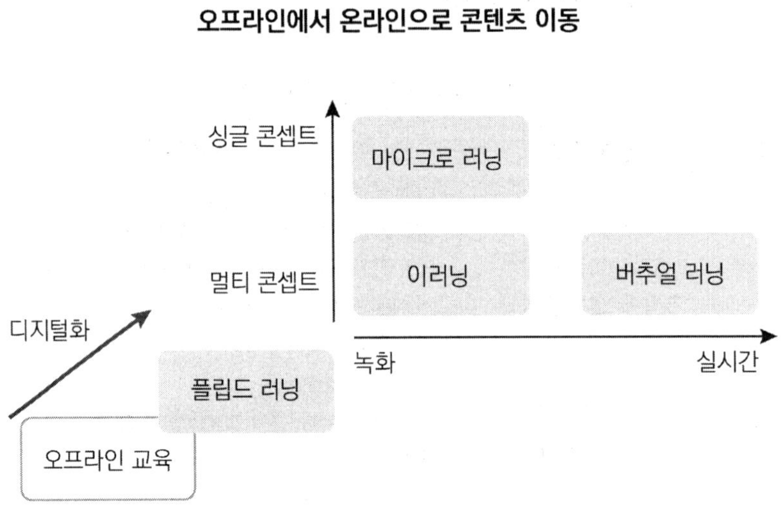

[그림 6-2] 디지털 기반 학습의 종류

<표 6-27> 디지털 기반 학습의 종류

구분	정의	수업형태	특징
e-러닝 (e-learning)	전자적 수단, 정보통신 및 전파·방송 기술을 활용하여 이루어지는 학습	자기주도적 학습, 온라인 강좌, 사이버 학습	인터넷을 통한 스트리밍, 다운로드 형식의 강의 제공. 오프라인 수업을 디지털로 전환
u-러닝 (ubiquitous learning)	모든 공간에서 연결 가능한 네트워크 환경을 활용한 학습	다양한 기기를 활용한 장소와 시간에 구애받지 않는 학습	언제 어디서나 다양한 디지털 기기를 통해 학습 가능. 학습자의 자율성 강조
마이크로 러닝 (micro-learning)	짧고 간결한 콘텐츠를 통해 집중적인 학습을 제공	모바일을 통한 짧은 영상, 텍스트	10분 이내의 짧은 학습 콘텐츠 제공. 반복 학습에 유용하며 언제 어디서나 학습 가능
버추얼 러닝 (virtual learning)	실시간 상호작용 중심의 온라인 학습 방식	실시간 화상 수업, 온라인 세미나, 가상 교실	실시간 질의응답, 화면 공유, 실습 시연 등이 가능한 동적이고 몰입도 높은 학습 환경

(1) e-러닝

e-러닝은 오프라인 수업을 디지털로 전환한 가장 기본적인 형태로, 교실이나 스튜디오에서 촬영한 강의를 스트리밍 또는 다운로드 방식으로 학습자에게 제공하는 것을 의미한다. 흔히 '인강(인터넷 강의)'이라 불리며, 기존의 지식 전달 방식을 그대로 유지하면서 디지털 플랫폼에 적용한 형태다.

<표 6-28> e-러닝의 운영 모형

수업설계 전략	효과적인 e-러닝 교수 전략
학습자 주의 환기	- 흥미있는 내용을 제시하여 학습자의 관심을 유도한다.
목표 인식	- 수업 계획서, 공지사항, 강좌 Q&A 등을 통해 수업목표와 평가, 과제, 교재 등을 명확하게 안내한다.
선행시식 회상 자극	- 학습자의 다양한 경험과 수준에 따라 선행지식을 떠올릴 수 있도록 관련 정보에 링크를 제공한다.
학습 자료 제시	- 핵심 내용만을 선별하여 제시하며, 전달 방식은 지식 중심 또는 사례 중심 중 선택한다.
학습 안내 제공	- 정확한 용어를 사용하여 주요 내용과 과제를 안내하고 그룹 활동 시 역할과 규칙을 함께 제시한다. - 과제를 제시할 때 사례와 샘플을 제시하여 학습자가 쉽게 문제를 해결할 수 있도록 한다.
학습자 수행 유도	- 도전적인 문제나 토론 주제를 통해 학습자가 스스로 개념을 적용할 수 있도록 유도한다.
성취결과 피드백 제공	- 게시판이나 이메일을 통해 피드백을 제공하고 결과를 명확히 안내하며, 상호 피드백을 유도한다.
수행 정도 평가	- 이해 중심의 수행평가를 실시하며, 다양한 평가 방식을 활용한다.
기억과 적용 증진	- 복습 기회를 제공하고 시각 자료나 멀티미디어 요소를 활용하여 이해와 기억을 돕는다.

출처: 이태복(2005).

<표 6-29> e-러닝의 교수 전략

구분	오프라인 중심형	오프라인-온라인 중심형	온라인 중심형
수업방법	면대면 교실 수업 상황에서 학습자가 중심이 되어 컴퓨터·인터넷을 활용하여 자기주도적인 학습을 수행하는 방법	오프라인 교실 수업과 온라인 사이버학습활동을 정규 수업시간이나 재량수업, 특별활동 수업, 주 5일제 수업 등에서 교수-학습활동이 이루어지는 방법	오프라인 교실 수업과는 구분되어 온라인을 기반으로 이루어지는 방법으로 가정에서 E-러닝 콘텐츠를 활용하거나 학습상담 활동을 통해 이루어지는 방법
수업형태	PC 또는 태블릿 기반 학습 환경에서 교사의 안내에 기초하여 학습자들이 1인 1PC를 갖고 자기주도적으로 학습활동을 실시하는 형태	- 교실수업과 온라인 활동을 연계하여 학습공동체를 중심으로 교수-학습활동을 수행하는 형태 - 주 5일제 수업에서 실시하는 유형으로 오프라인상에서 학습계획을 수립하고 오프라인 및 온라인상에서 개별 또는 집단으로 자기계발, 재량활동, 체험학습 활동 등을 수행하는 형태 - 학교에서 중요 내용을 학습하고 개인별로 부족한 부분을 e-러닝 콘텐츠를 활용해 보충·심화학습하는 형태	- 학생이 개별적으로 자신의 목표에 적합한 자율학습을 위한 웹 콘텐츠를 선정하여 자기주도적으로 학습을 수행하는 형태 - 사이버 가정교사가 학생의 개별적 자율학습을 관리 및 점검하고 학습활동을 촉진 시켜 주는 형태 - 사이버 공간에서 학급을 편성하여 각종 학습활동을 진행하는 형태 - 학습자들이 학교학습 활동에서 질문에 답변하고 확습관련 상담내용을 온라인으로 제공해 주는 형태
수업모형	학습자 주도형 ICT활용 수업	- 커뮤니티 기반 교수-학습 모형 - 문제중심학습모형 - 프로젝트학습모형 - 현장·가상체험학습 모형 - 탐구학습 모형 - 주제·상황토론학습 모형 - 보충·심화형 연계 수업 모형 - 주 5일 수업제 연계 모형	- 사이버 자율학습 모형 - 사이버 교사 촉진 모형 - 사이버 학급 운영 모형 - 사이버 학습 상담 모형

출처: 신재한(2011).

(2) u-러닝

u-러닝(ubiquitous learning)은 유비쿼터스 기술을 기반으로 한 학습 체제이다. 'ubiquitous'는 라틴어에서 유래한 단어로 '어디에나 존재하는'이라는 뜻을 가지며, 이는 모든 공간에서 연결 가능한 네트워크 환경을 의미한다. 이러한 환경은 기존의 유선 네트워크를 넘어서 휴대전화, 텔레비전, 게임기, 휴대용 단말기, 자동차 내비게

이터, 센서 등 다양한 정보화 기기를 통해 형성되며, 언제 어디서나 누구든지 통신망을 활용할 수 있도록 한다.

u-러닝은 학습자가 시간과 장소의 제약 없이 다양한 기기를 통해 학습할 수 있는 환경을 제공한다. 이는 전통적인 교육 방식과 달리 학습자의 창의성과 자율성을 중심에 두며, 획일적이고 강제적인 교육이 아닌 개별적 필요에 따른 비형식적이고 융통성 있는 교육과정 운영을 가능하게 한다.

이러한 교육환경은 모든 기기가 네트워크로 연결되어 있으나 사용자에게는 그 존재가 드러나지 않으며, 학습은 현실 세계의 사물과 일상 환경 속으로 자연스럽게 스며든다. 결국 u-러닝은 개방적이고 분산적인 학습 자원을 학습자가 스스로 선택하고 활용함으로써 개인의 학습 요구에 최적화된 맞춤형 학습 체계를 구현하는 것을 목표로 한다.

한편 전통적 교육체제와 유비쿼터스 학습체제를 서로 비교해 보면 〈표 6-30〉과 같이 요약할 수 있다.

<표 6-30> u-러닝의 운영 모형

구분	전통적 교육체제	유비쿼터스 학습체제
범위	초등교육부터 고등교육까지 형식적 학교 교육	전생애에 걸친 학습
내용	- 지식내용의 습득과 반복 - 교육과정 중심형	- 지식의 창조·습득·활용 - 다양한 지식 원천 - 학습자의 학습선택권 강화 - 핵심능력 중심
전달체제	- 학습방식과 모델이 제한적 - 공식적 교육기관 - 획일적 중앙통제형 관리 - 공급자 주도형	- 학습방식, 상황, 모델의 다양화 - 정보통신기술 기반형 학습지원 체제 - 다양하고 유연한 분권적 관리 - 학습자 주도형

출처: 백영균 외(2006)

(3) 마이크로 러닝(micro-learning)

마이크로 러닝(micro-learning)은 모바일 기술의 발전과 함께 부각된 새로운 학습 방식이다. 이 용어는 말 그대로 학습 콘텐츠를 작고 간결하게 분절하여 제공하는 형태를 의미한다. 스마트폰과 같은 모바일 기기를 통해 콘텐츠를 소비하는 문화가 보편화되면서 짧고 집중도 높은 학습 콘텐츠에 대한 수요가 증가하였다.

일반적으로 마이크로 러닝은 10분 이내의 짧은 분량으로 구성되며, 시청자의 몰입을 높이기 위해 핵심 내용을 중심으로 구성된다. 특히 젊은 세대를 중심으로 확산된

숏폼 콘텐츠(short-form contents)는 마이크로 러닝의 대표적인 형태로 유튜브, 틱톡, 인스타그램 릴스 등의 플랫폼을 통해 짧은 영상 형식으로 학습 내용을 전달하는 데 활용되고 있다.

이러한 학습 방식은 짧은 시간 내에 학습자가 집중하여 핵심 개념을 이해하거나 반복 학습을 할 수 있도록 돕는다. 특히 반복성과 접근성이 중요한 학습주제, 예를 들어, 미용 이론의 핵심 개념이나 시술 과정의 단계별 요점 등을 정리할 때 효과적이다. 마이크로 러닝은 학습자의 일상 속에서 자연스럽게 스며들며 시간과 장소의 제약 없이 학습을 지속할 수 있는 유연한 환경을 제공한다.

(4) 버추얼 러닝

버추얼 러닝(virtual learning)은 실시간 상호작용을 중심으로 운영되는 온라인 학습 방식으로 교사와 학습자 간의 즉각적인 소통이 가능한 교육환경을 조성한다. 실시간 화상 수업, 온라인 세미나(webinar), 가상 교실 등을 포함하며, e-러닝에 비해 보다 역동적이고 몰입도 높은 학습경험을 제공할 수 있다는 장점이 있다.

버추얼 러닝은 단순한 정보 전달보다는 이해와 분석, 문제해결 등의 고차 사고를 요구하는 교육 내용에 적합하다. 특히 절차나 개념이 복잡한 수업, 예를 들어, 미용 실습 과정의 단계별 지도나 시술 전후 비교 분석이 필요한 이론 수업에 효과적으로 적용될 수 있다. 실시간 질의응답, 화면 공유, 실습 시연 등 다양한 도구를 활용하여 교사와 학습자 간의 피드백이 즉각적으로 이루어진다.

이러한 특성은 팀 활동이나 협업 중심 수업에서도 유리하게 작용한다. 미용 분야에서는 가상 공간에서 조별로 헤어 디자인을 구상하거나 메이크업 콘셉트를 함께 기획하고 발표하는 등 협업 기반 프로젝트 수업을 구성할 수 있다. 버추얼 러닝은 장소에 구애받지 않으면서도 대면 수업 수준의 소통과 참여를 유도할 수 있는 효과적인 교육 방식이다.

한편 e-러닝과 스마트러닝은 콘텐츠 전달 도구로서 인터넷이 연결된 컴퓨터나 스마트 기기를 기반으로 하여 자료 제공과 과제 수행이 이루어진다는 점에서 공통점을 지니나 버추얼 러닝은 실시간성과 상호작용 중심의 구조를 통해 보다 적극적인 참여를 유도하는 데 초점을 둔다.

· 전자교재의 정의와 역할

전자교재는 기존의 인쇄 교과서와 달리 컴퓨터 및 디지털 환경에 최적화된 새로운 형태의 교수-학습 자료를 의미한다. 단순히 종이 교재의 내용을 디지털 파일로 전환한 수준을 넘어 다양한 멀티미디어 요소와 상호작용 기능을 포함하고 있어 학습자의 몰입도와 이해도를 높이는 데 효과적이다.

전자교재에는 텍스트뿐만 아니라 이미지, 영상, 애니메이션, 음성 자료, 시뮬레이션 등이 통합되어 있으며, 이는 학습자의 감각을 자극하고 학습 내용을 보다 풍부하게 경험할 수 있도록 도와준다. 또한 학습자가 자신의 속도에 맞춰 학습을 진행하거나 필요한 정보를 선택적으로 탐색할 수 있는 구조로 설계되기 때문에 자기주도 학습을 촉진하는 데 효과적이다.

3) 디지털 교육

(1) 블렌디드 러닝

① 블렌디드 러닝 모델 유형

블렌디드 러닝(blended learning)은 학습자의 학습 목적과 필요에 따라 오프라인 교수 방식과 디지털 기반의 온라인 학습을 혼합하여 운영하는 교수-학습 전략이다. 전통적인 대면 수업을 유지하면서도 온라인 콘텐츠나 플랫폼을 활용하여 학습 내용을 유연하게 구성함으로써 학습자 스스로 시간, 장소, 속도, 순서 등을 조절하며, 학습을 이어갈 수 있다는 점에서 자기주도성과 학업 성취를 동시에 높이는 방식으로 평가받고 있다.

단순히 수업 방식의 '보완' 차원을 넘어서 블렌디드 러닝은 학습 환경의 질을 다각도로 향상시키는 역할을 한다. 특히 디지털 학습 자료와 오프라인 활동의 통합은 개별 학습자의 학습 동기와 흥미를 촉진하며, 효율성과 효과성을 동시에 추구하는 학습 전략으로 자리 잡았다.

이러한 방식은 시간과 공간의 제약을 극복할 수 있는 유연성과 함께 개발 시간과 교육 비용의 효율화를 가능하게 한다. 나아가 학습자의 참여를 촉진하고 구체적인 학습경험을 확장시키는 데에도 긍정적인 영향을 미친다.

블렌디드 러닝의 유형은 크게 네 가지로 구분되며, 해당 유형의 특징은 〈표 6-31〉과 같다.

<표 6-31> 블렌디드 러닝 모델 유형

유형	특징
순환 모델 (rotation)	- 일정한 시간에 맞춰서 여러 형태의 학습을 돌아가며 진행하는 모델 - 스테이션 순환학습, 랩 순환학습, 거꾸로 교실, 개별 순환학습
플렉스 모델(flex)	- 온라인 학습이 주를 이루고 오프라인 수업은 가끔씩 진행할 수 있는 학습 형태 - 방송통신대학, 사이버대학 등에서 주로 사용
알 라 카르테 모델 (a la carte)	- 학교에 다니며 수업을 수강하지만 온라인 과정을 통해 학교 외 교육과정 이수, 선택 교과 학습

가상학습 강화 모델 (enriched virtual)	- 초기 전일제 온라인 수업으로 시작하다가 학교 대면 수업을 제공하는 모델 - 일주일 중에 자신의 스케줄에 맞게 2~4일 정도만 등교

• 블렌디드 러닝의 장점

- 시간과 공간의 유연성 확보: 온라인 학습과 오프라인 수업의 병행을 통해 학습자가 시간, 장소, 속도, 순서를 자율적으로 조절할 수 있음
- 자기주도 학습 역량 향상: 사전학습과 반복 복습이 가능해 학습자가 능동적으로 학습에 참여함
- 학습자 맞춤형 교육 실현: 디지털 콘텐츠과 LMS를 통해 수준별 학습이 가능하고 개별화 된 피드백 제공이 용이함

• 블렌디드 러닝의 단점

- 사전학습의 부담: 사전 콘텐츠를 학습하지 않으면 교실 수업 참여에 어려움이 발생함
- 디지털 환경에 대한 의존도 상승: 온라인 시스템에 익숙하지 않거나 기기 사용에 제약이 있는 학생에게 불리할 수 있음
- 교사의 수업 설계 및 운영 부담 증가: 온라인 콘텐츠 제작, LMS 관리, 실시간 피드백 등 교수자의 업무량이 증가함
- 학습 격차 심화 가능성: 학습자의 자기관리 능력에 따라 학습 성취도에 큰 차이가 발생 할 수 있음
- 평가 및 출결 관리의 어려움: 온라인 학습활동의 참여도, 성취도 평가에 대한 신뢰성과 관리 체계가 필요함

② 미용교육에서의 블렌디드 러닝 적용 예시

미용교육은 이론과 실습이 긴밀히 연결된 교육 구조를 갖고 있으며, 교실 수업과 실습실 수업이 번갈아 운영되는 특징을 지닌다. 특히 실기 위주의 학습은 반복적 훈련과 교사의 피드백을 필요로 하지만 수업 시간과 공간의 제약으로 인해 모든 학습자에게 충분한 실습 기회를 제공하기 어려운 경우가 많다. 이러한 현실에서 블렌디드 러닝은 디지털 기술을 활용한 사전 학습과 오프라인 실습을 유기적으로 연계함으로써 학습자의 준비도를 높이고 실습 시간의 집중도를 강화할 수 있는 대안이 된다.

예를 들어, 헤어 커트, 얼굴 매뉴얼테크닉, 패션 이미지 메이크업 등 다양한 미용 실기 수업에서 사전 이론 학습을 온라인으로 제공하고 교실에서는 피드백 중심의 실습을 운영함으로써 교수자의 지도 효율성과 학습자의 자기주도성을 동시에 확보할

수 있다. 나아가 평가와 복습도 LMS(learning management system)나 온라인 플랫폼을 통해 반복적으로 이루어질 수 있으므로 학습의 지속성과 몰입을 동시에 높이는 전략으로 활용할 수 있다.

아래는 '미용 고객 응대'를 주제로 한 헤어 미용 실기 수업에 적용한 블렌디드 러닝 수업지도안의 예시이다. 이 지도안은 온라인 기반의 사전학습과 오프라인 실습 활동을 연계하여 학습자의 참여도와 실천 역량을 동시에 강화할 수 있도록 설계된 형태이다.

<표 6-32> 블렌디드 러닝 교수-학습지도안 예시

<table>
<tr><td>일시</td><td>0000년 00월 00일</td><td>지도 시간</td><td>00분</td><td>지도교사</td><td>000</td></tr>
<tr><td>과목</td><td>헤어 미용
(전공 실무과목)</td><td>차시</td><td>0/0</td><td>교과서 쪽수</td><td>pp. 00-00</td></tr>
<tr><td>학습 영역</td><td colspan="5">미용 고객 응대</td></tr>
<tr><td>학습 요소</td><td colspan="5">미용 고객 응대하기</td></tr>
<tr><td>학습 목표</td><td colspan="5">1. 방문 고객을 친절하게 맞이하고 고객의 방문 목적을 확인할 수 있다.
2. 방문 목적을 확인한 후 고객의 소지품과 의복 등을 보관할 수 있다.</td></tr>
<tr><td rowspan="2">교육 자료</td><td>교사</td><td colspan="4">교과서, PPT, 칠판, 활동지</td></tr>
<tr><td>학생</td><td colspan="4">교과서, 전자기기(스마트폰, 태블릿PC)</td></tr>
<tr><td rowspan="2">학습 단계</td><td rowspan="2">학습 내용</td><td colspan="2">교수-학습활동</td><td rowspan="2">시간</td><td rowspan="2">지도상 유의점</td></tr>
<tr><td>교사</td><td>학생</td></tr>
<tr><td rowspan="4">도입</td><td>사전학습</td><td colspan="2">1. [LMS/클래스룸]에 접속
2. 고객 응대 사례 영상 시청
3. 응대 태도 퀴즈
4. Google Form 과제: 유형별 응대 시 대화 예시 작성</td><td rowspan="4">00분
이내</td><td rowspan="4">출석 확인 시 눈을 마주친다.

학생들의 수업집중을 위해 실시한다.</td></tr>
<tr><td rowspan="3">[주의획득]
인사 및 출석 확인

교육자료 확인

흥미 및 동기유발</td><td>- 학생들과 인사 후 출석을 확인한다.</td><td>- 교사와 인사하고 출석 확인에 응한다.</td></tr>
<tr><td>- 교육자료(준비물)를 확인한다.</td><td>- 교육자료(준비물)를 확인한다.</td></tr>
<tr><td colspan="2">- 사전학습 점검
사전학습을 점검할 수 있는 5~10개의 문항 제시
(태블릿 기기를 이용하여 문항 제시)
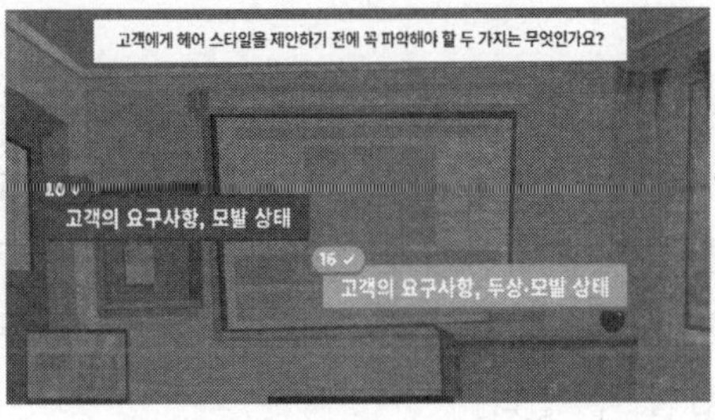</td></tr>
</table>

		- 고객 응대 관리와 관련된 시청각 자료 등을 활용한다.	- 고객 응대 관리에 대해 흥미를 갖고 생각해본다.		
	[학습목표 제시하기] 학습목표 제시	- 학습목표를 제시하고 이번 수업의 주안점에 대해서 설명한다.	- 학습목표를 함께 소리내어 읽고 이번 수업의 주안점을 파악한다.		학습목표를 학생들이 반드시 숙지하도록 한다.
	[선수학습 재생하기] 전시학습 확인	- 이전 차시 학습 내용(미용 고객 예약하기)을 진단평가 문항 등으로 확인한다.	- 진단평가 문항 등으로 이전 차시 학습 내용(미용 고객 예약하기)을 환기한다.		선수학습이 미흡한 학생의 보충 및 교정학습을 실시한다.
전개	학습 내용 설명	- 4~6명씩 소집단을 구성하여 역할극 내용을 작성할 수 있도록 응대 언어를 지도한다.	- 4~6명씩 소집단을 구성하여 역할극 내용을 작성한다.	OO분 이내	
	모둠활동	- 각 역할을 배정할 수 있도록 안내한다.	- 각 역할을 배정한다. (고객, 직원 등)		역할 분담이 공정하고 적절히 이루어지도록 안내하고 확인한다. 강조, 발문 등 다양한 기법을 사용한다. 모둠활동 시 학생들의 자유로운 의견 개진을 격려하며 소극적인 학생도 참여할 수 있도록 개입한다.
정리	[파지 및 전이 높이기] **모둠활동 내용 종합 및 정리**	- 모둠활동 종합 및 정리를 실시하고 전체 결과를 발표하도록 지도한다.	- 모둠활동 내용의 전체 토의 결과를 정리하고 발표한다.	OO분 이내	발표 내용에 대해 정리하며 핵심 내용을 강조한다. 활동 결과가 학습목표와 잘 연결되었는지 점검한다.
	모둠활동 평가 실시	- 모둠활동에 대해 교사평가를 실시하고 자기평가, 동료평가를 실시할 수 있도록 지도한다.	- 모둠활동에 대해 자기평가, 동료평가를 실시하고 교사평가와 각 평가의 내용을 통해 반성하는 시간을 갖는다.		자기평가, 동료평가가 공정하게 이루어질 수 있도록 평가 기준을 명확히 안내한다. 평가 시 활동 내용뿐 아니라 참여 태도, 협력 정도 등도 함께 반영되도록 지도한다.
	[차시 예고]	- 차시 학습을 예고한다.	- 차시 학습을 인지한다.		예습할 수 있도록 격려한다.
	마무리 인사	- 학생 격려와 마무리 인사를 한다.	- 교사에게 감사한 마음으로 마무리 인사를 한다.		수업에 열심히 참여한 학생에 격려한다.

이처럼 이와 같이 블렌디드 러닝 수업 구성은 사전 이론 학습과 실습 활동 간의 연계를 강화함으로써 학습 집중도를 높이는 데 효과적이며, 반복 실습과 피드백이 핵심인 미용 실기 수업에서 특히 유용하게 작용한다. 수업 전 단계에서 디지털 기술을 활용하면 학습자의 수준과 속도에 맞는 개별화 학습은 물론 협력 활동과 실시간 피드백을 유기적으로 결합할 수 있다.

학습자는 온라인 영상을 통해 이론을 선행 학습한 후 교실에서는 해당 내용을 실습에 적용하거나 실제 상황을 모의하여 문제 해결 전략을 탐색하게 된다. 이러한 수업 방식은 단순한 교육 도구의 전환을 넘어 학습자 주도성과 참여를 중심에 둔 새로운 교육 패러다임을 실현하는 방향으로 확장되고 있으며, 이는 미용교육 현장에서도 지속적으로 적용되고 발전시켜야 할 전략적 방향성을 제시한다.

(2) 플립드 러닝

① 플립드 러닝 수업 절차

플립드 러닝(flipped learning)은 플립 러닝, 플립드 클래스, 거꾸로 학습 등으로 불리는 블렌디드 러닝의 한 유형으로 볼 수 있다. 플립(flip)이라는 단어는 '뒤집다'라는 뜻으로, 기존의 교육방식을 뒤집는 교육이라는 의미다. 즉, 전통적인 교육이 교실에서 강의를 들으면서 학습하고 집에서 숙제를 통해 실천 학습을 했다면 플립드 러닝의 강의는 집에서 온라인으로 사전에 학습하고 교실에서는 학생들이 교사와 실천 학습을 진행하는 것을 의미한다. 플립드 러닝은 다른 표현으로 '거꾸로 교실'이라고도 불린다. 즉, 교실 수업이 강의 중심에서 실천 중심으로 바뀐 부분을 강조하는 것이라 할 수 있다.

플립드 러닝의 확산은 미국 교외의 한 과학 교사로부터 출발했다. 우드랜드 파크 고등학교의 교사인 버그만(Jonathan Bergmann)과 샘(Aaron Sams)은 2007년 과학 교과에 플립드 러닝을 접목해 보았는데 많은 교육 효과를 보았다. 그들은 자신들이 실제 적용한 내용과 이론적 기반을 엮어 책으로 출간하였는데 이것이 미국 전역에서 엄청난 파장을 일으키면서 플립드 러닝이 교육계에 뜨거운 화두로 등장했다.

<표 6-33> 강의식 수업 절차와 플립드 러닝의 수업 절차 비교

수업 절차	강의식 수업 교수자의 역할	플립드 러닝 수업 교수자의 역할
수업 전	- 강의 준비, 과제 배정 - 수동적 수용을 위한 자료 설계 학습자: 과제를 수행하며 강의 대기	- 다양한 학습자료 제작 및 배포 - 선행 학습 유도 학습자: 영상, 자료를 미리 학습하고 질문 정리
수업 도입	- 일반적인 기대를 설정 학습자: 제한된 정보에 접근	- 학습자의 사전 질문을 수집 및 분석 학습자: 자신에게 필요한 학습 내용 확인
수업 중	- 일방적 강의 진행 학습자: 강의를 따라가며 메모	- 소그룹 실습, 피드백 중심 진행 학습자: 학습 내용을 실천하고 교사와 상호작용
수업 후	- 과제 배포 및 지연된 피드백 제공 학습자: 피드백 수용	- 심화 자료 제공, 필요시 추가 설명 학습자: 스스로 복습하며 부족한 점을 탐색

일과 시간	- 수업 내용 복습 반복 중심 학습자: 정답 확인에 집중	- 개별 이해도를 고려한 지속적 안내 학습자: 도움을 요청하고 능동적 학습 진행

- **플립드 러닝★의 장점**
  - 학습자의 자기주도성 강화: 사전학습을 통해 학습자가 자신의 속도에 맞춰 이론을 먼저 습득할 수 있음
  - 교실 수업의 실천 중심 전환: 실습, 토론, 피드백 등 참여형 활동에 집중할 수 있음
  - 교사-학생 간 상호작용 증대: 학습자의 질문과 실습을 중심으로 상호작용이 활발함
  - 학습 맞춤화 가능: 사전학습 결과에 따라 학생 개개인의 이해도에 맞춘 피드백 제공이 가능
  - 미용교육과 같은 실습 위주 수업에 적합: 이론 선행 학습 후 실습 중심 수업이 가능하여 지식과 기능의 유기적 통합이 가능
- **플립드 러닝의 단점**
  - 사전학습의 부담: 학습자가 영상을 보지 않거나 준비가 부족할 경우, 수업 참여도가 낮아짐
  - 기술 활용의 격차: 디지털 기기에 익숙하지 않거나 학습 환경이 충분하지 않은 학생에게 불리함
  - 교수자의 수업 설계 부담 증가: 영상 제작, 사전 자료 설계, 개별 피드백 등 교사의 업무량 증가
  - 관리의 어려움: 학습자의 사전학습 여부와 수준을 실시간으로 확인하고 반영하는 데 시간이 소요됨

과거에는 오프라인으로 강의 중심의 이론 학습을 하고 집에서는 실천 중심의 학습을 진행했다면 이것이 뒤집혀 집에서는 온라인으로 이론 학습을 진행하고 교실에서는 상호 토론하고 협력하는 실천 학습을 수행하게 된 것이다.

★ 플립드 러닝 방식은 미용교육에서도 효과적으로 적용될 수 있다. 예를 들어, 이론 수업은 동영상 강의로 사전에 학습하게 하고, 수업 시간에는 실습 도구를 활용하여 실제 메이크업 기술을 적용하거나 조별로 뷰티 트렌드를 분석하는 활동을 구성할 수 있다. 이러한 방식은 학습자의 실습 몰입도를 높이고, 교사는 개별 학생의 수행 과정을 더욱 세밀하게 관찰할 수 있는 환경을 제공한다.

② 플립드 러닝 수업설계 및 운영 모형

플립드 러닝 수업 설계는 수업 전, 수업 중, 수업 후의 세 단계로 구분된다.

수업 전 활동은 사전 강의★ 시청을 중심으로 하며, 필요한 경우 핵심 요약, 질문 정리, 퀴즈, 사례 분석 활동을 포함할 수 있다. 학습자가 교실 수업에 적극적으로 참여할 수 있도록 충분한 사전 탐색 기회를 제공한다.

예를 들어, 헤어 미용 수업에서는 '두상별 커트 이론'을 동영상 자료로 제시하고 클리퍼나 가위 사용 시 주의할 점을 사전 퀴즈로 점검할 수 있다. 이를 통해 학습자는 교실 수업 전에 이론적 배경과 기초 기술을 미리 숙지하게 된다.

수업 중 활동은 사전학습 내용을 적용하고 확장하는 단계로 토론, 시범, 프로젝트 활동, 역할극, 문제 해결, 그룹 협력 등의 방법이 활용된다.

미용교육의 경우 학습자는 사전에 학습한 커트 이론을 바탕으로 실습용 가발(wig)에 실제 시술 과정을 적용하거나 그룹별로 특정 얼굴형에 적합한 커트 디자인을 제안하고 시연하는 활동을 수행할 수 있다. 교사는 이 과정에서 즉각적인 피드백과 기술 교정을 제공하여 실천적 이해를 강화한다.

수업 후 활동은 수업 내용을 심화하고 보완하는 과정으로 확인용 퀴즈, 피드백 정리, 추가 자료 학습 등으로 구성된다.

예를 들어, 실습 결과물을 사진으로 촬영하여 포트폴리오를 작성하게 하거나 영상으로 기록된 자신의 작업 장면을 다시 보며 문제점을 분석하고 개선 방향을 도출하도록 안내할 수 있다.

이처럼 플립드 러닝은 미용교육에서도 적용 가능성이 높으며, 특히 기초 이론의 디지털 선행 학습과 교실 내 실습 활동의 결합을 통해 지식과 기술의 유기적 통합을 촉진할 수 있다. 실습 위주의 직업교육에서 학습자의 자기주도성과 실천 역량을 함께 강화할 수 있다는 점에서 교수자와 학습자 모두에게 교육적 효과가 높은 전략이라 할 수 있다.

다음은 2018년도 S대학에 제안한 '플립드 러닝 수업설계 및 운영 모형'(이인숙, 2018)이며, 교실 수업 전, 교실수업, 그리고 교실수업 후의 활동에 계획할 때 참고하여 반영할 수 있는 요소들을 담고 있다.

★ 사전 강의 제작 시 유의사항

- 촬영 시 얼굴과 흉부를 노출하며 손동작 및 직접 판서 활용
- 교실 수업보다 한 템포 느리게 진행하며, 발음을 정확히 함
- 콘텐츠는 10~20분 가량으로 제작함

<표 6-34> 플립드 러닝 사전학습 설계

학습활동 유형	주요 설계 원칙
(필수) 사전강의 시청	목적: 교실수업에 활용한 이론 학습 - 미리 학습할 내용(동영상, 그림, 교재 등 수준에 맞게 재구성) - 시청시간 3학점 기준 주당 20~30분 전후 - 1클립은 10~15분 정도 단위로 잘라서 녹화(그러나 한 클립은 단위수업으로서 충분히 마무리 될 수 있는 내용을 담도록 즉, 너무 부분적인 내용에 그치지 말고 계획한 특정 하위 학습목표를 마무리할 수 있는 내용을 포함)
(선택활동) 핵심요약	목적: 습득한 개념과 추가 확인이 요구되는 개념을 구별하기 위해 - 알게 된 내용 요약하기 - 노트정리를 위한 기본틀/항목을 학생들에게 제공하는 것이 바람직함
(선택활동) 질문거리 정리 사례분석 활동	목적: 습득한 개념과 추가 확인이 요구되는 개념을 구별하기 위해 - 필요하다면 학습자가 강의시청 후 질문거리를 만들어내는 활동 대신 교수자가 (교실수업 활동에 연계되는) 생각거리나 질문을 강의시청하기 전에 학습자에게 제시하고 시청하게 함 - 필요하다면 강의를 시청한 후에 교수자가 미리 만든 질문거리를 학습자에게 제시하고 생각해오게 함 - 필요하다면 질문거리 정리활동 대신 강의에서 제공한 개념이 제대로 적용된 사례와 잘못된 사례를 제공하여 판단해보고 교실수업에 오게 함
(선택활동) 퀴즈 참여	목적: 습득한 개념과 추가 확인이 요구되는 개념을 구별하기 위해 - 강의에서 제공한 개념을 학습했는지를 평가(3~5문제) - 핵심요약, 질문거리 정리나 사례분석을 충실히 진행했고 해당 주차의 학습목표 특성이 적절할 경우 개념 확인용 퀴즈 생략 가능
(선택활동) 질문	목적: 교실수업 참여 독려용으로 사용 - 사전학습 시간이 과하지 않은 차시에 학습자들의 사전 질문이 있는 경우 SNS 등을 활용하여 질문을 미리 받아 수업 중에 활용함 - 질문에 대한 (교실수업 전에) 응답활동은 최소화하기(교수의 업무 과부화)

출처: 이인숙 외(2020). 재구성.

<표 6-35> 플립드 러닝 수업 및 사후 학습 설계

	단계	학습활동 유형	주요 설계 원칙
교실수업중	도입	(선택활동) 사전 퀴즈	목적: 교실수업 활동에 필요한 이론과 관련 지식을 상기하기 위해 - 사전 강의의 내용을 이해하지 못했거나 잘못 이해한 내용을 확인하기 - 교실수업 전과 교실수업을 연계해주는 전략으로 가장 대표적인 교수전략임 - 수업전 퀴즈의 검토/해설 활동도 필요시 활용 - 퀴즈앤, 카훗, 핑퐁 등과 같은 앱 활동 가능

		(선택활동) 미니강의	목적: 교실수업 활동에 필요한 이론과 관련 지식을 상기하기 위해 - 수업을 본격적으로 시작하기 전에 사전 강의 내용을 전체적으로 정리할 필요가 있을 경우 - 사전강의에 포함되지 않은 추가적 내용 설명이 필요한 경우
	전개	사전강의 내용 (핵심지식, 절차, 원리 등)을 활용, 적용하는 활동	본 수업 활동의 예 - 그룹 토론 - 공개 토론(symposium, panel discussion, roundtable 등) - 시범/demo(절차, 원리작동 등) - 사례분석, 사례수정, 사례완성, 사례설계 활동 - 개별 문제풀이, 그룹 검토, 상호교수 - 에세이/기획안/작문 활동 + 개별/팀별 교수자의 피드백 지도 - 주제 초청 강사 - 역할극 - 게임 - 현장 견학 - (기획, 설계, 개발, 평가 등의 과정을 거치는) 프로젝트 수행 - (주로 학기 후반부에 여러 주를 걸쳐 진행 가능성이 높음) - 미니강의(교실 수업 중 활동을 통해 학습한 후 관련하여 추가 학습이 필요한 내용이 있는 경우)
수업후	마무리	(선택활동)확인 퀴즈 혹은 마무리용 미니강의/ 요약정리	- 필요시에 전개 단계 활동 후의 마무리 활동으로서의 퀴즈 활동 - 핑퐁, 클리커, 소크라테스, learning catalytics와 같은 앱 활용을 통한 효율성 높이기 - 필요 시 수업 내용을 종합적으로 요약, 정리
		(선택활동) 우측의 다양한 활동 중 선택	다음 활동을 필요에 따라 선택적으로 활용 가능 - 교실수업 주요 주제에 대한 추가 토론이나 비평 활동 - 교실수업 중 마무리하지 못한 활동 진행 - 소과제를 학생들이 진행하는 시간 - 교수가 학생에게 추가로 할 공지, 수업중 발생한 의문점에 대해 부연 설명이나 피드백 제공

출처: 이인숙 외(2020). 재구성.

3절. 에듀테크의 활용

1) 에듀테크의 개념과 정의

에듀테크(edutech)는 education과 technology의 합성어로 정보통신기술(ICT)을 기반으로 교육의 질과 효율성을 향상시키고자 하는 모든 기술적 접근을 의미한다. 이는 온라인 강의 플랫폼, 학습관리시스템(LMS), 생성형 인공지능(AI), 가상현실(VR), 증강현실(AR) 등의 기술을 교육 활동에 접목함으로써 시공간 제약을 해소하고 학습자의 참여를 증진시키는 역할을 한다.

교육부(2023)는 에듀테크를 '다양한 디지털 기술을 활용하여 교육의 효과성을 높이는 제품 및 서비스의 총칭'으로 정의하였으며, 한국기술교육대학교 교육직업능력개발센터는 '학습 효과를 높이는 도구와 장치의 총칭'이라 설명하고 있다. 이러한 정의들을 종합하면 에듀테크는 단순히 보조적인 기술이 아니라 교육의 설계, 운영, 평가 등 전 과정에 기술을 통합하는 교육 혁신의 핵심 기반이라 할 수 있다.

<표 6-36> 에듀테크의 정의

구분	정의
교육부(2023)	다양한 디지털 기술을 활용하여 교육의 효과성을 높이는 제품 및 서비스를 총칭함
산업통상자원부(2018)	기존 교육 서비스에 빅데이터, VR, AR, AI 등의 ICT를 결합해 새로운 학습경험을 제공하는 혁신 분야
한국기술교육대학교 교육직업능력개발센터 (2021)	교육에 기술이 결합하여 학습을 일으키고 학습효과를 높이는 도구나 장치로서 목표한 교육이 잘 이루어지도록 지원하는 기술 도구와 장치의 총칭
한국전자통신연구원 (ETRI, 2021)	ICT를 융합하여 교육을 혁신하는 하이브리드 교육, 학습자 분석과 정보 종합을 통한 학습 과정 제공
한국교육학술정보원 (KERIS)	인간의 성장과 발달을 위해 온·오프라인 교육에 활용하는 신기술과 그것을 적용한 교육 방법

2) 에듀테크의 활용

(1) 개별화된 학습경험 제공

에듀테크의 발전은 미용교육에서도 학습자의 개인차를 고려한 맞춤형 학습경험을 구현할 수 있는 기반이 된다. 특히 생성형 AI는 학생 개개인의 학습 스타일, 흥미, 수준에 따라 학습 자료를 자동으로 조정하고 제공함으로써 이론과 실습을 병행하는 미용 수업에서 효과적인 개별화 교육을 가능하게 한다. 예를 들어, 시각적 학습 성향이 강한 학생에게는 다양한 스타일링 과정이 시각화된 이미지 자료나 헤어 디자인 영상이 제공될 수 있고 청각적 학습자에게는 메이크업 단계별 설명이 담긴 오디오 자료가 보다 효과적으로 작용할 수 있다.

또한 AI는 학생의 학습 진행 속도와 이해 수준을 실시간으로 분석하여 과제 수행 중에 보완이 필요한 부분을 즉시 인식하고 관련 자료를 추가로 제안하거나 이미 학습 내용을 충분히 소화한 학생에게는 난이도 높은 심화 과제를 제시함으로써 자기주도 학습을 촉진한다. 미용 실기 과제에서도 이러한 피드백은 매우 유용하게 작용할 수 있다. 예컨대 특정 메이크업 표현 기술에서 반복된 오류가 감지되면 AI가 그에 대한 피드백과 교정 영상, 참고 사례 등을 제공하여 학습자 스스로 오류를 인식하고 개선할 수 있도록 유도한다.

이처럼 AI 기반 에듀테크는 학생의 학습 과정에서 오개념을 실시간으로 교정하고 개별 피드백을 통해 정서적 지지와 동기 부여를 동시에 실현함으로써 학습자가 부담 없이 자신의 학습 경로를 설계하고 완성해갈 수 있도록 지원하는 중요한 수단이 된다.

(2) 몰입형 학습 환경 조성

미용교육은 실습 중심의 특성상 감각적 경험과 반복 학습이 요구되며, 이를 효과적으로 구현하기 위해 몰입형 학습 환경의 구축이 중요하다. 생성형 AI 기술과 가상현실(VR), 증강현실(AR) 기술의 접목은 학습자가 실제 현장과 유사한 환경에서 실습을 반복할 수 있도록 한다.

예를 들어, 3D로 구현된 가상 메이크업 스튜디오에서는 다양한 피부톤과 얼굴형의 가상모델을 대상으로 색조 메이크업을 구성하고 시뮬레이션할 수 있으며, 학생은 자신이 선택한 컬러 조합과 표현 기법의 결과를 즉시 시각화된 화면으로 확인할 수 있다. 이 과정에서 AI는 학생의 작업 내용을 분석하고 조화롭지 못한 색 구성이나 메이크업 단계의 오류를 감지해 피드백을 제공함으로써 실력 향상에 기여한다.

또한 가상의 헤어 실습 공간에서는 고객의 요구 조건과 두상 형태에 따라 다양한 헤어 디자인을 구성해보는 프로젝트가 가능하다. 학생은 디지털 헤어 디자인 툴을 활용하여 커트선의 비대칭성, 컬의 볼륨감, 색채 조합의 조화를 검토하고 AI의 도움으로 자신만의 창의적인 디자인을 반복적으로 실험하고 수정할 수 있다.

이러한 몰입형 환경은 실기실 부족, 모델 수급의 어려움 등 미용교육 현장에서 마주하는 현실적 제약을 완화해주며 학습자에게 실패에 대한 부담 없이 다양한 시도를 해볼 수 있는 학습 공간을 제공한다. 상호작용적이고 반복 가능한 디지털 실습 환경은 학생의 참여도를 높이고 실무 적응력을 길러주는 데에도 효과적이다.

3) 에듀테크의 필요성

에듀테크(edutech)는 급변하는 사회와 교육 환경에 능동적으로 대응하기 위한 핵심적 교수-학습 기반으로 자리 잡고 있다. 특히 4차 산업혁명 시대에는 모든 산업 분야에서 디지털 역량이 기본 소양으로 요구되고 있으며, 교육 현장 또한 기술 중심으로의 전환이 빠르게 진행되고 있다. 이에 따라 미용교육 역시 기존의 교육 방식에서 벗어나 기술과 융합된 새로운 형태의 교육으로 변화할 필요가 있다.

미용교육은 실습 중심의 특성상 다양한 구조적 제약이 따른다. 예를 들어, 실습 공간의 한계, 반복 학습의 물리적 제약, 교사 1인당 피드백의 시간 부족 등이 대표적인 어려움이다. 이러한 문제를 해결하기 위한 대안으로 에듀테크의 도입은 매우 효과적이다. 예를 들어, 가상 시뮬레이션을 통해 다양한 시술 동작을 반복적으로 연습할 수 있으며, AI 기술을 활용해 학습자의 실습 결과를 분석하고 실시간 피드백을 제공함으로써 개별 맞춤형 학습을 지원할 수 있다.

또한 디지털 콘텐츠를 활용한 예습과 복습은 학생 개별의 수준과 속도에 맞춘 자기주도 학습을 가능하게 하며, 언제 어디서든 학습이 가능한 환경을 제공한다. 이는 COVID-19로 인해 비대면 수업이 보편화되었던 시기에도 교육의 연속성을 유지할 수 있게 해주었으며, 기술 기반 학습의 중요성을 교육 현장에 뚜렷하게 인식시키는 계기가 되었다.

이제는 기술이 단순한 보조 수단을 넘어 교육의 중심축으로 기능하고 있다. 미용교육 역시 이러한 흐름 속에서 기술을 기반으로 학습자 중심의 수업을 설계하고 실기 역량 강화와 창의적 표현을 동시에 지원할 수 있도록 방향을 설정해야 한다.

에듀테크는 다음과 같은 교수-학습적 효과를 갖는다.

- 학습자의 흥미와 동기를 유발하여 수업 참여도를 높일 수 있다.
- 교실에서 배운 이론을 디지털 실습이나 가상현장에 연결함으로써 실제 적용 능력을 강화 할 수 있다.
- 교사와 학생 간의 실시간 상호작용을 통해 피드백이 강화된다.

- 학습 내용을 단위별로 나누어 제공함으로써 이해도를 높이고 부담을 낮춘다.
- 학습자의 개별 수준에 따라 속도와 난이도를 조절할 수 있다.
- 학습자가 자신의 학습 진행 상황을 스스로 점검하고 조절할 수 있는 기회를 제공한다.

이처럼 에듀테크는 단순히 도구를 활용하는 차원을 넘어 학습자 중심의 교육을 실현하고 교사의 수업 설계 역량을 확장시키는 기반 기술로서 중요하다. 미용교육에서는 특히 실기 과정의 몰입도와 반복성, 피드백의 질을 높이는 데 효과적이며, 학생들의 창의성과 표현력을 함양하는 데 기여할 수 있다.

에듀테크는 궁극적으로 학습자 개개인의 성장과 발달을 지원하는 기술이자 도구, 그리고 교육의 본질적 변화를 이끄는 전략적 방안이라 할 수 있다. 이러한 교육적 전환을 위해서는 에듀테크의 특성을 정확히 이해하고 교육 목적에 맞게 통합적으로 활용할 필요가 있다.

<표 6-37> 에듀테크의 주요 내용

구분	주요 내용
실감화	AR, VR 등의 실감형 학습 콘텐츠 제공, 물리적 제약 해소
연결화	IoT, 클라우드 기반의 실시간 피드백과 학습자-교사 간의 상호연결 강화
지능화	AI 및 빅데이터를 통한 맞춤형 학습 제공, 학습 분석 및 자동 피드백 가능
융합화	교육과 산업 간 융합, 다학제 연계 콘텐츠 개발 및 미래형 교육 환경 조성

에듀테크의 네 가지 특성은 단순한 디지털화 수준을 넘어 교육 전반의 패러다임을 바꾸는 주요한 축임을 보여준다. 미용교육에서도 이를 기반으로 보다 창의적이고 유연한 수업 운영이 가능해질 수 있다.

4) 에듀테크의 유형 구분

에듀테크는 기술의 적용 방식과 목적에 따라 다양한 방식으로 분류될 수 있으며, 이를 통해 실제 교육 현장에서의 활용 방향을 명확히 할 수 있다. 특히 미용교육은 실습 중심의 특성을 지니므로 콘텐츠 설계, 수업 운영 도구, 피드백 시스템 등 기능별 분류를 이해하는 것이 중요하다.

에듀테크 유형은 기관의 성격이나 교육 현장의 수요에 따라 여러 기준으로 분류되며, 대표적으로 정보통신산업진흥원(NIPA), KERIS(한국교육학술정보원), 교육부 등의 기준이 있다.

(1) 정보통신산업진흥원(NIPA)의 CPNDS 분류

에듀테크 산업을 ICT 기술 기반의 흐름에 따라 콘텐츠(contents), 플랫폼(platform), 네트워크(network), 디바이스(device), 서비스(service)로 분류한다. 이는 ICT 산업의 기본 틀을 교육에 적용한 구조이다.

<표 6-38> CPNDS에 따른 에듀테크 유형

대분류	중분류	주요 내용
콘텐츠	멀티미디어	오디오/동영상, 디지털 출판
	AR, VR	AR, VR, 시뮬레이션 콘텐츠, 게임 기반 콘텐츠
플랫폼	교육관리시스템	학습관리시스템(SMS·LMS·e-class), 비교과관리, 콘텐츠관리시스템(LCMS·CMDS 등)
	수업지원도구	협업, 커뮤니케이션, 교수-학습, 저작, 콘텐츠, 학습운영, 평가 등
네트워크	클라우드	클라우드(상용, G클라우드)
	네트워크 관리	클라우드 관리 서비스(MSP), 디지털 권리 관리(DRM), 콘텐츠 전송 네트워크(CDN)
디바이스	교육기관용	통합시스템, 강의실 기자재, 시뮬레이터
	개인용	개인 학습용 디바이스, 착용형 디바이스, 실습용 교구
서비스	교육서비스	온라인 교육, 온라인 훈련, 혼합교육, 상담서비스
	학습지원서비스	교육기관 관리서비스, 튜터링, Q&A, 커뮤니티, 학점·학위 연계 등
	강사양성	교원연수, 강사연수

(2) KERIS의 학교 현장 기반 분류

KERIS는 학교 현장에서의 실질적인 수요를 반영하여 교과 수업, 학생 지원, 학급/학교 관리로 구분하였다.

<표 6-39> 에듀테크 활용 용도를 기준으로 한 에듀테크 분류

구분	주요 내용
교과수업	- 원격 수업 도구

(방과후, 돌봄교실 포함)	- 수업자료(콘텐츠 등) 제작/공유 - 콘텐츠 제작 도구 - 과제 제시 및 평가 피드백 도구 - 협업 도구 - 학습 이력 관리
학생 지원	- 학습관리(생활계획, 학습계획 관리) - 학습도구(마인드맵, 온라인 노트) - 진로/상담
학교/학급 관리	- 교무 행정 업무(학급 관리, 생활기록부 작성 등) - 학부모 상담 관리 - 학생 안전 관리

(3) 교육부·KERIS 공동 분류: 수업 중심 분류

에듀테크의 실제 수업 적용 가능성을 중심으로 학습 콘텐츠, 소통, 창작, 관리의 네 가지 유형으로 분류하고 있다.

<표 6-40> 에듀테크 유형

대분류	중분류	소분류
학습 콘텐츠	교수-학습 지원자료	- 수업지원 - 학습지원
	자기주도학습	- 실감형 콘텐츠 - SW 교육 - AI 교육
소통	영상 활용	- 화상수업
	텍스트 활용	- 마인드맵 - 실시간 협업
창작	자료	- 저작도구
	영상	- 영상 제작
관리	하급운영	- 과제 관리 - 일정 관리 - 구성원 관리
	평가	- 교사 피드백 - AI 피드백

우선 학습 콘텐츠를 위한 에듀테크는 수업 상황에서 필요한 학습 콘텐츠라면 교수-학습지원 콘텐츠로 학생의 스스로 학습에 필요한 콘텐츠는 자기주도학습 콘텐츠로 구분했다. 두 번째로 소통을 위한 에듀테크는 소통을 매개체에 따라 영상과 텍스트로 나누었다. 세 번째는 창작을 위한 에듀테크는 수업자료 제작을 위한 저작도구와 영상을 제작하기 위한 도구로 구분했다. 마지막으로 에듀테크는 학생의 학교생활과 학급 일정 등을 관리하는 학급 운영과 교사나 인공지능이 피드백을 해줄 수 있는 평가로 나누었다.

<표 6-41> 에듀테크 활용 효과

수업 전문성 강화	교사가 전개하는 수업 내용과 방법이 에듀테크를 통해 확장되어 학생들에게 폭넓은 지식과 경험을 제공할 수 있으며, 이에 따라 수업목표와 성취기준 조기 달성 가능(서울교육정책연구소, 2022, 미국 교육부 산하 교육기술부, 2023)
교원 업무 경감	행정업무와 관련하여 기대하는 에듀테크로는 빅데이터 기반 진로 지도·상담, 고교학점제 선택 과목 추천, 개인 맞춤형 교육과정 설계 등으로 에듀테크가 행정업무의 많은 부분을 지원하면 교사는 가르치는 업무에 보다 집중할 수 있을 것으로 나타남(서울교육정책연구소, 2022)
개별 학생 맞춤 교육	AI 맞춤형 플랫폼 활용의 초등학교 고학년 사례를 보면 교사는 AI 기반 에듀테크가 수업 개선에 도움을 준다고(그렇다, 75%) 답했고, 학생들은 에듀테크의 개인별 반복학습 지원에 만족하는(만족, 37.5%, 매우만족 31.7%) 것으로 나타남(안영은 외, 2021)
다양한 수업 활동 지원	에듀테크 활용은 개별 학생의 관심과 흥미에 따라 동일 수업목표 달성이 가능한 다양한 학습활동을 제공할 수 있는 장점이 있어 이를 활용해 개별 학생들의 수업목표 달성을 앞당기고 동기화 제공 가능(Bryant, Heitz, Sanghvi)
대안 교육 지원	에듀테크를 활용한 신개념 학교는 학교 교육의 기회를 놓쳤거나 제외됐던 학생들에게 학교 교육의 대안이 될 수 있음(한국교육학술정보원, 2023)
흥미 유발	새로운 테크놀로지가 수업 현장에 적용될 때 학생들이 신기술의 새로움에 놀라서 집중하고 학습에 동기화하는 '신기 효과'가 나타남(Levy, 2009; Delgado et al, 2015)
학업 성취도 향상	최근 AI 기반 활용 연구에서 초·중등 수학, 과학, 영어 등 여러 교과에서 에듀테크 활용은 학생들의 학업 성취도와 긍정적인 상관관계가 있는 것으로 나타남(안영은 외, 2021)

출처: 한국교육학술정보원(2023).

5) 교육과정 내 에듀테크 활용 범주

(1) 에듀테크 활용의 발전 과정과 정책 변화

에듀테크는 1990년대 이후 정보화 환경의 발전과 함께 본격적으로 교육 현장에 도입되었다. 초기에는 데스크톱 컴퓨터와 CD-ROM 등 단순한 기기를 활용하는 수준에서 시작되었으나 이후 e-러닝, m-러닝, 스마트교육, 인공지능(AI) 기반 학습 등으로 발전하면서 보다 고도화된 형태로 진화하고 있다.

교육부는 '교육정보화 기본계획'을 기반으로 에듀테크의 도입과 활용을 정책적으로 체계화해왔다. 아래 〈표 6-42〉는 6단계에 걸친 주요 변화와 각 시기의 특징을 정리한 것이다.

<표 6-42> 국내 에듀테크 활용 교육의 발전 과정

구분	1단계	2단계	3단계
시기	1996~2000	2001~2005	2006~2010
교육형태의 특징	ICT 활용 교육	e-러닝	m-러닝, u-러닝
주요 기기 및 서비스	원격 화상 교육, 데스크톱 PC, CD-Rom	인터넷 PC, 인터넷 수능 강의, 사이버가정학습	PDA, PMP, 전자칠판, 모바일 콘텐츠
추진 근거	교육 정보화 기본계획(1차)	교육 정보화 기본계획(2차)	교육 정보화 기본계획(3차)
구분	**4단계**	**5단계**	**6단계**
시기	2010~2014	2014~2018	2019~2023
교육형태의 특징	스마트 교육	소프트웨어 교육	SW 교육, AI, 메이커 교육
주요 기기 및 서비스	디지털 교과서, 스마트폰, 태블릿 PC	무선인터넷망, 온라인 플랫폼, 개인용 단말기	AI 솔루션, 클라우드 PC, 지능형학습 플랫폼, VR, AR
추진 근거	교육 정보화 기본계획(4차)	교육 정보화 기본계획(5차)	교육 정보화 기본계획(6차)

출처: 김진옥(2022). 재정리.

이처럼 교육 현장에서의 에듀테크 도입은 단순한 기기 보급을 넘어 디지털 환경과 교수-학습 방법의 동시적 혁신을 유도해왔다. 특히 최근에는 AI 튜터, 지능형 플랫폼, 생성형 AI 기반의 학습지원 시스템 등 고도화된 기술을 바탕으로 초개인화 학습

환경이 조성되고 있으며, 이는 교수자의 수업 설계뿐만 아니라 학생 개개인의 학습 흐름에도 큰 영향을 미치고 있다.

이러한 발전 과정과 정책 기반은 미용교육과 같은 실기 중심 교과에서도 매우 유의미하게 작용한다. 반복 학습이 필요한 실습 상황에서 다양한 디지털 자료와 시뮬레이션 기술, 실시간 피드백 시스템을 적용함으로써 학생 개별의 학습 경로를 보다 유연하게 설계할 수 있고 교사의 수업 운영 역시 보다 체계적으로 이루어질 수 있다.

(2) 2022 개정 교육과정과 디지털 소양 교육

2015 개정 교육과정은 지식정보사회가 요구하는 창의·융합형 인재 양성을 위해 문·이과 통합 교육과정을 도입하고, 전 학생이 인문·사회·과학기술에 대한 기초소양을 갖추도록 하는 데 중점을 두었다. 이에 따라 교과 교육과정 간의 연계성을 강화하고, 교육과정과 수능, 대입 제도 간 정합성을 높이려는 방향에서 개정이 이루어졌다.

반면 2022 개정 교육과정은 급변하는 미래 사회의 불확실성에 대응할 수 있는 핵심 역량 중심의 교육과정을 지향하며, 학습자 주도성을 바탕으로 한 맞춤형 교육체제를 구현하는 데 초점을 둔다. 특히 디지털 대전환 시대에 필요한 디지털 소양과 컴퓨팅 사고력 함양을 강조하면서, 전 교과에 걸쳐 AI 및 정보 기술 기반의 교수-학습 환경을 적극적으로 반영하였다. 또한 학교 현장의 자율성과 책무성을 높이고, 지역과 학교 수준에서 다양하고 창의적인 교육과정을 운영할 수 있도록 구조를 개선하였다.

이러한 변화는 미용교육에서도 전통적인 실기 중심 수업을 넘어, 디지털 기술을 활용한 창의적 교수-학습 방법의 확산과 융합적 역량 중심의 교육과정 재구성이 필수적임을 시사한다.

<표 6-43> 2015·2022 개정 교육과정 총론의 주요 사항 대비표

내용	주요 사항	
	2015 개정 교육과정	2022 개정 교육과정
교육과정 개정 방향	- 지식정보사회가 요구하는 창의·융합 인재 양성을 위한 교육 기반 마련 - 모든 학생이 인문, 사회, 과학 기술에 대한 기초소양을 함양할 수 있는 문·이과 통합형 교육과정 필요 - 교육과정과 수능 및 대입 제도의 연계, 교원 연수 등 교육 전반을 개선하기 위한 교육과정 개정	- 미래 사회의 불확실성에 대응할 수 있는 기본 역량 및 변화대응력을 키워주는 교육 체제 구현 - 미래 사회 역량 함양이 가능한 교육과정 개발 및 학습자 주도성을 강화하는 모든 학생의 개별 성장 맞춤형 교육과정 구현 - 교육 주체 및 국민과 함께하는 현장 적용성이 높은 교육과정 개발 체제 구축

<table>
<tr><td rowspan="9">총론</td><td>추구하는 인간상</td><td>- 자주적인 사람, 창의적인 사람, 교양 있는 사람, 더불어 사는 사람</td><td>- 자기 주도성, 창의와 혁신, 포용과 시민성의 핵심
- 가치 중심 인간상 재구조화</td></tr>
<tr><td>교육목표</td><td>- 인간상을 바탕으로 미래 사회가 요구하는 핵심역량을 함양하여 바른 인성을 갖춘 창의 -융합형 인재 양성에 중점</td><td>- 인간상과 핵심역량을 연계하고 시민성, 개인과 사회의 지속가능성 및 생태 감수성 등을 교육목표에 반영하여 개선</td></tr>
<tr><td rowspan="2">미래 사회 및 환경 변화에 대응하는 교육 내용 강화</td><td>신설</td><td>- 여러 교과를 학습하는데 기반이 되는 언어, 수리, 디지털 소양 등을 기초소양으로 강조하고 총론 및 교과 교육과정에 반영
- 생태전환교육, 민주시민 교육 및 일과 노동에 포함된 의미와 가치 등을 교육목표에 반영하는 방안 추진</td></tr>
<tr><td>- 심화선택 '정보' 과목을 일반 선택 과목으로 전환
- SW중심으로 내용 개편</td><td>- 모든 교과교육을 통한 디지털 기초 소양 함양 기반을 마련하고 정보교육과정과 연계하여 AI 등 신기술 분야 기초·심화학습 내실화</td></tr>
<tr><td>분권화 학교 교육과정 자율성 확대</td><td>신설</td><td>- 교육과정, 지역 교육과정, 학교 교육과정 간 주체별 역할 구분
- 지역 연계 교육과정 개발·운영, 학교 자율시간 도입 및 교사의 교육과정 자율권 확대
- 지역 특성에 맞는 다양한 수업 혁신이 학교 현장에서 이루어질 수 있도록 단위 학교 교육과정 편성·운영의 자율권을 확대하는 근거 총론에 마련</td></tr>
<tr><td>학교급 전환 시기의 진로 연계 교육 강화</td><td>신설</td><td>- 학교급 교과 내용 연계와 진로 설계, 학습 방법 및 생활 적응 등을 지원하기 위한 진로 연계 학기 신설</td></tr>
<tr><td>창의적 체험 활동 개선</td><td>- 자율활동, 동아리활동, 봉사활동, 진로활동 4개 영역으로 구성</td><td>- 자율·자치활동, 동아리활동, 진로활동 3개 영역으로 재구조화
※ 봉사활동은 동아리 및 진로활동으로 통합</td></tr>
<tr><td>안전교육 개선</td><td>- 창의적 체험활동에 안전한 생활 64시간으로 구성</td><td>- 과학, 체육, 실과, 보건 등 관련 교과목의 '안전' 대단원을 통해 전 학교급에 걸친 체계적인 안전 교육실시</td></tr>
<tr><td colspan="2">교과 교육과정 개발 방향</td><td colspan="2">· 2022 개정 교육과정 교과 교육 개정의 방향 제시
- 깊이 있는 학습, 교과 간 연계와 통합, 삶과 연계한 학습, 학습과정에 대한 성찰을 강화한 역량 함양 교과 교육과정 개발
- 소수의 핵심 아이디어를 중심으로 학습 내용 엄선 및 교과 내 영역 간 내용 연계성 강화</td></tr>
</table>

	- 교과 고유의 사고와 탐구를 명료화하여 '깊이 있는 학습' 지원 - 교과목표, 내용체계, 성취기준, 교수-학습, 평가의 일관성 강화 - 학생의 의미 있는 학습경험을 위한 교육과정 자율화의 토대 마련 **· 교수-학습 및 평가 개선 방향 제시** -깊이 있는 학습, 교과 간 연계와 통합, 삶과 연계한 학습, 학습 과정에 대한 성찰이라는 네 가지 지향점을 구현하는 방안으로 개선 -교과목표(역량) 달성을 위한 교수-학습의 강조점 및 빅 데이터·AI를 활용한 학생 맞춤형 수업 제시 -창의력, 비판적 사고력 등 미래 역량 함양을 위한 평가, 원격수업에서의 평가 및 다양한 학습자를 위한 평가 등의 평가 원칙과 중점 제시 **· 교과 교육과정 개발을 위해 현장 교원 50% 이상 참여 등 총론과 교과 교육과정의 연계성 강화**
디지털 기반 교수-학습 혁신	**· 획일적인 교실 수업에서 벗어나 온·오프라인 연계가 자유로운 교수-학습 및 평가 모형(학교 내, 학교 간 수업 등) 개발 적용** **· 원격 수업 등, 교실 수업 개방성 증대와 첨단 디지털 인프라를 활용한 다양한 교육 방식의 현장 안착을 위한 교육과정 개선 및 지원** **· 최적화된 교육과정 편성과 운영이 가능 하도록 총론과 교육과정 근거 마련 및 맞춤형 원격수업 활성화**

2022 개정 교육과정 총론의 핵심역량은 자기관리 역량, 지식정보처리 역량, 창의적 사고 역량, 심미적 감성 역량, 협력적 소통 역량, 공동체 역량의 여섯 가지로 구성되어 있으며, 이는 미래 사회에 필요한 포괄적 능력으로 강조되고 있다.

<표 6-44> 2022 개정 교육과정 총론 핵심역량

역량	내용
자기관리 역량	자아 정체성과 자신감을 갖고 삶과 진로에 대해 스스로 설계하며, 이에 필요한 기초능력 및 자질을 갖추어 자기 주도적으로 살아갈 수 있는 역량
지식정보처리 역량	문제를 합리적으로 해결하기 위하여 다양한 영역의 지식과 정보를 깊이 있게 이해하고 비판적으로 탐구하며, 활용할 수 있는 역량
창의적 사고 역량	폭넓은 기초 지식을 바탕으로 다양한 전문 분야의 지식, 기술, 경험을 융합적으로 활용하여 새로운 것을 창출하는 역량
심미적 감성 역량	인간에 대한 공감적 이해와 문화적 감수성을 바탕으로 삶의 의미와 가치를 성찰하고 향유하는 역량
협력적 소통 역량	다른 사람의 관점을 존중하고 경청하는 가운데 자신의 생각과 감정을 효과적으로 표현하며, 상호협력적인 관계에서 공동의 목적을 구현하는 역량
공동체 역량	지역·국가·세계 공동체의 구성원에게 요구되는 개방적·포용적 가치와 태도로 지속 가능한 인류 공동체 발전에 적극적이고 책임감 있게 참여하는 역량

또한, 2022 개정 교육과정은 급변하는 미래 사회에 대응하고 학교 교육의 실질적 역량을 강화하기 위해 네 가지 주요 방향을 설정하고 있다.

첫째, 미래 대응을 위한 교육과정에서는 인간성과 공동체성, 디지털 기초소양을 강화하고, 학생 개개인의 성장을 위한 맞춤형 교육과정을 강조한다. 이는 미용교육에서도 전공 역량뿐만 아니라 인성 및 디지털 활용 능력의 통합적 성장이 요구된다는 점과 맞닿아 있다.

둘째, 학교 현장의 자율책임 원칙 지원을 통해 학교가 교육과정을 주도적으로 구성하고 운영할 수 있도록 자율성을 확대하며, 학교 단위에서 창의적이고 실질적인 미용 수업 운영의 기반이 될 수 있다.

셋째, 학습자 맞춤형 교육 강화는 교육과정의 다양성과 연계성을 확보하고, 진로연계 교육과정 운영 및 학생 선택권을 확대하는 방향이다. 이는 개별 학습자의 진로에 적합한 미용 분야 세분화 및 전문화된 교육과정 운영과 직결된다.

넷째, 교육환경 변화 대응 지원은 교육과정 지원 체제 구축 및 디지털 기반 교수-학습 자료 개발을 포함하며, 이는 미용교육에서도 현장 기반 자료 개발 및 지역사회와의 연계를 통해 실천적 교육을 강화하는 데 기여할 수 있다.

미래 대응을 위한 교육과정

- 인간상 등 교육 방향 제시
- 공동체 가치 및 역량 강화
- 디지털 기초소양 강화
- 모두를 위한 교육 강화

학교 현장의 자율적인 혁신 지원

- 학교 교육과정 자율성 확대
- 초·중학교 교육과정 운영이 유연성 제고
- 창의적 체험활동 및 범교과 학습 주제 개선

학습자 맞춤형 교육 강화

- 초·중학교의 학교급 간 진로연계 교육강화
- 고교학점제 안착
- 직업계고 교육과정 개선

교육환경 변화 대응 지원

- 역량 함양 교과 교육과정 개발
- 디지털 기반 교수-학습 개선
- 교육과정 지원 체제 구축

[그림 6-3] 2022 개정 교육과정 방향

2022 개정 교육과정에서는 '디지털 기초소양'과 '컴퓨팅 사고력' 함양을 목표로 모든 교과에서의 디지털 활용 교육을 확대하고 있다. 정보교과에서는 AI, SW, 로봇 등 신기술 관련 내용을 포함한 심화 학습이 가능하며, 고교학점제와 공동교육과정을 통한 맞춤형 운영도 가능하도록 설계되었다.

2022 개정 교육과정은 모든 교과목에 AI·디지털 활용을 권장하고 있으며, 특히 학교 교육과정의 교수-학습 및 평가 시 온라인을 활용해야 하는 상황이 되었음을 알 수 있다. 국어 교과에서는 매체 영역이 신설되어 디지털 자료를 활용한 비판적 사고 훈련이 가능하고 미술에서는 가상공간을 포함한 다양한 디지털 도구 활용이 장려된다. 실과에서는 AI, 프로그래밍, 로봇 등 디지털 사회와 인공지능 내용을 포함하여 학생들의 기술 이해도를 높이고 있다.

<표 6-45> 2022 개정 교육과정과 각 교과목의 AI·디지털 활용 교육

교과	교육과정 설계 개요 성격 및 목표	성취기준
국어	디지털 미디어 역량, 매체 영역 신설	다양한 매체와 매체 자료의 이해와 활용 관련 성취기준 진술
미술	가상공간까지 미술의 범위 확대, 표현과 소통의 도구로 디지털 매체 적극 활용	디지털 매체 등 다양한 표현 재료와 용구를 탐색한 작품 제작 관련 성취기준 진술
도덕	인공지능 및 디지털 윤리 등 총론의 역량을 발휘할 수 있는 도덕적 인간	인간과 인공지능 로봇 간의 윤리, 디지털 사회의 다양한 문제 탐색 관련 성취기준 진술
사회	정보활용 능력	민주주의에서 미디어의 의미와 역할 이해, 비판적 분석 관련 성취기준 진술
영어	다양한 매체 자료와 정보통신 기술, 디지털 지식정보 등을 수업과 학습에 활용	다양한 매체로 표현된 담화나 문장을 듣거나 읽기, 적절한 매체나 전략을 활용하여 창의적으로 의미 표현과 관련된 성취기준 진술
실과	디지털 사회와 인공지능 영역 신설 지속 가능한 기술과 융합 영역의 핵심 개념으로 로봇과 제어, 정보통신과 인공지능 포함	디지털 기기 활용 능력 함양, 건전한 정보 기기의 활용, 로봇의 이해와 코딩 프로그램 적용, 컴퓨터의 개념과 프로그래밍, 데이터와 인공지능 이해 관련 성취기준 진술

6) 직업계고 교육과정과 에듀테크

직업계고에서는 학점제 기반 교육과정 안에 '디지털과 직업 생활'이라는 과목이 신설되었다. 이 과목은 디지털 의사소통, 콘텐츠 제작, 인공지능 이해, 디지털 시민의식 등 실제 직업 생활과 밀접한 주제를 다루며, 디지털 소양과 직업 역량 간의 연결성을 강조한다.

특히 미용 분야의 경우 디지털 콘텐츠 제작 기술이나 AI 기반 고객 응대 시뮬레이션 활용 등 실무에 적용 가능한 기술적 역량이 요구되므로 이 과목의 교육내용은 미용교육과도 깊은 연관성을 지닌다. 또한 온·오프라인 연계 수업, AI 기반 맞춤형 수업 등은 직업계고 수업의 유연성과 몰입도를 높이는 데 기여한다.

<표 6-46> 디지털과 직업 생활 내용 체계

학습 영역	학습 요소
디지털 전환과 직업 생활	- 디지털 전환의 이해 - 디지털 전환과 생활의 변화 - 디지털 전환과 직업 세계의 변화
디지털 의사소통과 협업	- 디지털 의사소통 - 직업 생활과 디지털 협업
디지털 콘텐츠의 활용과 제작	- 디지털 콘텐츠의 이해 - 디지털 콘텐츠의 활용 - 직업 생활과 디지털 콘텐츠의 제작
디지털 문제해결	- 디지털 문제해결의 이해 - 문제 분석과 해결 방법 탐색 - 직업 생활과 디지털 콘텐츠의 제작
인공지능과 직업 생활	- 인공지능의 이해 - 기계 학습에 대한 이해와 모델 구현 - 직업 생활과 인공지능의 역할
디지털 시민 의식과 직업윤리	- 디지털 시민 의식의 이해 - 디지털 시대의 예절 - 디지털 시대의 직업윤리

7) 실제 교과수업 및 행정 적용 사례

에듀테크는 디지털 기술을 활용하여 개별화 교육, 학습 격차 해소, 교원 업무 경감, 학교 구성원 간 소통 강화, 학생의 학업 몰입 등 교육 현장이 목표로 하는 다양한 과제를 효과적으로 해결하기 위한 것이라고 할 수 있다. 교사는 교과 수업, 학생 지원, 행정 업무 등의 분야에서 다양한 에듀테크를 필요에 따라 자유롭게 선택하여 활용하며, 학생은 정규교육에서는 교사가 선택한 수업, 협업 도구 등을 통해 수업에 참여하며, 방과후에는 학습 콘텐츠를 이용하여 개별학습을 할 수 있다.

<표 6-47> 교사들의 에듀테크 활용 현황

분야	내용	주요 에듀테크 서비스				
교과 수업	원격 수업 도구	줌	구글	유튜브	meet	카카오톡
	콘텐츠 제작 도구	미리캔버스	MS 오피스	파워 포인트	한글	구글 docs
	협업 도구	띵커벨	패들렛	구글 docs	구글 클래스룸	구글

	과제 제시 및 평가 피드백 도구	클래스카드	구글 클래스룸	패들렛	AI 펭톡	클래스팅
	학습 도구 (온라인 노트)	마인드 마이스터	패들렛	마인드맵	멘티미터	edrawmind
	학습 이력 관리	네이버 웨일	E-학습터	구글 클래스룸	칸아카데미	리로스쿨
학생 지원	학습 관리 (생활 학습 계획)	E-학습터	구글 클래스룸	클래스팅	위두랑	MS teams
	진로/상담	마플	카카오톡	구글 클래스룸	리로스쿨	커리어넷
	학생 안전 관리 (건강, 안전)	네이버 밴드	클래스팅	클래스123	카카오톡	하이클래스
행정 업무	교무행정 (학급관리, 생활기록부)	키즈콜	자가진단앱	구글 클래스룸	하이클래스	네이버 밴드
	학부모 상담관리	클래스팅	에듀넷	네이버 밴드	아이엠스쿨	하이클래스

출처 : 한국교육학술정보원(2022).

8) 에듀테크 활용 교수-학습 전략

교수-학습 전략은 학습자에게 효과적으로 지식과 기능을 전달하기 위한 일련의 교수 방법과 매체, 자료 선택을 포함하는 교육 설계의 핵심 요소이다. 특히 에듀테크가 통합된 교수-학습 전략은 단순한 도구 활용을 넘어서 교수-학습의 목표와 내용, 학습자 특성을 고려한 통합적 사고와 실천을 요구한다. 디지털 기반의 교수-학습 환경에서는 교수자와 학습자 간의 상호작용을 강화하고 학습 내용을 명확히 전달하며, 개별화된 학습경험을 지원하는 방향으로 전략이 구성되어야 한다.

교수 방법은 교사가 학습자에게 교육목표에 부합하는 학습경험을 제공하기 위해 선택하는 절차적 접근이다. 이는 Smaldino et al(2011)이 설명한 바와 같이 학습자의 성취를 돕기 위한 지식과 정보의 조직, 제시, 설명 방식이라 할 수 있다. 즉, 학습자가 학습 내용과 경험을 잘 이해하고 습득할 수 있도록 돕기 위한 다양한 교수 자료, 매체, 방법의 선택과 활용이 모두 교수 전략에 포함된다.

변영계 외(2007)는 교수 방법을 학습을 유도하고 발생시키기 위한 교사와 교수자의 실행 지식 및 실천력으로 정의하였다. 이는 교수 방법이 단순히 전달 방식에 그치지 않고 수업을 기획하고 설계하며, 실행과 평가를 통합적으로 수행하는 과정임을 의미한다. 따라서 디지털 도구를 활용한 전략은 단순한 '매체의 사용'이 아니라 교육 목표 달성과 학습 효과를 극대화하기 위한 설계적 사고를 요구한다.

한편 교수매체는 학습자가 내용을 명확히 이해할 수 있도록 보조하는 수단이다. 협의로는 학습 내용을 구체화하거나 보완하여 학습의 명료성을 높이는 자료나 기기를 의미하고 광의로는 교수자, 교재, 칠판, 학습 환경, 디지털 플랫폼 등 교수활동에 사용되는 모든 전달 수단을 포함한다. 특히 디지털 시대의 교수매체는 웹 기반 콘텐츠, 실감형 시뮬레이션, 인공지능 기반 학습 도우미 등 다양한 형태로 확장되고 있다.

예를 들어, 미용교육에서 가상 헤어 디자인 프로그램을 활용하면 스타일링 이론을 시각적으로 제시함으로써 학습자의 이해도를 높이고 학습 후에는 해당 내용을 기반으로 포트폴리오를 제작하게 함으로써 지식의 내면화를 촉진할 수 있다. 또한 디지털 콘텐츠를 수업에 통합할 경우 기존의 단순 반복 학습에서 벗어나 체험 중심의 몰입형 학습 전략이 가능해진다.

이처럼 에듀테크를 활용한 교수-학습 전략은 전통적인 교육 방식에 비해 시공간적 제약을 줄이고 학습자의 흥미와 자기주도성을 촉진하며, 학습 결과의 질적 향상을 도모할 수 있다는 점에서 현장 적용의 가치가 높다.

(1) 미용 이론 수업에서의 에듀테크 활용

- AI·디지털 활용 문제해결 사례

AI와 디지털 기술은 미용 현장에서의 다양한 문제 상황을 해결하거나 새로운 창작물을 개발하는 데 효과적으로 활용될 수 있다. 아래는 문제해결 중심 프로젝트 학습(PBL) 모형을 기반으로 미용교육 수업에 AI·디지털을 접목한 실습 사례이다. 문제해결 과정을 6단계로 나누어 구성하며, 각 단계에서는 디지털 기술 및 AI 툴을 적극 활용한다.

1단계	2단계	3단계
① 상황 탐색: 영상 시청 및 문제 인식	② 문제 정의: 개인 맞춤형 스타일링의 어려움	③ 설계하기: AI 분석 기반 스타일 제안 도구 구상
4단계	**5단계**	**6단계**
④ 개발하기: 얼굴형 인식 AI 활용 실습	⑤ 피드백 받기: 발표 및 동료 평가	⑥ 개선하기: 보완 및 적용 방안 탐색

[그림 6-5] AI 활용 6단계 학습 절차

출처: 박선주 외(2024). 재구성.

① 상황 탐색: 영상 시청 및 문제 인식

학생들은 '다양한 얼굴형에 따른 헤어스타일 제안'에 관한 영상 자료를 시청하고 영상 속 모델이 겪는 스타일링 고민을 공유한다. 예를 들어, '둥근 얼굴형 모델이 스타일 선택에 어려움을 겪는 상황'을 인식하고 이에 대한 해결 방안을 모색한다.

② 문제 정의: 개인 맞춤형 스타일링의 어려움

영상 사례를 바탕으로 실제 미용 현장에서 고객의 얼굴형, 이목구비, 두상, 피부톤 등을 종합적으로 분석하여 스타일을 제안해야 하는 과제가 있다는 것을 학습한다. 이후 AI 기술을 활용하여 얼굴형 분석과 헤어·메이크업 제안이 가능한 시스템을 설계하기로 한다.

③ 설계하기: AI 분석 기반 스타일 제안 도구 구상

팀별로 스타일 추천 모델을 구상한다. 예를 들어, 얼굴형을 분석하고 해당 특징에 맞는 헤어스타일을 추천하는 시스템을 설계한다. 이때 스케치를 그리거나, 분석 요소(이마 길이, 턱선 등)를 정리하는 활동을 통해 구체적인 미션을 설정한다.

④ 개발하기: 얼굴형 인식 AI 활용 실습

AI 툴을 활용하여 얼굴형 이미지 데이터를 분류하는 모델을 제작한다. 직접 수집하거나 제공받은 얼굴 사진을 이용하여 '둥근형', '각진형', '긴형' 등으로 분류하고 각각에 적합한 스타일 가이드를 제작한다.

⑤ 피드백 받기: 발표 및 동료평가

개발한 AI 모델과 제안 자료를 발표하고 동료 학생들과 교사로부터 피드백을 받는다. 예를 들어, 얼굴형 인식 정확도, 제안된 스타일의 실현 가능성, 표현력 등에 대한 평가를 받고 수정 방향을 논의한다.

⑥ 개선하기: 보완 및 적용 방안 탐색

피드백을 바탕으로 AI 모델의 분류 기준을 개선하거나 스타일 제안 콘텐츠를 시각적으로 정비한다. 이후 실제 미용 실습에서 고객 역할을 하는 친구에게 제안한 스타일을 적용해보고 결과를 확인하며, 실무와의 연결성을 강화한다.

이와 같은 프로젝트는 학생들에게 디지털 기술의 실제 적용 맥락을 제공하고 미용 분야의 창의적 문제해결 역량을 함양하는 데 효과적이다. 특히 AI 기반 도구를 수업에 접목함으로써 단순 기술 숙련을 넘어 고객 맞춤형 솔루션 설계 능력을 기를 수 있다는 점에서 교육적 가치가 크다.

<표 6-48> 실시간 매체 활용 면대면 수업의 교실 환경 점검표

점검 내용	점검
교실에는 인터넷 사용 여부 등 디지털 매체를 사용할 수 있는 기본적 준비가 되어 있는가?	
수업에서 학습자들이 사용할 수 있는 디지털 기기에 대한 준비가 가능한가?	
교사는 디지털 매체 사용 방법에 대해 충분한 숙지가 되어 있는가?	
수업에 활용한 디지털 매체에 대해 학습자들에게 안내 및 설명할 수 있는 준비가 되어 있는가?	
만약의 경우 생길 수 있는 기술적 문제에 대비한 대안이 마련되어 있는가?	

출처: 이해영 외(2021).

<표 6-49> 실시간 매체 활용 온라인 수업의 교실 환경 점검표

점검 내용	점검
학습자와의 수업이 이루어질 온라인상의 공간 준비가 되어있는가?	
교사로서 온라인상의 공간 이용에 대한 사전 지식을 충분히 숙지하고 있는가?	
수업 진행을 위한 플랫폼 외에 다른 디지털 매체도 사용하여 수업을 구성했는가?	
참여할 학습자들에게 수업 공간에 대한 안내가 충분히 이루어졌는가?	
학습자들이 모두 각자의 공간에서 온라인 수업이 가능한지에 대한 사전 조사가 이루어졌는가?	

출처: 이해영 외(2021).

(2) 미용 실습 수업에서의 에듀테크 활용

- 미용교과 - 오토드로우를 활용한 뷰티일러스트 수업

AI 기반 드로잉 툴인 오토드로우(autodraw)는 그림 실력이 부족한 학생들도 원하는 형태를 간단히 스케치하면 빅데이터를 기반으로 가장 유사한 도형을 추천하고 그림으로 자동 완성해주는 기능을 제공한다. 이러한 기술은 뷰티일러스트 수업에서 기초 표현 능력이 부족한 학습자에게 자신감을 심어주고 반복적인 따라 그리기 과정을 통해 일러스트 표현 역량을 점진적으로 향상시킬 수 있는 교육적 도구로 활용될 수 있다.

이 수업에서는 다양한 뷰티일러스트 예시를 탐색한 뒤 메이크업 스타일링에서 주요한 디자인 요소들을 분석하여 학생이 자신의 스타일링 구상을 시각적으로 표현할 수 있도록 돕는다. 오토드로우를 활용해 얼굴 윤곽, 눈, 입 등의 기초 도형을 빠르게 스케치하고 AI가 제시하는 정제된 도안을 조합함으로써 전체적인 스타일링 콘셉트를 완성해나가는 과정이 중심이 된다. 이후 각자의 스타일에 적합한 색채를 계획하고 채색을 구성하며, 표현 능력을 확장하도록 지도한다.

수업의 흐름은 도입-전개-정리 단계로 구성된다. 도입 단계에서는 학습자의 관심을 유도하기 위해 다양한 뷰티일러스트 예시를 소개하고 메이크업 디자인의 구성 요소에 대해 탐색한다. 이때 학생 수준에 맞는 간단한 예시를 통해 접근성을 높인다. 전개 단계에서는 오토드로우를 활용하여 도안을 완성하고 색채 계획을 세우는 활동이 중심이 되며 디테일보다는 전체적인 스타일 구상 능력 향상에 중점을 둔다. 정리 단계에서는 각자의 작품을 공유하고 스타일링 콘셉트를 발표한 후 동료 간 피드백을 교환함으로써 디자인 관점의 다양성을 인식하고 표현 감각을 확장시킨다.

이와 같은 수업 구성은 디지털 도구를 통해 표현력과 창의성을 동시에 강화하며, 학생들이 부담 없이 창의적 시도를 할 수 있는 안전한 환경을 제공한다. 특히 AI의 도식 지원 기능은 기초 스케치에 대한 심리적 장벽을 낮춰 시각적 표현에 익숙하지 않은 학생들도 능동적으로 참여할 수 있게 한다는 점에서 뷰티일러스트 교육의 접근성과 효과성을 높이는 데 기여할 수 있다.

<표 6-50> AI 활용 수업의 교수-학습 활동

학습 흐름	교수-학습 활동	유의점
도입	- 동기 유발 - 다양한 뷰티일러스트 예시 탐색 - 메이크업 스타일링에 필요한 요소 분석	학생의 눈높이에 맞는 쉬운 예시 제시
전개	- 학습문제 제시 - AI의 추천 도형을 조합하여 스타일링 도안 완성 - 스타일에 맞는 색상 계획 및 채색 구성	디테일보다는 전체 스타일 구상에 초점
정리	- 결과물을 공유하고 스타일링 콘셉트 발표 - 친구들의 스타일링에 대한 피드백 교환	아이디어의 다양성을 존중하고 긍정적 피드백 유도

출처: 박선주 외(2024). 재구성.

(3) 언어학습을 위한 AI 대화시뮬레이션

언어 학습에서 생성형 AI 기술은 학습자가 실제와 유사한 대화 상황을 경험하며, 말하기 능력을 기를 수 있도록 지원한다. 특히 고객 응대와 같은 상황은 반복적인 연습과 피드백을 통해 향상될 수 있으며, 이를 가능하게 하는 도구로 AI 기반 대화 시뮬레이션이 효과적으로 활용된다.

현재 생성형 AI는 음성 인식, 자연어 처리, 이미지 기반 인터페이스 기술과 결합하여 대화형 AI 캐릭터를 구현할 수 있으며, 학습자는 이 캐릭터와의 실시간 상호작용을 통해 다양한 어휘와 표현을 습득하고 문장을 구성하는 방식에 대한 피드백을 받을 수 있다. 미용 수업에서는 이러한 기술을 통해 고객 응대에 필요한 표현 연습을 반복하고 발음, 문장 구조, 적절한 반응 속도 등을 훈련하는 언어적 감각을 기를 수 있다.

특히 이 과정은 실제 고객을 상대하는 상황과 유사하게 시뮬레이션됨으로써 학습자가 자신의 언어 사용을 실시간으로 점검하고 수정할 수 있게 한다. AI는 학생의 반응을 분석하여 적절한 피드백을 제공하며, 문법 오류를 교정하거나 표현의 적절성을 평가하는 기능도 갖추고 있다.

이러한 상호작용적 학습 환경은 학습자의 몰입도를 높이며, 학습자가 자신의 페이스에 따라 연습을 반복할 수 있는 구조를 제공한다. 또한 실제 고객을 마주하기 전, 심리적 부담을 줄인 상태에서 충분히 연습할 수 있는 기회를 제공함으로써 학습자의 자신감을 높이고 실무능력 향상에도 기여할 수 있다.

결과적으로 생성형 AI 기반 대화 시뮬레이션은 미용 현장에서 필수적인 고객 커뮤니케이션 역량을 향상시키는 데 효과적인 도구로 작용하며, 언어 학습을 실무 중심 교육과 자연스럽게 연결해주는 가교 역할을 한다.

<표 6-51> 생성형 AI 활용 수업의 교수-학습 활동

학습 흐름	교수-학습 활동	유의점
도입	- 고객 응대 시 필요한 기본 표현 살펴보기 - 실무 현장에서의 의사소통 상황 소개	- 실제 고객 응대 영상이나 상황 예시 제시 - AI 대화 시뮬레이션 활용 목적 설명
전개	〈활동 1〉 생성형 AI 캐릭터와의 대화 실습 - 인사, 예약 응대, 요구 파악 등의 상황별 연습 - 발음, 어휘, 문장 구성에 대한 피드백 받기 〈활동 2〉 오류 수정 및 반복 연습 - 피드백을 바탕으로 문장 다시 구성하기 - 자연스러운 표현으로 바꿔 말하기 시도	- AI 대화 인터페이스(챗봇, 음성 인식 등) 활용 - 개별 학습자의 표현 수준에 따라 반복 연습 유도
정리	- 실습 내용 발표 및 역할극 공유 - 친구들의 응대 표현에 대해 피드백 교환 - 오늘의 표현 중 인상 깊었던 문장 정리	- 정리 활동에서 긍정적인 언어 사용 강조 - 실무 현장 적용 가능성에 대해 간단히 토의

[활동하기]

활동 1: 학습자 분석 시나리오 작성하기

목표: 수업 대상 학습자의 특성을 파악하고, 그에 맞는 교수설계 기초 자료를 구성할 수 있다.

활동 절차:

- 가상의 학습 대상 집단을 설정한다(예: 고등학교 2학년 헤어 미용 전공).
- 다음 요소를 포함한 학습자 분석 보고서를 작성한다.
- 일반적 특성(연령, 성별, 배경 등)
- 출발점 능력(선수지식, 기능)
- 학습양식(시각/청각 선호도, 동기, 정보처리 경향 등)
- 조별로 분석 결과를 공유하고 적절한 교수매체 예시를 함께 제안한다.

[사용 자료]

- 학습자 분석 워크시트(제공된 양식 또는 구글폼)
- 발표용 포스터 또는 슬라이드(Canva, PPT 등)

활동 2: 교수매체 선정 회의 시뮬레이션

목표: 특정 수업 주제에 적절한 교수매체를 분석하고 비교하여 수업목표에 맞는 매체를 선정할 수 있다.

활동 절차:

- 2~3인 조를 구성하고 수업 주제 예시를 하나 배정받는다(예: “뷰티크리에이터”, “블로우 드라이 스타일” 등).
- 조별로 다음 요소를 고려하여 사용할 매체를 선정한다.
- 학습자 특성
- 매체의 감각 유형 및 투사 여부
- 실습 여건과 비용
- 학습목표 도달의 효과성
- 매체 선정표(분석 루브릭)를 작성한 뒤 선정 결과를 발표한다.

[사용 자료]

- 매체 선정 비교표 양식
- ASSURE 모형 단계 설명 자료
- 참고용 매체 카탈로그 또는 시청각 도구 샘플 이미지

7장 미용교육과 교육평가

제 7 장 미용교육과 교육평가

현대 미용교육은 단순한 기술 습득의 영역을 넘어 창의성과 표현력, 비판적 사고력, 그리고 직무 현장에서 요구되는 통합적 역량을 함양하는 것을 주요 목표로 한다. 이러한 교육목표를 효과적으로 달성하기 위해서는 평가가 학습자의 성장을 진단하고 지원하는 도구로 기능해야 하며, 단순한 선발과 변별을 위한 수단으로 축소되어서는 안 된다.

본장에서는 평가의 철학적 기초와 실제적 적용을 아우르는 다면적 관점을 통해 미용교육에서 평가가 어떻게 설계되고 운영되어야 하는지를 고찰한다. 양적·질적평가, 준거·규준참조평가, 진단·형성·총괄평가 등 다양한 평가 유형의 개념적 차이와 실제 교육 현장에서의 활용 방안을 제시한다. 이러한 논의를 통해 평가가 단순히 결과의 측정이 아니라 교육과정 전체를 설계하고 반영하는 전략적 요소임을 이해하게 된다.

이어지는 장에서는 2022 개정 교육과정에 따른 교수-학습-평가의 연계 양식과 그 변화 내용을 분석하며, 미용교과에서 성취기준 기반 평가의 운영 절차와 세부 평가항목 설계에 대해 구체적으로 탐구한다. 특히 수업-평가의 연계성, 수행평가의 타당성과 신뢰도 확보를 위한 실천 전략 등은 교육 현장의 실용적 과제를 해결하는 데 기여할 수 있다.

또한 평가도구 개발과 최소 성취수준 보장지도는 고교학점제와 맞물린 교육정책의 변화 속에서 반드시 숙지해야 할 핵심 개념으로 다루어지며, 평가도구의 개발 과정과 지필평가, 수행평가의 특징을 통합적으로 이해하고 학생 개개인의 학습 결손을 진단하여 적절한 보장지도를 마련하는 방안까지 아우른다.

결론적으로 본 장은 미용교육 현장에서 실질적으로 적용 가능한 평가 설계 및 운영의 총체적 틀을 제시하며, 교사에게는 실천적 지침으로 예비교사나 교육연구자에게는 이론적 근거와 교육철학적 성찰의 기회를 제공한다. 교육평가에 대한 이해 없이는 진정한 교육의 완성이 이루어질 수 없다는 전제를 기반으로 미용교육의 질적 도약을 위한 평가 패러다임의 재구성을 제안한다.

학습목표

1. 교육평가의 개념과 유형을 이해하고 미용교육의 특성에 적합한 평가 방법을 분석할 수 있다.
2. 2022 개정 교육과정에 따른 교수-학습-평가 연계 방식과 성취평가제의 특징을 설명하고 이를 수업 설계에 적용할 수 있다.
3. 학점제 운영에 따른 최소 성취수준 보장지도 방법을 이해하고 평가 결과에 기반한 보완 지도의 실천 방안을 수립할 수 있다.
4. 지필평가 및 수행평가의 도구를 개발하는 절차를 이해하고 실제 수업에 적합한 평가도구를 구안할 수 있다.

1절. 평가의 유형

1) 양적평가와 질적평가

(1) 양적평가

양적평가(quantitative evaluation)는 실증주의적 교육관과 행동주의적 측정 이론에 기반하여 평가 대상을 수량화 가능한 항목으로 환원하고 통계적 분석을 통해 결과를 해석하는 평가 방식이다. 이는 평가 대상이 객관적으로 존재하고 관찰 가능하며 측정 가능한 특성일 것을 전제로 하며, 경험적·실증적 탐구의 전통을 계승한다.

• 양적평가의 주요 특성
- 객관성과 신뢰성 확보를 중시하며, 평가의 조건을 엄격히 통제하여 일관된 결과를 도출하고자 한다.
- 평가도구는 주로 객관식 문항, 검사도구, 관찰척도 등 수치로 환산 가능한 형태로 구성된다.
- 개인의 특수성보다는 일반화 가능한 특성을 중시하며, 대규모 집단 대상의 비교·분석에 적합하다.
- 사전에 평가 기준과 관점을 설정하고, 각 항목에 점수를 부여한 후 총점을 산출하는 방식으로 결과를 도출한다.

• 양적평가의 한계
- 맥락의 복합성이나 교육과정에서 드러나는 질적인 변화는 포착하기 어렵다.
- 인간 행동의 복잡성과 미묘한 정서적·사회적 요인은 수치화에 한계가 있으며. 평가 과정이 기계적일 수 있다.

(2) 질적평가

최근 교육평가 분야에서는 양적평가에만 의존하던 제한적인 시각에서 벗어나 그 대안적 관점으로 질적평가(qualitative evaluation)에 대한 관심이 점차 높아지고 있다. 질적평가는 해석학적·현상학적 철학에 근거하여 학습자와 교육 현상에 대한 심층적 이해와 맥락적 해석을 목적으로 하는 평가 방식이다. 양적 접근의 한계에 대한 대안적 관점으로 등장했으며, 학습자의 경험, 태도, 참여 과정의 의미를 중시한다.

• 질적평가의 주요 특성

- 언어적 자료(텍스트, 인터뷰, 관찰 기록)를 수집하여 평가자의 해석을 바탕으로 기술적으로 평가한다.
- 소수 사례를 심층 분석하는 사례 중심적 접근을 사용하며 일반화보다는 개별성과 특수성의 이해에 집중한다.
- 평가자는 현장의 자연스러운 상태를 존중하며, 인위적 조작 없이 평가를 진행한다.
- 주관적 가치판단이 불가피하다는 전제하에 상호주관성을 강조한다.

• 질적평가의 주요 접근(황정규, 1998)

- 전체적 관점(holistic view): 부분보다 전체 맥락을 중요시함
- 귀납적 방법(inductive reasoning): 의미를 발견해가는 탐색적 과정을 중요시함
- 자연 탐구(naturalistic inquiry): 인위적 통제보다 현실 그대로의 상황을 중요시함

• 질적평가의 한계(김용식, 1998; 성태제, 1998)

- 평가자의 주관성과 해석의 다양성이 평가 결과의 일관성을 저해할 수 있으며, 신뢰도 확보, 시간·비용 부담, 도구의 표준화 어려움 등 실용적 한계가 존재한다.

(3) 양적평가와 질적평가의 비교

• 자료 유형 및 신뢰성/타당성 중점

- 양적평가는 수량적 자료에 기반하며, 평가 결과의 신뢰도(reliability) 확보를 중시한다.
  객관적 수치로 표현될 수 있는 행동이나 반응만을 평가 대상으로 삼으며, 설문지, 검사 도구, 체크리스트, 평정 척도 등 정량적 측정 도구를 주로 활용한다.
- 질적평가는 언어적, 기술적 자료를 중심으로 하며 평가의 타당도(validity), 즉, 의미의 충실성과 맥락적 적합성에 주목한다. 수량화보다는 인간 행동과 반응의 맥락적 의미와 과정을 깊이 있게 서술하고 해석하는 데 중점을 둔다.

• 객관성/주관성 측면

- 양적평가는 평가 과정에서 객관성(objectivity)을 확보하기 위해 주관적 요소의 개입을 최소화한다. 논리, 사실, 확증을 중시하며, 평가자의 개인적 가치판단은 배제되는 것이 이상적이라고 본다.
- 질적평가는 오히려 주관성(subjectivity)을 평가의 구성 요소로 인정하며, 상호주관적 이해를 통해 평가의 신뢰성과 설득력을 확보하고자 한다. 이는 평가자와 피평가자 간의 맥락 공유와 경험 해석을 통해 공동의 의미를 구성하는 과정이다.

• 일반화/특수성 측면

- 양적평가는 법칙성 발견과 일반화를 주요 목표로 삼는다. 이를 위해 대규모 표본, 무작위 표집, 통제된 조건 등의 방법론을 활용하여 결과의 외적 타당도를 확보한다.
- 질적평가는 개별성과 특수성에 대한 깊은 이해를 중시한다. 소수 사례를 대상으로 하며, 개별 상황의 맥락과 고유한 특성을 반영하여 결과를 해석한다. 따라서 일반화보다는 맥락에 기반한 전이 가능성을 강조한다.

• 논리적 접근: 연역법/귀납법

- 양적평가는 연역적(deductive) 사고에 기초한다. 연구자는 사전에 특정 이론이나 가설을 설정하고 그 타당성을 실증적 자료를 통해 검증한다. 즉, 이론→가설→검증의 경로를 따른다.
- 질적평가는 귀납적(inductive) 접근을 따른다. 연구자는 개방적 탐색을 통해 자료를 수집하고 반복적 분석을 통해 의미 있는 주제나 패턴을 추출함으로써 이론적 통찰에 도달한다. 이는 사실에서 이론을 도출하는 방식이다.

이상 양적평가와 질적평가를 비교 및 정리하면 〈표 7-1〉과 같다.

<표 7-1> 양적평가와 질적평가의 비교

구분	양적평가	질적평가
평가목적	경험적·실증적 탐구	현상적·해석적 탐구
분석방법	통계분석	내용분석
자료 수집 방법	실험적 방법, 질문지 등의 검사도구	심층면담, 참여관찰

출처: 박경희, 구경호(2025). 재구성.

2) 준거참조평가와 규준참조평가

(1) 준거참조평가

준거참조평가란 학습자의 성취수준을 미리 설정된 교육목표 또는 학습 기준에 따라 판단하는 평가 방식이다. 학습자 간 상대적 비교가 아닌 목표 성취 여부에 대한 절대적 판단을 중시하며, '절대평가' 또는 '목표지향평가'라고도 불린다. 이때 '준거'란 학습자가 성취해야 할 최소 성취수준(minimum competency level)을 의미하며. 학습자의 목표 도달 여부가 평가의 핵심이 된다.

• 준거참조평가의 철학적 배경 및 교육관

- 발달적 교육관에 기반하며, 적절한 교수전략과 학습환경이 제공된다면 모든 학습자가 목표에 도달할 수 있다고 본다.
- 학습자의 개별 성장에 중점을 두며, 선발보다는 지원과 보완의 목적을 지닌다.

• 준거참조평가의 특징

- 검사의 타당도(validity)를 중시하며, 교육목표 달성과의 일치 여부에 관심을 둔다.
- 모든 학습자가 높은 점수를 받을 수 있으므로 점수 분포는 대체로 부적 편포(negatively skewed distribution) 양상을 보인다.
- 누구나 목표에 도달할 수 있다는 신념을 바탕으로 개별화 교수 전략의 실현을 지향한다.

• 준거참조평가의 장점

- 교육목표와 교수법 개선에 직접적인 피드백을 제공
- 고차적 사고력 함양에 유리
- 평가 결과의 교육적 활용도가 높음

• 준거참조평가의 단점

- 개인차 변별력이 낮음
- 준거 설정의 전문성 요구
- 통계적 일반화 및 집단 간 비교에 제한이 있음

(2) 규준참조평가

규준참조평가(norm-referenced evaluation)는 학습자의 평가 결과를 동일 집단 내 규준(norm)에 비추어 상대적으로 해석하는 평가 방식으로 흔히 '상대평가'로 불린다. 평가 점수는 집단 내 평균과 표준편차를 기준으로 해석되며, 정상분포(normal distribution)를 전제로 한다.

• 규준참조평가의 철학적 배경 및 교육관

- 선발적 교육관에 기초하며, 교육을 통해 목표에 도달할 수 있는 사람은 제한적이라는 전제를 둔다.
- 학습자 간 차이를 불가피한 생물학적 현상으로 간주하며, 경쟁과 변별을 통해 분류와 배치의 도구로 활용한다.

• 규준참조평가의 특징

- 신뢰도(reliability) 확보에 중점을 두며, 일관된 결과 도출이 핵심이다.

- 점수는 정규분포 형태를 가지도록 설계된다.
- 선발, 분류, 배치 등 행정적 목적에 적합하다.

• 규준참조평가의 장점
- 개인차 변별에 탁월하여 공정한 순위 산출 가능
- 평가 결과의 객관성과 일반화 가능성이 높음
- 경쟁 유도 효과로 학습 동기 유발에 긍정적

• 규준참조평가의 단점
- 교육목표와 교수활동 간의 연계성이 약함
- 상대적 기준에 의해 실제 성취도가 왜곡될 수 있음
- 과도한 경쟁 조장, 인성 교육 저해 가능성 존재

(3) 준거참조평가와 규준참조평가의 비교

교육평가는 절대적 기준(준거)에 기반한 평가와 상대적 기준(규준)에 기반한 평가로 구분되며, 이는 평가의 철학적 기반, 방법론, 목적, 교육적 기능 전반에 걸쳐 명확한 차이를 드러낸다. 아래는 준거참조평가와 규준참조평가의 주요 비교 항목을 정리한 것이다.

• 평가 기준의 초점
- 준거참조평가는 '학습자가 무엇을 성취했는가'에 대한 절대적 기준을 중심으로 평가한다. 즉, 학습자가 사전에 설정된 성취수준에 도달했는지를 판단한다.
- 규준참조평가는 '동일 집단 내에서 어느 위치에 있는가'에 대한 상대적 기준에 따라 평가한다. 평가의 초점은 개인 간 비교에 있다.

• 교육관의 차이
- 준거참조평가는 모든 학습자가 적절한 교수 전략과 환경을 제공받으면 학습목표에 도달가능하다는 발달적 교육관에 기반한다.
- 규준참조평가는 성공과 실패가 불가피하며, 일정 비율의 학습자는 선발되어야 한다는 선발적 교육관을 전제로 한다.

• 인간관의 인식
- 준거참조평가는 인간을 목표 지향적이고 능동적인 존재로 간주한다.
- 규준참조평가는 인간의 행동을 자극-반응 이론에 따라 설명하며, 타고난 능력 차이에 따라 성취 여부가 결정된다고 본다.

• 교육목표에 대한 관점
- 준거참조평가는 교육목표 자체의 성취 여부를 가장 중요하게 본다.
- 규준참조평가는 상대적 위치 판별이 주목적이며, 교육목표 설정의 중요성은 상대적으로 낮게 인식된다.

• 개인차에 대한 관점
- 준거참조평가는 개인차를 교육의 결과로 보고 교육적 노력을 통해 극복 가능하다고 본다.
- 규준참조평가는 개인차를 자연적이고 타고난 현상으로 간주하며, 변별이 클수록 평가도구의 효과성이 높다고 본다.

• 평가와 교수-학습의 연계성
- 준거참조평가는 교수-학습과 평가 간의 밀접한 연계성을 강조하며, 교사가 직접 평가도구를 개발하는 경우가 많다.
- 규준참조평가는 평가를 교수-학습과 분리된 독립적 절차로 간주하며, 외부 전문가가 제작한 도구도 정당한 것으로 인정된다.

• 측정 기준(영점)의 관점
- 준거참조평가는 학습자가 교육목표를 전혀 성취하지 못한 상태를 절대적 0점으로 간주하며, 타당도를 강조한다.
- 규준참조평가는 정규분포 이론에 기초하여 개인차 변별에 초점을 두며, 신뢰도 확보를 중시한다.

• 평가 목적의 차이
- 준거참조평가는 진단적, 형성적 평가에 중점을 두며, 교수-학습 전략 개선에 정보를 제공한다.
- 규준참조평가는 주로 분류, 선발, 배치 등 행정적 기능을 위해 사용되며, 수업 전후 학습자의 상대적 위치를 판단하는 데 중점을 둔다.

이상 준거참조평가와 규준참조평가를 비교 및 정리하면 〈표 7-2〉와 같다.

<표 7-2> 준거참조평가와 규준참조평가의 비교

구분	준거참조평가	규준참조평가
평가 기준	절대적 기준	상대적 기준
교육관	발달적 교육관	선발적 교육관
평가목적	교수-학습 방법 개선	학습자의 상대적 위치 판단 (선발, 배치, 분류 등)

출처: 박경희, 구경호(2025). 재구성.

3) 진단평가, 형성평가, 총괄평가

(1) 진단평가

진단평가(diagnostic evaluation)란 교수-학습 활동이 시작되기 이전에 학습자의 능력, 준비도, 흥미, 동기 등을 체계적으로 파악하여 수업 설계와 교육목표 수립에 필요한 기초 자료를 수집하는 평가 유형이다. 이는 학습자의 출발점을 명확히 진단함으로써 교육의 효율성을 제고하고 학습자 맞춤형 수업 전략을 수립하는 데 기여한다.

• 진단평가의 목적
- 교수-학습 전략 수립: 학습자의 사전 지식, 학습 습관, 태도 등을 토대로 수업 방법과 내용을 조정하여 교수의 효과성을 극대화한다.
- 개별화 학습 지원: 학습자의 수준과 특성에 적합한 학습자료 및 교수 전략을 선택함으로써 개별화 수업의 기초를 마련한다.
- 학습 장애 요인 분석: 학습 부진의 원인을 교육 외적 요인까지 포함하여 포괄적으로 파악하고 학습 지원의 방향성을 설정한다.

• 진단평가의 기능

- 예진적 기능

학습자의 선수학습 정도, 인지적 능력, 학습 동기 등을 사전에 파악하여 새로운 학습 단원에 적합한 학습 경로를 설계할 수 있게 한다. 이를 통해 수업 전 학습자의 상태를 정량적 또는 정성적으로 확인하고 교수-학습 활동의 출발점을 조정할 수 있다.

- 학습 실패의 교육 외적 원인 분석

학습 부진이 인지적 부족에서 기인하는 것이 아닌 경우 신체적, 정서적, 환경적 요인을 포함한 다각적 진단이 필요하다.

- 신체적 요인에는 건강 이상, 시각 및 청각 등의 감각기관 이상이 포함된다.

- 정서적 요인은 불안, 스트레스, 자아 개념 문제 등 심리적 요소를 포함한다.
- 환경적 요인은 가정의 물질적 결핍, 문화적 박탈, 사회적 지지 부족 등 외부 환경과 관련된다.

• 진단평가 도구 및 사례
- 준비도 검사, 적성검사, 자기 보고서, 교사의 관찰
- 간단한 쪽지시험이나 퀴즈, 복습 여부 확인 질문 등
- 학습자 면담 및 학부모 상담 등 비형식적 기법도 활용 가능

(2) 형성평가

형성평가(formative evaluation)란 교수-학습 활동이 진행 중일 때 학습자와 교수자가 학습 과정의 질을 점검하고 그에 따른 교육적 피드백을 제공하기 위해 실시하는 과정 중심 평가이다. 형성평가는 단순한 성취 측정이 아닌 학습의 방향을 조정하고 수업을 개선하는 데 목적이 있으며, 교육의 질을 지속적으로 향상시키기 위한 실천적 도구로 간주된다.

Scriven(1967)은 형성평가를 통해 학습자에게 즉각적이고 적절한 피드백을 제공함으로써 수업의 방향성과 교수 전략을 조정할 수 있다고 주장하였다. 이러한 견해는 이후 Bloom 등의 학자들에 의해 발전되었으며, 형성평가가 학습의 촉진 수단으로서 핵심적 역할을 수행함을 강조하였다.

• 형성평가의 목적
- 학습자의 현재 이해 수준을 파악하고 이에 적합한 피드백을 제공한다.
- 수업의 내용, 방법, 자료, 속도를 조절하여 학습의 최적화를 실현한다.
- 교사와 학습자 모두가 수업을 반성적으로 조망하고 학습과 교수의 질을 개선하는 계기를 마련한다.

• 형성평가의 특징
- 수업 중 또는 단원 학습 도중 반복적으로 실시됨
- 자작 문제, 활동지, 퀴즈, 발문 등 다양한 형태로 활용 가능
- 평가 결과는 성적보다는 목표 도달 여부와 교수방법 개선의 자료로 사용됨

• 형성평가의 주요 기능
- **학습 진도 조절 기능**

  형성평가는 학습자의 이해 속도와 성취도를 고려하여 수업의 흐름을 조절할 수 있게 한다. 특히 학습 내용이 많거나 구조적으로 조직되어 있는 경우 적절한 시점에 형성평가를 도입함으로써 학습의 누적적 진행이 가능하도록 조율한다.

- **강화 기능**

  학습자는 형성평가를 통해 자신의 학습 성취도를 확인하고 긍정적인 평가 결과는 자신감과 학습 동기의 향상으로 이어진다. 이는 행동주의 학습이론에서 제시하는 강화 원리를 기반으로 하며, 성취에 대한 즉각적인 인식은 다음 학습에 대한 기대감을 증진시킨다.

- **학습 진단 및 교정 기능**

  형성평가는 학습자가 학습 중 겪는 어려움을 진단하고 이를 극복할 수 있는 교정적 활동의 근거자료를 제공한다. 학습자는 평가를 통해 어떤 부분에서 미흡한지를 인식하고 그에 따른 보충학습이나 반복학습의 기회를 얻는다.

- **교수 전략 개선 기능**

  형성평가는 교사에게도 유용한 정보를 제공한다. 평가 결과를 통해 교사의 수업 방식, 설명 방법, 자료 제시의 적절성 등을 재검토할 수 있으며, 이는 교수 방법을 유연하고 효과적으로 조정하는 데 기여한다.

• 형성평가의 평가 방법 및 도구

- 교사 제작 평가도구: 퀴즈, 학습지, 개별 과제, 구두 질문, 소집단 활동 등
- 외부 전문 도구: 필요시 전문기관이 개발한 형성평가 도구도 활용 가능
- 비형식적 방법: 피드백 카드, 학습일지, 관찰 체크리스트 등

(3) 총괄평가

총괄평가(summative evaluation)란 교수·학습 활동이 모두 종료된 시점에서 학습자의 교육목표 달성 여부를 종합적으로 판단하기 위해 실시하는 평가이다. 이는 교수·학습 과정의 결과를 종합적으로 검토하고 학습자가 교육목표에 어느 정도 도달하였는지를 판정하기 위한 성과 중심 평가이며, 일반적으로 '총합평가'라고도 불린다.

• 총괄평가의 목적

- 학습자의 최종 성취수준을 확인하고 교육목표에 도달했는지를 판별한다.
- 평가 결과를 토대로 성적을 산출하거나 자격을 인증하는 데 사용한다.
- 교육과정 및 교수 방법의 효과성 분석을 위한 기초 자료를 제공한다.

• 총괄평가의 기능

- **성적 산출 및 학습자 평가 기능**

  총괄평가는 교육과정 전반에 대한 학습자의 성취수준을 종합적으로 판정하고 이를 기반으로 성적을 부여하거나 학습자 간의 상대적 위치를 결정한다. 이는 고등교육에서는 학점 부여, 중등교육에서는 석차 산정 등으로 이어진다.

- **미래 학업 성취 예측 기능**

  현재의 평가 결과는 미래 학업 성과와 높은 상관관계를 갖기 때문에 총괄평가는 학습자의 향후 학습 가능성, 진학 또는 직무 수행 능력 등을 예측하는 데 유용한 지표로 활용 된다.

- **교수법 및 교육자료의 효과 비교 기능**

  총괄평가를 통해 특정 학습 집단의 성취도를 분석함으로써 교수 방법, 교육 매체, 수업 전략의 효과성을 비교할 수 있다. 이는 교육 연구나 프로그램 평가 등에서도 중요한 근거 자료로 작용한다.

- **자격 인정 및 수료 판정 기능**

  학습자가 특정 기준을 충족했는지를 평가함으로써 자격 부여, 졸업, 인증, 수료 등의 결정에 필요한 객관적 판단 기준을 제공한다. 예컨대 기능사 시험, 졸업시험, 인증 평가 등이 여기에 해당한다.

• 총괄평가 평가 방법 및 도구

- 지필검사: 객관식, 주관식, 논술형 평가 등
- 표준화 검사: 전국 공통 시험, 학업성취도 평가 등
- 수행평가: 포트폴리오, 프로젝트, 실습, 작품 평가 등
- 교사 제작 평가도구: 학급 맞춤형 평가문항, 루브릭 등

(4) 진단평가, 형성평가, 총괄평가의 비교

진단평가, 형성평가, 총괄평가는 교육의 전체 과정에서 진행 순서에 따라 이루어지는 평가 유형으로 그 실시 형태는 비형식적일 수도 형식적일 수도 있다. 일반적으로 진단평가와 형성평가는 교사의 수업 상황 속에서 자연스럽게 이루어지는 비형식적 평가의 성격을 띠는 경우가 많으며, 총괄평가는 주로 정해진 시점에 수행되는 형식적 평가로 진행된다.

진단평가, 형성평가, 총괄평가를 비교 및 정리하면 〈표 7-3〉과 같다.

<표 7-3> 진단평가, 형성평가, 총괄평가의 비교

구분	진단평가	형성평가	총괄평가
목적	출발점 행동의 확인	교수법(프로그램) 개선	교육목표 달성 판정
기능	선수학습 능력 진단	학습자에게 피드백 제공, 교수자는 교수방법 개선	성적판정 및 비교정보 제공, 자격 인정
시기	교수-학습 시작 전	교수-학습 진행 도중	교수-학습 완료 후
방법	비형식적, 형식적 평가	비형식적, 형식적 평가	형식적 평가

출처: 박경희, 구경호(2025). 재구성.

4) 능력참조평가와 성장참조평가

(1) 능력참조평가

능력참조평가(ability-referenced evaluation)는 학생이 지니고 있는 능력에 비추어 얼마나 최선을 다하였느냐(maximum performance)에 초점을 두는 평가다. 학생 개인이 지니고 있는 능력을 얼마나 발휘하였느냐에 관심을 두므로 개인별 평가 방법이라 할 수 있다. 예를 들어, 우수한 능력을 지녔음에도 불구하고 최선을 다하지 않은 학생과 능력이 낮더라도 최선을 다한 학생이 있을 때, 후자의 성취수준이 낮더라도 더 좋은 평가 결과를 얻을 수 있다. 이와 같이 능력참조평가는 각 학생의 능력과 노력에 의하여 평가되는 특징을 지닌다(성태제, 2006).

(2) 성장참조평가

성장참조평가(growth-referenced evaluation)는 교육과정을 통하여 얼마나 성장하였느냐에 관심을 두는 평가로 최종 성취수준에 대한 관심보다는 초기 능력 수준에 비추어 얼마만큼 능력의 향상을 보였느냐를 강조하는 평가이다. 이는 사전 능력 수준과 관찰된 시점의 측정된 능력 수준 간의 차이에 관심을 둔다. 그러므로 성장참조평가는 학생들에게 학업 증진의 기회를 부여하고 개인화를 강조하는 특징을 지니고 있다(성태제, 2006).

(3) 능력참조평가와 성장참조평가의 비교

능력참조평가와 성장참조평가는 학생 개인에 초점을 맞추어 개인의 수행 능력이 최대한 발휘되고 성장과 변화의 기회를 부여하도록 하는 측면에서 좀 더 교육적인 평가 방법이라 할 수 있다. 따라서 교육을 통한 행동과 능력의 변화라는 교육의 본래 목적을 고려할 때 교육적이며 교수적 기능을 강조하는 능력참조평가와 성장참조평가를 실시하는 것이 바람직하다. 이러한 평가들을 실시하기 위한 기본 전제조건은 학생이 지니고 있는 능력에 대한 정확한 정보가 제공되어야 한다는 점과 학생이 소유한 능력의 정도 및 능력의 변화 등을 측정하는 도구의 타당도와 신뢰도가 고려되어야 한다는 것이다.

능력참조평가와 성장참조평가를 비교 및 정리하면 〈표 7-4〉와 같다.

<표 7-4> 능력참조평가와 성장참조평가의 비교

구분	능력참조평가	성장참조평가
목적	학생이 가진 능력에 비추어 최선을 다했는지를 평가	교육과정을 통해 어느 정도 능력이 향상되었는지를 평가
비교대상	개인의 능력 대비 노력의 정도	사전 능력과 사후 능력 간의 변화 정도
평가 방식	사전 능력 파악 후 현재 수행과 비교	사전·사후 능력의 차이를 측정하여 변화 분석
특징	개인화된 평가, 우수 능력자보다 노력한 학생이 더 높은 평가 가능	초기 능력이 낮아도 향상이 크면 긍정적 평가 가능
교육적 의의	개인의 잠재력 발휘 강조, 교수-학습 동기 강화	학업 증진의 기회 제공, 학습자의 성장 중심 평가

출처: 박경희, 구경호(2025). 재구성.

5) 정적평가와 역동적평가

(1) 정적평가

정적평가(static assessment)는 전통적인 평가 방식으로 학생의 현재 수준의 발달 결과물을 측정하는 데 중점을 둔다. 즉, 학습이 완료된 이후, 지식이나 기능, 태도 등을 객관적인 기준에 따라 측정하여 학생이 어느 수준에 도달했는지 파악하는 데 사용된다.

정적평가는 장 피아제의 인지발달 이론에 기반을 두고 있다. 피아제는 아동의 인지발달이 자연스러운 순서에 따라 단계적으로 진행된다고 보았고 이러한 발달 수준은 특정 시점에서 측정 가능한 고정된 능력으로 간주될 수 있다고 보았다. 평가자는 학생의 인지 구조를 단지 관찰할 뿐 개입하거나 지원하지 않는다.

• 정적평가의 특징
  - 평가자와 학생 간의 상호작용이 최소화됨
  - 표준화된 시험이나 검사 도구를 주로 사용함
  - 결과 중심이며, 수행의 결과물이 중요한 판단 근거가 됨
  - 주로 지필평가, 성취도 검사, 성적 부여 등에 활용됨

• 정적평가의 장점
  - 객관성과 신뢰도가 높음
  - 대규모 평가에 적합하며, 비교 가능성이 있음
  - 성취수준의 변별에 유리함

• 정적평가의 단점
  - 학생의 잠재력이나 발달 가능성은 고려되지 않음
  - 정서적·사회적 요인, 학습 맥락은 평가에 반영되지 않음
  - 특히 학습 부진 학생에게 불리하게 작용할 수 있음

(2) 역동적평가

역동적평가(dynamic assessment)는 단순히 학생이 알고 있는 것을 측정하는 데 그치지 않고 학생이 얼마나 배울 수 있는가, 어떤 도움을 받으면 문제를 해결할 수 있는가에 초점을 맞춘 평가 방식이다. 즉, 평가와 동시에 학생을 지도하고 지원하며, 그를 통해 발달 가능성을 함께 살펴보는 포괄적 평가이다.

역동적평가는 비고츠키의 근접발달영역(ZPD) 개념에 근거한다. ZPD란 학생이 혼자서는 해결할 수 없지만 성인의 도움이나 또래와의 협력을 통해 문제를 해결할 수 있는 영역을 의미한다. 역동적 평가는 이 ZPD를 통해 미래의 학습 가능성을 진단한다.

• 역동적평가의 특징
  - 평가자와 학습자 간의 능동적인 상호작용을 중시함
  - 힌트 제공, 촉진 질문, 반영적 피드백 등이 포함됨
  - 정답 여부보다 학생의 사고 과정과 변화의 가능성을 관찰함
  - 평가와 교수의 통합 형태를 띠며, 형성평가적 성격이 강함

• 역동적평가의 장점
  - 학생의 잠재력을 발견하고 지원할 수 있음
  - 개별 맞춤형 교육에 효과적임
  - 학습 부진 학생이나 다문화·특수 교육 대상자에게 특히 유익함
  - 자기조절 학습 능력, 문제 해결력, 사고 전략 등을 포착 가능함

• 역동적평가의 단점
  - 객관성과 신뢰도 확보가 어렵고 채점 기준이 모호할 수 있음
  - 평가자의 전문성이 요구됨
  - 시간과 자원이 많이 소요됨(대규모 평가에는 부적절함)

6) 성취평가제

(1) 성취평가제의 도입 배경

성취평가제는 2011년 교육과학기술부가 발표한 「중등학교 학사관리 선진화 방안」에 따라 도입되기 시작한 제도로 국가 교육과정에서 제시한 성취기준을 바탕으로 학

생이 무엇을 얼마나 성취했는지를 평가하는 절대평가 방식이다. 이 제도는 기존의 상대평가 방식에 따른 과도한 경쟁을 줄이고 학생 개개인의 학습 성과에 대한 정확한 피드백을 제공하고자 하는 취지에서 출발하였다(교육과학기술부, 2011).

도입 초기에는 성취율 40% 미만을 'F'로 처리하는 방안이 논의되었고, 실제 시범 적용도 이루어졌으나, 본격적인 시행 단계에서는 'F' 등급이 포함되지 않은 채 운영되고 있다(한국교육과정평가원, 2022).

(2) 성취평가제의 의미

성취평가제는 국가에서 제시한 '성취기준'과 '성취수준'을 기준으로 하여 학생들이 이 기준에 얼마나 도달했는지를 측정하는 제도이다(한국교육과정평가원, 2013). 다시 말해 성취평가제는 학생 간의 상대적인 서열을 매기는 평가가 아니라 각 학생이 학습목표를 어느 정도 성취했는지를 평가하는 것이다.

기본적으로 이 평가는 절대적인 기준에 따라 학업성취도를 평가하는 준거참조평가의 성격을 가진다. 즉, 기준에 도달했는지를 따지기 때문에 '절대평가'라고 볼 수 있지만, 그 기준이 학교마다 임의로 정해지는 것이 아니라 국가 교육과정에서 정한 성취기준을 따르고 있다는 점에서 기존의 절대평가와는 구별된다. 이러한 이유로 기존의 '절대평가' 대신 '성취평가제'라는 이름을 사용하게 되었다(한국교육과정평가원, 2012).

성취평가제는 학생 개개인의 능력을 정확히 진단하고 학업의 향상을 유도하는 것을 목표로 한다. 국가 교육과정에 근거하여 교과목별 성취기준을 설정하고 이에 따라 교수-학습이 이루어진다. 이후 학생이 해당 성취기준에 어느 정도 도달했는지를 판단하여 A-B-C-D-E 형식으로 성취수준을 평가한다. 이러한 관계를 나타내면 [그림 7-1]과 같다.

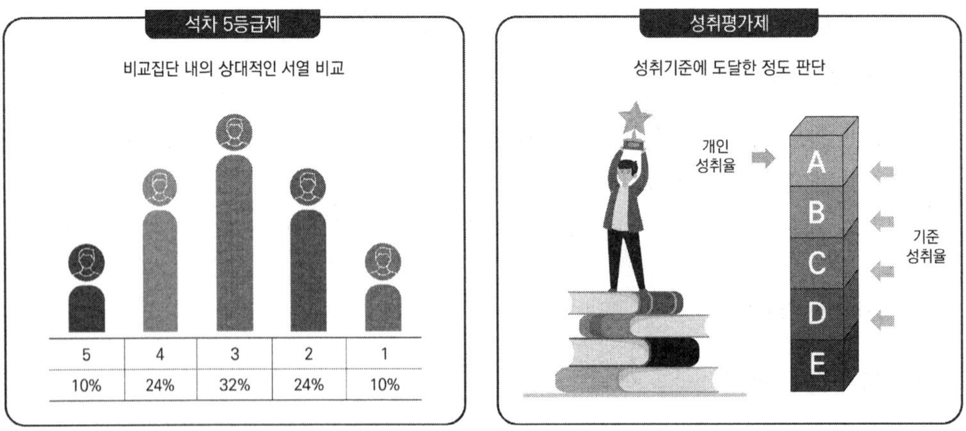

[그림 7-1] 석차 5등급제와 성취평가제 비교

(3) 성취수준별 수행 정도의 개념화

<표 7-5> 성취수준별 수행 정도 개념화

성취수준	성취수준 특성	
A	성취율 90% 이상의 기대 수행	포괄적 개념이나 내용의 이해와 기능 수행 정도가 매우 우수하고 개념의 적용력이 뛰어나며 태도가 매우 긍정적임 - 모든 개념의 이해력이 매우 우수함을 구체적으로 설명 - 기능의 수행 정도가 정교하고 능숙하여 매우 우수함을 구체적으로 설명 - 개념의 적용을 잘하고 그 적용 범위가 넓음을 구체적으로 설명
B	성취율 80% 이상 90% 미만의 기대 수행	포괄적 개념이 위계가 중간보다 높은 개념의 대부분을 이해할 수 있음을 구체적으로 설명 - 기능의 수행 정도가 능숙하여 우수함을 구체적으로 설명 - 개념적 내용의 이해와 기능의 수행 정도가 우수하고 개념의 적용할 수 있으며, 태도가 긍정적임 - 개념의 적용을 잘하는 것을 구체적으로 설명
C	성취율 70% 이상 80% 미만의 기대 수행	포괄적 개념이나 내용을 대체적으로 이해하고 있으며, 일부 기능을 제외한 기능에 대하여 수행할 수 있고 개념을 일부 상황에 적용할 수 있을 뿐 아니라 태도가 긍정적인 편임 - 위계가 중간인 개념을 이해하고 상위 개념의 일부를 이해하고 있음을 구체적으로 설명 - 일부 기능의 수행이 미흡하나 대체로 기능을 수행할 수 있음을 설명 - 개념의 적용이 가능하나 개념의 적용범위가 한정적임을 구체적으로 설명
D	성취율 60% 이상 70% 미만의 기대 수행	포괄적 개념이나 내용을 부분적으로 이해하고 있으며, 기능의 일부만 수행할 수 있고 개념의 적용범위가 좁음 - 위계가 낮은 개념을 잘 이해하고 중간인 개념의 일부를 이해하고 있음을 구체적으로 설명 - 기능의 일부를 수행할 수 있음을 구체적으로 설명 - 개념의 적용에 한계가 있고 적용 범위가 좁음을 구체적으로 설명
E	성취율 40% 이상 60% 미만의 기대 수행	포괄적 개념이나 내용의 일부만 이해하고 있으며, 기능의 극히 일부만 수행할 수 있음 →최소 성취수준 - 위계가 낮은 하위 개념의 일부를 이해하고 있음을 구체적으로 설명 - 기능의 극히 일부를 수행할 수 있음을 구체적으로 설명 - 개념의 적용이 어려움을 구체적으로 설명

출처: 한국교육과정평가원(2013).

2절. 교수-학습 및 평가 운영

1) 교수-학습 및 평가 운영의 이해

교수-학습 및 평가는 교육과정 실행의 핵심 축으로 단순한 수업 전달을 넘어 학생의 성장을 지원하고 성취기준 도달을 확인하는 과정이다. 특히 성취기준에 기반한 수업과 평가는 교육과정의 본래 목적을 실현하는 수단으로 작용하며, 평가 결과는 다시 교수-학습 개선의 중요한 자료가 된다.

이를 위해 교사는 먼저 성취기준을 분석하여 학생이 갖추어야 할 지식, 기능, 태도 등을 평가 요소로 구체화하고 이에 적합한 평가 방법을 선정해야 한다. 지필평가와 수행평가는 각각의 목적과 특성에 따라 유기적으로 활용되어야 하며, 평가 내용은 수업 내용과 밀접하게 연계되어야 한다.

또한 수업과 평가의 통합은 단편적인 성취 확인을 넘어 과정 중심의 학습 평가로 나아가기 위한 필수 조건이다. 성취기준 재구조화, 백워드 설계, 평가 요소의 명확화, 채점 기준 설정 등을 통해 수업-평가 일체화를 실현함으로써 학생 개개인의 변화와 성장을 관찰하고 지원할 수 있는 평가 체계를 구축하는 것이 중요하다.

평가는 '성취기준 분석 및 평가계획 수립', '출제계획 수립', '평가도구 개발', '평가 시행 및 채점', '평가 결과 분석 및 피드백', '평가 결과 처리'의 과정으로 운영되며, 구체적인 운영 절차는 다음 [그림 7-2]와 같다.

절차	내용	
성취기준 분석 및 평가계획 수립	- 교육과정 성취기준 분석 및 평가 요소 선정 - 학기단위 평가계획 수립 및 공지(분할점수 산출 방식 포함)	
↓		
출제계획 수립	지필평가 문항정보표 작성 (분할점수 산출)	수행평가 출제계획표 작성 (분할점수 산출)
↓		
평가도구 개발	지필평가 - 선택형 문항 개발 - 서답형 문항 및 채점 기준 개발	수행평가 - 수행평가 시행 계획 수립 - 수행평가 과제 및 채점 기준 개발
↓		

평가 시행 및 채점	- 학생 개개인의 교과별 성취기준 평가 기준에 따른 성취도, 학습 수행과정 평가 - 정규 교육과정 이외 수행한 결과물에 점수를 부여하는 과제형 수행평가 금지
↓	
평가 결과 분석 및 피드백	- 평가 결과를 분석하여 학생별 성취수준에 따른 피드백 제공 - 수행평가의 경우 수행 과정에 대한 피드백 제공 - 학생의 교육목표 도달도를 확인하고 교수-학습 개선에 활용
평가 결과 처리	- 학기 말 성적처리 및 학교생활기록부 입력

[그림 7-2] 학생평가 운영 절차

출처: 교육부, 한국교육과정평가원(2025).

(1) 성취기준 분석 및 평가 요소 선정

성취기준을 분석하여 성취기준에 도달하기 위한 과정에서 필요한 능력을 평가 요소의 형태로 구체화한다.

① 성취기준

- 학생들이 교과를 통해 배워야 할 내용과 이를 통해 수업 후 할 수 있거나 할 수 있기를 기대하는 능력을 결합하여 나타낸 활동의 기준
- 교수-학습 및 평가의 실질적 근거로 교사가 무엇을 가르치고 평가해야 하는지 학생이 무엇을 학습하고 성취해야 하는지에 관한 실질적 지침

② 성취기준 재구조화

- 성취기준 재구조화는 교육과정 내 성취기준을 실제 평가의 상황에서 준거로 사용하기에 적합하도록 보다 구체적이고 명료하게 하는 것을 의미
- 성취기준을 통합하거나 일부 내용을 압축하여 재구조화 할 경우 성취기준의 내용요소 일부가 임의로 삭제되지 않도록 유의하고 일부 내용요소를 추가해야 하는 경우에는 학생의 학습 및 평가 부담이 가중되지 않도록 학년(군), 학교급 및 교과(군)간 연계성을 충분히 고려

③ 평가 요소

- 교육과정 성취기준 도달의 증거로 학생들이 보여주기를 기대하는 핵심 내용을 구체적으로 기술한 평가 내용
- 평가 요소는 해당 성취기준에서 도달 정도를 판단하기 위해서 어떠한 내용을 평가해야 하는지를 기준으로 작성
- 채점 기준을 만들기 위해서는 평가 요소를 선정해야 하며, 평가 요소는 평가의 목표와 특성을 고려하여 교육과정 성취기준에서 도출되며, 학생들이 수행 정도를 판단할 수 있도록 지식, 기능, 태도와 같은 구체적 내용으로 기술

(2) 평가 방법 선정

구체화한 평가 요소에 따라 이를 가장 적절하게 측정할 수 있는 평가 방법을 선정하여 평가를 실시한다. 교과 학습 평가는 지필평가와 수행평가로 구분하여 실시하며, 교과의 특성상 수업 활동과 밀접하게 연계된 수행평가만으로 평가하는 것이 타당한 경우에는 시·도교육청의 학업성적관리 시행지침에 따라 학교별 학업성적관리규정으로 정하여 수행평가만으로도 평가를 실시할 수 있다. 지필평가와 수행평가의 내용은 다음과 같다.

① 지필평가

- 중간 또는 기말고사(1회, 2회고사 등)와 같은 일제적 정기고사를 의미하며, 중등의 '문항정보표' 구성에 따라 '선택형'과 '서답형'으로 구분한다.
- 단 시·도교육청 공동으로 실시하는 영어 듣기평가의 경우 수행평가로 간주한다.
- 학교에서 형성평가 및 수행평가의 일환으로 실시하는 선택형 및 서답형 문항으로 구성된 평가는 지필평가에 해당하지 않는다.

② 수행평가

- 담당 교과교사가 교과 수업시간에 학습자들의 학습과제 수행 과정 및 결과를 직접 관찰하고 그 관찰 결과를 전문적으로 판단하는 평가 방법이다.
- 성취기준을 통합하거나 일부 내용을 압축하여 재구조화 할 경우 성취기준의 내용요소 일부가 임의로 삭제되지 않도록 유의해야 하며, 일부 내용요소를 추가해야 하는 경우 학생의 학습 및 평가 부담이 가중되지 않도록 학년(군), 학교급 및 교과(군)간 연계성을 충분히 고려한다.
- 수업 시간 중 실시하고 정규교육과정 외 학생이 수행한 결과물에 대해 점수를 부여하는 과제형 평가는 실시하지 않도록 유의한다.
- 복수의 학생이 공동으로 수행하는 모둠활동 등을 평가할 때에는 개별 학생에 대한 역할을 부여하고 개별 학생의 수행 과정과 결과가 평가될 수 있도록 각별

히 유의한다.

③ 수업-평가 연계의 주안점

성취기준을 분석하여 학생이 해당 성취기준에 도달하기 위해 필요한 능력을 평가 요소로 구체화한다. 이러한 평가 요소는 단순 지식의 확인을 넘어 사고력이나 문제해결력 등 다양한 역량을 반영하여 기술되어야 한다. 또한 백워드 수업 설계를 기반으로 하여 수업 내용과 방법을 평가 계획과 긴밀히 연계함으로써 수업과 평가의 유기적 통합을 도모한다. 이를 통해 수업-평가 간의 연계가 명확히 드러나도록 구성하며, 지필평가에서는 핵심 평가 내용을 중심으로 하고 수행평가에서는 평가 요소와 채점 기준을 분명하게 제시한다. 특히 과정 중심 수행평가의 경우 학습의 과정에서 나타나는 학생의 변화와 성장, 태도 등을 평가에 반영할 수 있도록 계획한다.

④ 수행평가 영역별 세부 기준

채점 기준에는 '채점 요소', '채점 요소별 척도', '척도별 응답 특성' 등의 요소가 포함된다. 여기서 채점 요소는 평가 요소를 기반으로 하되 실제 문항에 맞게 구체적으로 진술하여 제시하며, 이를 통해 공정하고 일관성 있는 채점이 가능하도록 한다. 또한 핵심 아이디어는 해당 학습 영역 전체를 포괄하면서 그 영역의 학습을 통해 일반화할 수 있는 중심 내용을 명확하게 진술하는 것이다. 이는 학습의 방향과 초점을 설정하는 역할을 하며, 학습자가 해당 교과를 통해 궁극적으로 길러야 할 본질적인 개념과 이해를 제시하는 기준점이 된다.

구분	성취기준	평가 요소	평가 방법	채점 요소
미용의 기초 (손톱과 발톱의 구조 및 생리적 특성)	손톱과 발톱의 구조 및 생리적 특성을 이해할 수 있다.	손발톱의 구조와 특성	지필평가-서답형 문항 (서·논술형 문항)	- 손발톱의 구조 이해 - 손발톱의 성장 이해
피부 미용 (직류 기기 이용 얼굴 세정하기)	선택된 제품과 직류의 (-)극을 이용하여 얼굴 세정 작용을 할 수 있다.	직류를 이용한 얼굴 세정	수행평가-실기평가	- 준비 및 위생 - 제품 선택 - 기기 숙련도

[그림 7-3] 성취기준 분석 및 평가(요소, 방법) 및 채점 요소 선정

2) 2022 개정 교육과정 교수-학습 평가 운영 계획 작성의 실제

(1) 2025학년도 교수-학습 평가 양식 주요 변경 사항

- 2022 개정 교육과정 도입으로 16주 기반의 교수-학습 평가 계획을 수립한다.
- 과정 중심 평가와 백워드 수업 설계를 기반으로 수업과 평가가 연계되도록 구성한다.
- '수업-평가 연계의 주안점' 항목을 구체화하여 수업과 평가 간 연계성 강화한다.
- 평가 유형별 반영 비율 산출 시 선택형과 단답형을 통합하여 비율을 산출함으로써 비율 확인의 효율성 향상 도모한다.
- 기타평가를 마련하여 지필평가와 수행평가로 실시하기 어려운 성취기준 평가를 위한 방안을 마련하되 가급적 기타평가는 최소화하고 해당 교과의 모든 성취기준을 지필 또는 수행평가로 평가하는 것을 지향한다.
- 수행평가 세부 기준에 핵심 아이디어를 추가하여 2022 개정 교육과정에서 추구하는 전이가 높은 학습이 일어나도록 함으로써 학생들의 실제적인 교과 역량을 강화한다.
- 논술형 평가 비율 확대로 2022 개정 교육과정의 깊이 있는 학습을 위한 토대를 마련한다.

(2) 2022 개정 교수-학습 및 평가 운영 계획 양식

2025학년도 1학기 [*과목명*]과 교수학습 및 평가 운영 계획

학교명	과목	학년	학급	학점수	지도교사
OO고	OOO	O학년	O~O반	O	OOO, OOO

1 [*과목명*] 과 교수학습-평가 계획 및 방법

단원명	교육과정 성취기준[1]	평가 요소[2]	평가 방법			수업 방법[3]	수업-평가 연계의 주안점[4]	비고[5]	시수/누계	시기
			지필	수행	기타[6]					

1) 교육과정 성취기준: 학생들이 교과를 통해 배워야 할 내용과 이를 통해 수업 후 할 수 있거나 할 수 있기를 기대하는 능력을 결합하여 나타낸 활동의 기준이다. 교수-학습 및 평가의 실질적인 근거로 교사가 무엇을 가르치고 평가해야 하는지 학생이 무엇을 학습하고 성취해야 하는지에 관한 실질적인 지침이다.
2) 평가 요소: 교육과정 성취기준 도달의 증거로 학생들이 보여주기를 기대하는 핵심 내용을 구체적으로 기술한 평가 내용이다. '평가 요소'는 해당 성취기준에 도달 정도를 판단하기 위해서 어떠한 내용을 평가해야 하는지를 기준으로 작성한다. 채점 기준을 만들기 위해서는 평가 요소를 선정해야 하며, 평가 요소는 평가의 목표와 특성을 고려하여 교육과정 성취기준에서 도출되며, 학생들의 수행 정도를 판단할 수 있도록 지식, 기능, 태도와 같은 구체적인 내용으로 기술한다.
3) 수업 방법: 강의식 수업, 토의·토론 수업, 프로젝트 학습, 문제해결 학습, 문답법, 협동학습, 탐구 학습, 문제중심학습, 거꾸로 학습, 블렌디드 러닝, 모의실험, 비주얼싱킹 등.
4) 수업-평가 연계의 주안점: 수업과 평가가 유기적으로 연결되어야 한다는 원칙을 의미한다. 수업에서 다루는 학습 내용과 활동이 평가와 일치해야 하며, 평가가 단순히 학습 결과만을 측정하는 것이 아니라 학습 과정에서도 이루어져야 한다는 점이 중요하다. 수업과 평가가 연계되면 학습자가 수업시간에 배운 내용을 바탕으로 평가에 임하게 되고 평가 결과는 다시 수업의 질을 개선하는 자료로 활용가능하다.
5) 비고: 학사일정, 범교과 주제학습, 노트북 활용수업, 사회정서학습 등 필요에 따라 작성 내용을 정하여 활용한다.
6) 기타: 모든 성취기준은 지필 또는 수행평가로 평가하는 것이 원칙이나 지필 또는 수행평가로 평가가 어려운 일부 성취기준은 교사가 학생들의 성취수준을 확인할 수 있는 기타 적절한 방식으로 평가하고 피드백을 제공하여 학생들의 성장을 지원할 수 있다.

2 [*과목명*]과 평가 세부계획

1. 평가 방법과 반영비율

평가 방법	평가 영역	영역 만점 (점)	학기말 반영비율 (%)	평가 유형별 반영 비율(%)				평가 시기
				선택형 단답형	서술형[7]	논술형[8]	기타	
지필 평가	1회고사(중간고사)							
	2회고사(기말고사)							
수행 평가								
합 계								

* 동점자 처리 기준: 수행평가는 위 기재된 순서대로 성적처리를 우선순위로 한다.
* 학사 운영 계획 변동 및 감염병 등 상황 변화에 따라 수행평가 시기는 변경될 수 있다.

2. 평가 유의사항

1) 교과학습 평가는 학교교육과정의 범위와 수준을 벗어난 내용을 출제하여 평가하지 않는다.
2) 지필평가는 5지 선다형(선택형)과 서·논술형 등 성취기준의 도달 여부를 확인할 수 있는 평가 문항으로 출제하고, 제한된 시간을 충분히 활용할 수 있는 문항수로 출제한다.
3) 수행평가는 교과의 특성에 따라 교육과정을 재구성하고 학생 참여형 수업 등 수업상황 안에서 다양한 방법을 구안하여 지식보다는 역량을 평가하며, 과정과 결과를 모두 평가한다.
4) 수행평가는 일제고사 형태의 지필평가와 과제형 평가로 실시하지 않으며, 특정 시기에 집중되거나 지필평가 준비기간과 겹쳐 학생의 부담이 과중되지 않도록 사전 검토를 충분히 하고 시행한다.
5) 서·논술형 평가는 학기 단위 합산 점수의 20% 이상이 되도록 하고 이 중 논술형 평가는 15% 이상이 되도록 한다. 단, 2학점 이하 및 예술, 체육 등 실기(실습) 중심 교과목은 서·논술형 평가 실시 여부와 반영 비율 등을 교과협의회에서 자율 결정하며, 학업성적관리위원회 심의를 거쳐 학교장이 정한다.
6) 평소 수업 활동이 자연스럽게 평가로 이어지도록 계획하고 논술형 평가는 사고력, 문제해결력, 창의력 등을 신장시킬 수 있는 평가 문항을 출제하도록 하며, 반드시 채점 기준표를 작성한다.

---

7) 서술형: 학생들이 가지고 있는 지식이나 개념, 원리, 의견 등을 한 단락 이하의 비교적 짧은 길이로 작성하도록 하는 문항
8) 논술형: 학생들이 자신의 주장과 근거를 완결된 글의 형태로 작성하도록 하는 문항

7) 학기말 성적처리 시 동점자 순위는 학업성적관리규정에 의거한다.

8) 모든 성취기준은 지필 또는 수행평가로 평가하는 것이 원칙이나 지필 또는 수행평가로 평가가 어려운 일부 성취기준은 교사가 학생들의 성취수준을 확인할 수 있는 기타 적절한 방식으로 평가하고 피드백[9]을 제공하여 학생들의 성장을 지원할 수 있다.

3. [*과목명*]과 수행평가 영역별 세부 기준

가. [수행평가 영역명]

<table>
<tr><th>수행 과제</th><td colspan="4"></td></tr>
<tr><th>성취기준</th><td colspan="4"></td></tr>
<tr><th>핵심 아이디어[10]</th><td colspan="4"></td></tr>
<tr><th rowspan="5">평가 기준[11]</th><td>A</td><td colspan="3"></td></tr>
<tr><td>B</td><td colspan="3"></td></tr>
<tr><td>C</td><td colspan="3"></td></tr>
<tr><td>D</td><td colspan="3"></td></tr>
<tr><td>E</td><td colspan="3"></td></tr>
<tr><th rowspan="2">평가 방법</th><td colspan="4">□ 서술·논술 □ 구술·발표 □ 토의·토론 □ 프로젝트
□ 실험·실습 □ 포트폴리오 □ 기타</td></tr>
<tr><td colspan="4">□ 교사 관찰 및 기록 □ 자기평가 □ 동료평가</td></tr>
<tr><th>채점 요소[12]</th><th colspan="3">채점 기준[13]</th><th>배점</th></tr>
<tr><td rowspan="3"></td><td colspan="3"></td><td></td></tr>
<tr><td colspan="3"></td><td></td></tr>
<tr><td colspan="3"></td><td></td></tr>
<tr><td colspan="5">*기본 점수 0점, 기본 점수를 부여할 수 없는 경우(미인정 결과, 불성실한 수업 참여 등) 0점</td></tr>
</table>

9) 피드백: 학생의 학습 상태에 대한 정보를 제공하여 학생의 학습과 성장을 지원하는 전체적인 과정임. 점수나 성취도를 알려주거나 정답 여부를 알려주는 것에서부터 학생 개별 강·약점이나 추후 학습 방향, 성장 정도 등을 알려주는 등 다양한 유형이 있음.

10) 핵심 아이디어: 영역을 아우르면서 해당 영역의 학습을 통해 일반화할 수 있는 내용을 핵심적으로 진술한 것으로 해당 영역 학습의 초점을 부여하여 깊이 있는 학습을 가능하게 하는 토대가 됨. 즉, 궁극적으로 학습을 통해 학습자가 함양해야 하는 일반화된 내용임.

11) 평가 기준: 평가활동에서 학생들이 어느 정도의 수준에서 성취기준에 도달했는지를 판단하기 위한 실질적인 기준으로 학생들이 무엇을 알고 있고 할 수 있는지를 기술한 것.

12) 채점 요소: 평가 요소를 바탕으로 하되 문항에 맞게 구체화하여 제시함.

13) 채점 기준: 학생이 수행으로 보인 특성이 어떠한 척도에 해당하는가를 판단하기 위한 기준으로 이를 위해 해당 척도에서 보일 수 있는 일반적인 정보를 진술함.

4. [*과목명*]과 지필 또는 수행평가로 평가하지 않는 성취기준에 대한 평가 기준 및 평가 방법

<table>
<tr><th>지필 또는 수행평가로 평가하지 않는 성취기준</th><th colspan="2">평가 기준[14](성취기준별 성취수준[15])</th><th>평가 방법</th></tr>
<tr><td rowspan="5"></td><td>A</td><td></td><td rowspan="5">□ 서술·논술
□ 구술·발표
□ 토의·토론
□ 프로젝트
□ 실험·실습
□ 포트폴리오
□ 기타(　　)</td></tr>
<tr><td>B</td><td></td></tr>
<tr><td>C</td><td></td></tr>
<tr><td>D</td><td></td></tr>
<tr><td>E</td><td></td></tr>
</table>

5. [*과목명*]과 기준 성취율[16]과 성취도

<table>
<tr><td rowspan="4">성취수준별 분할점수[17]</td><td>성취수준별 고정 분할점수[18]</td><td></td><td colspan="5"></td></tr>
<tr><td rowspan="3">성취수준별 추정 분할점수[19]</td><td rowspan="3"></td><td colspan="5">수행평가 분할점수(점 만점)
※ 지필평가 분할점수는 분할산출프로그램에서 입력함.</td></tr>
<tr><td>A/B</td><td>B/C</td><td>C/D</td><td>D/E</td><td>E/I</td></tr>
<tr><td></td><td></td><td></td><td></td><td></td></tr>
</table>

14) 평가 기준: 평가활동에서 학생들이 어느 정도의 수준에서 성취기준에 도달했는지를 판단하기 위한 실질적인 기준으로 학생들이 무엇을 알고 있고 할 수 있는지를 기술한 것

15) 성취기준별 성취수준: 성취수준 진술은 각 수준에 해당하는 학생들에게 기대되는 전형적인 특성을 기술한 것으로 A/B/C/D/E 등과 같은 성취수준별 학생들이 무엇을 알고, 무엇을 할 수 있는지에 대해 기술한 성취수준 특성을 의미함

16) 성취율: 성취기준에 도달한 정도에 따라 성취도를 구분하기 위한 기준으로 각 성취수준의 최소능력자의 성취율

17) 성취수준별 분할점수: 성취평가제에서 성적은 성취도(A,B,C,D,E 또는 A,B,C)로 나타내며, 학생의 성적(성취도)은 분할점수를 준거로 학기말에 평정하여 부여함. 분할점수는 성취도를 평정하는 준거가 되는 점수임

18) 성취수준별 고정 분할점수: 성취수준을 고려하여 평가도구를 제작한 후 학생의 성취율과 평가 점수를 1:1로 대응하여 적용하는 방식임. 기준성취율 90%, 80%, 70%, 60%에 해당하는 평가점수를 각각 90점, 80점, 70점, 60점으로 고정시켜 적용하는 방식임

19) 성취수준별 추정 분할점수: 성취수준을 고려하여 평가도구를 제작한 후 평가 문항과 과제의 내용(특성)과 과제의 복잡성, 응답의 가능성 등을 고려한 담당 교사들의 논의를 통해 기준성취율에 해당하는 학생의 점수를 예상하여 점수를 설정하는 방식임

6. 평가 미응시자(결시자) 및 학적 변동자 처리

※ 지필평가 결시자, 수행평가 미응시자(결시자) 및 학적 변동자 등의 성적처리는 시·도교육청의 학업성적관리 시행지침과 단위학교의 학업관리규정을 참고하여 작성하도록 함.

7. 평가 결과의 활용

1) 학생의 성취수준 및 역량의 개인차를 고려하여 평가 결과를 해석하고 활용한다.
2) 평가 결과는 교수-학습 방법이나 평가 방법, 평가도구를 개선하기 위한 자료로 활용한다.
3) 평가 결과를 누적하여 학생의 성장과 발달을 파악하거나 학생에게 피드백할 수 있는 근거로 활용한다.
4) 학생, 학부모가 이해하기 쉽도록 교과가 목표로 하는 세부 능력과 성취수준을 중심으로 평가 결과를 상세히 제공한다.

8. 최소 성취수준 보장지도

학기 초에 과목별 최소 성취수준 보장지도 운영 계획을 수립하고 교수·학습에 활용한다.

* 최소 성취수준 : 각 과목의 교수-학습이 끝났을 때, 학생들이 성취하기를 기대하는 지식, 기능, 태도에 최소한으로 도달한 정도를 의미한다. 즉, 교육목표에 비추어 학생이 알아야 할 것과 할 수 있는 것의 내용과 범위를 최소한으로 제시한 성취기준에 도달한 정도로서 기준 성취율은 40%이며, 성취율 40%~60%에 해당하는 성취수준이다.

3) 2022 개정 교육과정 최소 성취수준 보장지도

(1) 최소 성취수준 보장지도의 배경(고교학점제)

학생이 기초 소양과 기본 학력을 바탕으로 진로와 적성에 맞는 과목을 선택하고 이수 기준에 도달한 과목에 대해 학점을 취득·누적하여 졸업하는 제도를 말한다. 고교학점제의 정의에 따르면 이수 기준이 도입되어 이수 기준에 도달한 경우 학점을 취득할 수 있으며, 이러한 학점 취득은 졸업과 연결된다. 고교학점제에서는 과목 선택권의 확대뿐만 아니라 선택한 과목을 성공적으로 이수할 수 있도록 과목 이수의 '질' 관리도 중요하다.

[그림 7-4] 고교학점제에서 학점 취득 방식

출처: 교육부, 한국교육과정평가원(2023).

(2) 학점 이수 인정기준

고교학점제에서는 2025학년도 1학년부터 학점 이수 인정기준을 충족할 경우 해당 과목의 학점을 취득할 수 있다. 이수 기준 요건에는 과목 출석률과 학업 성취율이 포함된다. 해당 과목의 학점을 취득하기 위해서는 두 가지 요건을 모두 충족해야 한다. 첫째, 해당 과목의 수업 횟수의 2/3 이상을 출석해야 하며, 둘째, 해당 과목의 학업 성취율이 40% 이상일 때 이수 기준을 충족하게 된다.

현행

성취율	성취도
90% 이상	A
80% 이상 ~ 90% 미만	B
70% 이상 ~ 80% 미만	C
60% 이상 ~ 70% 미만	D
60% 미만	E

향후('25~)

성취율	성취도	
90% 이상	A	
80% 이상 ~ 90% 미만	B	
70% 이상 ~ 80% 미만	C	
60% 이상 ~ 70% 미만	D	
40% 이상 ~ 60% 미만	E	↑ 이수
40% 미만	최소 성취수준 보장지도 이수 시 과목 이수 (성취도 3단계 과목 포함)	

[그림 7-5] 2022 개정 교육과정에 따른 최소 성취수준 보장지도

출처: 교육부, 한국교육과정평가원(2023).

해당 과목에서 학업 성취율 40%에 도달하지 않으면 학점을 취득할 수 없고 최소 성취수준 보장지도를 이수하면 학점 취득이 가능하다. 학업 성취율은 충족했지만 출석률을 미도달한 학생 및 교양과목 출석률 미도달 학생에게는 최소 성취수준 보장지도에 준하는 추가 학습을 통해 이수 기회를 제공한다.

(3) 최소 성취수준 보장지도

2022 개정 교육과정 총론에 의하면 "학교는 학생이 교과 및 창의적 체험활동의 이수 기준을 충족한 경우 학점 취득을 인정한다. 이수기준은 출석률과 학점 성취율을 반영하여 설정하며, 이와 관련 구체적인 사항은 교육부 장관이 정하는 지침에 따른다.", "학교는 과목별 최소 성취수준을 보장하기 위해 학교의 여건 등을 고려하여 다양한 방식으로 예방·보충지도를 실시한다." 라고 명시되어 있다.

최소 성취수준 보장지도의 개념은 예방지도와 보충지도가 함께 이루어지는 것이다. 예방지도는 미도달 예상 학생을 대상으로 학기 중에 실시하며, 보충지도는 미도달 학생을 대상으로 학기 말 또는 방학 중에 실시한다.

최소 성취수준 보장지도 운영 절차는 다음과 같다.

<표 7-6> 2025학년도 이후 학점이수 인정기준 및 최소 성취수준 보장지도 운영 계획

단계	시기	운영 내용
준비단계 수업 및 평가 계획	학기 시작 전	- 최소 성취수준 보장지도 관련 학교 내부 규정(학업성적관리규정) 정비 - 최소 성취수준 보장지도 운영 계획 수립 ※ 과목별 최소 성취수준, 최소 성취수준 보장지도 대상 과목 및 대상 학생 선정 방법, 운영 시기 및 시간, 운영 방법 및 내용 등
1단계 미도달 예상 학생 파악	학기 초	- 학기 초 진단평가, 교과 및 담임 교사 추천 등을 통해 최소 성취수준 미도달 예상 학생 파악 - 최소 성취수준 보장지도 운영사항을 학생과 학부모에게 안내
2단계 최소 성취수준 보장 예방지도	학기 중	- 과목 이수 기준 미도달 예상 학생 중 희망자를 대상으로 미도달 예방지도(방과후 지도, 보충과제 부여, 학습멘토링, 정서적 지원 프로그램, AI 디지털 교과서 활용 지도 등)
3단계 최소 성취수준 보장 보충지도	학기 말	- 학기말 평가 결과를 토대로 과목별 미도달 학생 파악, 대상 학생 확정 - 보충지도 대상 선정과 지도 방법 등을 학생과 학부모에게 안내 - 미도달 학생 대상 보충지도 프로그램 운영(방과후 또는 방학 중 보충지도 프로그램 운영)

출처: 교육부, 한국교육과정평가원(2023).

(4) 최소 성취수준 보장지도 운영 방안

최소 성취수준 보장지도 운영 방안(교육부, 2024: 2025학년도 이후 학점이수 인정기준 및 최소 성취수준 보장지도 운영 계획 안내)은 다음과 같다.

<표 7-7> 2025학년도 이후 학점이수 인정기준 및 최소 성취수준 보장지도 운영 계획

<table>
<tr><th>구분</th><th>예방지도</th><th>보충지도</th></tr>
<tr><td rowspan="2">이수 대상</td><td>- 과목 이수기준 미도달 예상 학생 중 희망자
* 학업 성취율 40% 이상 및 과목 출석률 2/3 이상</td><td>- 과목 이수기준 미도달 학생
* 학업 성취율 40% 이상 및 과목 출석률 2/3 이상</td></tr>
<tr><td colspan="2">※ 학업 성취율은 충족했지만 출석률은 미도달한 학생 및 교양과목 출석률 미도달 학생에게는 최소 성취 수준 보장지도에 준하는 추가학습을 통해 이수기회 제공</td></tr>
<tr><td>이수 시기</td><td>- 학기 초 과목별로 대상 학생 선정
→ 학기 중 운영</td><td>- 학기 말 과목별로 대상 학생 선정
→ 학기 내(방학 포함) 운영</td></tr>
<tr><td>이수 기준</td><td>-</td><td>- 1학점당 5시수(예: 4학점 과목 20시수)
- 총 운영 시수의 2/3 이상 참여시 이수 인정</td></tr>
<tr><td rowspan="2">운영 방법</td><td>- 방과후 지도, 방과후 기초학력 보장 프로그램, 보충과제 부여, 학습멘토링, 정서적 지원 프로그램, 교과 수업 시간에 별도 지도, 다문화학생 특별학급(한국어학급) 수업, AI 디지털 교과서 활용 지도 등의 방법 활용
* 학습흥미 및 동기형성 프로그램, 상담, 컨설팅 등</td><td>- 방과후(방학중) 대면지도(실시간 쌍방향 온라인 수업 포함), 온라인 콘텐츠(EBSi) 수강, 보충과제 부여, 학습멘토링, AI 디지털 교과서 활용 지도 등의 방법 활용</td></tr>
<tr><td colspan="2">- 예방지도·보충지도 운영 계획 수립 시 고려 사항
• 예방지도 시수의 일부를 보충지도 시수로 인정 가능함. 다만, 실효성 있는 보충지도를 위하여 가급적 보충지도로 인정하는 예방지도의 최대 시수는 총 보충지도 시수의 50%(20시수 기준 10시수) 이내로 운영 권장
• 정서적 지원 프로그램 운영 시는 가급적 총 보충지도 시수의 25%(20시수 기준 4시수) 이내로 운영 권장
• 학생별 지도가 효과적으로 운영되도록 보충지도 시 대면지도를 반드시 포함하되, 온라인 콘텐츠, 보충과제 부여 등 다양한 방법 활용 가능
• 예방지도-보충지도 연계 시수 인정 범위, 정서적 지원 프로그램 운영 시수, 대면지도 시수 등에 대해서는 과목별·학생별 특성을 고려하여 학업성적관리위원회의 심의를 거쳐 학교장이 결정</td></tr>
<tr><td>운영 절차 및 이수 인정</td><td colspan="2">- 예방·보충지도 대상자 선정 및 지도 방법, 이수 기준 등의 사항을 포함하여 기본계획을 수립하고, 학업성적관리위원회의 심의를 거쳐 학교장이 확정
* 보충지도는 총 운영 시수의 2/3 이상 참여할 시에 이수 인정
- 예방·보충지도의 방과후·방학중 지도에 대한 사항은 학교운영위원회 심의 필요
(「초·중등교육법」 제32조 제1항 제6호)
- 보충지도 참여 학생의 이수 인정 여부는 학업성적관리위원회 심의를 거쳐 학교장이 최종 확정</td></tr>
</table>

3절. 평가도구 개발

1) 평가도구 개발의 이해

교육평가는 학습자의 성취를 파악하고 교수-학습의 질을 개선하며, 나아가 교육과정 운영의 방향을 결정짓는 핵심적인 과정이다. 특히 지식기반사회로 전환되는 오늘날 교육은 더 이상 형식교육에 국한되지 않으며, 비형식 및 무형식 교육까지 아우르는 유연하고 탄력적인 체제를 요구받고 있다. 이러한 시대적 흐름에 맞추기 위해서는 단순한 지식 전달을 넘어 학습자가 '학습하는 방법을 배우는' 자기주도적 학습 역량을 기를 수 있도록 교육이 설계되어야 하며, 교육의 수월성을 확보하기 위해 학생의 약점을 보완하기보다는 강점을 육성하는 방향으로 접근해야 한다.

이러한 교육 체계 속에서 평가는 성취기준의 달성 정도를 확인하는 과정으로 기능하며, 단순히 결과를 판단하는 것이 아니라 교수-학습 활동 전체를 아우르는 중요한 요소로 작용한다. 따라서 교수-학습 활동은 학습 내용의 특성을 충분히 반영하여 설계되어야 하며, 그에 따른 평가는 해당 활동의 목표와 내용을 충실히 반영할 수 있어야 한다. 특히 평가의 내용 타당성(content validity)은 학습목표 및 성취기준에 제시된 학습 결과가 실제 평가 문항에 얼마나 잘 반영되어 있는지를 판단하는 지표로 작용한다(Kubiszyn & Borich, 2016). 이는 평가도구 개발 시 반드시 고려되어야 하는 요소로 내용 타당성이 확보되지 않으면 학습자의 실제 능력을 정확하게 파악하기 어렵고 평가 자체의 신뢰성도 떨어질 수밖에 없다.

또한 '무엇을', '어떻게' 평가할지를 결정하는 평가도구는 교육평가의 공정성과 객관성, 신뢰도를 좌우하는 결정적 요소이다. 적절한 평가도구가 마련되지 않으면 교육목표와 실제 평가 간 불일치가 발생할 수 있으며, 이는 학습자에게 불공정한 결과를 초래할 가능성도 내포하고 있다. 평가도구는 교과의 특성과 평가목적, 학생의 발달 수준을 고려하여 구성되어야 하며, 나아가 지역사회와의 연계, 학교 간 협업 등 다양한 교육 환경의 변화를 반영할 수 있는 방식으로 개발되어야 한다.

결국 오늘날 교육에서의 평가는 단순한 성적 산출의 기능을 넘어서서 교육과정과 교수-학습의 질을 향상시키는 중심축이며, 이는 학습자 중심의 교육, 수요자 맞춤형 교육, 특성화 교육과정의 구현이라는 교육 혁신의 핵심 목표와도 긴밀하게 연결되어 있다. 따라서 평가는 교육 전반에 걸친 종합적 성찰의 과정이며, 그 출발점이자 실질적 실현 도구인 평가도구의 개발은 교육의 질을 담보하는 중요한 열쇠가 된다.

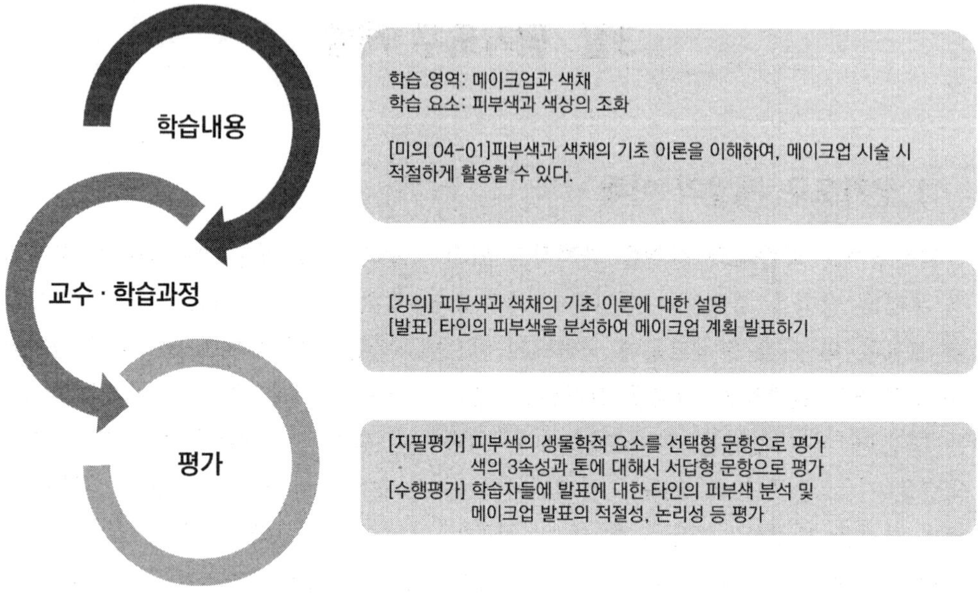

[그림 7-6] 평가도구의 타당성 확보를 위한 '교육과정-교수-학습-평가'의 연계성 예시

2) 평가의 오류

평가의 목적은 학습자의 성취수준을 정확하게 측정하고 교수-학습의 질을 개선하는 데 있다. 그러나 실제 교육 현장에서 이루어지는 평가 과정에서는 다양한 심리적·인지적 편향에 의해 정확성과 객관성이 저해되는 오류가 발생할 수 있다. 이러한 오류들은 평가 결과의 신뢰도와 타당도를 훼손하고 나아가 학습자에게 부당한 결과를 초래할 수 있으므로 평가자(교사)는 그 존재와 특성을 명확히 인식하고 사전에 방지할 수 있는 노력이 필요하다.

(1) 집중경향의 오류(error of central tendency)

평가자가 학습자의 성취수준에 관계없이 평가 결과를 중간 점수에 집중시켜 배분하는 경향을 말한다. 매우 우수하거나 매우 부족한 학습자에게도 중간 수준의 점수를 주게 되어 변별력과 타당성이 저하된다.

예) 우수한 수행을 한 학생에게도 '무난하다'며 보통 수준의 점수를 부여한 경우

(2) 인상의 오류(halo effect, 후광효과)

피평가자의 어떤 한 특성이 다른 관련 없는 특성에까지 영향을 미쳐 전체적인 인상에 따라 평가가 왜곡되는 현상이다. 평가자가 학습자의 외모, 성격, 태도 등에 의

해 평가내용과 무관하게 점수를 부여하는 경우다.

예) 태도가 성실한 학생에게 실제 학업 능력보다 높은 점수를 부여하는 경우

(3) 논리적 오류(logical error)

서로 관계없는 두 특성 간에 논리적으로 상관이 있다고 가정하고 평가하는 오류를 말한다. 이는 평가자가 자신의 주관적 신념이나 경험에 의존하여 평가 특성 간 관계를 과잉 해석할 때 발생한다.

예) 발표를 잘하는 학생은 반드시 협업 능력도 뛰어날 것이라 판단하고 고득점을 부여한 경우

(4) 대비의 오류(contrast error)

평가자가 자신의 특성과 피평가자의 특성을 비교하여 평가 점수를 부여하는 오류이다. 이 오류는 특히 자기 기준과의 비교를 무의식적으로 적용할 때 발생한다.

예) 교사가 협동활동을 어려워하는 사람일 경우 원활하게 협력한 학생에게 과도하게 높은 점수를 부여하거나 그 반대로 과소평가하는 경우

(5) 근접의 오류(proximity error)

서로 유사하거나 인접한 항목이 시간적 또는 공간적으로 가까이 배열되어 있을 때, 그 문항들에 대해 비슷한 점수를 부여하게 되는 오류이다. 이는 평가자가 항목 간 차이를 명확히 인식하지 못한 채 일관된 판단을 내리려 할 때 발생한다.

예) 발표력과 표현력을 연속적으로 평가할 때 실제 성취수준과 관계없이 비슷한 점수를 주는 경우

(6) 무관심의 오류(error due to lack of observation)

평가자가 피평가자의 수행이나 행동을 충분히 관찰하지 못했을 때, 발생하는 오류이다. 이는 평가과정에서 관찰 시간 부족, 집중력 저하, 또는 사전 편견 등으로 인해 관찰의 정확성이 떨어질 때 흔히 나타난다.

예) 학습자의 작업 수행 중 중요한 행동을 놓치고 대강의 인상만으로 평가하는 경우

(7) 의도적 오류(intentional error)

평가자가 특정 학습자에게 의도적으로 유리하거나 불리한 점수를 부여하는 오류이다. 보상이나 처벌, 또는 개인적 감정이 개입될 때 발생하며, 평가 윤리를 심각하게 위협하는 행위이다.

예) 학급 대표를 맡은 학생에게 과도한 점수를 주거나 문제 학생에게 의도적으로

낮은 점수를 주는 경우

(8) 표준의 오류(standard error)

평가자가 적용하는 평가 기준(표준)이 명확하지 않거나 일관되지 않을 때, 발생하는 오류이다. 평가자의 기대 수준이 과도하게 높거나 낮으면 학습자의 실제 성취를 왜곡하게 된다.

예) 모든 학생에게 동일한 기준을 적용하지 않고 상황에 따라 평가 기준을 임의로 바꾸는 경우

3) 평가도구의 양호도

교육평가에서 평가도구는 단순히 문제를 출제하는 기능을 넘어 학습자의 성취수준을 정확하고 공정하게 측정할 수 있는 기능을 수행해야 한다. 이를 위해 평가도구는 일정한 양호도(良好度, soundness) 요건을 갖추고 있어야 하며, 양호도는 일반적으로 타당도(validity), 신뢰도(reliability), 객관도(objectivity), 실용도(usability)의 네 가지 요소로 구성된다. 이 네 가지는 상호 유기적으로 연결되어 있으며, 하나라도 결여될 경우 평가도구의 공정성과 신뢰성은 심각하게 저해될 수 있다.

(1) 타당도(validity)

타당도는 평가도구가 본래 측정하고자 하는 개념이나 능력을 얼마나 충실하게 측정하고 있는가를 의미하며, 평가도구가 갖추어야 할 가장 기본적이고 중요한 요건으로 간주된다. 타당도가 높은 평가는 교육목표나 성취기준에 부합하는 내용을 정확하게 반영하며, 교육적 의사결정의 기초 자료로서 신뢰성을 확보할 수 있다..

• 타당도의 종류

① 내용타당도★(content validity, 논리적 타당도, 교과타당도): 평가도구가 그것이 평가하려고 하는 내용(교육목표)을 얼마나 충실히 측정하고 있는가를 논리적으로 분석, 측정하려는 타당도이다.

★ 내용 타당도 증진 방법
- 검사가 재고자 하는 전체적 내용을 확인한다.
- 문항 하나하나가 문항이 재고자 하는 목적을 적절하게 재는지를 확인한다.
- 내용 전문가가 지닌 전문적 지식 및 경험을 활용하거나 문항정보표에 근거하여 검사내용의 적절성과 대표성에 대해 판단한다.

② 공인타당도(concurrent validity, 동시타당도): 동일한 능력을 측정하는 두 평가도구가 동일한 시기에 치러졌을 때, 사용하는 타당도로 새로 제작된 검사도구가 기존의 검사도구를 대체하고자 할 때 사용되는 타당도이다.

③ 예언타당도(predicitive validity, 예측타당도, 시간지향적 타당도): 평가 결과가 피험자의 미래 성취나 행동을 얼마나 정확하게 예측하는지를 판단하는 타당도이다(모의고사 성적이 실제 수능 성적을 예측하는 정도).

④ 구인타당도(construct validity): 평가도구가 이론적 심리학 개념 또는 구성 개념(construct)을 어느 정도 정확히 측정하고 있는지를 검증하는 과정으로 가설 설정 및 통계적 분석을 통해 경험적으로 검증한다.

⑤ 결과타당도(consequential validity, 영향타당도): 평가가 학습과 교육에 미치는 결과적 영향을 고려하는 타당도이다(평가로 인해 수업이 교육목표에서 벗어나거나 역효과가 발생하는 경우 타당성이 낮다고 봄).

(2) 신뢰도(reliability)

신뢰도는 동일한 조건에서 반복적으로 평가를 수행하였을 때, 일관된 결과를 도출할 수 있는 정도를 의미한다. 즉, 평가 결과의 정확성과 안정성을 나타내는 지표로 측정 오차(standard error of measurement)가 작을수록 신뢰도가 높다고 할 수 있다. 신뢰도가 높다는 것은 평가 결과가 우연이나 외부요인에 좌우되지 않고 신뢰할 수 있다는 뜻이다.

• **신뢰도 추정 방법**

① 재검사 신뢰도(안정성 계수, retest reliability): 동일한 평가를 일정 시간 간격을 두고 같은 집단에 두 번 실시한 후 두 결과 간의 상관계수를 산출하는 방법. 시간 간격의 적절성 확보가 중요하다.

② 동형검사 신뢰도(동형성 계수, equivalent-form reliability): 유사검사 신뢰도, 평형검사 신뢰도로도 불리며, 검사문항의 내용은 다르지만 동일한 능력을 측정하는 두 개의 동형검사를 미리 제작하여 같은 집단에 두 번 실시하여 상관계수를 산출하는 방법이다. 검사 제작에 시간과 자원이 많이 소요되는 단점이 있다.

③ 반분 신뢰도(동질성 계수, split-half reliability): 하나의 검사를 어떤 대상에게 실시한 후 이를 적절히 두 부분으로 나누어서 독립된 검사로 취급하여 이들의 상관계수를 산출하는 가장 간편한 신뢰도 추정 방법이다.

④ 문항 내적 합치도(동질성 계수, 문항 내적 일관성 신뢰도): 검사 속의 문항을 각각 독립된 한 개의 검사단위로 생각하고 합치성·동질성·일치성을 종합하여

상관계수로 나타내는 방법이다. 크론바흐 알파(Cronbach's α)가 대표적인 지표로 활용된다.

• 신뢰도에 영향을 주는 요인

- 검사와 관련된 요인

① 검사의 길이(문항 수): 검사의 길이가 증가함에 따라 신뢰도가 높다. 문항의 수가 늘어남에 따라 신뢰도가 높아진다(단, 문항의 질이 동등하게 유지되어야 함).

② 문항집표의 적부성: 학습한 내용 중 골고루 출제될 때 신뢰도가 높다.

③ 문항의 동질성: 검사문항이 동질적일 때 신뢰도가 높다.

④ 검사내용의 범위: 시험범위가 좁을수록 문항의 동질성이 유지되므로 신뢰도가 높다.

⑤ 문항난이도: 문항난이도가 적절할수록(30~80%) 신뢰도가 높다(50%일 때 신뢰도는 +1).

⑥ 문항변별도: 문항변별도가 높을 때, 신뢰도가 높다.

⑦ 가능점수 범위: 반응점수 범위(상이한 점수가 나올 수 있는 범위)가 클수록 신뢰도가 높다.

- 검사집단과 관련된 요인

① 집단의 동질성: 동질집단은 이질집단보다 신뢰도가 낮다(동질집단에서는 이질집단보다 측정 횟수에 따르는 개인의 약간의 점수 변화가 상대적 지위 변화에 크게 영향을 미치기 때문이다).

② 검사요령: 모든 학생들이 일정 수준 이상으로 검사요령을 숙지하고 있을 때, 신뢰도에 도움이 된다.

③ 동기 유발: 모든 학생들이 일정 정도의 성취동기를 가지고 검사를 치를 때 신뢰도에 도움이 된다.

- 검사 실시와 관련된 요인

① 시간의 안정성: 시간의 변화에 따라 검사 점수가 달라진다. 검사 시간이 충분히 주어져야 한다.

② 부정행위: 부정행위의 유발은 신뢰도를 떨어뜨린다.

*** 신뢰도를 높이는 방법**

① 시험의 문항 수를 많이 출제한다.

② 객관식 문제에서 답지 수(선택문항 수)를 많이 한다.

③ 학습내용 중에서 골고루 출제한다.

④ 검사문항을 동질적으로 구성한다.

⑤ 문항난이도를 적절하게(50% 내외) 유지한다.
⑥ 문항의 변별도를 높인다(학습 수준의 차이를 구분할 수 있는 문항 출제).
⑦ 시험을 실시하는 상황이 적합해야 한다.
⑧ 객관적인 채점방법을 사용한다.
⑨ 시험범위가 좁아야 한다.
⑩ 집단의 점수분포의 표준편차가 커야 한다.

(3) 객관도★(objectivity, 채점자 간 신뢰도)

채점자 간 또는 동일 채점자 내에서 일관된 평가 결과가 도출되는 정도를 의미한다. 특히 서술형, 논술형, 수행평가 등 주관식 문항에서 객관도를 확보하기 위해서는 명확하고 구체적인 채점 기준(루브릭)이 필수적으로 마련되어야 한다.

① 채점자 간 신뢰도: 여러 명의 채점자가 동일한 응답에 대해 유사한 점수를 부여하는 정도
② 채점자 내 신뢰도: 한 명의 채점자가 여러 응답을 일관되게 채점하였는지의 정도

★ 객관도의 향상방법
- 평가도구를 객관화시킨다(주관식 검사의 경우 검사자의 개인적 편견, 감정이 작용될 가능성이 높음).
- 평가자의 소양을 높인다.
- 명확한 평가 기준을 설정한다.
- 여러 사람이 공동으로 평가하여 그 결과를 종합하는 것이 효과적이다.

(4) 실용도★(usability)

하나의 평가도구가 시간, 노력, 비용 등의 자원을 적절히 고려한 현실적 활용 가능성을 갖추고 있는지를 의미한다. 즉, 효율성과 경제성의 측면에서 평가도구가 교육 현장에 실제 적용 가능한지 여부를 판단한다. 실용도가 지나치게 낮으면 아무리 타당하고 신뢰도 높은 평가도 실제 교육 현장에서는 활용되지 못할 수 있다. 따라서 평가도구 개발 시 실용성 확보는 반드시 고려되어야 할 요소이다.

★ 실용도의 조건
- 검사실시와 채점방법이 쉬워야 한다.
- 시간, 비용, 노력 등이 절약되어야 한다.
- 해석과 활용이 용이해야 한다.

4) 지필평가의 이해

지필평가는 전통적으로 가장 널리 사용되어온 평가 방법 중 하나로 제한된 시간 내에 종이와 필기구 또는 디지털 도구를 활용하여 학습자의 지식, 이해, 사고력 등을 측정하는 방식이다. 특히 지필평가는 객관성과 효율성 면에서 강점을 가지며 대규모 인원을 대상으로 표준화된 평가를 동시에 실시할 수 있다는 점에서 여전히 교육 현장에서 핵심적인 평가 방식으로 활용되고 있다.

지필평가는 문항의 구조와 응답 방식에 따라 분류될 수 있다. 피험자(학생)의 반응 방식에 따라는 선택형과 서답형으로 구분되며, 채점 방법에 따라서는 일반적으로 객관식과 주관식으로 나뉜다. 이 두 분류는 상호 중첩되기도 한다. 예를 들어, 객관식 문항은 보통 선택형이고, 주관식 문항은 서답형으로 구성된다. 그러나 모든 선택형이 반드시 객관식은 아니며, 서답형 문항도 채점 기준에 따라 어느 정도의 객관성을 가질 수 있다.

다음 〈표 7-8〉는 선책형 문항과 서답형 문항의 유형을 비교한 것이다.

<표 7-8> 선택형 문항 및 서답형 문항 비교

<table>
<tr><th>구분</th><th colspan="3">내용</th></tr>
<tr><td rowspan="7">선택형 문항
(selection type)</td><td colspan="3">- 학생이 미리 제시된 답지 중에서 알맞은 답을 선택하는 문항
- 서답형보다 단순한 형태의 지필평가 유형으로 하위 수준의 인지적 과정이나 능력을 평가하는데 활용
- 세부 유형: 진위형, 선다형, 연결형, 합답형 등</td></tr>
<tr><td>진위형</td><td colspan="2">학생들이 제시된 진술문의 진위(옳고 그름)를 판단하는 형태</td></tr>
<tr><td rowspan="3">선다형</td><td colspan="2">2개 이상의 답지 중 맞거나 가장 알맞은 답을 선택하는 형태</td></tr>
<tr><td>정답형</td><td>여러 개 답지 중 1개만 옳고 그 외는 오답인 형태</td></tr>
<tr><td>최선답형</td><td>가장 알맞은 답을 선택하는 형태로 주로 현상에 대한 해석 등을 묻는 문제가 많음</td></tr>
<tr><td>합답형</td><td colspan="2">여러 개의 답지 중 하나 이상의 옳은 답을 판단하는 형태
(예: ~에 대한 설명으로 옳은 것만을 〈보기〉에서 고른 것은?)</td></tr>
<tr><td>연결형</td><td colspan="2">전제와 답지를 배열하여 정답을 찾아 연결하는 형태</td></tr>
<tr><td rowspan="5">서답형 문항
(supply type)</td><td colspan="3">- 학생이 답안을 선택하는 것이 아니라 독자적으로 답안을 작성하는 문항
- 세부 유형: 단답형, 완성형, 서술형, 논술형 등</td></tr>
<tr><td>단답형</td><td colspan="2">간단한 단어, 어구, 수, 기호 등을 제한한 형태로 작성하는 형태</td></tr>
<tr><td>완성형</td><td colspan="2">문장에 들어갈 진술문 일부를 비워 놓고 적절한 어구, 단어 등을 작성하는 형태</td></tr>
<tr><td>서술형</td><td colspan="2">주어진 질문에 한 문장 이상의 학생 응답으로 작성하는 형태로 기술해야 할 요소, 답안 길이, 응답 방식 등 범위를 제한함</td></tr>
<tr><td>논술형</td><td colspan="2">주어진 질문에 문단 이상의 한 편의 긴 글을 통해 답을 구성하는 형태로 응답의 자유도를 허용함</td></tr>
</table>

출처: 한국교육과정평가원(2020). 재구성.

다음 [그림 7-7]은 지필평가 문항 예시이다.

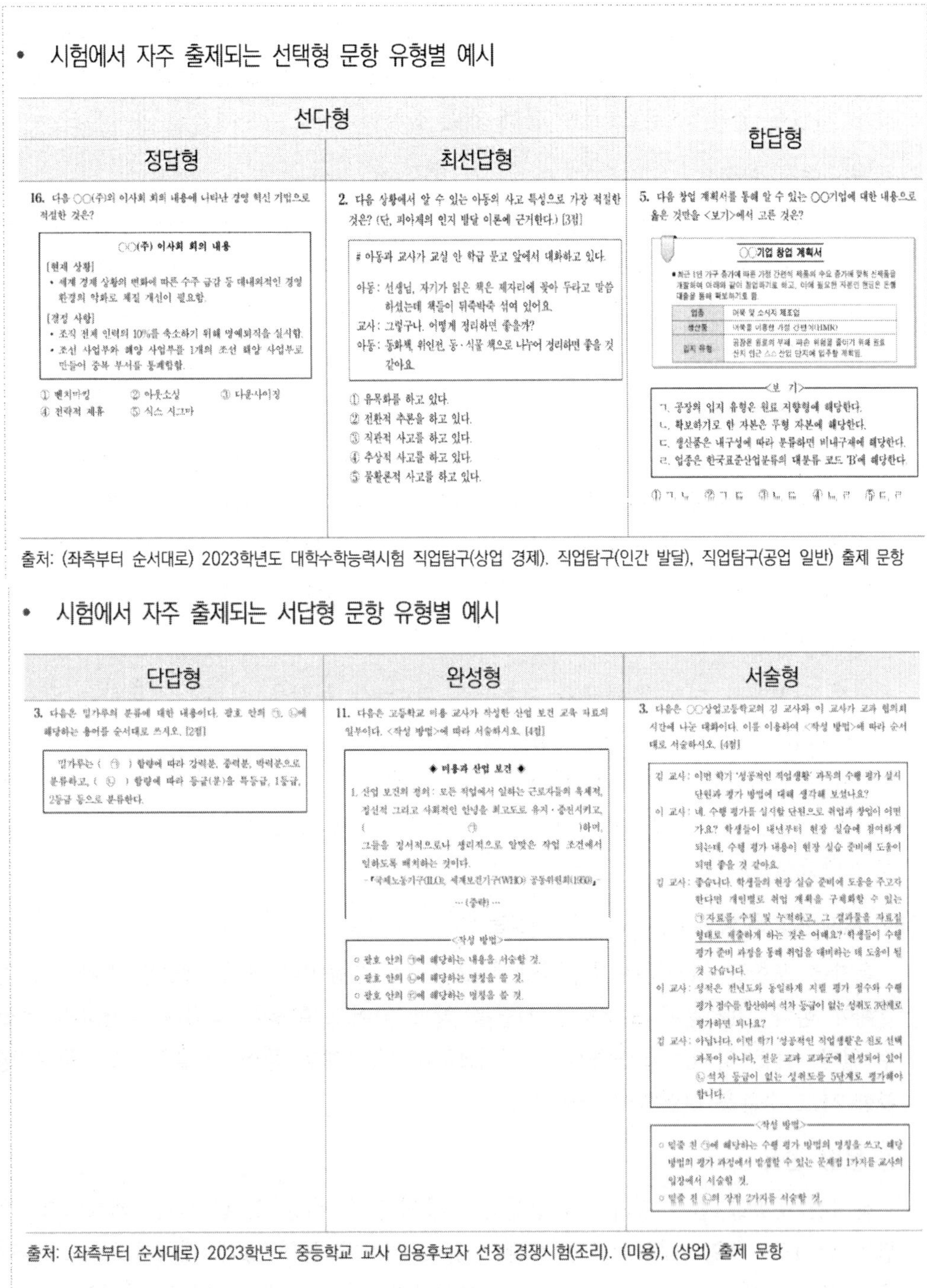

[그림 7-7] 선택형 및 서답형 예시

(1) 문항 개발 절차

효과적인 평가를 위해서는 단순히 문항을 작성하는 것을 넘어, 명확한 평가목표 설정부터 문항 검토에 이르기까지의 체계적인 절차를 따라야 한다. 이를 통해 평가도구의 타당도와 신뢰도, 객관도를 높이고 학습자의 성취수준을 정확하게 판단할 수 있다. 다음은 일반적으로 따르는 문항 개발 절차이다.

① 평가목표 설정

문항 개발의 첫 단계는 무엇을 평가할 것인지를 분명히 하는 것이다. 교육과정의 성취기준을 바탕으로, 학습자가 수업 후 어떠한 지식이나 기능, 태도를 갖추었는지를 확인할 수 있는 목표를 설정해야 한다. 이 목표는 수업 내용과 일치해야 하며, 평가도구의 방향성과 문항 구성을 이끄는 기준이 된다.

② 문항정보표 작성

문항정보표는 내용 영역과 행동 영역(인지 수준)을 교차시켜 문항의 분포를 계획하는 도구이다. 이를 통해 특정 내용에 편중되거나, 낮은 사고 수준만 평가하는 일을 방지할 수 있다. 예를 들어, '손발톱의 구조'를 지식(쉬움), 이해(중간), 적용(어려움) 수준으로 나누어 다양한 사고 수준을 반영한 문항을 설계할 수 있도록 한다.

③ 출제문항의 제작

이전 단계에서 설정한 목표와 분류표에 따라 각 문항을 실제로 제작하는 단계이다. 선택형, 단답형, 서술형, 수행형 등 문항 형식을 적절히 배치하여, 평가하려는 능력과 부합되도록 구성한다. 이때 문항은 명확하고 간결해야 하며, 오답지를 구성할 때는 학습자의 오개념이나 흔한 오류를 분석하여 변별력 있는 보기를 제시하는 것이 중요하다.

④ 지시문의 작성

문항에 포함될 지시문은 학습자에게 요구되는 행동이나 응답 방법을 정확하게 전달해야 한다. 지시문이 모호하면 정답을 알고 있어도 학생이 적절히 응답하지 못할 수 있다. 예를 들어, "설명하시오", "비교하시오", "예를 들어, 서술하시오" 등은 명확한 사고 수준을 반영하여 써야 한다.

⑤ 문항 편집

작성된 문항을 전체 평가지의 형식과 흐름에 맞게 배열 및 편집하는 과정이다. 문항의 난이도, 유형, 배점, 응답 시간 등을 고려하여 균형 있게 배치하고, 오탈자나 문장 부호 등의 오류가 없는지 꼼꼼히 확인한다. 편집 단계는 문항의 완성도를 높이는 중요한 절차다.

⑥ 예비 시험 실시 및 수정·보완

개발된 문항은 예비시험을 통해 실제 반응을 확인해보는 것이 바람직하다. 이때 응답률, 오답률, 문항의 난이도와 변별도 등을 분석하여, 부적절한 문항은 수정하거나 제거한다. 학생들이 문항을 이해하지 못하거나, 의도와 다르게 응답하는 경우도 이 단계에서 발견된다.

⑦ 개발된 문항 검토

최종적으로 모든 문항을 다시 한번 교육과정 성취기준과 평가목표에 비추어 검토하고, 타당성, 신뢰성, 공정성을 재확인한다. 필요하다면 동료 교사, 전문가와 함께 검토를 진행하며 전문적 협의 과정을 거치는 것이 좋다. 또한, 채점 기준과 루브릭도 함께 점검하여 평가의 일관성과 객관성을 확보한다.

<표 7-9> 문항 개발 절차

평가목표 설정
↓
문항정보표 작성
↓
출제문항의 제작
↓
지시문의 작성
↓
문항 편집
↓
예비 시험 실시 및 수정·보완
↓
개발된 문항 검토

5) 지필평가의 제작

(1) 선택형 문항 제작

① 선택형 문항 구성 요소

선택형 문항은 크게 문두, 제시문(필요한 경우), 보기(필요한 경우), 답지 형태로 구성된다.

5. 다음 글에서 ㉮에 해당하는 사례로 적절한 것만을 〈보기〉에서 있는 대로 고른 것은? — 문두

> 화석 연료를 대체하기 위하여 ㉮ 해양 생물을 이용하여 연료로 추출하는 기술이 주목을 받고 있다. 이 기술은 일부 해양 생물이 태양 에너지에 의해 생산되기 때문에 순환 가능한 원료 및 에너지를 얻을 수 있는 장점을 지니고 있다. 또한 이 연료를 생산하고 난 후에 생긴 부산물까지 가축 사료 또는 비료로 사용할 수 있다.

제시문

〈보기〉

ㄱ. 새우 껍데기에서 추출한 키토산
ㄴ. 대형 갈조류로부터 생산된 메탄가스
ㄷ. 미세 조류에서 추출하여 얻은 바이오 디젤

보기

① ㄱ ② ㄴ ③ ㄱ, ㄷ ④ ㄴ, ㄷ ⑤ ㄱ, ㄴ, ㄷ — 답지

[그림 7-8] 선택형 문항 출제 구성 요소

주) 위 문항은 합답형 예시임.
출처: 2018학년도 대학수학능력시험 문제지 직업탐구 영역(해양의 이해)

② 선택형 문항의 제작 원리

Mehrens와 Lehmann(1973)은 문항의 형태를 선택형 문항(selection-type item)과 서답형 문항(supply-type item)으로 구분하였다. 선택형 문항은 문항에 제시된 여러 답지 중에서 하나를 고르는 형식으로 흔히 객관식 문항이라고 불린다. 반면, 서답형 문항은 정답이 문항에 주어지지 않고 응시자가 직접 답을 작성하는 형식으로 일반적으로 주관식 문항이라고 부른다.

그러나 선택형을 객관식, 서답형을 주관식이라 지칭하는 것은 정확한 학문적 용어 사용은 아니다. 문항의 형태는 응시자의 반응 방식(response mode)을 기준으로 구분한 것이며, 채점 시 주관성의 개입 여부를 기준으로 삼는 것은 인식론적 오류(epistemological error)에 해당한다. 즉, 선택형 문항이라도 채점자가 임의로 해석하거나 애매한 문항이 있다면 객관성이 떨어질 수 있으며, 서답형 문항이라도 명확한 채점 기준이 있다면 객관적 채점이 가능할 수 있다.

따라서 문항 형태의 분류는 응답 방식에 근거하여 구분해야 하며, 채점의 객관성과는 별개로 다루어야 한다는 점을 강조하고 있다.

진위형(true-false): 진위형 문항이란 학습자에게 하나의 진술문(statement)을 제시하고 그 진술이 '참(True)'인지 '거짓(False)'인지를 판단하게 하는 폐쇄형 문항이다. 간단하게는 '맞다/틀리다', '예/아니요', 'O/X', '찬성/반대' 등의 방식으로 구성될 수 있다. 이러한 문항은 초등학교 저학년 수준에서 자주 사용되지만 피험자를 빠르고 간단하게 분류할 수 있는 도구로써 진단평가나 수행평가의 일부에서도 활용된다.

- **진위형 문항의 장점**
- 문항 제작의 용이성
  문항 구성 형식이 단순하고 일관되기 때문에 비교적 쉽게 작성할 수 있다.
- 채점의 객관성 확보
  정답이 명확하게 정해져 있어 채점 오류가 거의 없으며, 자동 채점 시스템과도 잘 연동된다.
- 다양한 학습목표의 평가 가능
  짧은 시간에 많은 문항을 제시할 수 있어 다양한 개념이나 사실들을 광범위하게 점검할 수 있다.

- **진위형 문항의 단점**
- 정답 확률이 50%
  이분법적 구조로 인해 우연히 정답을 맞힐 확률이 높다. 이로 인해 신뢰도가 낮아질 수 있다.
- 기억 중심의 평가에 치중
  주로 단편적인 지식이나 사실 기억에 집중되므로 고등 사고력(분석, 종합, 평가 등)을 측정하기 어렵다.
- 피상적인 학습 유도 가능성
  단순 암기 위주의 학습을 유도할 수 있어 깊이 있는 이해나 비판적 사고를 저해할 수 있다. 이는 학습자의 내적 동기 저하로 이어질 우려도 있다.

진위형 문항은 피험자가 제시된 진술문에 진위(眞僞), 즉, 옳고 그름을 판단하게 하는 문항 형태이며, 변형된 모형으로는 '예/아니요', '찬성/반대' 등의 방식이 있다. 이러한 진위형 문항을 제작할 때에는 몇 가지 유의사항을 반드시 고려해야 한다.

• 진위형 문항 제작 시 유의사항

- 질문, 즉, 진술문에는 반드시 중요한 내용이 포함되어야 한다. 이는 중요하지 않은 내용이 포함될 경우, 피험자가 정답을 알고 있더라도 오답을 선택할 가능성이 있기 때문이다.

〈검토문항〉 1인치는 2.54mm다. ( )
〈수정문항〉 1인치는 2.54cm다. ( )

- 한 개의 진위형 문항에는 하나의 내용만 포함해야 한다. 여러 내용을 한 문항에 담으면 옳고 그름을 판단하기 어려워져 문항의 타당성과 신뢰도가 떨어질 수 있다. 진술문은 명확한 하나의 사실만을 다루어야 한다.

〈검토문항〉
오엽주 여사는 1933년 화신백화점 내에 우리나라 최초의 미용실인 화신미용실을 개설했다. ( )
〈수정문항〉
오엽주 여사는 1933년에 화신미용실을 개설했다. ( )
오엽주 여사는 우리나라 최초의 미용실인 화신미용실을 개설했다. ( )

- 진위형 문항을 만들 때는 부정문 사용을 가급적 줄여야 한다. 특히, '아니다', '않다' 같은 부정 표현을 문장에 포함하면 피험자가 문항을 제대로 이해하지 못하고 실수할 가능성이 높아진다. 예컨대, 이중부정(예: "틀리지 않은 것은 어느 것인가?")은 문장을 복잡하게 만들고 정확한 판단을 방해할 수 있다. 부득이하게 부정문을 사용해야 할 경우에는 '아니다', '아닌' 등 부정어에 밑줄을 긋는 등 강조하여 오해를 방지하는 것이 좋다.

〈검토문항〉 체온조절 기능은 피부의 기능이 아니다. ( )
〈수정문항〉 체온조절 기능은 피부의 기능이 아니다. ( )
체온조절 기능은 피부의 기능이다. ( )

- 가능한 단순한 문장으로 간단명료하게 질문해야 한다. 문장이 길어지고 조건이

많아질수록 문항의 일부는 맞고 일부는 틀릴 수 있어 응답자가 전체 문장의 진위를 판단하기 어려워진다. 특히 겹문장이나 여러 문장을 이어 붙인 형태는 질문의 핵심을 흐리게 만들고 문항 내용을 불명확하게 하여 혼란을 줄 수 있다. 따라서 한 가지 사실만을 짧고 명확하게 표현하는 것이 바람직하다.

〈검토문항〉 표피는 다섯 가지 층으로 이루어져 있으며, 그 중 각질층은 무핵층이다. ( )
〈수정문항〉 각질층은 무핵층에 해당한다. ( )

- 답의 단서가 될 수 있는 절대적 어구나 일반적 어구는 사용하지 않는다.
  '절대', '항상', '반드시', '결코' 등과 같은 절대적 표현은 정답이 '거짓'일 가능성을 높이며, '흔히', '때때로', '대체로' 등의 일반적 표현은 정답이 '참'일 가능성을 높이기 때문에 피험자가 정답을 유추하는 데 영향을 줄 수 있다. 따라서 이러한 어구는 문항의 타당도를 해칠 수 있으므로 사용을 지양해야 한다.

〈검토문항〉
서양인은 항상 동양인보다 페오멜라닌을 많이 가지고 있다. ( )
페오멜라닌은 대체로 동양인보다 서양인이 많이 가지고 있다. ( )
〈수정문항〉
페오멜라닌은 서양인의 붉은색, 노란색 모발에 있는 멜라닌이다. ( )

선다형(multiple choice): 선다형 문항은 선택형 평가 방식 중 가장 널리 사용되는 문항 유형으로 두 개 이상의 선택지를 제시하고 이 중 정답 또는 가장 적절한 답을 고르게 하는 방식이다. 일반적으로 다음과 같은 구조로 이루어진다.

- 문두(stem): 문제의 질문 부분으로 완전한 문장이나 불완전 문장, 의문문 형태로 제시된다.
- 보기(options): 보통 3~5개의 선택지를 포함하며, 이 중 하나는 정답(key), 나머지는 오답(distractors)이다.

선다형 문항은 쉬운 수준부터 고난도까지 다양한 수준의 문항을 제작할 수 있으며, 정답형(하나의 정확한 정답)과 최선답형(가장 적절한 답을 고르는 형태)으로 구분된다. 특히 최선 답형은 학습자의 사고 수준을 더 깊이 반영할 수 있는 유형이지만 제작 난이도가 높다.

• 선다형 문항의 장점

- 다양성과 포괄성

선다형 문항은 광범위한 학습 내용을 반영할 수 있다. 다양한 개념, 사실, 원리, 절차 등을 측정할 수 있어 복수의 학습목표를 동시에 평가할 수 있다.

- 평가의 효율성

한정된 시간 안에 많은 문항을 출제할 수 있어 넓은 학습 범위에 대한 성취수준을 빠르게 측정할 수 있다. 이로 인해 평가의 타당도가 향상된다.

- 채점의 객관성과 신뢰도 확보

정답이 명확히 정해져 있으므로 기계적 채점이 가능하며, 채점 결과 간의 일관성을 유지할 수 있다. 이는 평가 신뢰도 확보에 유리하다.

• 선다형 문항의 단점

- 고등정신 능력 평가의 한계

제공된 보기 중 하나를 고르는 구조는 분석력, 창의력, 종합력 등 고차적 사고능력을 깊이 있게 평가하기 어렵다.

- 양질의 오답 제작의 어려움

매력적인 오답(즉, 피험자가 실제로 오개념을 가졌을 때, 고를 법한 보기)을 구성하는 일은 시간과 전문성을 요구한다. 오답의 질에 따라 문항의 난이도와 측정력이 결정되기 때문에 문항 제작 경험이 중요한 요소가 된다.

- 추측 효과

선택형이라는 특성상 학습자가 내용을 완전히 이해하지 않았더라도 우연히 정답을 선택할 가능성이 존재한다. 특히 보기 수가 적을 경우 이 확률은 더욱 높아지며, 이로 인해 평가 결과의 신뢰도에 부정적인 영향을 줄 수 있다.

• 선다형 문항 제작 시 유의사항

- 문두는 질문의 요지를 명확하게 전달할 수 있도록 간결하고 단순하게 서술해야 한다. 문두의 내용이 불필요하게 어렵거나 복잡하게 제시될 경우, 피험자가 질문의 핵심을 파악하기 어려워질 수 있다. 따라서 문두는 학습자가 질문을 이해하는 데 혼란이 없도록 구성되어야 하며, 핵심 개념이 명확하게 드러나도록 작성하는 것이 바람직하다.

〈검토문항〉 모발에는 세로 결합과 가로 결합이 있다. 다음 중 세로 결합으로 옳은 것은?
① 염 결합 ② 수소 결합
③ 시스틴 결합 ④ 폴리펩타이드 결합
〈수정문항〉 모발의 세로 결합으로 옳은 것은?
① 염 결합 ② 수소 결합
③ 시스틴 결합 ④ 폴리펩타이드 결합

- 답은 분명하게 오답은 매력적으로 구성해야 한다. 정답은 누구나 납득할 수 있을 만큼 분명하고 명확하게 제시되어야 하며, 오답은 능력이 낮은 피험자에게 정답처럼 보일 수 있도록 그럴듯하게 구성되어야 한다. 특히 질문에 대한 정확한 지식이 없는 경우 오답이 정답처럼 느껴져 혼동을 줄 수 있도록 설계해야 한다. 이렇게 해야 선다형 문항의 변별력을 높일 수 있다.

〈검토문항〉 베이스 메이크업 시 필요한 도구 및 재료로 옳은 것은?
① 파운데이션 ② 헤어 브러시
③ 팩 브러시 ④ 네일 브러시
〈수정문항〉 베이스 메이크업 시 필요한 도구 및 재료로 옳은 것은?
① 립스틱 ② 아이섀도우
③ 파운데이션 ④ 브로우 펜슬

- 문항에서 정답을 유추할 수 있는 단서를 주지 않아야 한다. 만약 피험자가 문항의 질문이나 선택지에서 정답을 추측할 수 있는 힌트를 찾게 된다면 그 문항은 학습자의 능력을 제대로 변별할 수 없게 된다. 예를 들어, 문항의 표현이나 구조가 정답을 암시하는 경우 피험자는 추측으로 정답을 고르게 되어 실제 지식이나 이해도를 평가할 수 없게 된다.
  따라서 정답을 유도하는 단서를 제공하지 않는 문항을 만들어야만 피험자의 실제 능력을 정확히 측정할 수 있다.

〈검토문항〉 피부 정돈이나 피부 보호 기능을 가진 기초 화장품으로 옳은 것은?
① 샴푸 ② 로션
③ 헤어 팩 ④ 바디오일
〈수정문항〉 기초 화장품의 기능으로 옳은 것은?
① 피부 정돈 ② 노화 방지
③ 전신 오염물 제거 ④ 자외선 피부 보호

- 답안의 형태나 길이는 서로 비슷해야 하며, 만약 다를 경우 짧은 답안부터 배열하는 것이 바람직하다. 대체로 정답은 길거나 자세하고 오답은 짧은 경향이 있기 때문에 문항을 제작할 때, 오답도 정답만큼 길고 자세하게 의도적으로 작성해야 한다. 이렇게 답안의 길이를 유사하게 맞추면 피험자가 답안 길이에 의해 정답을 추측하는 일을 방지할 수 있다.

〈검토문항〉 원랭스 커트의 종류로 옳은 것은?
① 스퀘어 커트 ② 그래쥬에이션 커트
③ 이사도라 커트 ④ 레이어 커트
〈수정문항〉 원랭스 커트의 종류로 옳은 것은?
① 스퀘어 커트 ② 레이어 커트
③ 이사도라 커트 ④ 그래쥬에이션 커트

- 정답의 번호가 특정 번호에 치우치지 않도록 하여 정답의 위치는 고르게 배치되어야 한다. 선다형 문항은 보통 4~5개의 답안으로 구성되는데 정답이 특정 번호에 몰리거나 답안 배열에 규칙성이 드러나면 피험자가 정답을 추측할 수 있게 되어 평가의 신뢰도가 떨어질 수 있다. 따라서 정답은 다양한 위치에 배치되어야 하며, 어떤 규칙성도 드러나지 않도록 주의해야 한다.

연결형(matching question): 연결형 문항은 두 개의 관련된 항목 목록을 나란히 배열한 후 피험자가 왼쪽 목록(전제)에 제시된 각 항목에 대해 오른쪽 목록(답안)에서 적절한 짝을 찾아 선으로 연결하거나 번호를 기입하는 방식의 문항 유형이다. 일명 배합형 문항이라고도 하며, 사실이나 개념 간의 관계성 인식을 평가하는 데 적합하다.

가장 기본적인 형태는 전제와 답안이 1:1로 대응하는 단순 연결형(simple matching)이다. 이 외에도 다대일, 일대다 관계를 활용한 변형도 가능하나 일반적인 학교 교육 현장에서는 단순 연결형이 가장 많이 사용된다.

• 연결형 문항의 장점

- 문항 제작의 간편성

같은 유형의 문항을 한 페이지에 다수 포함할 수 있어 제작이 비교적 간단하며, 공간 활용도도 높다.

- 고등정신 능력 평가 가능

유사하거나 관련 있는 개념, 사실, 용어 등을 비교·대조·구분하는 활동을 통해 분석력이나 판단력을 평가할 수 있다.

- 객관적 채점이 용이함

명확한 정답이 존재하므로 객관도와 신뢰도가 높은 평가가 가능하다. 채점 기준이 일관되어 있어 교사 및 자동 채점 시스템 모두에게 유리하다.

• 연결형 문항의 단점

- 문항 완성도 확보가 어려움

동질성이 떨어지는 항목들로 구성될 경우 학습자의 추측이나 소거법에 의한 정답 가능성이 높아진다. 이는 문항의 신뢰도와 타당도를 저하시킬 수 있다.

- 후반부 답안에서의 추론 가능성

문항을 차례대로 풀어나갈수록 남은 보기 수가 줄어들게 되어 나중 문제일수록 정답 추측이 쉬워지는 경향이 있다. 따라서 항목의 수와 배열에 특히 주의가 필요하다.

- 시간과 노력이 필요한 문항 제작

보기 간 동질성, 난이도 조절, 정답 분포의 균형 등을 고려하여 문항을 제작해야 하므로 경험과 신중함이 요구된다.

• 연결형 문항 제작 시 유의사항

- 전제와 답안의 동질성 유지

연결되는 항목들은 모두 같은 개념군에 속해야 한다. 예를 들어, 하나는 역사 인물이고, 다른 하나는 사건이라면 각 항목이 일관된 기준을 따라야 한다. 동질성이 없으면 피험자가 정답을 유추하거나 혼란을 겪게 된다.

- 답안 수는 전제 수보다 많게

일반적으로 전제보다 2~3개 더 많은 답안을 제시하는 것이 바람직하다. 이는 문항이 끝으로 갈수록 남은 보기에서 정답을 유추하는 것을 방지하기 위한 것이다.

- 항목 수는 적절히 제한

전제는 5개, 답안은 7~8개 정도가 이상적이며, 특별한 경우를 제외하면 10개를 넘지 않도록 한다. 너무 많은 항목은 학습자의 인지 부하를 높이고 혼란을 유발할 수 있다.

다음은 선택형 문항 유형별 제작 원리를 정리한 표이다.

<표 7-10> 선택형 문항 유형별 제작 원리

문항 유형		제작 원리	문두 예시
진위형		- 옳고 그름(O,X)으로 정답을 선택한다. - 주로 지식의 기억 수준을 평가하는데 사용된다.	진술문을 읽고 맞으면 O, 틀리면 X표 하시오.
선다형	정답형	- 답지 중 1개만 정답이 제공된다. - 최선답형과 문두에 차이가 있다. - 주로 지식과 개념의 기억/이해 수준을 평가하는데 사용한다. - 답지 구성에 주의를 기울여 출제한다.	- 〈보기〉 글에서 밑줄 친 (가)에 대한 설명으로 옳은 것은? - 〈보기〉 글에서 밑줄 친 (가)에 대한 설명으로 옳지 않은 것은?
	최선답형	- 답지 중 가장 적절한 답을 선택한다. - 사회 현상 혹은 적용 사례에 대한 답을 선택한다. - 지식과 개념의 기억/이해뿐만 아니라 적용 수준을 평가하는데 주로 사용한다.	- 〈보기〉 글에서 알 수 있는 ○○ 원리가 활용된 사례로 가장 적절한 것은?
합답형		- 여러 개의 답지가 합하여 답이 되는 경우가 있다. - 종합적인 이해 혹은 분석 수준을 평가하는데 활용한다. - 답지군(set)을 구성할 때 정답 단서를 주지 않도록 유의해야 한다.	- 그림에 대한 설명으로 옳은 것만을 〈보기〉에서 있는 대로 고른 것은?
연결형		- 전제와 답지 간의 관계를 연결하는 형태이다. - 사실, 개념, 정보 간의 연관성을 아는지 평가할 때 적용되며, 기억 수준을 확인하는데 그치는 경우가 많다.	- (가)에 해당되는 원소 기호를 (나)에서 골라 줄로 연결하시오.

출처: 한국교육과정평가원(2020). 재구성.

③ 선택형 문항 개발 원칙

선택형 문항 개발 전 개발 원칙을 숙지한 후 개발하는 것이 필요하다.

<표 7-11> 선택형 문항 개발 원칙

문항 유형	제작 원리
기본 원칙	1. 문두 - 제시문 - 보기 - 답지의 순서로 개발한다. * 문항 유형에 따라 '제시문', '보기'는 불필요 시 생략한다. 2. 출제자의 의도가 정확하게 전달되어야 한다. 3. 평가가 곧 학습 내용이 됨을 염두에 두어야 하며, 성취기준과의 적합성을 고려한다. 4. 정답은 분명하고 오답은 매력적으로 제작해야 한다. 5. 평가하고자 하는 요소에 방해가 되는 요인은 제시하지 않도록 한다. 6. 하나의 문항에는 하나의 평가 요소만 포함되어야 한다.
문두 제작 원칙	1. 끝부분은 불완전한 문장 형식의 물음 형태로 제시한다. 예) ~ 것은? 2. 부정 발문의 경우 순화된 부정 표현을 사용한다. 예) ~으로 잘못된 것은? (X) → ~으로 바르지 않은 것은? (O) 3. 발문은 평가 요소를 직접적으로 묻는 형식으로 구성한다. 예) 순서를 바르게 배열한 것은?, ~ 뜻으로 가장 적절한 것은?, ~의 값은? 등 4. 정답을 암시하는 내용을 포함하지 않도록 구성한다. 5. 답지에 반복되는 말은 문두에 포함하여 한 번만 제시한다.
답지 구성 원칙	답지 길이는 가능한 한 모두 비슷하게 조절한다. 답지 간 논리적 순서가 있으면 그에 맞게 배열한다. 오답을 지나치게 생소한 용어로 표현하지 않도록 유의한다. 문두에서 설명하고 답지는 짧고 간결하게 표현한다.

출처: 한국교육과정평가원(2020). 재구성.

④ 선택형 문항 제작 시 유의사항

<표 7-12> 선택형 문항 제작 유의사항

유의사항	세부 내용
출제자의 출제 의도가 학생에게 정확히 전달되어야 한다.	- 쉬운 용어로 간결하고 분명하게 서술한다. - 평가 문항에서는 부정 문항을 사용하지 않는다. 예) ~으로 잘못된 것은? (X) → ~으로 바르지 않은 것은? (O) - 어구의 복잡한 배열과 긴 문장을 사용하지 않는다. - 사람마다 해석의 정도가 다른 용어 사용은 지양한다. 예) 대다수, 거의, 약간, 많다, 적다 등 - 전문 용어에 대한 이해를 판단하려는 것이 아니라면, 가능한 한 전문 용어의 사용은 지양한다. - 답지마다 반복되는 어구는 문두에 삽입하여 답지를 간결하게 만든다.
평가목표와 문항 내용이 일치되어야 한다.	- 교과서 내용이나 수업 내용을 그대로 문항으로 만들지 않는다. - 학생들의 오답을 유도하기 위해 중요하지 않은 사소한 내용을 문항으로 만들지 않는다.

	- 진부한 표현을 피한다. - 도표·수치 등 구체적이고 실제적인 자료를 사용한다.
평가가 중요한 교육 및 학습활동임을 인식한다.	- 문항의 설명 내용에 주요한 원리, 법칙에 해당되는 것을 포함한다. - 문항 사태(장면) 설정에서 거짓인 내용을 포함하지 않는다. - 문항에 답하는 데 필요한 모든 조건을 분명하게 제시한다.
문항 내용에서 정답에 대한 단서를 주지 않아야 한다.	- 문법적 구조가 주는 단서를 배제한다. 예) 아래의 ○○○○에 들어갈 용어로 알맞은 것은? '○○○○은 피부의 탄력을 결정짓는 진피 내 구성 물질이다' → 조사를 '은'만 제시할 경우 정답 단서를 줄 수 있으므로 '은/는'을 모두 제시한다. - 틀릴 수 있는 절대적인 뜻을 가진 말이나, 옳을 수 있는 일반화의 뜻을 가진 용어를 사용하지 않는다. 예) 항상, 전혀, 모두, 절대적, ~만, 때때로, 흔히, 일반적으로 등 - 언어적 연상이 주는 단서를 배제한다. - 문두와 답지의 의미상 연결이 주는 정답의 단서를 배제한다. - 정답의 길이나 위치가 주는 단서를 배제한다. → 문항을 편집할 때 짧은 답지부터 차례로 배치하거나 정답의 답지 번호를 고르게 배정할 필요가 있다. - 문항 간의 공통적인 요소가 주는 단서를 배제한다. → 한 문항의 설명 내용이 다른 문항의 정답을 추리할 수 있도록 해서는 안 된다.
1개의 문항에는 하나의 아이디어만 포함시켜야 한다.	- 문항은 '채점 단위'를 의미하므로 한 문항에는 하나의 개념이나 아이디어만 포함한다.
조건이나 예외 없이 절대적으로 맞거나 틀린 사실에 근거해야 한다.	- 제3자가 보았을 때도 이의를 제기할 수 없는 문항을 제작해야 한다.
정답은 분명하고 오답은 그럴듯하게 만들어야 한다.	- 정답이 정답다운 구실을 할 수 있도록 '매력 있는 오답'을 만들어야 한다. - 교사의 오랜 경험을 바탕으로 학생들의 '오류 유형'을 발견하여 정리할 필요가 있다.
기타 유의사항	- 개념이나 용어를 묻는 문항을 만들 때는 개념이나 용어를 문두에 두고 그 정의나 해설, 설명 진술문은 답지에 둔다. '정의'를 문두에 놓게 되면 '정답의 단서'를 줄 가능성이 커지기 때문이다. - 답지에 반복되는 말은 문두에 포함한다. - 답지 내용에 그 의미나 범위가 중복되지 않도록 한다. - 답지에 '정답 없음' 또는 '모두 정답임'은 지양한다.

출처: 한국교육과정평가원(2020). 재구성.

(2) 서답형 문항 제작

① 서답형 문항의 제작 원리

완성형(completion form): 완성형 문항은 진술문의 일부를 비워두고 학습자가 그

빈칸에 적절한 단어, 기호, 수식, 개념 등을 직접 기입하도록 하는 주관식 평가 방식의 한 유형이다. 예를 들어, "우리나라 최초의 미용실을 개설한 인물은 OOO 여사다."와 같이 빈칸에 알맞은 말을 쓰는 문항이 이에 해당한다.

이러한 문항은 단순한 사실의 회상뿐만 아니라 개념의 정확한 이해 여부를 직접 확인할 수 있으며, 진술문 중심의 구조를 통해 다양한 형태로 응용이 가능하다.

• 완성형 문항의 장점

- 추측 가능성 최소화

보기 선택이 없으므로 정답을 추측할 확률이 낮다. 피험자가 해당 개념을 제대로 알고 있어야 정확히 응답할 수 있다.

- 문항 제작이 용이

선택지를 구성하거나 오답을 제작할 필요가 없기 때문에 비교적 짧은 시간에 문항을 만들 수 있다. 중요한 정보만 빈칸으로 처리하면 되기 때문에 제작 부담이 적다.

- 채점 기준 설정이 명확

여백을 하나의 채점 단위로 삼아 일관되고 객관적인 채점이 가능하다. 특히 정답이 짧고 간단할수록 채점이 더욱 용이하다.

• 완성형 문항의 단점

- 고차 사고력 평가의 한계

주로 단순한 사실, 용어, 개념 회상에 치중되기 때문에 분석력·종합력·비판적 사고 등 고등정신 능력 평가에는 한계가 있다.

- 평가 범위의 협소성

빈칸을 중심으로 구성된 문항 특성상, 복잡한 상황 제시나 문제 해결 맥락 제시가 어렵다. 따라서 넓은 범위의 이해도를 점검하는 데는 한계가 있다.

• 완성형 문항 제작 시 유의사항

- 여백은 핵심 내용에만 둘 것

문장의 중심적이고 핵심 개념이나 용어에만 빈칸을 설정해야 의미 있는 평가가 된다. 불필요한 세부 정보나 사소한 표현은 피할 것.

- 빈칸 수는 3~4개 이내로 제한

지나치게 많은 빈칸은 학습자의 피로도를 높이고 채점의 정확성도 떨어뜨릴 수 있다. 문항당 빈칸은 최대 3~4개로 제한하는 것이 이상적이다.

- 빈칸의 위치는 문장 끝이 가장 바람직

문장 중간에 빈칸을 둘 경우 문장을 읽는 흐름이 끊기고 문장 전체 의미를 파악하기 어려워질 수 있다. 가능한 경우 문장의 끝 부분에 여백을 두는 것이 효율적이다.

- **정답은 짧고 명확하게 유도할 것**

  응답자가 간단한 단어나 숫자, 기호 등으로 명확하게 답할 수 있는 구조를 갖추어야 한다. 긴 문장이나 주관적 해석이 가능한 표현은 피해야 한다.

- **정답을 암시하지 말 것**

  빈칸 앞뒤에 정답의 단서를 제공하지 않도록 주의해야 하며, 특히 문법적 구조(예: 조사의 생략 유무)에 의해 정답이 유추되는 것을 방지해야 한다.

- **채점 단위를 명확히 할 것**

  여백 하나당 독립적인 채점 단위로 설정하면 채점 일관성과 공정성 확보에 도움이 된다.

단답형(short-answer form): 단답형 문항은 학생이 문항에 대해 간단한 단어, 어구, 숫자, 기호 등으로 응답하는 형태의 문항이다. 주로 용어의 정의, 개념의 이해, 간단한 계산 문제 또는 사실의 회상 등을 평가하는 데 사용되며, 기억력 기반의 학습 성취도를 확인하는 데 적합하다. 예를 들어, "대한민국의 수도는 ○○○이다.", "3×5 = ○", "물의 화학식은 ○○이다." 와 같이 간결하고 명확한 응답을 요구하는 형태이다.

• 단답형 문항의 장점

- **문항 제작의 용이성**

  선택지를 구성하지 않아도 되므로 문항을 빠르고 간단하게 작성할 수 있다. 선다형 문항에 비해 제작 시간과 노력이 적다.

- **광범위한 평가 가능**

  문항당 답변 시간이 짧아 한 시험지 안에 다양한 주제와 영역을 폭넓게 평가할 수 있다.

- **추측 방지 효과**

  정답을 제시하지 않으므로 우연한 정답 가능성을 줄여 평가의 신뢰도를 높일 수 있다.

• 단답형 문항의 단점

- **고등사고력 측정의 한계**

  짧은 응답만 가능하기 때문에 단순한 기억이나 회상 중심의 평가에 머무를 가능성이 크다. 분석, 종합, 평가 같은 고차원적 사고는 측정하기 어렵다.

- **채점의 어려움**

  철자나 표현 방식이 약간 다르더라도 정답 취지에는 부합할 수 있는데 이를 일관되게 채점하는 것이 어려울 수 있다. 객관적 채점 기준 설정이 필수이다.

• 단답형 문항 제작 시 유의사항

- **질문은 명확하고 간결하게 작성**

  질문이 불분명하거나 복수 해석이 가능할 경우 여러 개의 정답이 발생할 수 있다. 가능한 한 정확한 용어와 표현을 사용해야 한다.

- **정답은 하나 또는 많아도 2~3개 이내로 제한**

  이상적인 단답형 문항은 정답이 명확히 한 개인 것이 좋으며, 부득이한 경우라도 허용되는 정답은 제한적이어야 한다.

- **계산 문제일 경우 단위 및 절차 명시**

  예) "10kg의 물체를 지면에서 5m 높이로 올릴 때 필요한 일의 양은? (단위: J)"

  이렇게 문제에서 단위를 명확히 제시하고 계산 절차에 대한 힌트나 요구 수준을 명시하면 학습자의 혼란을 줄일 수 있다.

- **정답 수용 기준 마련**

  철자 오류, 동의어, 한자/한글 병용 등의 가능성을 고려해 채점 기준표에 허용 범위를 사전에 정의해 두는 것이 중요하다.

논술형(essay-type): 피험자에게 자유로운 서술 형식으로 응답하도록 요구하는 문항 유형이다. 보통 하나 이상의 문장으로 자신의 의견, 해석, 분석, 주장 등을 논리적으로 구성해야 하며, 고차원적 사고 능력을 측정하는 데 매우 효과적이다.

• 논술형 문항의 장점

- **고등정신 능력 측정 가능**

  분석력, 비판력, 창의력, 조직력, 문제해결 능력 등 고차원적 사고 능력을 폭넓게 평가할 수 있다.

- **피험자의 사고 과정과 표현력 확인**

  단순히 '정답을 맞히는 것'이 아니라 피험자의 사고 구조와 논리 전개 과정을 파악할 수 있어 심층적 이해 수준 진단이 가능하다.

- **문항 제작이 상대적으로 용이**

  선다형이나 연결형처럼 보기 제작에 대한 부담이 없으며, 질문만 명확하면 다양한 평가 목적에 맞게 쉽게 구성할 수 있다.

- 논술형 문항의 단점

- 평가 범위의 한계

서술 시간과 채점 소요 시간이 많기 때문에 출제 가능한 문항 수가 제한적이다. 이에 따라 교과 전체 내용을 폭넓게 다루기 어려울 수 있다.

- 채점의 공정성 문제

문장력이나 표현 방식에 따라 점수가 달라질 수 있고 채점자의 편견이 개입될 가능성도 존재한다. 특히 정답의 다양성이 높을수록 객관적 기준 마련이 어렵다.

- 채점 시간과 피로도

장시간의 집중을 요구하며, 채점 후반부로 갈수록 신뢰도와 일관성 유지가 어려워질 수 있다.

- 논술형 문항 제작 시 유의사항

- 피험자의 수준과 성향 고려

문항은 대상 학습자의 인지 수준, 표현 능력, 배경지식 등을 고려하여 설계해야 한다. 그렇지 않으면 답변이 지나치게 다양해지고, 채점의 신뢰도가 떨어질 수 있다.

- 질문은 명확하고 구조화

질문의 요지와 방향성이 불분명하면 원하는 반응을 유도하기 어렵고 정답 기준도 흐려진다.

- 문항 배열은 난이도 순

쉬운 문항을 앞부분에 배치함으로써 피험자가 자신감을 갖고 시험에 임할 수 있게 해야 한다.

- 문항별 배점 명시

각 문항에 배점 기준을 명시하면 피험자가 답변 전략을 세우는 데 도움이 된다.

- 채점 기준 사전 설정

모범답안 또는 채점 루브릭을 개발하여 채점의 객관성과 일관성을 확보할 수 있도록 한다.

이러한 문제를 해결하기 위해 채점 방법은 두 가지로 나눠진다.

분석적 채점 방법은 채점 기준을 요소별로 나누어 배점하고 각 요소에 대해 점수를 부여한 뒤 종합적으로 채점하는 방식이다. 이 방식은 신뢰도가 높고 효과적인 채점 방식으로 여겨진다.

반면, 총괄적 채점 방법은 피험자의 전체 응답을 읽고 전반적인 느낌이나 관점에 따라 점수를 매기는 방식이다. 총괄적 방법은 빠른 채점이 가능하지만 채점 신뢰도가 떨어지고 피험자의 응답이 정답이 되지 못한 이유를 명확히 설명하기 어렵다.

• 논술형 문항 채점 시 유의사항

- 모범 답안과 루브릭 마련

가능한 모든 정답의 형태를 고려한 채점 기준표를 설정해 두어야 함

- 편견 배제

학생 이름, 글씨체, 문장 구성 등 외형적 요소에 영향을 받지 않도록 주의해야 함

- 채점 순서 전략

학생 단위가 아닌 문항 단위로 채점하여 기준 유지 및 시간 절약 가능

- 채점 중 피로도 관리

일정 시간마다 휴식 시간을 두어 신뢰도 하락을 방지해야 함

- 다인 채점 원칙 적용

가능하다면 2인 이상이 채점하여 평균을 내는 방식을 통해 객관성 확보

다음은 서답형 문항 유형별 제작 원리를 정리한 표이다.

<표 7-13> 서답형 문항 유형별 제작 원리

<table>
<tr><th>문항 유형</th><th colspan="2">제작 원리</th><th>문두 예시</th></tr>
<tr><td>단답형</td><td colspan="2">- 간단한 단어, 어구, 수, 기호 등 제한된 형태로 학생들이 작성 하는 형태로 문항을 제작한다.
- 용어의 정의나 의미를 이해하고 있는지 평가하는 데 사용한다.
- 간단한 형태의 답이 나오도록 문항을 제작한다.
- 정답 수는 한 개 혹은 몇 개가 되도록 한정한다.</td><td>- 다음 '피부' 수업 시간에 교사와 학생이 나눈 대화이다. ( ) 안에 들어갈 현상을 쓰시오.
- 커트 기법 세 가지를 쓰시오.</td></tr>
<tr><td>완성형</td><td colspan="2">- 문장에 여백을 두고 중요한 내용을 채워 넣는 형태로 제작한다.
- 중요한 내용을 여백으로 두고 여백의 수를 적절히 제한하되 채점은 여백 단위로 진행한다.
- 단순 개념, 지식, 이해를 평가하는 데 사용한다.
- 정답이 짧은 단어나 기호로 응답하도록 질문한다.
- 질문을 할 때 조사가 정답을 암시하지 않도록 주의한다.
- 채점 시 여백 하나를 채점 단위로 한다.</td><td>- 다음 문장은 콜레스테롤에 대한 설명으로 빈칸에 들어갈 내용을 차례대로 작성하시오. "콜레스테롤은 인지질과 함께 ( )을/를 구성하며, 자외선에 의해 ( )으로/로 전환되며 ….</td></tr>
<tr><td>서술형</td><td rowspan="2">[공통점]
분석력,
비판적 사고력,
문제해결력
평가에 용이</td><td>- 한 문장 이상 수준의 응답을 요구한다.
- 정해진 답이 있는 경우로 답안의 정확성, 질을 판단한다.
- 유사 답안을 허용한다.</td><td>- 에라토스테네스가 지구의 크기를 측정할 때 활용한 두 가지 가정을 설명하시오.</td></tr>
<tr><td>논술형</td><td>- 여러 개의 문단으로 응답을 요구한다.
- 현상에 대한 해석, 분석, 적용, 찬반 입장 등을 자유롭게 응답할 수 있는 문항으로 글의 논리적 구성과 주장의 일관성을 확인할 수 있도록 한다.</td><td>- 지구 평면설의 주장 중 잘못된 내용을 올바른 과학 지식과 비교하여 제시하고 태양계 단원에서 학습한 내용을 활용하여 지구 평면설의 주장이 옳지 않음을 논술하시오.</td></tr>
</table>

출처: 한국교육과정평가원(2020). 재구성.

서술형과 논술형은 크게 다섯 가지 세부 유형별로 구분될 수 있다.

<표 7-14> 서술형·논술형 세부 유형별 제작 원리

문항 유형	제작 원리	
서술형·논술형	분량 제한형	기술해야 할 요소, 답안 길이 등 제한
	내용 제한형	응답할 내용 범위 제한
	서술 방식 제한형	서술 양식(그림, 표 등) 제한
	단독 과제형	자료나 정보를 제공하지 않고 질문에 응답하도록 제시
	자료 제시형	단일 또는 복수의 자료나 정보를 읽고 이를 바탕으로 응답하도록 제시

출처: 한국교육과정평가원(2020). 재구성.

② 서답형 문항 개발 원칙

서답형 문항의 주요 개발 원칙은 아래와 같다.

<표 7-15> 서답형 문항 개발 원칙

구분	내용
기본 원칙	- 서답형 문항의 특징에 부합하는 내용으로 측정해야 한다(지식 응용, 문제해결 등). - 성취기준별 성취수준과의 적합성을 반드시 고려해야 한다. - 문항 내용과 제시 자료의 어휘 수준이 학생들의 수준에 적합하도록 구성하되 교과서 자료를 그대로 사용하지 않도록 유의해야 한다. - 서술형 및 논술형 문항은 구체적으로 응답할 수 있도록 질문을 구조화하고 응답 방향과 한계를 명확히 규정하여 제시해야 한다. - 논술형 문항에서는 한 편의 견해를 지지하는 입장으로 논술하지 않도록 유의하며 학생 자신의 견해를 논리적으로 전개하는 데 초점을 두어야 한다.
문항 제작 원칙	- 응답 범위 제한을 명료하게 제시해야 한다. 예) '○가지만 작성하시오.'라고 한정한 후 그 이상의 답에 대해서는 채점하지 않음을 밝힌다. - 여러 문항을 출제할 경우 쉬운 문항에서 어려운 문항으로 배열해야 한다. - 단답형, 완성형 문항은 뒷부분의 조사나 어미 형태를 보고 답을 유추하지 않도록 유의한다. - 여러 문항 중 임의로 선택하여 쓰지 않도록 한다. - 학생들의 능력과 응답 시간을 고려하여 문항 수를 선정한 후 개발한다.
채점 기준 원칙	- 단답형, 완성형, 서술형 문항에서 여러 답이 예상될 때는 정답 또는 오답 판단의 기준을 분명하게 제시해야 한다. - 서술형 문항에서 유사 답안을 허용할 경우 명확한 근거로서 유사 답안을 설정해 둬야 한다. - 망라성과 배타성을 고려하여 채점 기준을 설정해야 한다. - 망라성: 어떤 답에도 적용될 수 있는 채점 기준 - 배타성: 특정 답이 2개 이상의 채점 기준에 적용되지 않도록 함

출처: 한국교육과정평가원(2020). 재구성.

③ 서술형 및 논술형 제작 시 유의사항

서답형 중 서술형과 논술형 출제 시 고려해야 할 세부 유의사항은 다음과 같다.

<표 7-16> 서술형과 논술형 출제 시 고려해야 할 유의사항

유의사항	세부 내용
문제를 푸는 학생의 입장에서 문항을 제작한다.	- 문항 제작 시 학생 집단의 성질을 고려한다. - 문항 수를 학생의 능력에 맞게 적절히 조절한다.
평가목표와의 관련성에 유의한다.	- 평가목표에 맞는 인지적 기능을 측정할 수 있도록 문항의 진술 양식을 적절히 표현한다. - 한 문항에 대한 응답 범위를 명확히 제한하여 하나의 인지적 기능이나 교육목표를 측정하도록 한다. - '지식'이나 '이해' 능력보다는 상위 인지 기능을 측정하도록 한다.
문항에서 묻고자 하는 내용을 분명히 한다.	- 문두는 평가 요소를 포함한 문장으로 기술하고 중의적인 문장은 배제하여 평가하고자 하는 바를 간결하고 정확한 문장으로 발문한다.
객관적인 채점을 고려하여 문항을 제작한다.	- 채점 기준을 미리 제시한다. - 문항 제작과 동시에 모범 답안을 준비한다. 이는 문항의 오류 가능성을 줄이며 채점 기준을 명료히 할 수 있다. 또한, 학생에게서 나올 수 있는 가능한 답을 미리 고려할 수 있다.

출처: 한국교육과정평가원(2020), 재구성.

6) 수행평가의 이해

수행평가(performance assessment)란 학생이 학습한 지식과 기능을 실제로 표현하거나 적용함으로써 평가받는 방식을 의미한다. 이는 학생 스스로 답을 구성하거나, 구체적인 행동을 표현하거나, 산출물을 제작하는 등의 활동을 통해 이루어진다. 단편적인 선택지에서 정답을 고르는 전통적 평가 방식과는 달리 수행평가는 학습자의 실제 수행 능력을 중심으로 평가가 이루어진다는 점에서 본질적인 차이를 갖는다.

(1) 수행평가의 도입 배경

오늘날의 교육 환경은 21세기 지식정보사회라는 전환기를 맞이하여 기존의 교육평가 방식에 대한 재고를 요구하고 있다. 이에 따라 수행평가는 다음과 같은 배경과 필요성으로 등장하였다.

① 고등정신 능력의 강조

정보 습득보다 정보의 이해, 분석, 종합, 창의적 활용 등의 고차적 인지 능력이 강조되면서 단순 암기식 평가는 그 한계를 드러내고 있다. 수행평가는 이러한 고등정신 능력을 실제 과제를 통해 평가할 수 있는 대안으로 부상하였다.

② 교육의 본질, 즉, 전인교육 실현의 요구

인지적 영역뿐 아니라 정의적·심동적 영역까지 아우르는 전인교육의 실현을 위해 보다 총체적이고 통합적인 평가 방식이 요구된다. 수행평가는 학습자의 태도, 가치, 창의성 등 보이지 않는 요소까지도 평가 대상으로 삼는다.

③ 암기 위주 교육 관행에 대한 반성

기존의 평가가 결과 중심, 정답 중심, 단기 암기식 학습을 유도했다면 수행평가는 과정 중심이며 문제 해결형 학습을 유도함으로써 수업의 질적 개선을 촉진한다.

④ 지식관·진리관·학습자관의 변화

지식을 절대적·불변의 것으로 보는 입장에서 벗어나 맥락적이며 구성적인 관점으로 전환되면서 평가 또한 그 변화에 부응할 수 있는 형태로 재구성될 필요가 있다. 수행평가는 이러한 새로운 교육철학을 반영하는 평가로 자리매김하고 있다.

⑤ 아는 것과 행하는 것 사이의 괴리 해소

단순히 지식을 '아는 것'을 넘어서 실제로 '할 수 있는 능력(competency)'이 중시되는 현대 사회에서 수행평가는 지식의 적용 능력, 즉, 실천적 역량을 효과적으로 평가할 수 있는 방법으로 필요성이 증대되고 있다.

(2) 수행평가의 특징

① 정답 구성 중심의 평가

학생은 미리 주어진 답을 고르는 것이 아니라 자신의 생각이나 해결 방안을 구성하여 제시해야 한다. 이는 창의적 사고와 자기표현 능력을 길러준다.

② 실제 맥락 속 수행 능력 평가

학습한 지식과 기능이 실제적이고 의미 있는 과제를 통해 평가된다. 즉, 평가 자체가 실제 삶이나 직무와 연결될 수 있도록 구성된다.

③ 결과와 과정을 동시에 중시

수행평가는 학생이 도달한 결과물뿐만 아니라 그에 이르기까지의 학습 과정, 전략, 태도 등을 함께 평가의 대상으로 삼는다.

④ 종합적·지속적 평가

평가가 단발성으로 끝나는 것이 아니라 지속적으로 이루어지며 다양한 측면을 통합하여 종합적으로 판단한다.

⑤ 수업과 평가의 통합

평가가 수업과 별개로 존재하지 않으며, 학습활동 그 자체가 평가의 장이 된다. 이는 교사의 수업 설계와 평가 설계가 긴밀히 연결되어야 함을 의미한다.

⑥ 개별화 학습 촉진

수행평가는 학생 개개인의 흥미, 수준, 역량에 따라 다양한 방식으로 수행할 수 있도록 설계될 수 있어 학습의 개별화를 가능하게 한다.

⑦ 전인적 평가 지향

인지적 능력 외에도 정서적, 태도적, 협력적 요소까지 포함하는 전인적 평가가 가능하다. 이를 통해 인간적인 성장을 지원하는 평가로 기능할 수 있다.

⑧ 고등사고 능력 촉진

분석, 추론, 문제해결, 창의성 등 복합적 사고 능력을 요구하는 과제를 통해 단순 지식 재생을 넘어선 고등사고력 중심의 학습과 평가를 유도한다.

(3) 과정 중심 평가와 수행평가

• 과정 중심 평가의 개념과 등장 배경

과정 중심 평가(process-oriented assessment)는 평가 패러다임의 확장을 지향하는 평가 방식으로 학습자의 지식 습득 결과뿐만 아니라 학습에 이르는 과정 전체를 평가의 대상으로 포함하고자 하는 접근이다. 이는 전통적 평가가 학습자의 성취수준을 일회적인 결과로만 판단했던 결과 중심 평가(result-oriented assessment)와는 대비되는 개념으로 학생의 사고 과정, 문제 해결 전략, 태도, 학습 지속성 등 '어떻게 배우고 있는가'에 대한 포괄적 이해를 목적으로 한다. 과정 중심 평가는 단순히 점수를 부여하는 기능을 넘어서 평가 결과를 교육과정 및 수업 개선에 적극적으로 환류(feedback)하려는 철학을 내포하고 있다. 따라서 평가는 학습 이후가 아니라 학습 도중, 즉 수업 과정 안에서 이루어져야 하며, 평가 그 자체가 학습을 촉진하는 수단이 되어야 한다.

• 과정 중심 평가의 주요 특징

- 평가의 시점: 학습 종료 후가 아닌 학습 중에 지속적으로 실시되는 형성적 평가로 기능
- 평가의 내용: 결과뿐 아니라 학습 태도, 협력, 자기주도성 등 다양한 측면 포함
- 평가의 목적: 점수 산출이 아니라 학생의 성장과 발달 지원
- 평가 방식: 관찰, 면담, 포트폴리오, 자기평가, 동료평가, 학습일지 등 다양한 자료를 수집

- 피드백의 중시: 학생에게 즉각적이고 구체적인 피드백 제공을 통해 학습 동기 강화
- 교육과정-수업-평가의 통합: 성취기준에 기반하여 교수-학습과 평가를 함께 설계

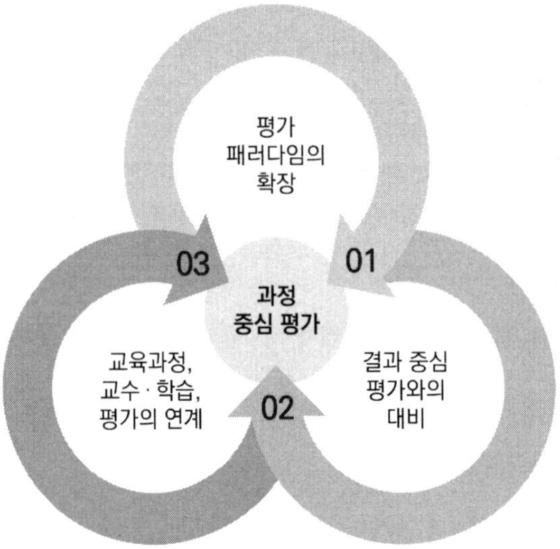

[그림 7-9] 과정 중심 평가

출처: 한국교육과정평가원(2018).

• 과정 중심 평가와 수행평가의 관계성

과정 중심 평가를 효과적으로 실현하는 구체적 방법으로 수행평가가 주목받는다. 수행평가는 학습자가 구체적이고 실제적인 상황에서 과제를 수행하는 과정과 그 결과를 종합적으로 평가하는 방식으로 단순한 선택이나 단답 응답을 넘어서 '직접 해보는 것'에 중점을 두는 평가이다. 수행(performance)이란 학습자가 특정한 상황에서 행동하거나 과업을 해결하는 능력을 의미하며, 이는 단지 최종 산출물이 아닌 수행 과정 자체와 태도까지 포함된다. 수행평가는 과정 중심 평가의 맥락 안에서 학습자의 전인적 성장과 실제적 역량 발현을 확인하는 수단으로 기능한다.

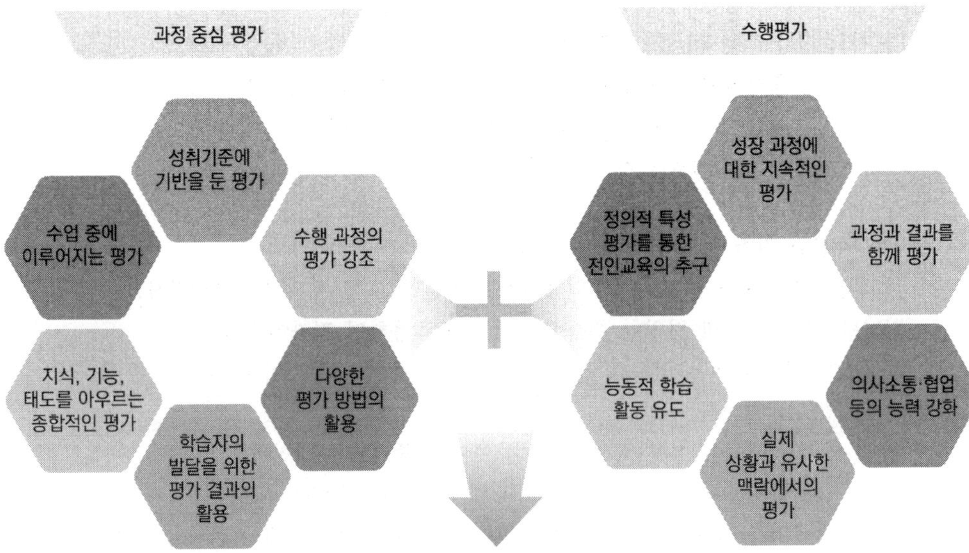

[그림 7-10] 과정 중심 평가와 수행평가

출처: 한국교육과정평가원(2025).

• 과정 중심 평가 실천을 위한 백워드 수업 설계

백워드 설계는 일반적인 모형의 절차와 달리 최종적 목적지(바라는 인간상, 갖추어야 할 역량)를 먼저 생각하고 이를 중심으로 교육 내용과 수업, 평가가 유기적으로 연계되는 방식을 의미한다. 따라서 '목표-평가-수업' 순서로 교육과정을 설계하며, 평가 계획을 우선 수립하고 이에 따른 수업을 설계함으로써 수업과 평가를 목적의식적으로 연계하는 것이 특징이다.

* 백워드 교육과정 설계의 절차

1단계		2단계		3단계
바라는 결과의 확인 (교육과정 목표)	→	수용할 만한 증거의 설정 (평가 계획)	→	학습경험과 수업 계획 (교수-학습 설계)

1단계: 바라는 결과의 확인(교육과정 목표)

- 학생들이 학습을 마친 후 반드시 이해하고 성취해야 할 핵심 개념, 원리, 지식, 기능 결정
- 지식(knowledge), 기능(skills), 이해(understanding)의 측면에서 목표 구체화

- 성취기준이나 핵심역량을 참고하여 목표 설정
- 질문 예시: 학생들이 반드시 이해해야 할 핵심 개념은 무엇인가?
  학생들이 배운 것을 어떻게 적용할 수 있도록 할 것인가?
  어떤 오개념을 바로잡아야 하는가?

2단계: 수용할 만한 증거의 설정(평가 계획)
- 설정한 학습목표가 제대로 성취되었는지를 확인할 수 있는 평가 방법 결정
- 지필평가뿐만 아니라 다양한 수행평가 유형을 적용하여 평가에 활용
- 학생들이 '무엇을 알고 있는지' 뿐만 아니라 '어떻게 적용하고 이해하고 있는지'를 확인할 수 있도록 평가를 구성
- 질문 예시: 학생들이 목표를 성취했음을 보여줄 증거는 무엇인가?
  학생들이 학습한 개념을 어떻게 활용하고 설명할 수 있는가?
  평가결과를 통해 학생들의 학습 과정과 성장을 어떻게 파악할 것인가?

3단계: 학습경험과 수업 계획(교수학습 설계)
- 1단계의 목표와 2단계의 평가 계획에 맞춰, 학생들이 목표를 달성할 수 있도록 효과적인 수업 활동을 설계
- 다양한 교수 전략(탐구 학습, 프로젝트 학습, 협력 학습 등)을 활용하여 학생 중심의 학습이 이루어지도록 구성
- 학생들이 능동적으로 사고하고, 탐구하며, 적용할 수 있는 경험을 제공하는 것이 중요
- 질문 예시: 목표 달성을 위해 어떤 수업 활동이 가장 효과적인가?
  학생들이 학습 내용을 깊이 이해하고 적용할 수 있도록 어떻게 도울 것인가?
  학습 과정에서 학생들이 스스로 질문하고 탐구할 기회를 어떻게 제공할 것인가?

(4) 수행평가의 유형 및 방법

수행평가의 유형에 따른 평가 종류를 정리한 것은 〈표 7-17〉과 같으며, 각 종류에 대한 자세한 설명은 아래와 같다.

<표 7-17> 수행평가 유형에 따른 평가 종류

유형	종류
답안구성	서술형 및 논술형 검사
언어사용	구술시험, 찬반토론법, 면접법

학생관점	자기평가·동료평가 보고서
산출물	포트폴리오, 프로젝트법, 실기시험, 작업장 평가
보고서	실험실습법, 연구보고서, 프로젝트법

① 서술형 및 논술형 검사(constructed-response & essay-type assessment)

- 정의: 학생이 주어진 문제에 대해 직접 답안을 서술하거나 논술을 통해 답을 구성하는 평가 방식이다.
- 특징: 창의성, 논리성, 설득력을 바탕으로 표현 능력을 종합적으로 평가할 수 있다. 정답 보다는 사고의 과정과 논리를 중점적으로 평가할 수 있어 과정 중심 평가가 가능하다.
- 장점: 고차 사고력, 표현력, 논리적 구성력을 평가할 수 있으며, 다양한 관점과 의견 표현을 허용한다.
- 유의점: 평가자의 주관이 개입될 가능성이 높으며, 평가의 신뢰도와 객관성을 확보하기 위해 명확한 채점기준과 루브릭이 필요하다. 평가자 간 신뢰성 유지에도 주의를 기울여야 한다.

② 구술시험(oral examination)

- 정의: 학생이 특정 주제에 대해 직접 구두로 발표하거나 설명하는 평가 방법이다.
- 특징: 언어적 표현력과 사고 과정을 즉흥적으로 평가하며, 소통 능력과 이해력, 문제해결 능력을 종합적으로 평가할 수 있다.
- 장점: 이해력, 판단력, 표현력, 준비도 등 전반적이고 심층적인 평가가 가능하며, 즉각적이고 구체적인 피드백을 제공할 수 있다.
- 유의점: 학생의 긴장이나 불안으로 인해 실제 능력을 제대로 평가하지 못할 수 있으므로 편안한 평가 분위기 조성이 필요하다. 평가자의 개인적 편견을 최소화하기 위한 평가 지침도 마련해야 한다.

③ 토론법(discussion-based assessment)

- 정의: 특정 주제에 대해 학생들이 서로 의견을 나누고 상호작용하는 과정을 평가하는 방식이다.
- 특징: 비판적 사고, 의사소통 능력, 상대방 의견 수용 및 존중 태도까지 평가할 수 있다.
- 장점: 상호작용을 통해 사회성, 협력적 사고, 논리적 사고력과 문제해결 능력을 종합적으로 향상할 수 있다.

- 유의점: 토론 과정에서 소극적이거나 내성적인 학생의 참여가 저조할 수 있다. 교사는 공정한 참여 기회 제공과 명확한 평가 기준을 제시하여 형평성을 유지해야 한다.

④ 실기시험(performance test)

- 정의: 학생이 과제를 실제로 수행하는 과정을 직접 관찰하여 평가하는 방법이다.
- 특징: 이론적 지식보다는 실제적 능력 중심이며, 자연스러운 활동 속에서 평가가 이루어 진다.
- 장점: 실제 수행 능력을 명확하게 평가할 수 있으며, 반복 관찰을 통해 평가의 객관성을 높일 수 있다.
- 유의점: 관찰자의 주관성이 평가에 영향을 줄 수 있으며, 실기 환경 및 조건을 일관되게 유지해야 평가의 신뢰성이 확보된다.

⑤ 실험·실습법(experiment/practical work assessment)

- 정의: 학생이 직접 실험과 실습을 수행한 후 결과 보고서를 제출하여 평가하는 방식이다.
- 특징: 주로 자연과학 및 기술 관련 교과에서 활용되며, 개별 또는 그룹 단위로 평가가 가능하다.
- 평가 기준: 지식 적용 능력, 문제해결력, 기기·기자재 조작 능력과 실험 과정 관찰 + 결과 보고서를 종합하여 평가
- 장점: 지식 적용 능력, 문제해결력, 장비와 도구 활용 능력을 실제로 평가할 수 있으며, 이론과 실습의 통합 평가가 가능하다.
- 유의점: 실습 과정의 통제와 감독이 철저하지 않으면 평가 결과의 신뢰성이 떨어질 수 있으며, 명확한 평가 기준과 루브릭이 필수적이다.

⑥ 면접법(interview method)

- 정의: 학생과 교사 간의 직접적인 대화를 통해 정보를 수집하고 학생을 평가하는 방식이다.
- 특징: 학생의 정의적 특성이나 태도, 신체적 특성까지 심층적으로 평가할 수 있다.
- 장점: 학생의 내면 상태, 태도, 가치관 등 다양한 심층 정보를 얻을 수 있으며, 상황에 따라 유연하게 진행할 수 있다.
- 유의점: 면접자의 편견이나 주관이 개입될 가능성이 높아 객관성 확보에 어려움이 있으며, 면접자의 사전 훈련과 명확한 평가 기준 설정이 요구된다.

⑦ 관찰법(observation method)

- 정의: 학생의 행동과 활동을 자연스러운 상황에서 직접 관찰하여 평가하는 방법

이다.

- 특징: 수업이나 일상생활에서 드러나는 학생의 태도와 상호작용 양상을 평가할 수 있다.
- 장점: 학생의 실제 행동과 태도를 직접적으로 평가할 수 있어 현장성이 뛰어나며, 정서적, 행동적 측면을 세밀히 평가할 수 있다.
- 유의점: 관찰자의 주관과 선입견으로 인해 관찰 결과의 신뢰성이 떨어질 수 있으며, 관찰 일관성 유지를 위해 객관적 관찰 도구 사용이 필수적이다.
- 방법: 일화기록법, 체크리스트, 평정 척도, 비디오 분석 등

⑧ 자기평가·동료평가 보고서법(self and peer assessment report)

- 정의: 학생이 자신이나 동료의 학습 과정을 스스로 평가하는 방식이다.
- 특징: 자기성찰 능력, 책임감, 협력성을 중심으로 평가가 이루어지며, 내적 평가를 가능하게 한다.
- 장점: 학생에게 자기 주도적 학습과 자기성찰 기회를 제공하고 교사는 학생의 자기평가 결과와 관찰 결과를 비교하여 평가의 신뢰성을 높일 수 있다.
- 유의점: 학생들이 평가를 객관적으로 수행하지 못할 수 있으므로 구체적인 평가 기준을 명확히 제시하고 평가 방법에 대한 충분한 교육이 필요하다.

⑨ 연구보고서법(research report method)

- 정의: 학생이 관심 주제를 선정하여 스스로 자료를 조사·분석하고 결과를 연구 보고서로 작성하여 평가하는 방법이다.
- 특징: 자료 조사, 분석 및 종합 능력 등 과정 중심 평가가 이루어진다.
- 장점: 자기주도적 학습이 가능하며, 탐구 능력과 정보활용 능력, 창의적 사고력을 평가할 수 있다.
- 유의점: 표절이나 자료 인용 방법 미숙 등 학문적 윤리 문제가 발생할 수 있어 이에 대한 철저한 사전 교육과 관리가 필요하다.

⑩ 프로젝트 평가(project-based assessment)

- 정의: 학생이 자신의 능력이나 흥미에 맞는 주제를 선택하거나 스스로 제안한 과제를 바탕으로 자료를 수집·분석·종합하여 연구보고서로 작성·제출하게 하는 평가 방식이다.
- 특징: 학생 주도적으로 주제를 선정하고, 자료를 탐색·처리하는 과정 중심 평가로 프로젝트 수행 과정에서 다른 학생들과 협력하여 문제를 해결하며, 자연스러운 학습 상황 속에서 지식과 태도, 기능이 통합적으로 평가된다.
- 장점: 자기주도 학습 능력, 협력적 문제 해결력, 탐구력을 향상시킬 수 있고, 학

생의 흥미와 특기를 반영하여 동기를 유발하고 창의적 사고력 신장에 효과적이며, 결과물뿐 아니라 수행 과정 전반을 평가할 수 있다.

- 유의점: 표절, 불공정한 역할 분담 등 부작용을 방지하기 위해 철저한 사전 지도 필요하며, 명확한 평가 기준 및 루브릭을 제시하여 공정성 확보해야 한다. 또한, 개별·모둠 활동에 따른 성과 차이에 유의하여 평가 방식 차별화 필요하다.

⑪ 포트폴리오(portfolio assessment)★

★ 포트폴리오의 종류
과정 포트폴리오: 반성 결과, 장애요인이 포함됨
결과 포트폴리오: 최종적 완성품에 초점을 맞춤

★ 포트폴리오의 평가 절차
① 포트폴리오의 목적 결정
② 학습성과 결정
③ 내용선정 및 제작지침 결정
④ 채점준거 결정 및 채점

- 정의: 학생이 직접 수행한 다양한 학습활동, 과제, 프로젝트, 작품 등을 체계적으로 수집·정리하여 구성한 자료집을 기반으로 이루어지는 평가 방식이다. 이는 단순한 결과물만이 아니라 학생의 학습 과정, 사고의 전개, 노력의 흔적, 성찰적 사고까지 포함하여 총체적으로 학습 성장을 평가하려는 목적을 가진다.
- 특징: 학습의 일정 기간 동안 자료를 축적해가며 평가하므로 학생의 성장 과정을 보여줄 수 있다. 단편적인 지식이나 시험 결과가 아니라 사고력, 문제해결력, 창의성, 협업 능력 등 다양한 역량을 종합적으로 반영한다. 학생이 스스로 자료를 선정하고 정리하며 자신의 학습을 되돌아보는 성찰의 기회를 가진다. 교사는 포트폴리오를 통해 학생 개인의 변화와 성장에 맞는 피드백을 제공할 수 있다.
- 장점

- 지속적이고 종합적 평가가 가능하다.
- 학생은 자신의 강점, 약점, 변화 과정을 인식할 수 있다.
- 교사는 과거와 현재를 비교하여 단편적인 결과가 아니라 학생의 전체적인 학습 경로를 살펴볼 수 있어 개별 맞춤형 지도와 피드백이 가능하다.
- 학생의 포트폴리오는 입시, 진학, 취업 시 학습 이력과 역량을 보여주는 신뢰성 있는 자료가 될 수 있어 진로지도 자료로 활용이 가능하다.

• 유의점
- 학생과 교사 모두에게 많은 시간과 에너지가 필요한 만큼 사전에 충분한 안내와 계획 수립이 필요하다.
- '양이 곧 질'이라는 오해를 방지하기 위해 단순한 자료 나열이 아닌 의미 있는 구성과 성찰 유도가 중요하다.
- 평가 기준이 불명확하거나 주관적일 경우 공정성과 신뢰도에 문제가 생길 수 있으므로 명확한 루브릭(rubric) 설정이 필수이다.
- 여러 교사가 평가할 경우 평가자 간의 기준 통일이 필요하다.
- 자기주도력이 부족한 학생은 포트폴리오 작성에 어려움을 겪을 수 있으므로 교사의 단계별 지도와 코칭이 요구된다.

7) 수행평가의 도구

(1) 체크리스트법(checklist method)

체크리스트는 특정 과업이나 행동을 수행했는지를 이분법적(yes/no) 또는 완료 여부(☑/□) 형식으로 확인하는 평가도구이다. 주로 수행평가에서 과정 중심의 관찰 도구로 사용되며, 학습자의 행동이나 활동의 유무를 간단히 기록할 수 있다.

• 특징
- 과업 수행의 핵심 요소를 명확히 제시하고 수행 여부를 점검할 수 있음
- 간단하고 직관적이며, 관찰자 및 학습자 모두 활용 가능
- 자기 점검(self-check), 동료평가(peer review), 교사 관찰용으로 다목적 사용 가능
- 새로운 아이디어, 창의적 행동, 실천 과정 등을 체크포인트로 설정 가능

• 유의점
- 수행의 질보다는 수행의 유무 여부에 집중하므로 정성적 판단에 한계
- 지나치게 항목이 많거나 사소한 내용까지 포함되면 평가의 초점이 흐려질 수 있음
- 반드시 핵심 활동 중심으로 구성되어야 하며, 행동지표의 타당성 확보가 필요함

• 도구 설계 시 고려 사항
- 관찰 가능한 구체적 행동으로 항목 설계
- 활동 수행의 시작-진행-완료 단계를 반영할 수 있는 항목 배열
- 교사 및 학습자 피드백 공간 포함 시 활용도 증가
- 필요 시 빈도 수 또는 조건부 체크(예: "3회 이상") 형식으로 변형 가능

<표 7-18> 체크리스트법 예시

평가: 헤어 샴푸 실습	
항목	**수행 여부(✔)**
타월 및 고객 눕히기	
물 온도 확인	
두피 전체 균등한 물 공급	
샴푸 사용량의 적절성	
샴푸 동작 네 가지의 정확성	
린스 잔여물	
마무리 타월 및 정리정돈	

(2) 평정 척도법(rating scale method)

학습자의 수행이나 행동을 정도, 빈도, 질적 수준에 따라 등급화된 척도로 평가하는 방법이다. 체크리스트가 단순 유무만을 판단한다면 평정 척도는 수행의 질적 수준까지 포괄한다.

- 특징
  - "매우 우수하다 – 우수하다 – 보통이다 – 미흡하다" 식의 질적 등급 판단 가능
  - 정도(intensity), 빈도(frequency), 적절성(appropriateness) 등의 다차원적 평가 가능
  - 숫자 점수화 및 통계 처리에 유리하며, 평가자료로 활용 가치가 높음
  - 교사의 직관적 판단을 수치로 변환하여 표현할 수 있음
- 유의점
  - 채점 기준의 명확성 부족 시 평가자 간 신뢰도 저하
  - 과도한 주관 개입 위험, 평가자 훈련과 공동기준 개발이 필요함
  - 등급 간 구분 기준이 명확하지 않으면 오차 발생 가능
- 교육적 활용 시 시사점
  - 구체적인 예시를 각 등급에 부여하여 평가자 간 일치율 향상
  - 서술형 척도(qualitative scale)와 수치형 척도(numeric scale)를 병용할 수 있음
  - 루브릭 이전 단계의 기초 척도로 활용 가능

<표 7-19> 평정 척도법 예시

평가: 원랭스 커트				
항목	**매우 우수**	**우수**	**보통**	**미흡**
실습 재료 준비 및 위생	☐	☐	☐	☐
커트 도구 사용(빗, 가위) 숙련도	☐	☐	☐	☐
커트 선의 정밀도	☐	☐	☐	☐
커트 완성도	☐	☐	☐	☐
안전 수칙 준수	☐	☐	☐	☐
마무리 및 정리정돈	☐	☐	☐	☐

(3) 루브릭(rubric)

루브릭은 학습자의 수행이나 결과물을 평가할 때 사전에 설정된 수행기준표에 따라 질적으로 평가하는 도구이다. 각 수행 수준별로 구체적인 설명을 포함하여 교사와 학생 모두가 수행 기대 수준을 명확히 이해하도록 돕는다.

- 구성 요소
  - 수행 판단 차원(dimensions): 평가할 요소
  - 수행 수준 척도(scale): 단계별 수준
  - 수행 판단 기준(descriptors): 각 수준별 구체적 진술
- 개발 절차

<표 7-20> 루브릭 개발 절차

단계	내용
채점 준거 결정	평가할 핵심 요소 선정
수행 수준 기술	각 수준별로 구체적이고 행동 중심적인 문장으로 기술
채점 방식 결정	점수화 방식 또는 서술형 평가 선택
검토 및 수정	교사 간 공동 검토와 학생 피드백 반영을 통한 도구 타당도 검토

- 특징
  - 수행을 연속적인 스펙트럼 상에서 정성적 변화와 실적 수준을 동시에 평가 가능
  - 자기평가 및 동료평가 도구로도 매우 효과적
  - 교사 간 또는 교사-학생 간 평가 일관성 확보 가능
  - 루브릭 공유를 통해 학습목표 명확화 및 평가의 투명성 확보 가능

- 유의점
  - 일반적 표현(예: 우수하다) 대신 구체적 행동 기술(예: 자료를 명확히 근거로 제시함)이 필요
  - 루브릭이 모든 평가 유형에 적용되기 어렵고 핵심 과제 중심으로 제한적으로 사용하는 것이 효과적
  - 사전의 교사 연수 및 다수의 검토자 참여를 통해 공정성과 객관성 확보 필요
  - 학생 사전 설명 및 피드백 시스템 포함 시 효과 극대화
- 활용
  - 4~5수준(4~5level scale)이 이상적
  - 실기평가, 포트폴리오 평가, 프로젝트 평가, 논술형 과제에 특히 적합
  - 루브릭을 학습목표와 연계시켜 피드백 및 성찰 도구로 확장 가능

<표 7-21> 루브릭 예시

평가	항목
포인트 메이크업 클렌징하기	포인트 메이크업 클렌징 시작 전 손 소독 및 위생
	포인트 메이크업 클렌징 순서 숙지(아이섀도→눈썹→아이라인→마스카라→입술)
	아이섀도 클렌징 작업 능숙도
	눈썹 클렌징 작업 능숙도
	아이라인 클렌징 작업 능숙도
	마스카라 클렌징 작업 능숙도
	입술 클렌징 순서 능숙도
	제한 시간 내 작업 완성도

평가 요소	배점(등급)
위 항목 8가지 모두 만족하는 경우	20(A)
위 항목 중 6~7가지를 만족하는 경우	18(B)
위 항목 중 4~5가지를 만족하는 경우	16(C)
위 항목 중 2~3가지를 만족하는 경우	14(D)
위 항목 중 1가지 이하로 만족하는 경우	8(E)

[활동하기]

활동 1. 양적·질적평가 비교 분석 보고서 작성

활동명: "양적 vs 질적, 무엇이 더 적절한가?"

목표: 양적평가와 질적평가의 특징을 비교하고 미용 수업 상황에서 어떤 평가 방법이 적절한지 분석하는 힘 기르기.

방법:

- 자신이 진행하고자 하는 미용 수업(예: 헤어 커트 실습, 피부 이론 강의 등)의 주제를 설정한다.
- 해당 수업에서 사용할 수 있는 양적평가 방법과 질적평가 방법 각각을 설계한다.
- 두 평가 방법의 장·단점을 분석하고 상황에 따라 어떤 평가가 더 적절할지 판단하여 보고서로 정리한다.

활동 2. 성취기준 기반 평가계획서 작성 실습

활동명: "수업-평가 일치, 직접 해보자!"

목표: 2022 개정 교육과정의 성취기준을 기반으로 교수-학습-평가계획서를 설계해 보기

방법:

- 교사용 성취기준 1개를 선택(예: "피부 구조의 이해와 설명").
- 성취기준 분석 → 평가 요소 도출 → 지필/수행평가 계획 수립 → 수업 방법 선택
- "수업-평가 연계의 주안점"까지 포함된 간단한 교수-학습-평가 계획표 작성

결과물: 교수-학습-평가 연계표

활동 3. 최소 성취수준 보장지도 설계 시뮬레이션

활동명: "이 학생, 학점 못 받으면 어쩌지?"

목표: 고교학점제에서 성취율 40% 미달 학생을 위한 보장지도 시나리오를 설계하는 역량 키우기

방법: 가상의 학생 상황 제시(예: 성취율 38%, 출석 80%, 과제 미흡 등)

• 가상 학생 프로필

- 이름: 이미용
- 학년: 고등학교 2학년 미용예술과
- 과목: 피부 미용
- 성취율: 38%(성취기준 40% 미달)
- 출석률: 80%

특이사항:
- 과제 제출률 낮음(제출 과제 대부분 미흡)
- 실습 참여도가 낮으며, 수업 중 집중력 저하 현상 자주 발생
- 자기주도 학습이 어려워 개별 학습이 부족함
- 해당 학생의 성취기준 미도달 원인을 분석하고 예방지도와 보충지도를 설계한다.
- 구체적인 활동(피드백, 추가 과제, 실습 보완 활동 등)을 포함한 학습 지원 계획 작성

결과물: 성취수준 보장지도 실행계획서(개별 맞춤 지도계획 포함)
- 미도달 원인 분석
- 예방 및 보충지도 설계계획
- 학습 지원 구체적 활동계획

활동 4. 수행평가 루브릭 개발 워크숍

활동명: "전공 실무 과목, 어떻게 평가하지?"

목표: 실제 미용 실습 평가에서 루브릭을 활용한 평가도구를 직접 제작해보기

방법: 팀별로 미용 실기 수업 주제 선정(예: 블로우 드라이 스타일, 네일 컬러링, 시대별 메이크업 등).
- 해당 수업에 맞는 성취기준과 핵심 아이디어 도출.
- 수행평가 루브릭을 직접 설계(수행 판단 기준 3개 이상, 4단계 척도 포함).

결과물: A3 포스터 or PPT 발표자료(채점 기준 포함)

8장 미용교육과 교육실습

제8장 미용교육과 교육실습

오늘날의 교사는 단순한 지식 전달자가 아니라 학생과 함께 성장하고 교육 현장을 주도해 나가는 전문가로서의 역할이 요구된다. 이러한 전문성과 실천력을 갖춘 교사를 양성하기 위한 핵심 과정이 바로 교육실습이다. 교육실습은 대학에서 습득한 이론과 교과지식을 실제 학교 현장에서 적용해보며 예비교사로서의 교직 태도와 자질, 실천적 지혜를 길러나가는 통합적 체험의 장이다.

특히 미용교육과 같이 실기 중심의 직업교과는 학생과의 상호작용, 현장 안전관리, 수업 계획 수립 등 복합적 교육 역량이 요구된다. 따라서 미용교과 교육실습은 단순히 수업만을 경험하는 차원을 넘어 학습지도·학생 생활지도·학급경영·특별활동 등 교사의 역할 전반을 직접 수행해보는 과정으로 진행된다.

교육실습은 참관–참가–실습–평가의 4단계로 진행되며, 이 과정에서 실습생은 학교 교육의 구조와 흐름을 직접 파악하게 된다. 수업 관찰을 통해 수업 운영 방식의 차이를 인식하고 참가 활동을 통해 학급경영과 생활지도의 실제를 배우며, 실습 단계에서는 직접 수업을 진행함으로써 교사의 주체적 의사결정 경험을 얻게 된다. 이로써 예비교사는 교육 이론과 실제 간의 괴리를 극복하고 실천적 전문성으로 나아가는 기초를 쌓는다.

더불어 실습은 교사로서의 자아정체감을 형성하고 자신의 교육철학과 태도를 성찰할 수 있는 결정적 기회이기도 하다. 실습생은 교사의 언어, 동작, 사고방식까지 다각적으로 평가받으며 교사로서의 자기 인식을 보다 깊이 있게 정립하게 된다.

2025학년도 현재 전국적으로 90개교 이상의 미용 관련 고등학교에서 실습이 가능하며, 실습 학교는 특성화고, 일반고, 각종학교, 학력인정 평생교육시설 등 다양한 형태로 구성되어 있다. 각 학교의 학과 명칭과 교육과정(예: 뷰티디자인과, 헤어 디자인과 등)에 따라 실습계획을 유연하게 구성하는 것이 필요하다. 실습 지역도 전국 단위로 배치가 가능하므로 거주지 및 전공 연계성을 고려한 개별 맞춤형 실습 운영이 가능하다.

따라서 본 장에서는 교육실습의 의의와 목적을 시작으로 주요 단계별 실습 절차,

실습 내용의 구체적 범위, 실습 시 유의사항, 그리고 실습 대상 학교의 전국적 분포까지 총체적으로 다루며 예비교사가 현장 교육의 주체로 성장하기 위한 기반을 마련하고자 한다.

학습목표

1. 교육실습의 목적과 과정을 체계적으로 이해하고 교원 양성 과정 내에서의 교육실습의 위치와 중요성을 설명할 수 있다.
2. 미용교과 교육실습 현장에서 요구되는 교수-학습 능력, 학급경영 역량, 학생지도 기술 등을 실제로 적용하고 반성할 수 있다.
3. 교육실습 전반을 통해 교사로서의 자아정체감과 전문성을 형성하고 직업교육 현장에 적합한 실천적 지식을 함양할 수 있다.
4. 참관, 참가, 실습, 평가의 단계별 실습 경험을 바탕으로 교사의 다양한 역할과 책임을 인식하고 이론과 실제를 연결하는 통합적 사고 능력을 기를 수 있다.

1절. 교육실습의 의의와 목적

교원 양성 기관인 대학/교육대학원에서 교직과 이수 과정으로 교육 현장에서 교육 경험을 하게 함으로써 교직에 대한 태도와 가치관을 확립하고 학문적 연구를 심화하도록 하기 위한 교사 양성 과정의 일부이다. 학교에서 얻은 교과의 지식이나 이론만으로는 바람직한 교사가 되기 어려우므로 학생들에게 대학에서 배운 이론을 교육 현장에서 실천할 수 있는 능력을 쌓는 기회를 제공하는 것이다. 교육실습을 통해 얻을 수 있는 경험으로는 교수-학습 방법, 학생 지도, 상담 지도, 학생 및 교사와의 대인관계, 그 밖에 학교 행정 참여 등을 들 수 있다. 미용교과의 경우 단순한 기술 전달을 넘어서 직업윤리, 안전교육, 고객 응대 등 복합적 전문 역량을 요구하므로, 교육실습은 이를 검증하고 반성하는 기회의 장이다.

1) 교육실습은 교사가 되기 위해 반드시 이수해야 하는 교과목

교육실습은 대학이 아닌 각급 학교에서 이루어지며, 성적 산출에 있어서도 지도교사의 영향이 크기 때문에 많은 실습생들이 교육실습을 대학과는 상관없는 교육활동이라고 생각하는 경향이 있다. 그러나 교육실습은 교사 교육과정에서 없어서는 안 될 정규과정이며 교사 자격증이 수여되기 전 반드시 이수해야 하는 필수 교과목이다. 따라서 교육실습생들은 대학에서의 학생으로서의 역할과 실습기관에서의 예비교사로서의 역할 모두를 충실히 수행해야 한다.

2) 교육실습은 실천적 지식을 형성하는 기초를 제공

어떤 교사를 유능한 교사로 보는가에 대한 문제는 시대와 관점에 따라 다르지만 최근에는 교실에서 직면하게 되는 문제 상황을 최선의 방향으로 해결할 수 있는 실천적 지식을 가진 교사를 유능한 교사로 본다는 데 많은 학자가 동의하고 있다. 실천적 지식이란 제3자에게서 배울 수 있는 것이 아니며 교사가 현장에서 문제를 해결하거나 결정을 내려야 할 때 그 상황에 맞게 교사 스스로 창조한 전문가적 지혜를 의미한다. 이는 강의나 교과서 등을 통해 얻는 지식만으로는 형성할 수 없으며, 반드시 현장의 경험이 필요하다. 미용 수업은 기술 시연과 피드백, 위생 안전 관리, 고객 상황 설정 등의 복합적 상황을 포함한다. 실습을 통해 예비교사는 이론으로는 배울 수 없는 실천적 지식 즉, '어떻게 가르칠 것인가'에 대한 감각과 판단력을 현장에서 체득하게 된다. 이는 단순히 기술을 보여주는 것이 아니라 학습자의 반응을 이끌고 문제 상황을 조율하며 지도하는 능력이다.

3) 교육실습은 교사에게 필요한 전문적인 지식을 심화

우수한 교사가 되기 위해서는 전문적인 지식을 소유해야 한다. 이는 교육의 목적을 명확히 이해하고 학생의 발달 상황에 맞는 교육 내용을 선택하고 조직하며 행동의 변화를 적극적으로 돕는 능력을 갖추는 것을 의미한다. 실습생들은 교사에게 필요한 새로운 교수 원리나 교수 방법, 또는 교사로서 갖추어야 할 태도, 대인관계 기술, 학생 지도 등을 직접 경험하고 이에 필요한 전문 지식을 습득하게 된다. 교육실습은 대학 강의에서 습득한 지식을 적용하고 검증하여 심화시키는 역할을 할 뿐만 아니라 교육 현장에 필요한 기술을 함양하는 데에도 기여한다. 교육목표를 설정하고 목표 달성을 위한 내용을 선정하고 조직하는 데에도 많은 지식과 기술이 요청되며, 특히 변화하고 생동하는 학습 상황에서 여러 내용을 지도하기 위해서는 방법적인 기술이 필요하다. 현재 교육실습 기간이 매우 짧고 학점도 2~3학점에 불과하여 이를 대충 해도 된다는 생각을 하는 학생도 있으나 교육실습은 교사로서의 자질을 다듬는 데 필요한 전문 지식을 심화시키는 과정임을 명심해야 한다.

4) 교육실습은 의사결정 과정을 연습해 볼 수 있는 기회를 제공

가르친다는 일에는 단 하나의 정답도 언제나 적용 가능한 원리도 정해져 있지 않다. 오히려 가르침은 늘 불확실한 상황 속(수업 중 발생하는 갑작스러운 상황—예: 학생의 도구 및 기기 사용 오류, 안전사고 발생 가능성, 불만족하는 학습 태도)에서 많은 대안 중 최선책을 선택하는 과정이며, 이는 끊임없는 의사결정을 요구한다. 따라서 교육실습은 가르치는 과정에서 생길 수 있는 다양한 의사결정 과정을 실제로 연습해 볼 수 있는 기회를 제공한다.

5) 교육실습은 학습한 다양한 지식과 기술을 통합할 수 있는 기회를 제공

예비 미용교사들은 미용 기술, 교수법, 학생 이해, 교육심리 등 각각 분리된 내용으로 학습해왔다. 교육실습은 이 모든 지식을 '한 명의 교사'로서 종합적으로 실천하는 통합적 경험이다. 기술만 강조해서도 이론만 강조해서도 안 되는 미용 수업의 특성을 직접 체감하며 교사로서 균형 감각을 갖추게 된다.

6) 교육실습은 교육의 이론과 실제를 연결하는 기회를 제공

예비교사들은 대학에서 교육 관련 다양한 이론을 습득한다. 교육실습은 이러한 이론적 지식을 실제 교육 현장에 적용해보고 이론과 실제 간의 차이를 발견하여 보다 유용한 이론과 심화된 지식으로 발전시키는 데 기여한다. 교육실습은 이론으로 학습한 교육현상을 직접 관찰하고 체험함으로써 교육에 대한 이해를 높이는 과정이다. 이론과 실제의 괴리는 종종 이론의 오류라기보다는 이론이 도출된 상황과 적용되는 교육 현장의 조건이 다르기 때문에 발생한다. 따라서 교사는 대학에서 배운 이론을 교실 상황에 맞게 분석하고 재구성할 수 있는 능력이 필요하며, 교육실습은 이 능력을 기르는 기초 단계이다.

7) 교육실습은 자기평가와 자기 연구 과제를 발견할 수 있는 기회를 제공

교육실습은 실습생이 교사로서의 능력, 지식, 태도를 여러 사람 앞에서 드러내는 과정이다. 여기에는 단순한 수업 기술뿐만 아니라 교직관, 언어, 동작까지 포함된다. 실습생들은 이 과정을 통해 교사로서의 올바른 교육관과 사명감을 확인하고 이론 적용 과정에서 발생하는 문제점을 발견하여 새로운 교육 이론을 탐색하는 계기를 갖게 된다.

8) 교육실습은 교사로서의 자아정체감을 찾을 수 있는 기회를 제공

예비교사 중에는 대학 입학 전부터 교직을 희망한 사람도 있고 그렇지 않은 사람도 있다. 교직에 적성이 있다고 생각한 사람이 실습을 통해 자신에게 적성이 없음을 발견하기도 하고 교직에 관심 없던 사람이 실습을 통해 교직이 자신의 길임을 깨닫기도 한다. 가장 바람직한 경우는 교육실습을 통해 기존의 교직에 대한 매력을 더욱 강화하는 것이다. 이처럼 교육실습은 막연하게 생각해왔던 교사의 역할을 직접 실천함으로써 자신의 적성을 확인하거나 재발견할 수 있는 기회를 제공한다.

9) 교육실습은 수업 이외의 행정적·사무적 측면에서 교사의 역할을 경험하는 기회를 제공

예비교사들은 학급을 직접 경영해보며 올바른 학급경영 방법을 체득하고 학급 지도자로서의 자질을 갖추게 된다. 또한 학생 생활지도, 특별활동, 연구활동 및 교사들과의 협력 등을 통해 수업 이외에도 교사에게 요구되는 다양한 역할을 실습해본다.

2절. 교육실습의 주요 과정 및 절차

교육실습의 과정은 참관 단계, 참가 단계, 실습 단계, 평가 단계로 구분된다. 이 네 가지 단계는 시기적으로 명확하게 구분되는 것은 아니지만 각 단계는 순차적으로 유기적인 연계를 이루고 있다.

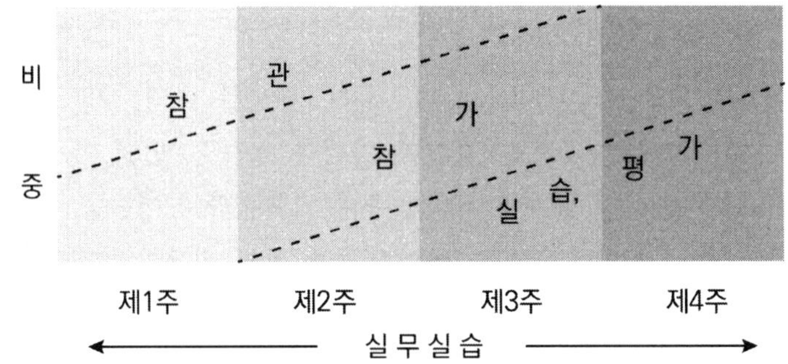

[그림 8-1] 교육실습의 주요 절차

1) 참관 단계

(1) 정의

교직에 관한 각종 업무를 실제로 담당해 보기 전에 현직교사의 업무 수행 과정을 관찰하는 단계이다.

- 목적 및 활동: 교육실습의 첫 번째 단계인 참관 단계는 본격적인 교육실습의 준비 단계이다.
  이 단계에서 교육실습생은 수업을 포함하여 학교운영, 학급경영, 생활지도, 특별활동 지도, 행정 업무, 기타 교사가 수행하는 다양한 업무들을 관찰한다. 이를 통해 교사로서 수행해야 할 임무의 종류와 특성을 이해하게 된다. 또한 실습생은 자신이 담당할 학급 학생들의 일반적 특성, 학교의 시설 및 제반 특성에 대해서도 익숙해질 필요가 있다.
- 참관 시 유의사항
  - 참관의 목적을 명확히 하고 무엇을 관찰할 것인지 사전에 계획한다.
  - 관찰한 내용을 구체적으로 기록한다.

- 교사와 학생의 수업 활동을 방해하지 않도록 주의한다.
- 실습학교에서 정한 일정에 따라 참관한다.

*** 관찰 항목 예시**

• 실습학교의 일반적인 특징
- 학생 및 학부모의 특성
- 학생들의 교우관계 및 학교 문화
- 학교의 지리적 환경 등

• 교사가 수행하는 임무의 종류
- 수업 활동, 교과 및 담임 교사 모임
- 학급경영자로서의 역할
- 생활지도, 특별활동 지도, 행정 업무

• 교사의 직무 수행에 있어 본받을 점과 개선 과제
- 수업 운영에서의 장점과 개선 과제
- 학생 생활지도에서의 장점과 개선 과제

2) 참가 단계

(1) 정의

현직교사와 함께 각종 업무를 공동으로 수행하는 단계이다.

(2) 활동

이 단계에서 교육실습생은 교사의 보조자로서 간접적으로 교육활동에 참여하며 수업 활동, 학생 생활지도, 학습경험 활동 등을 도와 수행하게 된다. 참가 단계에서도 참관은 계속되며 제한적이지만 실습 경험도 병행된다.

3) 실습 단계

(1) 정의

지도교사의 지도하에 교육실습생이 교사의 역할을 직접 담당해 보는 단계이다.

(2) 특징 및 시기

실습 단계는 실습 기간 중 가장 핵심적인 단계로 보통 실습 기간의 1/3 정도가 지난 시점부터 시작된다. 실습생은 대학에서 학습한 내용과 참관·참가 단계에서의 경험을 바탕으로 교사의 실제 업무를 수행하게 된다.

(3) 주요 활동 내용

- 학습지도 실습
- 학급경영 실습
- 학생지도 실습
- 특별활동지도 실습

(4) 특기 사항

- 수업 실습은 가장 중요한 비중을 차지하며, 모든 수업 지도에는 반드시 교수-학습지도안을 작성해야 한다.
- 수업 실습 이후에는 지도교사의 지도하에 평가가 이루어져야 한다.

4) 평가 단계

(1) 정의

교육실습의 전 과정을 종합적으로 평가하는 단계이다.

(2) 평가 방식 및 시점

- 수시 평가: 실습 기간 전체를 통해 지속적으로 이루어지는 평가
- 최종 평가: 실습 종료 시점에 실습학교에서 실시하는 평가
- 학과별 평가: 대학 복귀 후 학과 단위로 실시되는 평가회
- 세부 내용
  - 수업 실습 후 평가: 실습생이 수업 실습을 마친 후 지도교사 중심으로 관계 교사와 실습생이 함께 참여하여 수업에 대한 평가 및 피드백을 받는다.
  - 종합 평가: 실습 종료 무렵 실습학교에서 실습 관계자 전원이 참여하여 실습 전반에 대해 종합 평가를 진행한다.
  - 학과별 평가: 실습 종료 후 대학에서 실습생이 모여 좌담회 형식으로 실습 경험을 공유하며 평가회를 갖는다. 이 평가는 지도교사와 지도교수에 의해 이루어지며, 실습생 간 동료평가, 자기평가도 병행될 수 있다.

3절. 교육실습의 내용

교육실습 기간 중 이수해야 할 주요 실습 내용은 다음과 같다.

1) 학습지도 실습
2) 학급경영 실습
3) 학생지도 실습
4) 특별활동 지도 실습

※ 위 실습 내용 및 실습 시간은 실습학교의 사정에 따라 차이가 있을 수 있으나 가능한 한 다양한 경험을 해보는 것이 바람직하다.

1) 학습지도 실습

교육실습의 핵심이며 가장 중요한 부분이다. 학습지도는 수업 계획, 수업 전개, 학생평가 등 교실 수업과 관련된 전반을 포함하며 자율학습 지도나 가정학습 지도도 여기에 포함된다.

(1) 수업 계획 및 교수-학습지도안 작성

수업 계획 단계에서 고려할 주요 사항은 다음과 같다.

- 단원별 수업목표 확인 및 교육과정 분석
- 교재 및 교사용 지도서, 참고자료 연구
- 학생의 선행 학습 수준 및 일반 학습 수준, 우수아/부진아 현황 파악
- 실습학교의 여건, 시설 및 교구 확보 상태 확인
- 실습학교의 교육 방침 확인 및 반영
- 수업 계획 수립(시간 운영, 동기 유발, 수업 전개, 판서, 시청각 매체, 과제, 평가 계획 등)

- 교수-학습지도안 구성 요소
  - 단원명 및 목표
  - 학급의 특성 및 실태
  - 지도 기본 방침 및 중점 사항
  - 차시별 학습 내용, 교사/학생 활동, 교재 및 유의사항
  - 과제 내용
  - 평가 방법

- 검토 기준
  - 목표 명확성 및 교육목표와의 일관성
  - 학습 내용의 포괄성과 연계성
  - 동기 유발, 활동 중심 수업 여부
  - 수업 자료 및 질문, 판서 계획의 적절성
  - 학생 개별 차이 고려 여부
  - 평가 계획의 타당성 및 수업 개선과의 연계성

(2) 교수-학습 자료 준비 및 제작

교수-학습지도안에 따라 필요한 자료를 준비하며, 경우에 따라 교육실습생이 직접 제작해야 할 수도 있다. 이 과정에서 영상 자료, 신문, 예화 등을 창의적으로 활용 동료 및 지도교사와 협의하여 효과적인 자료를 준비한다.

(3) 수업 전개

작성한 지도안에 따라 실제 수업을 진행한다. 단, 예기치 못한 상황에 유연하게 대응할 수 있도록 계획에 탄력성이 필요하다.

- 수업 전개 시 유의사항
  - 계획과 실제 수업의 일치성
  - 수업 내용의 적절성(학습량, 난이도, 조직 등)
  - 교수 자료의 다양성과 효율성
  - 수업 방법의 다양성(토론, 실험, 매체 활용 등)
  - 개인차 고려 방안의 실천 여부

(4) 학생평가

수업 후 학생의 학습 성취도 평가를 실시하며, 수행평가 중심의 단위 수업 평가가 일반적이다.

- 평가 시 유의사항
  - 타당하고 신뢰도 있는 평가도구 사용
  - 준거지향 평가 방식의 활용
  - 평가 결과를 수업 개선에 반영(문항 분석, 부진아 지도 등)

2) 학급경영 실습

학급경영은 학급 담임교사로서 다음과 같은 업무를 포함한다.

- 학생 이해, 가정환경 파악
- 학급 물리/사회적 환경 조성
- 문제해결, 학부모 및 지역사회 연계
- 학생 기록 정리 등

- 실습 가능한 주요 영역
  - 조회 및 종례 지도
  - 환경 정리 및 청소 지도
  - 주번 지도
  - 학급 사무 처리
  - 각종 학생 서류 및 평가 자료 정리

  ※ 단기간의 실습이므로 모든 영역에 참여하기는 어렵고 필요에 따라 제한적으로 실습을 진행한다.

3) 학생지도 실습

실습기간 중 전체 학생을 지도하는 데에는 한계가 있으나 담당 학급을 중심으로 생활지도 및 상담 활동을 실습하는 것은 매우 중요하다. 학생 이해는 생활기록부, 생활카드 등을 통한 분석과 학생과의 접촉을 통해 이루어진다.

- 생활지도 주요 영역
  - 학교생활 지도
  - 진로 지도
  - 건강 지도
  - 교외활동 지도
  - 학습부진아 및 부적응 학생 지도
  - 동아리 지도

  ※ 개인정보 보호 및 편애 방지에 유의해야 한다.

4) 특별활동 지도

특별활동은 교과 외 활동으로 전인교육과 공동체 의식 함양, 자기 표현 기회 제공 등을 목적으로 한다.

- 주요 실습 영역
  - 동아리활동 지도(계획, 지도, 평가 포함)
  - 학급활동 지도
  - 학교활동 지도
  - 단체활동 지도
  - 방과후 교육활동 지도

  ※ 교과교육으로는 달성하기 어려운 교육목표 달성에 기여하는 중요한 실습 영역이다.

5) 교육실습생 실습록

교육실습생은 실습 기간 중 날마다 실습한 상황과 거기에 관련된 주요 사실이나 느낌 또는 반성을 기록하지 않으면 안된다, 교육실습의 기록에는 학습지도안, 수업참관록, 반성 또는 아이디어를 포함한 여러 가지 사항이 있다. 교육실습이 시작되는 날부터 끝나는 날까지 실습에 관한 주요 사항을 의무적으로 기록하여 실습학교를 통해 소속 대학에 제출하도록 하고 있다.

- 교육실습의 기록 내용

교육실습록이나 교육실습일지는 대학에 따라 다소 차이가 있다. 그러나 매일 소정의 양식에 따라 해당 실습록을 적절히 기입하여 지도교사에게 제출하여 평을 듣게 되어 있다.

교육실습생 출근부
실습학교 현황
담당학급 현황
학급 좌석표
주간 일정표
수업시간표
교육실습일지
수업참관록
실습 후기

교육실습록을 기입할 때의 유입할 사항은 아래와 같다.

(1) 구체적으로 기술한다.

그날 실습한 교육활동에 관하여 구체적으로 기입한다. 이는 단순한 감상이 아닌 자기의 교직관과 교육 및 교과 이론에 더하여 연구적이고, 탐구적인 견해를 밝힘으로써 앞으로 개선하려는 의도가 담겨야 한다. 현장에서 제기되는 문제나 의문점은 솔직하고 분명하게 기술하여 지도교사의 지도와 조언을 유도해야한다.

(2) 간결하면서도 분명하게 기입한다.

실습록의 기입 사항이 학교의 그날 일과의 전 영역에 걸쳐 있다. 그러므로 요점위주로 명확하면서도 간결하게, 의미가 통하는 논리적인 문장이 되도록 기입한다.

(3) 매일 기록하여 지도교사의 점검을 받는다.

실습록을 쓰는 것을 미루어서는 안되고, 지도교사도 교육실습생의 실습록을 날마다 점검해야 한다. 교육실습생은 실습록에 기록할 사항을 수시로 메모하여, 생생한 기억이 사라지기 전에 기입하여야 한다. 그래야 그날의 실습을 반성하게 되고, 그날에 경험했던 문제가 분명해지며, 다음날의 실습에 새로운 각오로 임하게 된다.

- 수업참관의 착안점
  - 학습 의욕의 유발 여부
  - 전개 내용과의 관련 여부
  - 주의집중 여부
  - 학습환경 조성 여부
- 전개단계
  - 시간계획대로의 진행 여부
  - 질문처리 적절 여부
  - 발문의 조리성 여부
  - 개별지도의 고려 여부
  - 교사의 억양의 적절 여부
  - 학습 요점의 강조 여부
  - 학생 수준에 적합 여부
  - 교구의 적절한 사용 여부
  - 교구의 유용성 여부

(예시 1)

교육실습일지

지도교사	부장	교감	교장

년 월 일 요일	
주요행사 및 계획	
전달사항	
활동	활동내용(관찰, 참가, 연구, 계획, 실습내용)
학습 지도	
학급 경영	
반성 및 소감	
내일의 계획	
지도 교사 조언	

4절. 교육실습 시 유의사항

교육실습생은 실습학교의 교육 목적과 방침을 이해하고 이를 달성하기 위해 적극적으로 협조하여야 한다.

- 실습학교의 규정을 준수하여 출퇴근하고 학교생활을 성실히 수행하여야 한다.
- 복장, 언행, 태도는 학생의 모범이 되도록 단정히 하여야 한다.
- 교육실습생은 결근, 지각, 조퇴를 삼가고, 지정된 시간에 맞춰서 출근하여야 하며, 출근 즉시 출근부에 날인한다.
- 부득이한 사정으로 결근·조퇴가 필요한 경우 사전에 소정 절차를 거쳐 실습학교의 허락을 받아야 한다.
- 근무 시간 중 외출은 삼가고 점심 식사는 학교 구내에서 급식 또는 도시락 등으로 해결한다.
- 교외에서 학생과 사적으로 만나거나 가정 방문을 하는 행위는 삼가야 한다.
- 실습학교 측과 협의할 사항은 교육실습생 대표를 통해 의견을 전달한다.
- 교육실습생은 학생을 직접적으로 처벌해서는 안 된다.
- 실습으로 인해 학교의 정상적인 교육활동에 지장을 주지 않도록 세심히 배려하여야 한다.
- 교육실습일지는 지도교사의 지시에 따라 매일 기록하고 퇴근 시 지도교사에게 제출, 다음날 출근 시 반납 받는다.
- 실습학교의 지시에 따라 수업 참관 및 실제 수업을 수행하고 그 외 시간에는 교재 연구, 교편물 작성 등 실습 관련 활동에 임한다.
- 수업 중에는 교실 출입을 삼가야 하며, 타 교과 수업 참관 시에는 해당 교사의 사전 허락을 받아야 한다.
- 실제 수업을 배당받은 즉시 교과교사와 함께 교수-학습지도안을 작성하고 그에 따라 수업을 진행한다.
- 수업 실시 후에는 지도교사의 지도하에 평가 및 반성의 시간을 갖는다.
- 교육실습생 전원은 공개수업 또는 수업연구를 참관하고 평가회에 참석하여 상호 의견을 적극 교환한다.
- 학급담임 실습생은 담임교사의 지시를 따라 학교 사무 처리 경험을 성실히 수행하여야 한다.
- 자습 지도, 환경미화, 청소 정돈 등에 적극 협력하며, 이를 통해 학습환경 개선과 학생 이해를 증진시킨다.

- 특정 학생에 대한 개별 지도는 담임교사와 사전 협의 후 진행해야 하며, 독단적으로 지도해서는 안 된다.
- 사례연구 및 사회조사는 담임교사의 지시에 따라 실시하며, 임의로 수행해서는 안 된다.
- 실습 기간 중 담임 및 담당 교과교사에게 도움이 될 수 있는 일을 능동적으로 찾아 실천하여야 한다.
- 해당 담임 및 담당 교과교사의 수업 방식과 생각을 존중하고 적극적으로 협조하여야 한다.
- 실습학교의 모든 구성원에게 밝고 공손하게 인사한다.
- 실습생 상호 간에도 반말을 사용하지 않으며, '○○선생님'이라 부르도록 한다.
- 도장, 실내화, 도시락, 실습일지, 실습기록부 등은 항상 지참하여 효율적인 실습이 이루어지도록 한다.
- 교육실습과 관련된 모든 사항은 상세히 기록하여 훗날 참고할 수 있도록 하며, 요약본을 실습일지에 기재한다.
- 교육실습 종료 후에는 교육실습일지를 성실히 작성하여 담당 교수에게 제출하고 교수-학습지도안, 사례연구 등 실습 성과물은 정리하여 보관한다.

<표 8-1> 교육실습 흐름도

교육실습 흐름도

교육실습 신청서 제출(3학년/3학기) → 2. 교육실습 오리엔테이션 (3학년 또는 3학기) → 3. 교육실습 협력학교 교섭 (최소 한 학기 전) → 4. 교육실습학교 학생 배정

↓

5. 교육실습 오리엔테이션 (4학년/4학기) → 6. 교육실습 → 7. 교육실습 협력학교 순회지도 → 8. 교육실습 사후 평가 및 간담회

5절. 교육실습 대상 미용교과 운영 학교

2025학년도 기준으로 전국에는 미용 관련 학과가 개설된 고등학교가 총 100여 개교 이상 분포하고 있으며, 이들 학교는 특성화고, 일반고(미용계열 포함), 각종학교, 학력인정 평생교육시설 등 다양한 유형으로 나뉜다.

학교 유형에 따라 특성화고, 각종학교, 평생교육시설은 교과 구성과 학사 운영 방식이 다르므로 이에 따른 실습 계획이 필요하다.

- 학과 성격과 교육과정 분석: '미용예술과', '뷰티디자인과', '헤어디자인과', '뷰티아트과' 등으로 다양화된 학과 명칭과 전공 특성에 맞는 실습 내용을 설계해야 한다.
- 실습 지역 선택의 유연성: 전국에 분포한 학교 중 거주지와의 거리, 실습 내용의 적합성 등을 고려하여 맞춤형 배치 가능 따라서 미용교육 전공자는 서울·경기뿐 아니라 전국의 다양한 미용계 고등학교에서 교육실습을 수행할 수 있으며, 이를 통해 직업교육 교사로서의 실질적 준비를 갖추는 것이 가능하다.
- 대학에서는 실습학교 선정 시 위 자료를 토대로 실습처를 구성하고 각 학교의 학과 특성과 요구 사항에 맞춘 교육실습생 프로그램을 설계해야 할 것이다.

<표 8-2> 교육실습 대상 미용교과 운영 학교 현황(전국)

시·도교육청	단위학교명	유형	설립유형	학과명	모집학급수(2025학년도 기준)
서울특별시 교육청 (18)	경기상업고등학교	특성화 고등학교	공립	뷰티디자인과	2
	광신방송예술고등학교		사립	미디어메이크업 아티스트과	1
	대일관광고등학교		사립	뷰티아트과	2
	동명생활경영고등학교		사립	뷰티아트과	2
	서서울생활과학고등학교		사립	국제뷰티아트과	2
	서울동산고등학교		사립	뷰티아트과	4
	서울정화고등학교		사립	뷰티디자인과	2
	세그루패션고등학교		사립	뷰티패션과	2
	염광메디텍고등학교		사립	메디컬뷰티과	1
	영락의료과학고등학교		사립	의료미용과	1
	영신간호비즈니스고등학교		사립	보건뷰티과	2
	화곡보건경영고등학교		사립	뷰티아트과	2

	정암미용고등학교	학력인정 평생교육시설	사립	미용과	4 (주간2, 야간2)
	서울산업정보학교	각종학교	공립	미용예술과, 헤어디자인과	2
	서초문화예술정보학교		공립	미용예술과	2
	아현산업정보학교		공립	미용예술과	2
	은평문화예술정보학교		공립	헤어디자인과, 헤어메이크업과	2
	종로산업정보학교		공립	뷰티아트과	2
경기도 교육청 (18)	경기경영고등학교	특성화 고등학교	사립	뷰티미용과	2
	경기스마트고등학교		공립	뷰티아트과	2
	경민비즈니스고등학교		사립	뷰티케어과	1
	군포e비즈니스고등학교		공립	뷰티케어과	2
	근명고등학교		사립	패션산업디자인과	2
	남양주고등학교		공립	뷰티미용과	1
	분당경영고등학교		공립	회계금융과 (뷰티경영전공)	2
	성일정보고등학교		사립	뷰티디자인과	1
	안산국제비즈니스고등학교		사립	미용과	1
	안양문화고등학교		사립	엔터테인먼트 비즈니스과	2
	일동고등학교		공립	K-뷰티경영과	2
	일산고등학교		공립	뷰티디자인과	2
	일산국제컨벤션고등학교		공립	패션코디네이션과	1
	한봄고등학교		사립	뷰티아트과	2
	양동고등학교	일반고등학교 (종합고)	사립	미용예술과	1
	파주여자고등학교		사립	뷰티아트과	1
	부천실업고등학교	학력인정 평생교육시설	사립	미용예술과	1
	진영고등학교		사립	미용복지과	2 (주간1, 야간1)
인천광역시 교육청 (4)	인천뷰티예술고등학교	특성화 고등학교	공립	미용예술과	4
	인천생활과학고등학교		공립	토탈미용과	3
	인천생활예술고등학교	학력인정 평생교육시설	사립	미용예술과	3
	인천산업정보학교	각종학교	공립	뷰티아트과	2
강원특별자치도교육청 (4)	강릉정보공업고등학교	특성화 고등학교	공립	미용디자인과	1
	강원생활과학고등학교		공립	미용예술과	2
	미래고등학교		공립	뷰티케어과	1
	춘천한샘고등학교		공립	뷰티패션과	2
충청북도	제천산업고등학교	특성화	공립	뷰티미용과	1

교육청 (4)	충북비즈니스고등학교	고등학교	공립	뷰티미용과	1
	한림디자인고등학교		사립	뷰티디자인과	2
	예일미용고등학교	학력인정 평생교육시설	사립	미용과	3 (주간2, 야간1)
충청남도 교육청 (3)	논산여자상업고등학교	특성화 고등학교	사립	뷰티미용과	1
	병천고등학교		공립	미용과	3
	서천여자정보고등학교		사립	뷰티디자인과	1
대전광역시 교육청 (5)	대전국제통상고등학교	특성화 고등학교	공립	생활과학과 (뷰티아트전공)	1
	대전대성여자고등학교		사립	뷰티디자인과	1
	대전생활과학고등학교		사립	바이오뷰티테크과	2
	대전전자디자인고등학교		공립	토탈미용과	1
	유성생명과학고등학교		공립	토탈미용과	1
세종특별자치시교육청 (1)	세종장영실고등학교	특성화 고등학교	공립	뷰티미용과	2
전북특별자치도교육청 (5)	글로벌학산고등학교	특성화 고등학교	사립	헤어미용과	1
	남원제일고등학교		사립	미용과	1
	덕암정보고등학교		사립	조리미용과	5
	진경여자고등학교		사립	토탈뷰티과	2
	남일초중고등학교	학력인정 평생교육시설	사립	미용과	3
전라남도 교육청 (2)	벌교상업고등학교	특성화 고등학교	공립	토탈뷰티과	2
	전남미용고등학교		공립	미용과	4
광주광역시 교육청 (2)	동일미래과학고등학교	특성화 고등학교	사립	뷰티디자인과	2
	송원여자상업고등학교		사립	스킨테라피과	2
경상북도 교육청 (7)	경북생활과학고등학교	특성화 고등학교	공립	피부미용과	3
	삼성생활예술고등학교		사립	뷰티디자인과	2
	포항과학기술고등학교		공립	뷰티케어과	1
	한국미래산업고등학교		사립	미용과	2
	효청보건고등학교		사립	건강코디네이터과	1
	경북미용예술고등학교	학력인정 평생교육시설	사립	미용예술과	1
	대경문화예술고등학교	대안학교	사립	뷰티디자인전공	2
경상남도 교육청 (5)	경남산업고등학교	특성화 고등학교	공립	미용예술과	2
	경진고등학교		사립	뷰티과	2
	밀성제일고등학교		사립	뷰티케어과	1
	진영제일고등학교		공립	미용예술과	2

	경남미용고등학교	학력인정 평생교육시설	사립	미용예술과	3
대구광역시 교육청 (5)	대구관광고등학교	특성화 고등학교	사립	뷰티코디네이션과	1
	상서고등학교		사립	뷰티디자인과	4
	조일고등학교		사립	뷰티아트과	1
	한남중미용정보고등학교	학력인정 평생교육시설	사립	미용과	1
	경북기계공업고등학교부설 대구문화예술산업학교	각종학교	공립	뷰티디자인과	2
부산광역시 교육청 (6)	대광고등학교	특성화 고등학교	사립	뷰티아트과	3
	배정미래고등학교		사립	미용과	3
	부경보건고등학교	학력인정 평생교육시설	사립	미용예술과	1
	부산미용고등학교		사립	미용과	3
	부산예원고등학교		사립	미용과	2
	부산산업학교	각종학교	공립	미용예술과	2
울산광역시 교육청 (1)	울산미용예술고등학교	특성화 고등학교	공립	미용예술과	6
제주특별자치도교육청 (1)	한국뷰티고등학교	특성화 고등학교	공립	토탈뷰티과	3

<표 8-3> 학교 설립 유형 비교

구분	국립	공립	사립
설립 주체	국가(정부, 교육부)	지방자치단체(시·도교육청)	개인 또는 법인(학교법인)
운영 주체	국가 또는 국가 산하기관	지방자치단체	학교법인
교사 신분	국가공무원	지방공무원(교육공무원)	사립학교 교원
자율성	제한적(국가 기준)	제한적(교육청 기준)	높음

참고문헌

- 강인애, 정준환, 정득년(2012). 교실 속 즐거운 변화를 꿈꾸는 프로젝트 학습. 서울: 상상채널.
- 권낙원, 김동엽(2005). 교수-학습 이론의 이해. 서울: 문음사.
- 권성호(2002). 교육공학의 탐구. 경기: 양서원.
- 교육부(1992), 고등기술학교 교육과정. 서울: 교육부.
- 교육부(1992). 고등기술학교 교육과정. 서울: 교육부.
- 교육부(1997), 가사·실업 계열 고등학교 전문 교과 교육과정. 서울: 교육부.
- 교육부(1997), 고등기술학교 교육과정. 서울: 교육부.
- 교육부(2018). 미용·관광·레저 전문 교과 교육과정. 세종: 교육부.
- 교육부(2021). 2022 개정 교육과정 총론 주요사항(시안). 세종: 교육부.
- 교육부(2022). 2022 개정 교육과정 총론 해설. 세종: 교육부.
- 교육부(2022). 고등학교 교육과정. 세종: 교육부.
- 교육부(2022). 미용 전문 교과 교육과정. 세종: 교육부.
- 교육부(2023). 2023년 직업계고 학점제 선도학교 지원 계획(안). 세종: 교육부.
- 교육부(2024). 2025학년도 이후 학점이수 인정기준 및 최소 성취수준 보장지도 운영 계획 안내. 세종: 교육부.
- 교육부, 광주광역시교육청, 한국직업능력연구원(2025). 직업계고 학점제 안내서. 세종: 교육부.
- 교육부, 전북특별자치도교육청, 한국직업능력교육원(2024). 2022 개정 직업계고 교육과정 편성·운영 안내서. 세종: 교육부.
- 교육부, 한국교육과정평가원(2023). 고교학점제 도입·운영 안내서. 세종: 교육부.
- 교육부, 한국교육과정평가원(2024). 고교학점제 운영 안내서. 세종: 교육부.
- 교육부, 한국교육과정평가원(2025). 2022 개정 교육과정에 따른 고등학교 학생평가 톺아보기. 세종: 교육부.
- 교육부, 한국직업능력연구원(2023). 2023년 직업계고 학점제 안내서. 세종: 교육부.
- 교육과학기술부(2009). 가사·실업 계열 전문 교과 교육과정. 서울: 교육과학기술부.
- 교육과학기술부(2009). 고등학교 선진화를 위한 입학제도 및 체제 개편 방안. 서울: 교육과학기술부.
- 교육인적자원부(2007). 고등학교 교육과정(II). 서울: 교육인적자원부.
- 교육인적자원부(2008). 고등기술학교 교육과정. 서울: 교육인적자원부.
- 김미량(2023). 인공지능시대의 정보교육론. 경기: 교육과학사.
- 김신일(1996). 교육방법 및 교육공학. 경기: 교육과학사.
- 김재덕(2013). 예비교사를 위한 최신 핵심 교직실무. 경기: 교육과학사.
- 김재춘, 부재율, 소경희, 양길석(2017). 예비 현직 교사를 위한 교육과정과 교육평가. 경기: 교육과학사.
- 김태윤(2015). 운동조절과 운동학습. 서울: 범문에듀케이션.
- 김한솔, 장미숙(2019). 고등학교 가사·실업계열 미용과 교육과정 구성 체계 분석. 한국미용학회지 25(6), 1404-1417.
- 나승일, 이명훈, 박미화, 한홍진, 김인곤(2019). 예비교사를 위한 교육실습 가이드. 경기: 교육과학사.
- 류장한(2010). 학습과학. 서울: 학지사.
- 문교부(1955). 고등학교 및 사범학교 교과과정. 서울: 문교부.
- 문교부(1963), 고등학교 교육과정. 서울: 문교부.
- 문교부(1971), 고등기술학교 교과과정. 서울: 문교부.
- 문교부(1988), 고등기술학교 교육과정. 서울: 문교부.
- 문선모(2004). 교육심리학: 학습·발달 중심 접근. 경기: 양서원.
- 박경희, 구경호(2025). 교육평가. 경기: 공동체.
- 박미숙(2007). 개정교육과정에 따른 평가문항 제작의 이론과 실제. 대구: 대구동부교육지원청.
- 박상준(2021). 코로나 이후 미래교육. 경기: 교육과학사.

- 박선주, 신수범, 정인기, 한정혜, 박남제, 손원성, 배영권, 정영식, 박정호, 신승기(2025). 예비교사를 위한 AI 디지털 교육 가이드. 서울: 홍릉.
- 박성익(1998). 교수-학습 방법의 이론과 실제(Ⅰ). 경기: 교육과학사.
- 박성익(2018). 문답법에 기반한 사고력 증진 수업의 실제. 교육방법연구 30(3), 55-78.
- 박수원(2010). 학습과학. 서울: 학지사.
- 박숙희, 염명숙(2007). 교수-학습과 교육공학. 서울: 학지사.
- 박승배(2011). 교육과정의 이해. 서울: 학지사.
- 백영균, 한승록, 박주성, 김정겸, 최명숙, 변호승, 박정환, 강신천, 윤성철(2015). 스마트 시대의 교육방법 및 교육공학. 서울: 학지사.
- 변영계(2000). 협동학습의 이론과 실제. 서울: 학지사.
- 변영계(2011). 교수·학습 이론의 이해. 서울: 학지사.
- 변영계, 손미(2007). 교육방법 및 교육공학. 서울: 학지사.
- 변영계, 이상수(2003). 수업설계. 서울: 학지사.
- 성태제(2006). 현대 기초통계학의 이해와 적용. 경기: 교육과학사.
- 성태제, 임현정, 전경희, 최윤정(2025). 교육평가의 기초. 서울: 학지사.
- 송상호, 이준, 최정임, 임정훈(2005). 초·중등교육에서 e-러닝 활성화를 위한 주체별 역할과 지원전략 연구. 교육정보미디어연구, 11(4), 125-155.
- 송인섭, 정미경, 최지은, 박소연, 이희현, 김영아, 김누리, 김효원, 김희정, 한윤영, 안혜진. 교육평가. 경기: 양서원.
- 송현순, 류상희, 정남용, 최지연(2017). 실과 교수학습 방법론. 경기: 양성원.
- 신세호, 이계학, 이정근(1974). 중학교 기술교육 효율화를 위한 실험적 연구. 서울: 한국교육개발원.
- 신재한(2011). 교육방법 및 공학 이론과 실제. 서울: 태영출판사.
- 신종호, 이현주, 최효식, 연은모, 진성조, 장유진, 황혜영, 정은경, 박수원, 조은별, 김명섭, 김정아, 양경화(2023). 에듀테크 기반 교육환경 구축 방안. 전북: 전북교육정책연구소.
- 안정민(2024). 에듀테크 기반 미용교육의 효과 연구. 박사학위논문, 동국대학교 일반대학원.
- 안정민, 정재형, 이상원(2024). 메이크업 교육에 에듀테크를 활용한 TBL 교수학습지도안 개발. 문화와융합, 46(1), 1649-1661.
- 유승우, 임형택, 권충훈, 이성주, 이순덕, 전희정(2010). 교육방법 및 교육공학. 경기: 양서원.
- 이무근, 김재식, 김판욱(2020). 실기교육방법론. 경기: 교육과학사.
- 이민경(2015). 거꾸로 교실, 잠자는 아이들을 깨우는 수업 비밀. 서울: 살림터.
- 이상원, 권기한(2022). 2015 개정 미용과 교육과정에 대한 고찰. 한국인체미용예술학회지 23(3), 329-352.
- 이상원, 이종숙(2023). 미용과 중등학교교사 임용후보자 선정경쟁시험 출제경향 및 문항분석: 2014-2023학년도 교과교육학 중심으로. 학습자중심교과교육연구 23(14), 511-522.
- 이상원, 정재형(2023). 2022 개정 미용과 교육과정에 대한 고찰. 한국인체미용예술학회지 24(2), 175-200.
- 이성흠, 이준, 구양미, 이경순(2017). 교육방법 및 교육공학. 경기: 교육과학사.
- 이인숙(2018). 대학 플립러닝을 위한 교수적 지원 전략 탐색. 인문사회융합멀티미디어논문지 8(1), 401-408.
- 이인숙, 한승연, 임병노, 이지연, 이현우, 이은배(2020). 교육방법 및 교육공학. 경기: 문음사.
- 이태복, 최명숙(2005). 액션러닝의 성공 원칙. 서울: 패러다임.
- 인천광역시교육청(2025). 2025학년도 교수학습 및 평가운영 계획 양식 및 예시 자료집. 인천: 인천광역시교육청.
- 임규혁(2003). 교육심리학의 이론과 실제. 서울: 학지사.
- 임규혁, 임웅(2007). (학교학습 효과를 위한) 교육심리학. 서울: 학지사.
- 정명화, 김신곤, 권기, 김춘규, 신경숙(2010). 실기교육방법론. 서울: 학지사.
- 조규락, 김선연(2006). 교육방법 및 교육공학. 서울: 학지사.
- 조은별, 김명섭, 김정아, 류장한, 신종호, 이현주, 최효식, 연은모, 진성조, 장유진, 황혜영, 정은경, 추정훈(2010). 교과교육론. 서울: 청목출판사.

- 한국교과서주식회사(1966). 실업계 고등학교 교육과정. 서울: 문교부.
- 한국교육과정평가원(2005). 초·중등학교 교육과정 총론 개정(시안) 연구 개발. 충북: 한국교육과정평가원.
- 한국교육과정평가원(2012). 성취평가제의 목적과 교육적 지향, 중등학교 성취평가제의 적용 과제. 충북: 한국교육과정평가원.
- 한국교육과정평가원(2013). 성취평가제의 고등학교 적용방안. 충북: 한국교육과정평가원.
- 한국교육과정평가원(2019). 수업-평가 연계 강화를 통한 서·논술형 평가 내실화 방안. 충북: 한국교육과정평가원.
- 한국교육과정평가원(2020). 수업과 평가의 연계를 강화한 서·논술형 평가, 어떻게 할까요?. 충북: 한국교육과정평가원.
- 한국교육과정평가원(2022). 고교학점제 도입에 따른 성취평가제 개선 방안. 충북: 한국교육과정평가원.
- 한국교육과정평가원(2023). 2023학년도 대학수학능력시험 직업탐구 영역(상업 경제, 인간발달, 공업 일반) 문제지. 충북: 한국교육과정평가원.
- 한국교육과정평가원(2023). 2023학년도 중등학교 교사 임용후보자 선정 경쟁시험(조리, 미용, 상업) 문제지. 충북: 한국교육과정평가원.
- 한국교육과정평가원(2025). 2022 개정 교육과정에 따른 최소 성취수준 보장지도 자료(기술·가정). 충북: 한국교육과정평가원.
- 한국교육학술정보원(2022). 에듀테크 수업 활용 가이드북 (TL 2022-07). 대구: 한국교육학술정보원.
- 한국교육학술정보원(2023). AI 디지털 교과서 개발 가이드라인. 대구: 한국교육학술정보원.
- 한국교육학술정보원(2023). 디지털교육 국내외 동향 리포트. 대구: 한국교육학술정보원.
- 한국기술교육대학교 교육직업능력개발센터(2021). 4차 산업혁명 시대의 교육 기술 활용 전략 보고서. 천안: 한국기술교육대학교.
- 한국전자통신연구원(2021). 미래형 학습환경 조성을 위한 ICT 융합 교육모델 개발. 대전: 한국전자통신연구원.
- 한국직업능력연구원(2023). 2022 개정 직업계고 교육과정에 따른 전문 교과 평가활동 길라잡이. 세종: 한국직업능력연구원.
- 한정선, 김영수, 주영주, 강명희, 정재삼, 박성희(2008). 미래사회를 위한 교육방법 및 교육공학. 경기: 교육과학사.
- 황정규(1988). 학교학습과 교육평가(개정판). 경기: 교육과학사.

- Ausubel, D. P.(1968). Educational psychology: A cognitive view. New York: Holt, Rinehart & Winston.
- Barrows, H. S.(1985). How to design a problem-based curriculum for the preclinical years. New York: Springer Publishing Co.
- Barrows, H. S. & Tamblyn, R. M.(1980). Problem-Based Learning: An Approach to Medical Education. New York: Springer Publishing.
- Bednar, A. K., Cunningham, D., Duffy, T. & Perry, J. D.(1991). Theory into practice: How do we think? In G. J. Angln(Ed.), Instructional technology: Past, present, and future (pp. 88-101). Englewood, CO: Libraries Unlimited.
- Bergmann, J. & Sams, A. (2012). Flip your classroom: Reach every student in every class every day. Eugene, OR & Alexandria, VA: ISTE.
- Bergmann, J. & Sams, A. (2023). Flip your classroom: Reach every student in every class every day (Revised ed.). Eugene, OR: ISTE.
- Black, G.(1990). Vygotsky and education. In L. C. Moll(Ed), New York: Cambridge.
- Bonk, C. J. & Graham, C. R. (Eds.).(2006). The handbook of blended learning: Global perspectives, local designs. San Francisco, CA: Pfeiffer.
- Brown, J. S., Collins, A. & Duguid, P.(1989). Situated cognition and the culture of learning. Educational Researcher 18(1), 32-42.

- Bruner, J. S. (1960). The process of education. Cambridge, MA: Harvard University Press.
- Byrne, J. P.(1996). Cognitive development and learning in instructional contexts. Boston: Allyn and Bacon.
- Collins, A., Brown, J. S. & Newman, S. E.(1989). Cognitive apprenticeship: Teaching the craft of reading, writing, and mathematics. In L. B. Resnick (Ed.), Knowing, Learning, and Instruction (pp. 453-494). Hillsdale, NJ: Lawrence Erlbaum Associates.
- Crooks, R. L. & Stein, J.(1988). Psychology: Science, behavior and life. New York: Holt, Rinehart and Winston.
- Driscoll, M. P.(2000). Psychology of learning for instruction. Boston: Allyn and Bacon.
- Gagné, R. M.(1985). The conditions of learning and theory of instruction (4th ed.). New York: Holt, Rinehart & Winston.
- Gagné, R. M., Briggs, L. J. & Wager, W. W.(1992). Principles of instructional design. Fort Worth: Harcourt Brace.
- Gronlund, N. E.(1985). Stating objectives for classroom instruction. New York: Macmillan.
- Heinich, R., Molenda, M., Russell, J. D. & Smaldino, S. E.(2001). Instructional media and technologies for learning (7th ed.). Upper Saddle River, NJ: Merrill Prentice Hall.
- Hmelo-Silver, C. E.(2004). Problem-based learning: What and how do students learn?. Educational Psychology Review 16(3), 235-266.
- Johnson, D. W. & Johnson, R. T.(1975). Learning Together and Alone. Prentice-Hall.
- Joyce, B., Weil, M. & Calhoun, E.(1992). Models of Teaching (4th ed.). Boston: Allyn and Bacon.
- Kidd, D. M. & Leighbody, G. B.(1976). Methods of Teaching Shop and Technical Subjects. New York: Delmar.
- Kubiszyn, T. & Borich, G. D.(2016). Educational Testing and Measurement: Classroom Application and Practice (11th ed.). Hoboken, NJ: John Wiley & Sons.
- Mayer, R. E.(1981). The promise of educational psychology: Learning in the content areas. Columbus, OH: Merrill.
- Mehrens, William A. and Irvin J. Lehmann.(1973). Measurement and Evaluation in Education and Psychology*. 3rd ed. New York: Holt, Rinehart and Winston.
- Mehrens, W. A. & Lehman, I, J.(1975). Measurement and Evaluation in Education and Psychology. New York: Holt, Rinehart & Winston.
- Naylor, J. & Briggs, G. (1963). Teaching physical activities for elementary schools. Philadelphia: W.B. Saunders.
- Robertson, L. C.(1986). From Gestalt to neo-Gestalt. In T. J. Knapp & L. C. Robertson (Eds.), Approaches to cognition. Hilladale, NJ: Erlbaum.
- Savery, J. R.(2006). Overview of problem-based learning: Definitions and distinctions. Interdisciplinary Journal of Problem-Based Learning 1(1), 9-20.
- Scriven, M, S,(1967). The methodology of evaluation, In R, W. Tyler, R, Gagné & M. Scriven(Eds.), Perspectives on Curriculum Evaluation, AERA Monograpb Series on Curriculum Evaluation, No. 1. (pp. 39-83). Chicago: Rand McNally.
- Shaftel, F. R. & Shaftel, G.(1967). Role Playing for Social Values. Englewood Cliffs, NJ: Prentice-Hall.
- Sharan, S. & Sharan, Y.(1976). Small-group teaching. Educational Technology Publications.
- Shaw, V. 저: 박영주 역(1999). 협동학습. 서울: 디모데.
- Smaldino, S. E., Lowther, D. L. & Russell, J. D.(2011). Instructional technology and media for learning (10th ed.). Boston, MA: Pearson.
- Vygotsky, L. S.(1978). Mind in Society: The Development of Higher Psychological Processes. Cambridge, MA: Harvard University Press.
- Woolfolk, A.(2001). Educational psychology. Boston: Allyn and Bacon.

[부록]

중등학교 교사 임용후보자 선정경쟁시험의 이해

중등학교 교사 임용후보자 선정경쟁시험, 흔히 '중등 교원 임용시험'이라고 불리는 이 시험은 대한민국에서 공립 중·고등학교의 정규 교사로 일하고자 하는 사람들이 반드시 거쳐야 하는 국가시험이다. 이 시험은 교육부의 지침에 따라 각 시·도 교육청에서 주관하여 매년 시행되며, 일정한 자격을 갖춘 사람들만 응시할 수 있다. 이 자격에는 주로 2급 정교사 자격증 소지 여부가 포함된다. 정교사 자격은 사범대학, 교육대학원, 일반대학의 교직과정 이수자 등이 취득할 수 있다.

이 시험은 1차 필기시험, 2차 수업실연 및 면접, 그리고 일부 시·도에서는 추가적인 3차 평가로 구성되어 있다. 필기시험에서는 교육학과 전공 과목에 대한 지식을 평가하며, 이후 수업 능력, 교육적 태도, 상황 대처 능력 등을 종합적으로 검토한다. 최종 합격자는 '교사 임용후보자'로 등록되어 해당 교육청 산하 중등학교에 배치된다.

이 시험의 제도는 오늘날처럼 자리 잡기까지 여러 단계를 거쳐 발전해왔다. 과거, 1980년대 이전까지만 해도 교사는 주로 대학의 추천을 통해 임용되었다. 사범대학이나 교육대학에서 졸업한 학생들이 학교의 추천을 받아 자연스럽게 교사가 되는 구조였다. 하지만 이 방식은 공정성에 대한 문제와 학교 간 추천 기준의 편차 때문에 논란이 많았다.

이러한 배경 속에서 1982년을 기점으로 중등학교 교사 임용시험이 제도화되었다. 당시 정부는 보다 공정하고 객관적인 기준에 따라 교사를 선발하기 위해 국가 차원의 공개경쟁시험을 도입했다. 이것이 바로 현재 우리가 알고 있는 '중등학교 교사 임용후보자 선정경쟁시험'의 시작이다.

1990년대부터 2000년대에 이르러서는 단순한 이론 평가를 넘어서 교사의 실질적 수업 능력을 평가하는 방향으로 시험이 변화했다. 수업실연과 심층면접이 본격적으로 도입되었고 실기 과목에서는 실기시험의 비중도 크게 늘어났다. 이 과정에서 교사는 단지 지식을 전달하는 존재를 넘어 학생을 이해하고 지도할 수 있는 사람으로서의 자질이 중요하게 평가되기 시작했다.

한편, 교원 수급 문제도 시험의 운영 방식에 영향을 주고 있다. 과목별·지역별로 교사의 수요가 큰 차이를 보이기 때문에 어떤 과목은 수백 명을 선발하는 반면, 어떤 과목은 몇 명만 선발되기도 한다. 따라서 응시자들은 경쟁률뿐 아니라 지역별 수요도 신중히 고려해야 한다.

응시자격: 선발 예정 표시과목의 중등학교 준교사 이상 교원자격증 소지자 및 부전공 표시과목 교원자격증 소지자

응시연령: 제한 없음(단, 「교육공무원법」 제47조(정년)에 해당하지 않는 자

응시 자격 제한

- 「교육공무원법」 제10조의3(채용의 제한) 제1항에 해당하는 자
- 「교육공무원법」 제10조의4(결격사유) 각 호의 어느 하나에 해당하는 자
- 「교육공무원법」 제11조의2(부정행위자에 대한 조치) 제1항에 해당하는 자
- 「교육공무원임용령」 제11조의3(응시자격) 제2항에 해당하는 자
- 「교육공무원임용령」 제11조의4(부정행위자에 대한 조치) 제2항에 해당하는 자
- 「아동·청소년의 성보호에 관한 법률」 제56조(아동·청소년 관련기관 등에의 취업 제한 등) 제1항에 해당하는 자
- 「아동복지법」 제29조의3(아동관련기관의 취업제한 등) 제1항에 해당하는 자
- 「장애인복지법」 제59조의3(장애인관련기관의 취업제한 등) 제1항에 해당하는 자
- 「부패방지 및 국민권익위원회의 설치와 운영에 관한 법률」 제82조(비위면직자 등의 취업제한) 제1항에 해당하는 자
- 그 밖의 관례법령에 의하여 임용 결격사유가 있는 자

<표 부록-1> 중등학교 교사 임용후보자 선정경쟁시험 절차(1차)

<table>
<tr><th colspan="4">시험 과목 및 유형</th><th>문항 수</th><th>배점</th><th>출제 범위(비율) 및 내용</th></tr>
<tr><td colspan="2">교육학</td><td>1교시
(60분)</td><td>논술형</td><td>1문항</td><td>20점</td><td>- 교육부 고시 '교직 과목의 세부 이수기준'에 제시된 교직이론 과목
- 교육학개론, 교육철학 및 교육사, 교육과정, 교육평가, 교육방법 및 교육공학, 교육심리, 교육사회, 교육행정 및 교육경영, 생활지도 및 상담</td></tr>
<tr><td rowspan="5">전공</td><td rowspan="2">A</td><td rowspan="2">2교시
(90분)</td><td>단답형</td><td>4문항</td><td>8점</td><td rowspan="4">- 교육부 고시 '교사 자격종별 및 표시과목별 기본이수과목'(또는 분야)에 제시된 과목
- 미용학개론, 미용교육론, 헤어 미용, 피부 미용, 메이크업, 네일 미용, 화장품학, 공중보건학, 해부학 또는 생리해부학, 소독 및 전염병학 혹은 위생학
- 교과교육학(25~35%)
- 교과내용학(75~65%)</td></tr>
<tr><td>서술형</td><td>8문항</td><td>32점</td></tr>
<tr><td rowspan="2">B</td><td rowspan="2">3교시
(90분)</td><td>단답형</td><td>2문항</td><td>4점</td></tr>
<tr><td>서술형</td><td>9문항</td><td>36점</td></tr>
<tr><td colspan="3">소계</td><td>23문항</td><td>80점</td><td></td></tr>
<tr><td colspan="4">합계(배점)</td><td>24문항</td><td>100점</td><td></td></tr>
</table>

<표 부록-2> 중등학교 교사 임용후보자 선정경쟁시험 절차(2차)

<table>
<tr><th>시험과목</th><th>출제 범위 및 내용</th><td rowspan="5">각 시·도교육청별로
시험과목, 출제범위 및 내용과 배점 상이함
(해당연도 교육청 공고문 확인)</td></tr>
<tr><td>실기·실험 평가</td><td>실기·실험 능력</td></tr>
<tr><td>교수-학습지도안 작성</td><td>교수-학습지도안 작성</td></tr>
<tr><td>수업실연</td><td>교사로서의 의사소통 능력과
학습지도 능력</td></tr>
<tr><td>교직적성 심층면접</td><td>교사로서의 적성, 교직관, 인격 및 소양,
각 시·도교육청 정책의 이해</td></tr>
<tr><td colspan="2">합계(배점)</td><td>100</td></tr>
</table>

미용 중등학교 교사 임용후보자 선정경쟁시험 출제경향

미용 중등학교 교사 임용후보자 선정경쟁시험의 교과교육학 영역별 출제경향을 파악하기 위해 미용 교육과정, 미용 교수-학습, 미용 교육평가 영역으로 분석한 결과는 〈표 부록-3〉과 같다.

미용 교육과정 영역에서는 6년간 총 6문항(14점)이 출제되었다. 문항별 세부 이론을 살펴보면 2009 개정 교육과정 관련 1회, 2015 개정 교육과정 관련 5회, 생활지도 관련 1회로 출제되었다. 2009 개정 교육과정 관련 문항은 편제 영역 명칭(2014A-기입3번)에 관한 문제였으며, 2015 개정 교육과정 관련 문항은 과목 명칭(2018A-1번), 내용 체계 명칭 특징(2020A-1번) 학습 영역 요소 명칭 및 학습 영역 학습목표 진술(2023A-1번), 교육과정 영역 명칭(2023A-5번), 인력양성 유형 명칭, 교과편제 방법, 고교학점제 특징(2023A-6번)에 대해서 물었으며 생활지도 활동 단계의 명칭(2014A-기입2번)으로 출제되었다.

미용 교수-학습에서는 총 19문항(82점)이 출제되었으며 교수-학습모형의 설계로 ASSURE의 특징, 단계 명칭 및 적용(2018B-8번), Dick & Carey의 적용(2020B-5번), ADDIE의 단계 명칭(2020B-4번), ARCS 2회(동기 유발 요소 명칭-2014A-기입4번/동기 유발 요소 명칭 및 적용--2018A-10번)로 출제되었다. 교수-학습 방법의 적용은 세부이론으로 STAD 2회(적용--2014A-기입1번/명칭-2016A-1번), 프로젝트 학습 2회(명칭 및 특징-2014A-서술1번 / 단계 명칭 및 적용-2020B-3번), Jigsaw 2회(명칭 및 적용-2015A-서술2번/단계 명칭 및 적용-2020A-6번), 토의법 영역 2회(명칭-2018A-2번/명칭-2023A-5번)가 출제되었으며, 이외 인지적 도제 단계 명칭 및 적용(2015B-서술1번), 브레인스토밍 명칭(2016A-2번), 시범·실습법의 명칭 및 특징 (2016A-10번), PBL의 특징 및 적용(2016B-8번), 플립드 러닝의 명칭 및 특징(2018A-9번), 목표기반 시나리오 학습의 명칭 및 적용(2023A-5번), 협동학습 문제점 및 해결 방안(2023B-3번), 분습법 세부 명칭 및 적용(2023B-4번), 정착적 교수 명칭(2023B-5번)이 각 1회씩 출제되었다. 학습목표 진술은 3회(2015B-서술2번/2020B-4번/2023A-1번)가 출제되었으며, 이 중 2회는 메이거의 학습목표 진술에서 출제되었다.

미용 교육평가는 6.5문항(27점)이 출제되었으며, 세부이론으로 수행평가 2회(유형 명칭-2014A-기입5번/내용타당도 확보 방법-2020A-5번) 절대평가 및 상대평가 2회(특징-2014B-논술1번/명칭 및 특징-2015A-서술1번), 문항 유형의 특징(2020B-5번), 다면평가 명칭(2023B-3번), 체크리스트법 명칭(2023B-5번), 총괄평가 기능(2023B-5번), 교육과정 평가 방법(2023B-4번)이 출제되었다.

전체 전공(A, B)시험의 교과교육학 비중은 2014학년도 28.75%, 2015학년도 25%, 2016학년도 27.5%, 2018학년도 27.5%, 2020학년도 23.75%, 2023학년도 27.5%로 6개년도의 평균비중은 26.66%이다.

<표 부록-3> 중등학교 교사 임용후보자 선정경쟁시험 문제 출제경향(교과교육학)

평가틀 \ 학년도		2014학년도	2015학년도	2016학년도	2018학년도	2020학년도	2023학년도	전체
미용교육론	미용교육과정	〈2014A-기입2번〉 생활지도 활동 명칭(2점)			〈2018A-1번〉 2015 개정 교육과정 과목 명칭(2점)	〈2020A-1번〉 2015 개정 교육과정 영역 명칭 및 내용(2점)	〈2023A-1번〉 2015 개정 교육과정 영역 명칭(1점) **	
		〈2014A-기입3번〉 2009 개정 교육과정 영역 명칭(2점)					〈2023A-5번〉 2015 개정 교육과정 영역 명칭(1점) ***	
							〈2023A-6번〉 2015 개정 교육과정 인력양성 유형, 교과편제 방법, 고교학점제 특징(4점)	
	문제 수 (점수)	2(4점)	-	-	1(2점)	1(2점)	2(6점)	6(14점)
	미용교수-학습모형	〈2014A-기입1번〉 STAD 적용(2점)	〈2015A-서술2번〉 Jigsaw 명칭 및 적용(5점)	〈2016A-1번〉 STAD 명칭(2점)	〈2018A-2번〉 토의법 명칭(2점)	〈2020A-6번〉 교과내용학 (1점) + 교과교육학 (교수-학습) Jigsaw 단계 명칭 및 적용(3점)	〈2023A-1번〉 학습목표 진술(1점)**	
		〈2014A-기입4번〉 ARCS 동기 유발 요소 명칭(2점)	〈2015B-서술1번〉 인지적 도제 단계 명칭 및 적용(5점)	〈2016A-2번〉 브레인스토밍 명칭(2점)	〈2018A-9번〉 플립드 러닝 명칭 및 특징(4점)	〈2020B-3번〉 프로젝트 학습 단계 명칭 및 적용(4점)	〈2023A-5번〉 목표기반 시나리오 학습 명칭 및 적용, 토의법 명칭(3점)***	
		〈2014A-서술1번〉 프로젝트 학습 명칭 및 특징(3점)	〈2015B-서술2번〉 메이거 학습목표 진술(5점)	〈2016A-10번〉시범·실습법 명칭 및 특징(4점)	〈2018A-10번〉ARCS 동기 유발 요소 명칭 및 적용(4점)	〈2020B-4번〉 교과내용학 (2점) + 교과교육학 (교수-학습) 메이거 학습목표 진술, ADDIE 절차(2점)	〈2023B-3번〉 협동학습 문제점 및 해결방안(3점) ****	

			〈2016B-8번〉 PBL 특징 및 적용(10점)	〈2018B-8번〉 ASSURE 특징, 단계 명칭 및 적용(10점)	〈2020B-5번〉 Dick & Carey 적용(2점)*	〈2023B-4번〉 분습법 세부 명칭 및 적용(3점) *****	
						〈2023B-5번〉 정착적 교수 명칭(1점) ******	
문제 수 (점수)	3(7점)	3(15점)	4(18점)	4(20점)	2.5(11점)	2.5(11점)	19(82점)
미용 교육 평가	〈2014A-기입5번〉 수행평가 유형 명칭(2점)	〈2015A-서술1번〉 절대평가, 상대평가 명칭 및 특징(5점)	〈2016A-9번〉 문항 유형의 특징(4점)		〈2020A-5번〉 2015 개정 교육과정 평가 방법 및 수행평가 내용타당도 확보 방법(4점)	〈2023B-3번〉 다면평가 명칭(1점) ****	
	〈2014B-논술1번〉 절대평가, 상대평가 특징(10점)				〈2020B-5번〉 문항 유형의 특징(2점)*	〈2023B-4번〉 2015 개정 교육과정 평가 방법(1점) ****	
						〈2023B-5번〉 체크리스트법 명칭, 총괄평가 기능(3점)* *****	
문제 수 (점수)	2(12점)	1(5점)	1(4점)	-	1.5(6점)	1(5점)	6.5(32점)
비고 (교과교육학) 배점)	1차시험 23/80점 (28.75%)	1차시험 20/80점 (25.00%)	1차시험 22/80점 (27.50%)	1차시험 22/80점 (27.50%)	1차시험 19/80점 (23.75%)	1차시험 22/80점 (27.50%)	1차시험 125점 /480점 (26.04%)

*, **, ***, ****: 동일 문항에서 다른 평가 요소를 평가 영역별로 구분된 문항으로 0.5개로 처리함.
+: 문항에서 교과내용학 교과교육학을 함께 묻는 문항의 경우 0.5개로 처리함.

출처: 이상원, 이종숙(2023). 재구성.

찾아보기

INDEX

【 q 】

【 r 】

【 s 】

【 t 】

【 u 】

【 v 】

【 w 】

【 z 】

【 No. 】

저자소개

이상원 (現 아현산업정보학교 교사, 건국대학교 교육대학원 미용교육전공 겸임교수)
김성은 (現 남양주고등학교 교사)
김슬기 (現 인천뷰티예술고등학교 교사)
안정민 (現 서울동산고등학교 교사)
이희빈 (現 제천산업고등학교 교사)
권현진 (現 미용교육연구소 대표)
리순화 (現 건국대학교 교육대학원 미용교육전공 교수)
이정현 (現 동국대학교 뷰티아트산업학과 교수)
이종숙 (現 성결대학교 교육대학원 미용교육전공 교수)
정숙희 (現 남부대학교 교육대학원 미용교육전공 교수)
황미경 (現 정화예술대학교 미용예술학부 교수)

미용교육론

2025년 8월 25일 초판인쇄
2025년 8월 30일 초판발행

지은이 : 이상원, 김성은, 김슬기, 안정민, 이희빈, 권현진
리순화, 이정현, 이종숙, 정숙희, 황미경
펴낸이 : 이상태
펴낸곳 : 청구문화사
주　소 : 120-831 서울특별시 서대문구 성산로11길 15
전　화 : 02) 332-0541(代)　　FAX : 02) 337-9577
등　록 : 1990년 11월 2일 제9-247호

정가 35,000원

ISBN 978-89-5616-946-0 93590

※ 낙장이나 파본은 교환해 드립니다.